Die Deutsche

Gewerbe-Ordnung

für die

Praxis in der Preußischen Monarchie

mit Kommentar

und

einem Anhange

enthaltend

die Gesetze zum Schutze des Urheberrechts gewerblicher Leistungen und die Preußischen Gewerbesteuergesetze

von

F. Marcinowski,
Geheimem Ober-Finanzrath und vortragendem Rath im Finanzministerium.

Dritte Auflage.

(Fassung des Reichsgesetzes vom 1. Juli 1883.)

Berlin.

Druck und Verlag von G. Reimer.

1884.

Vorrede zur ersten Auflage.

Die deutsche Gewerbeordnung vom 21. Juni 1869 hat durch die seit ihrer Emanation erlassenen ergänzenden und abändernden Gesetze eine so wesentliche Umgestaltung erfahren, daß die Herstellung einer vollständigen übersichtlich geordneten Zusammenstellung der bestehenden Vorschriften sowie der ergangenen Bestimmungen und Entscheidungen in der Praxis ein dringendes Bedürfniß geworden ist.

Die Schwierigkeit, sich im gegebenen Falle über das betreffende Rechtsgebiet leicht und gründlich zu informiren, führte mich bereits in der Zeit meiner Funktionirung als Hauptvorsteher des gewerblichen Centralvereins der Provinz Preußen zu dem Entschluß, den reichhaltigen Stoff zu sichten, und in einer dem praktischen Bedürfnisse entsprechenden Weise zu ordnen. Die Ausführung dieser Aufgabe habe ich später fortgesetzt und bis auf die Neuzeit fortgeführt.

Die vorliegende Bearbeitung giebt nun zunächst in der Einleitung eine ausführliche geschichtliche Darstellung des bestehenden Rechts, und bietet demnächst außer dem Text der Gewerbeordnung den Wortlaut sämmtlicher hiermit im Zusammenhange stehenden reichs- und landesgesetzlichen Vorschriften. So sind außer den Novellen zur Gewerbeordnung vom 12. Juni 1872, vom 2. März 1874, vom 7. und 8. April 1876, vom 11. Juni und 17. Juli 1878 und vom 23. Juli 1879 die Gesetze über die Ablösung gewerblicher Berechtigungen, über die Errichtung öffentlicher Schlachthäuser, über die Beschlagnahme des Arbeitslohns, über den Schadenersatz bei

Tödtungen und Körperverletzungen, über Marktstandsgeld, über den Verkehr mit Arzeneimitteln, über die Schutzmaßregeln gegen die Sozialdemokratie und über den Verkehr mit Nahrungsmitteln in allen einschlagenden Bestimmungen mit ihrem Wortlaut zum Abdruck gebracht. In gleicher Weise sind im Wesentlichen auch die zur Ergänzung der Vorschriften der Gewerbeordnung seitens des Reichskanzlers sowie seitens der Preußischen Staatsregierung ergangenen Ausführungs-Anweisungen behandelt, und außerdem sämmtliche wesentlichen Rescripte der betheiligten Ministerien sowie die Entscheidungen der obersten Gerichtshöfe ihrem vollständigen Inhalte nach an geeigneter Stelle eingeschaltet. Es soll durch dieses Arrangement das lästige, zeitraubende, die Uebersicht beeinträchtigende, Zusammensuchen des einschlagenden Materials beseitigt, und Jedem die Möglichkeit geboten werden, sich über das ihn interessirende Gebiet des Wissens ohne Schwierigkeit genau und gründlich zu orientiren. Diese Behandlung des Stoffs dürfte dem Laien wie dem Praktiker gleich willkommen sein, und dazu beitragen, die Kenntniß und das richtige Verständniß der zur Regelung des Gewerbewesens gegebenen Vorschriften zu erleichtern. Die Mannigfaltigkeit der in den Einzelstaaten des Deutschen Reichs bestehenden landesgesetzlichen Bestimmungen legte mir die Nothwendigkeit auf, die Bearbeitung auf die bezüglichen Verhältnisse der Preußischen Monarchie zu beschränken.

In dem Anhange sind unter I. die auf den Schutz des Urheberrechts gewerblicher Leistungen bezüglichen Reichsgesetze zusammengestellt, unter II. die für die Veranlagung und Erhebung der in Preußen bestehenden Staats-Gewerbesteuer maßgebenden Vorschriften mit Rücksicht darauf, daß die auf dem Gesetz vom 30. Mai 1820 beruhende Gewerbesteuer-Gesetzgebung durch mehrere abändernde Gesetze durchbrochen und deshalb schwer zu übersehen ist, in eine zur Erleichterung der Uebersicht und zur besseren Orientirung bestimmte Anordnung gebracht.

Berlin im Dezember 1879.

Der Verfasser.

Vorrede zur dritten Auflage.

In Ausführung des Art. 16 der Novelle zur Reichsgewerbeordnung vom 1. Juli 1883 (R.G.Bl. S. 159) ist der Text der Gewerbeordnung unter Berücksichtigung der Aenderungen, welche derselbe durch das gedachte Gesetz und die Reichsgesetzgebung der früheren Jahre (1872. 1874. 1876. 1878. 1879. 1880. 1881) sowie durch die vom Reichstage genehmigten Beschlüsse des Bundesraths vom 26. Juli 1881 und 21. April 1883 erfahren hat, in neuer Redaktion durch das Reichsgesetzblatt bekannt gemacht. Hierdurch ist dem längst gefühlten Bedürfniß einer übersichtlichen amtlichen Zusammenstellung abgeholfen und den wichtigen Reformarbeiten des letzten Jahrzehnts der Stempel des Abschlusses aufgedrückt. Die neue Auflage des von mir ausgearbeiteten Kommentars der Gewerbeordnung schließt sich dieser redaktionellen Umgestaltung eng an, und berücksichtigt außerdem nicht allein sämmtliche, seit dem Jahre 1879 auf dem Gebiete der Gesetzgebung, Verwaltung und Rechtsprechung stattgehabten Vorgänge, sondern nimmt auch auf die entsprechende Vervollständigung der sonstigen ergänzenden und erläuternden Materialien Bedacht. Es darf in dieser Beziehung namentlich auf die Verordnung vom 17. November 1880 (Volkswirthschaftsrath), die Verwaltungsgesetze vom 26. Juli 1880, vom 30. Juli und 1. August 1883, sowie auf das Reichsgesetz über die Krankenversicherung der Arbeiter vom 15. Juni 1883, ferner auf die für das Verständniß und die richtige Handhabnng der Reformgesetze maßgebenden Stellen aus den Motiven und Kommissionsverhandlungen, auf die publizirten Rechtsausführungen des Bundesraths, die Rechtsprüche des Reichsgerichts und des Kammergerichts, so wie auf die Ausführungsbestimmungen des Bundesraths, des Reichskanzlers und des Ministers für Handel und Gewerbe hingewiesen werden. Die Erläuterungen sind auf den Inhalt des Reichsgesetzes vom 14. Mai 1879 (Verkehr mit Nahrungsmitteln ꝛc.) ausgedehnt und dadurch auch für die Anwendung dieses wichtigen Gesetzes die vielfach gewünschte Anleitung geboten.

Ich glaube mich umsomehr der Hoffnung hingeben zu dürfen, daß der Inhalt und die Anordnung der neuen Auflage den Anforderungen der Praxis Genüge leisten wird, als die bei der ersten Auflage gewählte Form der Bearbeitung überall die wohlwollendste Beurtheilung erfahren hat.

Berlin im November 1883.

Der Verfasser.

Inhalt.

Seite

Einleitung 1

Gewerbeordnung vom 21. Juni 1869

nebst den durch die spätere Gesetzgebung eingeführten Abänderungen.
(Fassung des Reichsgesetzes vom 1. Juli 183.)

Titel I.

Allgemeine Bestimmungen (§§. 1—13) 29

Titel II.

Stehender Gewerbebetrieb.

I. Allgemeine Erfordernisse (§§. 14, 15) 90

II. Erforderniß besonderer Genehmigung:

1. Anlagen, welche einer besonderen Genehmigung bedürfen (§§. 16 bis 29) 101

2. Gewerbetreibende, welche einer besonderen Genehmigung bedürfen (§§. 29—41) 150

III. Umfang, Ausübung und Verlust der Gewerbsbefugnisse (§. 41—55) 234

Titel III.

Gewerbebetrieb im Umherziehen (§§. 55—64). 252

Titel IV.

Marktverkehr (§§. 64—72) 299

Titel V.

Taxen (§§. 72—81) 305

Titel VI.

I. Bestehende Innungen (§§. 81—97) 313

II. Neue Innungen (§§. 97—105) 320

Titel VII.

Gewerbliche Arbeiter (Gesellen, Gehülfen, Lehrlinge, Fabrikarbeiter).

1. Allgemeine Verhältnisse (§§. 105—121) 378

2. Verhältnisse der Gesellen und Gehülfen (§§. 121—126) 394

3. Lehrlingsverhältnisse (§§. 126—134) 398

4. Verhältnisse der Fabrikarbeiter (§§. 134—140) 402

Seite

Titel VIII.

Gewerbliche Hülfskassen (§§. 140—142) 420

Titel IX.

Orts-Statuten (§. 142) 471

Titel X.

Strafbestimmungen (§§. 143—154) 472

Schlußbestimmungen (§§. 154, 155) 495

Anhang.

I.

Die Gesetze, betreffend den Schutz des Urheberrechts gewerblicher Leistungen:

1. Das Gesetz vom 11. Juni 1870, betreffend das Urheberrecht an Schriftwerken, Abbildungen, musikalischen Compositionen und dramatischen Werken 498
2. Das Gesetz vom 30. November 1874 über Markenschutz . . 517
3. Das Gesetz vom 9. Januar 1876, betreffend das Urheberrecht an Werken bildender Künste 522
4. Das Gesetz vom 10. Januar 1876, betreffend den Schutz der Photographien gegen unbefugte Nachbildung 528
5. Das Gesetz vom 11. Januar 1876, betreffend das Urheberrecht an Mustern und Modellen 531
6. Das Patentgesetz vom 25. Mai 1877 536
   nebst folgenden Ergänzungsgesetzen:
   a. der Verordnung vom 18. Juni 1877, betreffend die Einrichtung, das Verfahren und den Geschäftsgang des Patentamtes 548
   b. Verordnung vom 1. Mai 1878, betreffend das Berufungsverfahren beim Reichs-Oberhandelsgericht in Patentsachen . 553

II.

Die Preußischen Gesetze, betreffend die Besteuerung der stehenden Gewerbe und des Gewerbebetriebes im Umherziehen:

A. Die gesetzlichen Bestimmungen, betreffend die Besteuerung der stehenden Gewerbe 557
B. Gesetz, betreffend die Besteuerung des Gewerbebetriebes im Umherziehen, vom 3. Juli 1876 592
C. Gesetz, betreffend die Besteuerung des Wanderlagerbetriebes 605

Chronologisches Inhaltsverzeichniß.

Die durch halbfetten Druck hervorgehobenen Gesetze u. s. w. sind mit ihrem Wortlaut übernommen.

	Paragraph	Seite
1787.		
Pfandleih-Reglement v. v. 13. März	Ein.	18
1803.		
Deklaration v. 4. April	Ein.	18
1810.		
Edikt v. 2. November	Ein.	1
1811.		
Edikt v. 7. September	Ein.	1
Edikt v. 15. Nov. (Vorfluth)	2[illegible]	128
1815.		
Medizinaltaxe vom 21. Juni	8[illegible]	308
1817.		
Cirk.V. v. 29. Juli	5[illegible]	267
Cirk.V. v. 8. Sept.	5[illegible]	267
1819.		
Steuerordn. v. 8. Febr.	An.	584
1820.		
Gesetz v. 30. Mai (Gewerbesteuer)	**An.**	**557**
§. 1, 2		557
§. 3		558
§. 4, 5, 6		562
§. 7, 8		563
§. 9		565
§. 10, 11		566
§. 12, 13		567
§. 14		568
§. 15, 16, 17, 18		569
§. 19, 20, 21, 22, 23, 24, 25, 26		570
§. 27		572
§. 28		572
§. 29		575
§. 30, 31, 32		577
§. 33		577
§. 34		580
§. 35, 36		581
§. 37, 38, 39		582
§. 40, 41, 42		584
Beilage B.		584
1823.		
Weser-Schiffahrtsakte vom 10. September	31	200
1824.		
Cab.O. v. 10. Januar	Anh.	559
1826.		
Cab.O. v. 11. Juni	Anh.	558 562
1828.		
Cab.O. v. 3. Mai	Anh.	559
Cirk.R. v. 17. Juni	33 Anh.	205 566
1829.		
Cab.O. v. 6. Juni	**Anh.**	**590**
1833.		
Cab.O. v. 17. Dezember	Anh.	559
1835.		
R. v. 3. Juni	1	23
R. v. 13. August	33	206
1836.		
Kosten-Regulativ vom 25. April	Anh.	574
1837.		
R. v. 12. Oktober	33	206
R. v. 23. Oktober	16	124

	Paragraph	Seite
1840.		
Gesetz v. 18. Juni §. 1, 6, 8, 12 (Verjährung der Abgaben) . . .	**Anh.**	**578**
R. v. 5. Dezember . .	12	88
1841.		
Cab.O. v. 6. Februar	**Anh.**	580 581
R. v. 14. April . . .	12	88
1842.		
V. v. 8. Februar . . .	44	246
Ges. v. 11. Mai (Zulässigkeit des Rechtsweges in Bezug auf polizeiliche Verfügungen)	15	100
1843.		
Cab.O. v. 24. Nov. .	**Anh.**	**591**
1844.		
Additional-Akte vom 13. April	31	200
Cirk.R. v. 31. Oktober	16	124
1845.		
Ges. vom 17. Januar (Entschädigung für aufgehobene Gewerbegerechtsame . . .	Einl. 7 12	1 62 87
Gewerbeord. v. 17. Jan. .	Einl. 12	1 87
R. v. 14. August . . .	16	123
1846.		
Cirk.R. v. 10. April .	16	123
1847.		
R. v. 10. März . . .	12	88
Cirk.R. v. 14. Juni .	16	124
V. v. 5. Juli . . .	56	271
Gew.O. (Hannover) v. 1. August	Einl.	18
R. v. 14. September .	16	124
Bek. v. 15. Oktober .	Einl.	18
Cirk.R. v. 26. Dezember	59 a	288
1848.		
Allerh.Erl. v. 17. April	1	30
Regl. v. 15. August .	35	217
1849.		
V. v. 9. Februar . . .	Einl.	2
CirkR. v. 9. Juni . .	1	36
R. v. 15. Oktober . .	16	124

	Paragraph	Seite
Cirk.R. v. 21. November	16	123
R. v. 18. Dezember .	1	36
1852.		
Ges. v. 22. Mai (Ergänzung z. Einf.Ges. des Strafgesetzbuchs) . .	Anh.	583
1853.		
Ges. v. 7. Mai (Beförderung von Auswanderern)	12	86
Ges. v. 17. Mai (Geschäftsverkehr der Versicherungsanstalten)	12	86
R. v. 19. November .	59 a	288
1855.		
Cirk.Erl. v. 13. März .	24	134
R. v. 20. September .	59 a	288
1857.		
Additional-Akte vom 3. Juli	31	200
Donau-Schifffahrtsakte v. 7. November . .	31	200
1858.		
R. v. 17. Mai	33	207
Ges. v. 31. Mai betreff. die Regulirung des Abdeckereiwesens . .	7	84
Allerh.Erl. v. 30. Juni	1	31
1861.		
Erk. d. O.T. v. 21. März	55	256
Ges. v. 24. Mai (Erweiterung des Rechtsweges)	Anh.	579
Ges. v. 22. Juni (Gewerbeordnung . . .	Einl. 12 34	2 86 215
Handelsgesetzbuch vom 24. Juni	11	86
Gesetz v. 1. Juli (gewerbliche Anlagen betreff.	Einl.	2
Gesetz v. 19. Juli, Gewerbesteuer	**Anh.**	**558**
§. 1, 2		558
§. 3		560
§. 4		570
§. 5, 6, 7		571
§. 8		588
§. 9		572
§. 10		589
§. 11		571

	Paragraph	Seite
§. 12		589
§. 13		577
§. 14		590
§. 15		560
§. 16		565
§. 17		591
§. 18		567
§. 19		569, 591
§. 20		591
§. 21		567
§. 22		568
§. 23		568
1862.		
Ges. vom 20. Oktober (Bergwerksabgaben)	Anh.	559
1864.		
Cirk.R. v. 18. Februar	24	134
Erk. d. O.T. v. 7. Mai	55	266
Cirk.R. v. 30. Oktober	16	124
1865.		
Erk. d. O.T. v. 26. Mai	147	484
Berggesetz v. 24. Juni	24, 34	136, 216
Erk. d. O.T. v. 6. Oktbr.	55	256
Erk. d. O.T. v. 7. Dez.	147	484
1866.		
Erk. d. O.T. v. 13. Sept.	55	256
R. v. 31. Dezember	55	267
1867.		
V. v. 29. März	Einl.	2
V. v. 28. April	Anh.	571, 580, 587
V. v. 11. Mai	Anh.	571, 580, 587
V. v. 24. Juni	Anh.	580
V. v. 25. Juni	56	271
Erk. d. O.T. v. 5. Juli	55	264
V. v. 8. Juli	44	246
V. v. 9. August	Einl.	2
R. v. 28. August	16	124
Schifffahrtsordnung für den Bodensee v. 22. September	31	200
V. v. 23. September	Einl., 12	2, 88
B.Ges. v. 1. November (Freizügigkeit)	Einl.	3
1868.		
Ges. v. 17. März (Ablösung gewerbl. Berechtigungen)	Einl., **8**	3, **67**
Ges. v. 18. März (Errichtung öffentlicher Schlachthäuser)	**23**	**128**
Vertrag vom 30. März	Einl.	27
Erk. d. O.T. v. 29. Juli	55	264
B.Ges. v. 8. Juli betreffend den Betrieb stehender Gewerbe	Einl., 155	4, 496
Maaß- u. Gewichtsordnung v. 17. August	Einl., 74	25, 306
Revid. Rheinschifffahrtsakte v. 17. Oktober	31	200
Erk. d. O.T. v. 25. Nov.	1	36
1869.		
B.Ges. v. 7. Apr. (Rinderpest)	5	41
Vertrag v. 12. Mai	Einl.	27
Vertrag v. 13. Mai	Einl.	28
Instr. v. 26. Mai	5	30
B.Ges. v. 21. Juni. Beschlagnahme des Arbeitslohns	**115**	**383**
Gewerbeordnung v. 22. Juni	**1ff.**	**29ff.**
Vereins-Zoll-Ges. v. 1. Juli	5, 64	40, 309
Eichungsordnung v. 16. Juli	Einl., 74	26, 306
Cab.O. v. 30. Juli	32	202
Anw. v. 4. Septbr.		
Einl.	1	30
Nr. 1	14	91, 92
Nr. 2	14, 15	92, 100
Nr. 3	16	109
Nr. 4	24	134
Nr. 7	31	182
Nr. 8	29	150
Nr. 9	36	218
Nr. 10	14	193
Nr. 11	32	202
Nr. 12	33	204
Nr. 13	35	217
Nr. 14	37	221
Nr. 15	60d	294
Nr. 17	44	242
Nr. 19	65	301

	Paragraph	Seite
Nr. 20	84	315
Nr. 21	81	314
Nr. 25	14 44 77 85 93 94 95 99	91 246 307 316 318 319 320
Nr. 26	30	181
Nr. 27	16	122
Nr. 28	24	133
Nr. 28—49	16	117
Nr. 49—51	24	135 136
Nr. 52—54	51	249
Nr. 55—58	30	181
Nr. 59	15 35	100 217
Nr. 60—66	29	177
Cirk.V. v 4. Septbr.	42	236
Erk. d. O.T. v. 22. Sept.	64	300
Bek. v. 25. Sept. (Prüfung der Aerzte ꝛc.)	**29**	**163**
Bek. v. 25. Sept. (Prüfung der Schiffer	**31**	**183**
R. v. 11. November	29 30	173 181
Erk. d. O.T. v. 18. Nov.	120a	394
Cirk.R. v. 24. Nov.	55 62	**257** 298
Ges. v. 26. Nov. betreff. die Eichungsbehörden	Einl.	26
Cirk.R. v. 29. Nov.	16	122
Bek. v. 6. Dezember	Einl.	25
R. v. 8. Dezember	55	260
Bek. v. 9. Dez. (Entbindung von ärztlichen Prüfungen)	**29**	**164**
Bek. v. 9. Dez. (Universität Gießen ꝛc.)	29	165
R. v. 11. Dezember	29	174
Eichgebührentaxe vom 12. Dezember	Einl.	26
R. v. 27. Dezember	29	176
R. v. 29. Dezember	29	174
1870.		
R. v. 13. Januar	59a	288
R. v. 5. Februar	59a	289
Erk. d. O.T. v. 17. Febr.	1	30
Bek. v. 23. Febr.	Einl.	25
R. v. 2. März	55	260
Cirk.R. v. 5. März	16	122
R. v. 8. März	6	54
B.G. v. 10. März (Ergänzung der Maß- und Gewichts-Ordnung)	Einl.	25
R. v. 30. März	29	174
R. v. 16. April	29	176
Erk. d. O.T. v. 29. April	1 14	36 90
R. v. 7. Mai	59a	289
R. v. 9. Mai	29	176
Cirk.R. v. 11. Mai	34	215
Erk. d. O.T. v. 12. Mai	115	385
R. v. 13. Mai	29	173
B.Ges. v. 13. Mai (Doppelbesteuerung)	Anh.	558
Cirk.V. v. 22. Mai	38	223
Bek. v. 23. Mai	Einl.	27
Bek. v. 30. Mai (Prüfung der Seeschiffer)	**31**	**185**
Erk. d. O.T. v. 1. Juni	1	30
Cirk.R. v. 2. Juni	30	181
Regl. v. 3. Juni	24	133
R. v. 7. Juni	29	173
B.G. v. 11. Juni (Urheberrecht an Schriftwerken ꝛc.)	Einl. Anh.	27 498
Cirk.V. v. 23. Juni	38	223
R. v. 24. Juni	55	260
B.G. v. 30. Juni (Nachträge zur Eichordnung)	Einl.	26
Anw. v. 11. Juli	31	200
R. v. 20. Juli	29	176
R. v. 30. September	30	181
Erk. d. O.T. v. 12. Okt.	29	176
Beschl. d. O.T. v. 20. Okt.	147	483
R. v. 31. Oktober	59a	288
Erk. d. O.T. v. 4. Nov.	1	30
Erk. d. O.T. v. 24. Nov.	75	306
Erk. d. O.T. v. 30. Nov.	29	176
Erk. d. O.T. v. 7. Dezbr.	64	300
1871.		
R. v. 4. Januar	55	260
Erk. d. O.T. v. 9. Jan.	29	177
Erk. d. O.T. v. 18. Jan.	1	30
R. v. 27. Januar	55	265
Bek. v. 15. Februar	Einl.	26
Regl. v. 2. März	36	218
Cirk.V. v 2 März	36	218

	Paragraph	Seite
Erk. d. O.T. v. 2. März	14 33	91 208
Erk. d. O.T. v. 9. März	29	176
R. v. 15. März	33	206
Erk. d. O.T. v. 24. März	36	220
Reichsverfass. v. 16. Apr.	Einl. 31	5 200
Erk. d. O.T. v. 19. Apr.	55	265
R.G. v. 6. Mai (Nachtrag zur Eichungsordnung)	Einl.	26
Anw. v. 6. Mai	Einl.	25
Reichsstrafgesetzbuch vom 15. Mai:		
§. 16, 18, 19, 27, 28, 29, 67, 68	145	481 482
§. 73	147	487
§. 222	120 144	391 392 480
§. 230	120 144	391 392 480
§. 232	120 144	391 392 480
§. 240	153	495
§. 247	123	396
§. 266	36 144	220 480
§. 286	56	270
§. 290	144	480
§. 297	144	480
§. 298	144	480
§. 300	144	480
§. 330	120	390 391
§. 360	38 56 144	223 270 480
§. 367 Nr. 3	6 34 144	61 215 480
§. 369	144	480
R. v. 18. Mai	64	299
B. v. 29. Mai (Dampfkessel)	**24**	**134**
Einf. Ges. z. Str.G.B. v. 31. Mai	143	472
R.G. v. 7. Juni (Schadenersatz bei Tödtungen und Körperverletzungen)	**120**	**387**
Cirk. R. v. 10. Juni	59a	288
Cirk. R. v. 11. Juni	24	140
Bek. v. 16. August	Einl.	25
R. v. 4. Oktober	29	174
Erk. d. O.T. v. 5. Oktbr.	120	391
Vertrag v. 12. Oktober	Einl.	27
Erk. d. O.T. v. 19. Oktober	29 147	174 487
Reichspostgesetz vom 28. Oktober §. 1, 2, 27, 28, 30, 31, 32, 33	**5**	**38**
R. v. 31. Oktober	24	141
R.G. v. 10. November (Gewerbeordnung)	Einl.	6
Erk. d. O.T. v. 17. November	55	265
Cirk. R. v. 24. Novbr.	32	202
R.G. v. 26. November (Einführg. d. Maaß- u. Gewichtsordnung in Bayern)	Einl.	25
Erk. d. O.T. v. 7. Dezbr.	143	472
Vertrag v. 11. Dezbr.	Einl.	28
R. v. 12. Dezember	24	135
Regl. v. 21. Dezember	34	216
1872.		
R. v. 27. Januar	53	251
R.G. vom 31. Januar (Nachtr. z. Eichungsordnung)	Einl.	26
Bek. v. 31. Januar	Einl.	26
Cirk. R. v. 24. Februar	29	176
Erk. d. O.T. v. 1. März	33	205
Vertrag v. 2. März	Einl. 44	27 246
Ges. v. 9. März (Taxe f. Medizinalbeamte)	**80**	**308**
Bek. v. 19. März	Einl.	26
Ges. v. 20. März (Gewerbesteuer)	**Anh.**	
§. 1	. . .	560
§. 2	. . .	568
§. 3, 4	. . .	591
Erk. d. O.T. v. 11. Apr.	14	90
Ges. vom 26. April (Marktstandsgeld)	**68**	**303**
Bek. v. 1. Mai	Einl.	25
Gesetz vom 3. Mai (Dampfkessel)	**24**	**146**
Erk. d. O.T. v. 3. Mai	29	175
R. v. 15. Mai	33	205
Bek. v. 17. Mai (Württemberg)	29	165

	Paragraph	Seite
Bek. v. 17. Mai (Thierärzte	29	165
Erk. d. O.T. v. 24. Mai	147	485
R. v. 7. Juni	24 80	141 308
Anw. v. 10. Juni	68	303
Erk. d. O.T. v. 11. Juni	29 55 120a	174 265 395
R.G. v. 12. Juni (Gew. Ordnung)	Einl.	6. 9.
Erk. d. O.T. v. 14. Juni	55	256
R. v. 14. Juni	37	221
Regulativ v. 24. Juni (Revision der Dampfkessel)	**24**	**136**
R.G. v. 25. Juni (Eichordnung)	Einl.	26
Bek. v. 28. Juni (Aerzte)	29	165
Erk. d. O.T. v. 4. Juli	147	488
Bek. v. 5. Juli	31	201
Bek. v. 11. Juli	Einl.	27
Erk. d. O.T. v. 11. Juli	55 148	262 491
R.G. v. 15. Juli (Elsaß-Lothringen)	Einl.	6
Bek. v. 19. Juli	29	165
R. v. 27. August	13	90
R. v. 8. September	24	135
R. v. 15. September	14	92
Cirk.R. v. 17. Septbr.	24	140
Cirk.R. v. 12. Oktober	24	134
Erk. d. O.T. v. 12. Oktb.	33	206
Erk. d. O.T. v. 16. Oktb.	33	206
Cirk.R. v. 27. Oktober	24	134
Cirk.R. v. 31. Oktober	24	140
Erk. d. O.T. v. 15. November	33	207
R. v. 30. November	55	257
Ges. v. 17. Dezember (Abdeckerei-Gewerbe)	**7** Anh.	**66** 559
R. v. 24. Dezember	24	140
Seemannsordnung v. 27. Dezember	31	201

1873.

	Paragraph	Seite
Erk. d. O.T. v. 2. Jan.	59	266
R. v. 11. Januar	80	308
Cirk.R. v. 13. Januar	7	84
R.G. vom 27. Januar (Elsaß-Lothringen)	Einl.	27
R. v. 11. Februar	55	268
Beschl. d. O.T. vom 4. März	147	488
Erk. d. O.T. v. 5. März	33	209
R. v. 19. März	37	221
Cirk. R. v. 20. März	7	84
R.G. vom 31. März (Reichsbeamte)	12	88
R. v. 25. April	33	209
Erk. d. O.T. v. 30. Apr.	55	264
V. v. 19. Mai	Anh.	574
Ges. v. 25. Mai	Anh.	580
Instr. v. 9. Juni	5	41
Erk. d. O.T. v. 18. Jun.	5	40
R. v. 1. Juli	14	91
Bek. v. 15. Juli	29	171
Erk. d. O.T. v. 17. Juli	1	36
R. v. 26. Juli	*29*	*177*
Bek. v. 18. August	Einl.	27
Erk. d. O.T. v. 8. Sept.	120	391
Erk. d. O.T. v. 12. Sept.	55	265
Erk. d. O.T. v. 26. Sept.	1	30
Erk. d. O.T. v. 4. Oktbr.	33	207
Bek. v. 8. Oktober	Einl.	27
R. v. 8. Oktober	24	142
Erk. d. O.T. v. 9. Oktbr.	153	494
Erk. d. O.T. v. 10. Oktbr.	14	92
R. v. 14. Oktober	55	268
R. v. 18. Oktober	33	205
Erk. d. O.T. v. 23. Oktbr.	33	210
Erk. d. O.T. v. 24. Oktbr.	55	256 266
Erk. d. O.T. v. 29. Oktbr.	33	208
R. v. 12. November	80	309
Erk. d. O.T. v. 28. Novbr.	115	385
R.G. vom 7. Dezember (Abänderg. d. Maaß- u. Gewichtsordnung)	Einl.	25
Vereinbarung v. 11. Dezember	29	174

1874.

	Paragraph	Seite
Erk. d. O.T. v. 10. Jan.	1	35
R. v. 27. Januar	33	205
Erk. d. O.T. v. 31. Jan.	147	488
Erk. d. O.T. v. 7. Febr.	120	391
R. v. 18. Februar	1	30
Erk. d. O.A.G. v. 21. Februar	1	30
Cirk.R. v. 28. Februar	120a	395
R.G. v. 2. März (gewerbliche Anlagen)	Einl. **16**	9 **102**
Erk. d. O.T. v. 11. März	33	207
R. v. 13. März	59	266
R. v. 17. März	12	88

	Paragraph	Seite
Erk. d. O.T. v. 30. März	33	211
Impfgesetz v. 8. April	29	174
R. v. 24. April . . .	12	88
Erk. d. O.T. v. 5. Mai	29	175
R.G. v. 7. Mai (Preßgesetz)	5 43 143	40 240 472
Erk. d. O.T. v. 14. Mai	55	265
Erk. d. O.T. v. 2. Juni	16 115 147	123 385 489
Erk. d. O.T. v. 3. Juni	153	495
Ges. v. 5. Juni (Gewerbesteuer) . . .	**Anh.**	**561**
§. 1	. . .	561
§. 2	. . .	566
§. 3	. . .	573 575
§. 4, 5	. . .	575
R. v. 8. Juni	16	122
Ges. v. 10. Juni (Betheilig. d. Staatsbeamten an Aktienunternehmungen u. s. w.)	**12**	**87**
Erk. d. O.T. v. 13. Juni	33	208
R. v. 22. Juni. . . .	24	142
Erk. d. O.T. v. 24. Juni	37 76	221 307
Erk. d. O.H.G. vom 26. September . . .	132	401
Erk. d. O.T. v. 7. Oktbr.	6	54
R. v. 19. Oktober . .	24	133
R. v. 26. Oktober . .	33	206
Cirk.R. v. 29. Oktober	24	134
V. vom 4. November (Medicinalbeamte.)	**80**	**313**
Erk. d. O.T. v. 28. Novbr.	33	210
R.G. v. 30. November (Markenschutz.) . .	Einl. Anh.	27 **517**
Erk. d. O.T. v. 17. Dzbr.	45	246
R.G. v. 19. Dezember (Einführng. d. Maaß- u. Gewichtsordnung in Elsaß-Lothringen)	Einl.	25
Bek. v. 21. Dezember	31	200

1875.

	Paragraph	Seite
V. v. 4. Januar (Verkehr m. Arzneimitteln)	**6** 56	**54** 272
R. v. 7. Januar . . .	33	207
Erk. d. O.T. v. 7. Januar	115	385
— 27. Januar	14	91
— — 3. Febr. .	55	264
— — 4. Febr. .	33	207
— — 25. Febr. .	55	265
— — 27. Febr. .	33	209
— — 5. März .	55	265
Bek. v. 5. März (Prüfung der Apotheker)	**29**	**165**
Erk. d. O.T. v. 10. März.	55 55	257 266
Cirk.R. v. 12. März .	29	173
Erk. d. O.T. v. 7. April	147	488
Erk. d. O.T. v. 14. April	33	209
R. v. 14. April . . .	16	122
Vertrag v. 14. April .	Einl.	28
Vertrag v. 20. April .	Einl.	27
Ges. v. 23. April (Hebammen).	80	308
Erk. d. O.T. v. 10. Mai	70	305
R. v. 12. Mai	33	211
V. v. 21. Mai. . . .	29	173
Erk. d. O.T. v. 22. Mai	16	123
— — 27. Mai	29	175
— — 1. Juni	153	495
Ges. v. 25. Juni (Viehseuchen)	5	41
R. v. 4. Juli	33	212
Vormundschaftsord. v. 5. Juli	Anh.	576
Erk. d. O.T. v. 7. Juli	62	298
Erk. d. O.T. v. 12. Juli	16 37	123 221
Bek. v. 25. Juli . . .	Einl.	25
Bek. v. 20. August . .	Einl.	27
V. v. 30. August . .	Anh.	571
R. v. 12. September	16	109
Bek. v. 13. September	Einl.	27
Erk. d. O.T. v. 30. Sept.	147	489
R. v. 8. Oktober . . .	55	267
Erk. d. O.T. v. 13. Oktb.	14	92
R. v. 16. Oktober . .	55	262
R. v. 28. Oktober . .	53	251
Erk. d. O.T. v. 3. Novbr.	120	392
Cirk. R. v. 10. Novbr.	24	135
Bek. v. 13. November (Apothekergehülfen)	**29**	**171**
Erk. d. O.T. v. 16. Novb.	33 45	205 247
R. v. 18. November .	53	251
Erk. d. O.T. v. 15. Dezb.	127	399
Erk. d. O.T. v. 22. Dezb.	29 33 55	175 207 265

	Paragraph	Seite
Cirk. R. v. 23. Dezbr.	16 147	123 489
1876.		
R.G. v. 9. Januar (Urheberrecht der Werke bildender Kunst)	Einl. Anh.	28 **523**
R.G. v. 10. Januar (Schutz der Photographien geg. Nachbildung)	Einl. Anh.	28 **529**
R.G. vom 11. Januar (Muster u. Modelle)	Einl. Anh.	28 **532**
R. v. 11. Februar	55	263
Erk. d. O.H.G. v. 16. Februar	105	378
Erk. d. O.T. v. 17. Febr.	16	123
Erk. d. O.T. v. 16. März	45	246
Erk. d. O.H.G. vom 17. März	120	393
Bek. v. 22. März	Einl.	26
R.G. vom 7. April (Hülfskassen)	Einl. 16 **140**	9 108 **420**
R.G. v. 8. April (Gewerbe-Ordnung)	Einl. **141** ff.	10 **436**
Beschl. d. Bundesraths vom 27. April	29	175
Cirk. R. v. 1. Mai	29	173
Anw. vom 15. Mai (Hülfskassen)	**140**	**425** 429 432 433 434 435
Erk. d. O.T. v. 15. Mai	1	37
— — 16. Mai	33	205 210
— — 30. Mai	120	391
R. v. 1. Juni	34	216
Erk. d. O.T. v. 8. Juni	147	485
R. v. 19. Juni	29	173
Erk. d. O.T. v. 23. Juni	147	488
Ges. v. 29. Juni (Etatsjahr)	Anh.	578
Erk. d. O.T. v. 30. Juni	1	35
Ges. v. 3. Juli (Besteuerung des Gewerbebetriebes im Umherziehen u. s. w.	**Anh.**	**592**
§. 1, 2, 3, 4	. . . .	563 564
§. 5	. . .	565
§. 6, 7, 8 (Gew.O.	59a	289
§. 17	. . .	582
§. 20 . . Gew.O.	§. 56	272
§. 22—26, 27, 28	. . .	582 583
§. 30	. . .	582
§. 31	. . .	583
Ges. v. 12. Juli (Etatsjahr)	Anh.	578
Ges. v. 26. Juli (Zuständigkeit der Verwaltungsbehörd. rc.)		
§. 30, 31, 32, 35, 36	. . .	. . .
§. 76 ff.	28	149
§. 123	16 24	103 133
§. 124	16	103
§. 125	16 27	104 149
§. 126, 127	16	104
§. 128	16 33	104 211
§. 129	16 32	104 201
§. 130	16	104
§. 131	16 55	104 260
§. 132	16	104
§. 133	16 35 37 53	104 217 221 251
§. 134	16 29 30 53	106 178 181 251
§. 135	16	106
§. 136 Nr. 1	16 39	106 233
§. 136 Nr. 2	16 85	106 316
§. 136 Nr. 3	16 93	106 318
§. 136 Nr. 4	16 64 65	106 300 301
§. 136 Nr. 5	16 66	107 241
§. 137	16 94 95	107 318 319

	Paragraph	Seite
§. 138	16 142	107 471
§. 139, 140	16 65	107 301
§. 141	16 68	107 303
§. 144 Nr. 1, 2	7 16	84 107
§. 145 Nr. 1. 2.	16 23	108 132
§ 149—152	16	108
§. 170	16 85 93 94	109 301 316 318
Erk. d. O.V.G. v. 1. Aug.	15	101
Erk. des O.V.G. vom 15. September	33	209
Erk. d. O.T. v. 15. September	33	206 209
Erk. d. O.T. v. 20. September	147	486 487
Erk. d. O.T. v. 22. September	29	176
Erk. d. O.T. v. 26. September	147	484
Erk. d. O.T. v 29. September	33	212
Erk. d. O.T. v. 3. Oktob.	33	211
Erk. d. O.T. v. 13. Oktb.	55	264
R. v. 29. Oktober	24	141
Erk. d. O.T. v. 1. Novbr.	24	142
— — 9. Novbr.	29	175
— — 24. Novbr.	33	210
— — 30. Novbr.	33	205
R. v. 30. November	7	62
Erk. d. O.H.G. v. 8. Dezember	120a	395
Erk. d. O.T. v. 11. Dzbr.	1	36
— — 13. Dzbr.	148	491
— — 21. Dzbr.	147	488
1877.		
Erk. d. O.T. v. 23. Jan.	32	202
Erk. d. O.T. v. 23. Jan.	16	123
R.G. v. 27. Januar (Gerichtsverfassung)	21 147 Anh.	127 483 508
R.G. v. 30. Januar	120	389
Erk. d. O.T. v. 9. Febr.	33	209
Bek. v. 14. Februar	140	432
Bek. v. 28. Februar	Einl.	28

	Paragraph	Seite
Bek. v. 7. März (Gewerbebetrieb der Ausländer im Umherziehen)	56d 60	275 275
Erk. d. O.T. v. 21. März	29	176
Bek. v. 26. März	Einl.	26
Cirk.R. v. 28. März	16	117
R. v. 6. April	36	219
Erk. d. O.T. v. 6. April	33	205
Erk. d. O.V.G. v. 7. Apr.	15	101
Erk. d. O.T. v. 18. Apr.	30	182
Ges. v. 14. Mai (Elsaß-Lothringen)	Einl.	7
Ges. v. 16. Mai (Elsaß-Lothringen)	Einl	7
Erk. des O.V.G. vom 23. Mai	32	202
Cirk.R. v. 24. Mai	56d	275
R.G. v. 25. Mai (Patentgesetz)	Einl. Anh.	28 **537**
Erk. d. O.V.G. v. 9. Juni	32	202
Erk. d. O.T. v. 11. Juni	147	488
— — 13. Juni	62 148	298 491
— — 14. Juni	24 147	141 486
V. v. 18. Juni (Patentamt)	Einl. Anh.	28 **550**
Erk. d. O.T. v. 9. Juli	1	37
— — 11. Juli	33	208
— — 13. Juli	1 149	35 492
R.G. v. 27. Juli (betreff. die Untersuchung v. Seeunfällen)	Einl. 31	11 200
Bek. v. 27. Juli	31	200
R. v. 7. September	24	135
R. v. 16. Oktober	55	261
Erk. d. O.T. v. 17. Okt.	147	487
— — 24. Okt.	33	205
Vertrag v. 14. Nov.	44	246
Erk. d. O.T. v. 15. Nov.	29	176
Erk. d. O.T. v. 20. Dzbr.	33	207
1878.		
R. v. 16. Januar	36	219
Erk. d. O.T. v. 25. Jan.	24 25	141 149
R. v. 23. Februar	56d	275
Erk. d. O.T. v. 27. Febr.	33	205
— — 1. März	33	207
— — 6. März	55	256

	Paragraph	Seite
Erk. d. O.T. v. 20. März	59a	289
Bek. vom 27. März (Thierärzte)	**29**	**165**
Erk. d. O.T. v. 28. März	55	264
— — 4. April	147	486
— — 10. April	45	247
V. v. 1. Mai (Patentsachen)	Einl. Anh.	28 **555**
R. v. 28. Mai . . .	62	298
Erk. d. O.T. v. 1. Juni	148	490
Cirk. R. v. 3. Juni . .	6	54
R.G. v. 11. Juni betreff. den Gewerbebetrieb der Maschinisten auf Seedampfschiffen . .	Einl. 31	11 201
Bek. v. 11. Juni . . .	31	200
R.G. v. 3. Juli . . .	1	37
Erk. d. O.T. v. 15. Juli	29	176
R.G. v. 17. Juli (Gewerbeordnung) . .	Einl. 146 bis 151 **105**	11 482 ff. 495 **378**
Erk. d. O.T. v. 11. September	16	123
R. v. 26. September .	36	219
Erk. d. O.T. v. 11. Oktbr.	33	211
Erk. d. O.T. v. 15. Oktbr.	59	267
R.G. vom 21. Oktober (Schutz gegen Sozialdemokratie) (§§. 1—9, 11—16, 17, 19, 21 Abs. 1, 22—28, 28 Nr. 2, 4, 29, 30)	43 53 140 **143**	241 251 433 **473**
Erk. d. O.T. v. 23. Oktbr.	29	175
Anw. v. 24. Oktober .	103	381
Erk. d. O.T. v. 29. Oktbr.	33	208
Erk. d. O.T. v. 1. Novbr.	147	488
Cirk.R. v. 5. Novbr. . .	24 139	135 407
Erk. d. O.T. v. 13. Novbr.	33 147	211 483 488
Cirk.R. des H.M. und K.M. v. 26. Novbr. .	135	404
Erk. d. O.T. v. 13. Dzbr.	33 147	205 483
— — 19. Dzbr.	151	493
— — 20. Dzbr.	143	479

1879.	Paragraph	Seite
Erk. d. O.T. v. 3. Jan.	1 48	36 248
Erk. d. O.T. v. 17. Jan.	55	265
Bek. v. 4. Februar . .	29	172
Erk. d. O.T. v. 13. Mrz.	33	210
Erk. d. O.T. v. 27. Mrz.	33	209
Beschl. d. Bundesraths v. 27. März	55	257
R. d. M. d. J. vom 30. März	32	202
Bek. v. 4. April . . .	Einl.	28
Cirk.R. d. H M. vom 17. April	139	408
Bek. vom 23. April (Walz- u. Hammerwerke)	**139a** 135 138	**410** 404 406
Bek. vom 23. April (Glashütten) . . .	**139a**	**413**
Erk. d. O.T. v. 30. April	147	486.
Erk. d. O.T. v. 6. Mai	147	485
Allerh. Erl. v. 14. Mai	139b	414
R.G. v. 14. Mai (Verkehr mit Nahrungsmitteln rc.)	5 139b	41 414
Bek. v. 20. Mai (Arbeit i. Spinnereien)	**139a** 138	**413** 406
Anw. v. 24. Mai (Gewerberäthe	16 **139b** 120 138 147 154	124 **414** 393 406 487 496
Erk. d. O.T. v. 14. Juni	33	205
Erk. d. O.T. v. 19. Juni	7	62
Bek. v. 30. Juni . . .	31	201
Erk. d. O.T. v. 3. Juli	147	488
— — 4. Juli	147	488
— — 18. Juli	147	485 487
R.G. v. 23. Juli (Gewerbeordnung) . .	Einl. **6** **30** **33** **34** **35** **38** 142	15 **51** **179** **204** **214** **216** **222** 471
R. d. F.M. v. 4. August	55	268
Allg. Verf. v. 25. August	147	484
Erk. d. O.T. v. 4. Sept.	60d	296

	Paragraph	Seite
Cirk.Erl v. 14. Sept.	33 142	204 471
Cirk.Erl. v. 21. Sept.	34 38 40 142	214 223 233 471
R. d. H.M. v. 23. Sept.	24	135
Erk. d. R.G. v. 1. Nov.	29	175
— — 14. Nov.	R.G. 1878	479
— — 19. Nov.	16	124
Bek. v. 19. November	31	201
Bek. v. 25. November	29	119
Cirk.R. d. M. f. L. v. 3. Dezember	29	173
Allerh. Cab.O. vom 15. Dezember	Anh.	586
Erk. d. R.G. v. 24. Dezember	29	176
Bek. v. 25. Dezember	29	172
1880.		
Cirk.R. d. H.M. vom 9. Januar	17	125
Bek. v. 24. Januar	29	172
Cirk.R. d. H.M. und K.M. v. 31. Januar	135	404
V. v. 9. Februar	**6**	**55**
Ges. v. 18. Februar	7	79
Erk. d. R.G. v. 24. Febr.	56	266 271
Erk. d. R.G. v 25. Febr.	55	266
Ges. v. 27. Februar	Anh.	**605**
Ges. v. 1. April	144	279
Erk. d. K.G. v. 2. April	55	256
Erk. d. R.G. v. 19. Apr.	134	402
— — 23. Apr.	120	392
— — 4. Mai	120	392
Cirk.R. d. K.M. vom 10. Mai	29	172 173
Cirk.R. d. H.M. vom 14. Mai	39	163
Erk. d. R.G. v. 20. Mai	33	210
R. d. K.M. v. 21. Mai	29	172
R.Ges. v. 24. Mai	1 144	37 480
R.Ges. v. 31. Mai	143	478
Erk. d. R.G. v. 5. Juni	33	207
Erk. d. K.G. v. 10. Juni	33	208
R.Ges. v. 23. Juni	23	90
R. d. F.M. v. 28. Juni	55	263
R.Ges. v. 15. Juli	Einl. **32**	17 **201**

	Paragraph	Seite
Ges. v. 26. Juli	15 16 15 34 16	93 109 100 215 109
Erk. d. K.G. v. 10. Sept.	7	85
Erk. d. K.G. v. 7. Oktob.	36	220
Erk. d. R.G. v. 12. Okt.	151	494
Erk. d. R.G. v. 6. Nov.	147	487
Erk. d. K.G. v. 11. Nov.	33	208
Erk. d. R.G. v. 13. Nov.	5	46
V. v. 17. Nov. (Volkswirthschaftsrath)	**1**	**31**
Erk. d. R.G. v. 2. Dec.	120	392
Erk. d. K.G. v. 9. Dec.	80	309
R. d. K.M. v. 9. Decemb.	14	92
R. d. F.M. u. C.M. vom 10. December	6	55
Erk. d. R.G. v. 13. Dec.	5	49
Erk. d. K.G. v. 16. Dec.	33	210
R. d. M. d. J. u. F.M. vom 23. December	7	85
1881.		
Erk. K.G v. 6. Januar	56	272
R. d. F M. v. 8. Januar	55	263
Erk. d. R.G. v. 17. Jan.	5	46
Erk. d. R.G. v. 17. Jan.	5	46
Erk. d. R.G. v. 19. Jan.	16	125
Bek. v. 31. Januar	16	102
Gesetz vom 2. Februar	80	311
Erk. d. R.G. v. 3. Febr.	R.G.	479
Erk. d. O.R.G. v. 9. Fbr.	6	55
Erk. d. R.G. v. 10. Febr.	5	46
Erk. d. K.G. v. 24. Febr.	36	220
Erk. d. R.R. v. 1. März	120	391
R. d. K.M. v. 4. März	29	173
Gesetz vom 9. März (Schlachthäuser)	23	130 131 132
Erk. d. R.G. v. 11. März	5	45
Gesetz vom 12. März	5	30
Gesetz vom 17. März (Pfandleihgewerbe)	**38**	**224**
Erk. d. K.G. v. 9. Mai	147	488
R. d. K.M. vom 12. Mai	59a	289
Erk. d. K.G. v. 16. Mai	55	264
Ueb. vom 23. Mai	44	246
Erk. d. R.G. v. 1. Juni	R.G.	479
Erk. d. R.G. v. 4. Juni	5	46
Erk. d. R.G. v. 4. Juni	5	49
Erk. d. K.G. v. 9. Juni	14	91
Erk. d. R.G. v. 18. Juni	136	405
Erk. d. K.G. v. 20. Juni	14	91

	Paragraph	Seite
Reg. d. H.M. v. 24. Juni	31	199
Erk. d. R.G. v. 29. Juni	R.G.	478
Erk. d. R.G. v. 2. Juli	5	47
Bek. v. 10. Juli . . .	139a	408
Bek. v. 12. Juli . . .		
Erk. d. R.G. v. 14. Juli	5	47
Bek. d. M. d. J. vom 16. Juli	38	231
R.G. v. 18. Juli (Gew.-Ordnung)	Einl.	17
	97	320
	148	489
	149	491
R.G. vom 20. Juli (Schankgefäße) . .	**33**	**212**
Bek. v. 26. Juli . . .	16	102
V. v. 29. August . . .	16	103
Erk. d. K.G. v. 22. Sept.	5	40
Erk. d. R.G. v 23. Sept.	R.G.	480
— — 29. Sept.	56	271
— — 1. Okt. .	R.G.	480
— — 4. Okt. .	33	205
— — 5. Okt. .	5	45
— — 8. Okt. .	R.G.	479
— — 10. Okt.	5	50
Cirk.R. d. F.M.; H.M.; u. M. d. J. v. 26. Okt.	56d	276
Erk. d. R.G. v. 1. Nov.	5	48
Cirk.R. d. M. d. J. vom 4. Nov.	38	233
R. d. H. M. v. 19. Nov.	120a	395
Cirk.R. d. M. d. J. vom 20. Nov.	33	206
Erk. d. R.G. v. 22. Nov.	120	391
— — 23. Nov.	56	271
— — 26. Nov.	120	392
— — 1. Dec.	144	481
— — 2. Dec.	5	45
Erk. d. K.G. v. 22. Dec.	144	481
Erk. d. R.G. v. 23. Dec.	R.G.	479
1882.		
Erk. d. R.G. v. 3. Jan.	5	45
Erk. d. R.G. v. 4. Jan.	5	48
Bek. vom 11. Januar (Innungsstatut) . .	**97**	**324**
Bek. v. 19. Jan. . . .	Einl.	27
Erk. d. R.G. v. 25. Jan.	5	48
Erk. d. R.G. v. 26. Jan.	5	48
Bek. v. 27. Jan. . . .	Einl.	28
Bek. v. 31. Jan. . . .	16	102
R. d. F.M. v. 31. Jan.	55	264
Erk. d. R.G. v. 3. Febr.	143	480
— — 11. Febr.	120	393
— — 11. Febr.	5	51

	Paragraph	Seite
Erk. d. R.G. v. 15. Febr.	5	50
— — 18. Febr.	5	46
— — 23. Febr.	120	393
R. d. M. d. J. vom 24. Febr.	45	247
Erk. d. R.G. v. 24. Febr.	5	45
V. vom 24. Februar (Petroleum)	**5**	**42**
Anw. v. 2. März . .	97	322
Erk. d. 7. März . . .	5	48
Anw. des H.M. vom 9. März (Innungen)	. .	. . .
§§. 1. 2	. . .	354
§§. 3—11 inkl. .	. .	322
§§. 12—20 inkl. .	. . .	371
§§ 21—24 inkl. .	. . .	365
§§. 25. 26	. . .	373
§§. 27. 28. 29 . .	. . .	369
§§. 30—32 inkl. .	. . .	359
§§. 33. 34	. .	367
§§. 35—38 inkl. .	. . .	376
Erk. d. R.G. v. 15. März	R.G.	479
— — 16. März	136	405
	147	483
— — 16. März	146	483
Erk. d. K.G v. 20. März	147	487
Erk. d. R.G. v. 27. März	5	50
Erk. d. R.G. v. 30. März	56	182
Cirk. d. M. d. J. vom 30. März	115	386
Erk. d. R.G. v. 12. April	120	393
Erk. d. K.G. v. 17. April	56	272
V. v. 1. Mai (Verwendung giftiger Farben)	**5**	**43**
Erk. d. K.G. v. 4. Mai	72	305
Erk. d. R.G. v. 5. Mai	5	49
Erk. d. R.G. v. 8. Mai	5	49
— — 9. Mai	5	47
— — 10. Mai	R.G.	479
— — 11. Mai	5	47
— — 15. Mai	5	47
— — 25. Mai	6	53
— — 26. Mai	5	49
— — 9. Juni	120	393
— — 23. Juni	147	488
Cirk.R. d. M. d. J. v. 26. Juni	38	224
Cirk.R. d. H. M., M. d. J. u. F. M. v. 29. Juni	55	267
Erk. d. R.G. v. 10. Juli	5	47
Erk. d. R.G. v. 11. Juli	56	271
Bek. v. 12. Juli . . .	16	102
V. v. 1. August (Kunstwollfabriken) . . .	**16**	**104**

	Paragraph	Seite
R. d. H. M. v. 18. Aug.	35	217
Erk. d. R.G. v. 22. Sept.	115	385
— — 19. Oktb.	135	404
— — 21. Oktb.	151	494
— — 27. Oktb.	5	49
— — 20. Nov.	5	46
— — 23. Nov.	115	385
— — 5. Dez.	120	393
— — 21. Dez.	5	51
Bek. v. 23. Dezember .	16	102
Bek. v. 23. Dezember .	29	172
1883.		
V. v. 3. Januar . . .	**6**	**35**
Erk. d. R.G. v. 4. Jan.	120	392
Vertrag v. 6. Januar	44	246
Erk. d. R.G. v. 8. Jan.	115	385
Erk. d. R.G. v. 12. Jan.	30	126
Bek. v. 13. Januar . .	29	172
Erk. d. R.G. v. 8. Febr.	5 148	45 491
Erk. d. R.G. v. 15. Febr.	135	403
R. v. 18. Februar . .	140	435
V. vom 5. März (Verwendung giftiger Farben)	5	44
Bek. v. 12. März . .	139a	408
Bek. v. 21. März . .	16	102
Erk. d. R.G. v. 3. April	5	49
Erk. d. R.G. v. 13. April	56	271
Ueb. v. 19. April . .	Einl.	27
Bek. v. 21. April . .	16	102
Cirk.R. vom 11. Mai .	16	124
R. d. M. f. L. 31. Mai	80	310
Bek. v. 2. Juni I. II.	29	151 160
Cirk.R. v. 9. Juni . .	36	219
R.G. vom 15. Juni (Krankenversicherung der Arbeiter) . . .	**141f.**	**438ff.**
— — —	Einl.	24
— — —	15	93
— — —	95	320
— — —	140	421 435 436
R.G. v. 1. Juli (Gew. Ordnung)	Einl.	21
	6	51
	21	126
	24	133
	30a	181
	33a	213
	33bc	214
	35	216
	40	233
	42	234
	42ab	236 237
	43	239
	44	241
	44a	244
	53	250
	54	251
	55	252
	56	268
	56ab cd	268 272 273 275
	57	282
	57ab	285
	58 59	286
	59a	287
	60	289
	60abc	292
	60d	294
	61 62	296
	63	298
	83	314
	86	316
	108	380
	137	405
	143	472
	145	481
	146	482
	148	489
	149	491
	154	495
Vertrag v. 12. Juli .	44	246
Bek. v. 18. Juli . . .	24	140 143 144 147
Gesetz vom 30. Juli (Allg. Landes-Verwaltung)	7	65 66
§§. 41. 42 . . .	16	115
§§. 43. 44. 45 . .	16	116
§§. 46.—49 . . .	16	117
§. 139	38	233
§. 157	20	126
Gesetz vom 1. August (Zuständigk. der Verwaltungsbehörden) .	7	65 84
§. 127.—146. 155.	15	99 100

	Paragraph	Seite		Paragraph	Seite
§§. 109. 110 . .	16	110		95	320
§§. 111. 112—115	16	111		93	318
	27	149		98	355
	32	201	§§. 126—130 . .	16	114
	33	211		64	301
	51	249		65	301
§§. 116—120 . .	16	112		68	304
	37	221	§§. 131—133 . .	16	115
	53	251	§§. 142—471 . .	23	132
	43	241		39	233
	55	260	Bek. v. 2. August . .	Einl.	27
§§. 121—125 . .	16	113	Cirk.R. v. 22. Aug. .	55	255
	85	316	**Bek. v. 31. October*)**	**44**	**243**
	94	319		**56d**	**275**

*) Dieselbe publizirt wörtlich die an der citirten Stelle aufgeführten Beschlüsse des Bundesraths.

Einleitung.

In Preußen bestand bis zum Anfange des neunzehnten Jahrhunderts eine Verfassung des Gewerbewesens, welche den Handwerks- und Handelsbetrieb vorzugsweise auf die Städte beschränkte und auch dort der Regel nach nur den Mitgliedern der Zünfte, Gilden und Innungen frei stellte. Die Gewerbeberechtigungen privilegirter Korporationen und einzelner Personen waren vorherrschend, und selbst diese vielfach noch vom Grundbesitz abhängig, und durch Zwangs- und Bannrechte begünstigt. Das Edikt vom 2. November 1810 über die Einführung einer allgemeinen Gewerbesteuer beseitigte zuvörderst in Bezug auf den Gewerbebetrieb den bisherigen Unterschied zwischen Stadt und Land, so wie alle bis dahin den Zünften und Innungen oder einzelnen Privatpersonen zugestandenen, oder mit dem Besitz von Grundstücken verbundenen, Vorrechte. Das Edikt vom 7. September 1811 betreffend die polizeilichen Verhältnisse der Gewerbe traf bezüglich der aus polizeilichen Gründen nothwendigen Beschränkungen der Gewerbefreiheit nähere Bestimmungen, welche indeß zunächst noch nicht auf die im Jahre 1815 neu erworbenen Provinzen übertragen wurden. Das Gesetz vom 30. Mai 1820 wegen Entrichtung der Gewerbesteuer stellte die Revision der verschiedenen Gesetze über die Berechtigung zum Gewerbebetriebe in Aussicht. Das Ergebniß der diesfälligen legislatorischen Arbeiten war die allgemeine Gewerbeordnung vom 17. Januar 1845 und das Entschädigungsgesetz von demselben Datum. Die neue Gewerbeordnung stellte sich die Aufgabe, neben dem weiteren Ausbau der Gewerbefreiheit die Ordnung des Gewerbebetriebes durch geeignete polizeiliche Vorschriften festzustellen. Sie hob die damals in einzelnen Landestheilen noch bestehenden Beschränkungen des freien Gewerbebetriebes auf und normirte gleichzeitig die Beschränkungen und Bedingungen für solche gewerbliche Anlagen, bei deren Betrieb Gefahren oder Nachtheile für andere Personen in Betracht kommen konnten, so wie für solche Gewerbe, bei denen technische Qualifikation oder besondere Zuverlässigkeit von Wichtigkeit erschienen. Das Gesetz enthielt ferner Anordnungen über den Umfang, die Ausübung und den Verlust der Gewerbebefugnisse, über den Marktverkehr, die polizeilichen Taxen und über die Innungsverhältnisse.

Die weitere Reform der Gewerbegesetzgebung wurde bereits im Jahre 1849 wieder aufgenommen. Die Verordnung vom 9. Februar 1849 betreffend die Errichtung von Gewerberäthen und verschiedene Abänderungen der allgemeinen Gewerbeordnung schuf das Institut der Gewerberäthe, machte bei fast allen Gattungen des Handwerks den Beginn des selbständigen Gewerbebetriebes von dem Beitritt zu einer Innung nach vorgängigem Nachweise der Befähigung beziehungsweise nach bestandener Prüfung abhängig, grenzte die Arbeitsbefugnisse und Beschäftigungsgebiete der Handwerke ab, regelte die Verhältnisse der Lehrlinge und Gesellen hinsichtlich der Arbeitsperiode und der erforderlichen Prüfung und ordnete die Errichtung von gewerblichen Unterstützungs- und ähnlichen Kassen an. Das Gesetz vom 22. Juni 1861 erleichterte die Bestimmungen über das polizeiliche Konzessionswesen, während das Gesetz vom 1. Juli 1861 die Vorschriften betreffend die Errichtung gewerblicher Anlagen theils genauer präzisirte theils das Verfahren über die polizeiliche Genehmigung derselben zum Gegenstand anderweiter Regelung machte. In den im Jahre 1866 neu erworbenen Landestheilen wurde durch die beiden Verordnungen vom 29. März 1867 betreffend den Betrieb stehender Gewerbe im vormaligen Kurfürstenthum Hessen und im vormaligen Königreiche Hannover, ferner durch die Verordnung vom 9. August 1867 betreffend den Betrieb stehender Gewerbe im Amtsbezirk Homburg, endlich dnrch die Verordnung vom 23. September 1867 betreffend den Betrieb stehender Gewerbe in den Herzogthümern Schleswig und Holstein das den Zünften und Innungen zustehende Recht, Andere von dem

Betrieb eines Gewerbes auszuschließen oder in diesem Betriebe zu beschränken, aufgehoben, auch eine Anzahl anderer in diesen Landestheilen geltender Beschränkungen, namentlich in Bezug auf den Betrieb einzelner Gewerbszweige auf dem Lande, ferner in Betreff des Gewerbebetriebes der Handwerker und der Befugniß der Gewerbetreibenden zur Haltung von Gesellen, Gehülfen, Lehrlingen und Arbeitern, und des Rechts der Gesellen in der Wahl ihrer Meister beseitigt, endlich auch die Konzessionspflicht für den Betrieb verschiedener Gewerbe anderweit geregelt. Durch das Gesetz vom 17. März 1868 betreffend die Aufhebung und Ablösung gewerblicher Berechtigungen wurden demnächst für alle im Jahre 1866 mit Preußen vereinigten Landestheile, mit Ausnahme der vormals Königlich Bayerischen Enklave Kaulsdorf und des vormals Hessen-Homburgischen Oberamtes Meisenheim — in diese Bezirke waren bereits früher durch besondere Verordnungen die bezüglichen preußischen Gesetze eingeführt —, die mit dem Gewerbebetriebe verbundenen Berechtiguugen, Andern den Betrieb eines Gewerbes zu untersagen oder sie darin zu beschränken, beseitigt, und die mit den ausschließlichen Gewerbeberechtigungen verbundenen Zwangs- und Bannrechte, sowie alle sonst noch bestehenden Zwangs- und Bannrechte, theils ohne Entschädigung aufgehoben, theils für ablösbar erklärt, endlich alle Berechtigungen zur Konzessionsertheilung für gewerbliche Anlagen oder zum Betriebe von Gewerben in Wegfall gebracht.

Durch die Bestimmung des Art. 3 der Verfassung des Norddeutschen Bundes, wonach für den ganzen Umfang des Bundesgebietes ein gemeinsames Indigenat eingeführt wurde, welches den Angehörigen eines jeden Bundesstaates in jedem andern Bundesstaate unter denselben Voraussetzungen wie den Einheimischen den Gewerbebetrieb gestattete, und durch das Gesetz über die Freizügigkeit vom 1. November 1867, welches jedem Bundesangehörigen das Recht zubilligte, innerhalb des Bundesgebietes sowohl umherziehend als an dem Orte seines Aufenthaltes bezw. der Niederlassung Gewerbe aller Art unter den für die Einheimischen geltenden gesetzlichen Bestimmungen zu betreiben, und jedem Bundesangehörigen dafür Gewähr leistete, daß er in der Ausübung dieser Befugnisse weder durch die Obrigkeit seiner Heimath noch durch die

Obrigkeit des Ortes, in welchem er sich aufhalten oder niederlassen will, gehindert oder durch lästige Bedingungen beschränkt und auch weder um des Glaubensbekenntnisses willen, noch wegen mangelnder Landes- oder Gemeindeangehörigkeit in der Ausübung des Gewerbebetriebes beeinträchtigt werden solle, wurde eine weitere legislatorische Umgestaltung des Gewerbewesens inaugurirt. Dieselbe konnte sich mit Rücksicht auf die in Art. 4 Nr. 1 der Bundesverfassung vorgesehenen Bestimmung, welche die Vorschriften über den Gewerbebetrieb der Gesetzgebung des Bundes unterstellte, nur auf dem Gebiet des gesammten Reichsverbandes vollziehen.

In der Sitzung vom 21. Oktober 1867 beschloß der Reichstag des Norddeutschen Bundes, den Bundeskanzler aufzufordern, dem nächsten Reichstage eine allgemeine, auf dem Prinzipe der Gewerbefreiheit beruhende, Gewerbeordnung vorzulegen. In Folge dessen wurde dem Reichstage unterm 7. April 1868 ein, unter Benutzung der bezüglichen Vorarbeiten der Preußischen Staatsregierung festgestellter, Entwurf einer Gewerbeordnung für den Norddeutschen Bund vom Bundespräsidium vorgelegt. Dieser Entwurf fand schon in der mit der Vorberathung betrauten Kommission in verschiedenen wesentlichen Punkten Widerspruch. Mit Rücksicht auf die vorgerückte Zeit der Reichstagssession wurde daher ein von den Abgeordneten Lasker und Miquel eingebrachter Gesetzentwurf betreffend den Betrieb der stehenden Gewerbe angenommen, welcher unter Vorbehalt einer vollkommen durchgearbeiteten deutschen Gewerbeordnung, zunächst die Hauptgrundsätze derselben regelte. Dieser Gesetzentwurf wurde nach erlangter Zustimmung des Bundesraths als Bundesgesetz vom 8. Juli 1868, betreffend den Betrieb der stehenden Gewerbe publizirt. Durch dieses Gesetz wurde

1. das den Zünften und kaufmännischen Korporationen zustehende Recht, Andere vom Betriebe eines Gewerbes auszuschließen, aufgehoben;
2. der für den Betrieb von Gewerben erforderliche Befähigungsnachweis mit Ausnahme der diesfälligen, auf den Gewerbebetrieb der Aerzte, Apotheker, Hebammen, Advokaten, Notare, Seeschiffer, Seesteuerleute und Lootsen bezüglichen, Vorschriften beseitigt;
3. die Unterscheidung zwischen Stadt und Land in Bezug auf

den Gewerbebetrieb und dessen Ausdehnung so wie die Beschränkung der Handwerker auf den Verkauf der selbstverfertigten Waaren in Wegfall gebracht;

4. der gleichzeitige Betrieb verschiedener Gewerbe so wie desselben Gewerbes in mehreren Betriebs- oder Verkaufslokalen so wie das Halten von Gesellen, Gehülfen, Lehrlingen und Arbeitern jeder Art und in beliebiger Anzahl gestattet; ferner wurden

5. die Beschränkungen der Gesellen und Gehülfen in der Wahl ihrer Meister oder Arbeitgeber aufgehoben; endlich wurde auch

6. festgesetzt, daß der Betrieb eines Gewerbes, zu dessen Beginn nach Maßgabe der bestehenden Landesgesetze eine polizeiliche Genehmigung nicht erforderlich war, fortan nur im Wege der Bundesgesetzgebung von einer solchen Genehmigung abhängig gemacht werden dürfe.

Schon am 4. März 1869 wurde dem Reichstage des Norddeutschen Bundes ein anderweiter Entwurf einer Gewerbeordnung für den Norddeutschen Bund zur Beschlußfassung vorgelegt, und nach erfolgter Verständigung über verschiedene Differenzpunkte am 21. Juni 1869, unter Aufhebung des vorhin citirten Gesetzes vom 8. Juli 1868 publizirt.

Die Gewerbeordnung verfolgt den ausgesprochenen Zweck, die Gewerbegesetzgebung im Sinne der Durchführung der gewerblichen Freizügigkeit und der Herstellung gleichmäßiger Grundsätze für das gesammte Bundesgebiet namentlich auch hinsichtlich des Gewerbebetriebes im Umherziehen zu regeln. Ihr Geltungsbereich umfaßte zunächst nur das Gebiet des Norddeutschen Bundes. In dem südlich des Main belegenen Theil des Großherzogthums Hessen wurde sie erst auf Grund der Vereinbarung über Gründung des Deutschen Bundes und Annahme der Bundesverfassung vom 15. November 1870 (B.G.Bl. S. 650) als Bundesgesetz eingeführt. Die Verfassungsurkunde des Deutschen Reichs vom 16. April 1871 hat die auf die Begründung eines gemeinsamen Indigenats bezüglichen Bestimmungen der Verfassungsurkunde für den Norddeutschen Bund übernommen, auch die Zuständigkeit der Reichsgesetzgebung für die Regelung des Gewerbebetriebes aufrecht erhalten. In

Württemberg und Baden wurde die Gewerbeordnung durch das Gesetz vom 10. November 1871 (R.G.Bl. S. 392) mit Geltungskraft vom 1. Januar 1872 eingeführt. In Bayern ist sie durch das Gesetz vom 12. Juni 1872 (R.G.Bl. S. 170) bezüglich der Vorschriften in §. 29 und §. 147 Ziffer 3 vom 1. Juli 1872 ab, bezüglich der übrigen Bestimmungen vom 1. Juli 1873 ab mit der Maßgabe in Kraft gesetzt, daß es, soweit dort bisher der Betrieb der Gast- und Schankwirthschaft oder des Kleinhandels mit geistigen Getränken und der Ausschank der eigenen Erzeugnisse an Getränken ohne polizeiliche Erlaubniß statthaft war, dabei auch in der Folge sein Bewenden behalten sollte, die Einstellung eines solchen Geschäftsbetriebes aber nach §. 53 Abs. 2 und §. 54 der Gewerbeordnung verfügt werden kann, wenn Thatsachen vorliegen, auf Grund deren gemäß §. 33 der Gewerbeordnung die Erlaubniß zum Betriebe eines der daselbst bezeichneten Gewerbe versagt werden darf.

In Elsaß-Lothringen sind bisher nur einzelne Bestimmungen der Gewerbeordnung Landesgesetz geworden.

1. Durch das Gesetz vom 15. Juli 1872 (R.G.Bl. S. 350) ist der §. 29 Gew.O. mit der Maßgabe übernommen,

a) daß die betreffenden Approbationen nicht auf Zeit ertheilt und nur dann zurückgenommen werden dürfen, wenn die Unrichtigkeit der Nachweise, auf Grund deren dieselben ertheilt sind, dargethan wird;

b) daß über die Zurücknahme der Approbationen der Bezirksrath in öffentlicher Sitzung zu entscheiden hat, und diese Entscheidung durch einen beim Kaiserlichen Rath anzubringenden Rekurs, welcher binnen einer Präklusivfrist von 14 Tagen, von der Eröffnung an gerechnet, gerechtfertigt werden muß, angegriffen werden kann;

c) daß die unterlassene Einholung der Approbation für den selbständigen Betrieb des Apothekergewerbes, so wie für die Führung des Titels Arzt (Wundarzt, Augenarzt, Geburtshelfer, Zahnarzt, Thierarzt) bezw. die Beilegung eines ähnlichen Titels, durch welchen der Glaube erweckt wird, daß der Inhaber desselben eine geprüfte Medizinalperson sei, bei nicht approbirten Personen mit einer Geldbuße bis zu 300 Mark, im Unvermögensfalle mit entsprechender Haftstrafe geahndet werden soll.

2. Durch das Gesetz vom 14. Mai 1877 (G.Bl. f. Els.-L. S. 15) betreffend das Aufsuchen von Waarenbestellungen und den Gewerbebetrieb im Umherziehen sind die Bestimmungen der §§. 44, 55 bis 62, ferner die Strafvorschriften des §. 148 Nr. 6 und 7, so wie des §. 149 Nr. 1, 2, 3, 4, 5 der Gewerbeordnung übernommen. Als untere Verwaltungsbehörde soll im Falle des §. 44 Abs. 2 der Gew.O. der Kreisdirektor bezw. Polizeidirektor des Orts der gewerblichen Niederlassung, im Falle des §. 58 der gleiche Beamte des Orts, an welchem der Gewerbetreibende seinen Wohnsitz hat, fungiren. Die höhere Verwaltungsbehörde ist in den Fällen der §§. 58 und 60 der Bezirkspräsident. Gegen den Bescheid des Kreisdirektors bezw. des Polizeidirektors, durch welchen die Ertheilung des Legitimationsscheins oder die Mitführung von Begleitern versagt wird, ist dem Nachsuchenden der Rekurs an den Bezirksrath, gegen den Bescheid des Bezirkspräsidenten, durch welchen die Ertheilung des Legitimationsscheins oder die Ausdehnung desselben oder die Mitführung von Begleitern versagt wird, der Rekurs an den Kaiserlichen Rath von Elsaß-Lothringen zugestanden. Der Rekurs soll binnen vierzehn Tagen vom Tage der Eröffnung des Bescheides an gerechnet bei Verlust des Rekursrechts erhoben und gerechtfertigt werden. Die Entscheidung über denselben erfolgt nach vorheriger Ladung und Anhörung der Partei in öffentlicher Sitzung. Der Besuch der Messen, Jahr- und Wochenmärkte, sowie der Handelsverkehr auf denselben, ebenso die Kolportage von Drucksachen und bildlichen Darstellungen jeder Art wird von diesem Gesetz nicht betroffen.

3. Durch das Gesetz betreffend den Kleinhandel mit Branntwein oder mit Spiritus vom 16. Mai 1877 (G.Bl. f. Els.-L. S. 20) ist im Anschluß an die Vorschrift des §. 33 der Gew.O. der Betrieb des Kleinhandels mit Branntwein oder Spiritus von einer Erlaubniß abhängig gemacht, welche den Nachweis eines vorhandenen Bedürfnisses voraussetzt. Als Kleinhandel gilt der Absatz von Branntwein oder Spiritus in Mengen von weniger als 25 Liter im lizenzpflichtigen Gewerbebetriebe. Kaufleute, welche für den Handel mit Branntwein oder Spiritus der Lizenz und der Patentsteuer als

Großhändler unterworfen sind, bedürfen nur dann der Erlaubniß, wenn sie die bezeichneten Getränke in Mengen von weniger als 5 Liter absetzen. Hinsichtlich der Modalitäten der Ertheilung der Erlaubniß und bezüglich des Widerrufs hat das Gesetz die Bestimmungen der §§. 40, 53 der Gew.O. adoptirt. Das Verfahren ist in der Art geregelt, daß über die Anträge auf Ertheilung der Erlaubniß in erster Instanz der zuständige Kreis- oder Polizeidirektor nach Anhörung der Gemeindebehörde, in zweiter Instanz der Bezirksrath entscheidet. Ueber die Anträge auf Widerruf einer ertheilten Erlaubniß wird in erster Instanz von dem Bezirksrath, in zweiter Instanz von dem Kaiserlichen Rath von Elsaß-Lothringen erkannt. Die Strafbestimmung des §. 147 Nr. 1 der Gew.O. ist analog übernommen.

Die Gewerbeordnung vom 21. Juni 1869 gilt nunmehr als Reichsgesetz für das ganze Gebiet des Deutschen Reiches mit Ausschluß von Elsaß-Lothringen, geht sonach gemäß Art. 2 der Reichsverfassung den betreffenden Landesgesetzen überall vor, wo nicht durch eine entsprechende Bestimmung den letzteren freier Spielraum gelassen ist. Das Verhältniß der Reichsgewerbeordnung zum Bundesrathe ist ein unklares, da dieselbe nichts über die Aufrechthaltung und Beseitigung der mit ihr konkurrirenden gewerbepolizeilichen Vorschriften der Einzelstaaten bestimmt hat. Die Preußische Ausführungs-Anweisung vom 4. September 1869 geht von der Voraussetzung aus, daß zwar die Bestimmungen der Gewerbeordnung in erster Reihe für die Ordnung des Gewerbewesens maßgebend sind, und daß die Vorschriften des bisherigen Rechts insoweit ihre Kraft verloren haben, als sie damit nicht vereinbar sind, daß dagegen diejenigen landesrechtlichen Bestimmungen, welche neben der Gewerbeordnung bestehen können, noch in Kraft geblieben sind.

Wo in der Reichsgewerbeordnung auf die Landesgesetze verwiesen ist, sind unter diesen gemäß §. 155 Gew.O. auch die verfassungs- oder gesetzmäßig erlassenen Verordnungen zu verstehen, wozu auch die Verfügungen der zuständigen Central-Verwaltungsbehörden gezählt werden dürfen. Für alle einer einheitlichen Regelung bedürfenden Gegenstände ist indeß ausschließlich die Reichsgesetzgebung zuständig.

Zur Gewerbeordnung sind seit ihrer Emanation folgende ergänzende beziehungsweise abändernde Gesetze erlassen.

I. **Das Reichsgesetz vom 12. Juni 1872 betreffend die Einführung der Gewerbeordnung des Norddeutschen Bundes vom 21. Juni 1869 in Bayern und die Abänderung einiger Strafbestimmungen der Gewerbeordnung.**

Der Inhalt des ersten Theils dieses Gesetzes ist bereits vorhin erörtert worden. Die Aenderung der Strafvorschriften beschränkte sich auf eine, den Bestimmungen des Reichsstrafgesetzbuchs vom 15. Mai 1871 angepaßte, Fassung der §§. 145, 146, 147, 148, 149 und 150 der Gewerbeordnung, welche bei der Redaktion des Reichsgesetzes vom 17. Juli 1878 (VI) entsprechende Berücksichtigung gefunden hat.

II. **Das Reichsgesetz vom 2. März 1874** betreffend die einer besonderen Genehmigung bedürfenden gewerblichen Anlagen. Dasselbe ist in den Text des §. 16 der Gewerbeordnung übernommen.

III. **Das Reichsgesetz vom 7. April 1876** über die eingeschriebenen Hülfskassen. Dasselbe ist abgedruckt zu §. 140 Gew.O. Der Erlaß dieses Gesetzes ist durch die ungleiche Entwickelung veranlaßt worden, welche die zum Schutze der arbeitenden Klassen gegen die mit dem Eintritt von Krankheit, Alter oder Tod verbundenen Bedrängnisse organisirten Kassen genommen hatten. Obwohl das Bedürfniß einer gesetzlichen Organisation der Krankenkassen hauptsächlich in den Kreisen des gewerblichen Lebens hervortrat, hat das Gesetz doch nicht lediglich die sogenannten „gewerblichen" Hülfskassen sondern alle auf dem Grundsatze der Gegenseitigkeit beruhenden Kassen gleicher Art ohne Rücksicht auf die Kreise, in welchen sie vorwiegend wirken, ins Auge gefaßt. Außer den Kassen, welche der freien Initiative der Betheiligten ihr Bestehen verdanken, sind auch diejenigen Kassen der gesetzlichen Regelung unterstellt, deren Mitglieder sämmtlich oder zum Theil nur deshalb zu ihnen gehören, weil sie in Ermangelung der Mitgliedschaft einer anderen Kasse zum Eintritte verpflichtet sind, also diejenigen Kassen, deren Bestand wesentlich auf einem Ortsstatute oder der Anordnung der höheren Verwaltungsbehörde beruht. Keine Kasse kann genöthigt werden, sich den Bestimmungen des Gesetzes zu unterstellen.

Der Anreiz wird nur indirekt durch die Vortheile gegeben, welche denjenigen Kassen gewährt werden sollen, die den Anforderungen des Gesetzes entsprechen. Diese Vortheile bestehen einerseits darin, daß die Verpflichtung zum Eintritt in die Hülfskasse nur mittelst des Eintritts in eine, den Anforderungen des Gesetzes genügende, Kasse erfüllt werden kann, andrerseits darin, daß diese Kassen manche Erleichterungen in ihrer Organisation und, ohne besondere Verleihung, die Rechtsfähigkeit gewinnen.

Die an die Kassen zu stellenden Anforderungen sind auf dasjenige beschränkt, was vom Standpunkte des öffentlichen Interesses unbedingt nothwendig erschien. Sie sind weniger an die erste Einrichtung der Kassen als an die laufende Verwaltung geknüpft. In Ansehung der Einrichtung enthält das Gesetz nur wenige Bestimmungen, welche theils dem Gesichtspunkt des Fernhaltens fremdartiger Zwecke theils der Absicht entsprechen sollen, die Kassen durch die Höhe ihrer Leistungen auf den Standpunkt korrekter Erfüllung ihrer Aufgabe zu stellen, und die Mitglieder gegen eine ungleiche, mit dem Prinzip der Gegenseitigkeit unvereinbare, Behandlung, gegen ungerechtfertigte Anforderungen seitens der Verwaltung der Kasse und soweit möglich gegen eine Verkürzung ihrer eigenen Ansprüche in Folge einer nicht vorgesehenen Erschöpfung der Kassenmittel sicher zu stellen. In Betreff der Verwaltung der Kassen hat sich das Gesetz auf einige Vorschriften beschränkt. Im Interesse der Gewährung eines bestimmten Einflusses der Kassenmitglieder auf die Verwaltung begnügt sich das Gesetz damit, die Organe zu bezeichnen, welche jede Kasse besitzen soll, die Befugnisse zu bestimmen, welche ihnen zustehen sollen, und, zum Schutze gegen etwaige Umgehungen des Gesetzes, die Grenze zu ziehen, innerhalb deren neben ihnen noch andere Organe geschaffen werden dürfen. Erschöpfender als die Verwaltung der Kassen ist das Aufsichtsrecht der Behörden geregelt, um einerseits zu verhüten, daß Kassen die gesetzlichen Vorrechte genießen, welche nur dem Scheine nach bestehen, andrerseits aber auch um eine ordnungsmäßige Führung der Verwaltungsgeschäfte sicher zu stellen, und dem Mißbrauch der Kassen zu irgend welchen, ihrer Bestimmung fern liegenden, Zwecken vorzubeugen. Gleichzeitig mit dieser gesetzlichen Regelung des Hülfskassenwesens ist

IV. durch das Reichsgesetz vom 8. April 1876 (abgedruckt

zu §. 140 Gew.O.) mit der Abänderung des Tit. VIII. der Gewerbeordnung vorgegangen. Die unbefriedigende Entwickelung, welche das gewerbliche Hülfskassenwesen unter dem durch die Gewerbeordnung geschaffenen Rechtszustande genommen hatte, machte es nothwendig, die Grenzen, in denen für die Arbeiter die Pflicht zur Versicherung bei einer Hülfskasse aufrecht erhalten werden sollte, durch geeignete Bestimmungen fest und gleichmäßig zu normiren. Das Gesetz hat über diese Abgrenzung des Versicherungszwanges, ferner über die Wege, auf welchen derselbe in Zukunft zur Anwendung gelangen soll, und über die durch die Verhältnisse gebotenen Maßgaben, unter welchen die bestehenden, auf amtlicher Anordnung beruhenden, Hülfskassen die aus den Grundsätzen der neuen Gesetzgebung sich ergebende Umgestaltung zu bewerkstelligen haben, bestimmte Festsetzungen getroffen.

V. Das Reichsgesetz vom 11. Juni 1878 betreffend den Gewerbebetrieb der Maschinisten auf Seedampfschiffen. Dasselbe überträgt die Bestimmungen, welche in der Gewerbeordnung und in dem Gesetz betreffend die Untersuchung von Seeunfällen vom 27. Juli 1877 (R.G.Bl. S. 549) in Bezug auf Seesteuerleute getroffen sind, auf die Maschinisten auf Seedampfschiffen. Vgl. §. 31 der Gew.O.

VI. Das Reichsgesetz vom 17. Juli 1878 betreffend die Abänderung der Gewerbeordnung durch welches die Bestimmungen des Tit. VII. der Gew.O. in wesentlichen Punkten modifizirt sind, und die Vorschriften in Tit. X. so wie die Schlußbestimmungen Aenderungen erfahren haben.

Die neue Fassung ist in den Text der Gewerbeordnung aufgenommen. Ein gleichzeitig von der Reichsregierung eingebrachter Gesetzentwurf betreffend die Gewerbegerichte fand nicht die Zustimmung des Reichstages.

Eine Revision desjenigen Theils der Gewerbeordnung, welcher die Beziehungen der Arbeitgeber und Arbeiter im Groß- und Kleingewerbe zum Gegenstande hat, war bereits in den Jahren 1873 und 1874 von der Reichsregierung eingeleitet worden. Der dem Reichstage unterm 18. Juni 1873 vorgelegte Gesetzentwurf betreffend die Abänderung einiger Bestimmungen der Gewerbeordnung war auf eine solche Revision gerichtet, wenngleich er nur diejenigen Bestimmungen aus dem gedachten Theile des Gesetzes, welche nach dem damaligen Stande der wirthschaftlichen und sozialen Verhältnisse einer Abänderung besonders bedürftig erschienen, durch neue Vorschriften ersetzen sollte. Obwohl dieser Entwurf im Reichstage auf lebhaften Widerspruch stieß und in Folge dessen nicht zur vollständigen Durchberathung gelangte, wurde doch allseitig anerkannt, daß der bezügliche Theil der Gewerbeordnung den thatsächlichen Bedürfnissen nur unzureichend gerecht wird. Namentlich wurde von verschiedenen Seiten darauf hingedrängt, die Einführung der schriftlichen Form für den Lehrvertrag, einer Probezeit zu Anfang der Lehre, der Erschwerung des Verlassens der Lehre seitens der Lehrlinge so wie die Zulässigkeit der zwangsweisen Zurückführung der Lehrlinge, welche die Lehre unbefugt verlassen, gesetzlich festzustellen.

Aus diesen Erörterungen ist demnächst das Gesetz vom 17. Juli 1878 hervorgegangen. Durch dasselbe soll den nothwendigsten Bedürfnissen auf dem Gebiete der Revision des Tit. VII. der Gewerbeordnung Abhülfe verschafft werden und zwar

1. durch eine größere Sicherung der Betheiligten gegen die Verletzung der durch den Arbeitsvertrag eingegangenen Verpflichtungen,
2. durch eine strengere Ordnung des Lehrlingsverhältnisses,
3. durch eine, den besonderen Verhältnissen der verschiedenen Industriezweige entsprechende, Regelung der Beschäftigung jugendlicher Arbeiter.

In Ansehung aller übrigen grundsätzlichen Bestimmungen des hier in Frage kommenden Theils der Gewerbeordnung ist eine Abänderung theils überhaupt nicht für erforderlich, theils noch nicht für zeitgemäß erachtet. In dem ersten Abschnitt des Artikel 1 des Gesetzes sind die gemeinsamen Bestimmungen zur gleichmäßigen Regelung der Verhältnisse der gewerblichen Arbeiter zusammengefaßt. Der zweite Abschnitt regelt die Verhältnisse der Gesellen und Gehülfen. Der dritte Abschnitt umfaßt das Lehrlingswesen. Im letzten Abschnitt sind die Betriebsverhältnisse der Fabriken, namentlich in Rücksicht auf die Heranziehung jugendlicher Arbeiter zu der Fabrikarbeit, geordnet.

Im ersten Abschnitt ist die Gesetzgebung gegenüber den ent=

sprechenden Bestimmungen des bezüglichen Abschnitts der Gewerbeordnung mit einer erheblichen Erweiterung des Kreises der für alle gewerblichen Arbeiten gemeinsamen Bestimmungen und zwar nach drei Richtungen vorgegangen.

1. Die Vorschrift der Gewerbeordnung, durch welche den Gewerbetreibenden unter gewissen Voraussetzungen die Beschäftigung von Lehrlingen unter 18 Jahren untersagt wird, soll mit einigen Modifikationen auch auf denjenigen Theil der gewerblichen Jugend Anwendung finden, welcher nicht in einem Lehrlingsverhältniß steht, wohl aber noch der Ausbildung in den Arbeiten des Gewerbes bedürftig und durch dieses Bedürfniß auf die stetige Anleitung durch einen erfahrenen Gewerbsgenossen angewiesen ist.
2. Eine Reihe neuer, für alle gewerblichen Arbeiter anzuwendenden, Bestimmungen ist im Anschluß an die Einführung der Arbeitsbücher vorgesehen. Das Gesetz hält zwar an dem Grundsatz der Gewerbeordnung, wonach die Regelung der Verhältnisse zwischen Arbeitgeber und Arbeiter Gegenstand freier Uebereinkunft sein soll, fest, trägt aber dem Bedürfniß Rechnung, die vermöge freier Uebereinkunft begründeten Rechte und Pflichten der vertragschließenden Theile gegen einseitige Willkürhandlungen der Betheiligten wirksamer zu schützen, als dieses bisher der Fall war. Ein solcher Schutz soll einerseits durch eine unzweideutige Feststellung des Vertragsverhältnisses, andererseits durch eine Verschärfung der nachtheiligen Folgen, welche die Verletzung des Arbeitsvertrages nach sich zieht, begründet werden. In ersterer Beziehung ist namentlich das Institut der Arbeitsbücher in zweckentsprechender Weise verwerthet, den Arbeitern auch die gesetzliche Befugniß beigelegt, ein Zeugniß über die Art und Dauer ihrer Beschäftigung beziehungsweise über ihre Führung beanspruchen zu dürfen.
3. Die Vorschriften, welche die Gewerbeordnung in den §§. 134 bis 139 zum Schutze der Fabrikarbeiter in Beziehung auf die Art und Weise der Lohnauszahlung getroffen hat,

sind auf den gesammten gewerblichen Arbeiterstand übertragen.

Der zweite Abschnitt entspricht in seinem Hauptinhalte den Vorschriften der §§. 109 fgde. der Gewerbeordnung über die Verhältnisse der Gesellen und Gehülfen.

Der dritte Abschnitt behandelt das Lehrlingswesen. Er enthält mehrfache durchgreifende Aenderungen des bestehenden Rechts. Das Gesetz hat sich hier die Aufgabe gestellt, der in den Beziehungen zwischen Lehrherrn und Lehrling herrschenden Unsicherheit entgegen zu wirken. Die Erreichung dieses Zwecks soll durch die gesetzliche Begünstigung der schriftlichen Form des Lehrvertrages, durch eine genauere, den thatsächlichen Verhältnissen mehr entsprechende, Bestimmung der Rechte und Pflichten des Lehrherrn und Lehrlings, durch eine strengere strafrechtliche Verantwortlichkeit des Lehrherrn und endlich durch die Möglichkeit eines schnellen und strengen Einschreitens gegen solche Lehrlinge, welche sich unbefugt den übernommenen Pflichten entziehen, vermittelt werden. Die gesetzliche Anerkennung des Lehrverhältnisses ist zwar nicht von der Schriftlichkeit des Lehrvertrages abhängig gemacht, indeß sind Bestimmungen getroffen, welche die Betheiligten veranlassen sollen, diese Form für ihre Vereinbarungen zu wählen. Es sollen gewisse wichtige Ansprüche des einen Theils gegen den andern nur geltend gemacht werden dürfen, wenn der Lehrvertrag schriftlich geschlossen ist. Das eigene Interesse soll jeden Theil dahin führen, auf die schriftliche Form zu halten.

Der vierte Abschnitt über die Verhältnisse der Fabrikarbeiter giebt zunächst den wesentlichen Inhalt der §§. 127 bis 133 der Gewerbeordnung, welche sich fast ausschließlich mit den Arbeitsverhältnissen der jugendlichen Fabrikarbeiter befassen. Die allgemeinen Beschränkungen, welchen die Beschäftigung jugendlicher Arbeiter in Fabriken bezüglich der Dauer und der Vertheilung der Arbeitszeit darnach unterliegt, sind nicht wesentlich verschärft, weil sich einerseits in den Verhältnissen des Fabrikwesens bisher Mißstände, welche die körperliche und geistige Entwickelung der jugendlichen Fabrikarbeiter in einem, zu größeren Einschränkungen allgemeiner Art nöthigenden, Grade bedrohen, nicht gezeigt hatten, andrerseits auch die Verwaltung bisher nicht im Stande gewesen war, auch nur denjenigen Beschränkungen volle Anerkennung zu verschaffen, welche das geltende Gesetz dem Fabrikbetriebe auferlegte. Hieran schließen sich Bestimmungen über Arbeiterinnen und über die Regelung der Aufsichtsführung.

Hinsichtlich der Strafbestimmungen ist namentlich die Gleichstellung und Strafverschärfung der in den Vorschriften der §§. 146 und 150 der Gewerbeordnung behandelten Vergehen aus dem Grunde herbeigeführt, weil beide Fälle eine, in gewinnsüchtiger Absicht unternommene, gesetzwidrige Ausbeutung der Arbeiter behandeln. Es ist ferner dem Standpunkte des Reichsstrafgesetzbuchs entsprechend die besondere Berücksichtigung der Wiederholung einer strafbaren Handlung (§§. 146, 150 Gew.O.) aufgegeben.

Die Bestimmung des §. 154 Abs. 1 der Gewerbe-Ordnung ist aus gesundheits- und sittenpolizeilichen Rücksichten auf die Beschäftigung von Bergarbeiterinnen unter Tage ausgedehnt. Endlich ist auch der Versuch gemacht, das Gebiet für die Anwendung der Bestimmungen über die Beschäftigung jugendlicher Arbeiter im Fabrikgewerbe näher zu begrenzen.

VII. Das Reichsgesetz vom 23. Juli 1879 betreffend die Abänderung einiger Bestimmungen der Gewerbeordnung. Durch dasselbe sind die Vorschriften der §§. 6, 30, 33, 34, 35 und 38 der Gewerbeordnung geändert. Bereits in der zweiten Session der Legislaturperiode des Reichstages vom Jahre 1878 war eine, auf die Abänderung der gedachten Vorschriften gerichtete Vorlage eingebracht, welche indeß nicht zur Berathung im Reichstage gelangte. Die in der letzten Session des Reichstages von Neuem gemachte Vorlage ist Gesetz geworden. Die Novelle ist aus dem Bedürfniß hervorgegangen, von dem Standpunkt der in Anwendung des bestehenden Rechts gemachten Erfahrungen die Beseitigung der in den betheiligten Kreisen schwer empfundenen Uebelstände durch eine, der Abhülfe der vorhandenen Mißstände entsprechende Beschränkung der in Frage stehenden Gewerbe herbeizuführen.

In Betreff des §. 30 Abs. 1 der Gewerbeordnung (Konzessionsertheilung für Privat-Kranken-, Entbindungs- und Irrenanstalten) kam es einerseits darauf an, die Zweifel zu beseitigen, welche darüber bestanden, ob unter der von dem Gesetz geforderten Zuverlässigkeit lediglich die bürgerliche Unbescholtenheit oder auch solche persönliche Eigenschaften zu verstehen seien, welche eine sachgemäße Leitung und Verwaltung der Anstalten gewährleisten, andrerseits stellte sich die Nothwendigkeit heraus, das Aufsichtsrecht zu präzisiren und zweckentsprechend zu verschärfen.

Die Aenderung des letzten Absatzes des §. 33 der Gewerbeordnung (Erlaubniß zum Ausschank von Branntwein und zum Kleinhandel mit Branntwein oder Spiritus) ist wesentlich durch die Wahrnehmung veranlaßt, daß sich die Zahl der Wirthschaften, welche sich mit dem Ausschank geistiger Getränke befassen, in einer unverhältnißmäßigen Zunahme befindet, und vielfach der Mißbrauch hervorgetreten ist, daß der Gastwirthschaftsbetrieb nur die Form abgiebt, um einen Ausschank für geistige Getränke und namentlich für Branntwein einzurichten. Das neue Gesetz sucht das Mittel zur Beseitigung der vorhandenen Mißstände in einer Erschwerung der Vorbedingungen für die Erlaubniß zum Wirthschaftsbetriebe und zwar in der Art, daß den Behörden in gewissem Umfange die Entscheidung darüber anheimgegeben wird, ob ein Bedürfniß zur Vermehrung der Wirthschaftsunternehmungen vorhanden ist. Die Erlaubniß zum Wirthschaftsbetrieb soll indeß nicht unbedingt von der Bedürfnißfrage abhängig gemacht, sondern zunächst daran festgehalten werden, daß die Prüfung des Bedürfnisses nur da Platz greifen darf, wo die Landesregierungen dieses für nothwendig erachten. Diese Prüfung ist auch der Regel nach auf Orte mit geringerer Einwohnerzahl beschränkt. Die Grenze zwischen den kleineren Ortschaften, für welche die in Aussicht genommene Beschränkung generell eingeführt werden kann und denjenigen größeren Ortschaften, welche jener Beschränkung nur unter Zustimmung der Gemeinden selbst unterworfen werden sollen, hat das Gesetz in der Zahl von 15000 Einwohnern normirt.

Die Bestimmung in §. 35 Abs. 2 der Gewerbeordnung, wonach das Geschäft des Pfandleihers ohne besondere Erlaubniß betrieben und nur demjenigen untersagt werden durfte, welcher wegen aus Gewinnsucht begangener Verbrechen oder Vergehen gegen das Eigenthum bestraft war, ist endlich mit Rücksicht auf die bei der Ausübung dieses Gewerbes hervorgetretenen mannigfachen Mißstände dahin geändert worden, daß auch der Betrieb dieses Gewerbes von der Ertheilung der Erlaubniß, unter Umständen sogar von dem Nachweis eines vorhandenen Bedürfnisses, abhängig sein soll. Auch wird den Centralbehörden die Befugniß eingeräumt, den Geschäftsbetrieb und die Kontrole über den Umfang und die Art des Geschäftsbetriebes zu regeln.

Die Reformgesetzgebung der Jahre 1880, 1881 und 1883 umfaßt den Gewerbebetrieb der Schauspielunternehmer, die Regelung des Pfandleihgewerbes und die Umgestaltung des Innungswesens. Bezüglich der Schauspielunternehmer sind die Voraussetzungen und der Modus der Erlaubniß zum Gewerbebetriebe durch das Reichsgesetz vom 15. Juli 1880 unter Abänderung der Vorschrift des §. 32 der Gewerbeordnung anderweit geordnet. Hinsichtlich des Pfandleihgewerbes hat das preußische Landesgesetz vom 17. März 1881 im Anschluß bezw. in Ausführung der Bestimmungen in §§. 34 und 38 der Gewerbeordnung auf dem den Landesregierungen überlassenen Gebiete über den Umfang der Befugnisse und Verpflichtungen der Betheiligten, sowie über den Geschäftsbetrieb der Pfandleiher und Rückkaufshändler Anordnungen getroffen. Endlich hat das Innungswesen durch das Reichsgesetz vom 18. Juli 1881 eine eingehende und umfassende Rekonstruktion erfahren.

Das Reichsgesetz vom 15. Juli 1880 ist aus einem von dem Reichstagsabgeordneten v. Seydewitz und Genossen in der Reichstagssession des Jahres 1880 angebrachten Antrage hervorgegangen, welcher von dem Reichstage einer Kommission überwiesen, von dieser zu einem formulirten Gesetzentwurf umgearbeitet, in der vorgeschlagenen Fassung vom Reichstage angenommen wurde, auch die Zustimmung des Bundesraths und der Reichsregierung gefunden hat.

Als Motiv ist der Umstand geltend gemacht, daß die Theaterfreiheit, wie sie die Gewerbeordnung eingeführt hat, zu großem Nachtheil der deutschen Bühne ausgeschlagen, und es demgemäß geboten sei, hinsichtlich der Zuverlässigkeit der Unternehmer eine dem Interesse der Gesammtheit wie dem Interesse der betheiligten Kreise erwünschte Ausdehnung der Vorschrift des §. 32 der Gewerbeordnung vorzunehmen. Für die Voraussetzungen der Zuverlässigkeit in sittlicher Beziehung hat man an den Anforderungen der Gewerbeordnung festgehalten. Unter Zuverlässigkeit in artistischer Beziehung ist die Geschäftstüchtigkeit und intellektuelle Befähigung zu dem Theaterunternehmen zu verstehen.

Hinsichtlich der Regelung des Pfandleihgewerbes ist Folgendes zu bemerken:

Durch Artikel 4 des Reichsgesetzes vom 23. Juli 1879 (R.G.Bl. S. 267) sind die §§. 34 und 38 der Gewerbeordnung vom 21. Juni 1869 dahin abgeändert worden, daß das Gewerbe der Pfandleiher der Konzessionspflicht unterworfen, der gewerbsmäßige Rückkaufshandel als Pfandgewerbe erklärt und den Centralbehörden die Befugniß beigelegt worden ist, über den Umfang der Befugnisse und Verpflichtungen, sowie über den Geschäftsbetrieb der Pfandleiher und Rückkaufshändler, soweit darüber die Landesgesetze nicht Bestimmungen treffen, Vorschriften zu erlassen. In Preußen galten in dieser Beziehung zur Zeit der Emanation des zitirten Reichsgesetzes in den einzelnen Landestheilen die verschiedensten Gesetze und Verordnungen. In den altländischen Provinzen war noch das als Gesetz erlassene Pfandleih-Reglement vom 13. März 1787 und die dasselbe ergänzende Deklaration vom 4. April 1803 in Kraft, während in der Provinz Hannover die in Ausführung der Hannoverschen Gewerbeordnung vom 1. August 1847 mit gesetzlicher Kraft erlassene Ministerial-Bekanntmachung vom 15. Oktober 1847 bestand, und in den Provinzen Hessen-Nassau und Schleswig-Holstein sowie in dem französisch-rechtlichen Theile der Rheinprovinz über den Betrieb des Pfandleihgewerbes durch Privatpersonen nur polizeiliche Verordnungen vorhanden waren.

Die Beseitigung dieses verschiedenartigen Rechtszustandes erschien um so mehr geboten, als die bestehenden Vorschriften theils ungenügend, theils veraltet waren und dem öffentlichen Interesse nicht mehr entsprachen. Dieser Mißstand hat in Preußen Veranlassung zu einer gleichmäßigen gesetzlichen Regelung der einschlagenden Verhältnisse gegeben, wobei namentlich darauf Bedacht genommen ist,

1. die Vorschriften über die Höhe der Zinsen, welche von dem Pfandleiher erhoben werden dürfen;
2. die Vorschriften, welche sich auf das besondere Verfahren

bei Veräußerungen der dem Pfandleiher verpfändeten Gegenstände beziehen;

3. die Vorschriften, welche den Abschluß des Pfandleihvertrages zum Gegenstande haben,

durch Gesetz festzustellen.

Die Regelung des Innungswesens hat folgenden Entwickelungsgang genommen. Der Entwurf der Gewerbeordnung vom 21. Juni 1869 beruhte auf dem Grundgedanken, daß den Innungen als Instituten gewerblicher Selbstverwaltung eine gesetzliche Stellung gegeben und zugleich dafür gesorgt werden müsse, daß sie einerseits nicht den Charakter der Exklusivität annehmen und daß andererseits ihr Vermögen nicht seinen gemeinnützigen Zwecken entfrembet würde. Der Reichstag behielt zwar das Prinzip bei, änderte aber den Entwurf dahin ab, daß an Stelle der Spezialbestimmungen, welche den Innungen eine nähere Anleitung zur Erreichung ihrer Aufgaben geben sollten, nur allgemeine Gesichtspunkte festgestellt wurden. Die Gewerbeordnung ließ demgemäß die vorhandenen Innungen mit Korporationsrechten fortbestehen, und gestattete jeder neuen Vereinigung von Genossen desselben oder eines verwandten Handwerks sich als Innung mit Korporationsrechten zu konstituiren und in den erleichternden Formen, welche die letzteren gewähren, für die Förderung aller gemeinsamen gewerblichen Interessen thätig zu sein. Dabei überließ sie indeß die Festsetzung der Aufnahmebedingungen fast ganz dem freien Ermessen der Betheiligten und die Verwaltung der gemeinsamen Angelegenheiten mit sehr geringen Einschränkungen der Selbstbestimmung der Innungsgenossen. Sie beschränkte die Innungen jedoch nicht auf den Bezirk einer einzelnen Gemeinde und hinderte sie auch nicht, zur Förderung gemeinsamer Interessen in eine gemeinsame Aktion mit anderen Innungen zu treten.

Die auf die Reform des Innungswesens gerichteten Anträge der Reichstagsabgeordneten von Seydewitz und Genossen führten unterm 5. Mai 1880 zu einer Resolution des Reichstages, in welcher das im Handwerkerstande hervorgetretene Streben, den Innungen wieder eine entscheidende Bedeutung für die Ordnung des Handwerks zu geben, als berechtigt anerkannt wurde. Dieser Vorgang gab den Anstoß zu weiteren legislativen

Maßnahmen, welche von dem Gedanken ausgingen, daß das angestrebte Ziel nur durch eine **Abänderung** der betreffenden Vorschriften der Gewerbeordnung (Tit. IV. **Abschnitt** II. Neue Innungen. §§. 97 bis 105) zu erreichen sei.

In der Begründung der demnächst dem Reichstage in der letztverflossenen Session gemachten Gesetzesvorlage wurde die unbefriedigende Lage des Handwerkerstandes wesentlich auf zwei Uebelstände zurückgeführt: die Lockerung und Verkümmerung des Gesellen- und Lehrlingsverhältnisses, und die Konkurrenz, welche dem Handwerk durch den Großbetrieb von der einen, durch das sogenannte Pfuscherthum von der anderen Seite erwächst. Dem ersteren Uebelstande hätte man zwar schon durch die in dem Gesetze vom 17. Juli 1878 enthaltenen strengeren Bestimmungen abzuhelfen gesucht, dieselben könnten aber nur dann zur vollen Wirksamkeit gelangen, wenn ihre Durchführung nicht lediglich der unzureichenden Thätigkeit der Polizeibehörden überlassen bliebe, sondern von kräftigen und gut geleiteten Innungen in die Hand genommen und durch zweckmäßige genossenschaftliche Einrichtungen ergänzt würde. Die Beseitigung des zweiten Uebelstandes könnten die Innungen gleichfalls insofern wirksam vermitteln, als sie sich der Vervollkommnung der Technik des Kleingewerbes annehmen, auch durch Herstellung günstigerer Produktionsbedingungen im Wege der Vereinigung der Kräfte der Innungsgenossen die Lage des Handwerksbetriebes zu verbessern vermöchten. Die Gesetzesvorlage beruht in wesentlicher Uebereinstimmung mit der vorhin zitirten Resolution des Reichstags auf der Auffassung, daß die Innungen zu dem angedeuteten Zwecke als Organe der gewerblichen Selbstverwaltung für das Handwerk in Thätigkeit und in Stand gesetzt werden sollen, durch die Förderung der gewerblichen Interessen ihrer Mitglieder und durch Pflege des Gemeingeistes und des Standesbewußtseins eine wirthschaftliche und sittliche Hebung des Handwerkerstandes anzubahnen. Es soll ihnen durch Gewährung möglichst freier Selbstbestimmung über die Voraussetzungen der Aufnahme und Ausschließung von Mitgliedern ermöglicht werden, unehrenhafte, unfähige und unsolide Elemente von sich fern zu halten. Auch sollen ihre Zwecke dergestalt bemessen werden, daß ihnen ein ausgiebiges, die Gesammtheit der gewerblichen Interessen des Handwerks umfassendes Feld der korporativen Thätigkeit eröffnet wird, und es sollen ihnen Rechte eingeräumt werden, deren sie bedürfen, um nicht nur die statutarischen Vorschriften den einzelnen Mitgliedern gegenüber zur Geltung zu bringen, sondern auch für ihren Kreis im Wege der Selbstverwaltung einen Theil der Funktionen übernehmen zu können, welche im Uebrigen zur Durchführung gewerbegesetzlicher Bestimmungen von den Organen des Staates wahrzunehmen sind. Daneben soll ihnen eine Mitwirkung bei der Bildung weiterer gewerblicher Vertretungen sowie bei anderen zur Förderung des Gewerbes bestimmten öffentlichen Einrichtungen eingeräumt werden.

An die Stelle der §§. 97 bis 104 der Gewerbeordnung, welche über die neuen Innungen nur wenige selbständige Vorschriften enthielten, im Wesentlichen aber auf die über die bestehenden Innungen erlassenen Vorschriften verwiesen, ist demgemäß eine Reihe neuer Bestimmungen gesetzt, durch welche das künftige Recht der neuen Innungen erschöpfend und im übersichtlichen Zusammenhang geregelt wird, und eine neue bezw. erneuerte im öffentlichen Interesse zu pflegende Organisation angebahnt werden soll.

Der Artikel 1 des Gesetzes enthält die dispositiven Vorschriften. Die §§. 97 und 97a. handeln von der Bestimmung der neuen Innungen, die §§. 98 bis 98c. von ihrer Errichtung, der §. 99 von ihrer Rechtspersönlichkeit, die §§. 100 und 100a. von den Mitgliederverhältnissen, die §§. 100b. bis 100d. von den Verwaltungseinrichtungen zur Erfüllung der Aufgaben der Innung, der §. 100e. von den besonderen Rechten, welche den Innungen unter gewissen Voraussetzungen beigelegt werden können, der §. 101 von dem Vorstande der Innung, der §. 102 von den Ausschüssen, welche Innungen desselben Aufsichtsbezirks zur gemeinsamen Thätigkeit errichten können, die §§. 103 und 103a. von der Schließung und Auflösung der Innung, der §. 104 von der Beaufsichtigung der Innungen und die §§. 104a. bis 104g. von den weiteren Innungsverbänden.

Artikel 2 des Gesetzes enthält die erforderlichen Abänderungen und Ergänzungen der Strafbestimmungen der Gewerbeordnung.

Durch das Reichsgesetz vom 1. Juli 1883 (R.G.Bl. S. 159) ist die Reform der Gewerbeordnung zum vorläufigen Abschluß gebracht. Dieselbe umfaßt die Vorschriften der §§. 6, 21, 30, 33, 35, 40, 42, 43, 44, 53, 54, 55 bis 63, 108, 143, 148, 149 und 154.

Die §§. 6, 40, 54 der Gewerbeordnung haben wesentlich nur redactionelle Aenderungen erfahren. Die Bestimmungen über das Verfahren sind durch eine, den Ausschluß der Oeffentlichkeit der Sitzungen betreffende Vorschrift vervollständigt (§. 21 Gew.O.). Dem §. 30 ist eine, den Betrieb des Hufbeschlaggewerbes regelnde Bestimmung hinzugefügt. Dem §. 33 sind als §§. 33a. b. c. ergänzende Vorschriften angeschlossen, welche die einheitliche Ordnung der gewerbsmäßigen Veranstaltung von Musikaufführungen, Schaustellungen, theatralischen Vorstellungen und sonstigen Lustbarkeiten, bei denen ein höheres Interesse der Kunst und Wissenschaft nicht obwaltet, zum Gegenstande haben. Im §. 35 wird die Ertheilung von Tanz-, Turn-, Schwimmunterricht, der Betrieb von Badeanstalten, der Trödelhandel, der Kleinhandel mit Garnabfällen u. s. w., der Handel mit Dynamit und anderen Sprengstoffen, die gewerbsmäßige Besorgung fremder Rechtsangelegenheiten und sonstiger bei Behörden wahrzunehmender Geschäfte, der Geschäftsbetrieb der Vermittlungsagenten für Immobiliarverträge, Darlehen und Heirathen, ferner das Gewerbe der Gesindevermiether, Stellenvermittler und Auktionatoren, durch anderweite Regelung der Anzeigepflicht und durch Zulassung der Untersagung des Gewerbebetriebes einer strengeren Controle unterstellt.

Der Artikel 6 des Gesetzes (§§. 42, 42a, 42b) enthält Anordnungen hinsichtlich des stehenden Gewerbebetriebes insbesondere hinsichtlich des Verkehrs auf öffentlichen Wegen, Straßen und Plätzen bezw. von Haus zu Haus. Im Artikel 7 ist der §. 43 der Gewerbeordnung durch eine, den Gewerbebetrieb mit Druckschriften u. s. w. auf öffentlichen Wegen, Straßen, Plätzen oder an anderen öffentlichen Orten betreffende Vorschrift ergänzt. Artikel 8 regelt den Geschäftsbetrieb der Handlungsreisenden (§. 44 Gew.O.) Artikel 9 ergänzt die Bestimmungen bezüglich der Approbationen der Aerzte und Apotheker, so wie die Vorschriften wegen der Controle des Gewerbebetriebs der Pfandleiher.

Die durchgreifendste Aenderung hat der Titel III. der Gewerbeordnung (Gewerbebetrieb im Umherziehen) erfahren. Eine Revision dieses Titels wurde von fast allen Bundesregierungen, vom Bundesrath und auch vom Reichstage schon in früherer Zeit als nothwendig anerkannt. Unter den ersteren hatten sich namentlich die Regierungen der Königreiche Preußen, Baiern, Sachsen und Würtemberg für das Bedürfniß der Revision ausgesprochen. Auch der Bundesrath hatte bereits in seiner Sitzung vom 27. März 1879 durch einen zustimmenden Beschluß zu den Anträgen seines Ausschusses für Handel und Verkehr, welcher eine strengere Behandlung des Wanderlagerverkehrs vorläufig im Verwaltungswege herbeigeführt wissen wollte, eine gleiche Anschauung zu erkennen gegeben. Im Reichstage kam dieselbe Auffassung bei den Verhandlungen über den Antrag der Abgeordneten von Seydewitz und Genossen vom 27. Februar 1879 zur Geltung, und wurde auch bei der Erörterung der wiederholten Anträge derselben Abgeordneten im Jahre 1880 von verschiedenen Seiten auf das Bedürfniß der Revision der bezüglichen Bestimmungen der Gewerbeordnung hingewiesen. Die Gesichtspunkte, unter denen nunmehr dieselbe gefolgt ist, sind folgende:

1. Einschränkung des Kreises der Gegenstände, welche im Umherziehen angekauft und feilgeboten, und der Leistungen, welche im Umherziehen dargeboten werden dürfen: beides unter der in dieser Hinsicht allein maßgebenden Rücksicht auf die Anforderungen der öffentlichen Sicherheit, Gesundheitspflege, Sittlichkeit und Ordnung;
2. aus eben derselben Rücksicht einerseits die Verschärfung der, auf die persönliche Zulassung zum Gewerbe-Betriebe im Umherziehen bezüglichen Bestimmungen und andererseits die Eröffnung der Möglichkeit, zum Gewerbe-Betriebe bereits zugelassenen Personen die Fortsetzung des Betriebes zu untersagen;
3. Behandlung der Wanderlager als Gewerbe-Betrieb im Umherziehen, Ausschluß der Wander-Verloosungen u. s. w., Verbot der Wander-Auktionen, sofern nicht im einzelnen Falle besondere Momente deren Zulassung rechtfertigen;
4. Einführung beschränkender Bestimmungen in Betreff des gewerblichen Umherziehens minderjähriger Personen bei-

derlei Geschlechts, in Betreff des Betretens fremder Häuser, Gehöfte und Wohnungen und in Betreff des Gewerbe-Betriebes umherziehender Schauspieler-Gesellschaften u. s. w.;

5. Aufstellung unzweideutiger und dabei in gewisser Weise einschränkender Bestimmungen bezüglich des Mitführens von Begleitern und Kindern;
6. Regelung der Zuständigkeits-Verhältnisse und des Verfahrens;
7. Ergänzung einiger lückenhaften Strafbestimmungen.

Die einschränkenden Vorschriften treffen vornehmlich die übelbeleumundeten und unzuverlässigen Elemente, während in die Geschäftssphäre der unbescholtenen, ehrlichen Gewerbetreibenden nur insofern eingegriffen wird, als die Rücksicht auf die Eigenart des Gewerbebetriebes im Umherziehen dies unumgänglich nothwendig macht. Auf der anderen Seite bietet das Gesetz nicht unerhebliche Erleichterungen, indem es ganze Kategorieen kleiner Gewerbetreibender von der Lösung des Wandergewerbescheins befreit.

Die §§. 83 und 86 der Gewerbeordnung sind durch Bestimmungen ersetzt, wonach vom Eintritt in eine Innung diejenigen ausgeschlossen werden, welche sich nicht im Besitz der bürgerlichen Ehrenrechte befinden, oder in Folge gerichtlicher Anordnung in der Verfügung über ihr Vermögen beschränkt sind. Unter denselben Voraussetzungen soll es der Innung auch freistehen, die Ausübung des Stimmrechts sowie der Ehrenrechte innerhalb der Innung auszuschließen. Die Vorschriften wegen Ausstellung der Arbeitsbücher (§. 108 und 137 der Gewerbeordnung) sind in einzelnen Punkten ergänzt und abgeändert.

Durch Artikel 16 der Novelle ist der Reichskanzler ermächtigt, den Text der Gewerbeordnung, wie er sich aus den Aenderungen ergiebt, welche seit ihrer Emanation durch Gesetze, beziehungsweise durch die vom Reichstage genehmigten Beschlüsse des Bundesrathes, ergiebt, durch das Reichsgesetzblatt bekannt zu machen. Dieses ist durch die in der Nummer 15 des Reichsgesetzblattes erfolgte Bekanntmachung des neuredigirten Textes geschehen.

Die **Krankenversicherung der Arbeiter** ist durch ein besonderes Reichsgesetz vom 15. Juni 1883 (R.G.Bl. S. 73) geregelt.

Fast gleichzeitig mit der Gewerbeordnung ist auch die Normirung der auf die Maße und Gewichte bezüglichen Verhältnisse von der deutschen Reichsregierung durchgeführt.

Die bezügliche Regelung ist erfolgt:

I. durch die Maß- und Gewichtsordnung vom 17. August 1868 (B.G.Bl. S. 473) und folgende ergänzende Bestimmungen:

1. die Bekanntmachung betreffend die äußersten Grenzen der im öffentlichen Verkehr noch zu duldenden Abweichungen der Maße, Gewichte und Waagen von der absoluten Richtigkeit vom 6. Dezember 1869 (B.G.Bl. S. 687);
2. die Bekanntmachung vom 23. Februar 1870 betreffend die vom 1. Januar 1872 ab innerhalb des Norddeutschen Bundes unzulässigen älteren Gewichte (B.G.Bl. Anl. zu Nr. 29);
3. das Gesetz vom 10. März 1870 wegen Ergänzung der Maß- und Gewichtsordnung für den Norddeutschen Bund (B.G.Bl. S. 46);
4. die Anweisung vom 6. Mai 1871 die Medizinalgewichte betreffend (Beil. zu Nr. 23 B.G.Bl.);
5. die Bekanntmachung vom 16. August 1871 betreffend die bei Maßen und Meßwerkzeugen für Brennmaterialien u. s. w. und bei Hökerwaagen im öffentlichen Verkehr noch zu duldenden Abweichungen von der absoluten Richtigkeit (B.G.Bl. S. 328);
6. das Gesetz vom 26. November 1871 betreffend die Einführung der Maß- und Gewichtsordnung vom 17. August 1868 in Bayern (R.G.Bl. S. 397);
7. die Bekanntmachung vom 1. Mai 1872 betreffend die Anwendung von Präzisionswaagen in den Offizinen der Apotheker (R.G.Bl. Beil. zu Nr. 14);
8. das Gesetz vom 7. Dezember 1873 betreffend die Abänderung der Maß- und Gewichtsordnung vom 17. August 1868 (R.G.Bl. S. 377);
9. das Gesetz vom 19. Dezember 1874 betreffend die Einführung der Maß- und Gewichtsordnung vom 17. August 1868 in Elsaß-Lothringen (R.G.Bl. p. 1875 S. 1);
10. die Bekanntmachung vom 25. Juli 1875 betreffend

die Abänderung der Vorschriften über die im Verkehr zulässige Fehlergrenze bei cylindrischen Hohlmaßen (R.G.Bl. S. 257).

II. Durch die Eichungsordnung vom 16. Juli 1869 (B.G.Bl. Beil. zu Nr. 32) und die nachstehenden ergänzenden Bestimmungen:

1. die Eichgebührentaxe vom 12. Dezember 1869 (B.G.Bl. Beil. zu Nr. 40);
2. das Gesetz vom 26. November 1869 betreffend die Eichungsbehörden (G.S. S. 1165);
3. die Nachträge zur Eichungsordnung und Eichgebührentaxe vom 30. Juni 1870 (B.G.Bl. Beil. zu Nr. 29);
4. die Bekanntmachung vom 15. Februar 1871 betreffend die Vorschriften über die Eichung und Stempelung von Maaßen und Meßwerkzeugen für Brennmaterialien so wie für Kalk und andere Mineralprodukte (B.G.Bl. Beil. zu Nr. 11);
5. die Nachträge zur Eichungsordnung und Eichgebührentaxe vom 6. Mai 1871 (B.G.Bl. Beil. zu Nr. 23);
6. die Nachträge zur Eichungsordnung vom 16. Juli 1869 und zum Erlaß vom 15. Februar 1871 d. d. 31. Januar 1872 (R.G.Bl. Beil. zu Nr. 12);
7. die Bekanntmachung vom 31. Januar 1872 betreffend die Eichung und Stempelung der Goldmünzgewichte (R.G.Bl. Beil. zu Nr. 12);
8. die Bekanntmachung vom 19. März 1872 über die Eichung und Stempelung der Meßapparate für Flüssigkeiten (R.G.Bl. Beil. zu Nr. 12);
9. die Nachträge zur Eichordnung vom 16. Juli 1869 und zur Bekanntmachung vom 15. Februar 1871 d. d. 25. Juni 1872 (R.G.Bl. Beil. zu Nr. 26);
10. die Bekanntmachung vom 22. März 1876, betreffend die eichamtliche Behandlung vorschriftswidriger Maaße, Gewichte und sonstiger Meßwerkzeuge (R.G.Bl. S. 123);
11. die Bekanntmachung vom 26. März 1877, betreffend Abänderungen der Eichordnung.

III. Den Schutz des Urheberrechts gewerblicher Leistungen regeln folgende Bestimmungen:

A. Das Gesetz vom 11. Juni 1870, betreffend das Urheberrecht an Schriftwerken, Abbildungen, musikalischen Kompositionen und dramatischen Werken (B.G.Bl. S. 339), welches durch das Gesetz vom 27. Januar 1873 auch in Elsaß-Lothringen eingeführt ist (R.G.Bl. S. 432) abgedruckt Anhang I.

Wegen des gegenseitigen Schutzes der Rechte an literarischen Erzeugnissen und Werken der Kunst ist mit Frankreich unterm 19. April 1883 (R.G.Bl. S. 269), mit Italien unterm 12. Mai 1869, mit der Schweiz unterm 23. Mai 1881 eine Uebereinkunft getroffen (B.G.Bl. S. 293 und R.G.Bl. S. 171).

B. Das Gesetz vom 30. November 1874 über Markenschutz (R.G.Bl. S. 143) abgedruckt Anhang I.

In Betreff des gegenseitigen Schutzes der Waarenbezeichnungen sind Vereinbarungen getroffen:

a) mit Schweden und Norwegen (Bekanntmachung vom 11. Juli 1872. R.G.Bl. S. 293);
b) mit Rußland (Bekanntmachung vom 18. August 1873. R.G.Bl. S. 337);
c) mit Italien (Bekanntmachung vom 20. April 1875, betreffend den Schutz deutscher Waarenzeichen, Namen und Firmen. R.G.Bl. S. 200);
d) mit Oesterreich-Ungarn (Bekanntmachung vom 20. August 1875. R.G.Bl. S. 259);
e) mit Belgien (Bekanntmachung vom 13. September 1875. R.G.Bl. S. 301);
f) mit Luxemburg (Bekanntmachung vom 23. Mai 1870. R.G.Bl. S. 169 und vom 2. August 1883 R.G.Bl. S. 268);
g) mit Frankreich (Vertrag vom 12. Oktober 1871. R.G.Bl. S. 363. und Deklaration vom 8. Oktober 1873. R.G.Bl. S. 365);
h) mit den Niederlanden (Bekanntmachung vom 19. Januar 1882. R.G.Bl. S. 5);
i) mit Spanien (Vertrag vom 30. März 1868. B.G.Bl. S. 325);

k) mit Portugal (Vertrag vom 2. März 1872. R.G.Bl. S. 258);

l) mit der Schweiz wegen der Namen und Firmen (Vertrag vom 13. Mai 1869. B.G.Bl. S. 606);

m) mit Großbritannien (Vertrag vom 14. April 1875. R.G.Bl. S. 198);

n) mit Nordamerika (Vertrag vom 11. Dezember 1871. R.G.Bl. S. 106);

o) mit Brasilien (Bekanntmachung vom 28. Februar 1877. R.G.Bl. S. 406);

p) mit Dänemark (Bekanntmachung vom 4. April 1879. R.G.Bl. S. 123);

q) mit Rumänien (Bekanntmachung vom 27. Januar 1882. R.G.Bl. S. 7).

C. Das Gesetz vom 9. Januar 1876, betreffend das Urheberrecht an Werken der bildenden Künste (R.G.Bl. S. 4), abgedruckt Anhang I.

D. Das Gesetz vom 10. Januar 1876, betreffend den Schutz der Photographien gegen unbefugte Nachbildung (R.G.Bl. S. 8), abgedruckt Anhang I.

E. Das Gesetz vom 11. Januar 1876, betreffend das Urheberrecht an Mustern und Modellen (R.G.Bl. S. 11), abgedruckt Anhang I.*)

F. Das Patentgesetz vom 25. Mai 1877 (R.G.Bl. S. 501) nebst der Verordnung vom 18. Juni 1877, betreffend die Einrichtung, das Verfahren und den Geschäftsgang des Patentamtes (R.G.Bl. S. 533) und der Verordnung vom 1. Mai 1878, betreffend das Berufungsverfahren beim Oberhandelsgericht in Patentsachen (R.G.Bl. S. 90), abgedruckt Anhang I.

*) Für den Abschluß von Vereinbarungen, durch welche die Bestimmungen des Gesetzes vom 11. Januar 1876 betreffend das Urheberrecht an Mustern und Modellen, auch auf Muster und Modelle ausländischer Urheber für anwendbar erklärt werden, ist (die Form von Staatsverträgen und demgemäß) die Zustimmung des Bundesrathes und die Genehmigung des Reichstages erforderlich.

Nr. 59 R.A. d. B.R. S. 17.

Gewerbe-Ordnung.

Vom 21. Juni 1869.

(B.G.Bl. S. 245)

in der Fassung des Reichsgesetzes vom 1. Juli 1883.

(R.G.Bl. S. 177.)

Titel I.

Allgemeine Bestimmungen.

§. 1.

Der Betrieb eines Gewerbes ist Jedermann gestattet, soweit nicht durch dieses Gesetz Ausnahmen oder Beschränkungen vorgeschrieben oder zugelassen sind.

Wer gegenwärtig zum Betriebe eines Gewerbes berechtigt ist, kann von demselben nicht deshalb ausgeschlossen werden, weil er den Erfordernissen dieses Gesetzes nicht genügt.

Zu §. 1.

1. Aus der Fassung des §. 1 ist zu entnehmen, daß die Bestimmungen der Gew.Ordnung nicht an den Betrieb des Gewerbes, sondern an die Person des Gewerbtreibenden angeknüpft werden sollen. Es soll dem Mißverständniß vorgebeugt werden, als seien bei der Ausübung der Gewerbe durch die nach den Vorschriften der Gew.O. dazu verstatteten Personen die allgemeinen polizeilichen Bestimmungen nur insoweit zu beachten, als sie im Gesetz ausdrücklich vorbehalten sind. Die Gew.Ordnung bezieht sich hiernach nur auf die Bedingungen, unter welchen der Betrieb der Gewerbe Jedermann gestattet ist, nicht aber auf die polizeilichen Vorschriften, welchen die Ausübung derselben unterworfen ist. (Motive.)

Der §. 1 Gew.O. erstreckt sich daher lediglich auf die Zulassung zum Gewerbebetriebe im Allgemeinen, und ist nicht auf diejenigen polizeilichen, im öffentlichen Interesse gegebenen, Vorschriften zu beziehen, unter denen die Ausübung eines bestimmten Gewerbes überhaupt gestattet ist.

Erk. d. O.T. v. 1. Juni 1870.
Goltd. 18, S. 630.
Erk. d. O.T. v. 4. November 1870.
Opp. XI, S. 544.

Die in den einzelnen Landestheilen bestehenden allgemeinen polizeilichen Vorschriften, insbesondere der Bau-, Feuer-, Gesundheits-, Sicherheits- und Sitten-Polizei sind deshalb bei dem Betriebe eines Gewerbes auch ferner zu beachten.

Anw. v. 4. September 1869 (Einl.).

Ebenso ist es gestattet, auf Grund des Gesetzes vom 11. März 1850 Polizeiverordnungen über den Betrieb gewisser, auch der in §. 16 Gew.O. genannten Gewerbe, besonders hinsichtlich des zu benutzenden Lokals, zu erlassen.

R. d. M. d. J. v. 18. Februar 1874.
M.Bl. S. 56.

Landespolizeiliche Anordnuugen, durch welche Einschränkungen der Konzession in Rücksicht von Nachtheilen und Belästigungen der Nachbarn eingeführt und zugelassen sind, bleiben daher in Geltung.

Erk. d. O.T. v. 19. September 1876.
Opp. XVII, S. 567.

Ebenso die älteren Polizeiverordnungen, welche die Ausübung eines Gewerbes zur Aufrechthaltung der Ordnung uud Gesetzlichkeit bei öffentlichen Zusammenkünften gewissen Beschränkungen unterwerfen.

Erk. d. O.T. v. 18. Januar 1871.
Opp. XII, S. 42.

Dagegen sind die Rheinischen Gesetze, nach welchen öffentliche Mobiliarversteigerungen nur durch die vom Gesetz dazu berufenen Beamten abgehalten werden durften, durch die Gew.O. außer Kraft gesetzt.

Erk. d. O.T. v. 17. Februar 1870.
Opp. XI, S. 104.

Ebenso die Verbote, welche sich auf die Behandlung spezieller ansteckender Krankheiten bezogen,

Erk. d. O.T. v. 26. September 1873.
Opp. XIV, S. 585.

auch die den Verkauf von Gift unbedingt verbietenden Gesetze.

Erk. d. O.A.G. v. 21. Februar 1874.
Opp. XV, S. 111.

2. Die Centralinstanz für die Gewerbepolizei ist das Ministerium für Handel und Gewerbe in allen Angelegenheiten, welche nicht ihrem Character nach dem Ressort eines andern Ministeriums zugehören.

Allerh. Erl. v. 17. April 1848. Ges.S. S. 109.

Für die Gewerbepolizei in Angelegenheiten

1. der Preßgewerbe (§. 1 des Ges. v. 12. Mai 1851),
2. der Unternehmer von Tanz- und Fechtschulen, Turn- und Badeanstalten,
3. der Schauspiel-Unternehmer,
4. der Pfandleiher, derjenigen, welche mit Schießpulver handeln, welche meublirte Zimmer oder Schlafstellen gewerbsweise vermiethen, der Lohnlakaien und derer, welche auf öffentlichen Straßen und Plätzen oder in Wirthshäusern ihre Dienste anbieten,
5. des Kleinhandels mit Getränken, der Gastwirthschaft und der Schankwirthschaft,
6. der Musiker, Drehorgelspieler, Schaukastenführer, Equilibristen, Kunstreiter, Marionettenspieler und Puppenspieler, Taschenspieler und solcher Personen, die Kunst- und Naturseltenheiten zur Schau tragen,
7. der Schauspieler- und ähnlicher Gesellschaften;

ist der Minister des Innern die Centralinstanz gleichviel, ob es sich um stehenden oder im Umherziehen ausgeübten Gewerbebetrieb handelt.

(Allerh. Erl. v. 30. Juni 1858. Ges.S. S. 301.)

3. Verordnung, betreffend die Errichtung eines Volkswirthschaftsraths. Vom 17. November 1880 (Ges.S. S. 367).

§. 1.

Entwürfe von Gesetzen und Verordnungen, welche wichtigere wirthschaftliche Interessen von Handel, Gewerbe und Land- und Forstwirthschaft betreffen, sind, bevor sie Meiner Genehmigung unterbreitet werden, in der Regel von Sachverständigen aus den betheiligten wirthschaftlichen Kreisen zu begutachten.

Dasselbe gilt von den auf den Erlaß von Gesetzen oder Verordnungen bezüglichen Anträgen und Abstimmungen Preußens im Bundesrathe, soweit dieselben das gedachte wirthschaftliche Gebiet berühren.

Die Begutachtung erfolgt durch den nach den Bestimmungen dieser Verordnung zu bildenden Volkswirthschaftsrath.

§. 2.

Der Volkswirthschaftsrath besteht aus 75 von Mir für eine Sitzungsperiode von je 5 Jahren zu berufenden Mitgliedern. Von diesen sind 45 durch die Minister für Handel und Gewerbe, für öffentliche Arbeiten und für Landwirthschaft auf Grund der Präsentation einer doppelten Anzahl durch Wahl der Handelskammern, der Vorstände der kaufmännischen Korporationen und landwirthschaftlichen Vereine vorzuschlagen.

Ergänzende Bestimmungen für die Betheiligung von Handwerker-Innungen behalte Ich Mir vor.

§. 3.

Die Präsentationswahl erfolgt in der Weise, daß gewählt werden:

a) von den Handelskammern und Vorständen der kaufmännischen Korporationen

1) der Provinz Ostpreußen	4,
2) der Provinz Westpreußen	2,
3) der Provinz Brandenburg (ausschließlich des Stadtkreises Berlin)	4,
des Stadtkreises Berlin	5,
4) der Provinz Pommern	2,
5) der Provinz Posen	2,
6) der Provinz Schlesien	9,
7) der Provinz Sachsen	5,
8) der Provinz Schleswig-Holstein	2,
9) der Provinz Hannover	5,
10) der Provinz Westfalen	6,
11) der Provinz Hessen-Nassau	3,
12) der Rheinprovinz	11,
im Ganzen	60;

b) von den landwirthschaftlichen Vereinen, und zwar

1) in der Provinz Ostpreußen:	
a) von dem landwirthschaftlichen Verein für Litthauen und Masuren	1,
b) von dem Ostpreußischen landwirthschaftlichen Central-Verein	2,
2) in der Provinz Westpreußen:	
von dem Hauptverein Westpreußischer Landwirthe	3,
3) in der Provinz Brandenburg:	
a) von dem landwirthschaftlichen Central-Verein für den Regierungs-Bezirk Potsdam	1,
b) von dem landwirthschaftlichen Central-Verein für den Regierungs-Bezirk Frankfurt a. d. O.	1,
4) in der Provinz Pommern:	
a) von der Pommerschen ökonomischen Gesellschaft	2,
b) von dem Baltischen Verein zur Beförderung der Landwirthschaft	1,
5) in der Provinz Posen:	
von dem landwirthschaftlichen Provinzial-Verein	3,
6) in der Provinz Schlesien:	
von dem landwirthschaftlichen Central-Verein	3,
7) in der Provinz Sachsen:	
von dem landwirthschaftlichen Central-Verein	3,
Seite	20,

Uebertrag	20,
8) in der Provinz Schleswig-Holstein:	
von dem landwirthschaftlichen General-Verein	2,
9) in der Provinz Hannover:	
von der Königlichen Landwirthschafts-Gesellschaft	2,
10) in der Provinz Westfalen:	
von dem landwirthschaftlichen Provinzial-Verein	2,
11) in der Provinz Hessen-Nassau:	
a) von dem landwirthschaftlichen Central-Verein für den Regierungs-Bezirk Cassel	1,
b) von dem Verein Nassauischer Land- und Forstwirthe	1,
12) in der Rheinprovinz:	
von dem landwirthschaftlichen Central-Verein	2,
im Ganzen	30.

§. 4.

Von den 90 auf diese Weise Gewählten sind Mir durch die betreffenden Minister 15 Vertreter des Gewerbes, 15 des Handels und 15 der Land- und Forstwirthschaft, außerdem aber nach freier Wahl dieser Minister noch 30 Mitglieder, unter denen mindestens 15 dem Handwerker- und dem Arbeiterstande angehören, zur Berufung in den Volkswirthschaftsrath vorzuschlagen.

§. 5.

Für die Wahlen der Handelskammern und Vorstände der kaufmännischen Korporationen gelten folgende Bestimmungen.

Der Stadtkreis Berlin und jede einzelne Provinz bilden je für sich einen Wahlkreis.

Die Präsentationswahl im Stadtkreise Berlin ist von den Aeltesten der Kaufmannschaft daselbst nach Maßgabe der für die sonstigen Wahlen gültigen statutarischen Bestimmungen zu vollziehen.

Im Uebrigen erfolgen die Präsentationswahlen in jedem Wahlkreise am Sitze des Oberpräsidenten unter Vorsitz des letzteren oder des von demselben ernannten Stellvertreters. Der Vorsitzende hat die Einladung zu den Wahlen auf den von ihm festzusetzenden Termin an jede der innerhalb des Wahlkreises bestehenden Handelskammern und an die Vorstände der kaufmännischen Korporationen mit der Aufforderung zu erlassen, je einen Delegirten aus ihrer Mitte mit Vollmacht zur Ausübung der Stimmberechtigung zu entsenden.

Die Bestimmung der jeder Handelskammer und jeder kaufmännischen Korporation zukommenden Stimmenzahl erfolgt vor jeder Wahl durch den Oberpräsidenten nach Verhältniß der veranlagten oder fingirten Gewerbesteuerbeträge, welche für die Wähler der Mitglieder jeder Handelskammer das Beitragsverhältniß zu den Kosten der Handelskammer bestimmen (§. 23 des Gesetzes vom 24. Februar 1870, Ges.S. S. 134), beziehungsweise nach Maßgabe der auf die Mitglieder jeder kaufmännischen Korporation veranlagten Gewerbesteuern.

Wählbar ist jeder zum Vorstandsmitglied einer in dem Wahlkreise bestehenden kaufmännischen Korporation und jeder zum Mitglied einer innerhalb des Wahlkreises bestehenden Handelskammer Wählbare, der das dreißigste Lebensjahr zurückgelegt hat.

Die Wahl erfolgt durch Stimmzettel in der Art, daß Jeder gewählt ist, auf welchen mehr als ein Drittel der im ersten Wahlakte abgegebenen Stimmen sich vereinigen. Haben mehr Personen, als zu wählen sind, Jeder mehr als ein Drittel der abgegebenen Stimmen erhalten, so sind diejenigen für gewählt zu erachten, welche die meisten Stimmen erhalten haben. Zwischen denen, welche die gleiche Stimmenzahl erhalten haben, entscheidet hierbei das Loos darüber, wer für gewählt zu achten.

Insoweit im ersten Wahlgange weniger Personen, als zu wählen sind, mehr als ein Drittel der Stimmen erhalten haben, sind diejenigen Kandidaten, welche die meisten Stimmen erhalten haben, in der doppelten Anzahl der zu Wählenden auf eine engere Wahl zu bringen. Unter Kandidaten, welche die gleiche Anzahl der Stimmen erhalten haben, entscheidet hierbei das Loos darüber, wer auf die engere Wahl zu bringen.

In der engeren Wahl entscheidet einfache Mehrheit der Stimmen, in den Fällen der Stimmengleichheit das Loos.

§. 6.

Bei den Wahlen der landwirthschaftlichen Vereine bleibt die Feststellung des Wahlmodus jedem einzelnen Vereine überlassen.

Gewählt kann von ihnen nur werden, wer

1. das dreißigste Lebensjahr zurückgelegt hat und
2. innerhalb der Provinz des präsentationsberechtigten Vereins die Landwirthschaft betreibt.

§. 7.

Die Namen der von Mir berufenen Mitglieder werden durch den Staats-Anzeiger bekannt gemacht.

§. 8.

Jeder in der Person eines Mitgliedes eintretende Umstand, durch welchen dasselbe zur Bekleidung öffentlicher Aemter dauernd oder auf Zeit unfähig wird, ebenso die Eröffnung des Konkurses über das Vermögen eines Mitgliedes hat das Erlöschen der Mitgliedschaft zur Folge. Scheidet in Folge hiervon oder durch Tod oder durch Verzicht ein Mitglied des Volkswirthschaftsraths vor Ablauf der fünfjährigen Sitzungsperiode (§. 2) aus, so ist für den Ueberrest der letzteren ein Mitglied für dieselbe Sektion zu ernennen. Gehört das ausscheidende Mitglied zu den auf Präsentation Berufenen, so ist das Ersatzmitglied aus der Zahl der beim Beginn der Sitzungsperiode präsentirten Personen zu ernennen.

§. 9.

Der Volkswirthschaftsrath zerfällt in die drei Sektionen:

1. des Handels,
2. des Gewerbes,
3. der Land- und Forstwirthschaft.

Jedes Mitglied wird durch gemeinsame Bestimmung der drei zuständigen Minister (§. 2) einer Sektion überwiesen.

Jede Sektion wählt aus ihrer Mitte fünf Mitglieder, welche mit weiteren zehn, von den vorher bezeichneten Ministern Gewählten zusammen den permanenten Ausschuß des Volkswirthschaftsraths bilden. Die aus den einzelnen Sektionen dem permanenten Ausschuß angehörenden Mitglieder bilden die Sektionsausschüsse.

Zur Begutachtung von Vorlagen, bei welchen nur eine der im Eingange dieses Paragraphen bezeichneten wirthschaftlichen Gruppen oder nur zwei Gruppen betheiligt sind, können sowohl die bezüglichen Sektionen, als auch deren Ausschüsse je für sich allein berufen werden. Die Berufung der Ausschüsse, der Sektionen und des Plenums des Volkswirthschaftsraths erfolgt auf Beschluß des Staatsministeriums durch diejenigen Minister gemeinsam, welche denselben Vorlagen zur Begutachtung unterbreiten werden.

§. 10.

Den Vorsitz im Volkswirthschaftsrath, den Sektionen und den Ausschüssen führt einer der drei Minister: für Handel und Gewerbe, der öffentlichen Arbeiten und für Landwirthschaft, Domänen und Forsten, und wenn keine andere Bestimmung getroffen ist, der von ihnen im Dienste älteste. Der Vorsitzende kann sich in dem Volkswirthschaftsrath, den Sektionen und den Ausschüssen durch einen geeigneten Beamten vertreten lassen.

§. 11.

Jeder Staatsminister ist befugt, den Sitzungen des Volkswirthschaftsraths, der Sektionen und der Ausschüsse beizuwohnen, oder in dieselben Kommissarien zu entsenden.

§. 12.

Das Staatsministerium hat die Geschäftsordnungen für die Sektionen, die Ausschüsse und das Plenum des Volkswirthschaftsraths festzustellen.

§. 13.

Die aus Präsentationswahlen hervorgegangenen Mitglieder des Volkswirthschaftsraths erhalten weder Reisekosten noch Diäten.

4. Zum Begriff des Gewerbes gehört eine fortgesetzte, öftere, auf Erreichung eines Gewinns gerichtete, Thätigkeit, welche erkennen läßt, daß sie das Ergebniß des Entschlusses sind, dieselben Handlungen zur Gewinnerzielung in der Zukunft zu wiederholen.

Nur unter dieser Voraussetzung kann auch eine Einzelhandlung als Beginn eines Gewerbes angesehen werden.

Erk. d. O.T. v. 30. Juni 1876 (Opp. XVIII, S. 478) und v. 13. Juli 1877 (Opp. XVIII, S. 407).

Wenn daher eine auf Erwerb gerichtete Geschäftsthätigkeit nur dahin abzielt, eine sich darbietende einmalige Gelegenheit auszunutzen, liegt ein Gewerbebetrieb nicht vor.

Erk. d. O.T. v. 10. Januar 1874.
Opp. XV, S. 20.

Der Begriff des Gewerbes ist dadurch bedingt, daß eine fortgesetzte Beschäftigung auf Erzielung eines Vermögensvortheils -- wenn auch nicht in Gestalt eines Geldbetrages — gerichtet sei.

Erk. d. O.T. v. 17. Juli 1873.

Opp. XIV, S. 378.

Es kommt darauf an, daß nach allen begleitenden Umständen kein Zweifel darüber obwaltet, daß die Handlung des Gewerbes und Vortheils wegen, nicht blos aus Gefälligkeit oder gegen Erstattung der Auslagen, vorgenommen sei.

R. d. F.M. v. 18. Dezember 1849.

Winiker, S. 335.

5. Ein vom Konkursverwalter bewirkter Verkauf der zur Konkursmasse eines Kaufmannes gehörigen Waaren zum Zweck der Versilberung derselben und Vertheilung des Erlöses unter die Gläubiger ist kein Gewerbebetrieb.

Erk. d. O.T. v. 3. Januar 1879.

Opp. XX, S. 4.

Dagegen ist die Fortführung des Geschäfts für Rechnung der Konkursmasse als Gewerbebetrieb anzusehen.

Erk. d. O.T. v. 25. November 1868.

Winiker, Nr. 984.

6. Notare, Gerichtsvollzieher und Gerichtsschreiber in der Rheinprovinz, welche Auktionen für Privatpersonen übernehmen, betreiben durch Abhalten der bezüglichen Versteigerungen kein Gewerbe.

R. d. M. d. J. u. F.M. v. 3. Juni 1835.

Winiker, Nr. 526.

Vgl. auch R. d. F.M. v. 9. Dezember 1879. Mitth. 14, S. 25.

Das Vertheilen von Bibeln, welches unentgeltlich oder gegen eine nur die Kosten der Anschaffung deckende Vergütung erfolgt, ist kein gewerbsmäßiger Geschäftsbetrieb.

C.R. d. H.M. n. F.M. v. 9. Juni 1849.

Winiker, Nr. 720.

Handwerk ist eine Thätigkeit, durch welche Produkte oder Materialien nach gewissen Regeln gegen Lohn oder zum Verkauf zu Gegenständen des menschlichen Verbrauchs verarbeitet werden. Wer ausschließlich Material, welches ihm vom Fabrikanten geliefert wird, für dessen Rechnung gegen Zahlung von Arbeitslohn verarbeitet, betreibt kein selbstständiges Gewerbe.

Erk. d. O.T. v. 29. April 1870.

Winiker, S. 995.

7. Veräußerungsverträge, durch welche der Erwerber das Vertragsobjekt mit der Einschränkung erwirbt, sich der Verwendung desselben zum Zweck eines bestimmten Gewerbebetriebes zu enthalten, sind zulässig.

Erk. d. O.T. v. 11. Dezember 1876.

Kletke, Band 6, S. 1.

Ebenso Verträge, durch welche sich ein Kontrahent verpflichtet, ein Gewerbe in einem bestimmten Bezirk nicht zu betreiben.

Erk. d. O.T. v. 9. Juli 1877.

Kletke, Band 6, S. 2

8. Wegen der Beschränkungen der Fabrikation und des Handels mit Spielkarten vgl. §. 3, 4, 5, 6, 7, 8, 9, 10, 21 fgde. des R.Ges. vom 3. Juli 1878 (R.G.Bl. S. 133).

9. Wegen Bestrafung des Wuchers vgl. Reichsgesetz betreffend den Wucher vom 24 Mai 1880 (R.G.Bl. S. 109).

10. Der Ausdruck „Beschränkungen" (§. 1, Abs. 2) umfaßt nicht nur äußere, von dem Willen des davon Betroffenen unabhängige, Hindernisse, sondern auch vertragsmäßige Beschränkungen.

Erk. d. O.T. v. 15. Mai 1876.

Kletke, Band 6, S. 1,

11. *Es handelt sich in §. 1 nur um die allgemeine Befugniß zum Gewerbebetriebe.* Solche Beschränkungen, welchen der Betrieb selbst aus anderen als eigentlich gewerblichen, also z. B. medizinalpolizeilichen, bau- und feuerpolizeilichen, wohlfahrtspolizeilichen, preßpolizeilichen Gründen unterworfen sein kann, können und sollen garnicht ausgeschlossen werden.

Nr. 200 R.A. d. B.R. S. 51.

Ein Gewerbebetrieb, der im Allgemeinen für zulässig erkannt ist, ist nicht auch von denjenigen — örtlichen oder allgemeinen — Beschränkungen der Ausübung befreit, welche sich als Folgen der Handhabung der allgemeinen bau-, feuer-, straßen- und gesundheitspolizeilichen Vorschriften darstellen.

Nr. 199 R.A. d. B.R. S. 51.

Erfindungspatente erzeugen ebensowenig polizeiliche Beschränkung des Gewerbebetriebes, als Gesetze gegen den Nachdruck u. s. w.; sie liegen daher außerhalb der Sphäre der Gewerbegesetzgebung.

Nr. 198 R.A. d. B.R. S. 51.

12. §. 1 bezieht sich zweifellos auf die Zulassung zum Betriebe eines Gewerbes d. h. es darf Niemand an der Ergreifung eines Gewerbes gehindert werden, wenn nicht die Gewerbeordnung selbst eine Ausnahme oder Beschränkung vorgeschrieben oder zugelassen hat. — Wenn es sich um die Ausübung eines Gewerbes handelt, so kann aus §. 1 der Gewerbeordnung nicht ohne Weiteres gefolgert werden, daß eine polizeiliche Beschränkung des Gewerbebetriebs aufgehoben oder unzulässig sei, weil sie in der Gewerbeordnung selbst nicht ausdrücklich vorgeschrieben oder zugelassen ist. Ist die Beschränkung eine solche, die sich in ihrem Wesen nach als ein Ausfluß der allgemeinen Polizei darstellt, so kann es nur darauf ankommen, ob dieselbe mit dem übrigen Inhalte der Gewerbeordnung oder mit den sonstigen Bundesgesetzen im Einklange steht oder nicht.

Nr. 201, R.A. d. B.R. S. 52.

Die Ausübung der „Schächtfunktion" ist nicht „Betrieb des Schlächtergewerbes als solchen", sondern Ausübung einer lediglich auf dem Kultusverbande ruhenden, nicht nach reichsrechtlichen Normen zu beurtheilen-

§. 2.

Die Unterscheidung zwischen Stadt und Land in Bezug auf den Gewerbebetrieb und die Ausdehnung desselben hört auf.

§. 3.

Der gleichzeitige Betrieb verschiedener Gewerbe, sowie desselben Gewerbes in mehrereu Betriebs- oder Verkaufsstätten ist gestattet. Eine Beschränkung der Handwerker auf den Verkauf der selbstverfertigten Waaren findet nicht statt.

§. 4.

Den Zünften und kaufmännischen Korporationen steht ein Recht, Andere von dem Betriebe eines Gewerbes auszuschließen, nicht zu.

§. 5.

In den Beschränkungen des Betriebes einzelner Gewerbe, welche auf den Zoll-, Steuer- und Postgesetzen beruhen, wird durch das gegenwärtige Gesetz nichts geändert.

---

den Funktion. Das Verbot derselben (seitens des Senats von Hamburg) steht nicht im Widerspruche mit der Gewerbeordnung.

Nr. 197, R.A. d. B.R. S. 51.

Zu §. 5.

1. Das Reichsgesetz über das Postwesen des Deutschen Reichs vom 28. Oktober 1871 (R.G.Bl. S. 347) bestimmt:

§. 1.

Die Beförderung

1. aller versiegelten, zugenähten oder sonst verschlossenen Briefe,
2. aller Zeitungen politischen Inhalts, welche öfter als einmal wöchentlich erscheinen,

gegen Bezahlung von Orten mit einer Postanstalt nach andern Orten mit einer Postanstalt des In- oder Auslandes auf andere Weise als durch die Post ist verboten. Hinsichtlich der politischen Zeitungen erstreckt dieses Verbot sich nicht auf den zweimeiligen Umkreis ihres Ursprungsortes.

Wenn Briefe und Zeitungen (Nr. 1 und 2) vom Auslande eingehen und nach inländischen Orten mit einer Postanstalt bestimmt sind, oder durch das Gebiet des Deutschen Reichs transiren sollen, so müssen sie bei der nächsten inländischen Postanstalt zur Weiterbeförderung eingeliefert werden.

Unverschlossene Briefe, welche in versiegelten, zugenähten oder sonst verschlossenen Packeten befördert werden, sind den verschlossenen Briefen gleich zu achten. Es ist jedoch gestattet, versiegelten, zugenähten oder sonst verschlossenen Packeten, welche auf andere Weise als durch die Post befördert werden, solche unverschlossene Briefe, Fakturen, Preiskurante, Rechnungen und ähnliche Stücke beizufügen, welche den Inhalt des Packets betreffen.

§. 2.

Die Beförderung von Briefen und politischen Zeitungen (§. 1) gegen Bezahlung durch expresse Boten oder Fuhren ist gestattet. Doch darf ein solcher Expresser nur von einem Absender abgeschickt sein, und dem Postzwange unterliegende Gegenstände weder von Anderen mitnehmen noch für Andere zurückbringen.

§. 27.

Mit dem vierfachen Betrage des defraudirten Portos, jedoch niemals unter einer Geldstrafe von 3 Mark wird bestraft:

1. wer Briefe oder politische Zeitungen den Bestimmungen der §§. 1 und 2 zuwider auf andere Weise als durch die Post gegen Bezahlung befördert oder verschickt; erfolgt die Beförderung in versiegelten, zugenähten oder sonst verschlossenen Packeten, so trifft die Strafe den Beförderer nur dann, wenn er den verbotwidrigen Inhalt des Packets zu erkennen vermochte.

2. . . . .

⋮

§. 28.

Im ersten Rückfalle wird die Strafe (§. 27) verdoppelt und bei ferneren Rückfällen auf das Vierfache erhöht. Im Rückfalle befindet sich derjenige, welcher, nachdem er wegen einer der im §. 27 bezeichneten Defraudationen vom Gerichte oder im Verwaltungswege bestraft worden, abermals eine dieser Defraudationen begeht.

Die Straferhöhung wegen Rückfalls tritt auch dann ein, wenn die frühere Strafe nur theilweise verbüßt, oder ganz oder theilweise erlassen ist, bleibt jedoch ausgeschlossen, wenn seit der Verbüßung oder dem Erlasse der letzten Strafe bis zur Begehung der neuen Defraudation drei Jahre verflossen sind.

§. 30.

Außer der Strafe muß in den Fällen des §. 27 das Porto, welches für die Beförderung der Gegenstände der Post zu entrichten gewesen wäre, gezahlt werden. In dem Falle des §. 27 unter Nr. 1 haftet der Absender und der Beförderer für das Porto solidarisch.

§. 31.

Die Dauer der Haft, welche an Stelle einer nicht beizutreibenden Geldstrafe tritt, ist vom Richter festzusetzen und darf sechs Wochen nicht übersteigen.

§. 32.

Die Postbehörden und Postbeamten, welche eine Defraudation entdecken, sind befugt, die dabei vorgefundenen Briefe oder anderen Sachen, welche Gegenstand der Uebertretung sind, in Beschlag zu nehmen und so lange ganz oder theilweise zurückzuhalten, bis entweder die defraudirten Postgefälle, die Geldstrafe und die Kosten gezahlt oder durch Kaution sichergestellt sind.

§. 33.

Die in den §§. 27 . . . . bestimmten Geldstrafen fließen zur Postarmen- oder Unterstützungskasse.

2. Von den durch die Zollgesetze eingeführten Beschränkungen des Betriebes einzelner Gewerbe sind namentlich hervorzuheben:

Vereinszollgesetz vom 1. Juli 1869.
(R.G.B. S. 317.)
§. 124.

Hausirgewerbe, zu welchen auch das Halten von Wanderlagern gehört, dürfen im Grenzbezirke nur mit besonderer Erlaubniß und unter den zum Zwecke des Zollschutzes erforderlichen, von der obersten Landes-Finanzbehörde anzuordnenden Beschränkungen betrieben werden.

Auf Material- und Spezereiwaaren, auf Wein, Branntwein und Liqueure, so wie auf Zeuge, ganz oder theilweise aus Baumwolle, Wolle oder Seide, soll sich der Regel nach die Erlaubniß nicht erstrecken. Es können indeß von der obersten Landes-Finanzbehörde für einzelne Grenzstrecken in Bezug auf solche Waaren, welche dort keinen Gegenstand des Schleichhandels bilden, Ausnahmen zugelassen werden.

So weit es zur Sicherung des Zollinteresses für nöthig erachtet wird, ist auch der Marktbesuch, so wie der stehende Gewerbebetrieb im Grenzbezirke den nach den örtlichen Verhältnissen von der obersten Landes-Finanzbehörde vorzuschreibenden Kontrolen unterworfen. Insbesondere hat Jeder, welcher mit Waaren einen Handel treibt, auf die sich die angeordnete spezielle Kontrole erstreckt, ein Buch zu führen, worin rücksichtlich der unmittelbar aus dem Auslande bezogenen Waaren beim Empfange derselben der Tag und Ort, an und in welchem die Verzollung stattgefunden hat, bemerkt, und rücksichtlich der aus dem Inlande empfangenen Waaren der Nachweis hierüber enthalten sein muß.

3. Die Gewerbeordnung hat an den landesgesetzlichen Vorschriften in Betreff der Steuerpflichtigkeit des Gewerbebetriebes nichts geändert.

Erk. d. O.T. v. 18. Juni 1873.
Opp. XIV. S. 444.
Erk. d. R.G. v. 22. September 1881. III. S. 290.

4. Für den Betrieb des Preßgewerbes sind die Bestimmungen der Gewerbeordnung mit folgenden Modalitäten anwendbar:

a) Eine Entziehung der Befugniß zum selbstständigen Betriebe irgend eines Preßgewerbes oder sonst zur Herausgabe und zum Vertriebe von Druckschriften kann weder im administrativen noch im richterlichen Wege stattfinden.

b) Die nicht gewerbsmäßige öffentliche Verbreitung von Druckschriften kann durch die Ortspolizeibehörde denjenigen Personen verboten werden, welchen nach §. 57 der Gew.O. ein Legitimationsschein versagt werden darf. Zuwiderhandlungen gegen ein solches Verbot werden nach §. 148 der Gew.O. bestraft.

§. 4, 5 des Gesetzes über die Presse v. 7. Mai 1874. (R.G.Bl. S. 65.)

5. Wegen des Vertriebes sozialdemokratischer Druckschriften vgl. das zu §. 143 Gew.O. abgedruckte Reichsgesetz v. 21. October 1878.

Hinsichtlich des Verkehrs mit Nahrungsmitteln, Genussmitteln und Gebrauchsgegenständen sind durch das Reichsgesetz vom 14. Mai 1879 (R.G.Bl. S. 145) folgende Bestimmungen getroffen:

§. 1.

Der Verkehr mit Nahrungs- und Genussmitteln, sowie mit Spielwaaren, Tapeten, Farben, Ess-, Trink- und Kochgeschirr und mit Petroleum unterliegt der Beaufsichtigung nach Massgabe dieses Gesetzes.

§. 2.

Die Beamten der Polizei sind befugt, in die Räumlichkeiten, in welchen Gegenstände der in §. 1 bezeichneten Art feilgehalten werden, während der üblichen Geschäftsstunden oder während die Räumlichkeiten dem Verkehr geöffnet sind, einzutreten.

Sie sind befugt, von den Gegenständen der in §. 1 bezeichneten Art, welche in den angegebenen Räumlichkeiten sich befinden, oder welche an öffentlichen Orten, auf Märkten, Plätzen, Strassen oder im Umherziehen verkauft oder feilgehalten werden, nach ihrer Wahl Proben zum Zwecke der Untersuchung gegen Empfangsbescheinigung zu entnehmen. Auf Verlangen ist dem Besitzer ein Theil der Probe amtlich verschlossen oder versiegelt zurückzulassen. Für die entnommene Probe ist Entschädigung in Höhe des üblichen Kaufpreises zu leisten.

§. 3.

Die Beamten der Polizei sind befugt, bei Personen, welche auf Grund der §§. 10, 12, 13 dieses Gestzes zu einer Freiheitsstrafe verurtheilt sind, in den Räumlichkeiten, in welchen Gegenstände der in §. 1 bezeichneten Art feilgehalten werden, oder welche zur Aufbewahrung oder Herstellung solcher zum Verkaufe bestimmter Gegenstände dienen, während der in §. 2 angegebenen Zeit Revision vorzunehmen.

6. Wegen der Beschränkungen im Interesse der Schutzmaßregeln gegen die Rinderpest vgl. das Ges. v. 7. April 1869 (B.G.Bl. S 105) und die Ausführungs-Instructionen v. 26. Mai 1869 (B.G.Bl. S. 149) und v. 9. Juni 1873 (B.G.Bl. S. 147). Vgl. auch das Gesetz betreffend die Abwehr und Unterdrückung von Viehseuchen v. 25. Juni 1875 (Ges.S. S. 306), das Reichs-Ges. v. 23. Juni 1880 (R.G.Bl. S. 153) und das Ges. v. 12. März 1881 (Ges.S. S. 128).

Zu §. 1.

Durch dieses Gesetz soll in den landesgesetzlich geordneten inneren Organismus der Behörden nicht eingegriffen, sondern nur das Verhältniß der Behörden zu den Gewerbtreibenden geregelt werden.

Nr. 470. R.A. d. B.R. S. 113.

Diese Befugniss beginnt mit der Rechtskraft des Urtheils und erlischt mit dem Ablauf von drei Jahren von dem Tage an gerechnet, an welchem die Freiheitsstrafe verbüsst, verjährt oder erlassen ist.

§. 4.

Die Zuständigkeit der Behörden und Beamten zu den in §§. 2 und 3 bezeichneten Massnahmen richtet sich nach den einschlägigen landesherrlichen Bestimmungen.

Landesrechtliche Bestimmungen, welche der Polizei weitergehende Befugnisse als die in §§. 2 und 3 bezeichneten geben, bleiben unberührt.

§. 5.

Für das Reich können durch Kaiserliche Verordnung mit Zustimmung des Bundesraths zum Schutze der Gesundheit Vorschriften erlassen werden, welche verbieten:

1. bestimmte Arten der Herstellung, Aufbewahrung und Verpackung von Nahrungs- und Genussmitteln, die zum Verkaufe bestimmt sind;
2. das gewerbsmässige Verkaufen und Feilhalten von Nahrungs- und Genussmitteln von einer bestimmten Beschaffenheit oder unter einer der wirklichen Beschaffenheit nich entsprechenden Bezeichnung;
3. das Verkaufen und Feilhalten von Thieren, welche an bestimmten Krankheiten leiden, zum Zwecke des Schlachtens, sowie das Verkaufen und Feilhalten des Fleisches von Thieren, welche mit bestimmten Krankheiten behaftet waren;
4. die Verwendung bestimmter Stoffe und Farben zur Herstellung von Bekleidungsgegenständen, Spielwaaren, Tapeten, Ess-, Trink- und Kochgeschirr, sowie das gewerbsmässige Verkaufen und Feilhalten von Gegenständen, welche diesem Verbote zuwider hergestellt sind;
5. das gewerbsmässige Verkaufen und Feilhalten von Petroleum von einer bestimmten Beschaffenheit.

Zu §. 5.

a) Verordnung über das gewerbsmäßige Verkaufen und Feilhalten von Petroleum. Vom 24. Februar 1882 (R.G.Bl. S. 40).

§. 1. Das gewerbsmäßige Verkaufen und Feilhalten von Petroleum, welches unter einem Barometerstande von 760 Millimetern, schon bei einer Erwärmung auf weniger als 21 Grade des hunderttheiligen Thermometers entflammbare Dämpfe entweichen läßt, ist nur in solchen Gefäßen gestattet, welche an in die Augen fallender Stelle auf rothem Grunde in deutlichen Buchstaben die nicht verwischbare Inschrift „Feuergefährlich" tragen.

§. 6.

Für das Reich kann durch Kaiserliche Verordnung mit Zustimmung des Bundesraths das gewerbsmässige Herstellen, Verkaufen und Feilhalten von Gegenständen, welche zur Fälschung von Nahrungs- oder Genussmitteln bestimmt sind, verboten oder beschränkt werden.

§. 7.

Die auf Grund der §§. 5. 6 erlassenen Kaiserlichen Verordnungen sind dem Reichstag, sofern er versammelt ist, sofort, anderenfalls bei dessen nächstem Zusammentreten vorzulegen. Dieselben sind ausser Kraft zu setzen, soweit der Reichstag dies verlangt.

§. 8.

Wer den auf Grund der §§. 5, 6 erlassenen Verordnungen zuwiderhandelt, wird mit Geldstrafe bis zu einhundertfünfzig Mark oder mit Haft bestraft.

Landesrechtliche Vorschriften dürfen eine höhere Strafe nicht androhen.

Wird derartiges Petroleum gewerbsmäßig zur Abgabe in Mengen von weniger als 50 Kilogramm feilgehalten oder in solchen geringeren Mengen verkauft, so muß die Inschrift in gleicher Weise noch die Worte: „Nur mit besonderen Vorsichtsmaßregeln zu Brennzwecken verwendbar" enthalten.

§. 2. Die Untersuchung des Petroleums auf seine Entflammbarkeit im Sinne des §. 1 hat mittelst des Abelschen Petroleumprobers unter Beachtung der von dem Reichskanzler wegen Handhabung des Probers zu erlassenden näheren Vorschriften zu erfolgen.

Wird die Untersuchung unter einem anderen Barometerstande als 760 Millimeter vorgenommen, so ist derjenige Wärmegrad maßgebend, welcher nach einer vom Reichskanzler zu veröffentlichenden Umrechnungstabelle unter dem jeweiligen Barometerstande dem im §. 1 bezeichneten Wärmegrade entspricht.

§. 3. Diese Verordnung findet auf das Verkaufen und Feilhalten von Petroleum in den Apotheken zu Heilzwecken nicht Anwendung.

§. 4. Als Petroleum im Sinne dieser Verordnung gelten das Rohpetroleum und dessen Destillationsprodukte.

§. 5. Diese Verordnung tritt mit dem 1. Januar 1883 in Kraft.

---

b) Verordnung betreffend die Verwendung giftiger Farben vom 1. Mai 1882 (R.G.Bl. S. 55).

§. 1. Giftige Farben dürfen zur Herstellung von Nahrungs- und Genußmitteln, welche zum Verkaufe bestimmt sind, nicht verwendet werden.

Giftige Farben im Sinne dieser Verordnung sind alle diejenigen Farbstoffe und Zubereitungen, welche

§. 9.

Wer den Vorschriften der §§. 2 und 4 zuwider den Eintritt in die Räumlichkeiten, die Entnahme einer Probe oder die Revision verweigert, wird mit Geldstrafe von fünfzig bis zu einhundertfünfzig Mark oder mit Haft bestraft.

§. 10.

Mit Gefängniss bis zu sechs Monaten und mit Geldstrafe

Antimon (Spießglanz),
Arsenik,
Baryum, ausgenommen Schwerspath (schwefelsauren Baryt),
Blei,
Chrom, ausgenommen reines Chromoxyd,
Cadmium,
Kupfer,
Quecksilber, ausgenommen Zinnober,
Zink,
Zinn,
Gummigutti,
Pikrinsäure

enthalten.

§. 2. Die Aufbewahrung und Verpackung von zum Verkaufe bestimmten Nahrungs- und Genußmitteln in Umhüllungen, welche mit giftiger Farbe (§. 1) gefärbt sind, sowie in Gefäßen, welche unter Verwendung giftiger Farbe (§. 1) derart hergestellt sind, daß ein Uebergang des Giftstoffes in den Inhalt des Gefäßes stattfinden kann, ist verboten.

§. 3. Die Verwendung der im §. 1 bezeichneten giftigen Farben, mit Ausnahme von Zinkweiß und Chromgelb (chromsaures Blei) in Firniß oder Oelfarbe, zur Herstellung von Spielwaaren ist verboten.

§. 4. Die Verwendung der mit Arsenik dargestellten Farben zur Herstellung von Tapeten, imgleichen der mit Arsenik dargestellten Kupferfarben und der solche Farben enthaltenden Stoffe zur Herstellung von Bekleidungsgegenständen ist verboten.

§. 5. Das gewerbsmäßige Verkaufen und Feilhalten von Nahrungs- und Genußmitteln, welche den Vorschriften der §§. 1, 2 zuwider hergestellt, aufbewahrt oder verpackt sind, sowie von Spielwaaren, Tapeten und Bekleidungsgegenständen, welche den Vorschriften der §§. 3, 4 zuwider hergestellt sind, ist verboten.

§. 6. Die Verordnung tritt mit dem 1. April 1883 in Kraft.

Die §§. 2, 3 sind auf Grund des §. 7 des R.Ges. v. 14. Mai 1879 durch die V. v. 5. März 1883 (R.G.Bl. S. 3) außer Kraft gesetzt.

Zu §. 10.

Der Begriff des Verdorbenseins von Nahrungsmitteln beschränkt sich nicht auf die Ungenießbarkeit derselben durch innere Zersetzung, sondern

bis zu eintausendfünfhundert Mark oder mit einer dieser Strafen wird bestraft:

1. wer zum Zwecke der Täuschung im Handel und Verkehr Nahrungs- oder Genussmittel nachmacht oder verfälscht;
2. wer wissentlich Nahrungs- oder Genussmittel, welche verdorben oder nachgemacht oder verfälscht sind, unter Verschweigung dieses Umstandes verkauft oder unter einer zur Täuschung geeigneten Bezeichnung feilhält.

---

muß insbesondere auch dann angenommen werden, wenn der Genuß derselben durch Erkrankung des Thieres, von welchem sie stammen, ekelerregend ist. Der Glaube, der Verkauf eines solchen Nahrungsmittels sei nicht verboten, schließt die Anwendung des Gesetzes nicht aus, wenn der Verkäufer die Beschaffenheit des Nahrungsmittels kennt.

Erk. R.G. v. 5. Oktober 1881 (III. S. 594).

Unter verdorbenen Nahrungsmitteln sind nicht nur solche zu verstehen, deren guter Zustand durch äußere oder innere Vorgänge in einen schlechten Zustand verändert ist, sondern auch solche, welche vor der Fertigstellung in ihrem Entwickelungsstadium derart gestört sind, daß sie in unbrauchbarem Zustand zur Vollendung kommen (z. B. Fleisch von ungeborenen Kälbern).

Erk. d. R.G. v. 3. Januar 1882. IV. S. 8.

Der Begriff des „Verfälschens" eines Nahrungsmittels setzt eine mit demselben vorgenommene Veränderung voraus. Diese braucht aber nicht nothwendig die stoffliche Zusammensetzung der Sache zu treffen; es kann eine Manipulation dazu genügen, durch welche der Schein einer besseren Beschaffenheit, als sie in Wirklichkeit vorhanden ist, hervorgerufen wird.

Erk. R.G. v 2. Dezember 1881. III. S. 761.

Der Verkauf gesundheitsgefährlicher Nahrungs- und Genußmittel ist nur dann strafbar, wenn der Verkauf in der Absicht oder Voraussetzung geschieht, daß die Waare als Nahrungs- oder Genußmittel Verwendung finden soll. Ob dieses der Fall, ist Gegenstand der thatsächlichen Beurtheilung und Feststellung.

Erk. R.G. v. 11. März 1881 III. S. 134

Unter Feilhalten im Sinne des Gesetzes ist nur das Bereithalten zum Verkaufe an das Publikum zu verstehen, und ist weder ein Anpreisen noch ein zur Schau Stellen dazu erforderlich.

Erk. d. R.G. v. 8. Februar 1883. IV. S. 137.

Das Verkaufen und Feilhalten nachgemachter oder verfälschter Nahrungs- und Genußmittel ist nach §. 10, 2 strafbar, sollte auch die hergestellte Waare durch die vorgenommene Veränderung in ihrer ursprünglichen Beschaffenheit nicht verschlechtert und an sich nicht gesundheitsgefährlich sein.

Erk. d. R.G. v. 24. Februar 1882. IV. S. 194.

Es ist nicht rechtsirrthümlich, wenn eine Verfälschung von Nahrungsmitteln gefunden wird in einem Zusatze von geringwerthigen Stoff zu einem höherwerthigen, wenn auch ersterer ein unschädliches im reellen Handel vorkommendes Nahrungsmittel ist. Der Verkauf der Waare muß nicht an Consumenten erfolgt sein.

Erk. R.G. v. 13. November 1880. II. S. 506.

Die zum Zwecke der Täuschung im Verkehr vorgenommene Verfälschung von Nahrungsmitteln setzt nicht Täuschungshandlungen bestimmten Personen z. B. den nächsten Abnehmern gegenüber voraus; sie liegt auch dann vor, wenn die Fabrikation bewußtermaßen dazu dient, das consumirende Publikum zu täuschen.

Erk. R.G. v. 17. Januar 1881. II. S. 735.

Die Anwendung des §. 10 Nr. 1 des R.G. v. 14. Mai 1879 ist nicht auf den Fall beschränkt, daß der Fabrikant das gefälschte Nahrungsmittel noch nicht in Verkehr gebracht hat.

Hat übrigens der Verfälscher seine Fabrikate auch noch in Verkehr gebracht, so wird seine Straffälligkeit nach Nr. 1 a. a. O. bei Beurtheilung der Frage, ob die Verfälschung zum Zwecke der Täuschung stattgefunden, nicht schon dadurch ausgeschlossen, daß er seine nächsten Abnehmer nicht getäuscht hat noch täuschen wollte.

Erk. R.G. v. 17. Januar 1881. II. S. 737.

Der Zusatz eines zur normalen Bierbereitung nicht gehörigen Stoffes in der Absicht, das Bier den Abnehmern als malzreicher erscheinen zu lassen, als es in Wirklichkeit ist, bildet eine Fälschung des Bieres, auch wenn der Brauer nicht in gewinnsüchtiger Absicht handelt, oder wenn keine Verschlechterung des Bieres eintritt.

Erk. d. R.G. v. 20. November 1882. IV. S. 826.

Aus der Urtheilsfeststellung: „der Angeschuldigte habe die verfälschten (ohne nähere Bezeichnung gelassenen) Weine in seinem Keller feilgehalten, wohin sich die Käufer begaben, um die anzukaufenden Weine auszuwählen", ist weder der Verkauf unter Verschweigung des Umstandes der Verfälschung, noch das Feilbieten unter einer zur Täuschung geeigneten Bezeichnung zu entnehmen.

Erk. R.G. v. 10. Februar 1881. III. S. 31.

Durch den Zusatz unbrauchbarer Theile einer Pflanze zur Fabrikation aus brauchbaren Theilen derselben (Tabak) kann Fälschung des letzteren begangen werden, wenn durch den Zusatz die Qualität des Fabrikates erheblich verschlechtert und dessen Zusammensetzung eine andere wurde, als stillschweigend oder nach Uebereinkunft erwartet werden durfte.

Erk. R.G. v. 4. Juni 1881. III. S. 376.

Der Zusatz eines Farbstoffs zu Fleischwaaren erscheint auch, wenn die Farbe weder gesundheitsschädlich noch ekelerregend ist, als Verfälschung der Waare, wenn diese durch den Zusatz einen einer besseren Beschaffenheit entsprechenden Anschein erhält, oder wenn den mit dem Zusatz Bekannten der Genußwerth der Waare verringert erscheinen würde, und der Zusatz der normalen Beschaffenheit der Waare nicht entspricht.

Erk. d. R.G. v. 18. Februar 1882. IV. S. 175.

§. 11.

Ist die im §. 10 Nr. 2 bezeichnete Handlung aus Fahrlässigkeit begangen worden, so tritt Geldstrafe bis zu 150 Mark oder Haft ein.

§. 12.

Mit Gefängniss, neben welchem auf Verlust der bürgerlichen Ehrenrechte erkannt werden kann, wird bestraft:

In der Aenderung oder Weglassung wesentlicher Bestandtheile eines Nahrungsmittels, in welchem nach der ortsüblichen Bezeichnung und Annahme jene Bestandtheile enthalten sein sollen, kann eine Nachmachung im Sinne des §. 10, und nicht bloß schlechte Zubereitung, gefunden werden; zudem würde auch letztere den Fabrikanten nicht straflos machen, wenn die sonstigen Voraussetzungen des §. 10 vorliegen.

Erk. d. R.G. v. 15. Mai 1882. IV. S. 485.

Auch Weizen gehört zu den *menschlichen Nahrungsmitteln im Sinne* des allgemeinen Gesetzes.

Erk. R.G. v. 2. Juli 1881. III. S. 456.

Hopfen ist als Genußmittel im Sinne des Nahrungsmittelgesetzes anzusehen.

Erk. d. R.G. v. 10. Juli 1882. IV. S. 684.

Rübenzucker erscheint nicht an sich als nachgemachter indischer Zucker, sondern nur dann, wenn die Herstellung zu dem Zwecke bewirkt ist, den Rübenzucker als indischen Zucker erscheinen zu lassen. Dazu genügt die bloße Bezeichnung von Rübenzucker als indischer nicht.

Erk. R.G. v. 14. Juli 1881. III. S. 486.

Ist in den Fällen des §. 10 Ziff. 1 und 2 des Nahrungsmittelgesetzes die Verfolgung oder Verurtheilung einer bestimmten Person nicht ausführbar, so kann nicht selbständig auf die Einziehung der nachgemachten oder verfälschten Nahrungsmittel erkannt werden. Die Anwendung der allgemeinen Bestimmungen des Str.G.B. §§. 40—42 ist für das Nahrungsmittelgesetz ausgeschlossen, und ist in diesem Specialgesetze die Einziehung durch §. 15 erschöpfend geregelt.

Erk. d. R.G. v. 11. Mai 1882. IV. S. 473.

Zu §. 11.

Eine Eßwaare ist verdorben, wenn ihr beim Feilhalten und Verkaufen die Eigenschaft der Verdorbenheit anhaftet und das Feilhalten und Verkaufen derselben bleibt strafbar, wenn die Waare auch die Merkmale der Verdorbenheit im Augenblicke des Genusses nicht mehr an sich trägt.

Durch §. 11 des R.Ges. vom 14. Mai 1879 ist der §. 376 Nr. 7 des Str.G.B., auch soweit es sich um ein fahrlässiges Verhalten handelt, nicht aufgehoben.

Erk. d. R.G. v. 9. Mai 1882. IV. S. 451.

Zu §. 12.

Das Gesetz fordert nur den Willen des Verkäufers, einen gesund-

1. wer vorsätzlich Gegenstände, welche bestimmt sind, Anderen als Nahrungs- oder Genussmittel zu dienen, derart herstellt, dass der Genuss derselben die menschliche Gesundheit zu beschädigen geeignet ist, ingleichen wer wissentlich Gegenstände, deren Genuss die menschliche Gesundheit zu beschädigen geeignet ist, als Nahrungs- oder Genussmittel verkauft, feilhält oder sonst in Verkehr bringt;
2. wer vorsätzlich Bekleidungsgegenstände, Spielwaaren, Tapeten, Ess-, Trink- oder Kochgeschirr oder Petroleum derart herstellt, dass der bestimmungsgemässe oder vorauszusehende Gebrauch dieser Gegenstände die menschliche Gesundheit zu beschädigen geeignet ist, ingleichen wer wissentlich solche Gegenstände verkauft, feilhält oder sonst in Verkehr bringt.

Der Versuch ist strafbar.

Ist durch die Handlung eine schwere Körperverletzung oder der Tod eines Menschen verursacht worden, so tritt Zuchthausstrafe bis zu fünf Jahren ein.

---

heitsschädlichen Verzehrungsgegenstand als Nahrungsmittel für Menschen in den Verkehr zu bringen, nicht aber den Willen des Erwerbers oder den Erfolg der Erwerbung als menschliches Nahrungsmittel.

Erk. d. R.G. v. 25. Januar 1882. IV. S. 67.

Der §. 12 des Gesetzes hat zu seiner Voraussetzung, daß die Nahrungs- und Genußmittel für die menschliche Gesundheit gefahrbringend und als Nahrungs- und Genußmittel für Menschen in Verkehr gebracht worden sind.

Erk. d. R.G. v. 7. März 1882. IV. S. 231.

Zum subjectiven Thatbestande des § 12 Nr. 1 des Gesetzes wird die Kenntniß von der Gesundheitsschädlichkeit der Nahrungsmittel erfordert.

Erk. d. R.G. v. 26. Januar 1882. IV. S. 76.

Ein Versuch des Feilhaltens kann auch in dem zur Ladenausstellung bestimmten Herrichten und Zurhandstellen des verdorbenen Fleisches gefunden werden.

Erk. R.G. v. 1. November 1881. III. S. 671.

Die Mittheilung der gesundheitsschädlichen Eigenschaften von Nahrungsmitteln an den Käufer derselben schließt die Strafbarkeit nicht unbedingt aus. Die Thatsache des Verkaufs schädlicher Nahrungsmittel als solcher bedarf der Feststellung.

Erk. d. R.G. v. 4. Januar 1882. IV. S. 10.

§. 13.

War in den Fällen des §. 12 der Genuss oder Gebrauch des Gegenstandes die menschliche Gesundheit zu zerstören geeignet und war diese Eigenschaft dem Thäter bekannt, so tritt Zuchthausstrafe bis zu zehn Jahren, und wenn durch die Handlung der Tod eines Menschen verursacht worden ist, Zuchthausstrafe nicht unter zehn Jahren oder lebenslängliche Zuchthausstrafe ein.

Neben der Strafe kann auf Zulässigkeit von Polizeiaufsicht erkannt werden.

Der §. 12 Nr. 1 des Nahrungsmittelgesetzes vom 14. Mai 1879 enthält zwei verschiedene strafrechtliche Thatbestände und bedingt deshalb eventuell eine Hinweisung auf den im Eröffnungsbeschlusse nicht enthaltenen Thatbestand.

Erk. d. R.G. v. 3. April 1883. V. S. 212.

Ein Nahrungsmittel, welches geeignet ist, die menschliche Gesundheit zu schädigen, stellt nicht nur derjenige her, welcher an sich unschädliche Stoffe durch Zusammensetzung und Behandlung zu gesundheitsschädlichen gestaltet, sondern auch derjenige, welcher einen schon ursprünglich gesundheitsschädlichen Stoff zum Genusse für Menschen verarbeitet und fertig stellt.

Ein Inverkehrbringen im Sinne des Nahrungsmittelgesetzes liegt auch dann vor, wenn das gesundheitsschädliche Nahrungsmittel in der eigenen Wirthschaft zur Alimentation der zum Hausstande gehörigen Personen verwendet wird.

Erk. d. R.G. v. 27. October 1882. IV. S. 768.

Vgl. auch Erk. d. R.G. v. 8. Mai 1882. IV. S. 449.

Unter dem „Inverkehrbringen" gesundheitsschädlicher Nahrungsmittel ist jedes Ueberlassen mit oder ohne Entgelt, also auch das Verschenken derselben zu verstehen.

Erk. R.G. v. 13. Dezember 1880. II. S. 633.

Die bloße Ekelhaftigkeit eines Nahrungs- und Genußmittels genügt an sich noch nicht, um dasselbe als verdorben zu bezeichnen.

Erk. d. R.G. v. 5. Mai 1882. IV. S. 431.

Ein mit Fuchsin gefärbter Fruchtliqueur kann ohne Rechtsirrthum für ein nicht gefälschtes Getränk angesehen werden, wenn festgestellt wird, daß durch die Fälschung die Waare nicht verschlechtert und ihr nicht das Ansehen eines höheren Fruchtgehaltes also eines höheren Werthes beigelegt ist.

Erk. d. R.G. v. 26. Mai 1882. IV. S. 519.

Das Feilhalten von unreifen, nur in gekochtem Zustande zum Genuß geeigneten Früchten mit der Absicht, sie nur zum Zwecke des Kochens feilzuhalten, d. h. den Käufer über die Nothwendigkeit des Kochens zu verständigen, ist nicht strafbar.

Erk. R.G. v. 4. Juni 1881. III. S. 373.

§. 14.

Ist eine der in den §§. 12, 13 bezeichneten Handlungen aus Fahrlässigkeit begangen worden, so ist auf Geldstrafe bis zu eintausend Mark oder Gefängnisstrafe bis zu sechs Monaten und, wenn durch die Handlung ein Schaden an der Gesundheit eines Menschen verursacht worden ist, auf Gefängnissstrafe bis zu einem Jahre, wenn aber der Tod eines Menschen verursacht worden ist, auf Gefängnissstrafe von einem Monat bis zu drei Jahren zu erkennen.

§. 15.

In den Fällen der §§. 12 bis 14 ist neben der Strafe auf Einziehung der Gegenstände zu erkennen, welche den bezeichneten Vorschriften zuwider hergestellt, verkauft, feilgehalten oder sonst in Verkehr gebracht sind, ohne Unterschied, ob sie dem Verurtheilten gehören oder nicht; in den Fällen der §§. 8, 10, 11 kann auf die Einziehung erkannt werden.

Ist in den Fällen der §§. 12 bis 14 die Verfolgung oder die Verurtheilung einer bestimmten Person nicht ausführbar, so kann auf die Einziehung selbstständig erkannt werden.

Zu §. 14.

Die Fahrlässigkeit beim Verkauf gesundheitsschädlicher Nahrungsmittel wird nicht schon dadurch festgestellt, daß der Angeklagte über die schädliche Beschaffenheit des Nahrungsmittels leicht hätte Erkundigungen einziehen können; es wird dazu weiter erfordert, daß der Angeklagte in concreto auch verpflichtet war, solche Erkundigungen einzuziehen.

Erk. R.G. v. 10. Oktober 1881. III. S. 622.

Das Gesetz hat nicht einfach und unbedingt die Strafe des §. 14 auf den Verkauf u. s. w. gesundheitsgefährlicher Stoffe schon dann gesetzt, wenn der Angeklagte selbst vor der Inverkehrsstellung derselben unterlassen hat, deren Untersuchung durch Sachverständige herbeizuführen, vielmehr muß diese Versäumung sich als Nichtanwendung der im Einzelfalle als Pflicht gebotenen Aufmerksamkeit darstellen.

Erk. d. R.G. v. 27. März 1882. IV. S. 282.

Durch den Mangel einer polizeilichen Vorschrift, welche die Untersuchung von Schweinefleisch auf Trichinen gebietet, wird beim Verkauf von trichinenhaltigem Fleisch ohne solche Untersuchung die Bestrafung nicht ausgeschlossen.

Erk. d. R.G. v. 15. Februar 1882. IV. S. 165.

Der §. 15 Abs. 2 kann nicht dahin verstanden werden, daß die selbständige Einziehung der gesundheitsschädlichen Gegenstände schon an sich

§. 16.

In dem Urtheil oder dem Strafbefehl kann angeordnet werden, dass die Verurtheilung auf Kosten des Schuldigen öffentlich bekannt zu machen sei.

Auf Antrag des freigesprochenen Angeschuldigten hat das Gericht die öffentliche Bekanntmachung der Freisprechung anzuordnen; die Staatskasse trägt die Kosten, insofern dieselben nicht dem Anzeigenden auferlegt worden sind.

In der Anordnung ist der Art der Bekanntmachung zu bestimmen.

§. 17.

Besteht für den Ort der That eine öffentliche Anstalt zur technischen Untersuchung von Nahrungs- und Genussmitteln, so fallen die auf Grund dieses Gesetzes auferlegten Geldstrafen, soweit dieselben dem Staate zustehen, der Kasse zu, welche die Kosten der Unterhaltung der Anstalt trägt.

---

§. 6.

Das gegenwärtige Gesetz findet keine Anwendung auf die Fischerei, die Errichtung und Verlegung von Apotheken, die Erziehung von Kindern gegen Entgelt, das Unter-

---

und ganz abgesehen von der vorsätzlichen oder fahrlässigen Verschuldung einer bestimmten Person gestattet wäre.

Erk. d. R.G. v. 21. Dezember 1882. IV. S. 886.

Zu §. 16.

Das Reichsgesetz vom 14. Mai 1879 hat den §. 367, 7 des Strafgesetzbuchs nicht aufgehoben.

Erk. d. R.G. v. 11. Februar 1882. IV. S. 149.

Die citirte Vorschrift lautet:

Mit Geldstrafe bis zu 150 Mark oder Haft wird bestraft:

7. wer verfälschte oder verdorbene Getränke oder Eßwaaren, insbesondere trichinenhaltiges Fleisch feilhält oder verkauft.

Neben der Strafe kann auf die Einziehung der verfälschten oder verdorbenen Getränke oder Eßwaaren erkannt werden, ... ohne Unterschied, ob sie dem Verurtheilten gehören oder nicht.

Zu §. 6.

1. Die frühere bereits durch die Bestimmung des Reichsgesetzes vom 23. Juli 1879 (R.G.Bl. S. 67) modifizirte Fassung des §. 6 lautete:

Das gegenwärtige Gesetz findet keine Anwendung auf das Bergwesen (vorbehaltlich der Bestimmungen der §§. 152, 153 und 154), die Fischerei, die Ausübung der Heilkunde (vorbehaltlich der

richtswesen, die advokatorische und Notariatspraxis, den Gewerbebetrieb der Auswanderungsunternehmer und Auswanderungsagenten, der Versicherungsunternehmer und der Eisenbahnunternehmungen, die Befugniß zum Halten öffentlicher Fähren und die Rechtsverhältnisse der Schiffsmannschaften auf den Seeschiffen. — Auf das Bergwesen, die Ausübung der Heilkunde, den Verkauf von Arzneimitteln, den Vertrieb von Lotterieloosen und die Viehzucht findet das gegenwärtige Gesetz nur insoweit Anwendung, als dasselbe ausdrückliche Bestimmungen darüber enthält.

Durch Kaiserliche Verordnung wird bestimmt, welche Apothekerwaaren dem freien Verkehr zu überlassen sind.

Bestimmungen in den §§. 29, 30, 53, 80 und 144), die Errichtung und Verlegung von Apotheken und den Verkauf von Arzneimitteln (vorbehaltlich der Bestimmung im §. 80), **die Erziehung von Kindern gegen Entgelt,** das Unterrichtswesen, die advokatorische und Notariats-Praxis, den Gewerbebetrieb der Auswanderungs-Unternehmer und Auswanderungs-Agenten, der Versicherungs-Unternehmer und der Eisenbahn-Unternehmungen, den Vertrieb von Lotterieloosen, die Befugniß zum Halten öffentlicher Fähren und die Rechtsverhältnisse der Schiffsmannschaften auf den Seeschiffen.

Eine Verordnung des Bundes-Präsidiums wird bestimmen, welche Apotheker-Waaren dem freien Verkehr zu überlassen sind.

(Der durch besonderen Druck hervorgehobene Passus beruhte auf der Redaktion des Reichsgesetzes vom 23. Juli 1879.)

Die gegenwärtige Fassung ist deshalb gewählt, weil durch das Reichsgesetz vom 1. Juli 1883 mehrfache Bestimmungen getroffen sind (in Betreff der Ausübung der Heilkunde, des Verkaufs von Arzeneimitteln, des Vertriebes von Lotterieloosen u. s. w.), welche die im §. 6 Abs. 1 der Gew.O. bezeichneten, im Allgemeinen außerhalb des Rahmens der letzteren liegenden Materien berühren. Die im §. 6 enthaltenen ohnehin schon zahlreiche Vorbehalte hätten hiernach noch vermehrt werden müssen. Es empfahl sich daher unter Voranstellung derjenigen Materien, welche die Gewerbeordnung überhaupt nicht berührt, bezüglich der übrigen Materien statt aller speziellen einen generellen Vorbehalt zu machen, der auch noch den Vorzug hat, daß bei ferneren Abänderungen des Inhaltes der Gewerbeordnung der §. 6 unberührt bleiben kann. Materiell ist eine Aenderung des §. 6 nicht erfolgt. Insbesondere hat die Hinzufügung des Wortes „Viehzucht" eine solche materielle Bedeutung nicht.

Die veränderte Fassung des Abs. 2 hat mit Rücksicht auf die Publikation eines neu redigirten Textes der Gewerbeordnung, sowie mit Rücksicht darauf, daß inzwischen die dort vorgesehene Verordnung ergangen ist, gewählt werden müssen.

Vgl. Motive des R.Ges. v. 1. Juli 1883.

2. Der §. 6 hat nicht den Zweck, den Begriff des Gewerbes oder die verfassungsmäßige Kompetenz der Reichsgesetzgebung abzugrenzen. Sein Zweck ist vielmehr ein doppelter. Er will:

a) gewisse Zweige der Landesgesetzgebung, wie die Gesetzgebung über das Bergwesen, das Unterrichtswesen, die advokatorische und Notariatspraxis, welche im Allgemeinen nicht der Gewerbe-Gesetzgebung angehören, aber einzelne Bestimmungen enthalten, die als gewerbegesetzliche betrachtet werden können, von dem Geltungsbereich der Gewerbeordnung ausschließen, um es außer Zweifel zu stellen, daß nicht jene Bestimmungen, welche als gewerbegesetzliche betrachtet werden können oder müssen, außerhalb des Zusammenhanges mit dem Hauptinhalte der betreffenden Gesetze stillschweigend abgeändert werden sollen.

b) Der §. 6 will gewisse Zweige der Gewerbegesetzgebung der Ordnung durch Spezialgesetze vorbehalten, weil dieselben nicht beiläufig in einer allgemeinen Gewerbeordnung zu erledigen sind. Dahin gehört die Gesetzgebung über das Versicherungswesen, die Auswanderungs-Unternehmer und Auswanderungs-Agenten u. s. w.

Der Gewerbebetrieb der Versicherungs-Agenten ist in dem §. 6 von dem Wirkungsbereich der Gew.Ordnung nicht ausgenommen. Vgl. auch §. 14 a. a. O. Die Landesgesetzgebung über die Ausübung der Heilkunde ist vorbehalten, weil es nicht in der Absicht lag, durch die Gew.Ordnung in die Medizinalverfassung der einzelnen Bundesstaaten weiter einzugreifen, als es nothwendig ist, um für das ärztliche und das Apothekergewerbe die Freizügigkeit herzustellen. Es bewendet daher nicht nur bei den Bestimmungen über die Pflichten der Aerzte ꝛc., sondern auch bei den Vorschriften über die Bestellung des Hülfspersonals für die kleine Chirurgie (der Heilgehülfen) und der Hebeammen.

(Motive zu §. 6 Gew.O.)

3. Auf die Ausübung der Heilkunde sind auch die Vorschriften in den §§. 40, 54, 147 Nr. 1 und 3, auf das Apothekergewerbe §. 148 Nr. 8 der Gew.O. anzuwenden.

4. Die Strafbestimmungen des französischen Gesetzes vom 21. Germinal XI. (11. April 1803) über die Ankündigung und den Verkauf von Geheimmitteln sind durch das R.Str.G.B. nicht aufgehoben. Als Geheimmittel im Sinne dieses Specialgesetzes erscheint jedes Arzneimittel, dessen Benennung die Substanzen, aus denen es besteht, nicht erkennbar macht.

Erk. d. R.G. v. 25. Mai 1882. IV. S. 512.

Kaiserliche Verordnung betreffend den Verkehr mit Arzneimitteln vom 4. Januar 1875. (R.G.Bl. S. 5.)

§. 1.

Das Feilhalten und der Verkauf der in dem anliegenden Verzeichniss A. aufgeführten Zubereitungen als Heilmittel ist nur in Apotheken gestattet, ohne Unterschied, ob diese Zubereitungen aus arzneilich wirksamen oder aus solchen Stoffen bestehen, welche an und für sich zum medizinischen Gebrauch nicht geeignet sind.

§. 2.

Das Feilhalten und der Verkauf der in dem anliegenden Verzeichniss B. aufgeführten Droguen und chemischen Präparate ist nur in Apotheken gestattet.

§. 3.

Auf den Grosshandel mit Arzneimitteln finden die Bestimmungen dieser Verordnung nicht Anwendung.

§. 4.

Die Verordnung, betreffend den Verkehr mit Apothekerwaaren, vom 25. März 1872 (Reichs-Gesetzbl. S. 85) wird aufgehoben.

Zur Verordnung vom 4. Januar 1875.

1. Jede Zubereitung nach Maßgabe des Verzeichnisses A. ist, sobald sie zu Heilzwecken feilgeboten oder angepriesen wird, als Arzenei angesehen, welche nur die Apotheker feilhalten dürfen.

Erk. d. O.T. v. 7. Oktober 1874. J.M.Bl. S. 281.

2. In einer Cirk.Verfüg. des Kultusministers v. 3. Juni 1878 (M.Bl. S. 117) sind die Stoffe bezeichnet, welche in den Apotheken unbeschadet der für den gewerblichen Verkehr mit Giftwaaren maßgebenden Vorschriften an das Publikum ohne eine schriftliche Ordination (Rezept) eines approbirten Arztes, insbesondere auch im Handverkauf verabfolgt werden dürfen, und diejenigen Arzeneien, welche nur auf jedesmal erneute schriftliche, mit Datum und Unterschrift versehene, Anweisung eines approbirten Arztes öfter als einmal angefertigt werden dürfen.

3. Apotheker-Rezepte, welche nicht von approbirten Aerzten oder Wundärzten verschrieben worden, sind die Apotheker nur dann anzufertigen berechtigt oder verpflichtet, wenn die verschriebene Arzenei lediglich aus solchen Mitteln besteht, welche im Handverkauf abgegeben werden dürfen.

R. d. K.M. v. 8. März 1870. M.Bl. S. 100.

4. Diejenigen, welche außerhalb ihres Wohnorts ohne vorgängige Bestellung Tanzunterricht ertheilen, gehören nicht zu den unter Nr. 4 des §. 55 Gew.O. bezeichneten Gewerbetreibenden, welche verpflichtet sind, einen Legitimationsschein für den Gewerbebetrieb im Umherziehen nachzusuchen. Der Tanzunterricht darf ebenso wie die Ausübung der Heilkunde u. s. w. den Vor-

A.

Balsama medicinalia mixta.	Gemischte Arznei-Balsame.
Capsulae gelatinosae medicamentis repletae, exceptis iis, quae simplicia libero commercio tradita continent medicamenta.	Mit Arzneien gefüllte Gallertkapseln mit Ausnahme derjenigen, welche einfache, dem freien Verkehre überlassene Stoffe enthalten.

schriften der Gewerbeordnung nur insoweit unterworfen werden, als dieselben, wie es im §. 35 Gew.O. geschieht, des gedachten Unterrichtszweiges ausdrücklich gedenken.

R. d. F.M. u. K.M. v. 10. Dezember 1880. M.Bl. S. 24.

5. Der Verkauf von Heilmitteln und bestimmten als Heilmittel anzusehenden Droguen, sowie von chemischen Präparaten ist nur in Apotheken zulässig, während der Großhandel mit Arzeneimitteln dieser Beschränkung nicht unterliegt (§. 1—3 V. v. 4. Januar 1875). Die Wegnahme des Schildes, welches beim Publikum den Irrthum hervorruft, ein Droguengeschäft sei eine Apotheke, kann die Polizeibehörde erzwingen (§. 33 Nr. 1 Ges. v. 26. Juli 1876).

Erk. d. O.V.G. v. 9. Februar 1881. M.Bl. S. 80.

6. Verordnung, betreffend den Verkehr mit Honigpräparaten v. 3. Januar 1883 (R.G.Bl. S. 1).

Zu denjenigen Zubereitungen, deren Feilhalten und Verkauf als Heilmittel nach §. 1 der Verordnung, betreffend den Verkehr mit Arzneimitteln, vom 4. Januar 1875 (R.G.Bl. S. 5) nur in Apotheken gestattet ist, ohne Unterschied, ob diese Zubereitungen aus arzneilich wirksamen oder aus solchen Stoffen bestehen, welche an und für sich zum medizinischen Gebrauche nicht geeignet sind, treten hinzu:

Die Honigpräparate (mellis praeparata) mit Ausnahme des gereinigten Honigs (mel depuratum) und des Rosenhonigs (mel rosatum).

7. Verordnung, betreffend den Verkehr mit künstlichen Mineralwässern v. 9. Februar 1880 (R.G.Bl. S. 13).

Unter künstlich bereiteten Mineralwässern im Sinne des Verzeichnisses A zur Verordnung, betreffend den Verkehr mit Arzneimitteln, vom 4. Januar 1875 (R.G.Bl. S. 5) sind nicht nur die Nachbildungen bestimmter, in der Natur vorkommender Mineralwässer, sondern auch andere künstlich hergestellte Lösungen mineralischer Stoffe in Wasser zu verstehen, welche sich in ihrer äußeren Beschaffenheit als Mineralwässer darstellen, ohne in ihrer chemischen Zusammensetzung einem natürlichen Mineralwasser zu entsprechen.

Auf mineralische Lösungen der letztgedachten Art, welche Stoffe enthalten, die in den Verzeichnissen B und C zur deutschen Pharmakopöe aufgeführt sind, findet die vorstehende Bestimmung keine Anwendung; dieselben gehören vielmehr zu denjenigen Arzneimischungen, welche nach §. 1 der Verordnung vom 4. Januar 1875 als Heilmittel nur in Apotheken feilgehalten und verkauft werden dürfen.

Decocta medicinalia.	Arznei-Abkochungen.
Electuaria medicinalia.	— Latwergen.
Elixiria medicinalia.	Arznei-Elixire.
Emplastra medicinalia, exceptis emplastro adhaesivo anglico et emplastro adhaesivo extenso.	— Pflaster, mit Ausnahme von englischem Pflaster und gestrichenem Heftpflaster.
Extracta medicinalia, exceptis extracto malthi et carnis et succo liquiritae.	Arznei-Extrakte, mit Ausnahme von Malz- und Fleischextrakt und Lakritzensaft.
Infusa medicinalia.	Arznei-Aufgüsse.
Linimenta medicinalia, excepto linimento volatili.	Arznei-Linimente, mit Ausnahme von flüchtigem Liniment.
Mixturae medicinales in usum internum et externum, exceptis aquis mineralibus artificiosis, spiritu aethereo, saponato et camphorato.	Flüssige Arneimischungen für den innerlichen und äusserlichen Gebrauch, mit Ausnahme von künstlich bereiteten Mineralwässern, Hoffmannstropfen, Seifen- und Kampherspiritus.
Pastilli et trochisci medicinales, exceptis pastillis ex aquis mineralibus paratis et rotulis menthae piperitae.	Arznei-Pastillen (Zeltchen) mit Ausnahme der aus Mineralquellen bereiteten und der Pfeffermünzkuchen.
Pilulae.	Pillen.
Pulveres medicinales mixti.	Gemischte Arznei-Pulver.
Species medicinales.	Mengungen von gröblich zerkleinerten Arznei-Substanzen.
Syrupi medicinales, exceptis syrupis e succis fructuum paratis et syrupo simplici.	Arznei-Syrupe, mit Ausnahme der Fruchtsäfte und des weissen Zuckersyrups.
Tincturae aethereae, aquosae, spirituosae et vinosae medicinales (vina medicinalia), exceptis essentiis ad liquores parandos spirituosos domesticos et tincturis Myrrhae Benzoës, Arnicae et Valerianae et vino pepsini.	Aetherische, wässrige, spirituöse weinige Auszüge, mit Ausnahme von Essenzen zur Anfertigung geistiger Getränke zur Haushaltung, sowie der Myrrhen-, Benzoë-, Arnica- und Baldrian-Tinktur und des Pepsinweins.
Unguenta medicinalia, exceptis Unguento populi, Cold-Cream et cerato cetaceo labiali.	Arzneisalben und Cerate, mit Ausnahme von Pappelpomade, Gold-Gream und Lippenpomade.

B.

Acidum benzoicum.	Sublimirte Benzoësäure.
— lacticum.	Milchsäure.
— succinicum.	Bernsteinsäure.
— valerianicum.	Baldriansäure.
Aconitinum et ejus salia.	Aconitin und dessen Salze.
Aethylenum chloratum.	Aethylenchlorid.
Ammonium chloratum ferratum.	Eisensalmiak.
Amygdalinum.	Amygdalin.
Aqua amygdalarum amararum.	Bittermandelwasser.
Aqua foetida antihysterica.	Zusammengesetztes Stinkasantwasser.
— laurocerasi.	Kirschlorbeerwasser.
— opii.	Opiumwasser.
Asa foetida.	Stinkasant.
Atropinum et ejus salia.	Atropin und dessen Salze.
Bismuthum subnitricum purum.	Chemisch reines basisches salpetersaures Wismuthoxyd.
Bismuthum valerianicum.	Baldriansaures Wismuthoxyd.
Bulbus scillae.	Meerzwiebel.
Calcaraia phosphorica praecipitata.	Gefällter phosphorsaurer Kalk.
Cantharides.	Spanische Fliegen.
Cantharidinum.	Cantharidin.
Castoreum canadense.	Canadisches Bibergeil.
— sibiricum.	Sibirisches Bibergeil.
Chininum et ejus salia.	Chinin und dessen Salze.
Chinoidinum.	Chinoidin.
Chloratum hydratum crystallisatum.	Krystallisirtes Chloralhydrat.
Chloroformium.	Chloroform.
Cinchoninum et ejus salia.	Cinchonin und dessen Salze.
Codeïnum.	Codeïn.
Coffeïnum.	Caffeïn.
Collodium cantharidatum.	Blasenziehendes Collodium
Coniinum et ejus salia.	Coniin und dessen Salzo.
Cortices chinae.	Chinarinden.
— mezerei.	Seidelbastrinden.
— radicis granati.	Granatwurzelrinden.
Cubebae.	Cubeben.
Cuprum aluminatum.	Kupferalaun.

Digitalinum.	Digitalinum.
Euphorbium.	Euphorbium.
Faba calabarica.	Calabarbohne.
Fel tauri depuratum siccum.	Trockene gereinigte Ochsengalle.
Ferrum carbonicum saccharatum.	Zuckerhaltiges kohlensaures Eisen.
— chloratum.	Eisenchlorür.
Ferrum citricum ammoniatum.	Citronensaures Eisenoxyd-Ammonium.
— — oxydatum.	Citronensaures Eisenoxyd.
— jodatum saccharatum.	Zuckerhaltiges Jodeisen.
— lacticum.	Milchsaures Eisenoxydul.
— oxydatum fuscum.	Eisenoxydhydrat.
— — saccharatum solubile.	Eisenzucker.
— — dialysatum.	Dialysirtes Eisenoxyd.
— reductum.	Durch Wasserstoff reducirtes Eisen.
— sesquichloratum.	Eisenchlorid.
— sulfuricum oxydatum ammoniatum.	Ammoniakalischer Eisenalaun.
Ferrum sulfuricum siccum.	Entwässertes schwefelsaures Eisenoxydul.
Flores cinae.	Wurmsamen.
— Kosso.	Kosso.
Folia belladonnae.	Tollkirschenblätter.
— bucco.	Buccoblätter.
— digitalis.	Fingerhutblätter.
— hyoscyami.	Bilsenkraut.
— stramonii.	Stechapfelblätter.
— toxicodendri.	Giftsumachblätter.
Fructus colocynthidis.	Coloquinten.
— sabadillae.	Sabadillsamen.
Fungus laricis.	Lärchenschwamm.
Galbanum.	Mutterharz.
Herba cannabis indicae.	Indischer Hanf.
— conii.	Schierlingskraut.
— gratiolae.	Gottesgnadenkraut.
— lobeliae.	Lobelienkraut.
Hydrargyrum bijodatum rubrum.	Rothes Quecksilberjodid.
— chloratum mite.	Quecksilberchlorür.
— — — vapore paratum.	Durch Dampf bereitetes Quecksilberchlorür.

Hydrargyrum jodatum flavum.	Quecksilberjodür.
— nitricum oxydulatum.	Salpetersaures Quecksilbroxydul.
— oxydatum via humida paratum.	Präcipitirtes Quecksilberxyd.
Hydrargyrum praecipitatum album.	Weisser Quecksilber-Präpitat.
Jodoformium.	Jodoform.
Kalium bromatum.	Bromkalium.
— jodatum.	Jodkalium.
Kamala.	Kamala.
Kreosotum.	Kreosot.
Lactucarium.	Giftlattichsaft.
Liquor ferri sesquichlorati.	Flüssiges Eisenchlorid.
— plumbi subacetici.	Bleiessig.
Magnesia citrica effervescens.	Brausepulver aus citrnensaurer Magnesia bereitet.
— lactica.	Milchsaure Magnesia.
Manna.	Manna.
Morphinum et ejus salia.	Morphin und dessen Salʒ.
Narceïnum.	Narceïn.
Narcotinum etc.	Narcotin etc.
Natrum pyrophosophoricum.	Pyrophosphorsaures Natrn.
— — ferratum.	— Eisenoxyd-Natron
— santonicum.	Santonin-Natron.
Oleum cajeputi.	Cajeputöl.
— — rectificatum.	Rectificirtes Cajeputöl.
— chamomillae aethereum.	Aetherisches Camillenöl.
— — citratum.	Citronhaltiges Camillenöl
— crotonis.	Krotonöl.
— cubebarum.	Cubebenöl.
— myristicae (seu oleum nucistae expressum).	Muskatöl oder Muskatbuer.
Oleum sabinae.	Sadebaumöl.
— sinapis.	Senföl, ätherisches.
— valerianae.	Baldrianöl.
Opium.	Opium.
Pasta Guarana.	Guarana.
Plumbum jodatum.	Jodblei.
Radix belladonnae.	Tollkirschenwurzel.
— colombo.	Kolombowurzel.
— hellebori viridis.	Grüne Niesswurzel.

Radix ipecacuanhae.	Brechwurzel.
— pyrethri.	Bertramwurzel.
— rhei.	Rhabarber.
— sassaparillae.	Sassaparillwurzel.
— senegae.	Senegawurzel.
— serpentariae.	Virginische Schlangenwurzel.
Resina guajaci.	Guajakharz.
— jalapae.	Jalapenharz.
— scammoniae.	Scammoniaharz.
Rhizoma filicis.	Wurmfarnwurzel.
— veratri.	Weisse Nieswurzel.
Santoninum.	Santonin.
Secale cornutum.	Mutterkorn.
Semen colchici.	Zeitlosensamen.
— hyoscyami.	Bilsensamen.
— stramonii.	Stechapfelsamen.
— strychni.	Krähenaugen.
Stibium sulfuratum aurantiacum.	Goldschwefel.
— — rubeum.	Mineralkermes.
Stipites dulcamarae.	Bittersüssstengel.
Strychninum et ejus salia.	Strychnin und dessen Salze.
Sulfur jodatum.	Jodschwefel.
Summitates sabinae.	Sadebaumspitzen.
Tartarus boraxatus.	Boraxweinstein.
— natronatus.	Seignettesalz.
— stibiatus.	Brechweinstein.
Tubera aconiti.	Eisenhutknollen.
— jalapae.	Jalapenknollen.
Veratrinum.	Veratrin.
Zincum aceticum.	Essigsaures Zinkoxyd.
— chloratum.	Chlorzink.
— ferrocyanatum.	Ferrocyanzink.
— lacticum.	Milchsaures Zinkoxyd.
— sulfocarbolicum.	Carbolschwefelsaures Zinkoxyd.
— sulfuricum purum.	Reines schwefelsaures Zinkoxyd.
— valerianicum.	Baldriansaures Zinkoyd.

Reichsstrafgesetzbuch vom 15. Mai 1871.

§. 367.

Mit Geldstrafe bis zu 150 Mark oder mit Haft wird bestraft:

3. wer ohne polizeiliche Erlaubniss Gift oder Arzeneien, so weit der Handel mit denselben nicht freigegeben ist, zubereitet, feilhält, verkauft oder sonst an Andere überlässt.

---

§. 7.

Vom 1. Januar 1873 ab sind, soweit die Landesgesetze solches nicht früher verfügen, aufgehoben:

1. Die noch bestehenden ausschließlichen Gewerbeberechtigungen, d. h. die mit dem Gewerbebetriebe verbundenen Berechtigungen, Andern den Betrieb eines Gewerbes, sei es im Allgemeinen oder hinsichtlich der Benutzung eines gewissen Betriebsmaterials, zu untersagen oder sie darin zu beschränken;
2. die mit den ausschließlichen Gewerbeberechtigungen verbundenen Zwangs- und Bannrechte, mit Ausnahme der Abdeckereiberechtigungen;
3. alle Zwangs- und Bannrechte, deren Aufhebung nach dem Inhalte der Verleihungsurkunde ohne Entschädigung zulässig ist;
4. sofern die Aufhebung nicht schon in Folge dieser Bestimmungen eintritt, oder sofern sie nicht auf einem Vertrage zwischen Berechtigten und Verpflichteten beruht:
   a) das mit dem Besitze einer Mühle, einer Brennerei oder Brenngerechtigkeit, einer Brauerei oder Braugechtigkeit oder einer Schankstätte verbundene Recht, die Konsumenten zu zwingen, daß sie bei den Berechtigten ihren Bedarf mahlen oder schroten lassen, oder Getränk ausschließlich von denselben beziehen (der Mahlzwang, der Branntweinzwang oder der Brauzwang);
   b) das städtischen Bäckern oder Fleischern zustehende Recht, die Einwohner der Stadt, der Vorstädte oder der sogenannten Bannmeile zu zwingen, daß sie ihren Bedarf an Gebäck oder Fleisch ganz oder theilweise von jenen ausschließlich entnehmen;

5. die Berechtigungen, Konzessionen zu gewerblichen Anlagen oder zum Betriebe von Gewerben zu ertheilen, die dem Fiskus, Korporationen, Instituten oder einzelnen Berechtigten zustehen;
6. vorbehaltlich der an den Staat und die Gemeinde zu entrichtenden Gewerbesteuern, alle Abgaben, welche für den Betrieb eines Gewerbes entrichtet werden, sowie die Berechtigung, dergleichen Abgaben aufzuerlegen.

Ob und in welcher Weise den Berechtigten für die vorstehend aufgehobenen ausschließlichen Gewerbeberechtigungen, Zwangs- und Bannrechte u. s. w. Entschädigung zu leisten ist, bestimmen die Landesgesetze.

Zu §. 7 Nr. 6.

1. Eine Abgabe von öffentlichen Lustbarkeiten ist keine Abgabe für den Betrieb eines Gewerbes, ihre Einführung daher durch die Gewerbeordnung nicht ausgeschlossen.

R. d. M. d. J. v. 30. November 1876. (M.Bl. S. 14.)

Die Rheinischen Stadtgemeinden können mit Genehmigung der Regierung zu Gunsten der Armenkasse eine Abgabe auf öffentliche Lustbarkeiten insbesondere Theatervorstellungen legen, und kann dann durch Polizeiverordnung den Theater-Unternehmern ungeachtet ihrer Concession die Abhaltung von Vorstellungen vor Entrichtung einer Abgabe bei Strafe verboten werden.

Erk. O.T. v. 19. Juni 1879.

Opp. XX, S. 302.

2. Die Gewerbesteuer ist eine direkte Steuer und gehört zur Finanzhoheit der Einzelstaaten.

Nr. 78, R.A. d. B.R. S. 21.

3. Die Bestimmung, in welcher Weise die Berechtigten für die in Absatz 1 für aufgehoben erklärten Befugnisse zu entschädigen seien, ist den Landesgesetzgebungen ganz allgemein und ohne Einschränkung überwiesen; insbesondere ist die Auffassung, als könne im Sinne des Gesetzes nur der Staat als Träger der Entschädigungsverpflichtung angesehen werden, für zutreffend nicht zu erachten.

Nr. 202, R.A. d. B.R. S. 52.

Zu §. 7 Abs. 2.

1. Für Preußen gelten bezüglich der in Abs. 2 des §. 7 Gew.O. gedachten Entschädigung die Bestimmungen des Entschädigungsgesetzes vom 17. Januar 1845 (G.S. S. 79) und des Gesetzes, betreffend die

Aufhebung und Ablösung der auf den Betrieb des Abdeckereigewerbes bezüglichen Berechtigungen vom 17. Dezember 1872. (G.S. S. 717.)

A. Aus dem ersteren Gesetz sind folgende Bestimmungen als wesentlich hervorzuheben:

a) Die Befugniß zur Ablösung steht, wenn die Verpflichtung auf Grundbesitz haftet, jedoch nicht alle zu einer Gemeinde gehörenden Besitzungen umfaßt, einem jeden einzelnen Verpflichteten zu. Ruht die Verpflichtung in der Art auf dem Grundbesitz, daß sie alle zu einer Gemeinde gehörenden Besitzungen umfaßt, so kann nur die Gemeinde auf Ablösung antragen. Sind dem Zwangs- und Bannrechte die Mitglieder einer Korporation als solche unterworfen, so ist nur die Korporation in ihrer Gesammtheit zur Ablösung desselben befugt. Sind Bewohner eines Ortes oder Distriktes vermöge ihres Wohnsitzes dem Zwangs- und Bannrecht unterworfen, so können nicht die einzelnen Pflichtigen, sondern nur die Gemeinden, von diesen jedoch jede Gemeinde für sich, auf Ablösung antragen. Enthält der Zwangs- und Bannbezirk Grundstücke, welche nicht zum Gemeindeverbande gehören, so sind die einzelnen Besitzer dieser Grundstücke, unabhängig von den Gemeinden, zur Ablösung befugt.

b) Zum Zweck der Ablösung ist der jährliche Ertrag des Rechts zu ermitteln und die Entschädigung auf eine diesem Ertrage gleichkommende Rente festzusetzen.

c) Die Entschädigung ist von den Zwangs- und Bannpflichtigen aufzubringen. Müssen dazu mehrere Ortschaften beitragen, so wird das Beitragsverhältniß der Gemeinden, so wie der etwa außer einem Gemeindeverbande befindlichen Grundbesitzer von der Regierung mit Vorbehalt des Rekurses an die Ministerien des Innern und der Finanzen (in den Provinzen Ost- und Westpreußen, Brandenburg, Pommern, Sachsen und Schlesien nach Vorschrift des Kompetenzgesetzes vom 26. Juli 1876 von dem Bezirksverwaltungsgericht unter Vorbehalt der Berufung an das Oberverwaltungsgericht) festgesetzt. Der Zeitpunkt, von welchem ab die Rente zu zahlen ist, wird durch die Regierung bestimmt, sofern sich die Betheiligten nicht darüber einigen. Mit diesem Zeitpunkt hört die Zwangs- und Bannpflicht auf. Die Entschädigungsrente kann durch Zahlung des fünfundzwanzigfachen Betrages zu jeder Zeit abgelöst werden, und der Berechtigte muß sich die Ablösung auch in Stückzahlungen, jedoch nicht unter 300 Mark, gefallen lassen.

d) Die Verhandlungen wegen Feststellung der Entschädigungsansprüche sowie der als Entschädigung zu gewährenden Kapitalien und Renten erfolgen durch einen Kommissarius der Regierung (in den Provinzen Ost- und Westpreußen, Brandenburg, Pommern, Schlesien und Sachsen auf Grund der Bestimmungen des Kompetenzgesetzes vom 26. Juli

1876 bezw. des Gesetzes betreffend die Verfassung der Verwaltungsgerichte und das Verwaltungsstreitverfahren vom 3. Juli 1875 Ges.S. S. 375 durch einen Kommissarius des Bezirksverwaltungsgerichts). Bei diesen Verhandlungen sind, wenn das Eigenthum und das Nutzungsrecht an einem berechtigten oder verpflichteten Grundstücke verschiedenen Personen zusteht, dieselben sämmtlich zuzuziehen. Zu den Nutzungsberechtigten sind die Pächter hier nicht zu rechnen. Obereigenthümer, Lehnsherren, Lehns- und Fideikommißfolger, Wiederkaufsberechtigte, Hypothekengläubiger und andere Realberechtigte sind nicht von Amtswegen zuzuziehen. Denselben steht aber frei, sich bei dem Verfahren zu melden und ihre Gerechtsame wahrzunehmen. Dem Obereigenthümer, Lehnsherrn oder Wiederkaufsberechtigten sowie den beiden nächsten Fideikommißanwärtern — bei Lehnen, falls der Besitzer keine lehensfähige Descendenz hat, den beiden nächsten Agnaten — ist, falls sie bekannt sind, von der Einleitung des Verfahrens Nachricht zu geben. Sind sie nicht bekannt, oder findet der Kommissarius sonst Anlaß, so ist von diesem durch öffentliche Bekanntmachung ein Termin zu bestimmen, bis zu welchem die Betheiligten sich melden können. Dieser Termin ist auf 6 Wochen hinauszusetzen und durch das Amtsblatt zwei Mal von 3 zu 3 Wochen bekannt zu machen. Diejenigen, welche sich nicht melden, sind mit Einwendungen gegen die Verhandlungen nicht weiter zu hören.

e) In denjenigen Fällen, in denen die Entschädigung aus der Staatskasse gewährt wird, ist zur Wahrnehmung des fiskalischen Interesses ein Anwalt zu bestellen. In anderen Fällen ist, insoweit die aufgehobene Berechtigung sich auf eine ganze Ortschaft erstreckt, bei der Verhandlung anstatt der Pflichtigen die Kommunalbehörde zuzuziehen, welche für die Verhandlungen einen Vertreter zu bestellen hat. Sind mehrere Ortschaften betheiligt, so haben die Kommunalbehörden sich über einen gemeinsamen Vertreter zu einigen. Erfolgt diese Einigung nicht binnen einer Frist von 6 Wochen nach ergangener Aufforderung, so ist die Regierung (in den Provinzen Ost- und Westpreußen, Brandenburg, Pommern, Schlesien und Sachsen nach Maßgabe der Bestimmungen des Kompetenzgesetzes vom 26. Juli 1876 die Kommunalaufsichtsbehörde) befugt, einen solchen gemeinschaftlichen Vertreter zu bestellen. Die vollständige Erörterung der Sache darf auch dann nicht unterbleiben, wenn die Ansprüche der Berechtigten von der Kommunalbehörde der betheiligten Gemeinde anerkannt werden.

f) Streitigkeiten über das Bestehen oder den Umfang der Berechtigung sind von dem Plenum der Regierung (in den ad e erwähnten Provinzen vom Bezirksverwaltungsgericht) durch ein mit Gründen auszufertigendes Resolut zu entscheiden, gegen welches jedem Betheiligten binnen einer präklusivischen Frist von 6 Wochen der Rekurs an das Finanzministerium (in den vorhin erwähnten Provinzen die Berufung an das Oberverwaltungsgericht) oder auf rechtliches Gehör zusteht.

g) Die Erklärung der Vertreter (e) beziehungsweise die gegen sie ergangenen Entscheidungen sind für die betheiligten Ortschaften unbedingt bindend.

h) Das Verfahren wegen Ermittelung des Betrages der Entschädigung bleibt bis zur Feststellung der Berechtigung ausgesetzt, sofern der Berechtigte nicht etwa die Einleitung oder Fortsetzung auf seine Gefahr unter Vorschuß der Kosten verlangt. Die Ermittelung und Feststellung der Entschädigung wird für den Mahlzwang nach Maßgabe der Vorschriften der §§. 29, 30 des Ges. v. 17. Januar 1845 bewirkt. In allen andern Fällen findet die Ermittelung durch den Kommissarius unter Zuziehung von zwei Beisitzern, von denen Einer durch den Berechtigten, der Andere durch den zur Entschädigung Verpflichteten oder deren Vertreter binnen einer vom Kommissarius zu bestimmenden Frist zu wählen, andernfalls aber vom Kommissarius *zu ernennen ist, statt. Als Beisitzer ist jeder unbescholtene, in den Geschäften* des bürgerlichen Lebens erfahrene, Mann wählbar. Die Beisitzer können nur Ersatz der Reise-, Zehrungs- und Versäumnißkosten verlangen. Diese Kommission hat nach Erörterung der faktischen Verhältnisse die Verhandlungen mit ihrem Gutachten der Regierung (in den zu e aufgeführten Provinzen dem Bezirksverwaltungsgericht) einzureichen, welche die zu gewährende Entschädigung durch einen Plenarbeschluß (in den zu e gedachten Provinzen durch Endurtheil) festgesetzt. Dasselbe wird den Betheiligten eröffnet und in Ausfertigung ausgehändigt. Gegen dieses Resolut bezw. Endurtheil ist mit Ausschluß des Rechtsweges nur der Rekurs an das Finanzministerium resp. die Berufung an das Oberverwaltungsgericht statthaft. Dieselbe muß binnen einer präklusivischen Frist von sechs Wochen nach Eröffnung des Resoluts bei dem Kommissarius (in den zu e bezeichneten Provinzen binnen einer präklusivischen Frist von 21 Tagen bei dem Bezirksverwaltungsgericht) angemeldet werden.

Mit dem 1. April 1884, gleichzeitig mit dem Gesetze über die allgemeine Landesverwaltung vom 30. Juli 1883 (Ges.S. S. 195) kommen die Bestimmungen des Gesetzes vom 26. Juni 1876 (Zuständigkeit der Verwaltungsbehörden und der Verwaltungsgerichtsbehörden u. s. w.) in Wegfall, und tritt dann §. 133 des den gleichen Gegenstand betreffenden Gesetzes vom 1. August 1883 (Ges.S. S. 195) in Kraft, wonach der Bezirksausschuß über Anträge auf Ablösung von Gewerbeberechtigungen und auf Entschädigung für aufgehobene Gewerbeberechtigungen zu entscheiden hat. Gegen die Endurtheile desselben findet unter Ausschluß anderer Rechtsmittel nur die Berufung an das Oberverwaltungsgericht statt. Auf die vor dem Inkrafttreten des citirten Gesetzes bereits anhängig gemachten Sachen finden in Beziehung auf die Zuständigkeit der Behörden, das Verfahren und die Zulässigkeit der Rechtsmittel die Bestimmungen der früheren Gesetze, jedoch mit der Maßgabe Anwendung, daß an Stelle des Bezirksraths und des Bezirksverwaltungsgerichts der Bezirksausschuß tritt. In den Provinzen Posen, Schleswig-Holstein, Hannover,

Hessen-Nassau, Westfalen und in der Rheinprovinz treten die gedachten Vorschriften erst dann in Kraft, wenn für diese Provinzen auf Grund besonderer Gesetze neue Kreis- und Provinzialordnungen erlassen sein werden.

§. 154, 155 Ges. v. 30. Juli 1883.

B. Das Gesetz betreffend die Aufhebung und Ablösung der auf den Betrieb des Abdeckereigewerbes bezüglichen Berechtigungen vom 17. Dezember 1872 bestimmt für die gesammte Preußische Monarchie Folgendes:

§. 1.

Von den auf den Betrieb des Abdeckereigewerbes bezüglichen Berechtigungen werden, soweit es nicht schon geschehen, aufgehoben:

1. die noch bestehenden ausschließlichen Gewerbeberechtigungen, d. h. die mit dem Gewerbebetriebe verbundenen Berechtigungen, Anderen den Betrieb des Abdeckereigewerbes, sei es im Allgemeinen oder hinsichtlich der Benutzung eines gewissen Betriebsmaterials, zu untersagen oder sie darin zu beschränken;
2. alle Zwangs- und Bannrechte, deren Aufhebung nach dem Inhalte der Verleihungs-Urkunden ohne Entschädigung zulässig ist;
3. alle Zwangs- und Bannrechte, welche dem Fiskus oder einer Kämmerei oder Gemeinde innerhalb des Gemeindebezirks oder einer Korporation von Gewerbetreibenden zustehen, oder welche von einem dieser Berechtigten erst nach dem 1. Dezember 1871 auf einen Anderen übergegangen sind.

   Zwangs- und Bannrechte, deren Besitz zwischen einem der vorstehend bezeichneten und anderen Berechtigten getheilt ist, fallen erst hinweg, wenn der den letzteren zustehende Theil derselben abgelöst ist;
4. die Berechtigung, Konzessionen zu Abdeckereianlagen oder zum Betriebe des Abdeckereigewerbes zu ertheilen, welche dem Fiskus, Korporationen, Instituten oder einzelnen Berechtigten zustehen.

Ferner werden aufgehoben:

5. vorbehaltlich der an den Staat zu entrichtenden Gewerbesteuern alle Abgaben, welche für den Betrieb des Abdeckereigewerbes entrichtet werden, sowie die Berechtigung, dergleichen Abgaben aufzuerlegen;
6. diejenigen Abgaben und Leistungen, zu welchen die Berechtigten in Beziehung auf die aufgehobenen Berechtigungen verpflichtet sind.

§. 2.

Der Ablösung unterliegen diejenigen Zwangs- und Bannrechte der Abdecker, welche nicht durch §. 1 aufgehoben sind, sofern die Verpflichtung auf Grundbesitz haftet, die Mitglieder einer Korporation als solche betrifft, oder Bewohnern eines Ortes oder Distriktes vermöge ihres Wohnsitzes obliegt.

§. 3.

Das Abdeckereigewerbe wird fortan überall zur Gewerbesteuer vom Handel herangezogen.

§. 4.

Für aufgehobene ausschließliche Gewerbeberechtigungen (§. 1 Nr. 1) wird eine Entschädigung nur gewährt, sofern und soweit sie mit einem Zwangs- und Bannrechte nicht verbunden sind.

§. 5.

Mit denjenigen Abweichungen, welche sich aus den Bestimmungen der §§. 1—4 ergeben, findet das Gesetz, betreffend die Aufhebung und Ablösung gewerblicher Berechtigungen, vom 17. März 1868 (Ges.S. für 1868 S. 249 ff.) auf das Abdeckereigewerbe Anwendung.

Jedoch treten an die Stelle der in diesem Gesetze festgesetzten Termine und Fristen in §. 14 der 1. Dezember 1871, in §§. 15, 17 und 21 der Ablauf des Jahres 1873, in §. 39 der Beginn des Jahres 1874 und an die Stelle des im §. 28 und §. 66 festgesetzten Zeitraumes derjenige von 1852 bis 1871.

C. Das Gesetz, betreffend die Aufhebnng und Ablösung gewerblicher Berechtigungen in den durch die Gesetze vom 20. September und 24. Dezember 1866 mit der Preußischen Monarchie vereinigten Landestheilen, mit Ausnahme der vormals Königlich Bayerischen Enklave Kaulsdorf und des vormals Hessen-Homburgischen Oberamtes Meisenheim. Vom 17. März 1868 (Ges.S. S. 249).

Titel I.

Aufgehobene und ablösbare Berechtigungen.

1. Aufgehobene Berechtigungen.

§. 1.

Die noch bestehenden ausschließlichen Gewerbeberechtigungen, das heißt die mit dem Gewerbebetrieb verbundenen Berechtigungen, Anderen den Betrieb eines Gewerbes zu untersagen oder sie darin zu beschränken, werden hierdurch aufgehoben.

§. 2.

Mit den ausschließlichen Gewerbeberechtigungen fallen zugleich die damit verbundenen Zwangs- und Bannrechte fort.

Von den sonstigen noch bestehenden Zwangs- und Bannrechten werden hierdurch aufgehoben:

1. alle Zwangs- und Bannrechte, welche dem Fiskus, einer Kämmerei oder Gemeinde innerhalb des Gemeindebezirks oder einer Korporation von Gewerbetreibenden zustehen, oder welche von einem dieser Berechtigten erst nach dem 30. Juni 1867 auf einen Anderen übergegangen sind;
2. alle Zwangs- und Bannrechte, deren Aufhebung nach dem Inhalte der Verleihungs-Urkunde ohne Entschädigung zulässig ist;
3. sofern die Aufhebung nicht schon in Folge dieser Bestimmungen eintritt:
   a) das mit dem Besitze einer Mühle, einer Brennerei oder Brenngerechtigkeit, einer Brauerei oder Braugerechtigkeit, oder einer Schankstätte verbundene Recht, die Konsumenten zu zwingen, daß

sie bei dem Berechtigten ihren Bedarf mahlen oder schroten lassen oder das Getränk ausschließlich von demselben beziehen (der Mahlzwang, der Branntweinzwang und der Brauzwang);

b) das städtischen Bäckern und Fleischern zustehende Recht, die Einwohner der Stadt, der Vorstädte oder der sogenannten Bannmeile zu zwingen, daß sie ihren Bedarf an Gebäck oder Fleisch ganz oder theilweise von jenen ausschließlich entnehmen.

Zwangs- und Bannrechte, deren Besitz zwischen einem der unter 1 genannten Berechtigten und anderen Berechtigten getheilt ist, bleiben, sofern die Aufhebung nicht nach den Bestimmungen unter 2 und 3 erfolgt, bis zu ihrer Ablösung (§. 8) bestehen. Mit der Ablösung derselben fällt der Antheil der unter 1 genannten Berechtigten ohne Entschädigung fort.

In den unter 3 gedachten Fällen findet die Aufhebung der daselbst genannten Rechte nur dann statt, wenn dieselben nicht auf einem Vertrage zwischen Berechtigten und Verpflichteten beruhen.

§. 3.

Es werden ferner aufgehoben alle Berechtigungen, Konzessionen zu gewerblichen Anlagen oder zum Betriebe von Gewerben zu ertheilen, welche dem Fiskus, Korporationen, Instituten oder einzelnen Berechtigten zustehen.

§. 4.

Vorbehaltlich der an den Staat zu entrichtenden Gewerbesteuern werden alle Abgaben aufgehoben, welche für den Betrieb eines Gewerbes entrichtet werden, sowie die Berechtigungen, dergleichen Abgaben aufzulegen. Ist jedoch mit dem Betriebe des Gewerbes eine ausschließliche Gewerbeberechtigung (§. 1) verbunden, so muß die darauf ruhende ganze Abgabe bis zu dem Tage geleistet werden, an welchem der Betrieb des Gewerbes von einer Person begonnen wird, welche durch jene Berechtigung davon ausgeschlossen oder darin beschränkt war.

§. 5.

In gleicher Weise (§. 4) fallen diejenigen Abgaben und Leistungen fort, zu welchen die Berechtigten in Beziehung auf die aufgehobenen Berechtigungen verpflichtet sind.

§. 6.

Bei den bannberechtigten Erbleihmühlen des Herzogthums Nassau, welche eine besondere Bannpacht nicht zu entrichten haben, soll derjenige Betrag des von denselben entrichteten Erbleihkanons als Bannpacht angesehen werden und in Folge der Aufhebung der Bannrechte in Wegfall kommen, welcher drei Viertheilen des jährlichen Reinertrages aus dem Bannrechte der einzelnen Mühlen gleichkommt.

§. 7.

Die Beschränkungen, welchen in dem Herzogthum Holstein die konzessionirten und vormals mit keinem Zwangsrechte versehenen Kornmühlen den vormals zwangsberechtigten Kornmühlen gegenüber in ihrem Betriebe bisher noch unterworfen waren, fallen fort.

Die Vorschrift des Gesetzes für das Herzogthum Holstein, betreffend die Aufhebung des Mühlenzwanges f. w. d. a., vom 10. Mai 1855 §. 36 Alinea 3 wird aufgehoben.

2. Ablösbare Berechtigungen.

§. 8.

Diejenigen Zwangs- und Bannrechte, welche durch die vorstehenden Bestimmungen nicht aufgehoben sind, können abgelöst werden, wenn die Verpflichtung auf Grundbesitz haftet, die Mitglieder einer Korporation als solche betrifft oder Bewohnern eines Ortes oder Distriktes vermöge ihres Wohnsitzes obliegt.

Der Ablösung unterliegt auch das Recht, den Inhaber einer Schankstätte zu zwingen, daß er für seinen Wirthschaftsbedarf das Getränk aus einer bestimmten Fabrikationsstätte entnehme.

Gleichzeitig mit diesen Rechten müssen die mit deren Inhabern in Beziehung auf dieselben zu entrichtenden Abgaben und Leistungen abgelöst werden.

§. 9.

Die Ablösung dieser Rechte (§. 8) findet nur auf den Antrag der Zwangs- und Bannpflichtigen statt. Der Staat und die Gemeinden können jedoch für die Pflichtigen die Ablösung beantragen, wenn sie die Entschädigung der Berechtigten übernehmen.

Der Antrag auf Ablösung kann nicht zurückgenommen werden.

§. 10.

Sind dem Zwangs- und Bannrechte die Mitglieder einer Korporation als solche unterworfen, so ist nur die Korporation in ihrer Gesammtheit zur Ablösung befugt.

Wenn die Zwangs- und Bannpflicht auf Grundbesitz haftet, jedoch nicht alle zu einer Gemeinde oder zu einem Gutsbezirke gehörigen Besitzungen umfaßt, so steht die Befugniß zur Ablösung einem jeden einzelnen Verpflichteten zu.

Ruht die Verpflichtung in der Art auf Grundbesitz, daß sie alle zu einer Gemeinde oder zu einem Gutsbezirke gehörigen Besitzungen umfaßt, so kann nur die Gemeinde oder der Besitzer des Gutes auf Ablösung antragen.

Sind Bewohner eines Ortes oder Distriktes vermöge ihres Wohnsitzes dem Zwangs- und Bannrechte unterworfen, so steht nicht dem einzelnen Pflichtigen, sondern nur den Gemeinden und Besitzern der Güter, von diesen jedoch jeder Gemeinde und jedem Besitzer eines Gutes für sich, der Antrag auf Ablösung zu.

Enthält der Zwangs- und Bannbezirk Grundstücke, welche nicht zu dem Verbande einer Gemeinde oder eines Gutes gehören, so sind die einzelnen Besitzer dieser Grundstücke zu dem Antrage auf Ablösung befugt.

3. Ausnahmen.

§. 11.

Die zur Zeit in den einzelnen Landestheilen wegen der Befugniß zum halten öffentlicher Fähren und über das Abdeckereiwesen bestehenden Vorschriften bleiben in Kraft*).

Titel II.

Entschädigung für die aufgehobenen und abgelösten Berechtigungen.

1. Bedingungen der Entschädigung.

§. 12.

Für den Verlust der aufgehobenen Berechtigungen findet eine Entschädigung statt, wenn die Berechtigungen zur Zeit der Verkündung dieses Gesetzes rechtsgültiger Weise für immer oder auf Zeit unwiderruflich bestanden.

Unter gleicher Voraussetzung wird eine Entschädigung für diejenigen Abgaben und Leistungen gewährt, zu welchen die Berechtigten in Beziehung auf die aufgehobenen Berechtigungen verpflichtet waren.

§. 13.

Bis zum Beweise des Gegentheils soll angenommen werden, daß Berechtigungen, welche bis zum Erlaß dieses Gesetzes seit unvordenklicher Zeit unbeanstandet ausgeübt worden sind, rechtsgültiger Weise bestanden haben.

§. 14.

Eine Entschädigung wird für die aufgehobenen Berechtigungen nicht gewährt:

a) wenn dieselben dem Fiskus zustanden oder einer Kämmerei oder Gemeinde innerhalb des Gemeindebezirks oder einer Korporation von Gewerbetreibenden, es mag solche geschlossen oder ungeschlossen sein;

b) wenn dieselben von einem dieser Berechtigten erst nach dem 30. Juni 1867**) auf einen Anderen übergegangen sind.

Für die in Beziehung auf die aufgehobenen Berechtigungen entrichteten und mit den letzteren aufgehobenen Abgaben und Leistungen wird eine Entschädigung nicht gewährt, wenn dieselben an den Fiskus entrichtet wurden, oder an eine Korporation von Gewerbetreibenden oder an eine Kämmerei oder Gemeinde für eine innerhalb ihres Gemeindebezirks ausgeübte Berechtigung.

§. 15.

In den in §. 14 unter b bezeichneten Fällen kann jeder spätere Inhaber der Berechtigung die Aufhebung des zwischen ihm und dem früheren Berechtigten bestehenden Vertragsverhältnisses verlangen. Er muß aber dieses Verlangen vor Ablauf des Jahres 1868***) gegen denselben schriftlich erklären. Geschieht dieses nicht, so hat er die für Ueberlassung der Berechtigung übernommenen Verpflichtungen auch fernerhin ohne Abzug zu erfüllen.

Die rechtlichen Folgen der Aufhebung des Vertragsverhältnisses sind nach den allgemeinen gesetzlichen Vorschriften zu beurtheilen.

---

*) Vgl. Ges. v. 17. Dezember 1872 Seite 66.
**) Vgl. §. 5 Ges. v. 17. Dezember 1872 Seite 68.
***) Vgl. §. 5 Ges. v. 17. Dezember 1872 Seite 68.

§. 16.

Den Besitzern vormals zwangsberechtigter Kornmühlen im Herzogthum Holstein, deren Zwangsrechte durch das Gesetz, betreffend die Aufhebung des Mühlenzwanges s. w. d. a., vom 10. Mai 1854 beseitigt worden sind, soll außer der durch das genannte Gesetz ihnen zugesprochenen Entschädigung noch eine fernere Entschädigung insoweit zu Theil werden, als bei der Feststellung der ihnen gewährten Entschädigungen das Vorhandensein konzessionirter und vormals mit keinem Zwangsrechte versehener Mühlen (§. 35 des Gesetzes vom 10. Mai 1854) unberücksichtigt gelassen ist.

§. 17.

Die Ansprüche auf Entschädigung für den Verlust der aufgehobenen Berechtigungen müssen bis zum Schlusse des Jahres 1869*) bei der Regierung schriftlich angemeldet werden.

In Ansehung derjenigen Abgaben und Leistungen, welche auf dem mit einer ausschließlichen Gewerbeberechtigung verbundenen Gewerbebetriebe ruhen und vorerst noch fort zu entrichten sind (§§. 4, 5), ist der Anspruch auf Entschädigung binnen Jahresfrist nach dem Wegfall der Abgaben in gleicher Weise anzumelden.

§. 18.

Werden die Entschädigungsansprüche in der vorgeschriebenen Weise und binnen der gesetzten Frist (§. 17) nicht angemeldet, so gehen die Berechtigten derselben verlustig. Es können jedoch Obereigenthümer, Lehnsherren, Lehns- und Fideikommißfolger, Wiederkaufsberechtigte, Hypothekengläubiger und andere Realberechtigte die verfallenen Entschädigungsansprüche noch während einer anderweiten Frist von drei Monaten nach dem Verfall durch schriftliche Anmeldung bei der Regierung geltend machen.

Auf den nach Befriedigung dieser Berechtigten etwa verbleibenden Ueberschuß kann der Entschädigungsberechtigte, welcher die Anmeldung versäumt hat, keinen Anspruch erheben.

2. Natur der Entschädigung.

§. 19.

Rücksichtlich aller Eigenthums- und Nutzungsansprüche, sowie aller sonstigen Realansprüche treten die Entschädigungen an die Stelle der aufgehobenen oder abgelösten Berechtigungen. Waren die Berechtigungen Zubehör eines in das Hypothekenbuch eingetragenen Grundstückes als selbstständig in das Hypothekenbuch eingetragen, so muß in diesem von Amtswegen und kostenfrei vermerkt werden, welche Entschädigung an die Stelle der Berechtigungen getreten ist.

§. 20.

Die Realberechtigten können bis zur endgültigen Feststellung der Entschädigungsbeträge (§§. 67, 68) verlangen, daß Kapitalabfindungen, sollten dieselben auch erst in Zukunft erfolgen (§§. 35, 44, 48), zur Herstellung ihrer

*) Wie vor.

Sicherheit oder zur Befriedigung der vorgehenden Hypothekengläubiger verwendet werden.

Einigen sich dieselben mit den Entschädigungsberechtigten über die Auszahlung oder Verwendung der Entschädigungen nicht, so sind diese zu deponiren.

§. 21.

War die aufgehobene oder abgelöste Berechtigung verpachtet, so muß der Verpächter dem Pächter während der Dauer der Pacht die Nutzung der für die Berechtigung gewährten Entschädigung überlassen. Ist der Verpächter mit dem Fortfalle der Berechtigung zugleich von Gegenleistungen befreit, welche der Pächter nicht zu tragen hatte, so muß er diesem außerdem den für diese Gegenleistungen von der Entschädigung abgesetzten Betrag (§. 31) nach seinem Jahreswerthe für die Dauer der Pacht vergüten.

Wird für eine aufgehobene Berechtigung eine Entschädigung überhaupt nicht gewährt, so kann der Pächter für den Wegfall der Berechtigung einen Ersatz nicht in Anspruch nehmen.

In allen Fällen steht dem Pächter frei, sofort die Aufhebung der Pacht zu verlangen. Er muß dies Verlangen jedoch, falls es sich um eine aufgehobene Pacht handelt, vor dem Ablaufe des Jahres 1868*), und im Falle der Ablösung einer Berechtigung binnen sechs Monaten nach dem Wegfall der Berechtigung (§. 46) gegen den Berechtigten schriftlich erklären.

Geschieht dieses nicht, so hat der Pächter seine Verpflichtungen ohne Abzug auch fernerhin zu erfüllen.

Die rechtlichen Folgen der Aufhebung der Pacht sind nach den allgemeinen gesetzlichen Vorschriften zu beurtheilen.

3. Entschädigungs-Anerkenntnisse.

§. 22.

Ueber die Entschädigungen für die aufgehobenen oder abgelösten Berechtigungen sollen den Berechtigten auf ihren Antrag von der Regierung Entschädigungs-Anerkenntnisse ausgestellt werden. Die Anerkenntnisse sind auf den Namen der Berechtigten auszufertigen und müssen die Bezeichnung der Berechtigung, für welche die Entschädigung bestimmt ist, den Betrag der Entschädigung, sowie Zeit, Ort und Art der Zahlung derselben enthalten. War die Berechtigung Zubehör eines in das Hypothekenbuch eingetragenen Grundstücks oder selbstständig in das Hypothekenbuch eingetragen, so ist in dem Entschädigungs-Anerkenntnisse zugleich zu vermerken, daß die Befugniße des Besitzers, über die Entschädigung zu verfügen, sich nach dem Hypothekenbuche bestimmt.

Veränderungen in dem Eigenthum eines Entschädigungs-Anerkenntnisses werden, sobald sie der Regierung, welche das Anerkenntniß ausgestellt hat, nachgewiesen sind, von dieser in das Anerkenntniß eingetragen.

---

*) Vgl. §. 5 des Ges. v. 17. Dezbr. 1872 Seite 68.

Titel III.

Ermittelung der Entschädigungen.

1. Bei ausschließlichen Gewerbeberechtigungen und Zwangs- und Bannrechten.

§. 23.

Als Maßstab der Entschädigung für die aufgehobenen ausschließlichen Gewerbeberechtigungen, sowie für die aufgehobenen oder abzulösenden Zwangs- und Bannrechte gilt derjenige Werth, welchen diese Rechte zur Zeit ihres Wegfalls gehabt haben. Derselbe wird durch den Reinertrag dargestellt, welchen der Berechtigte in nothwendiger und unmittelbarer Folge des Wegfalls seines Rechts verliert.

Ist mit ausschließlichen Gewerbeberechtigungen ein Zwangs- und Bannrecht verbunden, so wird die Entschädigung für beide Berechtigungen zusammen ermittelt.

§. 24.

Kann der Nachweis erbracht werden, welcher reine Ertrag den Berechtigten lediglich durch die aufgehobenen oder abzulösenden Berechtigungen während der letzten zehn Jahre vor deren Aufhebung oder Ablösung zu Theil geworden ist, so wird der Ermittelung des Werthes der Berechtigungen der Durchschnitt des reinen Ertrages aus dieser Zeit zu Grunde gelegt.

§. 25.

Wenn eine aufgehobene oder abzulösende Berechtigung während der letzten zehn Jahre vor ihrer Aufhebung oder Ablösung für sich allein oder in Verbindung mit anderen Gegenständen dergestalt verpachtet gewesen ist, daß das für dieselbe berechnete Pachtgeld getrennt werden kann, oder wenn während dieser Zeit die Ausübung der Berechtigung gegen eine von den Pflichtigen selbst übernommene Abgabe oder Leistung (Reluition) unterlassen ist, so wird auf Antrag eines der Betheiligten die Entschädigung nach dem Betrage der Pacht oder Reluition bestimmt und hierbei der Durchschnitt dieser Leistungen während der letzten zehn Jahre zu Grunde gelegt.

Ein jeder der übrigen Betheiligten ist jedoch befugt, statt dessen die Feststellung der gesammten Entschädigung durch eine anderweitige Ermittelung des Werthes der Berechtigung zu verlangen.

§. 26.

Wenn der Werth der Berechtigungen in der vorbezeichneten Weise (§§. 24 und 25) nicht zu bestimmen ist, so muß derselbe in anderer geeigneter Weise und nach Maßgabe der in jedem einzelnen Falle sich darbietenden besonderen Hülfsmittel ausgemittelt werden.

Zum Anhalte dient hierbei insbesondere der Durchschnitt der Preise, welche bei Veräußerungen gezahlt, bei Erbtheilungen angenommen, sowie bei Verpachtungen, den Pachtbetrag nach Abzug der Lasten zu Kapital berechnet, erlangt worden sind.

§. 27.

Bei dieser Ermittelung des Werthes der Berechtigungen (§. 26) ist derjenige Ertrag des Gewerbebetriebes auszusondern, welcher nach wohlbegründeten Annahmen, in Berücksichtigung der örtlichen Verhältnisse, auch für die Zukunft durch den Fortbetrieb des ehemals bevorrechteten Gewerbes ohne Aufwendung besonderer Mittel und Anstrengungen erzielt werden kann. Ebenso ist der Werth der Grundstücke, Baulichkeiten, Geräthschaften und sonstigen Gegenstände, welche bei der Ausübung der Berechtigung benutzt, bei deren Ueberlassung an Andere mit überlassen worden sind, oder welche anderweit mit der Berechtigung in Verbindung gestanden haben, bei der Ermittelung des Werthes außer Ansatz zu lassen oder in Abzug zu bringen.

2. Bei den übrigen Berechtigungen.

§. 28.

Die Entschädigung für die Aufhebung der Berechtigungen, Konzessionen zu gewerblichen Anlagen oder zum Betriebe von Gewerben zu ertheilen, sowie die Entschädigung für die Aufhebung der Berechtigungen, Abgaben vom Gewerbebetriebe zu erheben oder dergleichen Abgaben aufzulegen, ist nach dem Betrage der reinen Nutzungen festzustellen, welche der Berechtigte davon erweislich während der zwanzig Jahre von 1846 bis 1865*) bezogen hat. Hierbei kommen jedoch Kapitalbeträge, welche dem Berechtigten für die Verleihung vererblicher und veräußerlicher Gewerbeberechtigungen bezahlt worden sind, nicht in Betracht.

3. Bei den vormals zwangsberechtigten Kornmühlen Holsteins.

§. 29.

Die den Besitzern vormals zwangsberechtigter Kornmühlen im Herzogthum Holstein nach §. 16 zu gewährende Nachentschädigung wird durch den Reinertrag bestimmt, welchen diese Mühlen nach wohlbegründeter Annahme in nothwendiger und unmittelbarer Folge des Umstandes verlieren, daß die, bei dem Erlaß des Gesetzes für das Herzogthum Holstein, betreffend die Aufhebung des Mühlenzwanges s. w. d. a., vom 10. Mai 1854 bereits vorhanden gewesenen, konzessionirten und mit keinem Zwangsrechte versehenen Kornmühlen fortan einer Beschränkung in ihrem Betriebe nicht mehr unterliegen werden.

§. 30.

Die hiernach (§. 29) festzustellende Entschädigung darf aber, unter Hinzurechnung der den vormals zwangsberechtigten Mühlenbesitzern auf Grund des Gesetzes vom 10. Mai 1854 zugebilligten Entschädigung, die höchsten Entschädigungssätze nicht übersteigen, welche durch die Verordnung vom 30. Juni 1856, enthaltend einige Abänderungen des Gesetzes vom 10. Mai 1854, hinsichtlich der den früher Zwangsberechtigten für den Wegfall des Zwangsrechts zuzubilligenden Entschädigung, bestimmt worden sind. Soweit dies der Fall ist, muß die ermittelte Nachentschädigung herabgesetzt werden.

4. Berechnung von Gegenleistungen.

§. 31.

Von dem ermittelten Werthe der Berechtigungen sind in allen Fällen diejenigen Abgaben und Leistungen in Abzug zu bringen, zu welchen die Berech-

*) Vgl. §. 5 des Ges. v. 17. Dezember 1872, Seite 68.

tigten in Beziehung auf ihre Berechtigungen verpflichtet waren. Der Werth dieser Abgaben und Leistungen ist nach Vorschrift des §. 28 zu ermitteln.

Titel IV.

Aufbringung der Entschädigungen.

1. Für ausschließliche Gewerbeberechtigungen.

§. 32.

Für solche ausschließliche Gewerbeberechtigungen, welche nur auf eine gewisse Zeit verliehen sind, sowie für alle diejenigen ausschließlichen Gewerbeberechtigungen, welche den Gewerbebetrieb im Umherziehen betreffen, wird die Entschädigung nach Maßgabe des ermittelten Werthes in einer jährlichen Rente berechnet.

§. 33.

Die Entschädigung für den Verlust aller übrigen ausschließlichen Gewerbeberechtigungen ist in Kapital zu bestimmen. Von dem Kapital sind die Zinsen zu berechnen, welche dasselbe, bei einer Anlegung zu drei und einem halben Prozent, von dem Zeitpunkte der Aufhebung der Berechtigung an bis zu der Feststellung der Entschädigung gewährt hätte. Der Betrag dieser Zinsen tritt dem ermittelten Kapital hinzu. Die Gesammtsumme bildet die dem Berechtigten zustehende Entschädigung.

§. 34.

Bei diesen Berechnungen (§§. 32 und 33) soll der Werth einer Berechtigung oder Leistung stets zu dem zwanzigfachen Betrage ihres reinen Ertrages angenommen werden.

§. 35.

Der Lauf der festgestellten Entschädigungsrenten (§. 32) beginnt mit dem Anfange des Jahres, in welchem die Feststellung derselben erfolgt ist. Waren die Berechtigungen nur auf eine gewisse Zeit verliehen, so endet er mit dem Ablaufe dieser Zeit.

Die Renten werden am Schlusse jeden Jahres gezahlt. Sie können durch Zahlung des zwanzigfachen Betrages jeder Zeit abgelöst werden.

Bei der Feststellung der Höhe der Renten soll zugleich derjenige Rentenbetrag berechnet werden, welcher auf die Zwischenzeit von der Aufhebung der Berechtigungen bis zum Beginn des Laufes der Renten gefallen sein würde. Dieser Betrag ist in Form eines Zuschlages auf die Rentenzahlungen der nächsten Jahre zu vertheilen. Der gesammte Betrag dieses Zuschlages kann jeder Zeit in der noch rückständigen Höhe vollständig an den Berechtigten ausgezahlt werden.

§. 36.

Die Entschädigungsrenten für ausschließliche Berechtigungen, welche den Gewerbebetrieb im Umherziehen betreffen, werden aus der Staatskasse gewährt.

Die übrigen Renten sind gemeinsam aufzubringen von der Gemeinde oder dem Distrikte, wo die aufgehobene Berechtigung bestand, und von denjenigen Gewerbetreibenden innerhalb der Gemeinde oder des Distriktes, welche durch die Berechtigungen in dem Betriebe ihres Gewerbes beschränkt oder davon ausgeschlossen waren.

Die Gewerbetreibenden zahlen drei Viertheile, die Gemeinde oder der Distrikt ein Viertheil der Renten. Die Renten sind zu Anfang jeden Jahres auf die Pflichtigen umzulegen.

Wenn bei dem Beginn eines Jahres ein zur Theilnahme an der Entschädigung verpflichteter Gewerbetreibender nicht vorhanden ist, so fällt für dieses Jahr die Zahlung der Entschädigung aus.

§. 37.

Die Entschädigungskapitalien für ausschließliche Berechtigungen (§. 33) werden allmälig getilgt. Die Tilgung derselben liegt der Gemeinde oder dem Distrikte ob, wo die Berechtigungen bestanden und denjenigen Gewerbetreibenden innerhalb der Gemeinde oder des Distriktes, welche durch die Berechtigungen in dem Betriebe ihres Gewerbes beschränkt oder davon ausgeschlossen waren.

§. 38.

Für ausschließliche Gewerbeberechtigungen gleicher Art in denselben Gemeindebezirken oder Distrikten tritt eine gemeinsame Tilgung der Entschädigungskapitalien ein.

Von der beitragspflichtigen Gemeinde oder dem beitragspflichtigen Distrikte ist Ein Prozent, von dem beitragspflichtigen Gewerbetreibenden sind zwei Prozent des Gesammtbetrages dieser Entschädigungskapitalien alljährlich aufzubringen.

Der Beitrag des einzelnen Gewerbetreibenden soll die Höhe der von ihm entrichteten Gewerbesteuer nicht übersteigen; soweit dies der Fall ist, muß sein Beitrag herabgesetzt und der gesammte Tilgungsbeitrag der Gewerbetreibenden vermindert werden. Eine Ermäßigung des Beitrages der Gemeinde oder des Distriktes ist nur aus erheblichen Gründen gestattet.

§. 39.

Die Beiträge zur Tilgung der Entschädigungskapitalien (§. 37) fließen zur Staatskasse. Die Staatskasse wird vom Beginn des Jahres 1869 ab den Berechtigten auf deren Antrag den Betrag der Entschädigungskapitalien vorschußweise zahlen. Die Kapitalien sind vom Tage ihrer Feststellung an bis zum Tage ihrer Zahlung mit drei und einem halben Prozent aus der Staatskasse zu verzinsen. Ihrerseits ist die Staatskasse berechtigt, jederzeit die Zahlung der Kapitalien an die Berechtigten zu bewirken*).

§. 40.

Die Entschädigung für solche Abgaben und Leistungen, welche in Beziehung auf die gegen Entschädigung aufgehobenen, ausschließlichen Berechtigungen entrichtet worden sind (§. 5), soll in gleicher Weise, wie die Entschädigung für letztere, und in Gemeinschaft mit dieser berechnet und aufgebracht werden.

---

*) Vgl. §. 5 des Ges. v. 17. Dezember 1872, Seite 68.

Sind die ausschließlichen Berechtigungen, in Beziehung auf welche die Abgaben und Leistungen entrichtet worden sind, ohne Entschädigung aufgehoben, so wird die Entschädigung für diese Abgaben und Leistungen nach Vorschrift der §§. 32, 34, 35 in einer jährlichen Rente bestimmt und aus der Staatskasse gezahlt.

§. 41

Alle Beiträge, welche von Gewerbetreibenden zu den Entschädigungen zu leisten sind, werden nach Maßgabe der von ihnen entrichteten Gewerbesteuer vertheilt. In solchen Fällen, in welchen mehrere Gemeinden oder Gutsbezirke zu den Entschädigungen beizutragen haben, wird deren Beitragsverhältniß unter Berücksichtigung der größeren oder geringeren Vortheile festgestellt, welche für sie aus dem Wegfall der Berechtigungen erwachsen.

2. Für alle übrigen aufgehobenen Berechtigungen.

§. 42.

Für den Verlust der aufgehobenen Zwangs- und Bannrechte, für die Aufhebung der Berechtigung, Konzessionen zu gewerblichen Anlagen oder zum Betriebe von Gewerben zu ertheilen, sowie für die Aufhebung der Berechtigung, Abgaben vom Gewerbebetriebe zu erheben oder dergleichen Abgaben aufzulegen, werden die Entschädigungen nach Maßgabe des ermittelten Werthes in jährlichen Renten berechnet.

In gleicher Weise ist die Entschädigung für solche Abgaben und Leistungen zu berechnen, zu welchen die Berechtigten in Beziehung auf die aufgehobenen Berechtigungen verpflichtet waren.

§. 43.

Auch die Entschädigungen, welche den vormals zwangsberechtigten Kornmühlen im Herzogthum Holstein nachträglich noch gewährt werden sollen (§§. 29 und 30), werden in jährlichen Renten berechnet.

§. 44.

Der Lauf dieser Renten (§§. 42 und 43) beginnt mit dem Anfange des Jahres, in welchem die Feststellung derselben erfolgt ist. Bei Berechtigungen, welche nur auf eine gewisse Zeit verliehen waren, sowie bei Abgaben und Leistungen, welche die Berechtigten nur für eine gewisse Zeit zu entrichten hatten, enden die Renten mit dem Ablaufe dieser Zeit.

Die Renten sind an jedem Jahresschlusse fällig. Sie können durch Zahlung des zwanzigfachen Betrages jeder Zeit abgelöst werden. Sie werden aus der Staatskasse gewährt.

Für die Zeit von dem Fortfall der Berechtigungen, für welche die Entschädigungen gewährt werden, bis zu dem Tage, wo der Lauf der Renten beginnt, sind die Renten bei Feststellung ihrer Höhe nachträglich zu berechnen und nach dem rückständigen Betrage alsbald aus der Staatskasse zu zahlen.

§. 45.

Wenn mit einer ausschließlichen Gewerbeberechtigung ein Zwangs- und Bannrecht verbunden war, so ist die dafür ermittelte Gesammtentschädigung (§. 23) zu theilen. Die eine Hälfte derselben ist wie die Entschädigung für ausschließliche Gewerbeberechtigungen nach Vorschrift der §§. 32 bis 41, die andere Hälfte nach Vorschrift der §§. 42 und 44 gleich der Entschädigung für die aufgehobenen Zwangs- und Bannrechte zu berechnen und aufzubringen.

3. Für abgelöste Berechtigungen.

§. 46.

Die Entschädigung für den Verlust eines zur Ablösung gebrachten Zwangs- und Bannrechtes wird ebenfalls in einer jährlichen Rente berechnet. In gleicher Weise und gemeinschaftlich mit ihr ist die Entschädigung für solche Abgaben und Leistungen zu berechnen, welche in Beziehung auf die abgelösten Rechte von deren Inhabern zu entrichten sind.

Sechs Wochen nach endgültiger Feststellung der Renten sind die abgelösten Rechte erloschen, wenn unter den Betheiligten ein Anderes nicht vereinbart wird.

§. 47.

Von dem Zeitpunkte des Erlöschens der Rechte ab beginnen die Renten zu laufen. Sie werden am Jahresschluß gezahlt. Die Renten sind von denjenigen aufzubringen, auf deren Antrag die Ablösung erfolgt ist. Ist der Antrag von mehreren, selbstständig zur Ablösung befugten Zwangs- und Bannpflichtigen ausgegangen, so wird das Beitragsverhältniß unter ihnen nach Maßgabe der Vortheile festgesetzt, welche ihnen aus dem Fortfall des Zwangs- und Bannrechtes erwachsen.

§. 48.

Die Renten können von den Verpflichteten durch Zahlung des zwanzigfachen Betrages zu jeder Zeit abgelöst werden. Der Berechtigte muß sich die Ablösung auch in Stückzahlungen, jedoch nicht unter 100 Thaler, gefallen lassen.

Titel V.

Entschädigungsverfahren.

I. Allgemeines.

§. 49.

Streitigkeiten darüber, ob eine Berechtigung zu den durch dieses Gesetz für aufgehoben oder ablösbar erklärten Berechtigungen gehört, sind im Rechtswege zu entscheiden. Vor der rechtskräftigen Entscheidung über dieselben kann das Verfahren in Betreff der Entschädigung für die streitige Berechtigung nicht eingeleitet werden. Schwebt dies Verfahren bereits, wenn derartige Streitigkeiten sich erheben, so ist dasselbe bis zu ihrem endgültigen Austrag einzustellen.

§. 50.

Wird die Frage streitig, ob eine auf einem Grundstücke haftende Abgabe eine Grundabgabe ist, oder für den Betrieb des Gewerbes entrichtet werden muß (§. 4), so tritt die Zuständigkeit der Auseinandersetzungs-Behörde für diese Frage ein.

Sind die darüber obwaltenden Streitigkeiten nicht gütlich zu beseitigen, so überreicht die Auseinandersetzungs-Behörde die spruchreif instruirten Verhandlungen mit ihrem Gutachten dem Revisions-Kollegium für Landeskultursachen*) zur Entscheidung. Soweit nach den beigebrachten Beweisen nicht als festgestellt erachtet werden kann, daß die Abgabe ausschließlich eine Grundabgabe ist, oder daß sie ausschließlich für den Betrieb des Gewerbes entrichtet wird, ist anzunehmen, daß die Abgabe sich theils auf den Grundbesitz und theils auf den Gewerbebetrieb bezieht. In diesem Falle hat eine Theilung der Abgabe nach billigem Ermessen zu erfolgen.

Gegen den Ausspruch des Revisions-Kollegiums für Landeskultursachen findet weder ein ordentliches, noch ein außerordentliches Rechtsmittel statt.

Wo eine Auseinandersetzungs-Behörde nicht besteht, hat das ordentliche Gericht die jener Behörde obliegende Instruktion der Sache zu übernehmen.

§. 51.

In allen Fällen, in welchen für eine streitige Berechtigung, sobald sie nach diesem Gesetze für aufgehoben zu erachten ist, eine Entschädigung aus der Staatskasse beansprucht werden kann, ist der zuständigen Regierung von der Einleitung des Prozesses (§. 49) oder des Verfahrens vor der Auseinandersetzungs-Behörde (§. 50) Nachricht zu geben. Der Regierung bleibt es überlassen, zur Wahrnehmung des fiskalischen Interesses einen Vertreter zu bestellen, welcher bei allen Verhandlungen zugezogen werden muß.

2. Einleitung der Verhandlungen.

§. 52.

Die Feststellung der Kapitalien und Renten, welche als Entschädigung zu gewähren sind, erfolgt im Verwaltungswege.

In Betreff der Entschädigung für die aufgehobenen Berechtigungen ist das Verfahren spätestens mit dem Ablaufe der gesetzlichen Anmeldungsfrist (§. 17), in Betreff der Entschädigung für die abzulösenden Berechtigungen dagegen alsbald einzuleiten, nachdem der Antrag auf Ablösung gestellt ist.

Die Verhandlungen werden durch einen Kommissarius geleitet, welchen die Regierung ernennt.

§. 53.

Bei diesen Verhandlungen sind, außer den Entschädigungsberechtigten, stets auch diejenigen zuzuziehen, für welche die aufgehobenen oder abzulösenden Berechtigungen Verpflichtungen begründet haben. In allen Fällen, in welchen die Entschädigung der Staatskasse zur Last fällt, hat die Regierung für die Vertretung des fiskalischen Interesses Sorge zu tragen.

Wenn das Eigenthum und das Nutzungsrecht an einem berechtigten oder verpflichteten Grundstücke mehreren Personen zusteht, so sind diese sämmtlich zuzuziehen. Zu den Nutzungsberechtigten sind die Pächter hier nicht zu rechnen.

§. 54.

Sind bei dem Verfahren die sämmtlichen Mitglieder einer Korporation als solche betheiligt, so ist deren Vorstand, ist bei demselben eine ganze Ge-

*) Diese Behörde führt seit dem 1. April 1880 den Namen „Ober-Landeskulturgericht". (Ges. v. 18. Februar 1880. G.S. S. 59.)

meinde betheiligt, so ist die Gemeindebehörde zu den Verhandlungen zuzuziehen. Die Gemeindebehörde und der Vorstand der Korporation müssen ihrerseits einen Vertreter bestellen. Hat an dem Verfahren ein ganzer Gutsbezirk Theil, so vertritt denselben der Besitzer des Gutes.

§. 55.

Treten bei dem Verfahren mehr als fünf Verpflichtete auf, so müssen auf Erfordern des die Verhandlungen leitenden Kommissarius gemeinschaftliche Bevollmächtigte gewählt werden, deren Zahl drei nicht übersteigen darf. Kommt in der von dem Kommissarius gesetzten Frist eine Wahl nicht zu Stande, so kann auf seinen Antrag die Regierung die Bevollmächtigten bestimmen.

§. 56.

Was die bestellten Vertreter der Betheiligten (§§. 54, 55) in dem Verfahren erklären, hat für die Betheiligten, deren Interesse sie wahrnehmen sollen bindende Kraft.

§. 57.

Obereigenthümer, Lehnsherren, Lehns- und Fideikommißfolger, Wiederkaufsberechtigte, Hypothekengläubiger und andere Realberechtigte sind nicht von Amtswegen zuzuziehen; denselben steht aber frei, bei dem Verfahren sich zu melden und ihre Gerechtsame wahrzunehmen.

§. 58.

Dem Obereigenthümer, Lehnsherrn oder Wiederkaufsberechtigten, desgleichen den beiden nächsten Fideikommißanwärtern, sowie bei Lehnen, falls der Besitzer keine lehnsfähige Deszendenz hat, den beiden nächsten Agnaten, ist von der Einleitung des Verfahrens Nachricht zu geben.

§. 59.

Sind diese Interessenten (§. 58) nicht bekannt, so hat der Kommissarius durch öffentliche Bekanntmachung den Termin zu bestimmen, bis zu welchem dieselben sich melden können. Der Termin ist auf sechs Wochen hinauszusetzen und durch das Amtsblatt zwei Mal von drei zu drei Wochen bekannt zu machen.

Eine gleiche Bekanntmachung kann der Kommissarius auch für andere Fälle und für sämmtliche Betheiligte erlassen, falls ihm begründeter Anlaß dazu vorzuliegen scheint.

§. 60.

Die Legitimation eines jeden bei dem Verfahren auftretenden Interessenten ist als geführt zu erachten, wenn

a) demselben von der zuständigen Ortsbehörde bescheinigt wird, daß er sich im Besitze des beanspruchten Rechtes befindet, oder wenn er eine auf dessen Erwerb lautende öffentliche Urkunde vorzulegen vermag; außerdem
b) die übrigen Betheiligten seine Legitimation nicht bestreiten und
c) bis zur Feststellung der Entschädigung kein Anderer den gleichen Antrag erhoben hat.

§. 61.

Wer sich nach Ablauf des in einer öffentlichen Bekanntmachung gesetzten Termines (§. 59) bis zur Feststellung der Entschädigung (§§. 67, 68) meldet und legitimirt, muß alles gegen sich gelten lassen, was bis zu dem Zeitpunkte seiner Meldung festgestellt ist. Wer sich, mag eine öffentliche Bekanntmachung ergangen sein oder nicht, erst nach erfolgter Feststellung der Entschädigung meldet, kann sich nur an denjenigen halten, welcher bis dahin als entschädigungsberechtigt angesehen worden ist.

Wenn es im Laufe des Verfahrens streitig wird, wer zur Verfolgung eines Anspruchs befugt ist, so kann die Regierung nach ihrem Ermessen die streitenden Theile gemeinsam zu den Verhandlungen zuziehen oder das Verfahren bis zum rechtskräftigen Austrag des Streites einstellen lassen.

3. Feststellung des Entschädigungsanspruchs.

§. 62.

Wenn darüber, ob eine Berechtigung in Folge ihrer Aufhebung einen gesetzlichen Entschädigungsanspruch begründet, oder darüber, wer die Entschädigung für den Verlust einer Berechtigung nach diesem Gesetze zu tragen hat, oder wenn endlich über den Umfang und Inhalt der Berechtigung, für welche Entschädigung zu gewähren ist, sich Streit erhebt, so hat nach vollständiger Erörterung der Streitpunkte durch den Kommissarius die Regierung in einem mit Gründen auszufertigenden Resolute zu entscheiden.

Vor Einleitung des Entschädigungsverfahrens sind die Verwaltungsbehörden zur Erörterung dieser Fragen nicht befugt. Ergiebt sich im Laufe des Entschädigungsverfahrens, daß eine dieser Fragen bereits rechtshängig ist, so wird das Verfahren bis zur rechtskräftigen Entscheidung des Streitpunktes ausgesetzt.

Gegen das Resolut der Regierung steht, binnen einer Frist von sechs Wochen nach Eröffnung desselben, den Betheiligten oder deren bestellten Vertretern bei dem zuständigen Gerichte die Berufung auf rechtliches Gehör offen.

4. Feststellung des Entschädigungsbetrages.

§. 63.

Sobald der Entschädigungsanspruch an sich endgültig festgestellt ist, muß der Betrag der Entschädigung ermittelt werden.

Vor dem Beginne des Ermittelungsverfahrens ist der Kommissarius gehalten, über die Art und Höhe der Entschädigung eine Vereinbarung zwischen den Entschädigungsberechtigten und Entschädigungsverpflichteten zu versuchen.

§. 64.

Kann der Werth der aufgehobenen oder abzulösenden Berechtigungen nach Vorschrift der §§. 24 und 25 erwiesen oder festgestellt werden, so nimmt der Kommissarius die erforderlichen Erörterungen unter Zuziehung der Entschädigungsberechtigten und Entschädigungsverpflichteten vor.

In allen übrigen Fällen erfolgt die Ermittelung des Betrages der Entschädigung durch den Kommissarius unter Zuziehung von zwei Beisitzern, von denen einer durch den Berechtigten, der andere durch die zur Entschädigung Verpflichteten binnen einer von dem Kommissarius bestimmten Frist zu wählen ist. Erfolgt binnen dieser Frist die Wahl nicht, so ernennt der Kommissarius die Beisitzer.

§. 65.

Als Beisitzer wählbar ist jeder unbescholtene, in den Geschäften des bürgerlichen Lebens erfahrene Mann.

Die Beisitzer können nur Ersatz der Reise-, Zehrungs- und Versäumnißkosten verlangen.

§. 66.

Die Beisitzer haben unter Leitung des Kommissarius die thatsächlichen Verhältnisse, welche für die Höhe der Entschädigung von Erheblichkeit sein können, vollständig zu erörtern.

Bei dieser Erörterung sind alle gesetzlichen Beweismittel, mit Ausnahme des Beweises durch Eid, zulässig. Kommt es auf die Ermittelung des Reinertrages eines Gewerbes an, so sind bei Feststellungen desselben die Durchschnitte der Marktpreise des nächsten Marktortes aus den zwanzig Jahren von 1846 bis 1865 zu Grunde zu legen*).

Das Ergebniß der Erörterungen haben die Beisitzer mit dem Kommissarius in einem gemeinschaftlichen Gutachten zusammen zu fassen.

§. 67.

Mit diesem Gutachten reicht der Kommissarius die Verhandlungen der Regierung ein, welche über die Höhe der Entschädigung durch ein mit Gründen auszufertigendes Resolut entscheidet.

Den Betheiligten steht gegen das Resolut der Regierung mit Ausschluß des Rechtsweges der Rekurs an den Minister für Handel und Gewerbe zu, welcher binnen einer Frist von sechs Wochen nach Eröffnung des Resolutes bei der Regierung eingelegt und gerechtfertigt werden muß. Die Rekursschrift wird dem Gegentheile zugestellt, welcher innerhalb vier Wochen nach dem Empfange derselben seine Erwiderung einzureichen hat.

§. 68.

Die rechtskräftigen Resolute der Regierung (§§. 62, 67) und die Entscheidung des Ministers für Handel und Gewerbe (§. 67) haben die Wirkung rechtskräftiger Erkenntnisse.

5. Vertheilung der Entschädigungsbeiträge.

§. 69.

Ist der Betrag der Entschädigungskapitalien und Entschädigungsrenten rechtskräftig festgestellt, so wird über die Tilgung der Kapitalien, über die Ablösung der Renten, sowie über die Vertheilung der von den Entschädigungspflichtigen zu dem Behufe zu leistenden Beiträge Bestimmung getroffen. Diese

*) Vgl. §. 5 des Ges. v. 17. Dezember 1872, Seite 68.

Bestimmung steht mit Ausschluß des Rechtsweges der Regierung zu; gegen ihre Entscheidung ist die Beschwerde an den Minister für Handel und Gewerbe zulässig.

§. 70.

Die Einziehung der von den Entschädigungspflichtigen zu leistenden Beiträge, sowie die Auszahlung der Entschädigungen liegt denjenigen Staatsbehörden oder Gemeindebehörden ob, welche die Regierung bestimmen wird.

6. Kosten des Verfahrens.

§. 71.

Das Verfahren vor den Verwaltungsbehörden ist frei von Stempel und Gebühren. Die Auslagen, welche in demselben erwachsen, fallen den Entschädigungspflichtigen zur Last. Hat das Verfahren die Ablösung einer Berechtigung zum Gegenstande, so sind die Auslagen von den Entschädigungsberechtigten und Entschädigungspflichtigen je zur Hälfte zu tragen.

Unter mehrere Entschädigungspflichtige oder mehrere Entschädigungsberechtigte werden die Kosten nach Maßgabe ihrer Pflichten oder Ansprüche und zwar durch Bestimmung derjenigen Behörden vertheilt, welche die Entschädigungen und deren Aufbringung festzusetzen haben (§§. 67, 69).

Hat einer der Betheiligten einen über die Art und Höhe der Entschädigung nach Maßgabe des §. 63 dieses Gesetzes gemachten Vergleichsvorschlag abgelehnt und die Einleitung des Ermittelungsverfahrens (§§. 64 ff.) verlangt, oder hat er die Ermittelung des Werthes der zu entschädigenden Berechtigung an Stelle der im §. 25 dieses Gesetzes vorgesehenen Feststellung in dem Ermittelungsverfahren verlangt, so muß er die Kosten dieses Verfahrens tragen, wenn das Ergebniß desselben nicht um fünf Prozent günstiger für ihn ausfällt.

Wird ein Entschädigungsanspruch als unbegründet abgewiesen, so fallen die Kosten des Verfahrens dem zurückgewiesenen Theile zur Last.

Alle Auslagen sind vorschußweise aus der Staatskasse zu decken.

Schlußbestimmungen.

§. 72.

Die Ablösung eines Zwangs- und Bannrechtes kann auch außerhalb des hier vorgeschriebenen Verfahrens im Wege der freien Uebereinkunft erfolgen. Die Berechtigten sowohl, als auch die Verpflichteten sind befugt, die Bestätigung des Ablösungsvertrages durch die Regierung zu verlangen. Der bestätigte Vertrag hat die Wirkung einer rechtskräftigen Entscheidung (§. 68).

§. 73.

Erstreckt sich eine aufgehobene oder zur Ablösung gebrachte Berechtigung auf die Bezirke mehrerer Regierungen, so bestimmt der Oberpräsident der Provinz diejenige Regierung, welche das Verfahren zu leiten hat.

§. 74.

Für den Bereich des ehemaligen Königreichs Hannover treten in Bezug auf die Ausführung dieses Gesetzes die Landdrosteien an die Stelle der Regierungen.

§. 8.

Von dem gleichen Zeitpunkte (§. 7) ab unterliegen, soweit solches nicht von der Landesgesetzgebung schon früher verfügt ist, der Ablösung:

1. diejenigen Zwangs- und Bannrechte, welche durch die Bestimmungen des §. 7 nicht aufgehoben sind, sofern die Verpflichtung auf Grundbesitz haftet, die Mitglieder einer Korporation als solche betrifft oder Bewohnern eines Orts oder Distrikts vermöge ihres Wohnsitzes obliegt;
2. das Recht, den Inhaber einer Schänkstätte zu zwingen, daß er für seinen Wirthschaftsbedarf das Getränk aus einer bestimmten Fabrikationsstätte entnehme.

Das Nähere über die Ablösung dieser Rechte bestimmen die Landesgesetze.

---

§. 75.

Die zur Zeit geltenden gesetzlichen Bestimmungen bleiben, soweit sie die Aufhebung gewerblicher Berechtigungen und deren Entschädigung betreffen, bestehen; soweit sie dagegen die Ablösung solcher Berechtigung betreffen, werden sie hiermit aufgehoben.

Ingleichen sind aufgehoben alle sonstigen, diesem Gesetze entgegenstehenden Vorschriften.

In denjenigen Fällen, in welchen bei Verkündigung dieses Gesetzes das Verfahren in Betreff der Entschädigung für ein zur Ablösung gebrachtes Recht bereits eingeleitet ist, soll dies Verfahren nach Maßgabe der bisherigen Gesetzgebung zu Ende geführt werden.

§. 76.

Der Minister für Handel und Gewerbe wird mit der Ausführung dieses Gesetzes beauftragt.

---

2. Ueber Anträge auf Ablösung von Gewerbeberechtigungen und auf Entschädigung für aufgehobene Gewerbeberechtigungen entscheidet in den Provinzen Ost- und Westpreußen, Brandenburg, Pommern, Schlesien und Sachsen das Bezirksverwaltungsgericht, vom 1. April 1884 ab der Bezirksausschuß.

§. 144 Nr. 1, 2 des Gesetzes vom 26. Juli 1876.

§. 133 Ges. v. 1. August 1883.

3. Die Ausführungsbestimmungen für das Gesetz ad C. sind in den Cirkular-Rescripten des Handelsministers vom 13. Januar und 20. März 1873 (M.Bl. S. 15 und 68) enthalten.

4. Wegen der Abdeckereigerechtsame vgl. auch Ges. v. 31. Mai 1858 betreffend die Regulirung des Abdeckereiwesens (Ges.S. S. 333).

§. 9.

Streitigkeiten darüber, ob eine Berechtigung zu den durch die §§. 7 und 8 aufgehobenen oder für ablösbar erklärten gehört, sind im Rechtswege zu entscheiden.

Jedoch bleibt den Landesgesetzen vorbehalten, zu bestimmen, von welchen Behörden und in welchem Verfahren die Frage zu entscheiden ist, ob oder wie weit eine auf einem Grundstück haftende Abgabe eine Grundabgabe ist, oder für den Betrieb eines Gewerbes entrichtet werden muß.

§. 10.

Ausschließliche Gewerbeberechtigungen oder Zwangs- und Bannrechte, welche durch Gesetz aufgehoben oder für ablösbar erklärt worden sind, können fortan nicht mehr erworben werden.

Real-Gewerbeberechtigungen dürfen fortan nicht mehr begründet werden.

§. 11.

Das Geschlecht begründet in Beziehung auf die Befugniß zum selbstständigen Betriebe eines Gewerbes keinen Unterschied.

Frauen, welche selbstständig ein Gewerbe betreiben, können in Angelegenheiten ihres Gewerbes selbstständig Rechtsgeschäfte abschließen und vor Gericht auftreten, gleichviel, ob sie verheirathet

---

5. Der Gewerbebetrieb umherziehender Straßenmusikanten ist nur dann als die Veranstaltung einer „öffentlichen" Lustbarkeit anzusehen, wenn die betreffenden Personen Musikaufführungen in geschlossenen Räumen gegen Eintrittsgeld veranstalten. Ist letzteres nicht der Fall, so findet die Heranziehung der Musiker zu einer durch Orts-Regulative auf die Veranstaltung öffentlicher Lustbarkeiten gelegten Abgabe nicht statt.

R.M. d J. u. F.M. v. 23. Dezember 1880. M.Bl. S. 24.

6. Eine von einer städtischen Polizeiverwaltung auf Grund des Gesetzes vom 11. März 1850 erlassene Verordnung, welche die gewerbsmäßige Anfertigung und Pflege von Gräbern des städtischen Friedhofs ohne Genehmigung des Magistrats und Gemeindekirchenraths verbietet und mit Strafe bedroht, steht im Widerspruche mit den Vorschriften der §§. 1 und 7 Abs. 5 der Reichs-Gewerbeordnung und entbehrt daher der gesetzlichen Gültigkeit.

Erk. d. R.G. v. 10. September 1880. I. S. 189.

Zu §. 11.

Die Gewerbeordnung schließt sich hier an die bezügliche Bestimmung

oder unverheirathet sind. Sie können sich in Betreff der Geschäfte aus ihrem Gewerbebetrieb auf die in den einzelnen Bundesstaaten bestehenden Rechtswohlthaten der Frauen nicht berufen. Es macht hierbei keinen Unterschied, ob sie das Gewerbe allein oder in Gemeinschaft mit anderen Personen, ob sie dasselbe in eigener Person oder durch einen Stellvertreter betreiben.

§. 12.

Hinsichtlich des Gewerbebetriebes der juristischen Personen des Auslandes bewendet es bei den Landesgesetzen.

---

des Allgemeinen Deutschen Handelsgesetzbuchs vom 24. Juni 1861 (Ges.S. S. 449) an. Dieselbe lautet:

Art. 6.

Eine Frau, welche gewerbsmäßig Handelsgeschäfte betreibt (Handelsfrau), hat in dem Handelsbetriebe alle Rechte und Pflichten eines Kaufmanns.

Dieselbe kann sich in Betreff ihrer Handelsgeschäfte auf die in den einzelnen Staaten geltenden Rechtswohlthaten der Frauen nicht berufen.

Es macht hierbei keinen Unterschied, ob sie das Handelsgewerbe allein oder in Gemeinschaft mit Anderen, ob sie dasselbe in eigener Person oder durch einen Prokuristen betreibt.

Zu §. 12 Abs. 1.

Für Preußen gelten folgende Bestimmungen:

1. Die Vorschrift des §. 18 des Gesetzes vom 22. Juni 1861 (Ges.S. S. 441), welche lautet:

Juristische Personen des Auslandes dürfen, sofern nicht durch Staatsverträge ein Anderes bestimmt ist, nur mit Erlaubniß der Ministerien in Preußen ein stehendes Gewerbe betreiben.

Hinsichtlich ausländischer Unternehmer von Versicherungsanstalten, sowie hinsichtlich ausländischer Auswanderungsunternehmer bewendet es bei den bestehenden Gesetzen.

2. Die Bestimmungen des Gesetzes betreffend den Geschäftsverkehr der Versicherungsanstalten vom 17. Mai 1853 (Ges.S. S. 293), deren Inhalt sich in Berücksichtigung der durch die spätere Gesetzgebung herbeigeführten Aenderungen in nachstehenden Normen zusammenfassen läßt:

a) Ausländische Unternehmer von Versicherungsanstalten bedürfen, wenn sie im Inlande Agenten bestellen wollen, dazu, sofern nicht durch Staatsverträge ein Anderes bestimmt ist, der Erlaubniß der Ministerien.

b) Diese Erlaubniß kann zu jeder Zeit ohne Angabe von Gründen widerrufen werden.

3. Die Vorschriften des Gesetzes betreffend die Beförderung von Auswanderern vom 7. Mai 1853 (Ges.S. S. 729):

Diejenigen Beschränkungen, welche in Betreff des Gewerbebetriebes für Personen des Soldaten- und Beamtenstandes, sowie deren Angehörigen bestehen, werden durch das gegenwärtige Gesetz nicht berührt.

---

§. 7.

Die Ertheilung der Konzession an Agenten auswärtiger Auswanderungsunternehmer ist nur zulässig, wenn die Unternehmer die Erlaubniß des Ministers für Handel und Gewerbe zur Bestellung von Agenten erhalten haben. Der Minister für Handel und Gewerbe kann die Ertheilung dieser Erlaubniß von der vorgängigen Bestellung einer Kaution abhängig machen, auch kann die Erlaubniß von ihm jederzeit widerrufen werden.

Zu §. 12 Abs. 2.

4. *Die bezüglichen Verhältnisse sind für Preußen durch folgende Landesgesetze geregelt:*

A. Die Gewerbeordnung vom 17. Januar 1845 (Ges.S. S. 41).

§. 19.

Die in Reihe und Glied stehenden Militärpersonen, sowie alle unmittelbaren und mittelbaren Staatsbeamten, auch solche, die ihr Amt unentgeltlich verwalten, bedürfen zu dem Betriebe eines Gewerbes der Erlaubniß der vorgesetzten Dienstbehörde, sofern nicht das Gewerbe mit der Bewirthschaftung eines ihnen gehörigen ländlichen Grundstücks verbunden, oder sonst durch besondere gesetzliche Bestimmungen ein Anderes angeordnet ist. Diese Erlaubniß muß auch zu dem Gewerbebetriebe ihrer Ehefrauen, der in ihrer väterlichen Gewalt stehenden Kinder, ihrer Dienstboten und anderer Mitglieder ihres Hausstandes eingeholt werden.

B. Gesetz, betreffend die Betheiligung der Staatsbeamten bei der Gründung und Verwaltung von Aktien-, Kommandit- und Bergwerks-Gesellschaften, vom 10. Juni 1874 (Ges.S. S. 244).

§. 1.

Unmittelbare Staatsbeamte dürfen ohne Genehmigung des vorgesetzten Ressortministers nicht Mitglieder des Vorstandes, Aufsichts- oder Verwaltungsrathes von Aktien-, Kommandit- oder Bergwerks-Gesellschaften sein, und nicht in Comités zur Gründung solcher Gesellschaften eintreten.

Eine solche Mitgliedschaft ist gänzlich verboten, wenn dieselbe mittelbar oder unmittelbar mit einer Remuneration oder mit einem anderen Vermögensvortheile verbunden ist. Jedoch können die vor der Publikation dieses Gesetzes bereits ertheilten Genehmigungen, sofern sich aus der Benutzung derselben keine Unzuträglichkeiten ergeben haben, bis zum 1. Januar 1876 in Kraft belassen werden.

§. 2.

Solchen unmittelbaren Staatsbeamten, welche aus der Staatskasse eine fortlaufende Besoldung oder Remuneration nicht beziehen, oder welche nach der Natur ihres Amtes neben dieser Besoldung noch auf einen anderen Erwerb hingewiesen sind (Medizinalbeamte u. s. w.), kann die Genehmigung, auch wenn mit der Mitgliedschaft ein Vermögensvortheil verknüpft ist, ertheilt werden, sofern die Uebernahme der letzteren nach dem Ermessen des vorgesetzten Ressortministers mit dem Interesse des Staatsdienstes vereinbar erscheint.

§. 3.

Die ertheilte Genehmigung ist jederzeit widerruflich.

§. 4.

Auf Rechtsanwalte, Advokatanwalte und Notarien, so wie auf einstweilen in Ruhestand versetzte Beamte finden die Bestimmungen dieses Gesetzes keine Anwendung.

5. Die Vorschrift des §. 19 der Gew.O. vom 17. Januar 1845 gilt auch in den neu erworbenen Landestheilen.

§. 1 Nr. 5 Ges. v. 23. September 1867. G.S. S. 1619.

6. Für die Reichsbeamten gilt die Vorschrift des §. 16 des Gesetzes betreffend die Rechtsverhältnisse der Reichsbeamten vom 31. März 1873 (R.G.B. S. 61), welche lautet:

§. 16.

Kein Reichsbeamter darf ohne vorgängige Genehmigung der obersten Reichsbehörde ... ein Gewerbe betreiben. Dieselbe Genehmigung ist zu dem Eintritt eines Reichsbeamten in den Vorstand, Verwaltungs- oder Aufsichtsrath einer jeden auf Erwerb gerichteten Gesellschaft erforderlich. Sie darf jedoch nicht ertheilt werden, sofern die Stelle mittelbar oder unmittelbar mit einer Remuneration verbunden ist.

Die ertheilte Genehmigung ist jederzeit widerruflich.

Auf Wahlkonsuln und einstweilen in den Ruhestand versetzte Beamte finden diese Bestimmungen keine Anwendung.

7. Durch §. 12 der Gew.O. sind diejenigen Beschränkungen aufrecht erhalten, welche in Betreff des Gewerbebetriebes für Personen des Soldaten- und Beamtenstandes so wie deren Angehörigen erlassen sind. Es besteht also auch noch der in den Reskripten vom 5. Dezember 1840 und 10. März 1847 aufgestellte Grundsatz, daß es in der Regel für unstatthaft zu erachten, Ortsschulzen zum Betriebe des Schankgewerbes zu konzessioniren. Die Regierungen sind jedoch ermächtigt, die Zustimmung zur Konzessionirung in allen Fällen zu ertheilen, in denen die Verhältnisse eine solche Ausnahme hinreichend begründen, auch die Persönlichkeit des Konzessionars die Gewähr für den ordnungsmäßigen Betrieb so wie für die gehörige Erfüllung der mit dem Schulzenamt verbundenen Pflichten in sich trägt, und Mißstände aus der Ertheilung der Genehmigung nicht zu besorgen sind.

Cirk.R. d. M. d. J. v. 17. März und 24. April 1874 (M.Bl. S. 114, 153).

8. Konzessionen an Ehefrauen von Schullehrern zur Schankwirthschaft u. s. w. sollen nicht ertheilt werden.

R. d. M. d. g. A. v. 14. April 1841. M.Bl. S. 170.

§. 13.

Von dem Besitze des Bürgerrechts soll die Zulassung zum Gewerbebetriebe in keiner Gemeinde und bei keinem Gewerbe abhängig sein.

Nach dem begonnenen Gewerbebetriebe ist, soweit dies in der bestehenden Gemeindeverfassung begründet ist, der Gewerbetreibende auf Verlangen der Gemeinde-Behörde nach Ablauf von drei Jahren verpflichtet, das Bürgerrecht zu erwerben. Es darf jedoch in diesem Falle von ihm das sonst vorgeschriebene oder übliche Bürgerrechtsgeld nicht gefordert und ebenso nicht verlangt werden, daß er sein anderweit erworbenes Bürgerrecht aufgebe.

Zu §. 13.

Nach den Verhandlungen des Reichstages des Norddeutschen Bundes über die Gewerbeordnung ist bei Festellung des §. 13 unzweifelhaft die Absicht leitend gewesen, daß in allen Fällen, wo nach der bestehenden Gemeinde-Verfassung der Betrieb eines Gewerbes die Verpflichtung zum Erwerbe des Bürgerrechts begründet, diese Verpflichtung fortan erst nach Ablauf von 3 Jahren nach dem Beginn des Gewerbebetriebes und unter Befreiung von dem sonst vorgeschriebenen Bürgerrechtsgelde soll zur Geltung gebracht werden dürfen.

Ein Bürgerrechtserwerb ipso jure findet gegen den Willen des Gewerbetreibenden auf Grund des Zutritts des einjährigen selbständigen Gewerbebetriebes zu den Voraussetzungen unter Nr. 1, 2, 3 des §. 5 der Städteordnung vom 30. Mai 1853 (Domizilirung, keine Armenunterstützung, Berichtigung der Abgaben) nicht ferner statt, da der §. 13 der Gewerbeordnung nur die Verpflichtung und nicht die landesgesetzliche Berechtigung des Gewerbetreibenden beschränkt. Dem Magistrat ist daher nur das Recht geblieben, nach Maßgabe des §. 13 nach Ablauf von 3 Jahren die Erwerbung des Bürgerrechts beziehungsweise die aus dem nunmehr eingetretenen Erwerb des Bürgerrechts sich ergebenden gesetzlichen Leistungen von dem Gewerbetreibenden zu verlangen, dann aber unter Freilassung von der Zahlung des Bürgerrechtsgeldes.

Wenn inzwischen vor Ablauf dieser 3 Jahre bezw. vor dem sich daran schließenden Erwerb des Bürgerrechts einer der übrigen Rechtsgründe, welche in Verbindung mit den Voraussetzungen unter Nr. 1, 2 und 3 des §. 5 der Städteordnung den Bürgerrechtserwerb herbeiführen, bei einem Gewerbetreibenden zutrifft (Besitz eines Wohnhauses, Zahlung der klassifizirten Einkommensteuer u. s. w.), so erfolgt der Erwerb des Bürgerrechts mit der Verpflichtung zur Zahlung des Bürgerrechtsgeldes ganz in der bisherigen Weise.

Ebenso ist der Gewerbetreibende als solcher zur Zahlung des Bürger-

Titel II.

Stehender Gewerbebetrieb.

I. Allgemeine Erfordernisse.

§. 14.

Wer den selbstständigen Betrieb eines stehenden Gewerbes anfängt, muß der für den Ort, wo solches geschieht, nach den Landesgesetzen zuständigen Behörde gleichzeitige Anzeige davon machen. Diese Anzeige liegt auch demjenigen ob, welcher zum Betriebe eines Gewerbes im Umherziehen (Titel III.) befugt ist.

---

rechtsgeldes verpflichtet, falls er die Erwerbung bezw. Ausübung des Bürgerrechts vor dem gemäß der bundesgesetzlichen Bestimmung eingetretenen Erwerb verlangt. Ist dagegen ein Gewerbetreibender nach Ablauf von 3 Jahren in das Bürgerrecht auf Verlangen der Gemeindebehörde eingetreten, und gelangt dann in den Besitz eines Wohnhauses u. s. w., so fällt für ihn die Verpflichtung, das Bürgerrechtsgeld zu zahlen, weg.

R. d. M. d. J. v. 27. August 1872 (M.-Bl. S. 224).

Zu §. 14 Abs. 1.

1. Als selbständig gilt ein Gewerbebetrieb nur dann, wenn er für eigene Rechnung und unter eigener Verantwortlichkeit betrieben wird.

Erk. d. O.T. v. 11. April 1872.

Opp. XIII. S. 251.

Die gewöhnlichen Lohn- und Handarbeiten und die sogenannten weiblichen Arbeiten sind, so lange nicht daraus ein Geschäft mit offener Verkaufs- oder Betriebsstätte gemacht wird, als „selbständiger Gewerbebetrieb" nicht anzusehen und unterliegen daher nicht der Anzeigepflicht des §. 14 der Gewerbeordnung.

Nr. 203, R.A. d. B.R. S. 52.

Fabrikarbeiter, welche zu einem einzigen Fabrikinhaber in einem solchen Abhängigkeitsverhältnisse stehen, daß sie für ihn sein Material nach der von ihm gegebenen Anweisung gegen Lohn verarbeiten, gehören nicht zu den selbständigen Gewerbetreibenden, sollten sie auch außerhalb der Fabrikstätte mit mehr als einem selbstgewählten Gehülfen die Arbeit verrichten.

Erk. d. O.T. v. 29. April 1870.

Opp. XI. S. 273.

Die Entscheidung der Frage, ob ein Schauspieler, Sänger u. s. w., welcher in dem Lokale eines Schauspielunternehmers auftritt, sein Gewerbe

Außerdem hat, wer Versicherungen für eine Mobiliar- oder Immobiliar-Feuerversicherungs-Anstalt als Agent oder Unter-Agent vermitteln will, bei Uebernahme der Agentur, und derjenige, welcher

---

selbständig oder als Gehülfe des Letzteren betreibt, ist von dem Inhalte des zwischen ihm und dem Unternehmer geschlossenen Vertrages abhängig. Zahlt Ersterer dem Letzteren Miethe oder eine Entschädigung für die Ueberlassung des Lokals, zieht aber den Ertrag der Vorstellung für sich ein, so ist sein Gewerbebetrieb als ein selbständiger zu erachten. Hat er aber dem Unternehmer seine Leistungen gegen ein Honorar verbungen, so gilt er als dessen Gehülfe.

R. d. M. d. J. u. F.M. v. 1. Juli 1873, M.Bl. S. 360.

2. Stehend ist ein Gewerbebetrieb, sobald er nicht im Umherziehen stattfindet.

Erk. d. O.T. v. 2. März 1871.

Opp. XII. S. 125.

3. Die Anzeige hat den Zweck, die Beaufsichtigung des Gewerbebetriebes nach Maßgabe der Gewerbeordnung und die Handhabung der sonstigen, mit den Gewerben in Beziehung tretenden, Gesetze zu ermöglichen.

Sie ist an die Gemeindebehörde des Orts, wo das Gewerbe betrieben werden soll, d. h. an diejenige Behörde, welche den Vorstand der Gemeinde bildet, zu richten. Die Ertheilung der etwa nothwendigen besonderen Genehmigung macht die Anzeige nicht entbehrlich. Wenn die Verwaltung der Gewerbepolizei der Gemeindebehörde nicht zusteht, so hat dieselbe der Polizeibehörde von dem Inhalt der Anzeige Mittheilung zu machen.

Anw. v. 4. September 1869 Nr. 1, 25.

Auch derjenige, welcher in ein bereits betriebenes Gewerbe eintritt, ist zur Anmeldung verpflichtet.

Erk. v. 27. Januar 1875.

Opp. XVI. S. 84.

Als Anfang eines Gewerbes im Sinne der §§. 19 und 39 des Gewerbesteuergesetzes vom 30. Mai 1820 und des §. 17 des Gesetzes vom 3. Juli 1876 ist nicht nur der Beginn eines früher nicht angemeldeten Gewerbes, sondern auch eine Veränderung in der Person des Gewerbetreibenden, z. B. der nach dem Tode desselben erfolgende Eintritt seiner Wittwe anzusehen.

Erk. K.G. v. 20. Juni 1881. II. S. 233.

Die Vorschrift des §. 19 des Gesetzes wegen Entrichtung der Gewerbesteuer vom 30. Mai 1820 wird durch eine der Polizeiverwaltung von dem beabsichtigten Gewerbebetriebe gemachte Anzeige selbst dann nicht genügt, wenn der Bürgermeister zugleich die Polizeiverwaltung des betreffenden Ortes führt.

Erk. K.G. v. 9. Juni 1881. II. S. 231.

Zu §. 14 Abs. 2.

4. Diese Anmeldungen sind an die Polizeibehörde des Wohnorts des Gewerbetreibenden zu richten.

dieses Geschäft wieder aufgiebt, oder welchem die Versicherungsanstalt den Auftrag wieder entzieht, innerhalb der nächsten acht Tage der zuständigen Behörde seines Wohnorts davon Anzeige zu machen. Buch- und Steindrucker, Buch- und Kunsthändler, Antiquare, Leihbibliothekare, Inhaber von Lesekabinetten, Verkäufer von Druckschriften, Zeitungen und Bildern haben bei der Eröffnung ihres Gewerbebetriebes das Lokal desselben, sowie jeden späteren Wechsel des letzteren spätestens am Tage seines Eintritts der zuständigen Behörde ihres Wohnortes anzugeben.

Es genügt, wenn die Anzeige einem dem zuständigen Polizeipräsidenten untergeordneten Polizeikommissar gemacht wird.

Anw. v. 4. September 1869 Nr. 1, 2.

Erk. O.T. v. 10. Oktober 1873.

Opp. XIV. S. 624.

Die amtlichen Verrichtungen, welche der Polizei, Ortspolizei- oder Orts-Behörde überwiesen sind, werden in der Provinz Hannover

a) in den Amtsbezirken von dem Amtshauptmann,

b) in den Städten Hannover, Celle, Göttingen und Harburg von der Polizeidirektion bezw. dem Magistrat,

c) in den übrigen selbständigen Städten und im Flecken Scharmbeck vom Magistrat

vorgenommen.

R. d. M. d. J. u. F.M. v. 15. September 1872, M.Bl. S. 217.

5. Für die Anmeldung des Gewerbebetriebes einer Gesellschaft ist jedes Vorstandsmitglied verantwortlich.

Erk. d. O.T. v. 13. Oktober 1875.

Opp. XVI. S. 655.

6. Ein Buchhändler, welcher als Kolportagebuchhändler an einer bestimmten angemeldeten Verkaufsstelle (Bahnhof) Bücher und Zeitungen verkauft und in seiner nicht als Geschäftsbetriebslokal polizeilich angemeldeten Wohnung seine Waaren aufbewahrt und dort auch seinen Gehilfen behufs Transports nach der auf dem Bahnhof belegenen Verkaufsstelle übergiebt, unterliegt auch rücksichtlich des letzteren Lokals der Anzeigepflicht aus §. 14 der Allg. Deutschen Gewerbeordnung vom 21. Juni 1869.

Erk. d. K.G. v. 9. Dezember 1880. I. S. 183.

7. Die bezüglichen Strafbestimmungen sind in §. 148 Nr. 1, 2, 3, der Gew.O. enthalten.

Der Genehmigung der Bezirksregierung zum Gewerbebetriebe der Buch- und Steindrucker, Buch- und Kunsthändler u. s. w. bedarf es nicht, ebensowenig findet eine Prüfung der Buchhändler und Buchdrucker statt. Die Ausübung der Preßgewerbe durch Stellvertreter ist gleichfalls unbe-

§. 15.

Die Behörde bescheinigt innerhalb dreier Tage den Empfang der Anzeige.

Die Fortsetzung des Betriebes kann polizeilich verhindert werden, wenn ein Gewerbe, zu dessen Beginn eine besondere Genehmigung erforderlich ist, ohne diese Genehmigung begonnen wird.

---

bingt und ohne besondere Genehmigung gestattet (§. 45, 46 Gew.O.). Dagegen bedarf es zum Betriebe des Preßgewerbes nach §. 14 Gew.O. der Anzeige über das Betriebslokal und jeden späteren Wechsel desselben bei der Ortspolizeibehörde. Die Zuwiderhandlung ist im §. 148, 3 mit Strafe bedroht.

Nach §. 43 Gew.O. ist die Erlaubniß der Ortspolizeibehörde zum Ausrufen, Verkaufen, Vertheilen, Anheften oder Anschlagen von Druckschriften auf öffentlichen Wegen, Straßen, Plätzen u. s. w. nur für diejenigen erforderlich, welche diese Thätigkeit gewerbsmäßig ausüben wollen. Diese Erlaubniß darf nur unter den Bedingungen und nach Maßgabe der §§. 56, 57 Gew.O. versagt, demgemäß auch nicht zurückgezogen, auch die Erneuerung nicht versagt werden, so lange die dort bezeichneten Erfordernisse vorhanden sind. Wer den Vorschriften des §. 43 zuwiderhandelt, unterliegt nach §. 148, 5 der dort vorgesehenen Strafe.

Abgesehen von diesen Punkten kommen die im Preßgesetze enthaltenen Bestimmungen in Anwendung.

Vgl. Nr. 10 Anw. v. 4. September 1869. Vgl. auch Note 4 zu §. 5 Gew.O.

Zu §. 15.

1. Nach der Gew.O. von 1869 war gegen die untersagende Verfügung der Rekurs zulässig. Die betreffende Bestimmung kommt nach Art. 16 des Reichsgesetzes vom 1. Juli 1883 mit dem 1. Januar 1884 in Wegfall.

2. Hinsichtlich der Zuständigkeit sind in den Provinzen Ost- und Westpreußen, Brandenburg, Pommern, Schlesien und Sachsen die bezüglichen Bestimmungen des Gesetzes, betreffend die Organisation der allgemeinen Landesverwaltung vom 26. Juli 1880 (Ges.S. S. 291), maßgebend. Es kommen namentlich folgende Vorschriften in Betracht:

§. 63.

Gegen polizeiliche Verfügungen der Orts- und Kreispolizeibehörden findet: .... die Beschwerde statt und zwar:

a) gegen die Verfügungen der Ortspolizeibehörden auf dem Lande oder einer zu einem Landkreise gehörigen Stadt, deren Einwohnerzahl bis zu 10 000 Einwohnern beträgt, an den Landrath und gegen dessen Bescheid an den Regierungspräsidenten;

b) gegen die Verfügungen der Ortspolizeibehörden eines Stadtkreises, mit Ausnahme von Berlin, einer zu einem Landkreise gehörigen Stadt mit mehr als 10 000 Einwohnern, oder des Landrathes an den

Regierungspräsidenten, und gegen dessen Bescheid an den Oberpräsidenten;

c) gegen ortspolizeiliche Verfügungen in Berlin an den Oberpräsidenten.

Gegen den in letzter Instanz ergangenen Bescheid des Regierungspräsidenten beziehungsweise des Oberpräsidenten findet die Klage beim Oberverwaltungsgerichte statt. Die Klage kann nur darauf gestützt werden,

1. daß der angefochtene Bescheid durch Nichtanwendung oder unrichtige Anwendung des bestehenden Rechtes, insbesondere auch der von den Behörden innerhalb ihrer Zuständigkeit erlassenen Verordnungen den Kläger in seinen Rechten verletze;
2. daß die thatsächlichen Voraussetzungen nicht vorhanden seien, welche die Polizeibehörde zum Erlasse der Verfügung berechtigt haben würden.

Die Prüfung der Gesetzmäßigkeit der angefochtenen polizeilichen Verfügung erstreckt sich auch auf diejenigen Fälle, in welchen bisher nach §. 2 des *Gesetzes vom 11. Mai 1842 (Ges.S. S. 192) der ordentliche Rechtsweg* zulässig war.

Die Entscheidung ist endgültig, unbeschadet aller privatrechtlichen Verhältnisse.

§. 64.

An Stelle der Beschwerde an den Landrath beziehungsweise den Regierungspräsidenten (§. 63) findet die Klage statt und zwar:

a) gegen die Verfügungen der Ortspolizeibehörden auf dem Lande oder einer zu einem Landkreise gehörigen Stadt, deren Einwohnerzahl bis zu 10 000 Einwohnern beträgt, bei dem Kreisausschusse;
b) gegen die Verfügungen des Landrathes oder der Ortspolizeibehörden eines Stadtkreises oder einer zu einem Landkreise gehörigen Stadt mit mehr als 10 000 Einwohnern bei dem Bezirksverwaltungsgerichte.

Die Klage kann nur auf die gleichen Behauptungen gestützt werden, wie die Klage bei dem Oberverwaltungsgerichte (§. 63 Abs. 3 und 4).

§. 65.

Die Beschwerde im Falle des §. 63 Absatz 1 und die Klage im Falle des §. 64 sind bei derjenigen Behörde anzubringen, gegen deren Verfügung sie gerichtet sind.

Die Behörde, bei welcher die Beschwerde oder Klage angebracht ist, hat dieselbe an diejenige Behörde abzugeben, welche darüber zu beschließen oder zu entscheiden hat. Der Beschwerdeführer beziehungsweise Kläger ist hiervon in Kenntniß zu setzen.

Die Frist zur Einlegung der Beschwerde und zur Anbringung der Klage gegen die polizeiliche Verfügung, sowie gegen den auf Beschwerde ergangenen Bescheid beträgt zwei Wochen.

Die Anbringung des einen Rechtsmittels schließt das andere aus. Ist die Schrift, mittelst deren das Rechtsmittel angebracht wird, nicht als Klage bezeichnet oder enthält dieselbe nicht ausdrücklich den Antrag auf Entscheidung im Verwaltungsstreitverfahren, so gilt dieselbe als Beschwerde. Bei gleichzeitiger Anbringung beider Rechtsmittel ist nur der Beschwerde Fortgang zu geben. Das hiernach unzulässigerweise angebrachte Rechtsmittel ist durch Verfügung der im Absatz 1 bezeichneten Behörde zurückzuweisen. Gegen die zurückweisende Verfügung findet innerhalb zwei Wochen die Beschwerde an das zur Entscheidung auf die Klage berufene Verwaltungsgericht statt.

Wird die Beschwerde oder Klage der Vorschrift des ersten Absatzes zuwider bei derjenigen Behörde angebracht, welche zur Beschlußfassung oder Entscheidnng darüber zuständig ist, so hat diese Behörde das Schriftstück an die im Absatz 1 bezeichnete Behörde abzugeben, ohne daß dem Beschwerdeführer beziehungsweise Kläger die Zwischenzeit auf die Frist anzurechnen ist.

§. 66.

Gegen polizeiliche Verfügungen des Regierungspräsidenten findet innerhalb zwei Wochen die Beschwerde an den Oberpräsidenten, und gegen den vom Oberpräsidenten auf die Beschwerde erlassenen Bescheid innerhalb gleicher Frist die Klage bei dem Oberverwaltungsgerichte nach Maßgabe der Bestimmungen des §. 63 Absatz 3 und 4 statt.

Gegen polizeiliche Verfügungen des Regierungspräsidenten in Sigmaringen findet innerhalb zwei Wochen unmittelbar die Klage bei dem Oberverwaltungsgerichte statt.

Gegen die Landesverweisung steht Personen, welche nicht Reichsangehörige sind, die Klage nicht zu.

§. 67.

Der §. 6 des Gesetzes vom 11. Mai 1842 (Ges.S. S. 192) findet auch Anwendung, wenn eine polizeiliche Verfügung im Verwaltungsstreitverfahren durch rechtskräftiges Endurtheil aufgehoben worden ist.

Fünfter Titel.

Zwangsbefugnisse.

§. 68.

Der Regierungspräsident, der Landrath, die Ortspolizeibehörde und der Gemeinde- (Guts-) Vorsteher (-Vorstand) sind berechtigt, die von ihnen in Ausübung der obrigkeitlichen Gewalt getroffenen, durch ihre gesetzlichen Befugnisse gerechtfertigten Anordnungen durch Anwendung folgender Zwangsmittel durchzusetzen.

1. Die Behörde hat, sofern es thunlich ist, die zu erzwingende Handlung durch einen Dritten ausführen zu lassen und den vorläufig zu bestimmenden Kostenbetrag im Zwangswege von den Verpflichteten einzuziehen.
2. Kann die zu erzwingende Handlung nicht durch einen Dritten geleistet werden — oder steht es fest, daß der Verpflichtete nicht im Stande ist, die aus der Ausführung durch einen Dritten entstehenden Kosten zu tragen, — oder soll eine Unterlassung erzwungen werden, so sind die Behörden berechtigt, Geldstrafen anzudrohen und festzusetzen, und zwar:

a) die Gemeinde- (Guts-) Vorsteher bis zur Höhe von fünf Mark;
b) die Ortspolizeibehörden und die städtischen Gemeindevorsteher (-Vorstände) in einem Landkreise bis zur Höhe von sechszig Mark;
c) die Landräthe, sowie die Polizeibehörden und Gemeindevorsteher (-Vorstände) in einem Stadtkreise bis zur Höhe von Einhundert und fünfzig Mark;
d) der Regierungspräsident bis zur Höhe von Dreihundert Mark.

Gleichzeitig ist nach Maßgabe der §§. 28, 29 des Strafgesetzbuchs für das Deutsche Reich die Dauer der Haft festzusetzen, welche für den Fall des Unvermögens an die Stelle der Geldstrafe treten soll. Der Höchstbetrag dieser Haft ist

in den Fällen zu a = Ein Tag,
" " " " b = Eine Woche,
" " " " c = Zwei Wochen,
" " " " d = Vier Wochen.

Der Ausführung durch einen Dritten (Nr. 1), sowie der Festsetzung einer Strafe (Nr. 2) muß immer eine schriftliche Androhung vorhergehen; in dieser ist, sofern eine Handlung erzwungen werden soll, die Frist zu bestimmen, innerhalb welcher die Ausführung gefordert wird.

3. Unmittelbarer Zwang darf nur angewendet werden, wenn die Anordnung ohne einen solchen unausführbar ist.

§. 69.

Gegen die Androhung eines Zwangsmittels finden dieselben Rechtsmittel statt, wie gegen die Anordnungen, um deren Durchsetzung es sich handelt. Die Rechtsmittel erstrecken sich zugleich auf diese Anordnungen, sofern dieselben nicht bereits Gegenstand eines besonderen Beschwerde- oder Verwaltungsstreitverfahrens geworden sind.

Gegen die Festsetzung und Ausführung eines Zwangsmittels findet in allen Fällen nur die Beschwerde im Aufsichtswege innerhalb zwei Wochen statt.

Haftstrafen, welche an Stelle einer Geldstrafe nach §. 68 Nr. 2 festgesetzt sind, dürfen vor ergangener endgültiger Beschlußfassung oder rechtskräftiger Entscheidung auf das eingelegte Rechtsmittel beziehungsweise vor Ablauf der zur Einlegung desselben bestimmten Frist nicht vollstreckt werden.

§. 71.

Gegen die Androhung eines Zwangsmittels seitens der Kommissarien für die bischöfliche Vermögensverwaltung (Gesetz vom 13. Februar 1878, Ges.S. S. 87) findet innerhalb zwei Wochen die Beschwerde an den Oberpräsidenten und gegen den von dem Oberpräsidenten auf die Beschwerde erlassenen Bescheid innerhalb gleicher Frist die Klage bei dem Oberverwaltungsgerichte nach Maßgabe der Bestimmungen des §. 63 Absatz 3 und 4 statt.

Gegen die Festsetzung und Ausführung des Zwangsmittels findet nur die Beschwerde im Aufsichtswege innerhalb zwei Wochen statt.

Sechster Titel.

Polizeiverordnungsrecht.

§. 72.

Soweit die Gesetze ausdrücklich auf den Erlaß besonderer polizeilicher Vorschriften (Verordnungen, Anordnungen, Reglements ꝛc.) durch die Centralbehörden verweisen, sind die Minister befugt, innerhalb ihres Ressorts dergleichen Vorschriften für den ganzen Umfang der Monarchie oder für einzelne Theile derselben zu erlassen und gegen die Nichtbefolgung dieser Vorschriften Geldstrafen bis zum Betrage von Einhundert Mark anzudrohen.

Die gleiche Befugniß steht zu:

1. dem Minister der öffentlichen Arbeiten in Betreff der Uebertretungen der Vorschriften der Eisenbahnpolizeireglements;
2. dem Minister für Handel und Gewerbe in Betreff der zur Regelung der Strom-, Schifffahrts- und Hafenpolizei zu erlassenden Vorschriften, sofern dieselben sich über das Gebiet einer einzelnen Provinz hinaus erstrecken sollen.

Zum Erlasse der im §. 367 Nr. 5 des Strafgesetzbuchs für das Deutsche Reich gedachten Verordnungen sind auch die zuständigen Minister befugt.

§. 73.

Der Oberpräsident ist befugt, gemäß §§. 6, 12 und 15 des Gesetzes über die Polizeiverwaltung vom 11. März 1850 (Ges.S. S. 265) beziehungsweise der §§. 6, 12 und 13 der Verordnung vom 20. September 1867 (Ges.S. S. 1529) und des Lauenburgischen Gesetzes vom 7. Januar 1870 (Offizielles Wochenblatt S. 13) für mehrere Kreise, sofern dieselben verschiedenen Regierungsbezirken angehören, für mehr als einen Regierungsbezirk oder für den Umfang der ganzen Provinz gültige Polizeivorschriften zu erlassen und gegen die Nichtbefolgung derselben Geldstrafen bis zum Betrage von Sechszig Mark anzudrohen.

Die gleiche Befugniß steht dem Regierungspräsidenten für mehrere Kreise oder für den Umfang des ganzen Regierungsbezirks zu.

Die Befugniß der Regierung zum Erlasse von Polizeivorschriften wird aufgehoben.

§. 74.

Die Befugniß, Polizeivorschriften über Gegenstände der Strom-, Schifffahrts- und Hafenpolizei zu erlassen, steht, vorbehaltlich der Bestimmungen des §. 72 Abs. 2 Nr. 2 ausschließlich dem Regierungspräsidenten und, wenn die Vorschriften sich auf mehr als einen Regierungsbezirk oder auf die ganze Provinz erstrecken sollen, dem Oberpräsidenten, soweit aber mit der Verwaltung dieser Zweige der Polizei besondere, unmittelbar von dem Minister für Handel und Gewerbe ressortirende Behörden beauftragt sind, den Letzteren zu. Die Befugniß des Regierungspräsidenten erstreckt sich auch auf den Erlaß solcher Polizeivorschriften für einzelne Kreise oder Theile derselben.

Für Zuwiderhandlungen gegen diese Verordnungen können Geldstrafen bis zu Sechszig Mark angedroht werden.

Bei den Vorschriften des Gesetzes vom 9. Mai 1853, betreffend die Erleichterung des Lootsenzwanges in den Häfen und Binnengewässern der Provinzen Preußen und Pommern (Ges.S. S. 216), behält es mit der Maßgabe sein Bewenden, daß an die Stelle der Bezirksregierung der Regierungspräsident tritt.

§. 75.

Die gemäß §§. 73, 74 von dem Oberpräsidenten zu erlassenden Polizeivorschriften bedürfen der Zustimmung des Provinzialrathes, die von dem Regierungspräsidenten zu erlassenden Polizeivorschriften der Zustimmung des Bezirksrathes. In Fällen, welche keinen Aufschub zulassen, ist der Oberpräsident sowie der Regierungspräsident befugt, die Polizeivorschrift vor Einholung der Zustimmung des Provinzialrathes beziehungsweise des Bezirksrathes zu erlassen. Wird diese Zustimmung nicht innerhalb drei Monaten nach dem Tage der Publikation der Polizeivorschrift ertheilt, so hat der Oberpräsident beziehungsweise der Regierungspräsident die Vorschrift außer Kraft zu setzen.

§. 76.

Polizeivorschriften der in den §§. 72, 73 und 74 bezeichneten Art sind unter der Bezeichnung „Polizeiverordnung" und unter Bezugnahme auf die Bestimmungen des §. 72 beziehungsweise der §§. 73 oder 74, sowie in den Fällen des §. 73 auf die in demselben angezogenen gesetzlichen Bestimmungen durch die Amtsblätter derjenigen Bezirke bekannt zu machen, in welchen dieselben Geltung erlangen sollen.

§. 77.

Ist in einer gemäß §. 76 verkündeten Polizeiverordnung der Zeitpunkt bestimmt, mit welchem dieselbe in Kraft treten soll, so ist der Anfang ihrer Wirksamkeit nach dieser Bestimmung zu beurtheilen, enthält aber die verkündete Polizeiverordnung eine solche Zeitbestimmung nicht, so beginnt die Wirksamkeit derselben mit dem achten Tage nach dem Ablaufe desjenigen Tages, an welchem das betreffende Stück des Amtsblattes, welches die Polizeiverordnung verkündet, ausgegeben worden ist.

§. 78.

Der Landrath ist befugt, unter Zustimmung des Kreisausschusses nach Maßgabe der Vorschriften des Gesetzes über die Polizeiverwaltung vom 11. März 1850 beziehungsweise der Verordnung vom 20. September 1867 und des Lauenburgischen Gesetzes vom 7. Januar 1870 für mehrere Ortspolizeibezirke oder für den ganzen Umfang des Kreises gültige Polizeivorschriften zu erlassen und gegen die Nichtbefolgung derselben Geldstrafen bis zum Betrage von Dreißig Mark anzudrohen.

§. 79.

Ortspolizeiliche Vorschriften (§§. 5ff. des Gesetzes vom 11. März 1850 beziehungsweise der Verordnung vom 20. September 1867 und des Lauenburgischen Gesetzes vom 7. Januar 1870), soweit sie nicht zum Gebiete der Sicherheitspolizei gehören, bedürfen in Städten der Zustimmung des Gemeindevorstandes. Versagt der Gemeindevorstand die Zustimmung, so kann dieselbe auf Antrag der Behörde durch Beschluß des Bezirksrathes ergänzt werden.

In Fällen, welche keinen Aufschub zulassen, ist die Ortspolizeibehörde befugt, die Polizeivorschrift vor Einholung der Zustimmung des Gemeindevorstandes zu erlassen. Wird diese Zustimmung nicht innerhalb vier Wochen nach dem Tage der Publikation der Polizeivorschrift ertheilt, so hat die Behörde die Vorschrift außer Kraft zu setzen.

§. 80.

In Stadtkreisen ist die Ortspolizeibehörde befugt, gegen die Nichtbefolgung der von ihr erlassenen polizeilichen Vorschriften Geldstrafen bis zum Betrage von Dreißig Mark anzudrohen. Im Uebrigen steht die Ertheilung der Genehmigung zum Erlasse ortspolizeilicher Vorschriften mit einer Strafandrohung bis zum Betrage von Dreißig Mark gemäß §. 5 der im §. 73 angezogenen Gesetze dem Regierungspräsidenten zu.

Ingleichen hat der Regierungspräsident über die Art der Verkündigung orts- und kreispolizeilicher Vorschriften, sowie über die Form, von deren Beobachtung die Gültigkeit derselben abhängt, zu bestimmen.

§. 81.

Die Befugniß, orts- oder kreispolizeiliche Vorschriften außer Kraft zu setzen, steht dem Regierungspräsidenten zu. Mit Ausnahme von Fällen, welche keinen Aufschub zulassen, darf diese Befugniß nur unter Zustimmung des Bezirksrathes ausgeübt werden.

Bei der Befugniß des Ministers des Innern, jede (orts-, kreis-, bezirks- oder provinzial-) polizeiliche Vorschrift, soweit Gesetze nicht entgegenstehen, außer Kraft zu setzen (§. 16 des Gesetzes vom 11. März 1850, §. 14 der Verordnung vom 20. September 1867 beziehungsweise des Lauenburgischen Gesetzes vom 7. Januar 1870), behält es mit der Maßgabe sein Bewenden, daß diese Befugniß hinsichtlich der Strom-, Schifffahrts- und Hafenpolizeivorschriften (§. 74) auf den Minister für Handel und Gewerbe übergeht.

Die vorstehend citirten Bestimmungen bleiben indessen nur bis zum 1. April 1884 in Wirksamkeit. Von diesem Zeitpunkt an tritt das Gesetz über die allgemeine Landesverwaltung vom 30 Juli 1883 (Ges.S. S. 195) in Kraft.

Dasselbe hat die Vorschriften des Gesetzes vom 26. Juli 1880 indeß nur in folgenden Punkten abgeändert:

§. 64 (nach dem neuen Gesetz §. 128) substituirt dem Bezirksverwaltungsgerichte den Bezirksausschuß.

§. 65 (nach dem neuen Gesetz §. 129) ist darin modificirt, daß an Stelle der im letzten Satze des Absatz 4 enthaltenen Beschwerde an das zur Entscheidung auf die Klage berufene Verwaltungsgericht die Beschwerde an die zur Entscheidung der Klage berufene Behörde tritt.

An Stelle des Absatz 5 ist folgende Bestimmung gesetzt:

Wird die Beschwerde oder Klage der Vorschrift des ersten Absatzes zuwider bei derjenigen Behörde angebracht, welche zur Beschlußfassung oder Entscheidung darüber zuständig ist, so gilt die Frist als gewahrt. Die Beschwerde oder Klage ist in solchen Fällen von der angerufenen Behörde zur weiteren Veranlassung an diejenige Behörde abzugeben, gegen deren Beschluß sie gerichtet ist.

In §. 75 (in der neuen Fassung §. 139) wird dem Bezirksrath der Bezirksausschuß substituirt, ebenso in

§. 79 (in der neuen Fassung §. 143) und in

§. 81 (in der neuen Fassung §. 145).

Die übrigen Bestimmungen sind unverändert geblieben. An Stelle des §. 63 ist §. 127 des neuen Gesetzes, an Stelle der §§. 66—75 sind die §§. 130, 131, 132, 133, 135, 136, 137, 138 des neuen Gesetzes getreten.

§. 76 ist in §. 140, §. 77 in §. 141, §. 78 in §. 142 und §. 80 in §. 144 des neuen Gesetzes übergegangen.

Das Gesetz vom 30. Juli 1883 ist auch für die übrigen Provinzen des deutschen Staates berechnet, tritt aber dort erst in Kraft, je nachdem für dieselben auf Grund besonderer Gesetze neue Kreis- und Provinzialordnungen erlassen sein werden. In wieweit die Bestimmungen der §§. 127 und 128 auf die selbstständigen Städte der Provinz Hannover Anwendung finden, ist der Kreisordnung für diese Provinz vorbehalten (§. 155 a. a. O.).

In den andern Provinzen gelten bis zu dem vorgedachten Zeitpunkt bezüglich des Verfahrens dieselben Vorschriften wie zu §. 30 der Gew.O. (Note 1 zu §. 30) mit der Maßgabe, daß der Rekursbescheid dem Rekurrenten stets in Ausfertigung gegen Behändigungsschein zugestellt werden muß.

Nr. 59 der Anw. v. 4. September 1869.

Die Einlegung des Rekurses hebt die Exekution nicht auf, dieselbe ist jedoch nur in Fällen, wo das öffentliche Interesse dieses erheischt, vor eingetretener Rechtskraft der untersagenden Verfügung zu vollstrecken.

Nr. 2 a. a. O.

3. Wird eine polizeiliche Verfügung im Wege der Beschwerde oder im Verwaltungsstreitverfahren (Note 1) als gesetzwidrig oder unzulässig aufgehoben, so bleiben dem Betheiligten seine Gerechtsame nach den allgemeinen gesetzlichen Bestimmungen über die Vertretungsverbindlichkeit der Beamten vorbehalten.

§. 6 d. Ges. v. 11. Mai 1842, G.S. S. 192, und §. 67 d. Ges. v. 26. Juli 1880.

4. So wenig die Befugniß der Polizeibehörde zu bezweifeln ist, durch eine allgemeine Polizeistrafverordnung das Anheften von Gasthausschildern an Lokalen zu verbieten, für welche eine Konzession zum Betriebe der Gastwirthschaft nicht ertheilt ist, ebenso wenig darf die Befugniß der Behörde in Ab-

II. Erforderniß besonderer Genehmigung.

1. Anlagen, welche einer **besonderen** Genehmigung bedürfen.

§. 16.

Zur Errichtung von Anlagen, welche durch die örtliche Lage oder die Beschaffenheit der Betriebsstätte für die Besitzer oder Bewohner der benachbarten Grundstücke oder für das Publikum überhaupt erhebliche Nachtheile, Gefahren oder Belästigungen herbeiführen können, ist die Genehmigung der nach den Landesgesetzen zuständigen Behörde erforderlich.

Es gehören dahin:

Schießpulverfabriken, Anlagen zur Feuerwerkerei und zur Bereitung von Zündstoffen aller Art, Gasbereitungs- und Gasbewahrungs-Anstalten, Anstalten zur Destillation von Erdöl, Anlagen zur Bereitung von Braunkohlentheer, Steinkohlentheer und Koaks, sofern sie außerhalb der Gewinnungsorte des Materials errichtet werden, Glas-

---

rede gestellt werden, auch ohne vorherigen Erlaß einer Polizeistrafverordnung in einem konkreten Falle, wo das fortdauernde Aushängen eines unbefugt angebrachten Gasthausschildes nach den begleitenden Thatumständen die öffentliche Ordnung zu stören droht, die Entfernung desselben durch Anwendung der gesetzlichen Zwangsmaßregeln herbeizuführen.

Erk. d. O.V.G. v. 1. August 1876, Entsch. I. S. 322.

5. Die Verhängung von Geldbußen im polizeilichen Zwangsverfahren gegen die — ohnehin strafbare — Fortsetzung eines ohne die vorgeschriebene besondere Genehmigung unternommenen Gewerbebetriebes ist zulässig.

Erk. d. O.V.G. v. 7. April 1877, Entsch. II. S. 295.

Zu §. 16.

Zur Ueberschrift.

Der Passus „besondere" Genehmigung ist deshalb gewählt, um dem Mißverständniß vorzubeugen, als sei bei den gewerblichen Anlagen des §. 17 der Gew.O. die allgemein polizeiliche Genehmigung nicht mehr erforderlich (Sten. Ber. d. Reichstages 1869 III. Nr. 13 S. 115).

Zum Text.

1. Der Bundesrath ist nicht berufen, über Beschwerden gegen die von den zuständigen Behörden in Gewerbekonzessionsangelegenheiten erlassenen Bescheide zu befinden.

Nr. 157, R.A. d. B.R. S. 39.

und Rußhütten, Kalk-, Ziegel- und Gypsöfen, Anlagen zur Gewinnung roher Metalle, Röstöfen, Metallgießereien, sofern sie nicht bloße Tiegelgießereien sind, Hammerwerke, chemische Fabriken aller Art, Schnellbleichen, Firnißsiedereien, Stärkefabriken, mit Ausnahme der Fabriken zur Bereitung von Kartoffelstärke, Stärke-Syrupsfabriken, Wachstuch-, Darmsaiten-, Dachpappen- und Dachfilzfabriken, Leim-, Thran- und Seifensiedereien, Knochenbrennereien, Knochendarren, Knochenkochereien und Knochenbleichen, Zubereitungs-Anstalten für Thierhaare, Talgschmelzen, Schlächtereien, Gerbereien, Abdeckereien, Poudretten- und Düngpulver-Fabriken, Stauanlagen für Wassertriebwerke (§. 23), Hopfen-Schwefeldörren, Asphaltkochereien und Pechsiedereien, soweit sie außerhalb der Gewinnungsorte des Materials errichtet werden, Strohpapierstoff-Fabriken, Darmzubereitungs-Anstalten, Fabriken, in welchen Dampfkessel oder andere Blechgefäße durch Vernieten hergestellt werden, Kalifabriken, Anstalten zum Imprägniren von Holz mit erhitzten Theerölen, Kunstwollefabriken, Anlagen zur Herstellung von Celluloid und Dégrasfabriken*).

Das vorstehende Verzeichniß kann, je nach Eintritt oder Wegfall der im Eingang gedachten Voraussetzung, durch Beschluß des Bundesrathes, vorbehaltlich der Genehmigung des nächstfolgenden Reichstages abgeändert werden.

---

2. Mit dem Verzeichnisse in §. 16 der Gewerbeordnung wird nur gesagt, welche Anlagen dem im Folgenden beschriebenen besonderen Verfahren unterliegen sollen, keineswegs aber, daß nun alle in das Verzeichniß nicht aufgenommenen Anlagen jeder Prüfung der Behörde und jeder Einwirkung derselben auch in bau-, feuer- und gesundheitspolizeilicher Hinsicht überhoben seien.
Nr. 204, R.A. d. B.R. S. 53.

3. Gewerbeanlagen zur Bereitung von Nitrocellulose gehören zu

---

*) Der durch gesperrte Schrift markirte Zusatz beruht theils auf dem Reichsgesetz betreffend die einer besonderen Genehmigung bedürfenden gewerblichen Anlagen v. 2. März 1874 (R.G.Bl. S. 19) theils auf den Bekanntmachungen vom 26. Juli 1881, 31. Januar, 12. Juli und 23. Dezember 1882 und 21. April 1883.

den chemischen Fabriken und sind als solche der Vorschrift des §. 16 (genehmigungspflichtige Gewerbeanlagen) unterworfen.

Nr. 206, R.A. d. B.R. S. 53.

4. Der Ausdruck „Schlächtereien“ umfaßt alle Schlachtstätten ohne Unterschied, also nicht blos die von einer größeren Anzahl von Metzgern gemeinschaftlich benutzten Schlachthäuser, sondern auch jede von einem einzelnen Metzger in seiner Behausung zum Schlachten benutzte Räumlichkeit.

Nr. 207, R.A. d. B.R. S. 53.

5. Für die Ertheilung der Genehmigung sind in den Provinzen Ost- und West-Preußen, Brandenburg, Pommern, Schlesien und Sachsen folgende Bestimmungen maßgebend:

Gesetz vom 26. Juli 1876.
Ges.S. S. 297.

A. Gewerbliche Anlagen.

§. 123.

Der Kreis- (Stadt-) Ausschuß, in den einem Landkreise angehörigen Städten mit mehr als 10000 Einwohnern der Magistrat, beschließt über Anträge auf Genehmigung zur Errichtung oder Veränderung gewerblicher Anlagen (§§. 16 bis 25 der Reichsgewerbeordnung vom 21. Juni 1869, Reichsgesetz vom 2. März 1874, R.G.Bl. S. 19), soweit die Beschlußfassung hierüber der Bezirksregierung zustand und konzessionspflichtige Anlagen der nachbezeichneten Art in Frage stehen:

> Gasbereitungs- und Gasbewahrungsanstalten, Anstalten zur Destillation von Erdöl, Anlagen zur Bereitung von Braunkohlentheer, Steinkohlentheer und Koaks, Asphaltkochereien und Pechsiedereien, Glas und Rußhütten, Kalk-, Ziegel- und Gypsöfen, Metallgießereien, Hammerwerke, Schnellbleichen, Firnißsiedereien, Stärkefabriken, Stärkesyrupfabriken, Wachstuch-, Darmsaiten-, Dachpappen- und Dachfilzfabriken, Darmzubereitungsanstalten, Leim-, Thran- und Seifensiedereien, Knochenbrennereien, Knochendarren, Knochenkochereien und Knochenbleichen, Hopfenschwefeldarren, Zubereitungsanstalten für Thierhaare, Talgschmelzen, Schlächtereien, Gerbereien, Abdeckereien, Strohpapierstofffabriken, Stauanlagen für Wassertriebwerke, Dampfkessel und Fabriken, in welchen Dampfkessel oder andere Blechgefäße durch Vernieten hergestellt werden.

Im Falle fernerer Ergänzung des Verzeichnisses der konzessionspflichtigen Anlagen gemäß §. 16 letzter Absatz der Reichsgewerbeordnung bleibt die Bestimmung darüber, für welche der in das Verzeichniß nachträglich aufgenommenen Anlagen der Kreisausschuß (Stadtausschuß, Magistrat) zuständig ist, Königlicher Verordnung vorbehalten*).

*) Dergleichen Verordnungen sind ergangen:
a) bezüglich der Anstalten zum Imprägniren von Holz mit erhitzten Theerölen die V. v. 29. August 1881 (Ges.S. S. 321);

§. 124.

Der Bezirksrath beschließt über Anträge auf Genehmigung zur Errichtung oder Veränderung gewerblicher Anlagen, soweit die Beschlußnahme darüber nicht nach §. 123 dem Kreis- (Stadt-) Ausschusse (Magistrat) überwiesen ist. Der Bezirksrath beschließt ferner im Einvernehmen mit dem zuständigen Oberbergamte über die Zulässigkeit von Wassertriebwerken, welche zum Betriebe von Bergwerken oder Aufbereitungsanstalten dienen (§. 59 Abs. 3 des Allgemeinen Berggesetzes vom 24. Juni 1865, Ges.S. S. 705).

§. 125.

Der Bezirksrath beschließt auf Antrag der Ortspolizeibehörde darüber, ob die Ausübung eines Gewerbes in Anlagen, deren Betrieb mit ungewöhnlichem Geräusch verbunden ist, an der gewählten Betriebsstätte zu untersagen oder nur unter Bedingungen zu gestatten ist (§. 27 der Reichsgewerbeordnung).

§. 126.

Die Befugniß, gemäß §. 51 der Reichsgewerbeordnung die fernere Benutzung einer gewerblichen Anlage wegen überwiegender Nachtheile und Gefahren für das Gemeinwohl zu untersagen, steht dem Bezirksrathe zu.

§. 127.

In den Fällen der §§. 123 bis 126 findet die Beschwerde an den Minister für Handel statt. Derselbe hat, sofern bei Stauanlagen Landeskulturinteressen in Betracht kommen, den Minister für die landwirthschaftlichen Angelegenheiten zuzuziehen.

Die Beschwerde steht auch dem Vorsitzenden des Bezirksrathes nach Maßgabe der §§. 74 und 75 der Provinzialordnung vom 29. Juni 1875 zu.

B. Gewerbliche Konzessionen.

§. 128.

Ueber Anträge auf Ertheilung der Erlaubniß zum Betriebe der Gast- und Schankwirthschaft, zum Kleinhandel mit Branntwein oder Spiritus, sowie zum Handel mit Giften (§§. 33, 34 der Reichsgewerbeordnung) beschließt der Kreis- (Stadt-) Ausschuß.

Wird die Erlaubniß versagt, so steht dem Antragsteller innerhalb vierzehn Tagen der Antrag auf mündliche Verhandlung vor dem Kreis- (Stadt-) Ausschusse im Verwaltungsstreitverfahren zu.

Ueber Anträge auf Ertheilung der Erlaubniß zum Betriebe der Gast- und Schankwirthschaft, sowie zum Kleinhandel mit Branntwein oder Spiritus ist zunächst die Gemeinde- und Ortspolizeibehörde zu hören. Wird von einer dieser Behörden Widerspruch gegen die Ertheilung der Erlaubniß erhoben, so erfolgt sofort die mündliche Verhandlung im Verwaltungsstreitverfahren.

Gegen die Entscheidung des Bezirksverwaltungsgerichts ist das Rechtsmittel der Revision zulässig.

---

b) bezüglich der Kunstwollefabriken die V. v. 14. August 1882 (Ges.S. S. 359).

In den zu einem Landkreise gehörigen Städten mit mehr als 10 000 Einwohnern tritt an die Stelle des Kreisausschusses der Magistrat.

§. 129.

Ueber Anträge auf Ertheilung der Konzession zu Privat-Kranken-, Entbindungs- und Irrenanstalten oder der Erlaubniß zu Schauspielunternehmungen (§. 30 Absatz 1, §. 32 der Reichsgewerbeordnung) beschließt der Regierungspräsident.

Stehen der Ertheilung nach Maßgabe des Gesetzes Bedenken entgegen, so hat der Regierungspräsident den Antrag durch einen Vorbescheid, welcher die entgegenstehenden Bedenken bezeichnen muß, an das Bezirksverwaltungsgericht zur Entscheidung abzugeben. Der Vorbescheid ist gleichzeitig dem Antragsteller in Abschrift zuzufertigen.

§. 130.

Gegen Verfügungen der Ortspolizeibehörde, durch welche die Erlaubniß zum gewerbsmäßigen öffentlichen Verbreiten von Druckschriften (§. 43 der Reichsgewerbeordnung) versagt, oder die nicht gewerbsmäßige öffentliche Verbreitung von Druckschriften (§. 5 des Reichsgesetzes über die Presse vom 7. Mai 1874, R.G.Bl. S. 65) verboten worden ist, findet die Klage bei dem Kreisausschusse, in Stadtkreisen und in den zu einem Landkreise gehörigen Städten mit mehr als 10 000 Einwohnern bei dem Bezirksverwaltungsgerichte statt.

§. 131.

Gegen Verfügungen der Verwaltungsbehörden, durch welche Reichsangehörigen der Legitimationsschein

1. zum Ankauf von Waaren oder zum Aufsuchen von Waarenbestellungen (§. 44 der Reichsgewerbeordnung) oder
2. zum Gewerbebetriebe im Umherziehen (§§. 55, 58, 60 und 62 Absatz 2 der Reichsgewerbeordnung)

versagt worden ist, findet die Klage bei dem Bezirksverwaltungsgerichte statt. Soweit die Ertheilung der Legitimationsscheine bisher der Bezirksregierung zustand, erfolgt dieselbe fortan durch den Regierungspräsidenten.

§. 132.

Gegen die Endurtheile des Kreisausschusses beziehungsweise des Bezirksverwaltungsgerichts in den Fällen der §§. 130 und 131 ist nur das Rechtsmittel der Revision an das Oberverwaltungsgericht nach Maßgabe des Titels VIII. des Gesetzes vom 3. Juli 1875 zulässig.

§. 133.

Der Kreisausschuß, in Stadtkreisen und in den zu einem Landkreise gehörigen Städten mit mehr als 10 000 Einwohnern das Bezirksverwaltungsgericht entscheidet auf Klage der zuständigen Behörde:

1. über die Untersagung des Betriebes der in §. 35 der Reichsgewerbeordnung (Tanz-, Turn-, Schwimmunterricht, Trödel und Pfandleihe, Gesindevermiethung) und der im §. 37 a. a. O. (Gewerbe

zur Unterhaltung des öffentlichen Verkehrs, Dienstanbietung, gedachten Gewerbe;

2. über die Zurücknahme von Konzessionen zum Betriebe der Gast- und Schankwirthschaft, zum Kleinhandel mit Branntwein oder Spiritus, sowie zum Handel mit Giften (§. 53 a. a. O.).

§. 134.

Das Bezirksverwaltungsgericht entscheidet auf Klage der zuständigen Behörde über die Zurücknahme:

1. der im vorstehenden §. 133 Nr. 2 nicht gedachten, im §. 53 der Reichsgewerbeordnung aufgeführten Approbationen, Genehmigungen und Bestallungen;
2. der Konzessionen der Versicherungsunternehmer, sowie der Auswanderungsunternehmer und Agenten (Gesetze vom 7. und 17. Mai 1853, Ges.S. S. 729 und 293);
3. der Konzessionen der Handelsmakler (§. 71 der Gewerbeordnung vom 17. Januar 1845, Ges.S. S. 41);
4. der Patente der Elbschiffer (§§. 12, 13 der Additionalakte zur Elbschifffahrtsakte vom 13. April 1844, Ges.S. S. 458ff. und §. 31 Abs. 3 der Reichsgewerbeordnung);
5. der Prüfungszeugnisse der Hebammen (§. 30 Abs. 2 der Reichsgewerbeordnung).

§. 135.

In den Fällen der §§. 123 bis 134 beträgt die Frist zur Einlegung der Beschwerde gegen die Beschlüsse des Kreisausschusses (Stadtausschusses, Magistrats) oder Bezirksrathes, zum Antrage auf mündliche Verhandlung vor dem Kreisausschusse (Stadtausschusse, Magistrat), zur Klage gegen Verfügungen der Behörden, sowie zur Berufung und Revision gegen Endurtheile der Verwaltungsgerichte vierzehn Tage.

C. Sonstige gewerbepolizeiliche Angelegenheiten.

§. 136.

Der Bezirksrath beschließt:

1. über die Aufhebung oder Veränderung der Kehrbezirke für Schornsteinfeger (§. 39 der Reichsgewerbeordnung);
2. über die Genehmigung zur Erhöhung der bei der Aufnahme in eine Innung zu entrichtenden Antrittsgelder (§§. 85 und 103 a. a. O.);
3. über die Genehmigung von Innungsstatuten und Abänderungen derselben, sowie zur Auflösung von Innungen (§§. 92, 93, 99 und 103 a. a. O.), ingleichen über die Ertheilung von Korporationsrechten an die mit einer Innung verbunden gewesenen Unterrichtsanstalten, Hülfskassen oder andere Institute zu öffentlichen Zwecken nach erfolgter Auflösung einer Innung (§. 94 Abs. 5 a. a. O.);
4. über die Zahl, Zeit und Dauer der Wochenmärkte, über die fernere Gestattung des herkömmlichen Wochenmarktverkehrs mit gewissen Handwerkerwaaren von Seiten der einheimischen Verkäufer (§. 64 a. a. O.);

5. darüber, welche Gegenstände, außer den im §. 66 der Reichsgewerbeordnung aufgeführten, nach Ortsgewohnheit und Bedürfniß im Regierungsbezirke überhaupt oder an gewissen Orten zu den Wochenmarktsartikeln gehören.

Die Festsetzungen über Zahl, Zeit und Dauer der Wochenmärkte erfolgen unter Zustimmung der Gemeindebehörden des Marktortes.

§. 137.

Der Entscheidung des Bezirksverwaltungsgerichts unterliegen Streitigkeiten zwischen Ortsgemeinden und Innungen in Folge der Auflösung der letzteren gemäß §. 94 Abs. 4 und §. 103 a. a. O.

Ingleichen findet in den Fällen der §§. 95 und 103 a. a. O. innerhalb der dort bestimmten Frist gegen die Entscheidungen der Gemeindebehörden in Streitigkeiten über die Aufnahme und Ausschließung von Innungsgenossen, über die Wahl der Innungsvorstände und die Rechte und Pflichten der letzteren die Klage bei dem Bezirksverwaltungsgerichte statt.

§. 138.

Der Provinzialrath beschließt über die Genehmigung von Ortsstatuten, betreffend gewerbliche Angelegenheiten (§. 142 a. a. O.).

Die Beschwerde findet an den Minister für Handel statt.

§. 139.

Der Provinzialrath beschließt über die Zahl, Zeit und Dauer der Kram- und Viehmärkte. Die Beschwerde findet an den Minister für Handel statt.

§. 140.

Sofern bei Aufhebung von Märkten der in den §§. 136 und 139 bezeichneten Art Entschädigungsansprüche von Marktberechtigten in Frage kommen, bedürfen die bezüglichen Beschlüsse des Bezirksrathes, beziehungsweise des Provinzialrathes der Zustimmung des Ministers für Handel.

§. 141.

Der Provinzialrath beschließt über die Einführung neuer, sowie über die Erhöhung oder Ermäßigung und anderweite Regulirung bestehender Marktstandsgelder (Gesetz vom 26. April 1872, betreffend die Erhebung von Marktstandsgeldern, Ges.S. S. 513). Die Beschwerde findet an den Minister für Handel statt.

Bei der Bestimmung des §. 5 Abs. 2 des Gesetzes vom 26. April 1872 behält es sein Bewenden.

§. 144.

Das Bezirksverwaltungsgericht entscheidet:

1. über Anträge auf Ablösung von Gewerberechtigungen und auf Entschädigung für aufgehobene Gewerbeberechtigungen (§§. 34 ff. des Entschädigungsges. zur A. Gew.-O. v. 17. Januar 1845, Ges.S. S. 79);
2. über Anträge auf Ablösung der auf den Betrieb des Abdeckereigewerbes bezüglichen Berechtigungen und auf Ent-

schädigung für aufgehobene Gewerbeberechtigungen (Ges. v. 31. Mai 1858, Ges.S. S. 333 und Ges. v. 17. Dezember 1872, Ges.S. S. 717).

D. Errichtung öffentlicher Schlachthäuser.

§. 145.

Der Provinzialrath beschließt:

1. über die Genehmigung von Gemeindebeschlüssen wegen ausschließlicher Benutzung öffentlicher Schlachthäuser und wegen Untersuchung des in solche Häuser gelangenden Schlachtviehs, sowie über die Bestätigung von Verträgen zwischen einer Gemeinde und einem Unternehmer in Betreff der Errichtung eines öffentlichen Schlachthauses (§§. 1 bis 3 u. §. 12 d. Ges. v. 18. März 1868, Ges.S. S. 277);
2. über Entschädigungsansprüche der Eigenthümer und Nutzungsberechtigten *von Privatschlachtanstalten wegen des ihnen durch die Errichtung* öffentlicher, ausschließlich zu benutzender Schlachthäuser zugefügten Schadens (§§. 9 bis 11 a. a. O.).

In den Fällen zu 1 findet die Beschwerde an den Minister für Handel, in den Fällen zu 2 nur der ordentliche Rechtsweg gemäß §. 11 a. a. O. statt.

XV. Abschnitt.

Hülfskassen.

§. 149.

Die durch das Reichsgesetz über die eingeschriebenen Hülfskassen vom 7. April 1876 (R.G.Bl. S. 125) der höheren Verwaltungsbehörde beigelegten Befugnisse und Obliegenheiten werden fortan von dem Regierungspräsidenten wahrgenommen.

Derselbe beschließt über Anträge auf Zulassung eingeschriebener Hülfskassen (§. 4 a. a. O.).

Stehen der Zulassung nach Maßgabe des Gesetzes Bedenken entgegen, so hat der Regierungspräsident den Antrag durch einen Vorbescheid, welcher die entgegenstehenden Bedenken bezeichnen muß, an das Bezirksverwaltungsgericht zur Entscheidung abzugeben. Der Vorbescheid ist gleichzeitig dem Antragsteller in Abschrift zuzufertigen.

§. 150.

Das Bezirksverwaltungsgericht entscheidet auf Klage des Regierungspräsidenten über die Schließung eingeschriebener Hülfskassen (§. 29 a. a. O.).

Das Bezirksverwaltungsgericht kann vor Erlaß des Endurtheils auf Antrag des Regierungspräsidenten nach Anhörung des Kassenvorstandes die vorläufige Schließung der Hülfskasse anordnen, welche alsdann bis zum Erlasse des Endurtheils fortdauert.

§. 151.

Die Frist zur Einlegung der Berufung beträgt vierzehn Tage.

§. 170.

Bis zum Erlasse des im §. 2 der Provinzialordnung vom 29. Juni 1875 erwähnten Gesetzes finden die Bestimmungen des gegenwärtigen Gesetzes auf den Stadtkreis Berlin mit folgenden Maßgaben Anwendung:

1. an die Stelle des Bezirksrathes tritt in den Fällen der §§. 124 bis 126 und 136 die erste Abtheilung des Polizeipräsidiums zu Berlin, in allen übrigen Fällen der Oberpräsident;
2. an die Stelle des Provinzialrathes tritt in den Fällen, in welchen derselbe in erster Instanz beschließt, der Oberpräsident, in den übrigen Fällen der zuständige Minister;
3. an die Stelle des Regierungspräsidenten tritt in den Fällen der §§. 129, 131, 149, 150 der Polizeipräsident von Berlin;
5. für den Stadtkreis Berlin wird nach näherer Vorschrift des Gesetzes, betreffend die Verfassung der Verwaltungsgerichte 2c., vom 3. Juli 1875 ein besonderes Bezirksverwaltungsgericht eingesetzt. Die zu wählenden Mitglieder desselben und deren Stellvertreter werden von dem Magistrate und der Stadtverordnetenversammlung unter dem Vorsitz des Bürgermeisters gewählt.

Die in dem Gesetze vom 3. Juli 1875 dem Regierungspräsidenten beigelegten Befugnisse werden von dem Oberpräsidenten wahrgenommen.

Für den Stadtkreis Berlin ist an Stelle des Bezirksrathes der Oberpräsident der Provinz Brandenburg getreten. (§. 36 Ges. v. 26. Juli 1880).

Die Beschwerde findet an den Minister für Handel und Gewerbe statt, welcher, sofern bei Stauanlagen Landeskulturinteressen in Betracht kommen, den Minister für die landwirthschaftlichen Angelegenheiten zuzuziehen hat. Die Beschwerde steht auch dem Vorsitzenden des Bezirksraths zu (§. 127 a. a. O.).

In den übrigen Provinzen ist für die Ertheilung der Genehmigung die Bezirksregierung (Landdrostei) zuständig.

Für die Stauanlagen der zum Betriebe auf Bergwerken und Aufbereitungsanstalten bestimmten Wassertriebwerke wird die Genehmigung von der Regierung und dem Oberbergamt gemeinschaftlich ertheilt.

Anw. v. 4. September 1869 I. Nr. 3.

In der Provinz Hannover ist für die Genehmigung zur Errichtung gewerblicher Anlagen in den Bezirken der selbständigen Städte der Magistrat, in den Amtsbezirken der Amtshauptmann zuständig.

Für die Errichtung und Veränderung von Stauanlagen in öffentlichen Flüssen ist unabhängig von der durch den Kreisausschuß zu ertheilenden gewerbepolizeilichen Konzession die an ein formelles Verfahren nicht gebundene Erlaubniß der Regierung erforderlich.

R. d. H.M. v. 12. September 1875, M.Bl. S. 242.

Mit dem 1. April 1884 kommen die Bestimmungen des Gesetzes vom 26. Juni 1876 in Wegfall. An die Stelle derselben treten die nachstehenden, den gleichen Gegenstand betreffenden Vorschriften des Gesetzes vom 1. August 1883 (Ges.S. S. 237):

XVI. Titel

Gewerbepolizei.

A. Gewerbliche Anlagen.

§. 109.

Der Kreis- (Stadt-) Ausschuß, in den einem Landkreise angehörigen Städten mit mehr als 10 000 Einwohnern der Magistrat (kollegialische Gemeindevorstand), beschließt über Anträge auf Genehmigung zur Errichtung oder Veränderung gewerblicher Anlagen (§§. 16 bis 25 der Reichsgewerbeordnung vom 21. Juni 1869), soweit konzessionspflichtige Anlagen der nachbezeichneten Art in Frage stehen:

Gasbereitungs- und Gasbewahrungsanstalten, Anstalten zur Destillation von Erdöl, Anlagen zur Bereitung von Braunkohlentheer, Steinkohlentheer und Koaks, Asphaltkochereien und Pechsiedereien, Glas- und Rußhütten, Kalk-, Ziegel- und Gypsöfen, Metallgießereien, Hammerwerke, Schnellbleichen, Firnißsiedereien, Stärkefabriken, Stärkesyrupfabriken, Wachstuch-, Darmsaiten-, Dachpappen- und Dachfilzfabriken, Darmzubereitungsanstalten, Leim-, Thran- und Seifensiedereien, Knochenbrennereien, Knochendarren, Knochenkochereien und Knochenbleichen, Hopfenschwefeldarren, Zubereitungsanstalten für Thierhaare, Talgschmelzen, Schlächtereien, Gerbereien, Abdeckereien, Strohpapierstofffabriken, Stauanlagen für Wassertriebwerke, Fabriken in welchen Dampfkessel oder andere Blechgefäße durch Vernieten hergestellt werden, Anstalten zum Imprägniren von Holz mit erhitzten Theerölen Kunstwollefabriken und Dégrasfabriken, endlich Dampfkessel mit Ausnahme der für den Gebrauch auf Eisenbahnen bestimmten Lokomotiven und der zum Betriebe auf Bergwerken und Aufbereitungsanstalten bestimmten Dampfkessel.

Im Falle fernerer Ergänzung des Verzeichnisses der konzessionspflichtigen Anlagen gemäß §. 16, letzter Absatz der Reichsgewerbeordnung bleibt die Bestimmung darüber, für welche der in das Verzeichniß nachträglich aufgenommenen Anlagen der Kreisausschuß (Stadtausschuß, Magistrat) zuständig ist, Königlicher Verordnung vorbehalten.

§. 110.

Der Bezirksausschuß beschließt über Anträge auf Genehmigung zur Errichtung oder Veränderung gewerblicher Anlagen, soweit die Beschlußnahme darüber nicht nach §. 109 dem Kreis- (Stadt-) Ausschusse (Magistrat) überwiesen ist.

Der Bezirksausschuß beschließt ferner im Einvernehmen mit dem zuständigen Oberbergamte über die Zulässigkeit von Wassertriebwerken, welche zum Betriebe von Bergwerken oder Aufbereitungsanstalten dienen (§. 59 Absatz 3 des Allgemeinen Berggesetzes vom 24. Juni 1865, Ges.S. S. 705).

§. 111.

Der Bezirksausschuß beschließt auf Antrag der Ortspolizeibehörde darüber, ob die Ausübung eines Gewerbes in Anlagen, deren Betrieb mit ungewöhnlichem Geräusch verbunden ist, an der gewählten Betriebsstätte zu untersagen oder nur unter Bedingungen zu gestatten ist (§. 27 der Reichsgewerbeordnung).

§. 112.

Die Befugniß, gemäß §. 51 der Reichsgewerbeordnung die fernere Benutzung einer gewerblichen Anlage wegen überwiegender Nachtheile und Gefahren für das Gemeinwohl zu untersagen, steht dem Bezirksausschusse zu.

§. 113.

In den Fällen der §§. 109 bis 112 findet die Beschwerde an den Minister für Handel und Gewerbe statt. Sofern bei Stauanlagen Landeskulturinteressen in Betracht kommen, ist der Minister für Landwirthschaft zuzuziehen.

B. Gewerbliche Konzessionen.

§. 114.

Ueber Anträge auf Ertheilung der Erlaubniß zum Betriebe der Gastwirthschaft oder Schankwirthschaft, zum Kleinhandel mit Branntwein oder Spiritus, sowie zum Betriebe des Pfandleihgewerbes und zum Handel mit Giften (§§. 33, 34 der Reichsgewerbeordnung) beschließt der Kreis- (Stadt-) Ausschuß.

Wird die Erlaubniß versagt, so steht dem Antragsteller innerhalb zwei Wochen der Antrag auf mündliche Verhandlung im Verwaltungsstreitverfahren vor dem Kreis- (Stadt-) Ausschusse zu.

Ueber Anträge auf Ertheilung der Erlaubniß zum Betriebe der Gastwirthschaft, zum Ausschänken von Branntwein oder von Wein, Bier oder anderen geistigen Getränken, sowie zum Kleinhandel mit Branntwein oder Spiritus, ist zunächst die Gemeinde- und die Ortspolizeibehörde zu hören. Wird von einer dieser Behörden Widerspruch erhoben, so darf die Ertheilung der Erlaubniß nur auf Grund mündlicher Verhandlung im Verwaltungsstreitverfahren erfolgen.

Die Entscheidung des Bezirksausschusses ist endgültig.

In den zu einem Landkreise gehörigen Städten mit mehr als 10000 Einwohnern tritt an die Stelle des Kreisausschusses der Magistrat (kollegialische Gemeindevorstand).

§. 115.

Ueber die Anträge auf Ertheilung:

a) der Konzession zu Privat-Kranken-, Privat-Entbindungs- und Privat-Irrenanstalten (§. 30 Absatz 1 der Reichsgewerbeordnung),
b) der Erlaubniß zu Schauspielunternehmungen (§. 32 a. a. O.)

beschließt der Bezirksausschuß.

Gegen den die Konzession (Erlaubniß) versagenden Beschluß findet innerhalb zwei Wochen der Antrag auf mündliche Verhandlung im Verwaltungsstreitverfahren statt.

Für die im Verwaltungsstreitverfahren in den Fällen zu a zu treffenden Entscheidungen sind die von den Medizinalaufsichtsbehörden innerhalb ihrer gesetzlichen Zuständigkeit getroffenen allgemeinen Anordnungen über die gesundheitspolizeilichen Anforderungen, welche an die baulichen und sonstigen technischen Einrichtungen der unter a bezeichneten Anstalten zu stellen sind, maßgebend.

§. 116.

Gegen Verfügungen der Ortspolizeibehörde, durch welche die Erlaubniß zum gewerbsmäßigen öffentlichen Verbreiten von Druckschriften (§. 43 der Reichsgewerbeordnung) versagt, oder die nicht gewerbsmäßige öffentliche Verbreitung von Druckschriften (§. 5 des Reichsgesetzes über die Presse vom 7. Mai 1874, Reichs-Gesetzbl. S. 65) verboten worden ist, findet innerhalb zwei Wochen die Klage bei dem Kreisausschusse, in Stadtkreisen und in den zu einem Landkreise gehörigen Städten mit mehr als 10 000 Einwohnern bei dem Bezirksausschusse statt.

§. 117.

Gegen Verfügungen der unteren Verwaltungsbehörden, durch welche Reichsangehörigen der Legitimationsschein:

1. zum Ankauf von Waaren oder zum Aufsuchen von Waarenbestellungen (§. 44 der Reichsgewerbeordnung) oder
2. zum Gewerbebetrieb im Umherziehen (§. 58 Nr. 1 und 2 der Reichsgewerbeordnung)

versagt worden ist, findet innerhalb zwei Wochen die Klage bei dem Bezirksausschusse statt. Ueber Anträge wegen Ertheilung von Legitimationsscheinen für alle anderen Arten des Gewerbebetriebes im Umherziehen beschließt der Bezirksausschuß. Gegen den versagenden Beschluß findet innerhalb zwei Wochen der Antrag auf mündliche Verhandlung im Verwaltungsstreitverfahren statt.

§. 118.

In den Fällen der §§. 115, 116 und 117 ist gegen die Endurtheile des Bezirksausschusses nur das Rechtsmittel der Revision zulässig.

§. 119.

Der Kreisausschuß, in Stadtkreisen und in den zu einem Landkreise gehörigen Städten mit mehr als 10 000 Einwohnern der Bezirksausschuß, entscheidet auf Klage der zuständigen Behörde:

1. über die Untersagung des Betriebes der im §. 35 der Reichsgewerbeordnung und der im §. 37 a. a. O. gedachten Gewerbe;
2. über die Zurücknahme von Konzessionen zum Betriebe der Gast- und Schankwirthschaft, zum Kleinhandel mit Branntwein und Spiritus, sowie zum Betriebe des Pfandleihgewerbes und zum Handel mit Giften (§. 53 a. a. O.).

§. 120.

Der Bezirksausschuß entscheidet auf Klage der zuständigen Behörde über die Zurücknahme:

1. der im vorstehenden §. 119 N. 2 nicht gedachten, im §. 53 der Reichsgewerbeordnung aufgeführten Approbationen, Genehmigungen und Bestallungen, mit Ausnahme der Konzessionen der Markscheider;
2. der Konzessionen der Versicherungsunternehmer, sowie der Auswanderungsunternehmer und Agenten;
3. der Konzessionen der Handelsmakler;
4. der Patente der Stromschiffer (§. 31 Absatz 3 der Reichsgewerbeordnung);
5. der Prüfungszeugnisse der Hebeammen (§. 30 Absatz 2 a. a. O.).

§. 121.

Insofern durch Reichsgesetz bestimmt wird, daß außer den in §§. 114 bis 120 aufgeführten Gewerbetreibenden noch andere einer Konzession (Approbation, Genehmigung, Bestallung) zum Gewerbebetriebe bedürfen oder noch anderen Gewerbetreibenden der Gewerbebetrieb untersagt oder die ihnen ertheilte Konzession zurückgenommen werden kann, so wird die zur Ertheilung der Konzession, Untersagung des Gewerbebetriebes, beziehungsweise Zurücknahme der Konzession zuständige Behörde durch Königliche Verordnung bestimmt.

C. Ortsstatuten.

§. 122.

Der Bezirksausschuß beschließt über die Genehmigung von Ortsstatuten, betreffend gewerbliche Angelegenheiten (§. 142 der Reichsgewerbeordnung und §. 57 Nr. 2 der Verordnung vom 9. Februar 1849, Gesetz-Samml. S. 93).

D. Innungen.

§. 123.

Der Bezirksausschuß beschließt:
1. über die Genehmigung zur Erhöhung der bei der Aufnahme in eine Innung zu entrichtenden Antrittsgelder (§. 85 der Reichsgewerbeordnung);
2. über die Genehmigung zur Auflösung von Innungen (§. 93 a. a. O).

§. 124.

Der Bezirksausschuß beschließt über die Genehmigung von Innungsstatuten und deren Abänderung (§. 92 der Reichsgewerbeordnung; §. 98b a. a. O. in der Fassung des Reichsgesetzes vom 18. Juli 1881, Reichs-Gesetzbl. S 233).

Gegen den, die Genehmigung versagenden Beschluß findet innerhalb zwei Wochen der Antrag auf mündliche Verhandlung im Verwaltungsstreitverfahren statt.

Gegen die Entscheidung des Bezirksausschusses ist nur das Rechtsmittel der Revision zulässig.

§. 125.

Der Entscheidung des Bezirksausschusses unterliegen Streitigkeiten zwischen Ortsgemeinden und Innungen in Folge der Auflösung der letzteren gemäß §. 94 Abs. 4 der Reichsgewerbeordnung (§. 103a Absatz 3 des Reichsgesetzes vom 18. Juli 1881).

Ingleichen findet in den Fällen des §. 95 Absatz 1 der Reichsgewerbeordnung und des §. 104 Absatz 7 und 8 des Reichsgesetzes vom 18. Juli 1881 innerhalb der gesetzlichen Frist von vier Wochen gegen die dort erwähnten Entscheidungen der Aufsichtsbehörde die Klage bei dem Bezirksausschusse statt.

§. 126.

Der Bezirksausschuß entscheidet auf Klage der Aufsichtsbehörde über die Schließung einer Innung oder eines gemeinsamen Innungsausschusses (§. 103 des Reichsgesetzes vom 18. Juli 1881).

Der Bezirksausschuß kann vor Erlaß des Endurtheils nach Anhörung des Innungsvorstandes oder des gemeinsamen Innungsausschusses die vorläufige Schließung der Innung oder des gemeinsamen Innungsausschusses anordnen, welche alsdann bis zum Erlaß des Endurtheils fortdauert.

E. Märkte.

§. 127.

Der Provinzialrath beschließt über die Zahl, Zeit und Dauer der Kram- und Viehmärkte.

Gegen den Beschluß findet die Beschwerde an den Minister für Handel und Gewerbe statt.

§. 128.

Der Bezirksausschuß beschließt über die Zahl, Zeit und Dauer der Wochenmärkte, über die fernere Gestattung des herkömmlichen Wochenmarktverkehrs mit gewissen Handwerkerwaaren von Seiten der einheimischen Verkäufer (§. 64 der Reichsgewerbeordnung), sowie darüber, welche Gegenstände außer den im §. 66 a. a. O. aufgeführten nach Ortsgewohnheit und Bedürfniß im Regierungsbezirke überhaupt oder an gewissen Orten zu den Wochenmarktsartikeln gehören.

Die Festsetzungen über Zahl, Zeit und Dauer der Wochenmärkte erfolgen unter Zustimmung der Gemeindebehörden des Marktortes.

§. 129.

Sofern bei Aufhebung von Märkten der in den §§. 127 und 128 bezeichneten Art Entschädigungsansprüche von Marktberechtigten in Frage kommen, bedürfen die bezüglichen Beschlüsse der Zustimmung des Ministers für Handel und Gewerbe.

§. 130.

Der Bezirksausschuß beschließt über die Einführung neuer, sowie über die Erhöhung oder Ermäßigung oder anderweite Regulirung bestehender Marktstandsgelder (Gesetz vom 26. April 1872, betreffend die Erhebung von Marktstandsgeldern, Ges.S. S. 513).

Bei der Bestimmung des §. 5 Absatz 2 des Gesetzes vom 26. April 1872 behält es sein Bewenden.

F. Oeffentliche Schlachthäuser.

§. 131.

Der Bezirksausschuß beschließt:

1. über die Genehmigung der auf Grund der §§. 1 bis 4 des Gesetzes vom 18. März 1868, betreffend die Errichtung öffentlicher, ausschließlich zu benutzender Schlachthäuser (Ges.S. S. 277), gefaßten Gemeindebeschlüsse, sowie über die Bestätigung von Verträgen zwischen einer Gemeinde und einem Unternehmer in Betreff der Errichtung eines öffentlichen Schlachthauses (§. 12 a. a. O.);
2. über Entschädigungsansprüche der Eigenthümer und Nutzungsberechtigten von Privatschlachtanstalten wegen des ihnen durch die Errichtung öffentlicher, ausschließlich zu benutzender Schlachthäuser zugefügten Schadens (§§. 9 bis 11 a. a. O.).

In den Fällen zu 1 findet die Beschwerde an den Minister für Handel und Gewerbe, in den Fällen zu 2 nur der ordentliche Rechtsweg gemäß §. 11 a. a. O. statt.

G. Kehrbezirke.

§. 132.

Der Bezirksausschuß beschließt über die Einrichtung, Aufhebung oder Veränderung der Kehrbezirke für Schornsteinfeger (§. 39 der Reichsgewerbeordnung).

H. Ablösung gewerblicher Berechtigungen.

§. 133.

Der Bezirksausschuß entscheidet über Anträge auf Ablösung von Gewerbeberechtigungen und auf Entschädigung für aufgehobene Gewerbeberechtigungen.

Gegen die Endurtheile des Bezirksausschusses findet unter Ausschluß anderer Rechtsmittel nur die Berufung an das Oberverwaltungsgericht statt.

Für den Stadtkreis Berlin sind durch das Gesetz über die allgemeine Landesverwaltung vom 30. Juli 1883 (Ges.S. S. 195) folgende Bestimmungen getroffen.

IV. Abschnitt.

Behörden für den Stadtkreis Berlin.

§. 41.

Der Oberpräsident der Provinz Brandenburg ist zugleich Oberpräsident von Berlin.

Ingleichen fungiren das Provinzialschulkollegium, das Medizinalkollegium, die Generalkommission und die Direktion der Rentenbank für die Provinz Brandenburg auch für den Stadtkreis Berlin.

§. 42.

An Stelle des Regierungspräsidenten führt der Oberpräsident die Aufsicht des Staats über die Verwaltung der Gemeindeangelegenheiten der Stadt

Berlin. Auf welche Behörden die sonstigen Zuständigkeiten der Regierungsabtheilung des Innern zu Potsdam in Betreff Berlins übergehen, wird durch Königliche Verordnung bestimmt.

Im Uebrigen, und soweit nicht sonst die Gesetze Anderes bestimmen, tritt für den Stadtkreis Berlin an die Stelle des Regierungspräsidenten der Polizeipräsident von Berlin.

§. 43.

An die Stelle des Provinzialraths tritt in den Fällen, in welchen derselbe in erster Instanz beschließt, der Oberpräsident, in den übrigen Fällen der zuständige Minister.

Für den Stadtkreis Berlin besteht ein besonderer Bezirksausschuß. Auf denselben finden die Bestimmungen der §§. 28, 30 Satz 1, 31 Satz 3, 32, 33, 34 mit folgenden Maßgaben Anwendung:

1. An Stelle des Regierungspräsidenten tritt ein vom Könige ernannter Präsident. Die Ernennung dieses Beamten kann im Nebenamte auf die Dauer seines Hauptamtes in Berlin erfolgen. Beamte des Polizeipräsidiums sind von dieser Ernennung ausgeschlossen.
2) Die zu wählenden Mitglieder werden durch den Magistrat und die Stadtverordnetenversammlung unter dem Vorsitz des Bürgermeisters gewählt. Dasselbe Kollegium beschließt an Stelle des Provinzialausschusses über das Aufhören einer der für die Wählbarkeit vorgeschriebenen Bedingungen, sowie über die Abänderung der Dauer der Wahlperiode. Die Mitglieder des Magistrats und der Stadtverordnetenversammlung sind von der Wählbarkeit ausgeschlossen.

Zur Zuständigkeit des Bezirksausschusses für den Stadtkreis Berlin gehören die im Verwaltungsstreitverfahren zu behandelnden Angelegenheiten und diejenigen im Beschlußverfahren zu behandelnden Angelegenheiten, welche im Einzelnen durch die Gesetze seiner Zuständigkeit überwiesen werden; in Betreff der übrigen im Beschlußverfahren zu behandelnden Angelegenheiten tritt für den Stadtkreis Berlin der Oberpräsident an die Stelle des Bezirksausschusses, soweit nicht in den Gesetzen ein Anderes bestimmt ist.

§. 44.

In Angelegenheiten der kirchlichen Verwaltung tritt für den Stadtkreis Berlin an die Stelle der Regierungsabtheilung für Kirchen- und Schulwesen der Polizeipräsident.

Bezüglich der Verwaltung des landesherrlichen Patronats und des Schulwesens verbleibt es bei den bestehenden Bestimmungen.

§. 45.

Die Geschäfte der direkten Steuerverwaltung werden an Stelle der Regierungsabtheilung für direkte Steuern, Domänen und Forsten, für den Stadtkreis Berlin von der „Direktion für die Verwaltung der direkten Steuern" wahrgenommen.

Diese Behörde wird in Betreff der Zuständigkeit in Disziplinarsachen den im §. 24 Nr. 2 des Gesetzes vom 21. Juli 1852, betreffend die Dienstvergehen der nicht richterlichen Beamten ꝛc., bezeichneten Provinzialbehörden gleichgestellt.

§. 46.

Die Mitglieder der nach §. 24 des Gesetzes vom 1. Mai 1851/25. Mai 1873 (Ges.S. für 1873 Seite 213) gebildeten Bezirkskommission für die klassifizirte Einkommensteuer werden von dem Magistrate und der Stadtverordnetenversammlung in gemeinschaftlicher Sitzung unter dem Vorsitze des Bürgermeisters gewählt.

§. 47.

Für diejenigen Kategorien der in Berlin angestellten Beamten, bezüglich deren nicht die Zuständigkeit einer anderen Behörde in Disziplinarsachen begründet ist, behält es bei den Bestimmungen des §. 25 des Gesetzes vom 21. Juli 1852 mit der Maßgabe sein Bewenden, daß die Einleitung des Disziplinarverfahrens, sowie die Ernennung des Untersuchungskommissars und des Vertreters des Staatsanwalts für die erste Instanz dem Oberpräsidenten von Berlin zusteht.

V. Abschnitt.

Stellung der Behörden.

§. 48.

Die dienstliche Aufsicht über die Geschäftsführung des Kreis- (Stadt-) Ausschusses wird von dem Regierungspräsidenten, in Berlin von dem Oberpräsidenten, die Aufsicht über die Geschäftsführung des Bezirksausschusses von dem Oberpräsidenten, die Aufsicht über die Geschäftsführung des Provinzialraths von dem Minister des Innern geführt.

Vorstellungen gegen die geschäftlichen Aufsichtsverfügungen des Regierungspräsidenten unterliegen der endgültigen Beschlußfassung des Oberpräsidenten, Vorstellungen gegen die Aufsichtsverfügungen des Oberpräsidenten der endgültigen Beschlußfassung des Ministers des Innern.

Die Aufsichtsbehörden sind zur Vornahme allgemeiner Geschäftsrevisionen befugt.

§. 49.

Die im §. 48 bezeichneten Behörden haben sich gegenseitig Rechtshülfe zu leisten. Sie haben den geschäftlichen Aufträgen und Anweisungen der ihnen im Instanzenzuge vorgesetzten Behörden Folge zu leisten.

---

2. In Betreff der Frist zur Ausführung der Anlage bezw. zum Beginn des Gewerbebetriebes vgl. §§. 49, 50 der Gew.O.

3. Das Verfahren ist in Betreff der in der Note 1 bezeichneten Provinzen durch die Bestimmungen der Kompetenzgesetze vom 26. Juli 1876, 1. August 1883, bezw. der zu dem ersteren Gesetze ergangenen Cirkularverfügung des Finanzministers, des Handelsministers und des Ministers des Innern vom 28. März 1877 (M.Bl. S. 96), für die übrigen Provinzen durch die Vorschriften I. Nr. 28 bis 49 der Anw. 4. September 1869 wie folgt geregelt:

Das Verfahren ist durch die zitirten Bestimmungen der Anweisung vom 4. September 1869 in folgender Weise geregelt.

a) Der **Antrag** auf Ertheilung der Genehmigung ist bei dem Landrath (Amt, Oberamt), und, falls die Anlage innerhalb eines Stadtbezirks errichtet werden soll, bei der Ortspolizeibehörde anzubringen. Handelt es sich um eine Stauanlage für ein zum Betriebe auf Bergwerken und Aufbereitungsanstalten bestimmtes Wassertriebwerk, so ist der Antrag an den Revierbeamten zu richten.

Dem Antrage sind in zwei Exemplaren eine Beschreibung, eine Situationszeichnung und der Bauplan beizufügen. Aus diesen Vorlagen muß die Größe des Grundstücks, auf welchem die Betriebsstätte errichtet werden soll, die Bezeichnung desselben, die gleichartige Bezeichnung der umgebenden Grundstücke unter Angabe der Eigenthümer, die Entfernung, in welcher die zum Betriebe bestimmten Gebäude oder Einrichtungen von den Grenzen der benachbarten Grundstücke und den darauf befindlichen Gebäuden so wie von den nächsten öffentlichen Wegen zu liegen kommen sollen, — *falls zu der Betriebsstätte Feuerungs*anlagen gehören, auch die Höhe und Bauart der benachbarten Gebäude —, die Lage, Ausdehnung und Bauart der Betriebsstätte, die Bestimmung der einzelnen Räume und deren Einrichtung, soweit dieselbe nicht beweglich ist, endlich auch der Gegenstand der Fabrikation soweit dieselbe innerhalb der Betriebsstätte erfolgt, sowie die ungefähre Ausdehnung, die Art und der Gang des Betriebes, — bei chemischen Fabriken auch die genaue Bezeichnung des Fabrikats und des Hergangs seiner Gewinnung — ; ersichtlich sein.

Bei **Stauanlagen** ist eine Zeichnung der gesammten Stauvorrichtungen, einschließlich der Gerinne und Wasserräder, beizubringen. Außerdem ist ein Nivellement erforderlich, in welchem das Längenprofil des zum Betriebe bestimmten Wasserlaufes und des Mutterbaches, und eine Anzahl von Querprofilen von beiden in der Ausdehnung der Wirkungen der anzulegenden Stauwerke dargestellt sein muß. Die Profile sind auf eine und dieselbe Horizontale zu beziehen, und die letztere an einen unverrückbaren Festpunkt anzuschließen. Außerdem bedarf es der Angabe über die Höhe des gewöhnlichen, des niedrigsten und des höchsten Wasserstandes und über die Wassermengen, welche der Wasserlauf in der Regel führt, so wie der Ermittelung, welche Stauwerke ober- und unterhalb der projektirten Anlage zunächst derselben sich befinden. Endlich sind in dem Situationsplane die Grundstücke, welche an den Wasserlauf stoßen, soweit der Rückstau reicht, unter Angabe des Namens des Eigenthümers genau zu bezeichnen.

Für die Zeichnungen ist überall ein anschaulicher Maßstab zu wählen, welcher auf die Zeichnungen einzutragen ist.

Die Nivellements und die dazu gehörigen Situationspläne sind von vereideten Feldmessern oder Baubeamten zu fertigen. Alle sonstigen Zeichnungen können von den mit der Ausführung betrauten Technikern und Werkmeistern aufgenommen werden.

Die Beschreibungen, Zeichnungen und Nivellements müssen von dem Verfasser und dem Unternehmer vollzogen werden.

b) Die **Prüfung** des Antrages hinsichtlich der Vollständigkeit liegt der Behörde ob, bei welcher derselbe eingereicht wird. Die Bauzeichnungen und Nivellements sind dem zuständigen Baubeamten, die Beschreibung solcher Anlagen, welche schädliche Ausdünstungen verbreiten, dem zuständigen Medizinalbeamten vorzulegen. Diese haben die erfolgte Prüfung auf den Vorlagen zu bescheinigen. Finden sich Mängel, so ist der Unternehmer zur Ergänzung auf kürzestem Wege zu veranlassen.

c) Die **Bekanntmachung** des Unternehmens erfolgt durch dieselbe Behörde. Sie muß enthalten:

1. Namen, Stand und Wohnort des Unternehmers,
2. den Gegenstand des Unternehmens,
3. die Bezeichnung des Grundstücks, auf welchem dasselbe ausgeführt werden soll,
4. die Aufforderung, etwaige Einwendungen binnen 14 Tagen bei der Behörde, welche die Bekanntmachung erläßt, anzubringen,
5. die Verwarnung, daß nach Ablauf der Frist Einwendungen in dem Verfahren nicht mehr angebracht werden können,
6. den Hinweis, daß und wo die Beschreibungen, Zeichnungen und Pläne zur Einsicht ausliegen.

Die Bekanntmachung wird nur einmal durch das Amtsblatt veröffentlicht. Ein Belagblatt ist zu den Akten zu nehmen.

Wird bei Veränderungen bestehender Anlagen (§. 25 Gew.O.) der Antrag gestellt, von der öffentlichen Bekanntmachung Abstand zu nehmen, so ist derselbe, nachdem darüber die Aeußerung des zuständigen Baubeamten event. auch des Medizinalbeamten eingeholt ist, mit den übrigen Verhandlungen der Regierung vorzulegen, welche darüber durch Verfügung entscheidet.

d) Die **Erörterung der erhobenen Einwendungen** wird gleichfalls von der bei der Einleitung des Verfahrens thätigen Behörde veranlaßt. Die Einwendungen sind bei ihr schriftlich oder zu Protokoll anzubringen. Der Landrath (Amtshauptmann, Oberamtmann) ist befugt, die Erörterung der Einwendungen der Ortspolizeibehörde oder einer sonstigen geeigneten Unterbehörde zu übertragen. Ist der Beamte, welcher die Verhandlungen zu leiten hat, selbst bei dem Unternehmen betheiligt, so hat die Regierung einen andern Beamten mit der Verhandlung der Sache zu beauftragen.

Zur **Verhandlung** über die Einwendungen sind der Unternehmer und die Widersprechenden schriftlich gegen Behändigungsschein unter der Verwarnung vorzuladen, daß bei ihrem Ausbleiben gleichwohl mit der Erörterung der Einwendungen vorgegangen werden wird und nach dem Abschluß der Erörterung neue thatsächliche Behauptungen zur Rechtfertigung oder Widerlegung der Einwendungen nicht mehr zugelassen werden. Ausführliche Einwendungen werden dem Ersteren in Abschrift mitgetheilt. Befindet er sich an demselben Orte, so genügt die Eröffnung, daß und wo er von den Einwendungen Kenntniß nehmen kann. Erscheinen beide Theile, so ist zunächst eine gütliche Einigung zu versuchen. Im Falle des Mißlingens sind die Erklärungen zu Protokoll zu nehmen. Solche Einwendungen, die sich auf allgemeine privatrechtliche Titel, z. B. Eigenthum, gründen, sind nur vorbehaltlich des Rechtsweges zu erörtern, Einwendungen aus besondern privatrechtlichen Titeln (Vertrag u. s. w.) dagegen ganz von der Erörterung auszuschließen.

Ueber die unter Beweis gestellten erheblichen Einwendungen ist entweder im Erörterungstermine oder in einem mit kurzer Frist anzuberaumenden Termine Beweis zu erheben. Die Gestellung von Zeugen und Sachverständigen ist Sache der Partei, welche die Vernehmung beantragt. Weitere Termine sind unverzüglich anzuberaumen und den Parteien mündlich bekannt zu machen.

Sind mehrere Widersprechende mit gleichartigem Interesse vorhanden, so haben dieselben einen gemeinschaftlichen Bevollmächtigten zu bestellen. Soll derselbe zur Empfangnahme der Bescheide, zur Einlegung des Rekurses oder zur vergleichsweisen Einigung mit dem Unternehmer nicht ermächtigt sein, so ist das ausdrücklich zu erklären.

Nach Abschluß der Erörterung werden die Verhandlungen erforderlichenfalls dem zuständigen Bau- und Medizinalbeamten zur gutachtlichen Aeußerung mitgetheilt. Bei Stauanlagen sind sie dem Baubeamten stets vorzulegen. Demnächst werden die Verhandlungen mit einem Bericht der Behörde der Regierung — bei Stauanlagen für ein zum Betriebe auf Bergwerken und Aufbereitungsanstalten bestimmtes Wassertriebwerk zunächst dem Oberbergamt zur Aeußerung — eingereicht.

e) Sind keine Einwendungen gegen die Anlage erhoben, so erfolgt die Entscheidung ohne mündliche Verhandlung. Wird die Genehmigung nach dem Antrage ertheilt, so wird die Genehmigungsurkunde ohne besonderen Bescheid ausgefertigt. Andernfalls erläßt die Regierung zunächst einen schriftlichen Bescheid an den Unternehmer, bei Stauanlagen, deren Zulässigkeit das Oberbergamt zu prüfen hat, unter dessen Mitwirkung.

Der Unternehmer kann diesen Bescheid innerhalb 14 Tagen durch Einlegung des Rekurses oder durch einen bei der Regierung anzubringenden Antrag auf mündliche Verhandlung anfechten.

f) Sind Einwendungen gegen die Anlage erhoben, so findet eine mündliche Verhandlung vor der Regierung statt, zu welcher der Unternehmer und diejenigen, welche die Einwendungen erhoben haben, schriftlich gegen Behändigungsschein unter der Verwarnung vorgeladen werden, daß im Falle des Ausbleibens dennoch in der Sache verfahren werden wird. Zuziehung eines Beistandes und Vertretung durch einen schriftlich Bevollmächtigten ist jeder Partei gestattet.

Die Verhandlung wird mit einer Darstellung der Sache durch ein Mitglied des Kollegiums eröffnet. Dann werden die Parteien gehört. Neue thatsächliche Anführungen sowie neue Beweismittel bleiben unberücksichtigt. Schriftliche Ausführungen sind gleichfalls unstatthaft.

Beschließt das Kollegium die Beweisaufnahme, so erfolgt die Vernehmung der von der betreffenden Partei gestellten Zeugen und Sachverständigen entweder in dem Termine selbst oder durch eine Unterbehörde oder einen damit beauftragten Kommissar. Die Vereidigung erfolgt unter Anwendung der gerichtlichen Eidesformen.

Die Entscheidung ist schriftlich abzusetzen. Im Tenor muß ausgesprochen werden, welche Einwendungen für begründet erachtet oder auf den Rechtsweg verwiesen werden, welche Bestimmung über den Antrag des Unternehmers getroffen wird und wie die Kosten zu vertheilen sind.

Außerdem ist eine Belehrung über das zuständige Rechtsmittel, und, falls die Anlage für zulässig erachtet wird, die Bedeutung aufzunehmen, daß der Unternehmer erst mit der Rechtskraft der Entscheidung die Befugniß zur Ausführung der Anlage erhält.

Der Bescheid wird einmal für den Unternehmer und einmal für die Widersprechenden ausgefertigt. Die Ausfertigung für die Letzteren wird dem gemeinschaftlichen Bevollmächtigten oder, wenn ein solcher nicht bestellt ist, einem der Widersprechenden zugestellt. Die Uebrigen erhalten in diesem Falle Abschrift des Tenors und zugleich Nachricht, wem die Ausfertigung übersandt worden ist. Behörden, welche gegen die Anlage Einspruch erhoben haben, ist stets vollständige Abschrift des Bescheides zuzustellen. Die Uebersendung erfolgt in allen Fällen gegen Behändigungsschein.

g) Der Rekurs kann der Behörde, welche die Entscheidung getroffen hat, oder den betheiligten Ministerien eingereicht werden. Die Frist läuft von dem Tage, an welchem den Betheiligten die Entscheidung der Regierung, sei es vollständig oder nur dem Tenor nach, zugestellt ist.

Er ist in der gesetzlichen Frist anzumelden und zu rechtfertigen. Die Rekursschrift ist in zwei Exemplaren einzureichen. Das eine wird von der Regierung der Gegenpartei zur Beantwortung binnen einer vierzehntägigen Frist mitgetheilt. Die Zustellung erfolgt gegen Behändigungsschein unter der Verwarnung, daß nach Ablauf der Frist eine Erklärung auf die Rekursschrift nicht mehr angenommen wird.

Wenn mehrere Parteigenossen vorhanden sind, erhält Jeder eine vollständige Abschrift der Rekursschrift.

Neue Einwendungen oder neue thatsächliche Anführungen zur Begründung und Widerlegung der erhobenen Einwendungen sind unzulässig.

Die Regierung überreicht die Verhandlungen mit ihrer gutachtlichen

Aeußerung den zuständigen Ministerien zur Entscheidung. Der Rekursbescheid wird der Regierung zugefertigt, welche ihn in beglaubigter Abschrift dem Unternehmer und den betheiligten Gegnern mittheilt.

h) Nach endgültigem Abschluß des Verfahrens erfolgt geeignetenfalls die Ausfertigung der Genehmigungsurkunde (wie zu c). In derselben sind sämmtliche Bedingungen, unter welchen die Anlage genehmigt worden ist, aufzuführen und die von dem Unternehmer eingereichten, dem Verfahren zu Grunde gelegten Beschreibungen, Zeichnungen und Pläne ausführlich zu bezeichnen, auch, soweit angänglich, durch Schnur und Siegel damit zu verbinden. Auf Karten und Zeichnungen, welche in dieser Art mit der Urkunde nicht verbunden werden können, ist die Zugehörigkeit zu denselben zu vermerken. Eine Ausfertigung der Genehmigungsurkunde ist dem Unternehmer, eine zweite mit den Verhandlungen der zuständigen Polizeibehörde zu übersenden. Vor Ertheilung der Genehmigungsurkunde ist die Ausführung der Anlage nicht gestattet.

Soweit die Entscheidung in diesem Verfahren den Regierungen zusteht, erfolgt dieselbe durch die Abtheilungen des Innern (seit eingetretener Wirksamkeit des Gesetzes vom 26. Juli 1880 die Regierungspräsidenten). Für den Bereich der Provinz Hannover nehmen die Landdrosteien die Obliegenheiten der Regierungen wahr. Wo die Verhandlung eine mündliche ist, finden zu diesem Behufe öffentliche Sitzungen statt, an welchen mindestens drei stimmberechtigte Mitglieder Theil nehmen müssen. Der Verlauf dieser Sitzungen ist durch ein Protokoll, welches die Namen der Anwesenden, sowie die wesentlichen Momente der Verhandlung enthält, und von dem Vorsitzenden und dem Protokollführer unterzeichnet wird, festzustellen.

Nr. 27, Anw. v. 4. September 1869.

In Betreff der Provinz Hannover vgl. den Erlaß der Minister für Handel, für die geistlichen Angelegenheiten, des Ministers des Innern und des Finanzministers vom 5. März 1870.

M.Bl. S. 107.

Für die in der Note 1 aufgeführten Provinzen ist seitens des Handelsministers eine technische Anleitung zur Wahrnehmung der bezüglichen Geschäfte bei den Kreisausschüssen ertheilt.

R. v. 14. April 1875, M.Bl. S. 105.

In Betreff der Hohenzollernschen Lande vgl. Circ.R. d. H.M., F.M. und M. d. J. v. 29. November 1869.

M.Bl. S. 288.

Die Bekanntmachung derjenigen gewerblichen Unternehmungen, deren Genehmigung den Kreisausschüssen zusteht, erfolgt durch die amtlichen Publikationsorgane der Kreisbehörden, die der andern gewerblichen Unternehmungen durch die Amtsblätter.

R. d. M. d. J. v. 8. Juni 1874, M.Bl. S. 163.

4. Unter Anlagen zum Gewerbebetriebe, welche der besonderen Genehmigung bedürfen, sind nur bestimmte, zum Zweck des fortgesetzten Betriebes dienende und daher auf eine gewisse Dauer berechnete, Einrichtungen zu verstehen.

Erk. d. O.T. v. 12. Juli 1875.

Opp. XVI, S. 535.

Eine gewerbliche Anlage im Sinne der Gewerbeordnung setzt nicht nothwendig das Bestehen besonderer, zum Betriebe des Gewerbes dienender Vorrichtungen voraus. Vielmehr kann schon in der Verwendung eines bestimmten Gebäudes oder einer sonstigen Lokalität als regelmäßige Betriebsstätte die Einrichtung einer Anlage gefunden werden.

Erk. d. O.T. v. 17. Februar 1876 (Opp. XVII, S. 122) u. v. 22. Mai 1875 (Opp. XVI, S. 374).

5. Das in §§. 16 und 24 der Gew.O. aufgestellte Erforderniß der Genehmigung für die dort bezeichneten gewerblichen Anlagen bezieht sich nur auf die nach eingetretener Wirksamkeit dieses Gesetzes sich vollziehenden Einrichtungen und Veränderungen. Auch sind nur die Anlagen und deren Veränderungen und nicht der Betrieb der betreffenden Gewerbe konzessionspflichtig.

Erk. d. O.T. v. 24. Januar 1877.

Opp. XVIII, S. 65.

6. Die Benutzung einer schon bestehenden Roßschlächterei zum Zwecke einer Abdeckerei ist nur als eine Betriebsveränderung, nicht als Errichtung einer neuen Anlage anzusehen.

Erk. d. O.T. v. 11. September 1878.

Opp. XIX, S. 394.

7. Ist eine Gewerbe-Anlage ohne die erforderliche Genehmigung errichtet, so kann der Lauf der Verjährung nicht beginnen, so lange der nicht genehmigte Zustand besteht.

Erk. d. O.T. v. 2. Juni 1874.

Opp. XV, S. 344.

Vgl. auch Cirk.Erl. d. H.M. v. 23. Dezember 1875 (M.Bl. S. 287).

8. Wer eine ohne Genehmigung von einem Andern errichtete Anlage benutzt, macht sich dadurch nicht straffällig.

9. Als „Gewinnungsorte des Materials" (Abs. 2 Zeile 7) sind diejenigen Orte anzusehen, an welchen die Kohlen zu Tage kommen, sowie die damit in Verbindung stehenden Niederlageplätze der betreffenden Gruben.

C.R. d. F.M. u. M. d. J. v. 10. April 1846, M.Bl. S. 96.

10. Feldziegelöfen oder Feldbrände bei denen es sich nicht um die Errichtung eines zur dauernden Benutzung bestimmten Ziegelofens, sondern nur um die vorübergehende Verarbeitung des im Felde gefundenen Materials handelt, gelten nicht als Ziegelöfen.

R. d. F. u. M.M. d. J. v. 14. August 1845, M.Bl. S. 263.

C.R. d. H.M. v. 21. November 1849, M.Bl. S. 285.

Wegen der Kalk- oder Flecht-Oefen vgl. R. d. H.M. v. 15. Oktober 1849, M.Bl. S. 231.

11. Unter Hammerwerken sind nicht solche gewerbliche Anlagen zu verstehen, in denen überhaupt mit dem Hammer gearbeitet wird, sondern nur diejenigen Werke, in denen die Hämmer nicht durch Menschenhände, sondern mit Wasser oder Dampfkraft in Bewegung gesetzt werden.

R. d. M. d. J. u. F.M. v. 14. September 1847, M.Bl. S. 265.

12. Anstalten zur Bereitung künstlicher Mineralwasser sind keine chemischen Fabriken.

C.R. d. H.M. u. K.M. v. 30. Oktober 1864, M.Bl. S. 272.

13. Bei der Genehmigung von Triebwerken, welche mit Wasser bewegt werden, ist eine genaue, die Verhältnisse für die Zukunft sichernde, Bestimmung des zulässigen Wasserstandes zu treffen, zu welchem Behuf namentlich die Lage des Fachbaums nach unverrückbaren Merkmalen zu bestimmen und die bewilligte Höhe des Standwassers über dem Fachbaum durch Merkpfähle zu normiren ist.

C.R. d. M. d. J. u. F.M. v. 14. Juni 1847, M.Bl. S. 136.

Die Anlegung von Schiffsmühlen auf öffentlichen Flüssen ist nur im Falle eines dringenden Bedürfnisses und auch dann nur unter der Voraussetzung zu gestatten, daß daraus für die Schifffahrt und Flösserei keine Nachtheile entstehen.

C.R. d. F.M. v. 31. Oktober 1844, M.Bl. S. 290.

Die ohne Genehmigung der zuständigen Polizeibehörde erfolgte Errichtung einer Stauanlage ist strafbar, wenn diese für ein Wassertriebwerk bestimmt war, wenn auch letzteres noch nicht in Angriff genommen war.

Erk. R.G. v. 19. November 1879. I. S. 88.

14. Durch Cirk.R. d. H.M. und M. d. J. v. 11. Mai 1883 (M.Bl. S. 159) betreffend den Erlaß von Polizeiverordnungen über den Verkehr mit Mineralölen ist den Provinzialbehörden der Entwurf einer darauf bezüglichen Verordnung mit dem Auftrage mitgetheilt, eine demselben entsprechende Polizeiverordnung zu erlassen und die über den Gegenstand bisher erlassenen Verordnungen, soweit sie nicht hafenpolizeilicher Natur sind, außer Kraft zu setzen.

15. Zur Kontrole der Beobachtung der Vorschriften des §. 16 Gew.O. sind die Gewerberäthe berufen.

(§§. 1, 5, 8, 12, 15 der Dienst-Anw. v. 24. Mai 1879.
Vgl. Note 2 zu §. 139b der Gew.O.)

Walkmühlen dürfen da nicht angelegt werden, wo das Flußwasser wegen Mangels an Brunnen als Trinkwasser benutzt wird.

R. v. 23. Oktober 1837 (v. Kamptz Ann. 21 S. 1072).

Die bloße Anlegung von Schöpfrädern fällt nicht unter den Begriff von Wassertriebwerken.

R. d. H.M. u. landw. M. v. 28. August 1867, M.Bl. S. 380.

§. 17.

Dem Antrage auf die Genehmigung einer solchen Anlage müssen die zur Erläuterung erforderlichen Zeichnungen und Beschreibungen beigefügt werden.

Ist gegen die Vollständigkeit dieser Vorlagen nichts zu erinnern, so wird das Unternehmen mittelst einmaliger Einrückung in das zu den amtlichen Bekanntmachungen der Behörde (§. 16) bestimmte Blatt zur öffentlichen Kenntniß gebracht, mit der Aufforderung, etwaige Einwendungen gegen die neue Anlage binnen vierzehn Tagen anzubringen. Die Frist nimmt ihren Anfang mit Ablauf des Tages, an welchem das die Bekanntmachung enthaltende Blatt ausgegeben worden, und ist für alle Einwendungen, welche nicht auf privatrechtlichen Titeln beruhen, präklusivisch.

§. 18.

Werden keine Einwendungen angebracht, so hat die Behörde zu prüfen, ob die Anlage erhebliche Gefahren, Nachtheile oder Belästigungen für das Publikum herbeiführen könne. Auf Grund dieser Prüfung, welche sich zugleich auf die Beachtung der

---

16. Die bezügliche Strafvorschrift ist in §. 147 Nr. 2 Gew.O. enthalten.

17. Wenn gesetzliche Bestimmungen für den Betrieb eines Gewerbes eine polizeiliche Erlaubniß erfordern, sind doch die ohne Concession im Gewerbsbetrieb geschlossenen Verträge gültig und begründen Rechte und Verbindlichkeiten unter den Vertragschließenden.

Erk. R.G. v. 19. Januar 1881. J.-M.-Bl. 1882 S. 1.

Zu §. 17.

Wenn es sich nur um die Veränderung einer gewerblichen Anlage handelt, ist die Behörde befugt, auf den Antrag des Unternehmers von der Bekanntmachung Abstand zu nehmen, wenn sie die Ueberzeugung gewinnt, daß die beabsichtigte Veränderung für die Besitzer oder Bewohner benachbarter Grundstücke oder das Publikum überhaupt neue oder größere Nachtheile, Gefahren oder Belästigungen als mit der vorhandenen Anlage verbunden sind, nicht herbeiführen werde, daß es sich ferner um eine unzweifelhafte Verbesserung handelt oder wenigstens die Unschädlichkeit der beabsichtigten Veränderung von vornherein so vollkommen klar zu Tage liegt, daß mit Sicherheit angenommen werden muß, durch eine kontradiktorische Erörterung werde keinerlei weitere Aufklärung der Sache und kein irgendwie begründetes Bedenken gegen die beabsichtigte Veränderung herbeigeführt werden.

Cirk. R. d. H.M. v. 9. Januar 1880. M.Bl. S. 33.

bestehenden bau-, feuer- und gesundheitspolizeilichen Vorschriften erstreckt, ist die Genehmigung zu versagen, oder, unter Festsetzung der sich als nöthig ergebenden Bedingungen, zu ertheilen. Zu den letzteren gehören auch diejenigen Anordnungen, welche zum Schutze der Arbeiter gegen Gefahr für Gesundheit und Leben nothwendig sind. Der Bescheid ist schriftlich auszufertigen und muß die festgesetzten Bedingungen enthalten; er muß mit Gründen versehen sein, wenn die Genehmigung versagt oder nur unter Bedingungen ertheilt wird.

§. 19.

Einwendungen, welche auf besonderen privatrechtlichen Titeln beruhen, sind zur richterlichen Entscheidung zu verweisen, ohne daß von der Erledigung derselben die Genehmigung der Anlage abhängig gemacht wird.

Andere Einwendungen dagegen sind mit den Parteien vollständig zu erörtern. Nach Abschluß dieser Erörterung erfolgt die Prüfung und Entscheidung nach den im §. 18 enthaltenen Vorschriften. Der Bescheid ist sowohl dem Unternehmer, als dem Widersprechenden zu eröffnen.

§. 20.

Gegen den Bescheid ist Rekurs an die nächstvorgesetzte Behörde zulässig, welcher bei Verlust desselben binnen vierzehn Tagen, vom Tage der Eröffnung des Bescheides an gerechnet, gerechtfertigt werden muß.

Der Rekursbescheid ist den Parteien schriftlich zu eröffnen und muß mit Gründen versehen sein.

§. 21.

Die näheren Bestimmungen über die Behörden und das Verfahren, sowohl in der ersten als in der Rekurs-Instanz,

---

Zu §. 20.

Diese Vorschrift wird durch das preußische Gesetz über die allgemeine Landesverwaltung vom 30. Juli 1883 nicht berührt.

(§. 157, 1 a. a. O.)

Dasselbe gilt bezüglich der Vorschrift des §. 21 Gew.O.

Zu §. 21.

Nr. 5 ist durch das Reichsgesetz vom 1. Juli 1883 bestimmt.

Die in Bezug genommenen Vorschriften des Gerichtsverfassungsgesetzes vom 27. Januar 1877 lauten:

bleben den Landesgesetzen vorbehalten. Es sind jedoch folgende Grundsätze einzuhalten:

1. In erster oder in zweiter Instanz muß die Entscheidung durch eine kollegiale Behörde erfolgen. Diese Behörde ist befugt, Untersuchungen an Ort und Stelle zu veranlassen, Zeugen und Sachverständige zu laden und eidlich zu vernehmen, überhaupt den angetretenen Beweis in vollem Umfange zu erheben.
2. Bildet die kollegiale Behörde die erste Instanz, so ertheilt sie ihre Entscheidung in öffentlicher Sitzung, nach erfolgter Ladung und Anhörung der Parteien, auch in dem Falle, wenn zwar Einwendungen nicht angebracht sind, die Behörde aber nicht ohne Weiteres die Genehmigung ertheilen will und der Antragsteller innerhalb vierzehn Tagen nach Empfang des die Genehmigung versagenden oder nur unter Bedingungen ertheilenden Bescheides der Behörde auf mündliche Verhandlung anträgt.
3. Bildet die kollegiale Behörde die zweite Instanz, so ertheilt sie stets ihre Entscheidung in öffentlicher Sitzung, nach erfolgter Ladung und Anhörung der Parteien.
4. Als Parteien sind der Unternehmer (Antragsteller), sowie diejenigen Personen zu betrachten, welche Einwendungen erhoben haben.
5. Die Oeffentlichkeit der Sitzungen kann unter entsprechender Anwendung der §§. 173 bis 176 des Gerichtsverfassungsgesetzes ausgeschlossen oder beschränkt werden.

§. 173. In allen Sachen kann durch das Gericht für die Verhandlung oder einen Theil derselben die Oeffentlichkeit ausgeschlossen werden, wenn sie eine Gefährdung der öffentlichen Ordnung oder der Sittlichkeit besorgen läßt.

§. 174. Die Verkündung des Urtheils erfolgt in jedem Falle öffentlich.

§. 175. Ueber die Ausschließung der Oeffentlichkeit wird in nicht öffentlicher Sitzung verhandelt. Der Beschluß, welcher die Oeffentlichkeit ausschließt, muß öffentlich verkündet werden.

§. 176. Der Zutritt zu nicht öffentlichen Verhandlungen kann einzelnen Personen von dem Vorsitzenden gestattet werden.

Vgl. auch Note 1 und 3 zu §. 16 und Note 2 zum Gesetz vom 17. März 1881. — Vgl. auch die Note zu §. 20 Gew.-O.

§. 22.

Die durch unbegründete Einwendungen erwachsenden Kosten fallen dem Widersprechenden, alle übrigen Kosten, welche durch das Verfahren entstehen, dem Unternehmer zur Last.

In den Bescheiden über die Zulässigkeit der neuen Anlage wird zugleich die Vertheilung der Kosten festgesetzt.

§. 23.

Bei den Stauanlagen für Wassertriebwerke sind außer den Bestimmungen der §§. 17 bis 22 die dafür bestehenden landesgesetzlichen Vorschriften anzuwenden.

Der Landesgesetzgebung bleibt vorbehalten, für solche Orte, in welchen öffentliche Schlachthäuser in genügendem Umfange vorhanden sind, oder errichtet werden, die fernere Benutzung bestehender und die Anlage neuer Privatschlächtereien zu untersagen.

Der Landesgesetzgebung bleibt ferner vorbehalten, zu verfügen, in wie weit durch Ortsstatuten darüber Bestimmung getroffen werden kann, daß einzelne Ortstheile vorzugsweise zu Anlagen der in §. 16 erwähnten Art zu bestimmen, in anderen Ortstheilen aber dergleichen Anlagen entweder gar nicht oder nur unter besonderen Beschränkungen zuzulassen sind.

Zu §. 23 Abs. 1.

Die hauptsächlichsten Bestimmungen sind in den §§. 96, 97 Th. I Tit. 8 des Allg. Landrechts, in §. 46 und den §§. 229 ff. Th. II Tit. 15 desselben und in dem Vorfluthsedikt vom 15. November 1811 (Ges.-S. S. 324 ff.) enthalten.

Zu §. 23 Abs. 2.

1. Die bezüglichen Vorschriften enthielt das Gesetz vom 18. März 1868 betreffend die Errichtung öffentlicher, ausschließlich zu benutzender, Schlachthäuser (Ges.S. S. 227).

Dasselbe lautet:

§. 1.

In denjenigen Gemeinden, in welchen eine Gemeindeanstalt zum Schlachten von Vieh (öffentliches Schlachthaus) errichtet ist, kann durch Gemeindebeschluß angeordnet werden, daß innerhalb des ganzen Gemeindebezirks oder eines Theils desselben das Schlachten sämmtlicher oder einzelner Gattungen von Vieh, so wie gewisse mit dem Schlachten in unmittelbarem Zusammenhange stehende, bestimmt zu bezeichnende Vorrichtungen, ausschließlich in einem öffentlichen Schlachthause resp. den öffentlichen Schlachthäusern vorgenommen werden dürfen.

In dem Gemeindebeschlusse kann bestimmt werden, daß das Verbot der ferneren Benutzung anderer als der in einem öffentlichen Schlachthause befindlichen Schlachtstätten:

1. auf die im Besitz und in der Verwaltung von Innungen oder sonstigen Korporationen befindlichen gemeinschaftlichen Schlachthäuser,
2. auf das nicht gewerbmäßig betriebene Schlachten

keine Anwendung finde.

§. 2.

Durch Gemeindebeschluß kann nach Errichtung eines öffentlichen Schlachthauses angeordnet werden:

1. daß alles in dasselbe gelangende Schlachtvieh zur Feststellung seines Gesundheitszustandes sowohl vor als nach dem Schlachten einer Untersuchung durch Sachverständige zu unterwerfen ist;
2. daß alles nicht im öffentlichen Schlachthause ausgeschlachtete frische Fleisch in dem Gemeindebezirke nicht eher feilgeboten werden darf, bis es einer Untersuchung durch Sachverständige gegen eine zur Gemeindekasse fließende Gebühr unterzogen ist;
3. daß in Gastwirthschaften und Speisewirthschaften frisches Fleisch, welches von auswärts bezogen ist, nicht eher zum Genusse zubereitet werden darf, bis es einer gleichen Untersuchung unterzogen ist;
4. daß sowohl auf den öffentlichen Märkten als in den Privatverkaufsstätten das nicht im öffentlichen Schlachthause ausgeschlachtete frische Fleisch von dem daselbst ausgeschlachteten Fleisch gesondert feilzubieten ist;
5. daß in öffentlichen, im Eigenthum und in der Verwaltung der Gemeinde stehenden Fleischverkaufshallen frisches Fleisch von Schlachtvieh nur dann feilgeboten werden darf, wenn es im öffentlichen Schlachthause ausgeschlachtet ist;
6. daß diejenigen Personen, welche in dem Gemeindebezirk das Schlächtergewerbe oder den Handel mit frischem Fleisch als stehendes Gewerbe betreiben, innerhalb des Gemeindebezirks das Fleisch von Schlachtvieh, welches sie nicht in dem öffentlichen Schlachthause, sondern an einer anderen innerhalb eines durch den Gemeindebeschluß festzusetzenden Umkreises gelegenen Schlachtstätte geschlachtet haben, oder haben schlachten lassen, nicht feilbieten dürfen.

Die Regulative für die Untersuchung (Nr. 1, 2 und 3) und der Tarif für die zu erhebende Gebühr (Nr. 2 und 3) werden gleichfalls durch Gemeindebeschluß festgesetzt und zur öffentlichen Kenntniß gebracht. In dem Regulativ für die Untersuchung des nicht im öffentlichen Schlachthause ausgeschlachteten Fleisches (Nr. 2) kann angeordnet werden, daß das der Untersuchung zu unterziehende Fleisch dem Fleischbeschauer in größeren Stücken (Hälften, Vierteln) und, was Kleinvieh anbelangt, in unzertheiltem Zustande vorzulegen ist; die in dem Tarife (Nr. 2 und 3) festzusetzenden Gebühren dürfen die Kosten der Untersuchung nicht übersteigen.

Die Anordnungen zu Nr. 2 bis 6 können nur in Verbindung mit der Anordnung zu Nr. 1 und dem Schlachtzwang (§. 1) beschlossen werden, sie bleiben für diejenigen Theile des Gemeindebezirks und diejenigen Gattungen von Vieh, welche gemäß §. 1 von dem Schlachtzwange ausgenommen sind, außer Anwendung.

Im Uebrigen steht es den Gemeinden frei, die unter Nr. 2 bis 6 aufgeführten Anordnungen sämmtlich oder theilweise, und die einzelnen Anordnungen in ihrem vollen, durch das Gesetz begrenzten Umfange oder in beschränktem Umfange zu beschließen*).

§. 3.

Die in den §§. 1 und 2 bezeichneten Gemeindebeschlüsse bedürfen zu ihrer Gültigkeit die Genehmigung der Bezirksregierung.

Das Verbot der Benutzung anderer als der im öffentlichen Schlachthause befindlichen Schlachtstätten (§. 1) tritt sechs Monate nach der Veröffentlichung des genehmigten Gemeindebeschlusses in Kraft, sofern nicht in diesem Beschlusse selbst eine längere Frist bestimmt ist.

Neue Privatschlachtanstalten dürfen von dem Tage dieser Veröffentlichung ab nicht mehr errichtet werden**).

§. 4.

Die Gemeinde ist verpflichtet, das öffentliche ausschließlich zu benutzende Schlachthaus den örtlichen Bedürfnissen entsprechend einzurichten und zu erhalten.

Will die Gemeinde die Anstalt eingehen lassen, so ist der Termin der Aufhebung von der Genehmigung der Regierung abhängig.

§. 5.

Die Gemeinde ist befugt, für die Benutzung der Anstalt so wie für die Untersuchung des Schlachtviehs bezw. des Fleisches Gebühren zu erheben. Der Gebührentarif wird durch Gemeindebeschluß auf mindestens einjährige Dauer festgesetzt und zur öffentlichen Kenntniß gebracht. Die Höhe der Tarifsätze ist so zu bemessen, daß

1. die für die Untersuchung (§. 2) zu entrichtenden Gebühren die Kosten dieser Untersuchung,
2. die Gebühren für die Schlachthausbenutzung den zur Unterhaltung der Anlagen, für die Betriebskosten, so wie zur Verzinsung und allmäligen Amortisation des Anlagekapitals und der etwa gezahlten Entschädigungssumme (§. 7) erforderlichen Betrag

nicht übersteigen.

---

*) Die Fassung des §. 2 beruht auf dem Ges. v. 9. März 1881 (Ges.S. S. 273).

In der ursprünglichen Fassung lautete der §. 2:

Durch Gemeindebeschluß kann nach Errichtung eines öffentlichen Schlachthauses angeordnet werden, daß alles in dasselbe gelangende Schlachtvieh zur Feststellung seines Gesundheitszustandes sowohl vor als nach dem Schlachten einer Untersuchung durch Sachverständige zu unterwerfen ist.

**) Abs. 3 ist durch das Ges. v. 9. März 1881 bestimmt.

Ein höherer Zinsfuß als 5 pCt. und eine höhere Amortisationsquote als 1 pCt. nebst den jährlich ersparten Zinsen darf hierbei nicht berechnet werden.

§. 6.

Die Benutzung der Anstalt darf bei Erfüllung der allgemein vorgeschriebenen Bedingungen Niemandem versagt werden.

§. 7.

Den Eigenthümern und Nutzungsberechtigten der in dem Gemeindebezirk vorhandenen Privatschlachtanstalten ist für den erweislich wirklichen Schaden, welchen sie dadurch erleiden, daß die zum Schlachtbetriebe dienenden Gebäude und Einrichtungen in Folge der nach §. 1 getroffenen Anordnungen ihrer Bestimmung entzogen werden, von der Gemeinde Ersatz zu leisten.

Bei Berechnung des Schadens ist namentlich zu berücksichtigen, daß der Ertrag, welcher von den Grundstücken und Einrichtungen bei anderweiter Benutzung erzielt werden kann, von dem bisherigen Ertrage in Abzug zu bringen ist*).

Eine Entschädigung für Nachtheile, welche aus Erschwerungen oder Störungen des Geschäftsbetriebes hergeleitet werden möchten, findet nicht statt.

§. 8.

Soweit Pacht- und Miethverträge die Benutzung von Privatschlachtanstalten zum Gegenstande haben, erreichen solche Verträge ihr Ende spätestens mit dem Ablaufe der nach §. 3 den Schlachthausbesitzern gewährten Frist.

Ein Entschädigungsanspruch wegen dieser Auflösung allein steht dem Verpächter und Pächter gegen einander nicht zu.

§. 9.

Die Eigenthümer und Nutzungsberechtigten (Pächter, Miether) von Privatschlachtanstalten sind bei Vermeidung des Verlustes ihrer Entschädigungsansprüche gegen die Gemeinde verpflichtet, dieselben innerhalb der ihnen nach §. 3 gewährten Frist bei der Bezirksregierung anzumelden.

Diese Behörde ernennt einen Kommissarius, welcher unter Zuziehung von zwei Beisitzern den Anspruch zu prüfen und den Betrag der Entschädigung zu ermitteln hat.

Der eine der Beisitzer ist von dem Entschädigungsberechtigten, der andere von der Gemeinde zu wählen. Erfolgt die Wahl nicht binnen einer vom Kommissarius zu bestimmenden, mindestens zehntägigen Frist, so ernennt dieser die Beisitzer.

§. 10.

Nach Beendigung der Instruktion reicht der Kommissarius die Verhandlungen mit seinem Gutachten der Bezirksregierung ein, welche über den Entschädigungsanspruch durch ein mit Gründen abgefaßtes Resolut entscheidet

---

*) Abs. 2 beruht auf dem Ges. v. 9. März 1881.

und eine Ausfertigung desselben Jedem der Betheiligten durch den Kommissarius aushändigen läßt.

§. 11.

Gegen das Resolut steht Jedem der Betheiligten innerhalb einer Frist von vier Wochen, vom Tage der Behändigung des Resoluts an gerechnet, die Beschreitung des Rechtsweges zu. Nach fruchtlosem Ablauf dieser Frist hat das Resolut die Wirkung eines rechtskräftigen Erkenntnisses.

§. 12.

Die Bestimmungen des gegenwärtigen Gesetzes finden auch auf den Fall Anwendung, in welchem die Gemeinde das öffentliche, ausschließlich zu benutzende Schlachthaus nicht selbst errichtet, sondern die Errichtung desselben einem andern Unternehmer überläßt. In diesem Falle verbleiben der Gemeinde die in diesem Gesetze auferlegten Verpflichtungen. Das gegenseitige Verhältniß zwischen der Gemeinde und dem Unternehmer ist durch einen Vertrag zu regeln, welcher der Bestätigung der Bezirksregierung unterliegt.

§. 13.

Die in diesem Gesetze den Bezirksregierungen beigelegten Befugnisse stehen in der Provinz Hannover, so lange Bezirksregierungen dort nicht eingesetzt sind, den Landdrosteien zu.

§. 14*).

Wer der nach §. 1 getroffenen Anordnung zuwider außerhalb des öffentlichen Schlachthauses entweder Vieh schlachtet oder eine der sonstigen im Gemeindebeschlusse näher bezeichneten Verrichtungen vornimmt, ferner wer den Anordnungen zuwiderhandelt, welche durch die in §. 2 erwähnten Gemeindebeschlüsse getroffen worden sind, wird für jeden Uebertretungsfall mit Geldstrafe bis zu einhundertundfunfzig Mark oder mit Haft bestraft.

2. In den Provinzen Ost- und Westpreußen, Brandenburg, Pommern, Sachsen und Schlesien tritt in den Fällen der §§. 3, 4, 9, 10, 12 des Gesetzes vom 18. März 1868 der Provinzialrath an die Stelle der Bezirksregierung. In den Fällen §§. 3 und 12 a. a. O. ist die etwaige Beschwerde gegen die Entscheidung des Provinzialraths bei dem Minister für Handel und Gewerbe anzubringen.

§. 145 Nr. 1, 2 des Kompetenzgesetzes vom 26. Juli 1876 abgedruckt S. 108. Vgl. auch §. 131 Ges. v. 1. August 1883, abgedruckt Seite 115.

---

*) Fassung des Ges. v. 9. März 1881.
In der ursprünglichen Fassung lautete §. 14:

Wer der nach §. 1 getroffenen Anordnung zuwider außerhalb des öffentlichen Schlachthauses entweder Vieh schlachtet oder eine der sonstigen im Gemeindebeschluß näher bezeichneten Verrichtungen vornimmt, hat für jeden Uebertretungsfall eine Geldbuße bis zu 60 Mark oder im Unvermögensfalle verhältnißmäßige Haft verwirkt.

§. 24.

Zur Anlegung von Dampfkesseln, dieselben mögen zum Maschinenbetriebe bestimmt sein oder nicht, ist die Genehmigung der nach den Landesgesetzen zuständigen Behörde erforderlich. Dem Gesuche sind die zur Erläuterung erforderlichen Zeichnungen und Beschreibungen beizufügen.

Die Behörde hat die Zulässigkeit der Anlage nach den bestehenden bau-, feuer- und gesundheitspolizeilichen Vorschriften, sowie nach denjenigen allgemeinen polizeilichen Bestimmungen zu prüfen, welche von dem Bundesrathe über die Anlegung von Dampfkesseln erlassen werden. Sie hat nach dem Befunde die Genehmigung entweder zu versagen, oder unbedingt zu ertheilen, oder endlich bei Ertheilung derselben die erforderlichen Vorkehrungen und Einrichtungen vorzuschreiben.

Zu §. 24.

1. Abs. 3 ist durch Art. 16 des R.Ges. v. 1. Juli 1883 in Wegfall gekommen.

2. Der Antrag auf Ertheilung der Genehmigung ist bei dem Landrath bezw. bei dem Amte (Oberamte), — wenn die Anlage innerhalb eines Stadtbezirks errichtet werden soll, bei dessen Polizeibehörde — anzubringen.

Anw. Nr. 28.

Im Geltungsbereich des Kompetenzgesetzes vom 26. Juli 1876 bzw. 1. August 1883 ist der Antrag bei dem Kreis- (Stadt-) Ausschuß, in den Städten mit mehr als 10 000 Einwohnern bei dem Magistrat (kollegialischen Gemeindevorstand) anzubringen.

Handelt es sich um eine zum Betriebe auf Bergwerken und Aufbereitungsanstalten bestimmte Dampfkesselanlage, so ist der Antrag an den Revierbeamten des zuständigen Oberbergamts zu richten. Die Genehmigung derartiger Anträge steht den Oberbergämtern in Gemeinschaft mit den Regierungen zu.

R. d. M. d. J. u. d. H. M. v. 19. Oktober 1874.
Kletke Bd. 4 S. 33.

Hinsichtlich der für den Gebrauch auf Eisenbahnen bestimmten Lokomotiven erfolgt die Genehmigung nach Maßgabe der für die Eisenbahnverwaltung ertheilten Vorschriften. Vgl. das Bahn-Polizeireglement für Eisenbahnen vom 3. Juni 1870 B.G.Bl. S. 463.

In Bezug auf die erste technisch polizeiliche Prüfung der Lokomotiven vgl. Cirk.R. d. H.M. v. 29. Oktober 1874 M.Bl. S. 264.

Bevor der Kessel in Betrieb genommen wird, ist zu untersuchen, ob die Ausführung den Bestimmungen der ertheilten Genehmigung entspricht. Wer vor dem Empfange der hierüber auszufertigenden Bescheinigung den Betrieb beginnt, hat die im §. 147 angedrohte Strafe verwirkt.

Die vorstehenden Bestimmungen gelten auch für bewegliche Dampfkessel.

Für den Rekurs und das Verfahren über denselben gelten die Vorschriften der §§. 20 und 21.

Zu §. 24 ist unterm 29. Mai 1871 eine Bekanntmachung des Bundesraths (R.G.Bl. S. 122) ergangen.

Dieselbe lautet:

Allgemeine polizeiliche Bestimmungen über die Anlegung von Dampfkesseln.

I. Bau der Dampfkessel.

§. 1.

Die vom Feuer berührten Wandungen der Dampfkessel, der Feuerröhren und der Sederöhren dürfen nicht aus Gusseisen herge-

---

In Betreff der periodischen technisch-polizeilichen Untersuchungen der Eisenbahn-Dampfkessel und Lokomotiven vgl. den Cirk.Erl. d. H.M. v. 12. Oktober 1872 M.Bbl. S. 258.

Die Untersuchung stationärer Dampfkessel der Staats-Eisenbahnen bezw. der unter Staatsverwaltung stehenden Eisenbahnen ist von den technischen Eisenbahnbeamten zu bewirken. Die polizeiliche Genehmigung zur Errichtung hat aber die Regierung zu ertheilen.

Cirk.R. d. H.M. v. 27. Oktober 1872. M.Bl. S. 304.

Die auf Grund des Cirk.Erlasses betreffend die Aufstellung und den Gebrauch von Lokomobilen vom 13. März 1855 (M.Bl. S. 49) ergangenen Polizeiverordnungen behalten insofern ihre Geltung, als sie den Betrieb der beweglichen Dampfkessel unter die besondere Aufsicht der Ortspolizeibehörde gestellt und ihre wechselnde örtliche Aufstellung an die Beachtung gewisser Vorsichtsmaßregeln gebunden haben.

Anträge auf Genehmigung des Befahrens der Chausseen mit sogenannten Straßen-Lokomotiven sind nach Maßgabe der Cirk.Verf. vom 18. Februar 1864 (M.Bl. S. 53) und der späteren ergänzenden Vorschriften zu behandeln.

Anw. v. 4. September 1869. Nr. 4.

stellt werden, sofern deren lichte Weite bei cylindrischer Gestalt 25 Centimeter, bei Kugelgestalt 30 Centimeter übersteigt.

Wegen der Inbetriebstellung solcher Lokomotiven, welche nicht auf den im Betriebe befindlichen und dem öffentlichen Verkehr dienenden Eisenbahnen, sondern zum Eisenbahnbetriebe für industrielle, bauliche oder bergbauliche Zwecke bestimmt sind, vgl. Erlaß des H. M. v. 12. Dezember 1871.

Zeitschrift f. B. H. u. S. W. XIX. S. 41.

Die Kartoffelkocher in den Branntweinbrennereien und die Hadernkocher in den Papierfabriken sind nicht als Dampfkessel im Sinne des §. 24 der Gew.O. anzusehen.

R. d. H.M. v. 7. September 1877. M.Bl. S. 211.

Wegen der Anbringung von Verstärkungsringen an den Quernäthen vom Flammrohre der Dampfkessel vgl. R. d. H.M. v. 23. September 1879 (M.Bl. S. 275).

Die Prüfung der Dampfkessel, welche auf den Fahrzeugen der Kaiserlichen Marine oder auf den Marine-Etablissements zum Betriebe von Werkzeugmaschinen, Ventilatoren, Pumpwerken u. s. w. aufgestellt werden, erfolgt durch die Kaiserliche Marinebehörde.

R. d. H.M. v. 8. September 1872. M.Bl. S. 229.

Hinsichtlich der im Eigenthum des Militär-Fiskus befindlichen und auf militärfiskalischen Grundstücken betriebenen Dampfkessel soll die Ausführung der im §. 24 der Gew.O. vorgeschriebenen, vor der Inbetriebsetzung der Kesselanlage vorzunehmenden, Untersuchung darüber, ob die Ausführung der Anlage den Bedingungen der ertheilten Genehmigung entspricht, den zuständigen Garnison-Baubeamten ausschließlich vorbehalten bleiben. Es bedarf auch nicht einer Benachrichtigung an die Regierung über den Ausfall der Untersuchung.

Cirk.R. d. H.M. v. 10. November 1875 (M.Bl. S. 285) und v. 5. November 1878 (M.Bl. S. 39).

3. Der Antrag (Note 1) muß den vollständigen Namen, Stand und Wohnort des Unternehmers ersichtlich machen. Dem Gesuch sind in zwei Exemplaren beizufügen:

a) eine Beschreibung und eine Zeichnung des Kessels in einfachen Linien,
b) wenn es sich um Anlage eines feststehenden Dampfkessels handelt, ein Situations- und ein Bauriß.

In der Beschreibung sind die Dimensionen des Kessels, die Stärke und Gattung des Materials, die Art der Zusammensetzung, die Dimensionen der Ventile und deren Belastung, die Einrichtung der Speisevorrichtung und der Feuerung, sowie die Kraft und Art der Dampfmaschine anzugeben.

Aus der Zeichnung muß die Größe der vom Feuer berührten Fläche zu berechnen, und die Höhe des niedrigsten zulässigen Wasserstandes über den

Die Verwendung von Messingblech ist nur für Feuerröhren, deren lichte Weite 10 Centimeter nicht übersteigt, gestattet.

Feuerzügen zu ersehen sein; auf die Einrichtung der Dampfmaschine braucht sie sich nicht zu erstrecken. Die Situationszeichnung hat die an den Ort der Aufstellung des Kessels stoßenden Grundstücke zu umfassen.

Aus dem Bauriß muß sich der Standpunkt der Maschine und des Kessels, der Standpunkt und die Höhe des Schornsteins sowie die Lage der Feuer- und Rauchröhren gegen die benachbarten Grundstücke deutlich ergeben; den Umständen nach kann ein einfacher Grundriß und eine Längenansicht oder ein Durchschnitt genügen.

Für die erforderlichen Zeichnungen ist ein Maßstab zu wählen, welcher eine deutliche Anschauung gewährt. Der Maßstab ist stets auf die Zeichnungen einzutragen. Nivellements und die dazu gehörigen Situationspläne sind von vereideten Feldmessern oder Baubeamten zu fertigen. Alle sonstigen Zeichnungen können von den mit der Ausführung betrauten Technikern und Werkmeistern aufgenommen werden. Beschreibungen, Zeichnungen und Nivellements sind von demjenigen, welcher sie gefertigt hat, und von dem Unternehmer zu vollziehen.

Die Vorlagen sind von den Behörden, bei denen der Antrag eingereicht wird, hinsichtlich der Vollständigkeit zu prüfen. Die Bauzeichnungen und Nivellements sind zu dem Behufe dem zuständigen Baubeamten vorzulegen, welcher die erfolgte Prüfung auf den Vorlagen zu bescheinigen hat. Wird demnächst die Genehmigung nach dem Antrage des Unternehmers ertheilt, so ist ohne Weiteres die Genehmigungsurkunde auszufertigen. Wird dieselbe versagt, so richtet sich das weitere Verfahren nach den für die Errichtung oder Veränderung gewerblicher Anlagen ertheilten Vorschriften. (Anm. Nr. 49 bis 51.)

Die Revision der Dampfkessel ist auf Grund des §. 3 des Gesetzes vom 3. Mai 1872 durch das von dem Handelsminister erlassene Regulativ vom 24. Juni 1872 (M.Bl. S. 183) wie folgt geregelt:

1. Ein jeder im Betriebe befindliche Dampfkessel soll von Zeit zu Zeit einer technischen Untersuchung unterliegen. Es bleibt vorbehalten, Ausnahmen hiervon nachzulassen, insoweit dies im Interesse der öffentlichen Sicherheit unbedenklich erscheint.

2. Die technische Untersuchung hat zum Zweck, den Zustand der Kessel-Anlage überhaupt, deren Uebereinstimmung mit dem Inhalt der Genehmigungs-Urkunde und die bestimmungsmäßige Benutzung der bei Genehmigung der Anlage oder allgemein vorgeschriebenen Sicherheits-Vorrichtungen festzustellen.

3. Die Untersuchung erfolgt hinsichtlich der Dampfkessel auf Bergwerken, Aufbereitungs-Anstalten und Salinen, auf welche die Vorschriften des Allgemeinen Berggesetzes vom 24. Juni 1865 Anwendung finden, durch die Bergrevier-Beamten, im Uebrigen durch

§. 2.

Die um oder durch einen Dampfkessel gehenden Feuerzüge müssen an ihrer höchsten Stelle in einem Abstand von mindestens

---

die von der zuständigen Staatsbehörde dazu berufenen Sachverständigen. Namen und Wohnort derselben wird unter Bezeichnung des Bezirks, auf welchen ihr Auftrag sich erstreckt, durch das Amtsblatt bekannt gemacht.

Bewegliche Dampfkessel gehören zu demjenigen Bezirke, in welchem ihr Besitzer oder dessen Vertreter wohnt, Dampfschiffskessel zu demjenigen, in welchem die Schiffe überwintern, oder, falls dieses außerhalb Landes geschieht, zu demjenigen, in welchem ihr Haupt-Anlegeplatz sich befindet.

4. *Dampfkessel, deren Besitzer Vereinen angehören*, welche eine regelmäßige und sorgfältige Ueberwachung der Kessel vornehmen lassen, können mit Genehmigung des Ministers für Handel und Gewerbe von der amtlichen Revision befreit werden. Es bedarf einer öffentlichen Bekanntmachung durch das Amtsblatt, wenn einem Vereine eine solche Vergünstigung gewährt oder entzogen ist. Ausnahmsweise kann auch denjenigen Dampfkesselbesitzern, welche für eine regelmäßige Ueberwachung ihrer Dampfkessel entsprechende Einrichtungen getroffen haben, die gleiche Vergünstigung zu Theil werden.

5. Die vorgedachten Vereine haben den Königlichen Regierungen (Landdrosteien, Oberbergämtern, Polizei-Präsidium zu Berlin) ein Verzeichniß der dem Verein angehörenden Kesselbesitzer unter Angabe der Anzahl der von denselben in dem Bezirke betriebenen Kessel, sowie eine Uebersicht aller in dem Laufe des Jahres ausgeführten Untersuchungen, welche zugleich deren Art und Ergebniß ersehen läßt, am Jahresschluß einzureichen. Sie haben ferner von jeder Aufnahme eines Kessels in den Verband und von jedem Ausscheiden aus demselben dem zur amtlichen Untersuchung der Dampfkessel in dem betreffenden Bezirke berufenen Sachverständigen unverzüglich Nachricht zu geben.

Die veröffentlichten Jahresberichte sind regelmäßig dem Minister für Handel und Gewerbe vorzulegen.

Die Vorschrift im ersten Absatze findet auch auf einzelne, von der amtlichen Aufsicht befreite Kesselbesitzer (Nr. 4) Anwendung.

6. Die amtliche Untersuchung der Dampfkessel ist eine äußere und eine innere. Jene findet alle zwei, diese alle sechs Jahre statt und ist dann mit jener zu verbinden.

7. Die äußere Untersuchung besteht vornehmlich in einer Prüfung der ganzen Betriebsweise des Kessels. Eine Unterbrechung des Betriebes darf dabei nur verlangt werden, wenn Anzeichen gefahrbringen-

10 Centimetern unter dem festgesetzten niedrigsten Wasserspiegel des Kessels liegen.

---

der Mängel, deren Dasein und Umfang anders nicht festgestellt werden kann, sich ergeben haben.

Die Untersuchung ist vornehmlich zu richten:

a) auf die Vorrichtungen zum regelmäßigen Speisen des Kessels;

b) auf die Ausführung und den Zustand der Mittel, den Normal-Wasserstand in dem Kessel zu allen Zeiten mit Sicherheit beurtheilen zu können;

c) auf die Vorrichtungen, welche gestatten, den etwaigen Niederschlag an den Kesselwandungen zu entdecken und den Kessel zu reinigen;

d) auf die Vorrichtungen zum Erkennen der Spannung der Dämpfe im Kessel;

e) auf die Ausführung und den Zustand der Mittel, den Dämpfen einen freien Abzug zu gestatten, wenn die Normal-Spannung überschritten wird;

f) auf die Ausführung und den Zustand der Feuerungs-Anlage selbst, die Mittel zur Regelung und Absperrung des Zutritts der atmosphärischen Luft und zur thunlichst schnellen Beseitigung des Feuers.

Auch ist zu prüfen, ob der Kesselwärter die zur Sicherheit des Betriebes erforderlichen Vorrichtungen kennt und anzuwenden versteht.

8. Die innere Untersuchung erstreckt sich auf den Zustand der Kessel-Anlage überhaupt. Sie umfaßt auch die Prüfung der Widerstandsfähigkeit der Kesselwände und des Zustandes des Kessel-Innern. Sie ist stets mit einer Probe durch Wasserdruck zu verbinden. Behufs ihrer Ausführung muß der Betrieb des Kessels eingestellt werden.

Die Untersuchung ist vornehmlich zu richten:

a) auf die Beschaffenheit der Kesselwandungen, Nieten und Anker im Aeußern wie im Innern des Kessels, sowie der Heiz- und Rauchrohre und der Verbindungsstützen, wobei zu ermitteln ist, ob die Dauerhaftigkeit dieser Theile durch den Gebrauch gefährdet ist, und die nach Art der Lokomotiv-Feuerröhren eingesetzten Röhren nöthigenfalls herauszuziehen sind;

b) auf das Vorhandensein und die Natur des Kesselsteins;

c) auf den Zustand der Wasserzuleitungsröhren und der Reinigungs-Oeffnungen, sowie auf den Zustand der Speise- und Dampf-Ventile;

d) auf den Zustand der Verbindungsröhren zwischen Kessel und Manometer bezw. Wasserstandszeiger sowie der übrigen Sicherheits-Vorrichtungen;

e) auf den Zustand des Rostes, der Feuerbrücke und der Feuerzüge außerhalb wie innerhalb des Kessels.

Die Ummauerung und Ummantelung des letzteren muß, wenn die Untersuchung sich durch Befahrung der Züge oder auf andere ein-

Dieser Minimalabstand muss für Kessel auf Fluss- und Landseeschiffen bei einem Neigungswinkel der Schiffsbreite gegen die Horizontal-

fache Weise nicht zur Genüge bewirken läßt, an einzelnen zu untersuchenden Stellen oder, wenn es sich als nothwendig herausstellt, ganz beseitigt werden.

9. Werden bei einer Untersuchung erhebliche Unregelmäßigkeiten in dem Betriebe ermittelt, so kann nach dem Ermessen des Beamten in dem folgenden Jahre die äußere Untersuchung wiederholt werden. Hat eine Untersuchung Mängel ergeben, welche Gefahr herbeiführen können, und wird diesen nicht sofort abgeholfen, so muß nach Ablauf der zur Herstellung des vorschriftsmäßigen Zustandes erforderlichen Frist die Untersuchung von Neuem vorgenommen werden.

Befindet sich der Kessel bei der Untersuchung in einem Zustande, welcher eine unmittelbare Gefahr einschließt, so ist die Fortsetzung des Betriebes bis zur Beseitigung der Gefahr zu untersagen. Vor der Wiederaufnahme des Betriebes ist in diesem Falle die ganze Untersuchung zu wiederholen und der vorschriftsmäßige Zustand der Anlage festzustellen.

10. Die äußere Untersuchung erfolgt ohne vorherige Benachrichtigung des Kesselbesitzers.

Von der bevorstehenden inneren Untersuchung ist der Besitzer mindestens vier Wochen vorher zu unterrichten. Ueber die Wahl des Zeitpunkts der Untersuchung soll der Sachverständige sich mit dem Besitzer vorher zu verständigen suchen, um den Betrieb der Anlage so wenig wie möglich zu beeinträchtigen.

Bewegliche Dampfkessel sind von den Besitzern oder deren Vertretern im Laufe des Revisionsjahres nach ergangener Aufforderung an einem beliebigen Orte innerhalb des Revisionsbezirks für die Untersuchung bereit zu stellen.

Durch die Untersuchung der Dampfschiffskessel dürfen die Fahrten der Schiffe nicht gestört werden. Die innere Untersuchung derselben ist vor dem Beginne der Fahrten des betreffenden Jahres zu bewirken.

Falls ein Kesselbesitzer der Aufforderung des zur Untersuchung berufenen Beamten, den Kessel für die Untersuchung bereit zu stellen, nicht entspricht, so ist auf Antrag des Beamten der Betrieb des Kessels bis auf Weiteres polizeilich still zu legen.

Die zur Ausführung der Untersuchung erforderliche Arbeitshülfe hat der Besitzer des Kessels dem Beamten auf Verlangen unentgeltlich zur Verfügung zu stellen.

11. Für jeden Kessel hat der Besitzer ein Revisionsbuch zu halten, welches bei dem Kessel aufzubewahren ist. Dem Buche ist die ertheilte Abnahme-Bescheinigung anzuhängen. Der Befund der Untersuchung wird in dieses Buch eingetragen. Abschrift des Vermerks

ebene von 4 Grad, für Kessel auf Seeschiffen bei einem Neigungswinkel von 8 Grad noch gewahrt sein.

(Die Vorschrift des letzten Satzes ist durch die Bekanntmachung des Reichskanzlers vom 18. Juli 1883, R.G.Bl. S. 245, eingeführt.)

übersendet der Sachverständige der Polizeibehörde des Orts, an welchem sich der Kessel befindet. Diese hat für die Abstellung der festgestellten Mängel und Unregelmäßigkeiten Sorge zu tragen.

12. Der Sachverständige überreicht am Jahresschluß der Regierung (Landdrostei), in Berlin dem Polizei-Präsidium eine Nachweisung der von ihm im Laufe des Jahres untersuchten Dampfkessel, welche den Namen des Orts, an welchem sich der Kessel befindet, den Namen des Kesselbesitzers, die Bestimmung des Kessels, den Tag der Revision und in kurzen Worten den Befund derselben ersehen läßt.

13. Für die äußere Untersuchung eines jeden Dampfkessels ist eine Gebühr von 15 Mark zu entrichten. Gehören mehrere Dampfkessel zu einer gewerblichen Anlage, so ist nur für die Untersuchung des ersten Kessels der volle Satz, für die jedes folgenden aber die Hälfte zu entrichten, wenn die Untersuchung innerhalb desselben Jahres erfolgt. Letzteres hat zu geschehen, sofern erhebliche Anstände nicht obwalten. Ist die Untersuchung zugleich eine innere, so beträgt die Gebühr in allen Fällen 30 Mark für jeden Kessel.

14. Bei denjenigen außerordentlichen Untersuchungen (Nr. 9), welche außerhalb des Wohnorts des Sachverständigen erfolgen, hat dieser auch auf die bestimmungsmäßigen Tagegelder und Reisekosten Anspruch.

15. Gebühren und Kosten (13, 14) werden bei der Polizeibehörde des Ortes, wo die Untersuchung erfolgt ist, liquidirt, durch diese festgesetzt und von dem Kesselbesitzer eingezogen.

Wegen der periodischen Untersuchung der Dampfkessel auf Bergwerken, Aufbereitungsanstalten und Salinen durch die Bergbeamten vgl. Cirk.R. d. H.M. v. 31. Oktober 1872, M.Bl. S. 304 u. R. d. H.M. v. 24. Dezbr. 1872, Z. f. B.H. u. S.W. XX, S. 18.

4. Wegen der Unterhaltung, Inventarisation und Benutzung der Control-Manometer zur Prüfung der Dampfkessel vgl. Cirk.R. d. H.M. v. 17. September 1872, M.Bl. S. 257.

5. Zur Erläuterung der Bekanntmachung des Reichskanzlers vom 29. Mai 1871 ist unterm 11. Juni 1871 seitens des Handelsministers eine Cirk.Verfügung (M.Bl. S. 181) erlassen.

Darnach ist jede neue Kesselanlage in Betreff der vorschriftsmäßigen Konstruktion des Kessels der Untersuchung und Prüfung mittelst Wasserdrucks zu unterwerfen. Eine neue Kesselanlage ist aber auch dann anzunehmen, wenn ein bisher schon betriebener Kessel an einer anderweiten Be-

Diese Bestimmungen finden keine Anwendung auf Dampfkessel, welche aus Siederöhren von weniger als 10 Centimeter Weite bestehen, sowie auf solche Feuerzüge, in welchen ein Erglühen des mit dem Dampfraum in Berührung stehenden Theiles der Wandungen nicht zu

---

triebsstätte aufgestellt werden soll. (Erl. d. H.M. v. 31. Oktober 1871. Zeitschr. f. B.H. u. S.W. XIX, S. 39.)

Die durch die Bekanntmachung vom 29. Mai 1871 nachgelassenen Erleichterungen haben übrigens auf frühere Konzessionen und die damit vorgeschriebenen Bedingungen nicht ohne Weiteres Einfluß.

Erk. d. O.T. v. 25. Januar 1878.

Opp. XIX, S. 37.

6. Die im Bereiche eines andern Bundesstaates vorgenommene amtliche Druckprobe eines Dampfkessels ist auch für Preußen als vollgültig anzuerkennen.

Erl. d. H.M. v. 7. Juni 1872, M.Bl. S. 182.

7. Im Allgemeinen sind alle einmal konzessionirten und zum Betriebe aufgestellten Dampfkessel als im Betriebe befindlich im Sinne des Ges. v. 3. Mai 1872 bezw. der Anw. v. 24. Juni 1872 anzusehen, gleichviel ob sie der Regel nach unausgesetzt oder nur in bestimmten Perioden oder unter gewissen Voraussetzungen (z. B. Reservekessel) betrieben werden, oder ob sie endlich ausnahmsweise für ungewisse Zeit außer Gebrauch gesetzt sind. Demgemäß hat die Vornahme der periodischen Revision bei den konzessionirten Dampfkesselanlagen nur dann zu unterbleiben, wenn die hierfür ertheilte Konzession, sei es durch gänzliche Beseitigung der Kesselanlage, sei es durch dreijährigen Nichtgebrauch derselben oder endlich durch ausdrücklich der Polizeibehörde erklärte Verzichtleistung, erloschen ist.

Ausnahmsweise ist ferner dann von der Revision abzusehen, wenn ein ganzes Fabrikunternehmen oder eine einzelne selbständige Abtheilung eines größeren Werks auf längere Zeit vollständig außer Betrieb gesetzt und hiervon der Ortspolizeibehörde Anzeige gemacht wird.

In diesem Falle ist die Zeit des Stillstandes bei Berechnung der Revisionsperiode außer Ansatz zu lassen.

R. d. H.M. v. 29. Oktober 1876, M.Bl. S. 266.

8. Nur bei Dampfkessel-Anlagen ist außer der Genehmigung auch noch eine Revision und Bescheinigung, daß die Anlage den Bestimmungen der Genehmigung entsprechend ausgeführt sei, erforderlich. Bei den übrigen einer Genehmigung bedürfenden gewerblichen Anlagen ist eine solche Revision nicht vorgeschrieben und kann auch nicht bei Ertheilung der Genehmigung derart zur Bedingung gemacht werden, daß der Betrieb vor stattgehabter Revision als Nichtinnehaltung der bei der Genehmigung festgesetzten Bedingungen strafbar sei.

Erk d. O.T. v. 14. Juni 1877.

Opp. XVIII, S. 428.

befürchten ist. Die Gefahr des Erglühens ist in der Regel als ausgeschlossen zu betrachten, wenn die vom Wasser bespülte Kesselfläche, welche von dem Feuer vor Erreichung der vom Wasser bespülten Kesselfläche bestrichen wird, bei natürlichem Luftzug mindestens zwanzigmal, bei künstlichem Luftzug mindestens vierzigmal so gross ist, als die Fläche des Feuerrostes.

II. Ausrüstung der Dampfkessel.

§. 3.

An jedem Dampfkessel muss ein Speiseventil angebracht sein, welches bei Abstellung der Speisevorrichtung durch den Druck des Kesselwassers geschlossen wird.

§. 4.

Jeder Dampfkessel muss mit zwei zuverlässigen Vorrichtungen zur Speisung versehen sein, welche nicht von derselben Betriebsvorrichtung abhängig sind und von denen jede für sich im Stande ist, dem Kessel die zur Speisung erforderliche Wassermenge zuzuführen. Mehrere zu Einem Betriebe vereinigte Dampfkessel werden hierbei als ein Kessel angesehen.

§. 5.

Jeder Dampfkessel muss mit einem Wasserstandsglase und mit einer zweiten geeigneten Vorrichtung zur Erkennung seines

---

9. Die polizeiliche Erlaubniß zur Inbetriebsetzung beweglicher Dampfkessel wird nicht auf einen bestimmten Ort, sondern unbeschränkt für den ganzen Bereich der Zuständigkeit der konzessionirenden Behörde ertheilt. Bei der Aufstellung sind nur etwaige landespolizeiliche Vorschriften zu beachten.

Erk. d. O.T. v. 1. November 1876.

Opp. XVII, S. 705.

Vgl. auch die Motive zu §. 24.

10. Wegen der Frist zur Ausführung der Anlage bezw. zum Beginn des Gewerbebetriebes vgl. §. 49, 50 Gew.O.

11. Die für die erste, auf Grund des §. 24 Al. 4 der Gew.O. stattfindende Untersuchung neu aufgestellter Dampfkessel festgesetzte Gebühr beträgt 15 Mark.

R. d. H.M. v. 8. Oktober 1873, M.Bl. S. 277.

Diese Gebühr bezieht sich sowohl auf die mit der Wasserdruckprobe verbundene Untersuchung als auch auf die weitere, in der citirten Vorschrift bezeichnete, Untersuchung, welche die Uebereinstimmung der Kesselanlage mit den Konzessionsbedingungen zum Gegenstande hat.

R. d. H.M. v. 22. Juni 1874, M.Bl. S. 164.

12. Die bezügliche Strafvorschrift ist in §. 147 Nr. 2 Gew.O. enthalten.

Wasserstandes versehen sein. Jede dieser Vorrichtungen muss eine gesonderte Verbindung mit dem Innern des Kessels haben, es sei denn, dass die gemeinschaftliche Verbindung durch ein Rohr von mindestens 60 Quadratcentimeter lichtem Querschnitt hergestellt ist.

§. 6.

Werden Probirhähne zur Anwendung gebracht, so ist der unterste derselben in der Ebene des festgesetzten niedrigsten Wasserstandes anzubringen. Alle Probirhähne müssen so eingerichtet sein, dass man behufs Entfernung von Kesselstein in gerader Richtung hindurchstossen kann.

§. 7.

Der für den Dampfkessel festgesetzte niedrigste Wasserstand ist an dem Wasserstandsglase, sowie an der Kesselwandung oder dem *Kesselmauerwerk durch eine in die Augen fallende* Marke zu bezeichnen.

An der Aussenwand jedes Dampfschiffskessels ist die Lage der höchsten Feuerzüge nach der Richtung der Schiffsbreite in leicht erkennbarer, dauerhafter Weise kenntlich zu machen; ferner sind an derselben zwei Wasserstandsgläser in einer zur Längenrichtung des Schiffes normalen Ebene, in gleicher Höhe, symmetrisch zur Kesselmitte und möglichst weit von ihr nach rechts und links abstehend anzubringen. Durch das hierdurch bei Dampfschiffskesseln geforderte zweite Wasserstandsglas wird die im §. 5 angeordnete zweite Vorrichtung zu Erkennung des Wasserstandes nicht entbehrlich gemacht*).

§. 8.

Jeder Dampfkessel muss mit wenigstens einem zuverlässigen Sicherheitsventil versehen sein.

Wenn mehrere Kessel einen gemeinsamen Dampfsammler haben, von welchem sie nicht einzeln abgesperrt werden können, so genügen für dieselben zwei Sicherheitsventile.

Dampfschiffs-, Lokomobil- und Lokomotivkessel müssen immer mindestens zwei Sicherheitsventile haben. Bei Dampfschiffskesseln, mit Ausschluss derjenigen auf Seeschiffen, ist dem einen Ventil eine solche Stellung zu geben, dass die vorgeschriebene Belastung vom Verdeck aus mit Leichtigkeit untersucht werden kann.

Die Sicherheitsventile müssen jederzeit gelüftet werden können. Sie sind höchstens so zu belasten, dass sie bei Eintritt der für den Kessel festgesetzten Dampfspannung den Dampf entweichen lassen.

*) Abs. 2 ist durch die Bekanntmachung des Reichskanzlers vom 18. Juli 1883 (R.G.Bl. S. 245) eingeführt.

§. 9.

An jedem Dampfkessel muss ein zuverlässiges Manometer angebracht sein, an welchem die festgesetzte höchste Dampfspannung durch eine in die Augen fallende Marke zu bezeichnen ist.

An Dampfschiffskesseln müssen zwei dergleichen Manometer angebracht werden, von denen sich das eine im Gesichtskreise des Kesselwärters, das andere mit Ausnahme der Seeschiffe auf dem Verdeck an einer für die Beobachtung bequemen Stelle befindet. Sind auf einem Dampfschiffe mehrere Kessel vorhanden, deren Dampfräume mit einander in Verbindung stehen, so genügt es, wenn ausser den an den einzelnen Kesseln befindlichen Manometern auf dem Verdeck ein Manometer angebracht ist.

§. 10.

An jedem Dampfkessel muss die festgesetzte höchste Dampfspannung, der Name des Fabrikanten, die laufende Fabriknummer und das Jahr der Anfertigung, bei Dampfschiffskesseln ausserdem die Messziffer des festgesetzten niedrigsten Wasserstandes auf leicht erkennbare und dauerhafte Weise angegeben sein*).

III. Prüfung der Dampfkessel.

§. 11.

Jeder neu aufzustellende Dampfkessel muss nach seiner letzten Zusammensetzung vor der Einmauerung oder Ummantelung unter Verschluss sämmtlicher Oeffnungen mit Wasserdruck geprüft werden.

Die Prüfung erfolgt bei Dampfkesseln, welche für eine Dampfspannung von nicht mehr als fünf Atmosphären Ueberdruck bestimmt sind, mit dem zweifachen Betrage des beabsichtigten Ueberdruckes, bei allen übrigen Dampfkesseln mit einem Drucke, welcher den beabsichtigten Ueberdruck um fünf Atmosphären übersteigt. Unter Atmosphärendruck wird ein Druck von einem Kilogramm auf den Quadratcentimeter verstanden.

Die Kesselwandungen müssen dem Probedruck widerstehen, ohne eine bleibende Veränderung ihrer Form zu zeigen und ohne undicht zu werden. Sie sind für undicht zu erachten, wenn das Wasser bei dem höchsten Drucke in anderer Form als der von Nebel oder feinen Perlen durch die Fugen dringt.

§. 12.

Wenn Dampfkessel eine Ausbesserung in der Kesselfabrik er-

*) Die auf die Dampfschiffskessel bezügliche Vorschrift beruht auf der Bekanntmachung des Reichskanzlers vom 18. Juli 1883 (R.G.Bl. S. 245).

fahren haben, oder wenn sie behufs der Ausbesserung an der Betriebsstätte ganz blos gelegt worden sind, so müssen sie in gleicher Weise, wie neu aufzustellende Kessel, der Prüfung mittelst Wasserdrucks unterworfen werden.

Wenn bei Kesseln mit innerem Feuerrohr ein solches Rohr und bei den nach Art der Lokomotivkessel gebauten Kesseln die Feuerbüchse behufs Ausbesserung oder Erneuerung herausgenommen, oder wenn bei cylindrischen und Siederkesseln eine oder mehrere Platten neu eingezogen werden, so ist nach der Ausbesserung oder Erneuerung ebenfalls die Prüfung mittelst Wasserdrucks vorzunehmen. Der völligen Bloslegung des Kessels bedarf es hier nicht.

§. 13.

Der bei der Prüfung ausgeübte Druck darf nur durch ein genügend hohes offenes Quecksilbermanometer oder durch das von dem prüfenden Beamten geführte amtliche Manometer festgestellt werden.

An jedem Dampfkessel muss sich eine Einrichtung befinden, welche den prüfenden Beamten die Anbringung des amtlichen Manometers gestattet.

IV. Aufstellung der Dampfkessel.

§. 14.

Dampfkessel, welche für mehr als vier Atmosphären Ueberdruck bestimmt sind, und solche, bei welchen das Produkt aus der feuerberührten Fläche in Quadratmetern und der Dampfspannung in Atmosphären Ueberdruck mehr als zwanzig beträgt, dürfen unter Räumen, in welchen Menschen sich aufzuhalten pflegen, nicht aufgestellt werden. Innerhalb solcher Räume ist ihre Aufstellung unzulässig, wenn dieselben überwölbt oder mit fester Balkendecke versehen sind.

An jedem Dampfkessel, welcher unter Räumen, in welchen Menschen sich aufzuhalten pflegen, aufgestellt wird, muss die Feuerung so eingerichtet sein, dass die Einwirkung des Feuers auf den Kessel sofort gehemmt werden kann.

Dampfkessel, welche aus Siederöhren von weniger als zehn Centimeter Weite bestehen, und solche, welche in Bergwerken unterirdisch oder in Schiffen aufgestellt werden, unterliegen diesen Bestimmungen nicht.

§. 15.

Zwischen dem Mauerwerk, welches den Feuerraum und die Feuerzüge feststehender Dampfkessel einschliesst und den dasselbe umgebenden Wänden muss ein Zwischenraum von mindestens acht Centimeter verbleiben, welcher oben abgedeckt und an den Enden verschlossen werden darf.

V. Allgemeine Bestimmungen.

§. 16.

Wenn Dampfkesselanlagen, die sich zur Zeit bereits im Betriebe befinden, den vorstehenden Bestimmungen aber nicht entsprechen, eine Veränderung der Betriebsstätte erfahren sollen, so kann bei deren Genehmigung eine Abänderung in dem Bau der Kessel nach Massgabe der §§. 1 und 2 nicht gefordert werden. Dagegen finden im Uebrigen die vorstehenden Bestimmungen auch für solche Fälle Anwendung.

§. 17.

Die Centralbehörden der einzelnen Bundesstaaten sind befugt, in einzelnen Fällen von der Beachtung der vorstehenden Bestimmungen zu entbinden.

§. 18.

Die vorstehenden Bestimmungen finden keine Anwendung:

1. auf Kochgefässe, in welchen mittelst Dampfes, der einem anderweitigen Dampfentwickler entnommen ist, gekocht wird;
2. auf Dampfüberhitzer oder Behälter, in welchen Dampf, der einem anderweitigen Dampfentwickler entnommen ist, durch Einwirkung von Feuer besonders erhitzt wird;
3. auf Kochkessel, in welchen Dampf aus Wasser durch Einwirkung von Feuer erzeugt wird, wofern dieselben mit der Atmosphäre durch ein unverschliessbares, in den Wasserraum hinabreichendes Standrohr von nicht über fünf Meter Höhe und mindestens acht Centimeter Weite verbunden sind.

§. 19.

In Bezug auf die Kessel in Eisenbahn-Lokomotiven bleiben auch ferner noch die Bestimmungen des Bahnpolizei-Reglements für Eisenbahnen vom 3. Juni 1870 in Geltung.

Für den Betrieb der Dampfkessel ist das Gesetz vom 3. Mai 1872 (Ges.S. S. 515) massgebend. Dasselbe lautet:

§. 1.

Die Besitzer von Dampfkessel-Anlagen oder die an ihrer Statt zur Leitung des Betriebes bestellten Vertreter, sowie die mit der Bewartung von Dampfkesseln beauftragten Arbeiter sind verpflichtet, dafür Sorge zu tragen, dass während des Betriebes die bei Genehmigung der Anlage oder allgemein vorgeschriebenen Sicherheitsvorrichtungen bestimmungsmässig benutzt, und Kessel, die sich nicht in gefahrlosem Zustande befinden, nicht im Betriebe erhalten werdeu.

§. 2.

Wer den ihm nach §. 1 obliegenden Verpflichtungen zuwiderhandelt, verfällt in eine Geldstrafe bis zu 600 Mark oder in eine Gefängnissstrafe bis zu drei Monaten.

§. 3.

Die Besitzer von Dampfkessel-Anlagen sind verpflichtet, eine amtliche Revision des Betriebes durch Sachverständige zu gestatten, die zur Untersuchung der Kessel benöthigten Arbeitskräfte und Vorrichtungen bereit zu stellen und die Kosten der Revision zu tragen.

Die näheren Bestimmungen über die Ausführung dieser Vorschrift hat der Minister für Haudel, Gewerbe und öffentliche Arbeiten zu erlassen.

§. 4.

Alle mit diesem Gesetze nicht im Einklange stehenden Bestimmungen, insbesondere das Gesetz, den Betrieb der Dampfkessel betreffend, vom 7. Mai 1856 (Ges.S. S. 295) werden aufgehoben.

Für Dampfschiffskessel enthält die Bekanntmachung des Reichskanzlers vom 18. Juli 1883 (R.G.Bl. S. 245) ausser den bereits im Text der Bekanntmachung vom 29. Mai 1871 bemerkten noch folgende Bestimmungen:

2. Für Dampfschiffskessel, welche zur Zeit bereits fertig hergestellt sind, hat es bei den bisherigen Vorschriften dergestalt sein Bewenden, dass eine Abänderung solcher Kessel nach Massgabe der vorstehenden Bestimmungen nicht gefordert werden kann.
3. Die für Dampfschiffskessel getroffenen Bestimmungen finden auf alle Dampfkessel, welche mit einem Schiffe dauernd verbunden sind, Anwendung.

---

§. 25.

Die Genehmigung zu einer der in den §§. 16 und 24 bezeich-

Zu §. 25.

1. Die Bestimmung des ersten Satzes des §. 25 findet auf bewegliche Dampfkessel keine Anwendung.

Vgl. Note 11 zu §. 24.

neten Anlagen bleibt so lange in Kraft, als keine Aenderung in der Lage oder Beschaffenheit der Betriebsstätte vorgenommen wird, und bedarf unter dieser Voraussetzung auch dann, wenn die Anlage an einen neuen Erwerber übergeht, einer Erneuerung nicht. Sobald aber eine Veränderung der Betriebsstätte vorgenommen wird, ist dazu die Genehmigung der zuständigen Behörde nach Maßgabe der §§. 17 bis 23 einschließlich, beziehungsweise des §. 24 nothwendig. Eine gleiche Genehmigung ist erforderlich bei wesentlichen Veränderungen in dem Betriebe einer der im §. 16 genannten Anlagen. Die zuständige Behörde kann jedoch auf Antrag des Unternehmers von der Bekanntmachung (§. 17.) Abstand nehmen, wenn sie die Ueberzeugung gewinnt, daß die beabsichtigte Veränderung für die Besitzer oder Bewohner benachbarter Grundstücke oder das Publikum überhaupt neue oder größere Nachtheile, Gefahren oder Belästigungen, als mit der vorhandenen Anlage verbunden sind, nicht herbeiführen werde.

Diese Bestimmungen finden auch auf gewerbliche Anlagen (§§. 16 und 24) Anwendung, welche bereits vor Erlaß dieses Gesetzes bestanden haben.

§. 26.

Soweit die bestehenden Rechte zur Abwehr benachtheiligender Einwirkungen, welche von einem Grundstücke aus auf ein benachbartes Grundstück geübt werden, dem Eigenthümer oder Besitzer des letzteren eine Privatklage gewähren, kann diese Klage einer mit obrigkeitlicher Genehmigung errichteten gewerblichen Anlage gegenüber niemals auf Einstellung des Gewerbebetriebes, sondern nur auf Herstellung von Einrichtungen, welche die benachtheiligende Einwirkung ausschließen, oder, wo solche Einrichtungen unthunlich oder mit einem gehörigen Betriebe des Gewerbes unvereinbar sind, auf Schadloshaltung gerichtet werden.

2. §. 25 der Gewerbeordnung findet auf Lokomobilen keine Anwendung; eine Aenderung ihres Arbeits-Standortes ist keine „Veränderung der Betriebsstätte".

Nr. 208, R.A. d B.R. S. 53.

3. Der Besitznachfolger einer Dampfkessel-Anlage ist für die Befol-

§. 27.

Die Errichtung oder Verlegung solcher Anlagen, deren Betrieb mit ungewöhnlichem Geräusch verbunden ist, muß, sofern sie nicht schon nach den Vorschriften der §§. 16 bis 25 der Genehmigung bedarf, der Ortspolizeibehörde angezeigt werden. Letztere hat, wenn in der Nähe der gewählten Betriebsstätte Kirchen, Schulen oder andere öffentliche Gebäude, Krankenhäuser oder Heilanstalten vorhanden sind, deren bestimmungsmäßige Benutzung durch den Gewerbebetrieb auf dieser Stelle eine erhebliche Störung erleiden würde, die Entscheidung der höheren Verwaltungsbehörde darüber einzuholen, ob die Ausübung des Gewerbes an der gewählten Betriebsstätte zu untersagen oder nur unter Bedingungen zu gestatten sei.

§. 28.

Die höheren Verwaltungsbehörden sind befugt, über die Entfernung, welche bei Errichtung von durch Wind bewegten Triebwerken von benachbarten fremden Grundstücken und von öffentlichen Wegen inne zu halten ist, durch Polizeiverordnungen Bestimmung zu treffen.

---

gung der vor seiner Besitzzeit von der Behörde festgesetzten Bedingungen des Dampfkesselbetriebes unbedingt verantwortlich.

Erk. d. O.T. v. 25. Januar 1878.

Opp. XIX, S. 37.

Zu §. 27.

In dem Geltungsbereich des Kompetenzgesetzes vom 26. Juli 1876 ist unter der höheren Verwaltungsbehörde der Bezirksrath zu verstehen, in den übrigen Provinzen die Regierung bezw. Landdrostei, in Berlin die erste Abtheilung des Polizei-Präsidiums.

§. 125 a. a. O.

Vgl. auch §. 111 des Ges. v. 1. August 1883 abgedruckt Seite 111.

Zu §. 28.

In dem Geltungsbereich des Kompetenzgesetzes vom 26. Juli 1876 (Ost- und Westpreußen &c.) ist unter der höheren Verwaltungsbehörde der Oberpräsident zu verstehen. In allen Fällen, welche keinen Aufschub zulassen, steht dem Regierungspräsidenten die gleiche Befugniß zu.

In den übrigen Provinzen sind es die Regierungen bezw. Landdrosteien.

§. 76 ff a. a. O.

2. Gewerbetreibende, welche einer besonderen Genehmigung bedürfen.

§. 29.

Einer Approbation, welche auf Grnnd eines Nachweises der Befähigung ertheilt wird, bedürfen Apotheker und diejenigen Personen, welche sich als Aerzte (Wundärzte, Augenärzte, Geburtshelfer, Zahnärzte und Thierärzte) oder mit gleichbedeutenden Titeln bezeichnen oder Seitens des Staats oder einer Gemeinde als solche anerkannt oder mit amtlichen Funktionen betraut werden sollen. Es darf die Approbation jedoch von der vorherigen akademischen Doktorpromotion nicht abhängig gemacht werden.

Der Bundesrath bezeichnet, mit Rücksicht auf das vorhandene Bedürfniß, in verschiedenen Theilen des Bundesgebietes die Behörden, welche für das ganze Bundesgebiet gültige Approbationen zu ertheilen befugt sind und erläßt die Vorschriften über den Nachweis der Befähigung. Die Namen der Approbirten werden von der Behörde, welche die Approbation ertheilt, in den vom Bundesrathe zu bestimmenden amtlichen Blättern veröffentlicht.

Zur Ueberschrift.

Andere als die in §§. 29, 30, 31 vorgesehenen gewerblichen Prüfungen kennt die Reichsgesetzgebung nicht. Den in den Landesgesetzen für andere Gewerbe etwa noch begründeten Befähigungs-Nachweis hat sie für fernerhin zulässig nicht erklärt; es fallen also insbesondere die Prüfungen der Abdecker, welche das Bundesgesetz vom 8. Juli 1868 noch aufrecht erhalten hatte, ebenfalls fort. Dagegen hat die Gew.O. im §. 34 es bei den Landesgesetzen insofern belassen, als diese den Handel mit Giften, den Betrieb des Lootsengewerbes und der Markscheidekunst von einer besonderen Genehmigung oder Konzession abhängig machen; da nach dem preußischen Berggesetze die Konzessionirung der Markscheider durch eine besondere Prüfung bedingt ist, bleibt auch diese bestehen. In Betreff der Voraussetzungen, unter welchen Gewerbetreibende dieser Art zugelassen werden, der Behörden, welche über ihre Zulassung zu entscheiden haben, der Bedingungen, welchen ihr Geschäftsbetrieb unterliegt, insbesondere auch in Betreff der Prüfungen, welche sie sich vor ihrer Konzessionirung zu unterwerfen haben, sind daher die Landesgesetze bezw. die zu denselben ergangenen Ausführungsbestimmungen maßgebend.

Vgl. Nr. 8 Anw. v. 4. September 1869 und Note 4 zu §. 34 Gew.O.

Zu §. 29.

1. Approbationen der in diesem §. bezeichneten Art können künftig nur für das ganze Bundesgebiet und nur von den in Gemäßheit des

Personen, welche eine solche Approbation erlangt haben, sind innerhalb des Bundesgebietes in der Wahl des Ortes, wo sie ihr Gewerbe betreiben wollen, vorbehaltlich der Bestimmungen über die Errichtung und Verlegung von Apotheken (§. 6), nicht beschränkt.

Dem Bundesrathe bleibt vorbehalten, zu bestimmen, unter welchen Voraussetzungen Personen wegen wissenschaftlich erprobter Leistungen von der vorgeschriebenen Prüfung ausnahmsweise zu entbinden sind.

Personen, welche vor Verkündigung dieses Gesetzes in einem Bundesstaate die Berechtigung zum Gewerbebetrieb als Aerzte, Wundärzte, Zahnärzte, Geburtshelfer, Apotheker oder Thierärzte bereits erlangt haben, gelten als für das ganze Bundesgebiet approbirt.

Absatzes 2 dazu für befugt erklärten Zentralbehörden ertheilt werden; auf das Gebiet des einzelnen Bundesstaats beschränkte Approbationen sind unzulässig. Nr. 209, R.A. d. B.R. S. 53.

2. Bezüglich der Prüfung bezw. Approbation der Aerzte, Zahnärzte, Thierärzte und Apotheker sind nachstehende Bestimmungen ergangen:

I. Bekanntmachung betreffend die ärztliche Prüfung v. 2. Juni 1883 (Centr.Bl. S. 191).

A. Zentralbehörden, welche Approbation ertheilen.

§. 1.

Zur Ertheilung der Approbation als Arzt für das Reichsgebiet sind befugt:

1. die Zentralbehörden derjenigen Bundesstaaten, welche eine oder mehrere Landesuniversitäten haben, mithin zur Zeit die zuständigen Ministerien des Königreichs Preußen, des Königreichs Bayern, des Königreichs Sachsen, des Königreichs Württemberg, des Großherzogthums Baden, des Großherzogthums Hessen, des Großherzogthums Mecklenburg-Schwerin und in Gemeinschaft die Ministerien des Großherzogthums Sachsen und der sächsischen Herzogthümer:
2. das Ministerium für Elsaß-Lothringen.

Die Approbation wird nach dem beigefügten Formular ausgestellt.

B. Vorschriften über den Nachweis der Befähigung als Arzt.

§. 2.

Die Approbation wird demjenigen ertheilt, welcher die ärztliche Prüfung vollständig bestanden hat.

§. 3.

Die Prüfung kann vor jeder ärztlichen Prüfungskommission bei einer Universität des Deutschen Reichs abgelegt werden.

Die Kommission, einschließlich des Vorsitzenden und seines Stellvertreters, wird von der zuständigen Behörde (§. 1) für jedes Prüfungsjahr (§. 4 Abs. 1) nach Anhörung der medizinischen Fakultät der betreffenden Universität aus geeigneten Fachmännern ernannt.

Der Vorsitzende leitet die Prüfung, ist berechtigt, derselben in allen Abschnitten beizuwohnen, achtet darauf, daß die Bestimmungen der Prüfungsordnung genau befolgt werden, ordnet bei vorübergehender Behinderung eines Mitgliedes dessen Stellvertretung an, berichtet unmittelbar nach dem Schlusse jedes Prüfungsjahres der vorgesetzten Behörde über die Thätigkeit der Kommission und legt Rechnung über die Gebühren.

§. 4.

Die Prüfungen beginnen jährlich im November und sollen nicht über Mitte Juli des folgenden Jahres ausgedehnt werden.

Die Anträge auf Zulassung zur Prüfung sind bei der zuständigen Behörde (§. 1) *bis zum 1. November jedes Jahres einzureichen. Verspätete Meldungen* können nur aus besonderen Gründen berücksichtigt werden.

Kandidaten, welche die vorgeschriebene Studienzeit zu Ostern beendigen, bedürfen für die Zulassung zur Prüfung in dem laufenden Prüfungsjahre einer besonderen Genehmigung, welche nur ausnahmsweise und jedenfalls nur dann ertheilt wird, wenn die Meldung bis zum 1. April erfolgt ist.

Der Meldung sind in Urschrift beizufügen:

1. das Zeugniß der Reife von einem humanistischen Gymnasium des Deutschen Reichs.

   Das Zeugniß der Reife von einem humanistischen Gymnasium außerhalb des Deutschen Reichs darf nur ausnahmsweise als ausreichend erachtet werden;

2. der durch Universitäts-Abgangszeugnisse zu führende Nachweis eines medizinischen Studiums von mindestens neun Halbjahren auf Universitäten des Deutschen Reichs.

   Nur ausnahmsweise darf das medizinische Studium auf einer Universität außerhalb des Deutschen Reichs oder die einem anderen Universitätsstudium gewidmete Zeit theilweise oder ganz in Anrechnung gebracht werden;

3. der Nachweis, daß der Kandidat bei einer Universität des Deutschen Reichs die ärztliche Vorprüfung vollständig bestanden und demnächst noch mindestens vier Halbjahre dem medizinischen Universitätsstudium gewidmet hat;

4. der durch besondere Zeugnisse der klinischen Dirigenten geführte Nachweis, daß der Kandidat mindestens je zwei Halbjahre hindurch an der chirurgischen, medizinischen und geburtshülflichen Klinik als Praktikant theilgenommen, mindestens zwei Kreißende in Gegenwart des Lehrers oder Assistenzarztes selbständig entbunden und ein Halbjahr als Praktikant die Klinik für Augenkrankheiten besucht hat.

Für die Studirenden der militärärztlichen Bildungsanstalten in

Berlin werden die zu 2 und 4 erforderten Zeugnisse von der Direktion der Anstalten ausgestellt;

5. ein kurzer Lebenslauf.

Der Zulassungsverfügung ist ein Abdruck der gegenwärtigen Bekanntmachung beizulegen.

Der Kandidat hat sich binnen drei Wochen nach Empfang der Zulassungsverfügung, unter Vorzeigung derselben sowie der Quittung über die eingezahlten Gebühren (§. 24), bei dem Vorsitzenden der Prüfungskommission ohne besondere Aufforderung persönlich zu melden.

§. 5.

Die Prüfung umfaßt folgende Abschnitte:

I. die anatomische Prüfung;
II. die physiologische Prüfung;
III. die Prüfung in der pathologischen Anatomie und in der allgemeinen Pathologie;
IV. die chirurgisch-ophthalmiatrische Prüfung;
V. die medizinische Prüfung;
VI. die geburtshülflich-gynäkologische Prüfung;
VII. die Prüfung in der Hygiene.

§. 6.

I. In der anatomischen Prüfung hat der Kandidat

1. die in einer der Haupthöhlen des menschlichen Körpers befindlichen Theile nach Form, Lage und Verbindung (Situs) an der Leiche zu demonstriren, oder eine Region des Stammes oder der Extremitäten bloszulegen und topographisch zu beschreiben;
2. ein von ihm selbst gefertigtes anatomisches Präparat zu erläutern und demnächst über eine Aufgabe aus der Knochenlehre, sowie über eine Aufgabe entweder aus der Eingeweide- oder der Nerven- oder der Gefäßlehre an den ihm vorgelegten Präparaten Auskunft zu geben;
3. ein mikroskopisch-anatomisches Präparat anzufertigen und zu erklären, und eine histologische Aufgabe zu lösen.

§. 7.

II. In der physiologischen Prüfung hat der Kandidat seine Kenntnisse an zwei Aufgaben mündlich nachzuweisen.

§. 8.

III. In der Prüfung über pathologische Anatomie und allgemeine Pathologie muß der Kandidat sich befähigt zeigen,

1. an der Leiche die vollständige Sektion mindestens einer der drei Haupthöhlen zu machen und den Befund sofort zu Protokoll zu bringen;
2. ein oder mehrere pathologisch-anatomische Präparate, darunter jedenfalls eines mit Hülfe des Mikroskops zu erläutern und demnächst je eine Aufgabe aus der allgemeinen Pathologie und aus der pathologischen Anatomie zu erledigen.

§. 9.

Jeder der Prüfungsabschnitte I bis III sowie der Prüfungsabschnitt VII

(§§. 6 bis 8 und 13) wird von einem Examinator abgehalten. In keinem Abschnitt dürfen gleichzeitig mehr als vier Kandidaten geprüft werden.

§. 10.

IV. Die chirurgisch-ophthalmiatrische Prüfung umfaßt vier Theile, von denen drei die Chirurgie im allgemeinen, einer die Augenheilkunde insbesondere betreffen.

A. Die drei chirurgischen Theile dieses Prüfungsabschnittes werden von zwei Examinatoren in der chirurgischen Abtheilung eines größeren Krankenhauses oder in einer Universitätsklinik oder an Kranken der Poliklinik abgehalten. Der Kandidat hat

1a. an zwei auf einander folgenden Tagen je einen Kranken in Gegenwart des betreffenden Examinators zu untersuchen, die Anamnese, Diagnose und Prognose des Krankheitsfalles sowie den Heilplan festzustellen; den Befund sofort in ein von dem Examinator gegenzuzeichnendes Protokoll aufzunehmen und noch an demselben Tage zu Hause über den Krankheitsfall einen kritischen Bericht anzufertigen, welcher, mit Datum und Namensunterschrift versehen, am nächsten Morgen dem Examinator zu übergeben ist;

1b. beide ihm überwiesene Kranke im Laufe der nächsten sieben Tage täglich wenigstens einmal, auf Erfordern des Examinators auch zweimal täglich zu besuchen, im Anschluß an den ihm vom Examinator zurückgegebenen Bericht den Verlauf der Krankheit mit Angabe der Behandlung in Form eines Krankenjournals zu beschreiben und im Falle des vor Ablauf der sieben Tage erfolgenden Todes des Kranken eine schriftliche Epikrise unter Berücksichtigung des Sektionsbefundes zu geben.

Scheidet der dem Kandidaten überwiesene Kranke vor Ablauf der sieben Tage aus der Behandlung aus, so bestimmt der Examinator, ob der Kandidat einen anderen Kranken zu übernehmen hat.

Gelegentlich der Krankenbesuche hat der Kandidat noch an sonstigen Kranken seine Fähigkeit in der Erkenntniß und Beurtheilung der chirurgischen Krankheitsformen, sowie seine Fertigkeit in der Ausführung kleiner chirurgischer Operationen nachzuweisen;

2. eine Aufgabe aus dem Gebiete der Operationslehre unter Angabe und Würdigung der bezüglichen Methoden mündlich zu erledigen, die entsprechende Operation, sowie eine Arterien-Unterbindung an der Leiche zu verrichten und für einen praktischen Arzt hinreichende Kenntnisse in der Instrumentenlehre darzulegen;

3. über eine Aufgabe aus der Lehre von den Knochenbrüchen und Verrenkungen ebenfalls mündlich Auskunft zu geben, das angezeigte Verfahren am Phantom oder am Menschen auszuführen und den Verband kunstgerecht anzulegen.

Die Aufgaben Ziffer 2, 3 sind in Gegenwart beider Examinatoren zu lösen.

Jeder Examinator hat den Krankenbesuchen (Ziffer 1b) mindestens dreimal beizuwohnen, hierbei den Krankheitsbericht mit dem Kandidaten durchzugehen und ihn nöthigenfalls zu Nachträgen zu veranlassen.

Die erforderlichen Kranken (Ziffer 1a und 1b) werden von der Direktion der Anstalt dem Examinator zugewiesen. Die Benutzung desselben Kranken für mehrere Kandidaten im Laufe des Prüfungsjahres ist nur ausnahmsweise gestattet.

Zu dem klinischen Theile dieses Prüfungsabschnittes (Ziffer 1a und 1b) dürfen höchstens drei, zu den technischen Theilen (Ziffer 2 und 3) höchstens sechs Kandidaten gleichzeitig zugelassen werden.

B. Der die Augenheilkunde insbesondere betreffende vierte Theil wird von einem Examinator abgehalten.

In Gegenwart desselben hat der Kandidat einen Augenkranken zu untersuchen, die Anamnese, Diagnose und Prognose des Krankheitsfalles, sowie den Heilplan festzustellen, den Befund sofort in ein von dem Examinator gegenzuzeichnendes Protokoll aufzunehmen und noch an demselben Tage zu Hause über den Krankheitsfall einen Bericht anzufertigen, welcher, mit Datum und Namensunterschrift versehen, am nächsten Morgen dem Examinator zu übergeben ist. Sodann hat er den Kranken drei Tage hindurch unter Aufsicht des Examinators zu behandeln und während dieser Zeit auch an anderen Fällen nachzuweisen, daß er sich mit den Grundzügen der Augenheilkunde vertraut gemacht hat.

Zu einem Prüfungstermin sind höchstens drei Kandidaten zuzulassen.

§. 11.

V. Die medizinische Prüfung wird von zwei Examinatoren in der medizinischen Abtheilung eines größeren Krankenhauses oder einer Universitätsklinik oder an Kranken der Poliklinik abgehalten.

Behufs dieser Prüfung hat der Kandidat:

1a. an zwei auf einander folgenden Tagen je einen Kranken in Gegenwart des betreffenden Examinators zu untersuchen, die Anamnese, Diagnose und Prognose des Falles, sowie den Heilplan festzustellen, den Befund sofort in ein von dem Examinator gegenzuzeichnendes Protokoll aufzunehmen und noch an demselben Tage zu Hause über den Krankheitsfall einen kritischen Bericht anzufertigen, welcher, mit dem Datum und Namensunterschrift versehen, am nächsten Morgen dem Examinator zu übergeben ist;

1b. die beiden ihm überwiesenen Kranken im Laufe der nächsten sieben Tage wenigstens einmal, auf Erfordern des Examinators auch zweimal täglich zu besuchen, dabei im Anschluß an den ihm vom Examinator zurückgegebenen Bericht den Verlauf der Krankheit mit Angabe der Behandlung in Form eines Krankenjournals zu beschreiben und im Falle des vor Ablauf der sieben Tage erfolgenden Todes des Kranken eine schriftliche Epikrise unter Berücksichtigung des Sektionsbefundes zu geben. Scheidet der dem Kandidaten überwiesene Kranke vor Ablauf der sieben Tage aus der Behandlung aus, so bestimmt der Examinator, ob der Kandidat einen anderen Kranken zu übernehmen hat.

Gelegentlich der Krankenbesuche hat der Kandidat noch an sonstigen Kranken seine Fähigkeit in der Erkenntniß und Beurtheilung der inneren Krankheiten, namentlich mit Einschluß der Kinderkrankheiten und der Geisteskrankheiten nachzuweisen;

2. in einem besonderen Termin in Gegenwart eines Examinators einige Aufgaben zu Arzneiverordnungen schriftlich zu lösen, zu mehreren von dem Examinator bestimmten Arzneisubstanzen die Maximaldosen aufzuzeichnen und mündlich darzuthun, daß er in der Pharmakologie und Toxikologie die für einen Arzt erforderlichen Kenntnisse besitzt.

Dieser Prüfungsabschnitt kann einem dritten Examinator übertragen werden.

In Betreff der Besuche, denen die Examinatoren beizuwohnen haben, der Besprechung der Krankheitsberichte und in Betreff der Zuweisung der Kranken, finden die Bestimmungen des §. 10 A entsprechende Anwendung.

Jedem Prüfungstermin sind höchstens drei Kandidaten zu überweisen.

§. 12.

VI. Die geburtshülflich-gynäkologische Prüfung wird von zwei Examinatoren in einer öffentlichen Gebäranstalt abgehalten.

Der Kandidat hat:

1a. eine Gebärende in Gegenwart eines der Examinatoren oder im Behinderungsfalle in Gegenwart eines Assistenzarztes der Anstalt zu untersuchen, die Geburtsperiode und Kindeslage, die Prognose und das einzuschlagende Verfahren zu bestimmen; bei normaler Geburt und auf Erfordern auch bei normwidriger Geburt die nothwendige Hülfe einschließlich der etwaigen Operationen selbst zu leisten, sowie auch nach Beendigung der Geburt im Laufe der nächsten 24 Stunden zu Hause einen kritischen Bericht anzufertigen und solchen, mit Datum und Unterschrift versehen, am anderen Tage dem betreffenden Examinator zu übergeben;

1b. die Wöchnerin im Laufe der nächsten sieben Tage täglich zweimal zu besuchen, dabei den Bericht in Beziehung auf die Pflege der Wöchnerin und des Neugeborenen, sowie auf die etwaigen Krankheiten beider zu vervollständigen, während dieser Zeit noch seine Fähigkeit in der Diagnose der Schwangerschaft, des Wochenbetts und der Frauenkrankheiten vor demselben Examinator zu bekunden und im Falle des vor Ablauf der sieben Tage erfolgenden Todes der Entbundenen eine schriftliche Epikrise unter Berücksichtigung des Sektionsbefundes zu geben.

Scheidet die dem Kandidaten überwiesene Wöchnerin vor Ablauf der sieben Tage aus der Behandlung aus, so bestimmt der Examinator, ob der Kandidat eine andere Wöchnerin zu übernehmen hat;

2. in einem besonderen Termin in Gegenwart beider Examinatoren seine Bekanntschaft mit denjenigen Operationen nachzuweisen, welche wissen-

schaftlich anerkannt sind; sodann am Phantom die Diagnose verschiedener regelwidriger Kindeslagen zu stellen, die Entbindung durch die Wendung auszuführen und seine Fertigkeit im Gebrauch der Zange darzulegen.

Dem dirigirenden Arzt steht es beim Mangel an Gebärenden oder Kranken in der Anstalt frei, solche aus der poliklinischen Praxis zur Prüfung heranzuziehen. Die Benutzung derselben Gebärenden zur Prüfung (Ziffer 1a) für zwei oder mehrere Kandidaten ist in keinem Falle gestattet.

Zur technischen Prüfung am Phantom dürfen gleichzeitig nicht mehr als vier Kandidaten zugelassen werden.

§. 13.

VII. In der hygienischen Prüfung ist der Kandidat von einem Examinator über zwei Aufgaben (§. 14) in Gegenwart des Vorsitzenden mündlich zu prüfen.

In diesem Prüfungsabschnitte soll jeder der Kandidaten nicht länger als 15 Minuten geprüft werden.

§. 14.

Die in §. 6 Ziffer 2, 3, §. 7, §. 8 Ziffer 2, §. 10A Ziffer 2, 3 und §. 13 vorgeschriebenen Aufgaben werden durch das Loos bestimmt. Zu diesem Zweck hat die Kommission Aufgabensammlungen, welche die betreffenden Prüfungsfächer möglichst vollständig umfassen, anzulegen und jährlich vor dem Beginne der Prüfungen zu revidiren.

Dem Examinator steht es frei, an die Erledigung der gezogenen Aufgaben einige weitere Fragen aus dem Gesammtgebiete des Prüfungsfachs anzuschließen.

§. 15.

Zu den drei ersten Prüfungsabschnitten und dem siebenten Prüfungsabschnitt ist den Studirenden der Medizin, zu den klinischen Prüfungen denjenigen Studirenden der Zutritt gestattet, welche als Auskultanten oder Praktikanten an der betreffenden Klinik theilnehmen.

§. 16.

Für jeden Kandidaten wird über jeden Prüfungsabschnitt ein besonderes Protokoll unter Anführung der Prüfungsgegenstände und der ertheilten Censuren, bei der Zensur „ungenügend“ oder „schlecht“ unter kurzer Angabe der Gründe, aufgenommen.

§. 17.

Die Aufgaben und die Kranken sind dem Kandidaten für jeden Abschnitt erst bei Beginn desselben zu überweisen. Zwischen den einzelnen Prüfungsabschnitten darf in der Regel nur ein Zeitraum von acht Tagen liegen. Nach Beendigung eines jeden Prüfungsabschnitts sind die Examinatoren verpflichtet, dem Vorsitzenden die Prüfungsakten unverweilt zuzusenden.

Zu dem Abschnitt II wird nur zugelassen, wer den Abschnitt I, und zu den Abschnitten III bis VII nur, wer die Abschnitte I und II bestanden hat. Die Reihenfolge, in welcher die Abschnitte III bis VII zurückzulegen sind, bestimmt der Vorsitzende. Jedoch darf niemals gestattet werden, daß Abschnitt VI sofort nach Abschnitt III begonnen wird. Wer in einem der Abschnitte III bis VII nicht vollständig besteht, hat, so weit es die Umstände gestatten, die Wahl, ob er sich der Prüfung in einem der anderen Abschnitte oder dem späteren Theile desselben Abschnitts sogleich oder erst nach Wiederholung des nicht bestandenen unterziehen will.

§. 18.

Ueber den Ausfall der Prüfung in den Abschnitten II und VII, sowie in jedem Theile der übrigen Abschnitte wird eine besondere Zensur unter ausschließlicher Anwendung der Prädikate sehr gut (1), gut (2), genügend (3), ungenügend (4) und schlecht (5) ertheilt.

Wenn von zwei an einer Prüfung betheiligten Examinatoren einer die Censur „ungenügend" oder „schlecht" ertheilt, so entscheidet seine Stimme.

§. 19.

Ist ein Prüfungsabschnitt vollständig bestanden, so wird für den ganzen Abschnitt von dem Vorsitzenden die Gesammtzensur ermittelt, indem die Zahlenwerthe der Einzelzensuren (§. 18 Abs. 1) addirt und durch die Anzahl der Theile dividirt werden. Ergeben sich bei der Theilung Brüche, so werden dieselben, wenn sie über $0{,}5$ betragen, als ein Ganzes gerechnet, anderenfalls bleiben sie unberücksichtigt.

§. 20.

Ist ein Prüfungsabschnitt oder ein Theil eines Prüfungsabschnitts ungenügend oder schlecht bestanden, so muß er wiederholt werden.

Die Zensur „ungenügend" für einen ganzen Prüfungsabschnitt hat zur Folge, daß erst nach drei Monaten, die Zensur „schlecht", daß erst nach sechs Monaten die Wiederholung stattfinden darf.

Handelt es sich um Theile eines Prüfungsabschnitts, so gelten für die Wiederholung die Fristen von mindestens sechs Wochen, beziehungsweise von mindestens drei Monaten.

In allen Fällen muß die Wiederholung spätestens in dem nächsten Prüfungsjahre stattfinden, widrigenfalls auch die früher bestandenen Prüfungen zu wiederholen sind. Eine Ausnahme kann nur aus besonderen Gründen gestattet werden. Die Frist zur Wiederholung wird von der Behörde (§. 1) festgesetzt und durch den Vorsitzenden dem Kandidaten mitgetheilt. Der Behörde werden zu diesem Zwecke die Prüfungsakten mit gutachtlichem Bericht eingereicht.

Die zweite Wiederholung eines Prüfungsabschnittes oder eines Theils desselben findet in Gegenwart des Vorsitzenden statt.

Wer auch bei der zweiten Wiederholung nicht besteht, wird zu einer weiteren Prüfung nicht zugelassen. Ausnahmen hiervon können nur aus besonderen Gründen gestattet werden.

§. 21.

Hat der Kandidat sämmtliche Prüfungsabschnitte bestanden, so wird aus den für die Prüfungsabschnitte ertheilten Prädikaten die Gesammtzensur ebenso estgesetzt, wie dies in §. 19 vorgeschrieben ist.

Der Vorsitzende überreicht die Prüfungsakten der Behörde (§. 1) zur Ertheilung der Approbation.

§. 22.

Wer sich nicht rechtzeitig (§. 4) persönlich bei dem Vorsitzenden meldet, die Termine oder Fristen ohne hinreichende Entschuldigung versäumt, kann auf Antrag des Vorsitzenden von der Behörde (§. 1) bis zum folgenden Prüfungsjahre zurückgestellt werden.

§. 23.

Die Prüfung darf nur bei der Kommission fortgesetzt oder wiederholt werden, bei welcher sie begonnen ist. Ausnahmen können nur aus besonderen Gründen gestattet werden.

Die mit dem Zulassungsgesuch eingereichten Zeugnisse (§. 4 Ziffer 1 bis 4) sind dem Kandidaten erst nach bestandener Gesammtprüfung zurückzugeben. Verlangt er sie früher zurück, so sind vor der Rückgabe sämmtliche Behörden (§. 1) durch Vermittelung des Reichskanzlers zu benachrichtigen, daß der Kandidat die Prüfung begonnen, aber nicht beendigt hat, und daß ihm auf seinen Antrag die Zeugnisse zurückgegeben worden sind. In die Urschrift des letzten Universitäts-Abgangszeugnisses ist ein Vermerk über den Ausfall der bisherigen Prüfung einzutragen.

§. 24.

Die *Gebühren* für die gesammte Prüfung betragen 200 Mark.

Davon sind zu berechnen:

für den Prüfungsabschnitt I		20 Mark
und zwar für Theil 1	6 Mark,	
„ „ 2	7 „	
„ „ 3	7 „	
für den Prüfungsabschnitt II		12 „
für den Prüfungsabschnitt III		16 „
und zwar für Theil 1	10 Mark,	
„ „ 2	6 „	
für den Prüfungsabschnitt IV		57 „
und zwar für Theil 1a und 1b	25 Mark,	
„ „ 2	10 „	
„ „ 3	10 „	
„ „ 4	12 „	
für den Prüfungsabschnitt V		35 „
und zwar für Theil 1a und 1b	25 Mark,	
„ „ 2	10 „	
für den Prüfungsabschnitt VI		24 „
und zwar für Theil 1a und 1b	12 Mark,	
„ „ 2	12 „	
für den Prüfungsabschnitt VII		6 „
für sächliche und Verwaltungskosten		30 „
	zusammen	200 Mark.

Bei Wiederholungen kommen für den betreffenden Abschnitt oder Theil eines Abschnitts außer den anzusetzenden Gebühren jedesmal vier Mark für sächliche Ausgaben und Verwaltungskosten zur nochmaligen Erhebung.

§. 25.

Wer von der Prüfung zurücktritt oder zurückgestellt wird, erhält die Gebühren für die noch nicht begonnenen Prüfungsabschnitte ganz, die sächlichen Gebühren nach Verhältniß zurück.

§. 26.

Dem Reichskanzler werden von der Behörde (§. 1) Verzeichnisse der in dem abgelaufenen Prüfungsjahre Approbirten mit den Prüfungsakten eingereicht. Die letzteren werden der Behörde zurückgesendet.

C. Dispensationen.

§. 27.

Ueber Zulassung der in §. 4 Absatz 3, Absatz 4 Ziffer 1 und 2, §. 20 Absatz 4 und 6, §. 23 Absatz 1 vorgesehenen Ausnahmen entscheidet der Reichskanzler in Uebereinstimmung mit der zuständigen Landes-Zentralbehörde (§. 1).

D. Schluß- und Uebergangsbestimmungen.

§. 28.

Vorstehende Bestimmungen treten am 1. November 1883 in Kraft.

§. 29.

Diejenigen Kandidaten, welche bereits vor dem 1. Dezember 1883 die ärztliche Vorprüfung bestanden haben, sind zur Prüfung zuzulassen, wenn sie auch nur die Erfüllung der nach den bisherigen Vorschriften hierfür erforderlichen Vorbedingungen nachweisen.

§. 30.

Alle früheren, dieser Bekanntmachung entgegenstehenden Bestimmungen über die ärztliche Prüfung sind aufgehoben.

II. Bekanntmachung, betreffend die ärztliche Vorprüfung, vom 2. Juni 1883 (Centr.Bl. S. 198).

§. 1.

Die ärztliche Vorprüfung kann nur vor der Prüfungskommission derjenigen Universität des Deutschen Reichs abgelegt werden, bei welcher der Studirende immatrikulirt ist. Ausnahmen hiervon können nur von dem Reichskanzler in Uebereinstimmung mit der zuständigen Zentralbehörde gestattet werden.

Die Prüfungskommission besteht aus dem Dekan der medizinischen Fakultät als Vorsitzenden und aus Universitätslehrern der Fächer, welche Gegenstand der Prüfung sind (§. 5 Abs. 1). Sie wird jährlich von der Behörde (§. 1 der Bekanntmachung, betreffend die ärztliche Prüfung, vom 2. Juni 1883) nach Anhörung der medizinischen Fakultät berufen.

§. 2.

Der Vorsitzende leitet die Prüfung, ordnet bei vorübergehender Behinderung eines Mitgliedes dessen Stellvertretung an und achtet darauf, daß die Bestimmungen der Prüfungsordnung genau befolgt werden.

Es finden in jedem Studienhalbjahre so viele Prüfungen statt, wie nothwendig sind, um sämmtliche eingegangene Gesuche zu erledigen. Gesuche, welche später als vierzehn Tage vor dem gesetzlichen Schluß der Vorlesungen eingehen, haben keinen Anspruch auf Berücksichtigung in dem laufenden Halbjahre. Der Vorsitzende setzt den Prüfungstermin fest und ladet die Mitglieder zu demselben.

Zu einem Prüfungstermin dürfen nicht mehr als vier Kandidaten zugelassen werden.

§. 3.

Die Gesuche um Zulassung zur Prüfung sind an den Vorsitzenden zu richten.

Die Zulassung zur Prüfung ist bedingt:

a) durch das Zeugniß der Reife von einem humanistischen Gymnasium des Deutschen Reichs;

b) durch den Nachweis eines medizinischen Studiums von mindestens vier Halbjahren auf Universitäten des Deutschen Reichs mit der Maßgabe, daß die Zulassung schon innerhalb der letzten sechs Wochen des vierten Studienhalbjahres erfolgen darf.

In Betreff der Zulässigkeit des Gymnasialzeugnisses der Reife von einem humanistischen Gymnasium außerhalb des Deutschen Reichs, sowie der Anrechnung der Studienzeit auf einer Universität außerhalb des Deutschen Reichs oder der einem anderen Universitätsstudium gewidmeten Zeit gelten die Bestimmungen der Bekanntmachung, betreffend die ärztliche Prüfung, vom 2. Juni 1883 §. 4 Ziffer 1, 2, §. 27.

Der Nachweis zu Ziffer b ist durch das Anmeldebuch, und wenn der Studirende bereits eine andere Universität besucht hat, durch das Abgangszeugniß der letzteren in Urschrift zu führen.

§. 4.

Ist der Studirende zuzulassen, so wird er durch den Vorsitzenden nach Entrichtung der Gebühren zur Prüfung mindestens zwei Tage vor derselben schriftlich geladen. Der Ladung ist ein Abdruck der gegenwärtigen Bekanntmachung beizufügen.

Wer in dem Termin ohne genügende Entschuldigung nicht rechtzeitig oder gar nicht erscheint, geht der Hälfte des eingezahlten Gebührenbetrages verlustig und wird bis zu einem der nächsten Termine zurückgestellt.

§. 5.

Die Prüfung findet mündlich und öffentlich unter dauernder Anwesenheit des Vorsitzenden statt. Sie wird in der Anatomie, Physiologie, Physik, Chemie und Botanik von den zuständigen Fachlehrern (§. 1), in der Zoologie von einem Lehrer der Anatomie oder Zoologie abgehalten.

Der Studirende ist in der Anatomie und Physiologie, in der Physik und Chemie einer eingehenden Prüfung zu unterwerfen. Bei der Prüfung in der Chemie ist zugleich zu ermitteln, ob der Kandidat die auf dem Gebiet der Mineralogie erforderlichen Kenntnisse besitzt. In der Zoologie wird hauptsächlich die Kenntniß der Grundzüge der vergleichenden Anatomie und Physiologie gefordert. In der Botanik hat der Studirende nachzuweisen, daß er sich eine Uebersicht über die systematische Botanik, namentlich mit Rücksicht auf die offizinellen Pflanzen, und Kenntniß von den Grundzügen der Anatomie und Physiologie der Pflanzen angeeignet hat.

Die Zeit, welche auf die Prüfung des einzelnen Studirenden zu verwenden ist, beträgt für jedes Fach höchstens 15 Minuten.

Wer an einer Universität des Reichs auf Grund einer Prüfung in den Naturwissenschaften die Doktorwürde erworben hat, wird nur in denjenigen Fächern geprüft, welche nicht Gegenstand der Promotionsprüfung gewesen sind.

§. 6.

Die Gegenstände und das allgemeine Ergebniß der Prüfung in jedem Fache, sowie die für dasselbe ertheilte Zensur, werden von dem Examinator für jeden Geprüften in ein besonderes Protokollschema eingetragen, welches von dem Vorsitzenden und sämmtlichen Mitgliedern der Kommission zu unterzeichnen und bei den Fakultätsakten aufzubewahren ist.

§. 7.

Von jedem Examinator wird eine Zensur ertheilt, für welche ausschließlich die Bezeichnungen „sehr gut" (1), „gut" (2), „genügend" (3), „ungenügend" (4), „schlecht" (5) zulässig sind.

Für jedes der vier ersten Fächer (§. 5 Abs. 1) wird je eine Zensur, für Botanik und Zoologie das Mittel der beiden Einzelzensuren als eine Zensur ertheilt. Für diejenigen, welche in allen fünf Zensuren mindestens „genügend" erhalten haben, wird nach Beendigung der Prüfung von dem Vorsitzenden die Gesammtzensur ermittelt, indem die Summe der Zahlenwerthe der fünf Zensuren durch 5 getheilt wird. Ergeben sich bei der Theilung Brüche, so werden dieselben, wenn sie über $0{,}5$ betragen, als ein Ganzes gerechnet, andernfalls bleiben sie unberücksichtigt.

Das Prädikat „ungenügend" oder „schlecht" hat eine Wiederholungsprüfung in dem nicht bestandenen Fache zur Folge, wobei wiederum Zoologie und Botanik zusammen als ein Fach gerechnet werden.

Die Frist beträgt je nach den Zensuren und der Zahl der nicht bestandenen Prüfungsfächer zwei bis sechs Monate. Sie wird von dem Vorsitzenden nach Benehmen mit dem betreffenden Examinator bestimmt.

§. 8.

Die Wiederholung der Prüfung kann nach Ablauf der Frist (§. 7) auch bei der Kommission einer anderen Universität geschehen, sofern der Kandidat bei letzterer immatrikulirt ist.

§. 9.

Nach Beendigung jedes Prüfungstermins hat der Vorsitzende binnen zwei Tage das Resultat der Prüfung und die etwa bestimmten Wiederholungsfristen der Universitätsbehörde mitzutheilen. Diese hat, falls der Studirende vor vollständig bestandener Vorprüfung die Universität verläßt, einen entsprechenden Vermerk in das Abgangszeugniß einzutragen.

Ueber den Erfolg der Prüfung ist dem Studirenden ein Zeugniß nach dem beigefügten Formular auszustellen. Hat derselbe eine Nachprüfung abzulegen, so wird statt einer Gesammtzensur die Wiederholungsfrist vermerkt.

§. 10.

Die Gebühren für die gesammte Prüfung und das ausgefertigte Zeugniß betragen 36 Mark. Hiervon werden je 5 Mark auf den Vorsitz und auf jeden der sechs Prüfungsgegenstände vertheilt. Der Rest wird zu sächlichen Ausgaben verwendet.

Doktoren der Philosophie oder der Naturwissenschaften haben im Falle des §. 5 Absatz 4 nur die Gebührenantheile für den Vorsitzenden und diejenigen Mitglieder der Kommission zu entrichten, von denen sie geprüft werden.

Bei der Nachprüfung sind die Gebührenantheile für den Vorsitzenden und die Mitglieder der Kommission, von welchen die Nachprüfung abgehalten wird, aufs neue zu entrichten.

Ueber Verwendung der verfallenen Gebühren (§. 4) befindet die Behörde (§. 1).

§. 11.

Vorstehende Bestimmungen treten am 1. Oktober 1883 in Kraft.

§. 12.

Alle früheren über die ärztliche Vorprüfung erlassenen Vorschriften sind aufgehoben.

A. Für das gesammte Reichsgebiet:

c) Die Bekanntmachung des Bundeskanzlers vom 25. September 1869 betreffend die Prüfung der Zahnärzte und Apotheker (G.B.Bl. S. 635). Dieselbe ist nur noch für die Prüfung der Zahnärzte in Gültigkeit. Die bezüglichen Vorschriften lauten:

> Zur Ertheilung der Approbationen für Zahnärzte . . . für das ganze Bundesgebiet sind nur die Centralbehörden derjenigen Bundesstaaten befugt, welche eine oder mehrere Landes-Universitäten haben, mithin zur Zeit die zuständigen Ministerien des Königreichs Preußen, des Königreichs Sachsen, des Großherzogthums Hessen, des Großherzogthums Mecklenburg-Schwerin und in Gemeinschaft die Ministerien des Großherzogthums Sachsen-Weimar und der Sächsischen Herzogthümer.
>
> Diese Approbationen werden nach bestimmten Formularen ausgestellt. Ueber den Nachweis der Befähigung der genannten Medizinalpersonen gelten nachstehende Vorschriften:

Die Approbation darf nur denjenigen Kandidaten ertheilt werden, welche die nachstehend beschriebene zahnärztliche Prüfung in allen ihren Abschnitten bestanden haben. Eine Ausnahme findet nur statt für den im Abschn. 5 vorgesehenen Fall.

Die zahnärztliche Prüfung ist vor den für die Prüfungen der Aerzte bestehenden Kommissionen abzulegen, denen für die zahnärztlichen Prüfungen ein praktischer Zahnarzt beizuordnen ist.

Die Zulassung zur Prüfung ist bedingt:

1. durch die Reife für die Prima eines Norddeutschen Gymnasiums oder einer Norddeutschen Realschule erster Ordnung. Dieselbe ist nachzuweisen entweder durch das Schulzeugniß oder durch das Zeugniß einer besonderen Prüfungs-Kommission bei einer der genannten Unterrichts-Anstalten,
2. durch zweijähriges Universitätsstudium,
3. durch den Nachweis praktischer Uebung in den technischen zahnärztlichen Arbeiten.

Hinsichtlich der Meldung zur Prüfung, der Zulassung zu den einzelnen Prüfungsabschnitten oder zu Wiederholungen derselben, der Prüfungsprotokolle, der Feststellung der Censuren und der Veröffentlichung der Namen der Approbirten finden die Vorschriften für die Prüfung der Aerzte analoge Anwendung.

Approbirte Aerzte, welche die Approbation als Zahnärzte zu erlangen wünschen, sind der im Abschn. 3 erwähnten Nachweise überhoben und brauchen nur den ersten, dritten und vierten Prüfungsabschnitt zu absolviren.

Die Gebühren betragen 5 Rthlr. für jeden Prüfungsabschnitt.

d) Bekanntmachung vom 9. Dezember 1869, betreffend die Entbindung von den im §. 29 der Gew. O. vorgeschriebenen ärztlichen Prüfungen (B.G.Bl. S. 687).

Dieselbe lautet:

1. Die Entbindung von den im §. 29 der Gewerbeordnung für den Norddeutschen Bund vorgeschriebenen ärztlichen Prüfungen auf Grund wissenschaftlich erprobter Leistungen ist nur dann zulässig, wenn der Nachsuchende nachweist, daß ihm von Seiten eines Staates oder einer Gemeinde amtliche Funktionen übertragen werden sollen.
2. Ueber Gesuche um Entbindung von der vorgeschriebenen Prüfung entscheiden die in der Bekanntmachung vom 25. September d. J., betreffend die Prüfung der Aerzte rc. (B. G. Bl. S. 635), genannten Centralbehörden.
3. Diese Entscheidung erfolgt ohne vorgängiges Gutachten der in der Bekanntmachung vom 25. September d. J. angeordneten Prüfungsbehörde, wenn es sich um die Dispensation eines als Lehrer an eine Norddeutsche Universität zu berufenden Gelehrten handelt. In allen anderen Fällen wird zuvor ein Gutachten der gedachten Prüfungsbehörden eingeholt. Den letzteren bleibt es überlassen, ihre Information für das Gutachten durch ein mit dem Nachsuchenden abzuhaltendes Kolloquium zu ergänzen.
4. Die Centralbehörde stellt über die Ertheilung der Dispensation eine Bescheinigung aus und zeigt den Namen des Dispensirten dem Bundesrathe zum Zweck der Veröffentlichung an.

Vgl. auch die Bekanntmachung vom 28. Juni 1872 betreffend die Prüfung der Aerzte, Thierärzte, Zahnärzte, und Apotheker (R. G. Bl. S. 243) und vom 19. Juli 1872 betreffend die Approbation für Aerzte (R. G. Bl. S. 351).

e) Die Bekanntmachung vom 27. März 1878 betreffend die Prüfung der Thierärzte (R.G.Bl. S. 10).

Dieselbe lautet:

Der Bundesrath hat in seiner Sitzung vom 14. März d. J. den Erlaß von Vorschriften über die Prüfung der Thierärzte beschlossen, welche unter Aufhebung aller früheren über die Prüfung der Thierärzte ergangenen Bekanntmachungen mit dem 1. Oktober 1879 in Kraft treten und durch das Centralblatt für das Deutsche Reich veröffentlicht werden.

Die bezüglichen Bestimmungen sind im Reichs-Centralblatt pro 1878 S. 160 veröffentlicht.

Vgl. auch die Bekanntmachung vom 9. Dezember 1869 betreffend die bei der Universität Gießen bestehende Veterinäranstalt und die mit der Polytechnischen Schule in Braunschweig verbundene pharmazeutische Fachschule (B. G. Bl. S. 688), und die Bekanntmachung vom 17. Mai 1872 betreffend die approbation für Thierärzte und die Prüfung der Kandidaten der Thierheilkunde und Pharmazie aus Württemberg sowie den Besuch der Polytechnischen Schulen zu Stuttgart und Karlsruhe (R. G. Bl. S. 151).

f) Die Bekanntmachung vom 5. März 1875 betreffend die Prüfung der Apotheker (R.G.Bl. S. 174).

Dieselbe lautet:

Auf Grund der Bestimmungen im §. 29. der Gewerbeordnung hat der Bundesrath beschlossen, wie folgt:

I. Centralbehörden, welche Approbationen ertheilen.

§. 1 Zur Ertheilung der Approbation als Apotheker für das Reichsgebiet sind befugt:

1. Die Centralbehörden derjenigen Bundesstaaten, welche eine oder mehrere Landesuniversitäten haben, mithin zur Zeit die zuständigen Ministerien des Königreichs Preußen, des Königreichs Bayern, des Königreichs Sachsen, des Königreichs Württemberg, des Großherzogthums Baden, des Großherzogthums Hessen, des Großherzogthums Mecklenburg-Schwerin und in Gemeinschaft die Ministerien des Großherzogthums Sachsen-Weimar und der sächsischen Herzogthümer;
2. das zuständige Herzoglich braunschweigische Ministerium und der Oberpräsident von Elsaß-Lothringen.

Die Approbation wird nach dem beigefügten Formular ausgestellt.

II. Vorschriften über den Nachweis der Befähigung der Apotheker.

§. 2. Der selbstständige Betrieb einer Apotheke im Gebiete des Deutschen Reichs erfordert — unbeschadet der Bestimmung im letzten Satze des §. 29 der Gewerbeordnung — eine Approbation seitens einer der vorstehend genannten Behörden. Dieselbe darf nur denjenigen Kandidaten ertheilt werden, welche die pharmazeutische Prüfung vollständig bestanden haben.

§. 3. Die pharmazeutische Prüfung kann vor jeder pharmazeutischen Prüfungskommission, welche bei einer deutschen Universität, dem Collegium Carolinum in Braunschweig und bei den polytechnischen Schulen in Stuttgart und Karlsruhe eingerichtet ist, abgelegt werden. Die Prüfungskommissionen, welche aus einem Lehrer der Chemie, einem Lehrer der Physik, einem Lehrer der Botanik und zwei Apothekern bestehen sollen, werden alljährlich von der zuständigen Behörde (vgl. §. 1) berufen. An Stelle eines der Apotheker kann ein Lehrer der Pharmazie berufen werden.

Die zuständige Behörde ernennt den Vorsitzenden der Kommission. Derselbe kann aus der Zahl der Mitglieder der Kommission gewählt werden.

Es finden in jedem Jahre zwei Prüfungen, die eine im Sommer-, die andere im Winterhalbjahre statt.

§. 4. Die Anträge auf Zulassung zur Prüfung sind bei der der Prüfungskommission zunächst vorgesetzten Behörde zu stellen.

Die Meldung zur Prüfung im Sommerhalbjahr muß spätestens im April, die Meldung zur Prüfung im Winterhalbjahr spätestens im November unter Beifügung der erforderlichen Zeugnisse eingehen. Wer sich später meldet, wird zur Prüfung im folgenden Halbjahre verwiesen. Der Meldung ist ein kurzer Lebenslauf beizufügen.

Die Zulassung zur Prüfung ist bedingt durch den Nachweis:

1. Der erforderlichen wissenschaftlichen Vorbildung. Der Nachweis ist zu führen durch das von einer als berechtigt anerkannten Schule, auf welcher das Latein obligatorischer Lehrgegenstand ist, ausgestellte wissenschaftliche Qualifikationszeugniß für den einjährig-freiwilligen Militärdienst. Außerdem wird zur Prüfung nur zugelassen, wer auf einer anderen als berechtigt anerkannten Schule dies Zeugniß erhalten hat, wenn er bei einer der erstgedachten Anstalten sich noch einer Prüfung im Latein unterzogen hat und auf Grund derselben nachweist, daß er auch in diesem Gegenstande die Kenntnisse besitzt, welche behufs Erlangung der bezeichneten Qualifikation erfordert werden;
2. Der nach einer dreijährigen — für die Inhaber eines von einem deutschen Gymnasium oder von einer im Sinne des §. 90 Nr. 2a der Wehrordnung vom 28. September 1875 als berechtigt anerkannten Realschule 1. Ordnung mit obligatorischem Unterricht im Lateinischen ausgestellten Zeugnisses der Reife zweijährigen — Lehrzeit vor einer deutschen Prüfungsbehörde zurückgelegten Gehülfenprüfung und einer dreijährigen Servirzeit, von welcher mindestens die Hälfte in einer deutschen Apotheke zugebracht sein muß;
3. eines durch ein Abgangszeugniß als vollständig erledigt bescheinigten Universitätsstudiums von mindestens drei Semestern.

Dem Besuche einer Universität steht der Besuch der pharmazeutischen Fachschule bei der Herzoglich Braunschweigischen polytechnischen Schule (Collegium

Carolinum), sowie der Besuch der polytechnischen Schulen zu Stuttgart und und Karlsruhe gleich.

Die Zeugnisse (1—3) sind in beglaubigter Form beizubringen.

Der Kandidat hat sich binnen drei Wochen nach Behändigung der Zulassungsverfügung mit dieser Verfügung und der Quittung über die eingezahlten Gebühren (§. 18)bei dem Vorsitzenden der Prüfungs-Kommission ohne besondere Aufforderung persönlich zu melden.

§. 5. Die Prüfung zerfällt in folgende Abschnitte:

I. die Vorprüfung;
II. die pharmazeutisch-technische Prüfung;
III. die analytisch-chemische Prüfung;
IV. die pharmazeutisch-wissenschaftliche Prüfung;
V. die Schlußprüfung.

§. 6. I. Zweck der Vorprüfung ist, zu ermitteln, ob der Kandidat die ihm zur Bearbeitung vorzulegenden Materien vollständig beherrscht und im Stande ist, seine Gedanken klar und richtig auszudrücken. Der Kandidat erhält drei Aufgaben, von denen eine dem Gebiete der anorganischen, eine dem der organischen Chemie, eine dem der Botanik oder Pharmakognosie entnommen ist. Die Aufgaben werden aus einer hierzu angelegten Sammlung durch das Loos bestimmt und sind sämmtlich so einzurichten, daß je drei von ihnen in einem Tage bearbeitet werden können. Die Bearbeitung erfolgt in Klausur ohne Benutzung von Hülfsmitteln.

§. 7. II. Zweck der pharmazeutisch-technischen Prüfung ist, zu ermitteln, ob der Kandidat das für seinen Beruf erforderliche technische Geschick sich angeeignet hat. Zu diesem Behufe muß er sich befähigt zeigen:

1. zwei galenische Präparate zu bereiten;
2. zwei chemisch-pharmazeutische Präparate in dem dazu bestimmten Laboratorium anzufertigen.

Die Aufgaben zu den Präparaten (Nr. 1 und 2) werden aus einer hierzu angelegten Sammlung durch das Loos bestimmt. Die Bereitung erfolgt unter Aufsicht je eines der pharmazeutischen Mitglieder der Kommission. Ueber die Ausführung der Arbeiten hat der Kandidat schriftliche Berichte abzufassen.

§. 8. III. Zweck der analytisch-chemischen Prüfung ist, zu ermitteln, ob der Kandidat die in der analytischen Chemie erlangten wissenschaftlichen Kenntnisse nicht nur theoretisch sich angeeignet, sondern auch praktisch in dem erforderlichen Maaß zu verwerthen im Stande ist. Zu diesem Behufe muß er befähigt sein, folgende zwei Aufgaben richtig zu lösen:

1. eine natürliche, ihren Bestandtheilen nach dem Examinator bekannte chemische Verbindung oder eine künstliche, zu diesem Zwecke besonders zusammengesetzte Mischung qualitativ, und außerdem einzelne Bestandtheile der von dem Kandidaten bereits qualitativ untersuchten Verbindung, beziehungsweise Mischung quantitativ zu bestimmen, oder ein anderes, den Bestandtheilen nach, dem Examinator bekanntes Gemenge auch quantitativ zu analysiren;

2. eine vergiftete organische oder unorganische Substanz, ein Nahrungsmittel oder eine Arzneimischung in der Weise zu untersuchen, daß die Resultate über die Art des vorgefundenen Giftes oder der Verfälschung und, soweit dies nach der Beschaffenheit des vorgefundenen Giftes oder der Verfälschung verlangt werden kann, auch über die Quantität des Giftes oder des verfälschenden Stoffes eine möglichst zuverlässige Auskunft geben.

Beide Aufgaben werden von dem Examinator bestimmt. Als Examinator beaufsichtigt die Bearbeitung der Aufgaben der Lehrer der Chemie oder eines der pharmazeutischen Mitglieder der Kommission.

Ueber die Ausführung der Arbeiten hat der Kandidat schriftliche Berichte abzufassen.

Bei der Zensur hat der Examinator den Gegenstand der gestellten Aufgaben namhaft zu machen und zu bezeugen, daß die Ausführung in der vom Kandidaten in seinem Berichte dargelegten Art wirklich erfolgt ist.

§. 9. IV. Die pharmazeutisch-wissenschaftliche Prüfung ist eine mündliche und wird vor dem Lehrer der Botanik und den beiden pharmazeutischen Mitgliedern der Kommission abgehalten.

In derselben hat der Kandidat:

1. mindestens zehn ihm vorzulegende frische oder getrocknete offizinelle oder solche Pflanzen, welche mit den offizinellen verwechselt werden können, zu demonstriren;
2. mindestens zehn rohe Droguen nach ihrer Abstammung, Verfälschung und Anwendung zu pharmazeutischen Zwecken zu erläutern;
3. mehrere ihm vorzulegende Rohstoffe, beziehungsweise chemisch-pharmazeutische Präparate nach Verfälschungen, Bestandtheilen, Darstellungen u. s. w. zu erklären.

§. 10. V. Zweck der Schlußprüfung ist, zu ermitteln, ob der Kandidat in der Chemie, Physik und Botanik durchweg so gründlich und wissenschaftlich tüchtig ausgebildet ist, wie es sein Beruf erfordert, und ob er mit den das Apothekenwesen betreffenden gesetzlichen Bestimmungen sich gehörig bekannt gemacht hat.

Die Schlußprüfung ist eine mündliche und öffentliche. Sie wird von dem Vorsitzenden und drei Mitgliedern der Prüfungs-Kommission abgehalten. Mehr als vier Kandidaten werden zu einem Prüfungstermine nicht zugelassen.

§. 11. Ueber die mündlichen Prüfungen (§. 9, 10) wird für jeden Kandidaten ein besonderes Protokoll unter Anführung der Prüfungsgegenstände aufgenommen und von den Examinatoren vollzogen.

§. 12. Ueber jede der in den Prüfungen I. bis III. (§§. 6, 7 und 8) zu fertigenden einzelnen Arbeiten, sowie über den Ausfall eines jeden Theiles der Prüfungen IV. und V. (§§. 9 und 10) wird eine Zensur ertheilt. Bei derselben sind die Prädikate: sehr gut (1) — gut (2) — genügend (3) — ungenügend (4) — schlecht (5) zu gebrauchen. Die Zensur wird ertheilt in der Prüfung I. von sämmtlichen Mitgliedern der Kommission mit Einschluß des Vorsitzenden und mit Ausschluß des Lehrers der Physik, in den Prüfungen II. und III. von dem die Ausführung der Arbeiten beaufsichtigenden Kommissarius, in Prüfung IV. und in Prüfung V. von dem Examinator eines jeden Prüfungsfachs. Ergiebt sich bei der Ertheilung der Zensur für die einzelnen Arbeiten in Prüfung I. Stimmengleichheit, so entscheiden die Stimmen, welche sich für die minder günstige Zensur aussprechen. Das Prädikat wird bei den mündlichen Prüfungen im Protokoll (§. 11) vermerkt.

§. 13. Die in Prüfung I. bis III. für eine Arbeit und in Prüfung IV. für einen Theil derselben ertheilte Zensur „ungenügend (4)“ oder „schlecht (5)“, für Prüfung V. ein Votum auf „schlecht (5)“ oder zwei Vota auf „ungenügend (4)“ haben zur Folge, daß die betreffende Prüfung als nicht bestanden gilt.

Nach dem Ergebniß der Spezial-Zensuren wird die Zensur für jede Prüfung in der Weise bestimmt, daß die Summe der Zensuren für die einzelnen Prüfungstheile derselben durch die Anzahl der letzteren dividirt wird. Ergeben sich bei der Division Brüche, so werden dieselben, wenn sie über $0{,}5$ betragen, als ein Ganzes gerechnet, andernfalls bleiben sie unberücksichtigt.

§. 14. Ist nach §. 13 eine Prüfung nicht bestanden, so überreicht der Vorsitzende die Prüfungsverhandlungen der zuständigen Behörde (§. 1) behufs Bestimmung der Wiederholungsfrist mittelst gutachtlichen Berichts.

Die Wiederholung einer nicht bestandenen Prüfung darf bei der Zensur „ungenügend (4)“ in der Regel erst nach drei Monaten, bei der Zensur „schlecht (5)“ in der Regel erst nach sechs Monaten erfolgen, muß aber spätestens in dem folgenden Prüfungshalbjahr stattfinden, widrigenfalls auch die früher mit günstigem Erfolge zurückgelegten Prüfungen zu wiederholen sind. Wer nach zweimaliger Wiederholung nicht besteht, wird zur weiteren Prüfung nicht zugelassen.

§. 15. Die einzelnen Prüfungen sind in der §. 5 angegebenen Reihenfolge ohne Unterbrechung zurückzulegen. Die Aufgaben sind für jede Prüfung erst bei Beginn derselben zu ertheilen. Zwischen den einzelnen Prüfungen darf in der Regel nur ein Zeitraum von einer Woche liegen.

Zu der Prüfung II. wird nur zugelassen, wer in der Prüfung I. bestanden ist, zur Prüfung V. nur, wer in den sämmtlichen früheren Prüfungen bestanden ist. Wer in der Prüfung II. oder III. nicht besteht, hat die Wahl, ob er sich der Prüfung III. und IV., beziehungsweise IV., sogleich oder erst nach Wiederholung der nicht bestandenen Prüfung unterziehen will.

§. 16. Hat der Kandidat die Schlußprüfung bestanden, so wird unmittelbar nach Beendigung derselben die Gesammt-Zensur nach dem im §. 13 angegebenen Modus bestimmt und das Resultat mit einem der in §. 12 angegebenen Prädikate bezeichnet.

Die Gesammt-Zensur wird im Protokoll über die Schlußprüfung (§§. 10, 11) vermerkt.

Der Vorsitzende überreicht hierauf die vollständigen Prüfungsverhandlungen, einschließlich der die Meldung und Zulassung des Kandidaten betreffenden Urkunden, der zuständigen Behörde (§. 1) behufs Ausstellung der Approbation.

§. 17. Wer sich in Gemäßheit des §. 4 nicht rechtzeitig persönlich meldet, oder die ihm für die Anfertigung der Arbeiten oder für die mündlichen Prüfungen gesetzten Termine ohne hinreichende Gründe versäumt, kann auf den Antrag des Vorsitzenden von der zuständigen Behörde (§. 1) bis zum folgenden Prüfungshalbjahr zurückgestellt werden.

§. 18. Die Gebühren für die gesammte Prüfung betragen 140 Mark. Davon sind für die Prüfungen I., II., III. und IV. je 18 Mark = 72 Mark, für Prüfung V. . . . . 24 „ für Verwaltungskosten, Anschaffung von Prüfungsgegenständen u. s. w. 54 „ berechnet.

Bei Wiederholung einzelner Prüfungen sind nach diesen Sätzen auch die betreffenden Gebühren, für Verwaltungskosten jedoch nur im Fall einer Wiederholung der Prüfungen II., III. und V. je 10 Mark nochmals zu entrichten.

§. 19. Wer während der Prüfung von derselben zurücktritt oder zurückgestellt wird, erhält die nach §. 18 zu berechnenden Gebühren für die noch nicht begonnenen Prüfungen zurück.

§. 20. Nach dem Schlusse der Prüfung im Sommerhalbjahr werden die Namen der im letzten Jahre Approbirten von der die Approbation ausstellenden Behörde dem Reichskanzleramte mitgetheilt.

III. Schluß- und Uebergangsbestimmungen.

§. 21. Vorstehende Bestimmungen treten am 1. Oktober 1875 in Kraft.

§. 22. Diejenigen Kandidaten der Pharmazie, welche bereits vor dem 1. Oktober 1875 in die Lehre getreten waren, sind zur Prüfung auch dann zuzulassen, wenn sie die Erfüllung der nach den bisherigen Vorschriften hierfür erforderlichen Vorbedingungen nachweisen; jedoch haben die am 1. Oktober 1875 noch in der Lehre befindlichen Kandidaten eine drei-, beziehungsweise zweijährige Lehrzeit (vgl. §. 4 Z. 2) und die am genannten Tage noch in der Servirzeit Begriffenen eine dreijährige Servirzeit darzuthun.

Die Vorschrift des §. 4 Z. 3 findet auf diejenigen Kandidaten keine Anwendung, welche am 1. Oktober 1875 das bisher nur erforderte einjährige Universitätsstudium bereits vollendet haben.

§. 23. Alle früheren über die Prüfung der Apotheker ergangenen Bekanntmachungen sind aufgehoben.

Formular.

Pharmazeutischer Approbationsschein.

Nachdem Herr . . . . . . aus . . . . . . die pharmazeutische Prüfung vor der . . . . . Prüfungs-Kommission zu . . . . . mit dem Prädikate . . . . . bestanden hat, wird ihm hierdurch die Approbation zum selbständigen Betriebe einer Apotheke im Gebiete des Deutschen Reichs in Gemäßheit des §. 29 der Gewerbeordnung vom 21. Juni 1869 ertheilt.

. . ., den . . . . . . 18 . .

(Siegel und Unterschrift der approbirenden Behörde.)

Vgl. auch die Bekanntmachung vom 15. Juli 1873 betreffend die Prüfung der Apotheker (R.G.Bl. S. 299).

g) Die Bekanntmachung vom 13. November 1875 betreffend die Prüfung der Apotheker-Gehülfen (R.G.Bl. S. 167).

Dieselbe lautet:

§. 1. Die Prüfungsbehörden für die Gehülfenprüfung bestehen aus einem höheren Medizinalbeamten oder dessen Stellvertreter als Vorsitzenden und zwei Apothekern, von denen mindestens Einer am Sitze der Behörde als Apothekenbesitzer ansässig sein muß.

Der Sitz der Prüfungsbehörden wird von den Centralbehörden der einzelnen Bundesstaaten dauernd bestimmt.

Der Vorsitzende und die Mitglieder werden für drei Jahre von dem Vorsitzenden derjenigen Behörde ernannt, welche die Aufsicht über die Apotheken an dem Sitz der Prüfungsbehörde führt.

Für die Prüfung von Lehrlingen, welche bei einem der Examinatoren gelernt haben, ist ein anderer Apotheker zu bestellen.

§. 2. Die Prüfungen werden in den Monaten Januar, April, Juli und Oktober jeden Jahres an den von dem Vorsitzenden der im §. 1 bezeichneten Aufsichtsbehörde festzusetzenden Tagen abgehalten.

Die Anträge auf Zulassung zur Prüfung sind seitens des Lehrherrn bei dem gedachten Vorsitzenden spätestens bis zum 15. des vorhergehenden Monats einzureichen; spätere Meldungen können erst für die nächste Prüfung berücksichtigt werden.

§. 3. Der Meldung zur Prüfung sind beizufügen:

1. das Zeugniß über den in §. 4 Nr. 1 der Bekanntmachung vom 5. März 1875 geforderten Nachweis der wissenschaftlichen Vorbildung;
2. das von dem nächstvorgesetzten Medizinalbeamten (Kreisphysikus, Kreisarzt u. s. w.) bestätigte Zeugniß des Lehrherrn über die zurückgelegte vorschriftsmäßige dreijährige, für den Inhaber eines zum Besuche einer Universität berechtigenden Zeugnisses der Reife, zweijährige Lehrzeit, sowie über die Führung des Lehrlings während der letzteren. Ist bei der Meldung die Lehrzeit noch nicht vollständig abgelaufen, so kann die Ergänzung des Zeugnisses nachträglich erfolgen;
3. das Journal, welches jeder Lehrling während seiner Lehrzeit über die im Laboratorium unter Aufsicht des Lehrherrn oder Gehülfen ausgeführten pharmazeutischen Arbeiten fortgesetzt führen und welches eine kurze Beschreibung der vorgenommenen Operationen und der Theorie des betreffenden chemischen Prozesses enthalten muß (Laboratoriumjournal).

§. 4. Nach Empfang der Zulassungsverfügung, in welcher auch der Termin der Prüfung bekannt gemacht wird, hat der Lehrherr dafür Sorge zu tragen, daß die von dem Lehrlinge zu entrichtenden Prüfungsgebühren im Betrage von 24 Mark an den Vorsitzenden der Prüfungsbehörde eingezahlt werden und den Lehrling gleichzeitig dahin anzuweisen, daß er sich vor Antritt der Prüfung mit der Zulassungsverfügung und der Quittung über die eingezahlten Gebühren noch persönlich bei dem Vorsitzenden zu melden hat.

§. 5. Die Prüfung zerfällt in drei Abschnitte:

I. die schriftliche Prüfung,

II. die praktische Prüfung und

III. die mündliche Prüfung.

In den §§. 6—10 findet sich Näheres über den Gang der Prüfung.

§. 11. Für diejenigen Lehrlinge, welche in der Prüfung bestanden sind, wird unmittelbar nach Beendigung der Prüfung ein von den Mitgliedern der Prüfungsbehörde unterzeichnetes Prüfungszeugniß ausgefertigt und dem Lehrherrn zur Ausstellung des von dem, dem Lehrherrn nächstvorgesetzten Medizinalbeamten (Kreisphysikus, Kreisarzt u. s. w.) mit zu unterzeichnenden Entlassungszeugnisses zugestellt.

§. 12. Das Nichtbestehen der Prüfung hat die Verlängerung der Lehrzeit um 6 bis 12 Monate zur Folge, nach welcher Frist die Prüfung wiederholt werden muß.

Wer nach zweimaliger Wiederholung nicht besteht, wird zur weiteren Prüfung nicht zugelassen.

Ueber das Nichtbestehen ist von der Prüfungsbehörde ein Vermerk auf der in §. 3 Ziffer 1 genannten Urkunde zu machen.

§. 13. Vorstehende Bestimmungen treten mit dem 1. Januar 1876 in Kraft.

Vgl. auch die Bekanntmachungen vom 4. Februar 1879 betreffend Abänderung der Bestimmungen wegen Prüfung der Apothekergehülfen (R.C.Bl. S. 91), vom 25. Dezember 1879 (R.C.Bl. S. 850) und vom 24. Januar 1880 (M.Bl. S. 60.)

h) Unter der im §. 3 Nr. 2 der Bek. v. 13. November 1875 geforderten Lehrzeit ist nur eine solche zu verstehen, welche in unmittelbarer Aufeinanderfolge oder doch wenigstens ohne erhebliche Unterbrechung zurückgelegt ist. Zur Verhütung von Härten, namentlich wenn es sich um Unterbrechungen der Lehrzeit handelt, welche außerhalb der Willensbestimmung der Betheiligten liegen oder durch besondere Verhältnisse gerechtfertigt werden, soll indeß der Weg der Dispensation nicht ausgeschlossen sein.

Cirk.R. d. K.M. v. 10. Mai 1880 (M.Bl. S. 135).

Die Zulassung der Kandidaten zur Prüfung vor dem Ablauf der vollen im §. 3 Nr. 2 der Bek. v. 13. November 1875 festgesetzten Lehrzeit ist ohne vorgängige durch den Reichskanzler in Gemeinschaft mit dem Minister der geistlichen ꝛc. Angelegenheiten erfolgten Dispensation unstatthaft.

R. d. K.M. v. 21. Mai 1880 (M.Bl. S. 135).

In dem Prüfungszeugniß ist das Gesammtergebniß durch eine der Censuren „sehr gut“, „gut“, „genügend“ zu bezeichnen.

Bek. v. 23. Dezember 1882. C.Bl. S. 458.

Als Apothekergehülfe darf nur serviren, wer den maßgebenden Vorschriften über die Prüfung der Apothekergehülfen durchweg genügt hat.

Bek. v. 13. Januar 1883. C.Bl. S. 12.

i) Die Namen der von der zuständigen Centralbehörde approbirten Aerzte u. s. w. werden jährlich durch das Centralblatt für das Deutsche Reich veröffentlicht.

B. Für Preußen.

a) Die Cirk.-Verfügungen des Ministers der geistlichen Angelegenheiten vom 11. November 1869, 13. Mai und 7. Juni 1870 betreffend die Zulassung der Kandidaten der Medizin, der Zahnheilkunde und der Pharmazie zu den Prüfungen der Examinations-Kommission (Kletke, Bd. 3 S. 92—94);

b) die Cirk.-Verf. desselben Ministers vom 12. März 1875 (M.Bl. S. 76);

c) die Cirk.-Verf. desselben Ministers vom 1. Mai 1876 betreffend die Prüfung der Apotheker und Apothekergehülfen (M.Bl. S. 107);

d) die Cirk.-Verf. des Ministers für die landwirthschaftlichen Angelegenheiten vom 19. Juni 1876 das Regulativ für die Thierärzte betreffend (M.Bl. S. 191);

e) die Verordnung vom 21. Mai 1875 betreffend die Errichtung einer technischen Deputation für das Veterinärwesen (G.S. S. 219). Durch dieselbe ist in unmittelbarer Unterordnung unter den Minister für die landwirthschaftlichen Angelegenheiten die Errichtung einer Deputation mit dem Sitze in Berlin begründet, welcher neben andern Aufgaben die Bestimmung zufällt, die Verhandlungen, welche sich auf die Zulassung approbirter Thierärzte zu der für die Anstellung im Staatsdienste als Kreis- oder Departements-Thierarzt vorgeschriebenen Prüfung beziehen, zu führen, und über die Zulassungsgesuche zu befinden. Die betreffenden Prüfungen werden vor einer aus Mitgliedern und Hülfsarbeitern dieser Behörde vom Minister der landwirthschaftlichen Angelegenheiten zu ernennenden Kommission abgelegt.

Die Cirk.-V. v. 10. Mai 1880 (M.Bl. S. 135) bezieht sich nur auf solche Apothekerlehrlinge, bei denen eine außerhalb ihrer Willensbestimmung liegende durch besondere Verhältnisse veranlaßte Unterbrechung ihrer Lehrzeit stattgefunden hat. In solchen Fällen soll, wenn die Verhältnisse darnach angethan sind, zur Vermeidung von Härten eine Dispensation von dem Erforderniß der unterbrochenen Absolvirung der Lehrzeit nicht ausgeschlossen sein. Diese Dispensation kann jedoch nur denjenigen ertheilt werden, welche den durch die stattgehabte Unterbrechung entstandenen Ausfall an der vorgeschriebenen Lehrzeit nachgeholt haben.

R. d. K.M. v. 4. März 1881 (M.Bl. S. 85).

Wegen der den beamteten Thierärzten zu gewährenden Vergütung für die Obduktion thierischer Kadaver vgl. Cirk.-R. d. M. f. L. v. 3. Dezember 1879 (M.Bl. 1880 S. 7).

II. Aus den Bestimmungen des §. 29 der Gew.O. ist zu folgern:

a) daß Jedermann an jedem Orte die Heilkunde ausüben darf,

b) daß derjenige, welcher sich als Arzt oder mit einem gleichlautenden Titel bezeichnen will, einer auf Grund eines Befähigungsnachweises zu ertheilenden Approbation bedarf,

c) daß diejenigen, welche vor Erlaß der Gew.O. die Berechtigung zum Gewerbebetriebe als Arzt u. s. w. bereits erlangt haben, als für das ganze Bundesgebiet approbirt gelten,

d) daß die Approbationen weder auf Zeit ertheilt, noch vorbehaltlich der Bestimmungen in §§. 53 und 143 widerrufen werden dürfen.

Durch die Vereinbarung zwischen dem Deutschen Reich und den Niederlanden vom 11. Dezember 1873 (R.G.Bl. 1874 S. 99) ist die gegenseitige Zulassung der in den Grenzgegenden wohnhaften Aerzte, Wundärzte und Hebammen zur Ausübung der Praxis gewährleistet.

Die bezeichneten Grundsätze der Gewerbeordnung sind durch folgende Bestimmungen und Entscheidungen auf dem Gebiete der Verwaltung und Rechtsprechung erläutert und näher ausgeführt.

1. Ein Preuße, welcher in Preußen nicht als Arzt approbirt ist, aber durch eine stattgehabte Niederlassung in einem anderen Bundesstaate das Recht hätte erwerben können, dort die medizinische Praxis auszuüben und sich Arzt zu nennen, kann diese Befugniß in Preußen nicht in Anspruch nehmen, wenn er hiervon nicht vor Verkündigung der Gewerbeordnung Gebrauch gemacht hat.

Erk. d. O.T. v. 11. Juni 1872.

Opp. XIII, S. 403.

2. Die seitherigen Bestimmungen wegen des Nachweises einer vierjährigen Studienzeit behufs Zulassung zur ärztlichen Staatsprüfung sind nicht als aufgehoben zu betrachten.

R. d. K.M. v. 30. März 1870. M.Bl. S. 295.

3. Eine Vereidigung der Aerzte und Zahnärzte findet nicht statt.

Cirk.R. d. K.M. v. 29. Dezember 1869. M.Bl. S. 44.

4. Eine nicht geprüfte Medizinalperson darf sich den Titel „Homöopath" nicht beilegen.

Erk. d. O.T. v. 19. Oktober 1871.

Goltd. XIX, S. 824.

Aerzte, welche noch nicht seit dem 13. April 1864 die homöopathische Heilkunde ausüben, und die Befugniß zum Selbstdispensiren homöopathischer Arzeneimittel erlangen wollen, müssen die vorgeschriebene Prüfung absolviren. Indeß kann denjenigen Aerzten, welche sich entweder als Schriftsteller über Homöopathie ausgezeichnet oder diese Heilmethode nachweislich schon länger als fünf Jahre ausgeübt haben, die Befugniß zum Selbstdispensiren ohne Prüfung ertheilt werden.

R. d. K.M. v. 11. Dezember 1869. M.Bl. S. 50.

5. Das Impfen darf nur von approbirten Aerzten und Wundärzten vorgenommen werden.

R. d. K.M. v. 4. Oktober 1871. M.Bl. S. 291.

Das Impfgesetz vom 8. April 1874 schließt die vor Erlaß der Gewerbeordnung auf Grund der Landesgesetzgebung für eine beschränkte Ausübung der Heilkunde in einem Bundesstaate approbirten und durch diese Approbation zur Ausführung von Impfungen berechtigten Wundärzte weder von der Berufung zu Impfärzten noch von der Berechtigung zur Vornahme von Impfungen in der Privatpraxis aus.

Beschl. des Bundesraths vom 27. April 1876.

Kletke, Band 5 S. 20.

Eine Bestrafung auf Grund des Impfgesetzes vom 8. April 1874 findet nicht statt wegen Unterlassung des in älteren Landesgesetzen erforderten Nachweises der Impfung.

Erk. d. O.T. v. 23. Oktober 1878.

Opp. XIX, S. 471.

6. Die unbefugte Annahme des Titels eines Arztes ist auch ohne Hinzutritt des ärztlichen Gewerbes strafbar.

Erk. d. O.T. v. 3. Mai 1872.

Opp. XIII, S. 294.

Auch derjenige, welcher zur Führung des Doktortitels berechtigt ist, macht sich strafbar, wenn er dieses unter Umständen thut, welche den Glauben erwecken, er sei eine geprüfte Medizinalperson.

Erk. d. O.T. v. 5. Mai 1874.

Opp. XV, S. 271.

In der Bezeichnung als Naturarzt kann die Annahme eines Titels gefunden werden, durch welchen der Glaube erweckt wird, daß Jemand eine approbirte also geprüfte Medizinalperson sei.

Erk. d. O.T. v. 22. Dezember 1875.

Opp. XVI, S. 812.

An sich ist dieser Titel aber noch nicht als eine Bezeichnung als Arzt aufzufassen, sondern nach den Umständen jedes einzelnen Falles zu beurtheilen, ob dadurch der Glaube erweckt wird, daß die Approbation stattgefunden hat.

Erk. d. O.T. v. 9. November 1876.

Opp. XVIII, S. 726.

Ebenso ist die Bezeichnung Dr. in einer Bekanntmachung, durch welche dem Publikum Dienste nach homöopathischer Kurart angeboten werden, aufzufassen.

Erk. d. O.T. v. 27. Mai 1875.

Opp. XVI, S. 329.

Es gehört zur Thatfrage, ob ein Titel geeignet ist, den Glauben zu erwecken, daß der Träger desselben eine geprüfte Medizinalperson, und ob die Erweckung dieses Glaubens beabsichtigt gewesen sei. Bei Bejahung dieser Fragen ist die Bestrafung aus §. 147 Nr. 3 Gew.O. gerechtfertigt.

Erk. R.G. v. 1. November 1879. I. S. 29.

Zur Bestrafung ist die Beilegung des Titels „Arzt“ oder eines ähnlichen Titels, welcher geeignet ist, den Glauben zu erwecken, daß der Angeklagte eine Approbation als Arzt erlangt habe, erforderlich. Hiezu genügt die Beilegung des Titels als „examinirter Heildiener“ für eine Person, die als Heildiener geprüft ist, in Preußen nicht.

Erk. R.G. v. 24. Dezember 1879. I. S. 177.

7. Wundärzte erster Klasse, welche vor Erlaß der Gewerbeordnung eine Approbation erhalten haben und zur ärztlichen Praxis bedingt zugelassen sind, dürfen sich als „praktische Aerzte“ bezeichnen.

Erk. d. O. T. v. 30. November 1870.

Opp. XI., S. 581.

Cirk.R. d. K.M. v. 24. Februar 1872 M.Bl. S. 74.

8. Die Ausübung der kleinen Chirurgie ist gleichfalls frei. Derartige Personen und ebenso Hühneraugen-Operateure können sich jedoch einer Prüfung unterziehen und erlangen durch das Prüfungszeugniß das Recht, sich als geprüfte Heildiener zu bezeichnen.

R. d. K.M. v. 27. Dezember 1869 (M.Bl. S. 74) und v. 20. Juli 1870 (M.Bl. S. 229).

Bei Lazareth-Gehülfen, welche ein Zeugniß der Ober-Militärärzte über fünfjährige vorzügliche Dienstführung besitzen, ersetzt dieses das Prüfungszeugniß.

R. d. K.M. v. 9. Mai 1870. M.Bl. S. 158.

9. Die Bezeichnung als Zahnarzt hört dadurch nicht auf, als solche strafbar zu sein, daß derselben ein weiterer Zusatz wie Hofzahnarzt und dergleichen beigefügt ist.

Erk. d. O.T. v. 21. März 1877.

Opp. XVIII., S. 245.

Die Anfertigung künstlicher Zähne und Gebisse fällt nicht unter den Begriff der Zahnheilkunde.

R. d. K.M. v. 16. April 1870. M.Bl. S. 158.

10. Ein im Auslande approbirter Thierarzt, welcher sich als solcher im Inlande bezeichnet, legt sich nicht einen Titel bei, durch welchen der Glaube erweckt wird, daß er eine im Inlande geprüfte und approbirte Medizinalperson sei.

Erk. d. O.T. v. 22. September 1876 (Opp. XVII. S. 591) und v. 15. Juli 1878 (Opp. XIX. S. 369).

Auch derjenige, welcher früher befugter Weise, aber ohne vorgängige Approbation, die Thierheilkunde ausübt, macht sich strafbar, wenn er sich „Thierarzt“ nennt. Die irrige Meinung eines vorhandenen Bedürfnisses ist hierbei gleichgültig.

Erk. d. O.T. v. 12. Oktober 1870 (Opp. XI. S. 506), v. 9. März 1871 (Opp. XII. S. 152) und v. 15. November 1877 (Opp. XVIII. S. 714).

11. Die Vornahme geburtshülflicher Handlungen ist frei. Weibspersonen ohne Prüfungszeugniß dürfen jedoch das Hebeammengewerbe nicht unter der Bezeichnung als Hebamme betreiben. Dagegen ist die An-

nahme des Titels einer Hebamme durch eine nicht approbirte Frauensperson nicht strafbar.

Erk. d. O.T. v. 9. Januar 1871.

Opp. XII., S. 11.

12. Das Verfahren bei Entziehung einer ertheilten Approbation ist in der Anweisung vom 4. Sept. 1869 unter Nr. 60 bis 66 wie folgt geregelt:

a) Die Einleitung erfolgt durch die Regierung oder die sonstige zuständige Behörde erster Instanz. Die Regierung ernennt einen Kommissar, welcher den Sachverhalt zu erörtern, den Gewerbetreibenden unter Mittheilung der gegen ihn vorgebrachten Thatsachen zu hören, Zeugen und Sachverständige eidlich zu vernehmen und die zur Aufklärung der Sache dienenden sonstigen Beweise herbeizuschaffen hat. Die Vorladung des Gewerbetreibenden erfolgt schriftlich gegen Behändigungsschein und mit der Verwarnung, daß im Falle seines Ausbleibens gleichwohl mit der Erörterung der Sache werde vorgegangen werden. Bei seiner Vernehmung und bei dem Verhör der Zeugen und Sachverständigen ist ein vereideter Protokollführer zuzuziehen.

b) Nach Abschluß dieses Verfahrens beschließt die Regierung darüber, ob das Verfahren einzustellen oder die Sache weiter zu verfolgen sei. Im ersteren Falle erfolgt die Erledigung durch einfache Verfügung, im letzteren Falle wird ein Vertreter der Staatsanwaltschaft bestellt, welcher die geeigneten motivirten Anträge zu stellen hat. Zur mündlichen Verhandlung wird der Gewerbetreibende unter abschriftlicher Mittheilung dieser Anträge vorgeladen. Es genügt hierbei nicht eine Abschrift des Tenors dieser Anträge, bedarf vielmehr der Zustellung einer Abschrift der vollständigen Anklage (R. d. M. d. J. v. 26. Juli 1873, M.Bl. S. 273). Der Gewerbetreibende kann in der Verhandlung einen Rechtsverständigen als Beistand zuziehen oder sich auf Grund einer schriftlichen Vollmacht durch einen solchen vertreten lassen. Die Regierung kann jedoch sein persönliches Erscheinen unter dem Eröffnen anordnen, daß bei seinem Ausbleiben ein Vertreter nicht zugelassen wird. Die Vorladung erfolgt gegen Behändigungsschein unter der Verwarnung, daß im Falle des Ausbleibens gleichwohl mit der Verhandlung der Sache vorgegangen werden wird. Das mündliche Verfahren wird mit einer Sachdarstellung eingeleitet, demnächst der Gewerbetreibende vernommen, und, nachdem der Beamte der Staatsanwaltschaft seine Anträge gestellt hat, zu seiner Vertheidigung gehört. Ihm steht das letzte Wort zu. Das Kollegium kann vor der Entscheidung eine weitere Beweisaufnahme beschließen, welche entweder in der mündlichen Verhandlung oder durch eine Unterbehörde oder einen besonderen Kommissar zur Ausführung gebracht wird. Der Beschluß hierüber, sowie der Termin, an welchem die Fortsetzung des mündlichen Verfahrens erfolgen soll, sind zu eröffnen.

§. 30.

Unternehmer von Privat-Kranken-, Privat-Entbindungs- und Privat-Irrenanstalten bedürfen einer Konzession der höheren Verwaltnngsbehörde.

---

c) Die Entscheidung kann nur auf Zurücknahme der ertheilten Approbation, oder auf Einstellung des Verfahrens lauten. Sie ist vor dem Schluß der Verhandlung zu eröffnen. Erscheint die Aussetzung des Beschlusses nothwendig, so erfolgt die Eröffnung in einer weiteren Sitzung, die sofort anzuberaumen ist. Ueber den Beschluß ist ein mit Gründen versehener Bescheid zu erlassen, in welchem auf das dagegen zulässige Rechtsmittel verwiesen wird. Eine Ausfertigung ist gegen Behändigungsschein dem Gewerbetreibenden zuzustellen.

d) Der Rekurs geht an das in der Sache zuständige Ministerium. Er muß binnen 14 Tage nach der Zustellung des Bescheides entweder unmittelbar bei diesem oder bei der Regierung eingereicht und gerechtfertigt werden. Die Rekursschrift wird dem Beamten der Staatsanwaltschaft zur Erklärung binnen einer vierzehntägigen Frist zugestellt. Demnächst sind die Verhandlungen von der Regierung zur Rekursentscheidung einzureichen. Von dem Rekursbescheide erhält der Gewerbetreibende gegen Behändigungsschein eine Ausfertigung. Eine Abschrift wird der Ortspolizeibehörde des Gewerbetreibenden und der Behörde oder Korporation, welche die Approbation ausgestellt hat, mitgetheilt.

13. In den zum Geltungsbereich des Competenzgesetzes vom 26. Juli 1876 gehörigen Provinzen entscheidet auf die Klage der zuständigen Behörde das Bezirksverwaltungsgericht, vom 1. April 1884 ab der Bezirksausschuß.

§. 134 a. a. O. §. 120 Ges. v. 1. August 1883.

14. Wegen der Zurücknahme der Approbation vgl. §. 53 der Gew.O.

Zu §. 30 Abs. 1.

1. Die Bestimmung daß die Ertheilung der Konzession der höheren Verwaltungsbehörde vorbehalten ist, rechtfertigt sich dadurch, daß dieser das zur Prüfung der einschlagenden Fragen nöthige sachverständige Personal zu Gebot steht. (Motive zu §. 30.)

Die Konzessionen dürfen weder auf Zeit ertheilt noch vorbehaltlich der Bestimmungen in den §§. 53 und 143 widerrufen werden.

Gegen Versagung der Genehmigung ist der Rekurs zulässig. §. 40 Abs. 1 Gew.O.

Wegen der Frist zur Ausführung der Anlage bezw. zum Beginn des Unternehmens vgl. §§. 49, 50 der Gew.O.

Wegen der Zurücknahme der Konzession vgl. §. 53 a. a. O.

Die Konzession ist nur dann zu versagen:

a) wenn Thatsachen vorliegen, welche die Unzuverlässigkeit des Unternehmers in Beziehung auf die Leitung oder Verwaltung der Anstalt darthun,

b) wenn nach dem von dem Unternehmer einzureichenden Beschreibungen und Plänen die baulichen

---

Hinsichtlich der Motivirung der durch das Gesetz vom 23. Juli 1879 erfolgten Abänderung vgl. Einleitung S. 15. ff.

2. Uebereinkunft zwischen dem Deutschen Reich und Oesterreich-Ungarn, betreffend die gegenseitige Zulassung der an der Grenze wohnhaften Medizinalpersonen zur Ausübung der Praxis. Vom 30. September 1882 (R.G.Bl. S. 39).

Artikel 1.

Die deutschen Aerzte, Wundärzte, Thierärzte und Hebammen, welche in der Nähe der deutsch-österreichischen Grenze wohnhaft sind, sollen das Recht haben, ihre Berufsthätigkeit auch in den österreichischen, in der Nähe der Grenze belegenen Orten in gleichem Maße, wie ihnen dies in der Heimath gestattet ist, auszuüben, vorbehaltlich der im Artikel 2 enthaltenen Beschränkung; und umgekehrt sollen unter gleichen Bedingungen die österreichischen Aerzte, Wundärzte, Thierärzte und Hebammen, welche in der Nähe der österreichisch-deutschen Grenze wohnhaft sind, zur Ausübung ihrer Berufsthätigkeit in den deutschen, in der Nähe der Grenze belegenen Orten befugt sein.

Artikel 2.

Die vorstehend bezeichneten Personen sollen bei der Ausübung ihres Berufs in dem anderen Lande zur Selbstverabreichung von Arzneimitteln an die Kranken, abgesehen von dem Falle drohender Lebensgefahr, nicht befugt sein.

Artikel 3.

Die Personen, welche in Gemäßheit des Artikels 1 in den in der Nähe der Grenze belegenen Orten des Nachbarlandes ihren Beruf ausüben, sollen nicht befugt sein, sich dort dauernd niederzulassen, oder ein Domizil zu begründen, es sei denn, daß sie sich der in diesem Lande geltenden Gesetzgebung und namentlich nochmaliger Prüfung unterwerfen.

Artikel 4.

Es gilt als selbstverständlich, daß die Aerzte, Wundärzte, Thierärzte und Hebammen eines der beiden Länder, wenn sie von der ihnen im Artikel 1 dieser Uebereinkunft zugestandenen Befugniß Gebrauch machen wollen, sich bei der Ausübung ihres Berufs in den in der Nähe der Grenze belegenen Orten des anderen Landes den dort in dieser Beziehung geltenden Gesetzen zu unterwerfen haben.

Außerdem wird jede der beiden Regierungen ihren Medizinalpersonen anempfehlen, bei den in Rede stehenden Anlässen die in dem anderen Lande be-

und die sonstigen technischen Einrichtungen der Anstalt den gesundheitspolizeilichen Anforderungen nicht entsprechen.*)

---

züglich der Ausübung der betreffenden Berufsthätigkeit erlassenen Administrativvorschriften zu befolgen.

Artikel 5.

Die gegenwärtige Uebereinkunft soll zwanzig Tage nach beiderseits erfolgter Publikation derselben in Kraft treten, und sechs Monate nach etwa erfolgter Kündigung seitens einer der beiden Regierungen ihre Wirksamkeit verlieren. Sie soll ratifizirt und die Ratifikationen sollen sobald als möglich in Berlin ausgewechselt werden.

3. Das Verfahren bei Versagung der Genehmigung zum Betriebe eines Gewerbes ist in folgender Weise geregelt.

Die versagende Verfügung ist schriftlich zu erlassen, mit Gründen und einer Belehrung über das zuständige Rechtsmittel zu versehen und dem Betheiligten gegen Behäudigungsschein zuzustellen. Ist die Verfügung von einer unteren Behörde (Landrath u. s. w.) ergangen, so ist der dagegen zulässige Rekurs an die Regierung, für den Polizeibezirk von Berlin an die erste Abtheilung des Polizeipräsidiums zu richten. Diese Behörden entscheiden auf Grund einer mündlichen Verhandlung, zu welcher der Rekurrent vorgeladen wird. Sie sind befugt, zuvor diejenigen Erhebungen anstellen zu lassen, welche für die Beurtheilung der Sache nothwendig erscheinen. Ueber den Beschluß ist, sofern er nicht auf Beweiserhebung lautet, ein mit Gründen versehener Bescheid zu ertheilen. Ist die Verfügung von einer oberen Behörde (Regierung u. s. w.) ergangen, so kann entweder auf mündliche Verhandlung der Sache angetragen oder der Rekurs eingelegt werden. Der Antrag auf mündliche Verhandlung ist innerhalb 14 Tage nach Zustellung der Verfügung an die Behörde zu richten, welche die Verfügung erlassen hat. Wird auf Grund der mündlichen Verhandlung dahin entschieden, daß die nachgesuchte Genehmigung zu ertheilen sei, so fertigt die Behörde ohne weiteren schriftlichen Bescheid die Genehmigung aus. Wird dagegen die versagende Verfügung aufrecht erhalten, so ist ein förmlicher motivirter Bescheid zu erlassen, welcher auf das zulässige Rechtsmittel verweist. Derselbe wird gegen Behändigungsschein zugestellt. Gegen denselben ist der Rekurs an die in der Sache betheiligten Ministerien statthaft. Derselbe ist innerhalb 14 Tage nach der Zustellung einzulegen und zu rechtfertigen. Er kann bei der ersten oder bei der zweiten Instanz eingereicht werden.

---

*) Der durch besondern Druck gekennzeichnete Passus enthält die durch Art. 2. des Gesetzes vom 23. Juli 1879 betreffend einige Abänderungen der Gewerbe-Ordnung (R.G.Bl. S. 267) festgesetzte Aenderung. Nach der früheren Fassung mußte die Konzession ertheilt werden, wenn nicht Thatsachen vorlagen, welche die Unzuverlässigkeit des Nachsuchenden in Bezug auf den beabsichtigten Gewerbebetrieb darthaten.

Hebammen bedürfen eines Prüfungs-Zeugnisses der nach den Landesgesetzen zuständigen Behörde.

§. 30a.

Der Betrieb des Hufbeschlaggewerbes kann durch die Landesgesetzgebung von der Beibringung eines Prüfungszeugnisses abhängig gemacht werden. Das ertheilte Prüfungszeugniß gilt für den ganzen Umfang des Reiches*).

Wird durch den Rekursbescheid die angefochtene Verfügung bestätigt, so ist zugleich ausdrücklich darauf hinzuweisen, daß eine weitere Beschwerde durch das Gesetz nicht zugelassen wird. Der Bescheid wird der Behörde, welche in erster Instanz entschieden hat, in Ausfertigung übersendet. Ist der Rekurs zurückgewiesen, so stellt diese dem Rekurrenten den Bescheid zu, anderenfalls fertigt sie auf Grund des Bescheides die nachgesuchte Genehmigung aus.

Nr. 26, 55 bis 58 der Anw. v. 4. September 1869.

4. In den zum Geltungsbereich des Competenzgesetzes vom 26. Juli 1876 gehörigen Provinzen beschließt der Regierungspräsident (in Berlin der Polizeipräsident) auf die bezüglichen Anträge und giebt die Sache eventuell an das Bezirksverwaltungsgericht ab (vgl. §. 134 Nr. 5 a. a. O. in der Note 1 zu §. 16). Vgl. auch §. 120 des Ges. v. 1. August 1883 abgedruckt Seite 113.

5. Die Regierungen (Landdrosteien) haben von den ihrerseits verliehenen Konzessionen der in §. 30 der Gew.O. gedachten Art dem Minister für die geistlichen ꝛc. Angelegenheiten Anzeige zu machen.

Cirk.R. d. K.M. v. 11. November 1869. M.Bl. S. 277.

6. Die Konzession zur Anlegung der in §. 30 Abs. 1 der Gew.O. bezeichneten Anstalten ist von der Approbation für die ärztliche Praxis nicht abhängig. Die bisherige medizinale und sanitätspolizeiliche Beaufsichtigung bleibt dagegen unberührt.

R. d. K.M. v. 30. September 1870. M.Bl. S. 265.

7. Unter Privatkranken-Anstalten sind alle diejenigen Anstalten zu verstehen, in welchen die Unternehmer selbst bei den in die Anstalt aufgenommenen Kranken irgend ein Heilverfahren anwenden.

8. Unzuverlässigkeit begreift auch den Mangel solcher Eigenschaften, von welchen eine sachgemäße Leitung und Verwaltung der Anstalten abhängt.

(Motive zum Gesetz vom 17. Juli 1878 betreffend die Abänderung der Gewerbeordnung.)

Zu §. 30 Abs. 2.

9. Den Regierungen ist durch Cirk.R. d. K.M. v. 2. Juni 1870 (M.Bl. S. 186) eine allgemeine Verfügung betreffend die künftige Stellung

*) §. 30a beruht auf dem Reichsgesetz vom 1. Juli 1883.

§. 31.

Seeschiffer, Seesteuerleute, Maschinisten der Seedampfschiffe*), und Lootsen müssen sich über den Besitz der erforderlichen Kenntnisse durch ein Befähigungszeugniß der zuständigen Verwaltungsbehörde ausweisen.

Der Bundesrath erläßt die Vorschriften über den Nachweis der Befähigung. Die auf Grund dieses Nachweises ertheilten Zeugnisse gelten für das ganze Bundesgebiet, bei Lootsen für das im Zeugniß angeführte Fahrwasser.

Soweit in Betreff der Schiffer und Lootsen auf Strömen in Folge von Staatsverträgen besondere Anordnungen getroffen sind, behält es dabei sein Bewenden.

---

der Hebammen mitgetheilt, durch welche ihre Zulassung zum Gewerbebetriebe geregelt wird. Eine weitere Regelung des Hebammenwesens ist durch die allgemeine Verfügung des Ministers der geistlichen Angelegenheiten vom 6. August 1883 bezw. die derselben angeschlossene Ausführungs-Instruktion erfolgt. (Vgl. Medizinalzeitung Seite 123).

10. Frauen, welche mehrmals Hebammendienste verrichtet haben, ohne im Besitz eines Prüfungszeugnisses zu sein, sind wegen unbefugter Ausübung des Hebammengewerbes strafbar, selbst wenn in mehreren Fällen ein Nothstand und nur in einem Falle ein solcher nicht vorgelegen hat.

Auch sind zur Feststellung der Gewerbemäßigkeit solche Fälle zu berücksichtigen, die, wenn sie allein Gegenstand der Verfolgung wären, verjährt sein würden.

Erk. d. O.T. v. 18. April 1877.
Opp. XVIII, S. 278.

11. Die rechtskräftige Verurtheilung wegen unbefugter Ausübung des Hebammengewerbes schließt eine Bestrafung wegen fahrlässiger Tödtung aus, wenn solche bei einer jener Verurtheilung zu Grunde liegenden Gewerbshandlung vorgekommen ist, während die bloße Litispendenz diese Wirkung nicht hat und nur bei der zweiten Entscheidung einen Einfluß übt.

Erk. d. R.G. v. 12. Januar 1883. V. S. 29.

12. Die bezügliche Strafvorschrift ist in §. 147 Nr. 1 Gew.O. enthalten.

Zu §. 31.

1. Das Befähigungszeugniß wird von der Regierung (Landdrostei) ausgestellt (Anw. Nr. 7).

---

*) Der durch besonderen Druck markirte Passus beruht auf Art. 16 des R.Ges. v. 1. Juli 1883.

Diese Approbation darf weder auf Zeit ertheilt noch, vorbehaltlich der Bestimmungen in §. 143 Gew.O., widerrufen werden (§. 40 Gew.O.) Vgl. auch Note 5 zu §. 31.

Die vom Bundesrath zu erlassenden Vorschriften über den Nachweis der Befähigung sind in der Bekanntmachung des Bundeskanzlers vom 25. September 1869 betreffend die Prüfung der Seeschiffer und Seesteuerleute auf deutschen Kauffahrteischiffen (B.G.Bl. S. 660) und vom 30. Mai 1870 (a. a. O. S. 314) betreffend Anordnungen über das Prüfungsverfahren und die Zusammensetzung der Prüfungskommissionen enthalten.

Dieselben lauten:

I.

Bekanntmachung vom 25. September 1869.

§. 1. Küstenschifffahrt im Sinne dieser Vorschriften ist die Fahrt in der Nordsee bis zum 61. Grade nördlicher Breite und in der Ostsee

a) *mit Seeschiffen unter 30 Tonnen (zu 1000 Kilogramm) Tragfähigkeit,*
b) mit solchen Fahrzeugen jeder Größe, welche sich nicht über 20 Seemeilen von der Küste entfernen und nicht zur Beförderung von Reisenden dienen,
c) mit kleinen zur Fischerei dienenden Fahrzeugen (Kuttern, Schaluppen 2c.) und mit Lootsen- und Lustfahrzeugen.

§. 2. Kleine Fahrt im Sinne dieser Vorschriften ist die Fahrt in der Nordsee bis zum 61. Grade nördlicher Breite und in der Ostsee mit Seeschiffen von 30 bis ausschließlich 100 Tonnen (zu 1000 Kilogramm) Tragfähigkeit.

§. 3. Große Fahrt im Sinne dieser Vorschriften ist diejenige Seeschifffahrt, welche die Grenzen der Küstenschifffahrt (§. 1) und der kleinen Fahrt (§. 2) überschreitet. Die große Fahrt ist entweder: a) Europäische Fahrt, wenn sie nur Europäische Häfen und Häfen des Mittelländischen, Schwarzen und Azowschen Meeres berührt, oder b) Außereuropäische Fahrt, wenn sie diese Grenzen überschreitet.

§. 4. Ob und welcher Nachweis der Befähigung als Führer von Küstenschiffen (§. 1) erforderlich ist, bleibt einstweilen der Bestimmung der Landesregierungen überlassen.

§. 5. Die Zulassung als Schiffer auf kleiner Fahrt wird bedingt durch die Ablegung einer Prüfung in den in Anlage I. bezeichneten Gegenständen (Schifferprüfung für kleine Fahrt). Diese Prüfung wird denjenigen erlassen, welche die Steuermannsprüfung (§. 7b) bestanden haben.

§. 6. Um zur Schifferprüfung für kleine Fahrt zugelassen zu werden, ist erforderlich die Zurücklegung einer auf den Ablauf des fünfzehnten Lebensjahres folgenden, mindestens 60monatlichen Fahrzeit zur See.

§. 7. Die Zulassung als Steuermann auf großer Fahrt wird bedingt durch: a) die Zurücklegung einer auf den Ablauf des fünfzehnten Lebensjahres folgenden, mindestens 45monatlichen Fahrzeit zur See, von welcher mindestens 24 Monate entweder als Vollmatrose auf Kauffahrteischiffen oder als Matrose I. oder II. Klasse in der Bundes-Kriegsmarine, und zwar mindestens zwölf Monate auf einem Segelschiffe zugebracht sein müssen, b) die Ablegung einer

Prüfung in den in Anlage II. bezeichneten Gegenständen (Steuermannsprüfung).

§. 8. Um zur Steuermannsprüfung zugelassen zu werden, ist erforderlich die Zurücklegung einer auf den Ablauf des fünfzehnten Lebensjahres folgenden, mindestens 33monatlichen Fahrzeit zur See, von welcher mindestens zwölf Monate entweder als Vollmatrose auf Segelschiffen der Handelsmarine oder als Matrose I. oder II. Klasse in der Bundes-Kriegsmarine zugebracht sein müssen.

§. 9. Die Zulassung als Schiffer auf großer Fahrt wird bedingt durch Ablegung einer Prüfung in den in der Anlage III. bezeichneten Gegenständen (Schifferprüfung für große Fahrt), vorbehaltlich der nach §. 11 eintretenden Ausnahme.

§. 10. Um zur Schifferprüfung für große Fahrt zugelassen zu werden, ist erforderlich: a) die Ablegung der Steuermannsprüfung (§. 7b) die Zurücklegung einer auf die Zulassung als Steuermann (§. 7) folgenden mindestens 24monatlichen Fahrzeit zur See als Steuermann auf Kauffahrteischiffen, c) die Ausführung und schriftliche Aufzeichnung von Beobachtungen und Berechnungen über Kurse und Distanzen, Breite und Länge während dieser Fahrzeit.

§. 11. Für die Zulassung als Schiffer auf Europäischer Fahrt (§. 3a) mit Segelschiffen unter 250 Tonnen (zu 1000 Kilogramm) Tragfähigkeit und mit Dampfschiffen jeder Größe genügt: a) die Ablegung der Steuermannsprüfung (§. 7b); b) die Zurücklegung einer auf Zulassung als Steuermann (§. 7) folgenden mindestens 36monatlichen Fahrzeit zur See als Steuermann, von welcher mindestens 24 Monate als Einzelsteuermann zugebracht sein müssen.

§. 12. Der Schiffer auf großer Fahrt darf auf Schiffen von 100 Tonnen (zu 1000 Kilogramm) und mehr Tragfähigkeit nicht ohne einen Steuermann fahren.

§. 13. Hat ein Schiff in großer Fahrt mehrere Steuerleute, so muß einer derselben (der Obersteuermann) die Schifferprüfung für große Fahrt (§. 9) abgelegt haben.

§. 14. Seeleute, welche vor dem 1. Mai 1870 in einem Bundesstaate oder in einem zu einem Bundesstaate gehörigen Gebiete als Schiffer oder Steuerleute zugelassen sind, dürfen diese Befugniß auf Schiffen, welche in dem betreffenden Staate oder Gebiete heimathsberechtigt sind, im bisherigen Umfange auch ferner ausüben.

Beispielsweise bleiben also befugt: a) die in den Preußischen Provinzen Preußen und Pommern mit beschränkter Befugniß zugelassenen Schiffer II. und III. Klasse zur Führung von Schiffen jeder Größe in der Ostsee; b) diejenigen Schiffer, welche bisher Watt- und Küstenfahrt betrieben haben, sowie die zur Schiffsführung auf Nord- und Ostsee zugelassenen früheren Kahnschiffer im Preußischen Amte Blumenthal zur ferneren Ausübung ihres Gewerbes im bisherigen Umfange; c) die in Bremen mit beschränkter Befugniß zugelassenen

Schiffer zur Führung Bremischer Schiffe ohne Steuermann in den Europäischen Meeren bis zum Kap Finisterre.

§. 15. Vom 1. Mai 1870 ab stehen die bis dahin in einem Bundesstaate oder in einem zu einem Bundesstaate gehörigen Gebiete zugelassenen Untersteuerleute, Steuerleute aller Klassen und Obersteuerleute in Ansehung ihrer Befugnisse den nach §. 7 dieser Vorschriften zugelassenen Steuerleuten gleich.

§. 16. Diejenigen Seeleute, welche vor dem 1. Mai 1870 die Oldenburgische oder die Bremische Prüfung zum Untersteuermann bestanden haben, jedoch wegen Mangels des erforderlichen Lebensalters oder der vorschriftsmäßigen Fahrzeit noch nicht als Steuerleute zugelassen sind, erlangen die Befugnisse der nach §. 7 dieser Vorschriften zugelassenen Steuerleute, sobald sie die in §. 7a. bezeichnete Fahrzeit zurückgelegt haben.

§. 17. Denjenigen Seeleuten, welche vor dem 1. Mai 1870 in einem Bundesstaate oder in einem zu einem Bundesstaate gehörigen Gebiete zur Schiffsführung auf allen Meeren zugelassen sind, steht die gleiche Befugniß auf allen Deutschen Kauffahrteischiffen zu, sobald sie 24 Monate lang auf Kauffahrteischiffen als Steuermann oder Schiffer gefahren haben.

§. 18. Vom 1. Mai 1870 ab sind die bis dahin in den Preußischen Provinzen Preußen und Pommern mit beschränkter Befugniß zugelassenen Schiffer II. und III. Klasse zur Führung aller Deutschen Kauffahrteischiffe unter 250 Tonnen (zu 1000 Kilogramm) Tragfähigkeit in Europäischer Fahrt (§. 3a) befugt.

§. 19. Vom 1. Mai 1870 ab sind die bis dahin in den Preußischen Provinzen Hannover und Schleswig-Holstein, in Lübeck und Hamburg zugelassenen Steuerleute, sowie die bis dahin in Oldenburg und Bremen zugelassenen Obersteuerleute, sobald sie mindestens 24 Monate als Steuermann auf Kauffahrteischiffen gefahren habe, zur Führung aller Deutschen Kauffahrteischiffe in allen Meeren befugt.

§. 20. Diese Vorschriften treten am 1. Mai 1870 in Kraft.

§. 21. Der Bundesrath erläßt die Vorschriften über das Prüfungsverfahren und über die Zusammensetzung der Prüfungs-Kommissionen.

II.

Bekanntmachung vom 30. Mai 1870.

1. Anordnungen über die Prüfung der Seeschiffer und Seesteuerleute für große Fahrt.

§. 1. Am Sitz einer jeden öffentlichen Navigationsschule wird von der Landesregierung eine Kommission eingesetzt, welche je nach der Bestimmung der Schule Steuermannsprüfungen, beziehungsweise Schifferprüfungen für große Fahrt abnimmt.

Jede dieser Kommissionen besteht aus fünf Mitgliedern, nämlich:

1. einem Vorsitzenden;
2. und 3. zwei an öffentlichen Navigationsschulen fungirenden Navigations-Lehrern, von denen bei der Abhaltung von Schifferprüfungen nur Einer der am Sitze der Prüfungskommission befindlichen Navigationsschule angehören darf;
4. und 5. zwei Seeschifffahrtskundigen, welche entweder Offiziere der Bundes-Kriegsmarine oder Schiffsführer auf großer Fahrt gewesen sind oder noch sind.

§. 2. Die Prüfungskommissionen machen die Zeit, in welcher die Abhaltung der Prüfungen stattfindet, bekannt. Sie haben gleichzeitig hiervon dem vom Bundeskanzler ernannten Inspektor (§. 23) Kenntniß zu geben.

§. 3. Der Meldung zur Steuermannsprüfung müssen beigefügt werden:

a) der Geburtsschein;
b) glaubhafte Nachweisung über die Zurücklegung einer auf den Ablauf des 15. Lebensjahres folgenden, mindestens 33monatlichen Fahrzeit zur See, von welcher mindestens 12 Monate entweder als Vollmatrose auf Segelschiffen der Handelsmarine oder als Matrose I. oder II. Klasse in der Bundes-Kriegsmarine zugebracht sind.

Der Meldung zur Schifferprüfung müssen beigefügt werden:

a) das Befähigungszeugniß zum Steuermann (§. 7b der Vorschriften vom 25. September 1869). Sofern die Meldung auf die in den §§. 15 und 16 der Vorschriften enthaltenen Uebergangsbestimmungen gestützt wird, ist an Stelle des Befähigungszeugnisses als Steuermann der Nachweis der vor dem 1. Mai 1870 erfolgten Zulassung als Untersteuermann, Steuermann und Obersteuermann, beziehungsweise der vor dem 1. Mai 1870 erfolgten Ablegung der Oldenburgischen oder Bremischen Untersteuermannsprüfung und der Zurücklegung der vorschriftsmäßigen Fahrzeit zu erbringen;
b) vollgültige Nachweise über eine auf die Zulassung als Steuermann (§. 7 und §. 15 der Vorschriften) folgende mindestens 24monatliche Fahrzeit zur See in der Funktion als Steuermann auf Kauffahrteischiffen;
c) die schriftlichen Aufzeichnungen der während dieser Fahrzeit gemachten Beobachtungen und Berechnungen über Kurse und Distanzen, Breite und Länge.

Der Vorsitzende entscheidet — im Zweifelsfalle nach Anhörung noch anderer Mitglieder der Kommission — über die Zulassung und theilt das Ergebniß dem Antragsteller vor Beginn der schriftlichen Prüfung mit.

§. 4. Die Prüfung erstreckt sich auf die in Anlage I. beziehungsweise Anlage II. genannten Gegenstände und zerfällt in

a) eine schriftliche,
b) eine praktische, und
c) eine mündliche Prüfung, von denen die beiden ersterwähnten der mündlichen Prüfung vorangehen.

§. 5. In der schriftlichen Prüfung erhält der Prüfling je eine Aufgabe aus den in Anlage I, beziehungsweise Anlage II. mit einem * bezeichneten Gegenständen.

§. 6. Während der schriftlichen Prüfung ist durch geeignete Maßnahmen, namentlich durch stete Aufsicht über die Prüflinge und, wenn deren gleichzeitig mehrere sind, durch Absonderung derselben von einander dafür Sorge zu tragen, daß sie keinerlei fremde Hülfe und außer nautischen Tafeln und Ephemeriden keine Bücher und Schriften benutzen. Den ihm angewiesenen Platz darf ein Prüfling, wenn er nicht als zurückgetreten angesehen werden will, nur mit besonderer Erlaubniß verlassen.

§. 7. Jedem Prüfling wird von der Kommission ein foliirtes Prüfungsheft behändigt. Nachdem er seinen Namen darauf vermerkt, hat er in dasselbe zunächst einen von einem Kommissionsmitgliede zu beglaubigenden Auszug aus den Nachweisen über sein Alter und seine Fahrzeit und später die Lösungen der Aufgaben nebst allen vorzunehmenden Berechnungen ꝛc. mit Tinte einzutragen. Während der schriftlichen Prüfung darf der Prüfling außer dem Prüfungshefte anderes Papier zum Schreiben oder Rechnen nicht benutzen.

§. 8. Für jeden Gegenstand der schriftlichen Prüfung (Anlage I. und II.) läßt das Bundeskanzler-Amt eine größere Anzahl Aufgaben entwerfen, welche unter Beifügung der Lösungen der Rechnungsaufgaben den Prüfungskommissionen zugesandt werden.

Die Aufgaben werden nach den Gegenständen zu Bündeln vereinigt und äußerlich deutlich bezeichnet. Der Prüfling zieht aus jedem dieser Bündel je eine Aufgabe und trägt dieselbe sammt der von ihm bearbeiteten Lösung in das Prüfungsheft ein. Das Ergebniß dieser Lösung wird von einem Kommissionsmitgliede im Hefte sofort nochmals niedergeschrieben oder sonst festgestellt. Auch wird im Hefte die Zeit vermerkt, zu welcher die Lösung der Aufgaben begonnen und beendet ist.

§. 9. Die beiden Navigationslehrer beurtheilen die von den Prüflingen bearbeiteten Lösungen der schriftlichen Aufgaben unter kurzer Andeutung der gefundenen Fehler mittelst schriftlicher Randbemerkungen in den Prüfungsheften und ertheilen jeder Lösung eine der Censuren: „Genügend“ oder „Nicht genügend“. Wenn die Navigationslehrer sich über eine Censur nicht einigen, so hat die Prüfungskommission dieselbe nach Stimmenmehrheit festzustellen.

Ist der Vorsitzende der Prüfungskommission ein Nautiker, so kann die Landesregierung ihm die Revision der von den Navigationslehrern ertheilten Censuren und deren endgültige Feststellung übertragen.

Diejenigen Prüflinge, welchen bei der Steuermannsprüfung in jedem der sieben Fächer C 4, C 7, C 13 a, C 13 b, C 14, C 17 a und C 17 b der Anlage I., bei der Schifferprüfung in jedem der sieben Fächer C 4, C 7, C 16 b, C 16 c, C 17, C 22 a und 22 b der Anlage II., und außerdem bei der betreffenden Prüfung mindestens noch in fünf nautischen und drei anderen Fächern die Censur „Genügend“ ertheilt ist, erhalten für den Gesammtausfall der schriftlichen Prüfung das Prädikat: „Bestanden“. Alle übrigen Prüflinge erhalten das Prädikat: „Nicht bestanden“.

§. 10. Im Laufe oder unmittelbar nach der schriftlichen Prüfung wird nach näherer Anordnung des Vorsitzenden von Navigationslehrern eine praktische Prüfung abgehalten. Dieselbe hat sich auf den Gebrauch und die Berichtigung der Spiegel-Instrumente, namentlich des Oktanten und Sextanten, sowie auf die Benutzung des künstlichen Horizonts zu erstrecken, bei Schifferprüfungen außerdem noch auf den Gebrauch der Barometer und Thermometer. (Vergl. Anlage I. C Nr. 8 und 9 und Anlage II. C Nr. 9, 10 und 23.)

Ist der Vorsitzende der Kommission Nautiker, so steht es ihm frei, die praktische Prüfung selbst abzunehmen.

Jedem Prüflinge müssen in dieser praktischen Prüfung mindestens vier verschiedene Aufgaben gestellt werden.

Ob eine Aufgabe „genügend" gelöst worden ist, entscheidet derjenige, welcher die Prüfung abgenommen hat. Nur diejenigen Prüflinge, welche mindestens die Hälfte der ihnen gestellten Aufgaben „genügend" gelöst haben, erhalten für die praktische Prüfung das Prädikat „Bestanden", die übrigen das Prädikat „Nicht bestanden".

§. 11. Wer nicht in der schriftlichen und in der praktischen Prüfung das Prädikat „Bestanden" erhalten hat, gilt als nicht bestanden und wird der mündlichen Prüfung nicht mehr unterworfen. Es wird ihm darüber von dem Vorsitzenden zu Protokoll Eröffnung gemacht.

§. 12. Die mündliche Prüfung wird von sämmtlichen Kommissionsmitgliedern abgehalten.

Dieselben haben sich zu vergewissern, ob der Prüfling die Lehren seines Faches, soweit diese Gegenstand der Prüfung sind, wirklich verstanden, sich zu eigen gemacht und in deren Anwendung Geläufigkeit erworben hat.

Die Prüfung kann sich auf alle in Anlage I., beziehungsweise Anlage II. bezeichneten Fächer erstrecken. Sie ist vorzugsweise auf diejenigen Fächer zu richten, in denen schriftlich entweder überhaupt nicht, oder mit ungenügendem Ergebnisse geprüft worden ist. Die mündliche Prüfung wird so lange fortgesetzt, bis sämmtliche Mitglieder der Prüfungskommission über den Grad der Befähigung des Prüflings sich ein genügendes Urtheil gebildet haben.

Gleichzeitig dürfen nicht mehr als 12 Prüflinge mündlich geprüft werden.

Ob die mündliche Prüfung öffentlich abgehalten werden soll, bestimmt die Landesregierung.

§. 13. Ueber den Ausfall der mündlichen Prüfung entscheidet die Prüfungskommission nach Stimmenmehrheit durch Ertheilung eines der Prädikate: „Bestanden" und „Nicht bestanden".

Die Abstimmung jedes Kommissionsmitgliedes muß im Prüfungshefte vermerkt werden.

§. 14. Prüflinge, welche in der mündlichen Prüfung das Prädikat „Nicht bestanden" erhalten haben, gelten überhaupt und ohne Rücksicht auf den Ausfall der schriftlichen und der praktischen Prüfung als nicht bestanden. Bei etwaiger späterer Wiederholung der Prüfung müssen dieselben auch die schriftliche und praktische Prüfung nochmals ablegen, wofern die Wiederholung nicht binnen Jahresfrist vor derselben Prüfungskommission stattfindet.

§. 15. Ob und welche von den in allen drei Prüfungsabschnitten bestandenen Prüflingen für den Gesammtausfall der Prüfung statt des Prädikats: „Bestanden" das Prädikat: „Mit Auszeichnung bestanden" erhalten sollen, entscheidet die Prüfungskommission nach Stimmenmehrheit.

§. 16. Die Prüfungskommission fertigt die Prüfungszeugnisse aus und zwar:

a) für diejenigen, welche die Steuermannsprüfung beziehentlich die Schifferprüfung bestanden und die in §. 7 der „Vorschriften" unter a bestimmte Fahrzeit zurückgelegt haben, nach Maßgabe der Formulare unter A und B:

b) für diejenigen, welche die Steuermannsprüfung bestanden, aber die in §. 7 Litt. a der „Vorschriften" bestimmte Fahrzeit noch nicht zurückgelegt haben, nach Maßgabe des unter C angehängten Formulars.

§. 17. Auf Grund der in §. 16 unter a gedachten Prüfungszeugnisse werden von der dazu ermächtigten Behörde die Befähigungszeugnisse (§. 31 der Gewerbeordnung vom 21. Juni 1869) nach den Formularen unter D und E ausgefertigt.

Denjenigen, welche nur Prüfungszeugnisse nach der Vorschrift in §. 16 unter b (Formular C) erhalten haben, wird später, sofern sie sich über die erfolgte Zurücklegung der erforderlichen Fahrzeit gehörig und glaubhaft ausweisen, von der Behörde das Befähigungszeugniß nach dem Formulare unter D ausgefertigt.

Steuerleute, welche auf Grund des §. 11 der „Vorschriften" als Führer von Segelschiffen unter 250 Tonnen Tragfähigkeit und von Dampfschiffen jeder Größe in Europäischer Fahrt zugelassen zu werden wünschen, haben die Zurücklegung einer auf die Zulassung als Steuermann folgenden mindestens 36 monatlichen Fahrzeit als Steuermann, von welcher mindestens 24 Monate als Einzelsteuermann zugebracht sein müssen, nachzuweisen. Auf Grund dieses Nachweises und des Befähigungszeugnisses als Steuermann wird denselben sodann von der Behörde ein weiteres Befähigungszeugniß nach dem Formulare F ausgefertigt.

§. 18. Solchen, welche nachweislich Gelegenheit haben, nach bestandener Steuermannsprüfung sofort als Steuermann angemustert zu werden, kann die Prüfungskommission ausnahmsweise das Prüfungszeugniß mit der Bemerkung ausstellen, daß solches für die nächste Reise beziehentlich Anmusterungsperiode die Stelle als Befähigungszeugniß vertritt.

§. 19. Die weiteren Bestimmungen über die zur Ausstellung der Befähigungszeugnisse zuständige Behörde und über das Verfahren bei Ertheilung der Zeugnisse werden von der betreffenden Landesregierung erlassen.

§. 20. Wer die Prüfung nicht bestanden hat, kann zu deren Wiederholung innerhalb des Bundesgebietes erst nach einer von der Prüfungskommission festzusetzenden, jedoch nicht unter drei Monaten zu bemessenden Frist zugelassen werden.

Wer bei der Prüfung fremde Hülfe oder nicht gestattete Bücher, Tafeln oder Geräthe benutzt, wird von der Fortsetzung der Prüfung ausgeschlossen und zu einer neuen Prüfung erst nach sechs Monaten wieder zugelassen. Derselbe Nachtheil trifft Solche, welche ihren Mitprüflingen helfen oder unerlaubte Hülfe verschaffen.

§. 21. Die Prüfungsgebühren betragen, einschließlich des etwaigen Stempels, für die Steuermannsprüfung 5 Thlr. und für die Schifferprüfung zur großen Fahrt 10 Thlr. und müssen vor Beginn der schriftlichen Prüfung eingezahlt werden.

§. 22. Ueber jede Prüfung ist ein von allen Kommissionsmitgliedern zu unterschreibendes, summarisches Protokoll aufzunehmen, welches nebst den schriftlichen Arbeiten der Geprüften bei den Kommissionsakten verbleibt.

Die in jedem der drei Prüfungsabschnitte ertheilten Prädikate werden in das Prüfungsheft eingetragen.

Ueber die Prüfungsverhandlungen dürfen an dritte Personen Mittheilungen nicht gemacht werden.

§. 23. Zur Beaufsichtigung des Steuermanns- und Schifferprüfungswesens im Gebiete des Norddeutschen Bundes bestellt der Bundeskanzler nach Anhörung des Bundesraths-Ausschusses für Handel und Verkehr die erforderliche Anzahl Inspektoren.

Diese haben darauf zu achten, daß die in Bezug auf die Prüfungen erlassenen Vorschriften befolgt und daß überall gleichmäßige Anforderungen an die Prüflinge gestellt werden.

Sie sind insbesondere befugt:

1. den Prüfungen und den Verhandlungen der Prüfungskommissionen beizuwohnen und von den schriftlichen Arbeiten der Prüflinge Einsicht zu nehmen;
2. bei der mündlichen Prüfung einzelne Materien zu bezeichnen, aus welchen den Prüflingen Fragen vorzulegen sind;
3. gegen die Entscheidung der Prüfungskommission Einspruch zu erheben, falls diese den bestehenden Vorschriften zuwider einem Prüflinge das Prädikat: „Bestanden" oder „Mit Auszeichnung bestanden" statt des Prädikats: „Nicht bestanden" zu ertheilen beabsichtigt.

   Gelingt es in einem solchen Falle nicht, eine Verständigung herbeizuführen, so hat der Inspektor sofort dem Bundeskanzler Bericht zu erstatten, welcher demnächst in der Sache endgültig entscheidet.

2. Anordnungen über die Prüfung der Seeschiffer für kleine Fahrt.

§. 1. Am Sitze jeder öffentlichen Navigationsschule wird eine Kommission zur Abnahme der Schifferprüfungen für kleine Fahrt errichtet.

Jede solche Prüfungskommission besteht aus drei Mitgliedern, nämlich:

1. einem Vorsitzenden,
2. einem Navigationslehrer an einer öffentlichen Navigationsschule und
3. einem Seeschifffahrtskundigen.

Die Mitglieder werden von der Regierung des Staates, in welchem der Sitz der Kommission sich befindet, ernannt.

Ein Lehrer, welcher dem Prüflinge behufs der Vorbereitung der Prüfung Privatunterricht ertheilt hat, kann nicht Mitglied der Prüfungskommission sein.

§. 2. Die Meldung zur Prüfung ist jederzeit zulässig. Sie geschieht bei dem Vorsitzenden der Prüfungskommission unter Beifügung des Geburtsscheins und vollgültiger Nachweise über die Zurücklegung einer auf den Ablauf des 15. Lebensjahres folgenden, mindestens 60 monatlicheu Fahrzeit zur See.

Der Vorsitzende der Kommission entscheidet — im Zweifelsfalle nach Anhörung der beiden anderen Mitglieder der Kommission — über die Zulassung, macht dem Prüfling darüber Eröffnung und setzt für den Fall der Zulassung den Prüfungstermin fest.

§. 3. Die Prüfung erstreckt sich auf die in Anlage III. genannten Gegenstände (wobei unter den in Abschnitt D Ziff. 1, 2, 3 und 5 dieser Anlage erwähnten Schiffen nur die auf kleiner Fahrt vorkommenden Seeschiffe zu verstehen sind) und zerfällt in

a) eine schriftliche,

b) eine praktische und

c) eine mündliche,

von denen die beiden ersterwähnten der mündlichen Prüfung vorangehen.

§. 4. In der schriftlichen Prüfung erhält der Prüfling je eine Aufgabe aus den in Anlage III. mit einem * bezeichneten Gegenständen.

§. 5. Während der schriftlichen Prüfung ist durch geeignete Maßnahmen, namentlich durch stete Aufsicht über die Prüflinge und, wenn deren gleichzeitig mehrere sind, durch Absonderung derselben von einander, dafür Sorge zu tragen, daß sie keinerlei fremde Hülfe und außer nautischen Tafeln und Ephemeriden keine Bücher und Schriften benutzen. Den ihm angewiesenen Platz darf ein Prüfling, wenn er nicht als zurückgetreten angesehen werden will, nur mit besonderer Erlaubniß verlassen.

§. 6. Jedem Prüfling wird von der Kommission ein foliirtes Prüfungsheft behändigt. Nachdem er seinen Namen darauf vermerkt, hat er in dasselbe zunächst einen von einem Kommissionsmitgliede zu beglaubigenden Auszug aus den Nachweisen über sein Alter und seine Fahrzeit und später die Lösungen der Aufgaben nebst allen vorzunehmenden Berechnungen ꝛc. mit Tinte einzutragen. Während der schriftlichen Prüfung darf der Prüfling außer dem Prüfungshefte anderes Papier zum Schreiben oder Rechnen nicht benutzen.

§. 7. Für jeden Gegenstand der schriftlichen Prüfung (Anlage III.) läßt das Bundeskanzler-Amt eine größere Anzahl Aufgaben entwerfen. welche uuter Beifügung der Lösungen der Rechnungsaufgaben den Prüfungskommissionen zugesandt werden.

Die Aufgaben werden nach den Gegenständen zu Bündeln vereinigt und äußerlich deutlich bezeichnet. Der Prüfling zieht aus jedem Bündel je eine Aufgabe und trägt dieselbe sammt der von ihm bearbeiteten Lösung in das Prüfungsheft ein. Das Ergebniß dieser Lösung wird von einem Kommissionsmitgliede im Hefte sofort nochmals niedergeschrieben oder sonst festgestellt. Auch wird im Hefte die Zeit vermerkt, zu welcher die Lösung der Aufgaben begonnen und beendet ist.

§. 8. Im Laufe oder unmittelbar nach der schriftlichen Prüfung nimmt der Navigationslehrer (§. 1 Nr. 2) in Gegenwart der beiden anderen Mitglieder der Prüfungskommission eine praktische Prüfung in der Handhabung des Spiegel-Oktanten (vergl C Nr. 6 der Anlage III.) vor.

Ist der Vorsitzende der Prüfungskommission ein Nautiker, so kann er die Prüfung selbst abhalten.

Ueber den Ausfall der praktischen Prüfung entscheidet derjenige, welcher sie abgenommen hat, durch Ertheilung eines der Prädikate: „Bestanden“ oder „Nicht bestanden“.

§. 9. Der Navigationslehrer und das seeschifffahrtskundige Mitglied der Prüfungskommission beurtheilen die von den Prüflingen bearbeiteten Lösungen der schriftlichen Aufgaben unter kurzer Andeutung der gefundenen Fehler mittelst schriftlicher Randbemerkungen in den Prüfungsheften, und ertheilen jeder Lösung eine der Censuren: „Genügend“ oder „Nicht genügend.“ Wenn sie sich über eine Censur nicht einigen, entscheidet der Vorsitzende.

Ist der Vorsitzende der Prüfungskommission ein Nautiker, so kann die Landesregierung ihm die Revision der von den beiden anderen Mitgliedern der Prüfungskommission ertheilten Censuren und die Feststellung endgültiger Censuren übertragen.

Ein Prüfling, welchem in den Fächern C 4, C 5 und C 7 (oder C 8) und außerdem mindestens noch in zwei anderen Fächern die Censur „Genügend“ ertheilt ist, erhält für den Gesammtausfall der schriftlichen Prüfung das Prädikat: „Bestanden.“ Jeder andere Prüfling erhält das Prädikat: „Nicht bestanden“.

§. 10. Wer in der schriftlichen und in der praktischen Prüfung nicht das Prädikat „Bestanden“ erhalten hat, gilt als „Nicht bestanden“ und wird der mündlichen Prüfnng nicht mehr unterworfen. Es wird ihm darüber von dem Vorsitzenden zu Protokoll Eröffnung gemacht.

§. 11. Die mündliche Prüfung wird von sämmtlichen Commissionsmitgliedern abgehalten. Dieselben haben sich zu vergewissern, ob der Prüfling die Lehren seines Faches, soweit diese Gegenstand der Prüfung sind, wirklich verstanden, sich zu eigen gemacht und in deren Anwendung Geläufigkeit erworben hat.

Die Prüfung kann sich auf alle in der Anlage III. bezeichneten Fächer erstrecken. Sie ist vorzugsweise auf diejenigen Fächer zu richten, in denen schriftlich entweder überhaupt nicht oder mit ungenügendem Ergebnisse geprüft worden ist. Die mündliche Prüfung wird so lange fortgesetzt, bis sämmtliche Mitglieder der Prüfungskommission über den Grad der Befähigung des Prüflings sich ein genügendes Urtheil gebildet haben. Glerchzeitig dürfeu nicht mehr als 12 Prüflinge mündlich geprüft werden.

Ob die mündliche Prüfung öffentlich abgehalten werden soll, bestimmt die Landesregierung.

§. 12. Ueber den Ausfall der mündlichen Prüfung entscheidet die Prüfungskommission nach Stimmenmehrheit durch Ertheilung eines der Prädikate: „Bestanden" und „Nicht bestanden".

Die Abstimmung jedes Kommissionsmitgliedes muß im Prüfungshefte vermerkt werden.

§. 13. Prüflinge, welche in der mündlichen Prüfung das Prädikat „Nicht bestanden" erhalten haben, gelten überhaupt und ohne Rücksicht auf den Ausfall der schriftlichen und praktischen Prüfung als nicht bestanden. Bei etwaiger späterer Wiederholung der Prüfung müssen dieselben auch die schriftliche und praktische Prüfung nochmals ablegen, wofern die Wiederholung nicht binnen Jahresfrist vor derselben Prüfungskommission stattfindet.

§. 14. Ob und welche von den in allen drei Prüfungsabschnitten bestandenen Prüflingen für den Gesammtausfall der Prüfung statt des Prädikats: „Bestanden" das Prädikat: „Mit Auszeichnung bestanden" erhalten sollen, entscheidet die Prüfungskommission nach Stimmenmehrheit.

§. 15. Für jeden bestandenen Prüfling fertigt die Kommission nach dem Formulare G ein Prüfungszeugniß aus, auf dessen Grund sodann die zuständige Behörde das Befähigungszeugniß nach dem Formular unter II ertheilt.

§. 16. Wer die Prüfung nicht bestanden hat, kann zu deren Wiederholung innerhalb des Bundesgebietes erst nach einer von der Prüfungskommission festzusetzenden, nicht unter drei Monaten zu bemessenden Frist zugelassen werden.

Wer bei der Prüfung fremde Hülfe oder nicht gestattete Bücher, Tafeln oder Geräthe benutzt, wird von der Fortsetzung der Prüfung ausgeschlossen und zu einer neuen Prüfung erst nach 6 Monaten wieder zugelassen. Derselbe Nachtheil trifft Solche, welche ihren Mitprüflingen helfen oder unerlaubte Hülfe verschaffen.

§. 17. Die Prüfungsgebühren betragen einschließlich des etwaigen Stempels 15 Mark und müssen vor Beginn der schriftlichen Prüfung eingezahlt werden.

§. 18. Ueber jede Prüfung ist ein von allen Kommissionsmitgliedern zu unterschreibendes summarisches Protokoll aufzunehmen, welches nebst den schriftlichen Arbeiten der Geprüften bei den Kommissionsakten verbleibt.

Die in jedem der drei Prüfungsabschnitte ertheilten Prädikate werden in das Prüfungsheft eingetragen.

Ueber die Prüfungsverhandlungen dürfen an dritte Personen Mittheilungen nicht gemacht werden.

§. 19. Wenn ein Seemann auf Grund der bestandenen Steuermannsprüfung als Schiffer auf kleiner Fahrt zugelassen zu werden wünscht, so hat er solches unter Vorlegung seines Befähigungszeugnisses als Steuermann, sowie vollgültiger Nachweise über die Zurücklegung einer auf den Ablauf des 15. Lebensjahres folgenden mindestens 60 monatlichen Fahrzeit zur See bei dem Vorsitzenden einer der in §. 1 genannten Prüfungskommissionen zu beantragen.

Ueber den Antrag entscheidet der Vorsitzende, in Zweifelsfällen die Kommission nach Stimmenmehrheit.

Wird der Antrag für begründet erachtet, so wird solches der zuständigen Behörde angezeigt, welche dann das Befähigungszeugniß nach dem Formular unter J aussertigt.

Die weiteren Bestimmungen über diese Behörde und über das Verfahren bei Ertheilung der Zeugnisse werden von der betreffenden Landesregierung erlassen.

§. 20. Den zur Beaufsichtigung des Steuermanns- und Schiffer-Prüfungswesens im Gebiete des Norddeutschen Bundes vom Bundeskanzler bestellten Inspektoren stehen die laut §. 23 der Anordnungen über die Prüfung der Seeschiffer und Seesteuerleute für große Fahrt ihnen zugewiesenen Befugnisse auch bezüglich der Schifferprüfungen für kleine Fahrt zu.

Anlage I.

Steuermannsprüfung.

Die Prüfung für Steuerleute auf großer Fahrt erstreckt sich auf folgende Gegenstände:

A. Sprachen.

*1. Kenntniß der Deutschen Sprache bis zur Fähigkeit, sich mündlich und schriftlich verständlich auszudrücken.

Die Landesregierungen können in einzelnen Fällen aus besonderen Gründen die gleiche Kenntniß einer anderen Sprache für genügend erklären.

2. Kenntniß der Englischen Sprache, soweit sie zum Verständniß der Seekarten und des Nautical almanac nothwendig ist.

B. Mathematik.

*1. Arithmetik.

a) Die Grundrechnungsarten mit gewöhnlichen Brüchen, Dezimalbrüchen und Buchstaben; Anwendung derselben auf das Lösen von Verhältnißgleichungen und einfachen Gleichungen ersten Grades

b) Berechnungen von Quadrat- und Kubikwurzeln.

c) Rechnen mit Logarithmen.

*2. Planimetrie.

a) Kenntniß der einfacheren Sätze über die Gleichheit von Winkeln, sowie über die Kongruenz, Aehnlichkeit und Gleichheit gradliniger Figuren.

b) Kenntniß der einfacheren Sätze vom Kreise und von den Winkeln im Kreise.

c) Lösen leichter Konstruktions- und Rechnungsaufgaben vermittelst der Lehrsätze.

d) Berechnung des Flächeninhalts drei- und vierseitiger Figuren, sowie des Inhalts des Kreises.

*3. Stereometrie.

a) Kenntniß der einfachsten Sätze über die gegenseitige Lage von Linien und Ebenen, über Kugelschnitte, sphärische Winkel und Dreiecke.

b) Berechnung des Inhalts von Prismen, Cylindern und Fässern.

4. Ebene Trigonometrie.

a) Kenntniß der trigonometrischen Funktionen und Tafeln.

*b) Berechnung der Seiten und Winkel rechtwinkliger und schiefwinkliger Dreiecke.

5. Sphärische Trigonometrie.

Kenntniß der Sinusregel und der Grundgleichung.

C. Nautik.

*1. Mathematische Geographie, soweit sie für den Seemann wissenswerth ist.

2. Prüfung, Aufstellung und Gebrauch der Steuer- und Peilkompasse.

*3. Einrichtung und Handhabung der gebräuchlichsten Instrumente und Vorrichtungen zur Messung der Schiffe.

*4. Besteckrechnung nach Kurs und Distanz, sowie nach Koppelkurs; Berichtigung der Kurse für Abtrift, örtliche Ablenkung und Mißweisung des Kompasses; Bestimmung der veränderten und aufgekommenen Breite aus Kurs und Distanz; Ermittelung der veränderten und aufgekommenen Länge nach Mittelbreite und vergrößerter Breite.

*5. Ortsbestimmung durch Peilung von Gegenständen und Winkelmessung zwischen denselben, wenn deren Lage oder Höhe bekannt ist.

*6. Ermittelung der Richtung und Geschwindigkeit von Strömungen; Bestimmung von Kurs und Fahrt des Schiffes in Strömungen; Berichtigung des Bestecks bei Strömungen.

7. Zeichnen und Gebrauch der Seekarten; Eintragung des Schiffsortes nach Peilung und Abstand, Kurs und Distanz, Breite und Länge; Uebertragung des Bestecks aus einer Karte in eine andere; Ermittelung von Kurs und Distanz durch die Karte; Berichtigung des Bestecks in der Karte durch Peilungen, Winkelmessungen, Lothungen und astronomische Beobachtungen.

8. Gebrauch und Berichtigung der Spiegel-Instrumente, namentlich des Oktanten und Sextanten.

9. Benutzung des künstlichen Horizonts.

10. Gebrauch der nautischen Jahrbücher und Ephemeriden.

11. Kenntniß der wichtigsten Sternbilder und Gestirne.

12. Berichtigung beobachteter Höhen durch Kimmtiefe, Refraktion, Parallaxe und Halbmesser.

13. Bestimmung der Breite:

*a) durch Höhen der Sonne und Fixsterne im Meridian,

*b) durch Höhen der Sonne in der Nähe des Meridians,

*c) durch zwei Sonnenhöhen vermittelst Annäherung.

* 14. Bestimmung der Mißweisung:
  a) durch Amplituden der Sonne,
  b) durch Azimuthe der Sonne.
* 15. Berechnung der Hochwasserzeit; Berichtigung der Lothung auf Niedrigwasser.
* 16. Bestimmung der Ortszeit durch Einzelhöhen der Sonne und Fixsterne.
17. Bestimmung der Länge:
  * a) durch Chronometer,
  * b) durch Monddistanzen mit beobachteten Höhen.
* 18. Führung des Schiffsjournals.

D. Seemannschaft.

1. Kenntniß der Haupt- und Rundhölzer von Seeschiffen.
2. Auf- und Abtakelung der Seeschiffe.
3. Stauung der Ladung.
4. Schiffsmanöver bei jedem Wetter.
5. Kenntniß der Vorschriften über Nacht- und Nebelsignale, sowie über das Ausweichen der Schiffe.
6. Gebrauch des Signalbuches für die Kauffahrteischiffe aller Nationen.
7. Kenntniß der Rettungsmaßregeln bei Strandungen und anderen Seeunfällen.

Anlage II.

Schifferprüfung für große Fahrt.

Die Prüfung für Schiffer auf großer Fahrt erstreckt sich auf folgende Gegenstände:

A. Sprachen.

* 1. Kenntniß der Deutschen Sprache bis zur Fähigkeit, sich mündlich und schriftlich verständlich auszudrücken.

  Die Landesregierungen können in einzelnen Fällen aus besonderen Gründen die gleiche Kenntniß einer anderen Sprache für genügend erklären.
2. Kenntniß der Englischen Sprache, soweit sie zum Verständnisse der Seekarten, des Nautical Almanac, des Lootsenkommandos und der Segelanweisung nothwendig sind.

B. Mathematik.

* 1. Arithmetik.

a) Die Grundrechnungsarten mit gewöhnlichen Brüchen, Dezimalbrüchen und Buchstaben; Anwendung derselben auf das Lösen von Verhältnißgleichungen und einfachen Gleichungen ersten Grades.
b) Berechnung von Quadrat- und Kubikwurzeln.
c) Rechnen mit Logarithmen.

*2. Planimetrie.

a) Kenntniß der einfacheren Sätze über die Gleichheit von Winkeln, sowie über die Kongruenz, Aehnlichkeit und Gleichheit gradliniger Figuren.
b) Kenntniß der einfacheren Sätze vom Kreise und von den Winkeln im Kreise.
c) Lösen leichter Konstruktions- und Rechnungsaufgaben vermittelst der Lehrsätze.
d) Berechnung des Flächeninhalts drei- und vierseitiger Figuren, sowie des Inhalts des Kreises.

*3. Stereometrie.

a) Kenntniß der einfachsten Sätze über die gegenseitige Lage von Linien und Ebenen, über Kugelschnitte, sphärische Winkel und Dreiecke.
b) Berechnung des Inhalts von Prismen, Cylindern und Fässern.

*4. Ebene Trigonometrie.

a) Kenntniß der trigonometrischen Funktionen und Tafeln.
b) Berechnung der Seiten und Winkel rechtwinkliger und schiefwinkliger Dreiecke.

*5. Sphärische Trigonometrie.

a) Kenntniß der Sinusregel und der Grundgleichung.
b) Berechnung der Seiten und Winkel rechtwinkliger und schiefwinkliger Dreiecke.

C. Nautik.

1. Mathematische Geographie, soweit sie für den Seemann wissenswerth ist.
2. Prüfung, Aufstellung und Gebrauch der Steuer- und Peilkompasse.
3. Einrichtung und Handhabung der gebräuchlichsten Instrumente und Vorrichtungen zur Messung der Geschwindigkeit der Schiffe.
*4. Besteckrechnung nach Kurs und Distanz, sowie nach Koppelkurs; Berichtigung der Kurse für Abtrift, örtliche Ablenkung und Mißweisung des Kompasses; Bestimmung der veränderten und aufgekommenen Breite aus Kurs und Distanz; Ermittelung der veränderten und aufgekommenen Länge nach Mittelbreite und vergrößerter Breite.
*5. Ortsbestimmung durch Peilung von Gegenständen und Winkelmessung zwischen denselben, wenn deren Lage oder Höhe bekannt ist.
*6. Ermittelung der Richtung und Geschwindigkeit von Strömungen; Bestimmung von Kurs und Fahrt des Schiffes in Strömungen; Berichtigung des Bestecks bei Strömungen.
*7. Zeichnen und Gebrauch der Seekarten; Eintragung des Schiffsortes nach Peilung und Abstand, Kurs und Distanz, Breite und Länge; Uebertragung des Bestecks aus einer Karte in die andere; Ermittelung von Kurs und Distanz durch die Karte; Berichtigung des Bestecks in der Karte durch Peilungen, Winkelmessungen, Lothungen und astronomische Beobachtungen.
8. Segeln im größten Kreise.

9. Gebrauch und Berichtigung der Spiegel-Instrumente, namentlich des Oktanten und Sextanten.
10. Benutzung des künstlichen Horizonts.
11. Gebrauch der nautischen Jahrbücher und Ephemeriden.
12. Kenntniß der wichtigsten Sternbilder und Gestirne.
13. Berichtigung beobachteter Höhen durch Kimmtiefe, Refraktion, Parallaxe und Halbmesser.
*14. Berechnung der Kulminationszeit der Gestirne.
15. Berechnung wahrer und scheinbarer Höhen der Gestirne.
16. Bestimmung der Breite:
   *a) durch Höhen der Gestirne im Meridian,
   *b) durch Höhen der Sonne und Fixsterne in der Nähe des Meridians,
   *c) durch zwei Sonnenhöhen.
*17. Bestimmung der Mißweisung:
   a) durch Amplituden der Sonne.
   b) durch Azimuthe der Sonne.
18. Bestimmung der örtlichen Ablenkung der Kompasse an Bord.
19. Berechnung der Hochwasserzeit; Berichtigung der Lothung auf Niedrigwasser.
20. Bestimmung der Ortszeit;
   a) durch Einzelhöhen der Gestirne,
   *{ b) durch gleiche Höhen der Sonne.
   { 21. Bestimmung von Stand und Gang der Chronometer.
22. Bestimmung der Länge:
   *a) durch Chronometer,
   *b) durch Monddistanzen.
23. Gebrauch der Barometer und Chronometer.
*24. Kenntniß der Luft- und Meeresströmungen im Allgemeinen und des Gesetzes der Stürme im Besonderen.
*25. Führung des Schiffsjournals.

D. Seemannschaft.

1. Kenntniß der Haupt- und Rundhölzer von Seeschiffen.
2. Kenntniß der Einrichtung und der Ausrüstung der Schiffe, der Stärke und Länge des stehenden und laufenden Gutes, sowie der Ketten und des Gewichts der Anker.
3. Auf- und Abtakelung der Seeschiffe.
4. Stauung der Ladung.
5. Schiffsmanöver bei jedem Wetter.
*6. Kenntniß der Vorschriften über Nacht- und Nebelsignale, sowie über das Ausweichen der Schiffe.
7. Gebrauch des Signalbuchs für die Kauffahrteischiffe aller Nationen.
8. Kenntniß der Rettungsmaßregeln bei Strandungen und anderen Seeunfällen.

Anlage III.

Schifferprüfung für kleine Fahrt.

Die Prüfung für Schiffer auf kleiner Fahrt erstreckt sich auf folgende Gegenstände:

A. Sprachen.

Kenntniß der Deutschen Sprache bis zur Fähigkeit, sich mündlich und schriftlich verständlich auszudrücken.

Die Landesregierungen können in einzelnen Fällen aus besonderen Gründen die gleiche Kenntniß einer anderen Sprache für genügend erklären.

B. Mathematik.

*1. Die vier Grundrechnungsarten mit gewöhnlichen Brüchen und Dezimalbrüchen und die Regeldetri.
2. Kenntniß der einfacheren geometrischen Begriffe von Linien, Winkeln und Dreiecken, sowie von dem Kreise und der Kugel.

C. Nautik.

1. Begriff der geographischen Breite und Länge.
*2. Aufstellung und Gebrauch der Steuerkompasse.
*3. Einrichtung und Gebrauch der gewöhnlichen Loggs.
*4. Aufmachung des Etmals nach Koppelkurs und Mittelbreite.
*5. Gebrauch der Seekarten; Eintragung des Schiffsortes nach Peilung und Abstand, Kurs und Distanz, Breite und Länge, sowie nach Lothungen; Ermittelung von Kurs und Distanz durch die Karte.
6. Gebrauch des Spiegel-Oktanten.
*{7. Berichtigung der beobachteten Sonnenhöhe.
 {8. Bestimmung der Breite durch die Höhe der Sonne im Meridian.
*9. Bestimmung der Hochwasserzeit.
10. Führung des Schiffsjournals.

D. Seemannschaft.

1. Kenntniß der Haupt- und Rundhölzer von Seeschiffen.
2. Kenntniß der Einrichtung und der Ausrüstung der Schiffe, der Stärke und Länge des stehenden und laufenden Gutes, sowie der Ketten und des Gewichts der Anker.
3. Auf- und Abtakelung der Seeschiffe.
4. Stauung der Ladung.
5. Schiffsmanöver bei jedem Wetter.
6. Kenntniß der Vorschriften über Nacht- und Nebelsignale, sowie über das Ausweichen der Schiffe.
7. Gebrauch des Signalbuches für die Kauffahrteischiffe aller Nationen.
8. Kenntniß der Rettungsmaßregeln bei Strandungen und anderen Seeunfällen.

Vgl. auch das vom Ministerium für Handel und Gewerbe erlassene Regulativ für die preußischen Nevigationsschulen v. 24. Juni 1881. M.Bl. S. 211.

Für Preußen sind im Anschluß wie die Bekanntmachungen zu I. II die beiden Anweisungen des Handelsministers vom 11. Juli 1870 (M.Bl. S. 232, 233) ergangen.

2. Die Zulassung ehemaliger Offiziere der Kaiserlichen Marine als Seeschiffer und Seesteuerleute auf deutschen Kauffahrteischiffen ist durch die Bekanntmachungen des Reichskanzlers vom 21. Dezember 1874 (R.C.Bl. S. 51), vom 27. Juli 1877 (a. a. O. S. 549) und vom 11. Juni 1878 (a. a. O. S. 109) geregelt.

3. Für die staatsrechtliche Stellung der deutschen Kauffahrteischiffe ist der Art. 54 der Reichsverfassungsurkunde vom 16. April 1871 von wesentlicher Bedeutung. Derselbe lautet:

Art. 54.

Die Kauffahrteischiffe aller Bundesstaaten bilden eine einheitliche Handelsmarine.

Das Reich hat das Verfahren zur Ermittelung der Ladungsfähigkeit der Seeschiffe zu bestimmen, die Ausstellung der Meßbriefe, so wie der Schiffscertifikate zu regeln und die Bedingungen festzustellen, von welchen die Erlaubniß zur Führung eines Seeschiffs abhängig ist.

In den Seehäfen und auf allen natürlichen und künstlichen Wasserstraßen der einzelnen Bundesstaaten werden die Kauffahrteischiffe sämmtlicher Bundesstaaten gleichmäßig zugelassen und behandelt. Die Abgaben, welche in den Seehäfen von den Seeschiffen oder deren Ladungen für die Benutzung der Schiffahrtsanstalten erhoben werden, dürfen die zur Unterhaltung und gewöhnlichen Herstellung dieser Anstalten erforderlichen Kosten nicht übersteigen.

Auf allen natürlichen Wasserstraßen dürfen Abgaben nur für die Benutzung besonderer Anstalten, die zur Erleichterung des Verkehrs bestimmt sind, erhoben werden. Diese Abgaben, sowie die Abgaben für die Befahrung solcher künstlichen Wasserstraßen, welche Staatseigenthum sind, dürfen die zur Unterhaltung und gewöhnlichen Herstellung der Anstalten und Anlagen erforderlichen Kosten nicht übersteigen. Auf die Flösserei finden diese Bestimmungen insoweit Anwendung, als dieselbe auf schiffbaren Wasserstraßen betrieben wird.

Auf fremde Schiffe oder deren Ladungen andere oder höhere Abgaben zu legen, als von den Schiffen der Bundesstaaten oder deren Ladungen zu entrichten sind, steht keinem Einzelstaate, sondern nur dem Reiche zu.

4. Anordnungen der in Abs. 3 des §. 31 gedachten Art sind in der Revidirten Rheinschifffahrtsakte vom 17. Oktober 1868, der auf dieselbe bezüglichen Anweisung des Handelsministers vom 11. Juli 1870, der Weserschifffahrtsakte vom 10. September 1823, der Additionalakte vom 3. Juli 1857, der Additionalakte zur Elbschifffahrtsakte vom 13. April 1844, der Donauschifffahrtsakte vom 7. November 1857, und der Schifffahrtsordnung für den Bodensee vom 22. September 1867 enthalten.

5. Das Gesetz, betreffend die Untersuchung von Seeunfällen, vom 27. Juli 1877 (R.G.Bl. S. 549) enthält in §. 26 die Bestimmung, daß,

§. 32.*)

Schauspielunternehmer bedürfen zum Betriebe ihres Gewerbes der Erlaubniß. Dieselbe ist zu versagen, wenn die Behörde auf Grund von Thatsachen die Ueberzeugung gewinnt, daß der Nachsuchende die zu dem beabsichtigten Gewerbebetriebe erforderliche Zuverlässigkeit, insbesondere in sittlicher, artistischer und finanzieller Hinsicht nicht besitzt.

---

wenn es sich bei der Untersuchung eines Seeunfalls durch das Seeamt ergiebt, daß ein deutscher Schiffer oder Steuermann den Unfall oder dessen Folgen wegen des Mangels solcher Eigenschaften, welche zur Ausübung seines Gewerbes erforderlich sind, verschuldet hat, demselben durch den Spruch des Seeamts zugleich die Befugniß zur Ausübung seines Gewerbes entzogen werden kann, und daß einem in dieser Weise bestraften Schiffer auch die Ausübung des Steuermannsgewerbes untersagt werden kann.

Die für Seesteuerleute bezüglichen Bestimmungen sind durch das Gesetz vom 11. Juni 1878, betreffend den Gewerbebetrieb von Maschinisten auf Seedampfschiffen (R.G.Bl. S. 109), auch für die Letzteren in Anwendung gebracht.

In Ausführung dieses Gesetzes ist eine Bekanntmachung des Reichskanzlers vom 30. Juni 1879, betreffend die Prüfung der Maschinisten auf Seedampfschiffen der Deutschen Handelsflotte, erlassen. (R.G.Bl. S. 427). Vgl. auch Bek. des H. M. v. 19. November 1879. (M.Bl. S. 19).

6. Die Verhältnisse der Schiffer derjenigen Kauffahrteischiffe, welche die Deutsche Reichsflagge führen dürfen, behandelt die Seemannsordnung vom 27. Dezember 1872 (R.G.Bl. S. 409); die Schiffsvermessung ist durch die auf Grund des Artikels 54 der Reichsverfassung vom Bundesrathe erlassene Bekanntmachung vom 5. Juli 1872 geregelt.

Zu §. 32.

1. Die Erlaubniß wird in den Provinzen Ost- und Westpreußen, Brandenburg, Pommern, Schlesien und Sachsen von dem Regierungspräsidenten (in Berlin vom Polizeipräsidenten) ertheilt

§. 129 des Competenzges. v. 26. Juli 1876. Vgl. auch §. 115 Ges. v. 1. August 1883 abgedruckt S. 111.

Für die übrigen Provinzen ist die Bezirksregierung (Landdrostei) die zu-

---

*) Fassung des Reichs-Ges. v. 15. Juli 1880 (R.G.Bl. S. 179).
In der ursprünglichen Fassung lautete §. 32:

Schauspiel-Unternehmer bedürfen zum Betriebe ihres Gewerbes der Erlaubniß. Dieselbe ist ihnen zu ertheilen, wenn nicht Thatsachen vorliegen, welche die Unzuverlässigkeit des Nachsuchenden in Beziehung auf den beabsichtigten Gewerbebetrieb darthun. Beschränkungen auf bestimmte Kategorien theatralischer Darstellungen sind unzulässig.

§. 33.

Wer Gastwirthschaft, Schankwirthschaft oder Kleinhandel mit Branntwein oder Spiritus betreiben will, bedarf dazu der Erlaubniß.

---

ständige Behörde sowohl für die Erlaubniß als für die erste Entscheidung über deren Zurücknahme. Die Rekursinstanz bildet hier der Oberpräsident.

Anw. v. 4. September 1869 N. 11.

Cab.O. v. 30. Juli 1869. M.Bl. S. 234.

Wegen des Verfahrens vgl. Note 2 zu §. 30.

Die ertheilte Erlaubniß gilt für den gesammten Geltungsbereich der Gewerbeordnung.

Cirk.V. d. M d. J. v. 24. November 1871. M.Bl. S. 345.

Sie darf weder auf Zeit ertheilt, noch vorbehaltlich der Bestimmungen in den §§. 53 und 143 widerrufen werden. Gegen Versagung der Genehmigung zum Betriebe ist der Rekurs zulässig.

§. 40 Gew.O.

Wegen der Frist zum Beginne des Unternehmens vgl. §§. 49, 50, Gew.O.

Wegen Zurücknahme der Erlaubniß vgl. §. 53 a. a. O.

2. Ein Schauspieldirektor, welcher mit seiner Gesellschaft von einem konzessionirten Theaterunternehmer zu einem Cyclus von Vorstellungen gegen ein festes Honorar und einen Theil der Einnahme engagirt ist, bedarf zu den von ihm geleiteten Schauspielen keiner polizeilichen Conzession.

Erk. d. O.T. v. 23. Januar 1877.

Kletke, Bd. 6, S. 31.

3. Für die Beurtheilung der Zuverlässigkeit können im Wesentlichen nur sittliche Momente oder der Bildungsgrad des Unternehmers maßgebend sein. Mangel an ausreichenden Geldmitteln darf nicht in Betracht kommen.

Erk. d. O.V.G. vom 23. Mai und 9. Juni 1877. II. S. 306, 310.

4. Ebenso wenig ist eine Prüfung des Bedürfnisses oder die Beschränkung auf bestimmte Kategorien theatralischer Darstellungen zulässig.

Anw. v. 4. Septbr. 1869, Nr. 11.

5. Wegen des Verfahrens vgl. Note 2 zu §. 30.

Wegen der Maßregeln behufs Einschränkung der musikalischen und deklamatorischen Vorträge in öffentlichen Lokalen vgl. auch R. d. M.J. v. 30. März 1879. (M.Bl. S. 149).

6. Die bezügliche Strafvorschrift ist in §. 147 Nr. 1 Gew.O. enthalten.

Zu §. 33.

I. Im Allgemeinen.

1. Die bisherigen gesetzlichen Bestimmungen über den Gast- und

Diese Erlaubniß ist nur dann zu versagen:

1. wenn gegen den Nachsuchenden Thatsachen vorliegen, welche die Annahme rechtfertigen, daß er das Gewerbe zur Förderung der Völlerei, des verbotenen Spiels, der Hehlerei oder der Unsittlichkeit mißbrauchen werde;
2. wenn das zum Betriebe des Gewerbes bestimmte Lokal wegen seiner Beschaffenheit oder Lage den polizeilichen Anforderungen nicht genügt.

Die Landesregierungen sind befugt, außerdem zu bestimmen, daß

a) die Erlaubniß zum Ausschänken von Branntwein oder zum Kleinhandel mit Branntwein oder Spiritus allgemein,
b) die Erlaubniß zum Betriebe der Gastwirthschaft oder zum Ausschänken von Wein, Bier oder anderen, nicht unter a fallenden, geistigen Getränken in Ortschaften mit weniger als 15000 Einwohnern, sowie in solchen Ortschaften mit einer größeren Einwohnerzahl, für welche dies durch Ortsstatut (§. 142) festgesetzt wird,

von dem Nachweis eines vorhandenen Bedürfnisses abhängig sein solle.

Vor Ertheilung der Erlaubniß ist die Ortspolizei- und die Gemeindebehörde gutachtlich zu hören.

Schankwirthschaftsbetrieb und den Kleinhandel mit Getränken haben durch die Gewerbeordnung mehrfache wesentliche Abänderungen erfahren.

a) Der gleichzeitige Betrieb dieser Gewerbe in mehreren Betriebs- und Verkaufsstätten ist unter der Voraussetzung zugelassen, daß jedes einzelne Lokal, in welchem ein solcher Betrieb stattfinden soll, nach seiner Beschaffenheit und Lage den polizeilichen Anforderungen genügt (§. 3, §. 33 Nr. 2).

b) Die Stellvertretung ist insoweit gestattet, als die Stellvertreter den für diese Gewerbe vorgeschriebenen Erfordernissen genügen (§. 45).

c) Die Erlaubniß darf weder auf Zeit ertheilt noch vorbehaltlich der Bestimmungen in den §§. 53 und 143 widerrufen werden (§. 40).

d) Die einmal zugelassenen Gewerbe können nach dem Tode des Gewerbetreibenden für Rechnung der Wittwe während des Wittwenstandes, ferner der minderjährigen Erben und während einer Kuratel oder Nachlaßregulirung durch qualifizirte Stellvertreter betrieben werden (§. 46).

Anw. v. 4. September 1869. Nr. 12.

Wegen der Frist zur Ausführung der Anlage bezw. zum Beginn des Gewerbebetriebes vgl. §§. 49, 50 Gew.O.

Wegen der Zurücknahme der Erlaubniß vgl. §. 53 a. a. O.

Die Vorschriften Abs. 3. 4 beruhen auf dem Reichsgesetze vom 23. Juli 1879 (R.G.Bl. S. 267).

Wegen der Motivirung der durch das Gesetz vom 23. Juli 1879 getroffenen Anordnung vgl. Einleitung Seite 16.

Zur Ausführung des §. 33 der Gew.O. in der Fassung des Gesetzes vom 23. Juli 1879 ist durch den Cirk. Erlaß des Ministers des Innern vom 14. September 1879 betreffend den Betrieb der Gast- und Schankwirthschaft und des Kleinhandels mit geistigen Getränken (M.Bl. Seite 253) bestimmt, daß die Vorschrift, wonach vor Ertheilung der Erlaubniß zum Betriebe der genannten Gewerbe die Ortspolizei- und die Gemeindebehörde gutachtlich zu hören sind, nicht nur dann zu beachten ist, wenn die Bedürfnißfrage zu Zweifeln Anlaß giebt, sondern auch dann, wenn es sich um die Erörterung von Bedenken gegen die Person des die Konzession Nachsuchenden oder von Zweifeln über die Angemessenheit des Lokals handelt.

Gleichzeitig ist auf Grund des Gesetzes vom 23. Juli 1879 die Bestimmung getroffen, daß die Erlaubniß zum Betriebe der Gastwirthschaft oder zum Ausschank von Wein, Bier oder anderen, nicht unter die Gattung von Branntwein oder Spiritus fallenden geistigen Getränken in Ortschaften mit weniger als 15 000 Einwohnern, so wie in solchen Ortschaften mit einer größeren Einwohnerzahl, für welche dies durch Ortsstatut (§. 142 der Gew.O.) festgesetzt wird, fortan von dem Nachweise eines vorhandenen Bedürfnisses abhängig sein soll.

Bezüglich der Erlaubniß zum Ausschänken von Branntwein und zum Kleinhandel mit Branntwein und Spiritus bewendet es bei den bestehenden landesgesetzlichen Bestimmungen, nach denen die Zulassung zu dem Betriebe dieser Gewerbe von dem Nachweise eines vorhandenen Bedürfnisses abhängig ist.

Die Absicht der §§. 33 ff. der Gewerbeordnung geht nur dahin, die Begründung rechtlicher Monopole durch die im Uebrigen gar nicht berührten und als nothwendig anerkannten polizeilichen Bestimmungen über die Ausübung dieser Gewerbe auszuschließen; nicht aber sollen polizeiliche Bestimmungen ausgeschlossen sein, welche unter Umständen die faktische Ausschließlichkeit zur Folge haben können, wie solches z. B. bei den der Unterhaltung der Kommunikationen auf öffentlichen Straßen und Plätzen dienenden Gewerben nicht selten der Fall sein wird.

Nr. 210 R.A. d. B.R. S. 54.

Unter den angegebenen Voraussetzungen darf die Versagung der Erlaubniß nicht nur geschehen, sondern soll auch im Interesse der öffentlichen Ordnung nicht unterlassen werden.

Nr. 211. R.A. d. B.R. S. 54.

2. Unter den Begriff des Branntweins bezw. des Spiritus fallen Rum, Cognac, Arak, Liqueure und alle andern weingeisthaltigen Getränke, welche durch Destillation gewonnen werden, ohne Rücksicht auf einen bestimmten Spiritusgehalt.

R. d. M. d. J. v. 18. October 1873 (M.Bl. S. 302.) Erk. d. O.T. vom 30. November 1876 (Opp. XVII. S. 778), vom 6. April und 24. Oktober 1877 (Opp. XVIII. S. 254 und 662) und vom 13. Dezember 1878 (Opp. XIX. S. 583). Erk. v. 14. Juni 1879 (Opp. XX. S. 294).

3. Der Ankauf zum eigenen Verbrauch bezw. der Weiterverkauf zum Einkaufspreise fällt nicht unter den Begriff des Gewerbebetriebes und ist daher nicht conzessionspflichtig.

Erk. d. O.T. vom 1. März 1872.

Opp. XIII. S. 188.

Deshalb bedürfen auch Konsumvereine, deren Vereinsthätigkeit nur darauf gerichtet ist, den eigenen Bedarf der Mitglieder an Spirituosen leicht und billig zu beschaffen, und welche diesem Zwecke entsprechend den Vertrieb auf den Absatz an die Mitglieder beschränken, keiner Konzession.

R. d. M. d. J. und F.M. v. 15. Mai 1872 (M.Bl. S. 113) und R. d. M. d. J. v. 27. Januar 1874 (M.Bl. S. 113), Erk. d. R.G. v. 4. October 1881. III. S. 585.

Der Lagerhalter eines Konsumvereins, welcher ausschließlich den Mitgliedern desselben geistige Getränke gegen Bezahlung verabreicht, betreibt auch dann kein Schankgewerbe, wenn aus diesem Betriebe ein Vortheil erwächst, welcher den Mitgliedern des Vereins wieder zu Gute kommt.

Erk. d. O.T. v. 16. Mai 1876.

Opp. XVII. S. 350.

Weinproduzenten, welche ihren eigenen Gewinn an Most oder Wein im Polizeibezirke ihres Weinguts zum Genuß auf der Stelle während eines höchstens auf die Dauer zweier Herbstmonate beschränkten Zeitraums verkaufen, unterliegen nicht den polizeilichen Beschränkungen des Schankgewerbes.

C.R. d. M. d. J. und F.M. vom 17. Juni 1828. Schimmelpfennig, S. 267.

Vgl. hierzu Note 14.

4. Vor Erlaß der Gewerbeordnung ertheilte Realberechtigungen zum Betriebe der Gast- oder Schankwirthschaft dauern fort, befreien aber den späteren Erwerber nicht von dem Erforderniß der obrigkeitlichen Genehmigung des Betriebes.

Erk. d. O.T. v. 27. Februar 1878.

Opp. XIX. S. 98.

5. Die polizeiliche Genehmigung zur Stellvertretung schließt noch nicht die Genehmigung zum Betriebe für eigene Rechnung in sich.

Erk. d. O.T. v. 16. November 1875.

Opp. XVI. S. 731.

6. Für die Beurtheilung der Bedürfnißfrage bei Konzessionen eines Schankgeschäfts kann der Umstand, daß dieses Geschäft als Nebengewerbe betrieben werden soll, maßgebend sein.

Erk. d. O.V.G. v. 15. September 1876. I. S. 295.

7. Die Konzession kann nicht stillschweigend ertheilt werden.

Erk. d. O.T. v. 16. October 1872.

Opp. XIII. S. 526.

II. Kleinhandel.

8. Als Kleinhandel im Sinne des §. 33 der Gew.O. ist jeder gewerbsmäßige Verkauf von Branntwein und Spiritus in Quantitäten unter einem halben Anker anzusehen.

R. d. M. d. J. v. 13. August 1835 und 12. October 1837 (v. Kamptz, Annalen 1835, S. 251 und 1837 S. 1074).

R. d. M. d. J. v. 15. März 1871. M.Bl. S. 118.

In der Provinz Hannover gilt der Vertrieb von Quantitäten „unter einem Stübchen", in den ehemals Homburgischen Landestheilen der Verkauf unter 20 Maß (Art. 7 d. Ges. v. 27. Aug. 1852) als Kleinhandel.

R. d. M. d. J. v. 26. October 1874. M.Bl. S. 263.

8a. Die Bestimmungen der Cirkularerlasse v. 13. August 1835 und 12. October 1837 sind durch ein Reskript des Ministers des Inneren vom 20. November 1881 (Mitth. Nr. 14 S. 40) dahin modifizirt, daß der Handel mit Branntweindestillaten, deren Vertrieb nach einem für die jedesmal in Frage kommende Gegend feststehenden Geschäftsgebrauche überhaupt nur in etiquettirten versiegelten Flaschen zu erfolgen pflegt, bei Abgabe in solchen Flaschen und Gesammtquantitäten von jedesmal mindestens ½ Anker (17,175 Liter) als ein von besonderer polizeilicher Erlaubniß abhängiger Kleinhandel fernerhin nicht anzusehen ist.

8b. Als Grenze zwischen Groß- und Kleinhandel für die Provinz Schleswig-Holstein soll jedoch an einer Quantität von 9 Litern festgehalten werden.

8c. Der Begriff des Kleinhandels ist ein thatsächlicher, es ist jedoch statthaft, denselben beim Vorhandensein der sonstigen Voraussetzungen nach Maßgabe der bestehenden Verwaltungsvorschriften zu definiren.

Erk. d. O.T. v. 12. October 1872.

Opp. XIII. S. 520.

Bei dem Verkauf von Branntwein und Spiritus in Quantitäten unter einem halben Anker ist es übrigens unwesentlich, ob derselbe in vorher abgemessenen Quantitäten mit Einschluß der Flasche oder in von den Käufern mitgebrachten Gefäßen stattfindet, so wie ob der Verkauf in Verbindung mit einem kaufmännischen Geschäft oder für sich allein betrieben wird.

R. d. M. d. J. v. 15. März 1871. M.Bl. S. 118.

Die Feststellung eines gewerbsmäßigen Verkaufs von Branntwein in geringen Quantitäten ohne die erforderliche Genehmigung erschöpft nicht den Thatbestand des §. 33 der Gew.O.

Erk. d. O.T. v. 15. November 1872.

Opp. XIII. S. 605.

9. Der Kleinhandel mit Spiritus darf ohne Rücksicht auf den größeren oder geringeren Alkoholgehalt nur solchen Personen gestattet werden, welche die polizeiliche Erlaubniß zum Kleinhandel bezw. zur Schankwirthschaft besitzen.

R. d. M. d. J. und H.M. v. 17. Mai 1858 (M.Bl. S. 111) und R. d. M. d. J. v. 7. Januar 1875 (M.Bl. S. 124).

10. Einem Branntweinbrenner ist in Preußen ohne Concession weder der Kleinhandel mit Branntwein gestattet, noch ist er steuerfrei, wenn er den Kleinhandel in seinem mit der Branntweinbrennerei in einem Hofe liegenden Wohnhause betreibt.

Erk. R.G. v. 5. *Juni 1880. II.* S. 34

11. Der Betrieb des Kleinhandels ist auch dann konzessionspflichtig, wenn die Getränke selbst fabrizirt sind.

Erk. d. O.T. v. 11. März 1874 (Opp. XV. S. 146) und vom 4. Februar 1875 (Opp. XVI. S. 106).

12. Zum Betriebe des Kleinhandels mit Spiritus bedarf es der obrigkeitlichen Erlaubniß auch dann, wenn derselbe lediglich zu technischen Zwecken verkauft wird.

Erk. d. O.T. v. 1. März 1878.

Opp. XIX. S. 104.

13. Der für ein bestimmtes Lokal zum Kleinhandel mit Branntwein Konzessionirte macht sich einer Kontravention schuldig, wenn er ohne polizeiliche Erlaubniß gedachtes Gewerbe in einem andern Lokal betreibt.

Erk. d. O.T. v. 20. Dezember 1877.

Opp. XVIII. S. 813.

14. Wer vor Einführung der Gewerbe-Ordnung das Recht besaß, den Kleinhandel mit Getränken ohne Beschränkung auf ein bestimmtes Lokal zu betreiben, bedarf auch nach jener Einführung zu einem Lokalwechsel nicht der polizeilichen Genehmigung.

Erk. d. O.T. v. 4. Oktober 1873.

Opp. XIV. S. 603.

Frühere Gewerbebetriebsrechte genießen aber den Schutz der Gewerbeordnung nicht weiter, als sie auch unter deren Herrschaft erworben werden konnten, begründen daher kein Recht zur willkürlichen Lokalverlegung einer Schank- und Verkaufsstelle von Branntwein.

Erk. d. O.T. v. 22. Dezember 1875.

Opp. XVI. S. 814.

15. Derjenige, in dessen Gewerbsräumen ein Dritter mit seinem vorgängigen Einverständniß und für seine Rechnung den unconzessio-

nirten Verkauf von Branntwein u. s. w. vornimmt, ist als Verkäufer anzusehen und demgemäß nach §. 147 Nr. 1 der Gew.O. strafbar.

Erk. d. O.T. v. 29. October 1873.

Opp. IV. S. 672.

III. Schankwirthschaft.

16. Der Begriff der Schankwirthschaft wird dadurch nicht ausgeschlossen, daß ein Winzer nur während einer kürzeren Zeit Wein eigenen Wachsthums in oder außer dem Hause zum Genuß auf der Stelle feil hält.

Erk. d. O.T. v. 2. März 1871.

Opp. XII. S. 125.

Ein selbständiger Betrieb der Schankwirthschaft ist schon vorhanden, wenn ein mit der Genehmigung zum Betriebe der Schankwirthschaft *nicht versehener Speisewirth gewerbsweise in seinem Lokal Personen zu den* Speisen Dünnbier verabreicht und dafür einen Gesammtpreis empfängt, ohne daß für Verabreichen des Getränkes besondere Bezahlung gefordert oder angenommen ist.

Erk. d. K.G. v. 11. November 1880. Entsch. I. S. 178.

Ein selbständiger Gewerbebetrieb der Gastwirthschaft ist schon dann anzunehmen, wenn ein nicht mit der Genehmigung zum Betriebe der Gastwirthschaft versehener Restaurateur gewerbsmäßig Personen außer Kost und Getränken noch Herberge in seinem Hause gewährt, selbst wenn nur für die Zehrung bezahlt wird, ohne daß für die Beherbergung besondere Bezahlung gefordert oder angenommen ist.

Erk. d. K.G. v. 10. Juni 1880. Entsch. I. S. 181.

Der Begriff ist ferner auch nicht auf spirituose Getränke beschränkt, sondern umfaßt alle Getränke, welche auf der Stelle genossen werden, und Gegenstand des gewerbsmäßigen Verkaufs sind, wie Kaffee, Thee, Milch und Mineralwasser.

Das Feilbieten auf offener Straße mittelst eines dazu eingerichteten umherfahrenden Wagens fällt gleichfalls unter den Begriff der Schankwirthschaft.

Erk. d. O.T. v. 13. Juni 1874 (Opp. XV. S. 403) u. v. 29. Oktober 1878 (Opp. XIX. S. 490).

Der Begriff der Schankwirthschaft wird auch dadurch nicht ausgeschlossen, daß die Verabreichung von Speisen und Getränken nicht an Jedermann ohne Unterschied, und daß sie in Folge vertragsmäßigen Abkommens und unter vertragsmäßiger Feststellung der Preise erfolgt.

Erk. d. O.T. v. 11. Juli 1877.

Opp. XVIII. S. 520.

Wegen des Ausschanks von Mineralwassern in umherfahrenden Trinkhallen vgl. die entsprechende Note zu Tit. III.

17. Die Konzession zum Betriebe der Schankwirthschaft ist auch dann erforderlich, wenn der Ausschank nicht in einem räumlich abgeschlossenen Lokal betrieben wird.

Erk. d. O.T. v. 15. September 1876.

Opp. XVII. S. 562.

Derjenige, welcher eine konzessionirte und versteuerte Schankwirthschaft in dem dazu bestimmten Lokale betreibt, macht sich nicht nur eines Gewerbepolizeivergehens, sondern auch eines Gewerbesteuervergehens schuldig, wenn er in einem andern, Jedem zugänglichen, Lokal Getränke verkauft, sollte dieses auch an Personen einer bestimmten Kategorie, z. B. an die bei einem Bau beschäftigten Arbeiter, geschehen.

Erk. d. O.T. v. 5. März 1873.

Opp. XIV. S. 189.

Ein Schankwirth, welcher ohne neue Konzession den bei einem Eisenbahnbau beschäftigten Arbeitern gemäß deren Bestellung Branntwein aus seinem Wirthschaftslokale nach der Arbeitsstelle schafft und dort den Arbeitern nach Bedürfniß zum Genuß auf der Stelle verkauft, macht sich daher eines Gewerbepolizeivergehens schuldig.

Erk. d. O.T. v. 27. März 1879.

Opp. XX. S. 164.

Derjenige, welcher die polizeiliche Erlaubniß zum Schankwirthschaftsbetriebe für ein bestimmtes Lokal erhalten und das Gewerbe bei der Behörde zur Besteuerung angemeldet hat, macht sich indeß nur eines Gewerbepolizeivergehens und nicht auch eines Gewerbesteuervergehens schuldig, wenn er sein Gewerbe gleichzeitig ohne Konzession in einer andern, in demselben Orts- und Steuerbezirke belegenen, Räumlichkeit betreibt.

Erk. d. O.T. v. 27. Febr. 1875 (Opp. XVI. S. 164) und v. 14. April 1875 (Opp. XVI. S. 288).

Der Schankwirth, welcher sein konzessionirtes Lokal mit einem andern, für welches er die Konzession nicht erlangt hat, räumlich in Verbindung bringt, und in dem so erweiterten Lokale die Schankwirthschaft betreibt, ist strafbar.

Erk. d. O.T. v. 9. Februar 1877.

Goltd. 25 S. 68.

Wenn die Erlaubniß zum Kleinhandel mit Branntwein und Spiritus bereits ertheilt ist und demnächst noch die Konzession zum Bier- und Weinausschank verlangt wird, ist als ein geeignetes Lokal nur ein solches zu erachten, welches getrennt von demjenigen liegt, in welchem der Branntweinkleinhandel betrieben wird.

R. d. M. d. J. v. 25. April 1873. M.Bl. S. 185.

18. Zum Begriffe eines offenen Lokals im Sinne des §. 9a des Gewerbesteuergesetzes vom 30. Mai 1820 gehört, daß dasselbe — wenn auch nicht Jedermann ohne Ausnahme — doch sämmtlichen Personen gewisser Gesellschafts-Kategorien offen steht.

Erk. d. R.G. v. 16. Dezember 1880. Entsch. I. S. 185.

19. Eine Ehefrau, welche im Geschäfte ihres — zum Schankwirthschaftsbetriebe konzessionirten — Ehemanns in Abwesenheit des Letzteren wiederholt Branntwein zum Genuß auf der Stelle verkauft, macht sich dadurch des selbständigen Gewerbebetriebes ohne Genehmigung schuldig.

Erk. d. O.T. v. 28. November 1874.

Opp. XV. S. 811.

Dasselbe gilt von Jedem, der in ein bereits betriebenes und versteuertes Schankgewerbe ohne Erlangung der Konzession eintritt.

Besitzt eine Ehefrau für ein bestimmtes Lokal eine beschränkte Konzession zum Schankwirthschaftsbetriebe ohne die Berechtigung zum Ausschank von Branntwein, und hat der Ehemann daselbst Branntwein ausgeschänkt, so kann hierin nicht gegen den Ehemann als Hauptthäter eine strafbare Abweichung von den Konzessionsbedingungen, sondern nur, falls es mit Wissen der Frau geschehen, eine Hülfsleistung zu einer dann dieser zur Last fallenden Abweichung von den Konzessionsbedingungen, und, falls ohne Wissen derselben, ein selbständiger Schankwirthschaftsbetrieb des Ehemannes ohne Konzession gefunden werden.

Erk. d. O.T. v. 13. März 1879.

Opp. XX. S. 137.

20. Eine Wittwe, welche das von ihrem Ehemanne betriebene Gewerbe weiter betreiben will, muß dasselbe von Neuem bei der Gemeindebehörde zur Besteuerung anmelden. Will sie eine von ihrem Manne betriebene Schankwirthschaft ohne eigene Erlaubniß durch einen nicht qualifizirten Stellvertreter fortsetzen, so verfällt sie in die Strafe des §. 147 der Gew.O.

Erk. d. O.T. v. 23. Oktober 1873.

Opp. XIV. S. 655.

Nach dem Tode eines concessionirten Gewerbetreibenden bedarf es zum Fortbetriebe des Gewerbes für Rechnung der Wittwe keiner neuen Concession weder für die Wittwe noch für deren Stellvertreter, — unbeschadet des Rechts der Polizeibehörde, den Letzteren wegen ungenügender Qualifikation zurückzuweisen.

Erk. R.G. v. 20. Mai 1880. I. S. 800.

21. Wenn eine Handelsgesellschaft Schankwirthschaft betreibt, so genügt es nicht, wenn nur ein Gesellschafter die polizeiliche Genehmigung erhalten hat, sofern dieser nicht allein die Schankwirthschaft betreibt.

Erk. d. O.T. v. 24. November 1876.

Opp. XVII. S. 763.

22. Schon das Dulden des Genusses der verkauften Getränke im Hausflur des Verkaufslokals kann als Schankwirthschaft angesehen werden.

Erk. v. 16. Mai 1876.

Goltd. 24. S. 470.

23. Die landespolizeilichen Behörden sind befugt, bei Strafe den Betrieb der Schankwirthschaft während der Zeit des sonntäglichen Hauptgottesdienstes unbedingt zu untersagen.

Erk. d. O.T. v. 3. Oktober 1876.

Opp. XVII. R. 635.

24. Weder die zum Schankbetriebe geeignete Beschaffenheit des Lokals, noch die Eröffnung desselben für das gesammte Publikum, noch die Größe des Umsatzes und des Verdienstes sind Erfordernisse, durch welche die Gewerbsmäßigkeit des Betriebes der Schankwirthschaft bedingt wird.

Erk. d. O.T. v. 11. Oktober 1878.

Opp. XIX. S. 454.

25. Gewerbsmäßiger Schankbetrieb mit Branntwein kann aber auch dann angenommen werden, wenn derselbe ohne Vergütung verabfolgt wird, um Gäste für eine Restauration anzulocken oder festzuhalten.

Erk. d. O.T. v. 13. November 1878.

Opp. XIX. S. 529.

26. Es ist statthaft, von einer ertheilten Erlaubniß zum Schankwirthschaftsbetriebe den Ausschank von Branntwein auszunehmen. Die Ueberschreitung dieser Grenze ist strafbar (§. 147).

Erk. d. O.T. v. 30. März 1874.

Opp. XV. S. 198.

Anträge auf Zulassung zum Bier- und Wein-Ausschank können gemäß §. 33 der Gew.O. nur dann abgelehnt werden, wenn gegen den Nachsuchenden Thatsachen vorliegen, welche die Annahme rechtfertigen, daß er das Gewerbe in der dort sub Nr. 1 bezeichneten Weise mißbrauchen werde, oder wenn das zum Betriebe des Gewerbes bestimmte Lokal nicht geeignet erscheint (Nr. 2). Die bloße Vermuthung, daß er die Konzession zum Branntweinausschank mißbrauchen werde, genügt nicht.

R. d. M. d. J. v. 12. Mai 1875. M.Bl. S. 161.

IV. Verfahren.

27. Vgl. Note 1 zu §. 16, Note 2 zu §. 30 Gew.O.

Für die Ertheilung der Erlaubniß ist in den Provinzen Ost- und Westpreußen, Pommern, Brandenburg, Schlesien und Sachsen der Kreis-(Stadt-) Ausschuß, in dem zu einem Landkreise gehörigen Städten mit mehr als 10 000 Einwohnern der Magistrat zuständig.

§. 128 des Kompetenzgesetzes v. 26. Juli 1876.

Vgl. auch §. 114 des Ges. v. 1. August 1883 abgedruckt Seite 111.

Gegen die Zurückweisung eines Antrages auf Konzessionirung zum Betriebe der Gastwirthschaft seitens des Kreisausschusses steht dem Antragsteller der Antrag auf mündliche Verhandlung vor dem Kreisausschuß oder der Rekurs an das Verwaltungsgericht binnen 14 Tagen zu.

Die Vorschrift des §. 142 der Kreisordnung vom 13. Dezember 1872, wonach gegen einen ohne weiteres Verfahren erlassenen zurückweisenden Bescheid des Kreisausschusses binnen 10 Tagen nach der Zustellung der Antrag auf mündliche Verhandlung zulässig ist, kommt hier nicht zur Anwendung, vielmehr sind gemäß §. 135 V. 2 140 a. a. O. die Vorschriften der Gewerbeordnung und die zu deren Ausführung erlassenen Bestimmungen, also §§. 55, 59 der Anw. v. 4. September 1869 und §. 17 Nr. 4 des Geschäftsregulativs für die Kreisausschüsse maßgebend.

R. d. M. d. J. v. 4. Juli 1875. M.Bl. S. 237.

28. Die gegen eine Person des Soldatenstandes wegen unbefugten Betriebes der Schankwirthschaft beantragte Untersuchung gehört zur Kompetenz der Civilgerichte.

Erk. d. O.T. v. 29. September 1876.

Opp. XVII. S. 624.

29. Die bezügliche Strafvorschrift ist in §. 147 Nr. 1 Gew.O. enthalten.

30. Gesetz betreffend die Bezeichnung des Raumgehaltes der Schankgefäße v. 20. Juli 1881 (R.Ges.Bl. S. 249).

§. 1. Schankgefäße (Gläser, Krüge, Flaschen rc.), welche zur Verabreichung von Wein, Obstwein, Most oder Bier in Gast- und Schankwirthschaften dienen, müssen mit einem bei der Aufstellung des Gefäßes auf einer horizontalen Ebene den Sollinhalt begrenzenden Strich (Füllstrich) und in der Nähe des Strichs mit der Bezeichnung des Sollinhalts nach Litermaaß versehen sein. Der Bezeichnung des Sollinhalts bedarf es nicht, wenn derselbe ein Liter oder ein halbes Liter beträgt.

Der Strich und die Bezeichnnng müssen durch Schnitt, Schliff, Brand oder Aetzung äußerlich und in leicht erkennbarer Weise angebracht sein.

Zugelassen sind nur Schankgefäße, deren Sollinhalt einem Liter oder einer Maaßgröße entspricht, welche vom Liter aufwärts durch Stufen von $^1/_2$ Liter, vom Liter abwärts durch Stufen von Zehntheilen des Liters gebildet wird. Außerdem sind zugelassen Gefäße, deren Sollinhalt $^1/_4$ Liter beträgt.

§. 2. Der Abstand des Füllstrichs von dem oberen Rande der Schankgefäße muß

a) bei Gefäßen mit verengtem Halse, auf dem letzteren angebracht, zwischen 2 und 6 Centimeter,

b) bei anderen Gefäßen zwischen 1 und 3 Centimeter

betragen.

Der Maximalbetrag dieses Abstands kann durch die zuständige höhere Verwaltungsbehörde hinsichtlich solcher Schankgefäße, in welchen eine ihrer Natur nach stark schäumende Flüssigkeit verabreicht wird, über die vorstehend bezeichneten Grenzen hinaus festgestellt werden.

§. 3. Der durch den Füllstrich begrenzte Raumgehalt eines Schankgefäßes darf

a) bei Gefäßen mit verengtem Halse höchstens $^1/_{50}$,

b) bei anderen Gefäßen höchstens $^1/_{30}$

geringer sein als der Sollinhalt.

§. 33a.*)

Wer gewerbsmäßig Singspiele, Gesangs- und deklamatorische Vorträge, Schaustellungen von Personen oder theatralische Vorstellungen, ohne daß ein höheres Interesse der Kunst oder Wissenschaft dabei obwaltet, in seinen Wirthschafts- oder sonstigen Räumen öffentlich veranstalten oder zu deren öffentlicher Veranstaltung seine Räume benutzen lassen will, bedarf zum Betriebe dieses Gewerbes der Erlaubniß ohne Rücksicht auf die etwa bereits erwirkte Erlaubniß zum Betriebe des Gewerbes als Schauspielunternehmer.

Die Erlaubniß ist nur dann zu versagen:

1. wenn gegen den Nachsuchenden Thatsachen vorliegen, welche die Annahme rechtfertigen, daß die beabsichtigten Veranstaltungen den Gesetzen oder guten Sitten zuwiderlaufen werden;
2. wenn das zum Betriebe des Gewerbes bestimmte Lokal wegen seiner Beschaffenheit oder Lage den polizeilichen Anforderungen nicht genügt;
2. wenn der den Verhältnissen des Gemeindebezirks entsprechenden Anzahl von Personen die Erlaubniß bereits ertheilt ist.

Aus den unter Ziffer 1 angeführten Gründen kann die Erlaubniß zurückgenommen und Personen, welche vor dem In-

§. 4. Gast- und Schankwirthe haben gehörig gestempelte Flüßigkeitsmaaße von einem zur Prüfung ihrer Schankgefäße geeigneten Einzel- oder Gesammtinhalt bereit zu halten.

§. 5. Gast- und Schankwirthe, welche den vorstehenden Vorschriften zuwiderhandeln, werden mit Geldstrafe bis zu einhundert Mark oder mit Haft bis zu vier Wochen bestraft. Gleichzeitig ist auf Einziehung der vorschrifswidrig befundenen Schankgefäße zu erkennen, auch kann die Vernichtung derselben ausgesprochen werden.

§. 6. Die vorstehenden Bestimmungen finden auf fest verschlossene (versiegelte, verkapselte, festverkorkte u. s. w.) Flaschen und Krüge, sowie auf Schankgefäße von $^1/_{20}$ Liter oder weniger nicht Anwendung.

§. 7. Dieses Gesetz tritt am 1. Januar 1884 in Kraft.

*) Die Vorschriften der §§. 33a. b. c. sind durch das Reichs-Gesetz vom 1. Juli 1883 eingeführt.

krafttreten dieses Gesetzes den Gewerbebetrieb begonnen haben, derselbe untersagt werden.

§. 33b.

Wer gewerbsmäßig Musikaufführungen, Schaustellungen, theatralische Vorstellungen oder sonstige Lustbarkeiten, ohne daß ein höheres Interesse der Kunst oder Wissenschaft dabei obwaltet, von Haus zu Haus oder auf öffentlichen Wegen, Straßen, Plätzen darbieten will, bedarf der vorgängigen Erlaubniß der Ortspolizeibehörde.

§. 33c.

Die Abhaltung von Tanzlustbarkeiten richtet sich nach den landesrechtlichen Bestimmungen.

§. 34.*)

Wer das Geschäft eines Pfandleihers betreiben will, bedarf dazu der Erlaubniß. Diese ist zu versagen, wenn Thatsachen vorliegen, welche die Unzuverlässigkeit des Nachsuchenden in Bezug auf den beabsichtigten Gewerbebetrieb darthun. Die Landesregierungen sind befugt, außerdem zu bestimmen, daß in Ortschaften, für welche dies durch Ortsstatut (§. 142) festgesetzt wird, die Er-

---

Zu §. 34.

1. Die Erlaubniß darf weder auf Zeit ertheilt noch vorbehaltlich der Bestimmungen in den §§. 53 und 143 widerrufen werden. Gegen Versagung der Genehmigung zum Betriebe ist der Rekurs zuläßig.

§. 40 Gew.O.

Wegen Zurücknahme der Erlaubniß vgl. §. 53 a. a. O.

2. Wegen der Regelung des Geschäftsbetriebes der Pfandleiher vgl. §. 38 und die zugehörigen Noten.

Hinsichtlich der Motivirung der durch das Gesetz vom 23. Juli 1879 herbeigeführten Aenderung vgl. Einleitung S. 16.

Zur Ausführung des §. 34 der Gew.O. in der Fassung des Gesetzes vom 23. Juli 1879 ist durch den Cirk.Erlaß des Ministers des Innern vom 21. September 1879 betreffend den Gewerbebetrieb der Pfandleiher und Rückkaufshändler (M.Bl. S. 253) Folgendes bestimmt:

Die Erlaubniß zum Betriebe des Pfandleihgewerbes bezw. des gewerbsmäßigen Ankaufs beweglicher Sachen mit Gewährung des Rückkaufsrechts ist bis auf Weiteres in den Stadtkreisen von der Ortspolizei-

---

*) Die Fassung gründet sich auf das Reichsgesetz vom 23. Juli 1879 (R.G.Bl. S. 267).

laubniß von dem Nachweis eines vorhandenen Bedürfnisses abhängig sein solle.

Als Pfandleihgewerbe gilt auch der gewerbsmäßige Ankauf beweglicher Sachen mit Gewährung des Rückkaufsrechts.

Die Landesgesetze können vorschreiben, daß zum Handel mit Giften und zum Betriebe des Lootsengewerbes besondere Genehmigung erforderlich ist, imgleichen, daß das Gewerbe der Markscheider nur von Personen betrieben werden darf, welche als solche geprüft und konzessionirt sind.

---

behörde, in den Landkreisen, nach Anhörung der Ortspolizeibehörde, von dem Landrathe des Kreises — in der Provinz Hannover in den selbständigen Städten von der Ortspolizeibehörde, innerhalb der Amtsbezirke von dem Amtshauptmann, in den Hohenzollernschen Landen von den Oberamtmännern zu ertheilen.

Wegen des Verfahrens und der Behörden, welche im Falle der Versagung der Erlaubniß zum Betriebe dieser Gewerbe und des dagegen eingelegten Rekurses (§. 40 Abs. 2 der Gew.O.) bezw. bei der Zurücknahme der Erlaubniß (§§. 53, 54 a. a. O.) in Gemäßheit der Vorschriften der §§. 20, 21 der Gew.O. in Wirksamkeit zu treten haben, kommen die zur Ausführung der gedachten §§. 20, 21 in Bezug auf die im §. 34 aufgeführten Gewerbetreibenden ergangenen Bestimmungen namentlich der Anweisung vom 4. September 1869 in Anwendung.

In Ortschaften, für welche dies durch Ortsstatut (§. 142 der Gew.O.) festgesetzt wird, soll die Erlaubniß von dem Nachweise eines vorhandenen Bedürfnisses abhängig sein.

3. Denjenigen, welche Gifte feilhalten, ist der Beginn des Gewerbebetriebes erst dann zu gestatten, wenn sich die Behörde von ihrer Zuverlässigkeit in Beziehung auf den beabsichtigten Gewerbebetrieb überzeugt hat.

§. 49 des Ges. v. 22. Juni 1861. Ges.S. S. 442.

Der Betrieb des Gewerbes der Kammerjäger ist zwar nicht mehr konzessionspflichtig, die Polizeibehörden, (Regierungen, Landdrosteien, Polizeipräsidium zu Berlin) dürfen indeß bezüglich der Aufbewahrung und Auslegung der Giftstoffe im Wege der Polizeiverordnung in den Grenzen der Cirk.Verf. v. 11. Juli 1848 (M.Bl. S. 233) die erforderlichen Anordnungen treffen.

Cirk.Erl. d. M. f. H. und K.M. v. 11. Mai 1870. M.Bl. S. 159. Vgl. auch §. 72 fgde. Ges. v. 26. Juli 1880 abgedruckt S. 97.

Wer bei der Aufbewahrung oder bei der Beförderung von Giftwaaren oder bei Ausübung der Befugniß zur Zubereitung oder Feilhaltung dieser Gegenstände die deshalb ergangenen Verordnungen nicht befolgt, wird mit Geldstrafe bis zu 150 Mark oder mit Haft bestraft.

(§. 367 R.St.G.B.)

§. 35.*)

Die Ertheilung von Tanz-, Turn- und Schwimmunterricht als Gewerbe, sowie der Betrieb von Badeanstalten ist zu untersagen, wenn Thatsachen vorliegen, welche die Unzuverlässigkeit des Gewerbetreibenden in Bezug auf diesen Gewerbebetrieb darthun.

Unter derselben Voraussetzung sind zu untersagen der Trödelhandel (Handel mit gebrauchten Kleidern, gebrauchten Betten oder gebrauchter Wäsche, Kleinhandel mit altem Metallgeräth, mit Metallbruch oder dergleichen), sowie der Kleinhandel mit Garn-

---

4. Die Verhältnisse der Markscheider sind durch das Berggesetz vom 24. Juni 1865 (Ges.S. S. 705), das Reglement vom 21. Dezember 1871 M.Bl. v. 1872 S. 9) und die Diäten- und Gebührentaxe vom 1. Juni 1876 (M.Bl. S. 209) geregelt.

5. Inwiefern für die nach §. 34 conzessionirten oder angestellten Personen eine Stellvertretung zulässig ist, hat in jedem einzelnen Falle die Behörde zu bestimmen, welcher die Conzessionirung oder Anstellung zusteht.

§. 47 Gew.O.

6. Für das Verfahren sind die Bestimmungen zu §§. 40, 53, 54 Gew.O. maßgebend. Vgl. auch Note 2 zu §. 30 und Note 2 zu §. 35.

7. Die bezüglichen Strafvorschriften sind in §. 147 Nr. 1 der Gew.O., §. 360 Nr. 12 und §. 367 Nr. 3 des St.G.B. enthalten.

Zu §. 35.

1. Die Anzeige ist bei der Gemeindebehörde des Wohnortes zu erstatten, welche falls ihr die Verwaltung der Gewerbepolizei nicht zusteht, der Polizeibehörde des Orts Mittheilung zu machen hat.

---

*) In der Fassung des Gesetzes vom 23. Juli 1879 (R.G.Bl. S. 267) lautete §. 35:

Die Ertheilung von Tanz-, Turn- und Schwimm-Unterricht als Gewerbe darf denjenigen untersagt werden, welche wegen Vergehen oder Verbrechen gegen die Sittlichkeit bestraft sind.

Der Handel mit gebrauchten Kleidern, gebrauchten Betten oder gebrauchter Wäsche, der Kleinhandel mit altem Metallgeräth oder Metallbruch (Trödel), oder mit Garnabfällen oder Dräumen von Seide, Wolle, Baumwolle oder Leinen, kann demjenigen untersagt werden, welcher wegen aus Gewinnsucht begangener Vergehen oder Verbrechen gegen das Eigenthum bestraft worden ist.

Das Geschäft eines Gesinde-Vermiethers kann demjenigen untersagt werden, welcher wegen aus Gewinnsucht begangener Vergehen oder Verbrechen gegen das Eigenthum oder wegen Vergehen oder Verbrechen gegen die Sittlichkeit bestraft worden ist.

Personen, welche die in diesem Paragraphen bezeichneten Gewerbe beginnen, haben bei Eröffnung ihres Gewerbebetriebes der zuständigen Behörde hiervon Anzeige zu machen.

Die gegenwärtige Fassung beruht auf dem Reichsgesetz v. 1. Juli 1883.

abfällen oder Dräumen von Seide, Wolle, Baumwolle oder Leinen, und der Handel mit Dynamit oder anderen Sprengstoffen.

Dasselbe gilt von der gewerbsmäßigen Besorgung fremder Rechtsangelegenheiten und bei Behörden wahrzunehmender Geschäfte, insbesondere der Abfassung der darauf bezüglichen schriftlichen Aufsätze, von dem Geschäfte der gewerbsmäßigen Vermittelungsagenten für Immobiliarverträge, Darlehen und Heirathen, von dem Geschäfte eines Gesindevermiethers und eines Stellenvermittlers, sowie vom Geschäfte eines Auktionators. Denjenigen, welche gewerbsmäßig das Geschäft eines Auktionators betreiben, ist es verboten, Immobilien zu versteigern, wenn sie nicht von den dazu befugten Staats- oder Kommunalbehörden oder Korporationen als solche angestellt sind (§. 36).

Personen, welche die in diesem Paragraphen bezeichneten Gewerbe beginnen, haben bei Eröffnung ihres Gewerbebetriebes der zuständigen Behörde hiervon Anzeige zu machen.

Der Beginn des Gewerbebetriebes der Trödler und der Gesindevermiether ist von einer polizeilichen Vorprüfung der persönlichen Zuverlässigkeit oder des Bedürfnisses unabhängig. In Betreff der Buchführung dieser Gewerbetreibenden und der Aufsicht der Polizeibehörden über den Umfang und die Art des Geschäftsbetriebes sind auf Grund des §. 38 der Gew.O. die bisherigen Bestimmungen bis auf weitere Verfügung aufrecht erhalten.

Anw. v. 4. September 1869 Nr. 13.

2. Die Untersagung erfolgt in den Provinzen Ost- und Westpreußen, Brandenburg, Pommern, Schlesien und Sachsen auf die Klage der Ortspolizeibehörde durch den Kreis- (Stadt-) Ausschuß bezw. den Magistrat.

§. 133 Nr. 1 des Comp.Ges. v. 26. Juli 1876.

Vgl. auch §. 119 Nr. 1 des Ges. v. 1. August 1883 abgedruckt S. 112.

In den übrigen Provinzen kommen die im Falle des §. 30 Gew.O. geltenden Bestimmungen (Note 2 zu §. 30) mit der Maßgabe zur Anwendung, daß der Rekursbescheid dem Rekurrenten stets in Ausfertigung gegen Behändigungsschein zugestellt werden muß.

Anw. v. 4. September 1869 Nr. 59.

Vgl. auch Note 1 zu §. 15, sowie §. 40 Abs. 2 Gew.O.

3. Wegen des Gewerbebetriebes der außergerichtlichen Auktionatoren vgl. Reglement d. M. d. J. v. 15. August 1848. (M.Bl. S. 305) und Nachtrag v. 18. August 1882 (M.Bl. S. 256).

4. Die Strafvorschrift für die unterlassene Beobachtung der in §. 35 Gew.O. vorgesehenen Vorschriften ist in §. 148 Nr. 4 a. a. O. enthalten. Vgl. auch §. 143 a. a. O.

§. 36.

Das Gewerbe der Feldmesser, Auktionatoren, derjenigen, welche den Feingehalt edler Metalle oder die Beschaffenheit, Menge oder richtige Verpackung von Waaren irgend einer Art feststellen, der Güterbestätiger, Schaffner,

---

5. Durch die Bestimmung des §. 35 wird den Behörden die Möglichkeit gegeben, solche Personen, welche das Gewerbe in gemeinschädlicher Weise betreiben, zu beseitigen, ohne daß sie genöthigt wären, im Voraus ein Urtheil über die Zuverlässigkeit jedes einzelnen Gewerbetreibenden dieser Art abzugeben.

Ein besonderer Vorzug dieser Regelung besteht darin, daß Personen, welche in Folge irgend eines Vergehens ihren bisherigen Beruf haben aufgeben müssen, nicht, wie es bei Einführung der Koncessionspflicht würde geschehen müssen, von diesem Gewerbebetriebe nun von vorneherein ausgeschlossen zu werden brauchen. Die Behörde kann sie, falls sie diesen Gewerbebetrieb beginnen und nicht ohne Weiteres nach der Natur des von ihnen begangenen Vergehens als unzuverlässig in Bezug auf den begonnenen Gewerbebetrieb anzusehen fand, zunächst gewähren lassen und abwarten, ob sie denselben in einer Weise ausüben, welcher zum demnächstigen Einschreiten Veranlassung giebt.

6. Von der neuen gesetzlichen Regelung werden auch die Patentagenten betroffen.

7. Die Wirksamkeit der Maßregel ist bei dem Auktionatorengewerbe wie bei den Winkelkonsulenten dadurch bedingt, daß die Untersagung nicht von der Voraussetzung der Verurtheilung wegen gewisser Vergehen abhängig gemacht, sondern in allen Fällen erfordert wird, in denen Thatsachen vorliegen, welche die Unzuverlässigkeit des Gewerbetreibenden in Beziehung auf den Gewerbebetrieb darthun.

Unter den Begriff der Auktionatoren im Sinne des §. 35 fallen die Gerichtsvollzieher, auch insoweit sie zur Vornahme von freiwilligen Versteigerungen befugt sind, nicht.

8. Der Ausdruck „Sprengstoffe“ schließt das Schießpulver (Jagdpulver) nicht in sich.

(Motive.)

Zu §. 36.

1. Gewerbetreibende, welche ihr Gewerbe auf Grund des §. 36 ohne Vereidigung und ohne eine besondere Anstellung oder Konzession frei betreiben, sind bei Ausübung ihres Gewerbes an die früheren bezüglichen Vorschriften nicht gebunden.

Anm. v. 4. September 1869 Nr. 9.

2. Die Stellung der Feldmesser ist durch die Bestimmungen des Reglements vom 2. März 1871 (Ges.S. S. 101) und der Cirkularverfügung der Minister für Handel, für landwirthschaftliche Angelegenheiten und der Finanzen vom 2. März 1871 (M.Bl. S. 121) geregelt.

Wäger, Messer, Bracker, Schauer, Stauer u. s. w. darf zwar frei betrieben werden, es bleiben jedoch die verfassungsmäßig dazu befugten Staats- oder Kommunalbehörden oder Korporationen auch ferner berechtigt, Personen, welche diese Gewerbe betreiben wollen, auf die Beobachtung der bestehenden Vorschriften zu beeidigen und öffentlich anzustellen.

Die Bestimmungen der Gesetze, welche den Handlungen der genannten Gewerbtreibenden eine besondere Glaubwürdigkeit bei-

Die Feldmesser und Landmesser sollen nur dann mit dem Diensteide der Beamten belegt werden, wenn sie von einer Staatsbehörde zu dauernden amtlichen Funktionen bestellt und demgemäß von dieser Behörde als Beamte zu verpflichten sind. Im Uebrigen ist die eidliche Verpflichtung geprüfter Feld- bezw. Landmesser auf die in §. 36 Gew.O. gedachte „Beobachtung der bestehenden Vorschriften" zu richten. Diese eidliche Verpflichtung wird seitens derjenigen Provinzialbehörde veranlaßt, in deren Bezirk der zu Verpflichtende sein Gewerbe auszuüben beabsichtigt.

C.R. d. F.M., H.M. u. M. d. J. v. 9. Juni 1883 (M.Bl. S. 143).

3. Das Gewerbe der Fleischbeschauer unterliegt gleichfalls der Vorschrift des §. 36. Auch diejenigen Fleischbeschauer, welche von der zuständigen Behörde beeidigt und öffentlich angestellt sind oder werden, sind als Gewerbetreibende gemäß §. 36 zu behandeln. Denselben können bestimmte Bezirke überwiesen werden, auf welche sie sich bei Ausübung ihrer Funktionen zu beschränken haben, weil es sich hierbei nicht um eine Beschränkung des Gewerbebetriebes, sondern lediglich um die Abgrenzung der Rechte und Pflichten einer Klasse der nach §. 36 auf Grund reglementarischer Vorschriften anzustellenden und zu vereidigenden, mit besonderer Glaubwürdigkeit ausgestatteten Gewerbetreibenden, sowie um eine Bestimmung darüber handelt, auf welche Weise das Publikum sich einer ihm durch Polizeiverordnung auferlegten Verpflichtung zu entledigen hat.

R. d. M. d. J., d. K.M. und des H.M. v. 6. April 1877. M.Bl. S. 166.

Auch approbirte Thierärzte bedürfen, wenn sie als Fleischbeschauer behufs der Kontrole der polizeilich angeordneten Untersuchung des Schweinefleisches auf Trichinen fungiren wollen, der ausdrücklichen Genehmigung der Polizeibehörde.

R. d. K.M. u. d. M. d. J. v. 16. Januar 1878. M.Bl. S. 34.

Die amtlichen Verfügungen, durch welche Fleischbeschauer gemäß §. 36 mit öffentlicher Glaubwürdigkeit behufs der Kontrole der obligatorischen Fleischschau, soweit dieselbe polizeilich angeordnet ist, bestellt werden, unterliegen dem Stempel von 1,50 Mark.

R. d. K.M., M. d. J., H.M. und F.M. v. 26. September 1878. M.Bl. S. 284.

legen oder an diese Handlungen besondere rechtliche Wirkungen knüpfen, sind nur auf die von den verfassungsmäßig dazu befugten Staats- oder Kommunalbehörden oder Korporationen angestellten Personen zu beziehen.

4. a) Eine Polizeiverordnung, welche die Untersuchung der Schweine vor der Zerlegung derselben durch einen amtlich bestellten Fleischbeschauer vorschreibt, verstößt nicht gegen die Gewerbeordnung, und von der in einer solchen Verordnung für den Fall der Zuwiderhandlung angedrohten Strafe befreit nicht die Untersuchung durch einen nicht amtlich bestellten Fleischbeschauer.

b) Dagegen entbehrt eine Verordnung, durch welche jedem von mehreren amtlich bestellten Fleischbeschauern eine ausschließliche Gewerbeberechtigung für einen bestimmten Bezirk übertragen wird, der gesetzlichen Gültigkeit.

Erk. d. R.G. v. 24. Februar 1881. Entsch. II. S. 272.

5. Der Vorschrift einer Polizeiverwaltung, welche außer der Untersuchung des Fleisches geschlachteter Schweine auf Trichinen und der Abgabe einer bezüglichen Erklärung des amtlich bestellten Fleischbeschauer die Bezeichnung des Fleisches mit dem Brennstempel seitens des Fleischbeschauers vor dessen Bearbeitung bei Strafe anordnet, ist nicht genügt, wenn das Fleisch dem Fleischbeschauer zur Verfügung gestellt und die Stempelung nur deshalb unterblieben ist, weil der Fleischbeschauer dieselbe von der Bezahlung der Schaugebühr abhängig machte.

Erk. d. R.G. v. 7. Oktober 1880. Entsch. I. S. 229.

Wegen der Stellvertretung vgl. Note 4 zu §. 34.

6. Wegen Zurücknahme der Bestallung vgl. §. 53 Gew.O.

7. Wegen Untreue werden mit Gefängniß, neben welchem auf Verlust der bürgerlichen Ehrenrechte erkannt werden kann, bestraft:

Feldmesser, Versteigerer, Mäkler, Güterbestätiger, Schaffner, Wäger, Messer, Bracker, Schauer, Stauer und andere zur Betreibung ihres Gewerbes von der Obrigkeit verpflichtete Personen, wenn sie bei den ihnen übertragenen Geschäften absichtlich diejenigen benachtheiligen, deren Geschäfte sie besorgen.

Wird die Untreue begangen, um sich oder einem Andern einen Vermögensvortheil zu verschaffen, so kann neben der Gefängnißstrafe auf Geldstrafe bis zu 3000 Mark erkannt werden.

§. 266 Nr. 3 R.St.G.B.

Die von der Behörde vereideten Medizinalpersonen sind gleichfalls dieser Bestimmung unterworfen.

Vermögensvortheil im Sinne der vorhin citirten Strafvorschrift ist nicht nur positiver Gewinn, sondern auch Abwendung eines Vermögensnachtheils.

Erk. d. O.T. v. 24. März 1871.
Goltd. XIX. S. 322.

§. 37.

Der Regelung durch die Ortspolizei-Behörde unterliegt die Unterhaltung des öffentlichen Verkehrs innerhalb der Orte durch Wagen aller Art, Gondeln, Sänften, Pferde und andere Transportmittel, sowie das Gewerbe derjenigen Personen, welche auf öffentlichen Straßen oder Plätzen ihre Dienste anbieten.

Zu §. 37.

1. Die Regelung der Straßengewerbe unterliegt lediglich dem Ermessen der Ortspolizeibehörde. Die betreffenden Anordnungen müssen auch die Bedingungen der Zulassung umfassen. Hinsichtlich der Taxen ist zuvor die Zustimmung der Gemeindebehörde einzuholen.

Anw. v. 4. September 1869 Nr. 14.

R. d. M. d. J. v. 19. März 1873. M.Bl. S. 123.

Demgemäß ist es auch zulässig, die Einrichtung solcher Fuhrwerke, durch welche der Verkehr aus einem Orte nach dem Nachbarorte unterhalten werden soll, durch Ortspolizeiverordnung zu regeln und auch die Taxe festzusetzen.

Erk. d. O.T. v. 24. Juni 1874.

Opp. XV. S. 436.

Die Regelung umfaßt auch den Güterverkehr und die den Zwecken desselben dienenden Transportmittel.

Erk. d. O.T. v. 12. Juli 1875.

Opp. XVI. S. 533.

2. Die Anlage und der Betrieb von Pferde-Eisenbahnen fällt nicht unter das Gesetz über die Eisenbahn-Unternehmungen vom 3. November 1838. Sie gehören vielmehr zu denjenigen Transportmitteln, welche hinsichtlich der Anlage und des Betriebes der Regelung durch die Ortspolizeibehörde unterliegen.

R. d. H.M. und M. d. J. v. 14. Juni 1872. M.Bl. S. 172.

3. In Betreff der Entziehung der Befugniß zum Gewerbebetriebe bezw. der Untersagung des Betriebes entscheidet in den zum Geltungsbereich des Competenzgesetzes vom 26. Juli 1876 gehörigen Provinzen der Kreisausschuß, in Stadtkreisen und in den zu einem Landkreise gehörigen Städten mit mehr als 10 000 Einwohner das Bezirksverwaltungsgericht auf die bezügliche Klage der Ortspolizeibehörde.

§. 133 a. a. O. Vgl. auch §. 119 des Ges. v. 1. August 1883 abgedruckt Seite 112.

Bezüglich des Verfahrens in den übrigen Provinzen vgl. Note 1 und 2 zu §. 30 der Gew.O., sowie §. 40 Abs. 2 der Gew.O.

4. Zuwiderhandlungen werden nach §. 147 Nr. 1 der Gew.O. bestraft.

§. 38.

Die Centralbehörden sind befugt, über den **Umfang der Befugnisse und Verpflichtungen**, sowie über den **Geschäftsbetrieb der Pfandleiher**, soweit darüber die Landesgesetze nicht Bestimmungen treffen, Vorschriften zu erlassen. Die in dieser Beziehung bestehenden landesgesetzlichen Bestimmungen finden auf den im §. 34 Absatz 2 bezeichneten Geschäftsbetrieb Anwendung. Soweit es sich um diesen Geschäftsbetrieb handelt, gilt die Zahlung des Kaufpreises als Hingabe des Darlehens, der Unterschied

Zu §. 38.

1. §. 38 beruht auf dem Reichsgesetze vom 23. Juli 1879 (R.G.Bl. S. 267).

2. Durch die Bestimmung in §. 38 der Gewerbeordnung soll nur die Befugniß und beziehentlich Pflicht der Centralbehörden, nöthigenfalls einzugreifen, gewahrt, in der nach den Landesgesetzen etwa bestehenden ursprünglichen **Befugniß der Polizeibehörden** aber nichts geändert werden.
Nr. 212, R.A. d. B.R. S. 54.

3. Wo nach dem Ermessen der Regierung auch ohne spezielle Kontrolmaßregeln ein die Sicherheit des Eigenthums und die Gesundheit des Publikums gefährdender **Geschäftsbetrieb der Trödler** nicht zu befürchten steht, sollen nur die durch die Gewerbeordnung vorgesehenen Beschränkungen eintreten. Wo jedoch nach den besonderen Verhältnissen eines Bezirkes oder einzelner Theile desselben die Nothwendigkeit hervortritt, an Stelle der bisher geltenden, durch die Gewerbeordnung für aufgehoben zu erachtenden polizeilichen Bestimmungen besondere Vorschriften über die Ausübung dieses Gewerbebetriebes, namentlich über die Führung von Geschäftsbüchern und die Handhabung der polizeilichen Kontrole zu erlassen, ist die Regelung dieser Verhältnisse nach Maßgabe folgender Verordnung, unter ausdrücklicher Bezugnahme auf die betreffenden Vorschriften, sowie auf das Gesetz über die Polizeiverwaltung vom 11. März 1850 zu veranlassen:

§. 1. Wer mit gebrauchten Kleidern, gebrauchten Betten oder gebrauchter Wäsche Handel, oder mit altem Metallgeräth oder Metallbruch Kleinhandel betreibt, ist verpflichtet, ein nach dem beigefügten Schema angelegtes, durchweg mit Seitenzahlen versehenes und von der Ortspolizeibehörde gestempeltes **Buch über den Ein- und Verkauf** zu führen und die nach den einzelnen Rubriken erforderlichen Eintragungen in dasselbe deutlich zu bewirken, auch jeden einzelnen Gegenstand mit einer der laufenden Nummer entsprechenden Bezeichnung zu versehen. Das Geschäftsbuch muß sich stets in ordnungsmäßigem Zustande befinden, namentlich dürfen darin keine Rasuren vorgenommen oder Eintragungen unleserlich gemacht werden.

§. 2. Vor **Abschluß eines jeden Einkaufs** hat der Gewerbetreibende (Trödler) sich darüber zu vergewissern, ob der Verkäufer zur Verfügung über den

zwischen dem Kaufpreise und dem verabredeten Rückkaufspreise als bedungene Vergütung für das Darlehn und die Uebergabe der Sache als Verpfändung derselben für das Darlehn. Die Centralbehörden sind ferner befugt, Vorschriften darüber zu erlassen, in welcher Weise die im §. 35 Absatz 2 und 3 verzeichneten Gewerbetreibenden ihre Bücher zu führen und welcher polizeilichen Kontrole über den Umfang und die Art ihres Geschäftsbetriebes sie sich zu unterwerfen haben.

Gegenstand berechtigt ist. Stellt sich dabei der Verdacht heraus, daß letzterer auf unredlichem Wege erworben sein möchte, so ist der Trödler verpflichtet, denselben anzuhalten und an die Polizeibehörde abzuliefern. Letzteres gilt insbesondere auch von denjenigen Gegenständen, von welchen der Trödler durch polizeiliche Bekanntmachung oder sonstige amtliche Mittheilung Kenntniß erhielt, daß sie dem Eigenthümer durch ein Vergehen oder Verbrechen oder durch Verlieren abhanden gekommen sind.

§. 3. Gegenstände, von denen der Trödler erfahren hat, daß sie mit Menschen oder Thieren in Berührung gekommen sind, welche an ansteckenden Krankheiten litten, dürfen nur angekauft werden, nachdem sich der Trödler überzeugt hat, daß dieselben vorschriftsmäßig desinfizirt sind.

Das Schema (§. 1) muß folgende Rubriken enthalten:

1. Laufende Nummer.	5. Einkaufspreis.
2. Gegenstand.	6. Tag des Verkaufs.
3. Tag des Ankaufs.	7. Verkaufspreis.
4. Name, Stand und Wohnort des Verkäufers.	8. Bemerkungen.

Cirk.Verf. des H.M. v. 22. Mai 1870. M.Bl. S. 159.

4. Bezüglich des Gewerbes der Gesindevermiether soll gleichfalls nur im Falle des Bedürfnisses mit dem Erlaß besonderer Kontrolvorschriften vorgegangen werden.

Cirk.Verf. des H.M. v. 23. Juni 1870. M.Bl. S. 199.

5. Wer als Pfandleiher oder Rückkaufshändler bei Ausübung seines Gewerbes den darüber erlassenen Anordnungen zuwiderhandelt, insbesondere den durch Landesgesetz oder Anordnung der zuständigen Behörde bestimmten Zinssatz überschreitet, wird mit Geldstrafe bis zu 150 Mark oder mit Haft bestraft.

§. 360 Nr. 12 St.G.B. in der Fassung des Ges. v. 24. Mai 1880 (R.G.Bl. S. 110).

Vgl. das Cirk.R. v. 21. September 1879. Note 2 zu §. 34 der Gew.O.

Gesetz, betreffend das Pfandleihgewerbe. Vom 17. März 1881 (G.S. S. 265).

§. 1.

Der Pfandleiher (§§. 34, 38 der Gewerbeordnung vom 21. Juni 1869 in der durch das Gesetz vom 23. Juli 1879 bestimmten Fassung) darf sich an Zinsen nicht mehr ausbedingen oder zahlen lassen als:

a) zwei Pfennig für jeden Monat und jede Mark von Darlehnsbeträgen bis zu 30 Mark,

b) einen Pfennig für jeden Monat und jede den Betrag von 30 Mark übersteigende Mark.

Der Pfandleiher kann zugleich ausbedingen, daß an Zinsen mindestens der Betrag für zwei Monate gezahlt werden müsse.

§. 2.

Bei der Berechnung der Zinsen kommen folgende Vorschriften zur Anwendung:

1. der Tag der Hingabe des Darlehns wird nicht mitgerechnet;
2. die Monate werden von dem auf den Darlehnstag (zu 1) folgenden Tage bis zu dem ziffermäßig dem Darlehnstage entsprechenden Tage des letzten Darlehnsmonats, bei dem

Zu §. 1.

1. Das Gesetz findet auf Alle Anwendung, welche im Sinne der Gewerbeordnung vom 21. Juni 1869 und des Reichsgesetzes vom 23. Juli 1879 das Gewerbe eines Pfandleihers betreiben, also auch auf die Rückkaufshändler. Alle diese Personen werden durch das Gesetz betroffen, ohne Rücksicht darauf, ob sie die seit Erlaß des Reichsgesetzes vom 23. Juli 1879 erforderliche Konzession erhalten haben oder dieser Konzession, weil sie schon vor dem Inkrafttreten des gedachten Reichsgesetzes das Gewerbe betrieben, nicht bedurften.

(Motive.)

2. Nachdem durch §. 17 des Organisationsgesetzes vom 26. Juli 1880 die Abtheilungen des Innern bei den Regierungen im Geltungsbereiche dieses Gesetzes aufgehoben sind, erfolgt die in den §§. 40, 53 und 54 in Verbindung mit den §§. 20, 21 Gew.O. vorgesehene Entscheidung durch das Plenum der Regierung.

R. d. M. d. J. v. 26. Juni 1882. M.Bl. S. 224.

Fehlen dieses Tages bis zum letzten Tage des letzten Monats berechnet;

3. jeder auch nur angefangene Monat wird als ein voller Monat berechnet;
4. läuft der Gesammtbetrag der Zinsen in einem Bruchpfennig aus, so wird dieser auf einen vollen Pfennig abgerundet.

§. 3.

Das Ausbedingen oder Annehmen jeder weiteren Vergütung für das Darlehn oder für die Aufbewahrung und Erhaltung des Pfandes, sowie das Vorausnehmen der Zinsen ist verboten.

Was von dem Schuldner oder für ihn über das erlaubte Maß geleistet ist, muß von dem Pfandleiher zurückgewährt und vom Tage des Empfangs ab verzinst werden.

Das Recht der Rückforderung verjährt in 5 Jahren seit dem Tage, an welchem die Leistung erfolgt ist.

§. 4.

Die Fälligkeit des von einem Pfandleiher gegebenen Darlehns tritt nicht vor Ablauf von sechs Monaten seit dessen Hingabe ein. Entgegenstehende Verabredungen sind nichtig.

§. 5.

Der Pfandleiher erwirbt ein Pfandrecht an den ihm übergebenen Gegenständen erst dadurch, daß er das Geschäft in ein über

3. Pfandleiher und Rückkaufshändler, welche bei Ausübung ihres Gewerbes den darüber erlassenen Anordnungen zuwiderhandeln, werden mit Geldstrafe bis zu 150 Mark oder mit Haft bestraft.

§. 360 Nr. 12 des Reichsstrafgesetzbuchs.

Zu §. 3.

Was der Pfandleiher an Zinsen und Kostenvergütung über das begrenzte gesetzliche Maß hinaus sich hat geben lassen, ist als wucherlicher Vortheil anzusehen und kann deshalb zurückgefordert werden. Für diesen Anspruch auf Rückgabe ist im Anschluß an das Reichsgesetz vom 24. Mai 1880 (Art. 3) die dort bestimmte Verjährungsfrist von 5 Jahren festgesetzt, um die schließliche Erledigung derartiger Ansprüche nicht zu weit hinauszuschieben.

(Motive.)

Zu §. 5.

Die Buchführung bildet zugleich die nothwendige Grundlage für die dem

alle solche Geschäfte nach der Zeitfolge derselben zu führendes Pfandbuch einträgt.

Die Eintragung muß enthalten:

1. eine laufende Nummer,
2. Ort und Tag des Geschäfts,
3. Vor- und Zunamen des Verpfänders,
4. den Betrag des Darlehns,
5. den Betrag der monatlichen Zinsen,
6. die Bezeichnung des Pfandes,
7. die Zeit der Fälligkeit des Darlehns.

§. 6.

Der Pfandleiher ist verpflichtet, dem Verpfänder einen Pfandschein zu geben, welcher eine wörtliche Abschrift der auf das Geschäft bezüglichen Eintragung im Pfandbuch enthält und mit der Namensunterschrift des Pfandleihers versehen ist.

Weicht der Inhalt des Pfandscheins von dem Inhalte des Pfandbuchs ab, so gilt die dem Pfandleiher nachtheiligere Feststellung.

§. 7.

Der Verpfänder ist berechtigt, das Pfand jederzeit bis zum Abschlusse des Verkaufs einzulösen.

Die Zinsen sind nur bis zur Einlösung zu berechnen.

Entgegenstehende Verabredungen sind nichtig.

§. 8.

Bis zum Ablaufe von drei Wochen nach der Fälligkeit des Darlehns erfolgt die Einlösung des Pfandes nur gegen Rückgabe des Pfandscheins.

Pfandleiher bezüglich des Pfandverkaufs beizulegenden Rechte. Die Vorschriften des bürgerlichen Rechts über den Einfluß der Rechte dritter Personen auf die Rechte der Pfandleiher sind unberührt geblieben.

Der Centralbehörde bleibt es überlassen, auf Grund des §. 38 der Gewerbeordnung weitere Vorschriften über die Formen des Geschäftsbetriebes zu erlassen, soweit dieses im polizeilichen Interesse geboten erscheint, um die Kontrole über den Pfandverkauf zu sichern.

(Motive.)

Zu §. 6.

Ueber die Bedeutung des Pfandscheins als Legitimationspapier vgl. §. 17.

Sind seit der Fälligkeit des Darlehns drei Wochen verflossen, so kann der Verpfänder das bis dahin nicht eingelöste Pfand auch ohne Vorlegung des Pfandscheins einlösen.

§. 9.

Der Pfandleiher ist berechtigt, das Pfand zum Zwecke der Befriedigung wegen seiner Forderung an Kapital und Zinsen nach eingetretener Fälligkeit des Darlehns zu verkaufen.

Die Erlangung eines vollstreckbaren Schuldtitels oder die gerichtliche Ermächtigung zum Verkauf ist nicht erforderlich.

§. 10.

Der Verkauf ist in öffentlicher Versteigerung durch einen Gerichtsvollzieher oder eine zu solchen Versteigerungen nach §. 36 der Gewerbeordnung angestellte Person auszuführen.

Gold- und Silbersachen dürfen nicht unter ihrem Gold- oder Silberwerthe, Werthpapiere, welche einen Börsen- oder Marktpreis haben, nicht unter dem Tageskurse zugeschlagen werden. Wird ein hiernach zulässiges Gebot nicht abgegeben, so können die Pfänder durch den Versteigerer aus freier Hand zu einem dem zulässigen Gebote entsprechenden Preise verkauft werden.

Der Pfandleiher kann selbst bieten und kaufen.

§. 11.

Die Versteigerung muß in der Gemeinde, in welcher das Pfandleihgewerbe zur Zeit des Geschäftsabschlusses betrieben worden ist, erfolgen. Sie darf nicht früher als vier Wochen nach eingetretener Fälligkeit des Darlehns ausgeführt werden.

Zu §§. 9, 10.

Das Recht des Verpfänders, die Einstellung des Verkaufs durch einstweilige Verfügung des Gerichts herbeizuführen, bleibt bestehen.

Der angegebene Zweck des Verkaufs, die Befriedigung des Pfandleihers, steht dem Verkauf weiterer Pfandstücke entgegen, sobald der durch den Verkauf von Pfandstücken erzielte Erlös zur Befriedigung ausreicht.

(Motive.)

Zu §. 11.

Die Bestimmung über den Ort der Versteigerung entspricht dem §. 717 Abs. 2 der Civilprozeßordnung. Das Hinausschieben der Versteigerung ist durch die Rücksicht veranlaßt, daß dem Schuldner nicht blos eine geringe Einlösungsfrist, sondern auch die Zeit gegeben werden muß, um erforderlichen-

§. 12.

Ort und Zeit der Versteigerung sind unter allgemeiner Bezeichnung der zu versteigernden Sachen in einem von der Ortspolizeibehörde für solche Bekanntmachungen zu bestimmenden Blatte bekannt zu machen.

In der Bekanntmachung ist zugleich der Name des Pfandleihers und die laufende Nummer des Pfandbuchs anzugeben.

Die Bekanntmachung muß wenigstens zwei Wochen und höchstens vier Wochen vor dem Tage der Versteigerung und darf frühestens am Tage nach der eingetretenen Fälligkeit des Darlehns erfolgen.

§. 13.

Sind mehrere Gegenstände durch dasselbe Geschäft zum Pfande bestellt, so ist der Verpfänder berechtigt, die Reihenfolge zu bestimmen, in welcher dieselben zum Verkaufe auszustellen sind.

Der Verkauf ist einzustellen, sobald ein Betrag erlöst ist, welcher hinreicht, die Forderung des Pfandleihers an Kapital, Zinsen und Kosten zu decken.

§. 14.

Das Pfand haftet auch für die Kosten des Verkaufs.

Von den gemeinschaftlichen Kosten mehrerer Verkäufe sind diejenigen der Bekanntmachung nach der Zahl der Pfandnummern, die der Versteigerung nach Verhältniß des Erlöses zu vertheilen.

§. 15.

Der Pfandleiher hat unverzüglich nach erfolgtem Verkaufe des Pfandes den für den Verpfänder nach Abzug der Pfandschuld und

---

falls auch gegen den Willen des Pfandleihers die Einlösung des Pfandes zu erzwingen oder wenigstens zu sichern.

(Motive.)

Zu §. 12.

Als Angabe der Nummer des Pfandbuchs genügt eine solche, welche die des zu verkaufenden Pfandes mitumfaßt, wenn auch noch andere Nummern darin enthalten sind, welche in Wirklichkeit nicht mit zur Versteigerung gelangen.

(Motive.)

Zu §. 15.

Wegen der Hinterlegung, sowie wegen Auszahlung der hinterlegten

der Kosten des Pfandverkaufs etwa verbleibenden Ueberschuß des Erlöses an den Verpfänder zu zahlen oder für denselben nach Ablauf einer vierzehntägigen Frist die nicht abgehobenen Beträge bei der Ortsarmenkasse unter Beifügung eines betreffenden Auszuges aus dem Pfandbuche zu hinterlegen. Diejenigen Geldbeträge, welche nicht binnen Jahresfrist von den Berechtigten in Anspruch genommen sind, gehen in das Eigenthum der Ortsarmenkasse über. Auf die gemäß §. 13 Abs. 2 freigewordenen Pfänder finden vorstehende Bestimmungen gleiche Anwendung.

Auf diese Hinterlegung ist in der Bekanntmachung der Versteigerung hinzuweisen. Ist das unterblieben, so hat der Pfandleiher die erfolgte Hinterlegung in dem nach §. 12 bestimmten Blatte auf seine Kosten bekannt zu machen.

§. 16.

Sind bei dem Verkaufe des Pfandes die Vorschriften der §§. 9, 10, 11, 12 nicht befolgt worden, so hat der Pfandleiher die Kosten des Verkaufs selbst zu tragen und dem Verpfänder den durch den Verkauf verursachten Schaden zu ersetzen, insbesondere denjenigen Betrag mit Zinsen zu 5 vom 100 vom Verkaufstage ab zu zahlen, um welchen der Verkaufspreis des Pfandes hinter dessen Werth zurückgeblieben ist. Entgegenstehende Verabredungen sind nichtig.

Der Anspruch des Verpfänders verjährt in 5 Jahren. Der Lauf der Verjährung beginnt 4 Wochen nach eingetretener Fälligkeit des Darlehns, oder, wenn der Verkauf des Pfandes später stattgefunden hat, mit dem Tage des Verkaufs.

Beträge ist nach Maßgabe der Hinterlegungsordnung vom 14. März 1879 (G.S. S. 249) zu verfahren. Selbstverständlich wird bei einer Kollektivversteigerung von Pfändern nur der antheilige Betrag der durch diese und die vorgängige Bekanntmachung erwachsenen Kosten zu Lasten des Pfandschuldners in Berechnung und Abzug kommen können.

(Motive.)

Zu §. 16.

Durch die Vorschrift der Nichtigkeit entgegenstehender Verabredungen wird von vornherein die Möglichkeit ausgeschlossen, daß hinsichtlich der an die Nichtbeobachtung der gesetzlich bestimmten Voraussetzungen und Formen des Verkaufs geknüpften Folgen eine vertragsmäßige Aenderung her-

§. 17.

Der Inhaber des Pfandscheins ist dritten Personen, insbesondere dem Pfandleiher gegenüber, zur Ausübung der Rechte des Verpfänders berechtigt, ohne die Uebertragung dieser Rechte nachweisen zu müssen.

§. 18.

Auf Pfandgeschäfte, welche vor dem Inkrafttreten dieses Gesetzes abgeschlossen sind, finden die Bestimmungen desselben nicht Anwendung.

§. 19.

Die Bestimmungen über den Betrieb des Pfandleihgewerbes seitens staatlicher Anstalten werden durch dieses Gesetz nicht berührt.

§. 20.

Die Errichtung von Pfandleihanstalten seitens der Gemeinden oder weiteren kommunalen Verbände bedarf der Genehmigung. Die Reglements dieser Anstalten bedürfen der Bestätigung.

Ueber die Genehmigung beziehungsweise Bestätigung beschließt der Regierungspräsident, in Berlin, und so weit es sich um Pfandleihanstalten der Provinzialverbände handelt, der Oberpräsi-

beigeführt werden kann. Es wird aber dadurch selbstverständlich weder der Verzicht auf die bereits eingetretenen Folgen eines unrechtmäßigen Verkaufs, noch die Möglichkeit berührt, mit gegenwärtiger Zustimmung des Verpfänders das Pfand in anderer Weise zu verkaufen.

(Motive.)

Zu §. 17.

I. Der Pfandleiher wird durch Leistung an den Inhaber befreit. Dieses bezieht sich auf die Herausgabe des Pfandes, auf die Herausgabe des Ueberschusses vom Pfande und auf die Entschädigung wegen unrechtmäßigen Verkaufs.

Dagegen genügt für den Verpfänder und dessen Rechtsnachfolger der Nachweis dieser ihrer Eigenschaft, soweit nicht nach den Vorschriften des in den einzelnen Landestheilen geltenden Rechts die Uebertragung der Rechte an Singularsuccessoren nur mit Uebergabe des Scheins erfolgen kann. Diesen Personen gegenüber schützt den Pfandleiher nicht der Umstand, daß ein Anderer den Pfandschein hat, sondern nur der Nachweis, daß der Inhaber des Scheins befriedigt worden ist. In gleicher Lage, wie der Pfandleiher, ist bezüglich des für den Verpfänder hinterlegten Betrages die Hinterlegungsstelle.

(Motive.)

dent. Im Geltungsbereiche des Organisationsgesetzes vom 26. Juli 1880 (Ges.S. S. 291) darf die Genehmigung des Regierungsbeziehungsweise Oberpräsidenten nur mit Zustimmung des Bezirksbeziehungsweise Provinzialraths versagt werden.

Die betheiligten Gemeinden beziehungsweise weiteren kommunalen Verbände haften für alle Verbindlichkeiten der von ihnen errichteten Anstalten. Die bei der Verwaltung der letzteren sich ergebenden Ueberschüsse sind zu Zwecken der Armenpflege zu verwenden.

§. 21.

Die §§. 1 bis 18 des gegenwärtigen Gesetzes gelten auch für die von Gemeinden oder von weiteren kommunalen Verbänden zu errichtenden Anstalten.

Dieselben sind berechtigt, die Versteigerung der Pfänder durch einen ihrer vereidigten Beamten bewirken zu lassen.

§. 22.

Auf die bereits bestehenden Pfandleihanstalten der Gemeinden oder der weiteren kommunalen Verbände

---

II. Bek. d. M. d. J. v. 16. Juli 1881. (M.Bl. S. 169.)

1. Das vom Pfandleiher nach §. 5 des Gesetzes vom 17. März 1881 zu führende Pfandbuch muß dauerhaft gebunden und durchweg mit Seitenzahlen versehen sein. Dasselbe ist, bevor es in Gebrauch genommen wird, der Ortspolizeibehörde zur Prüfung und Beglaubigung vorzulegen. In demselben dürfen weder Rasuren vorgenommen, noch unleserliche Eintragungen gemacht werden. Das Pfandbuch darf ohne Genehmigung der Ortspolizeibehörde weder ganz noch theilweise vernichtet werden.

2. In dem Pfandbuche sind außer den in §. 5 des Gesetzes vom 17. März 1881 vorgeschriebenen, die folgenden Rubriken zu führen und prompt in bestimmungsmäßiger Weise auszufüllen:

sub 3b. Stand und Wohnung des Verpfänders; Angabe wie er sich legitimirt hat;

sub 8. falls das Geschäft zur Verlängerung eines früheren Geschäfts dient: Hinweis auf die Nummer der Eintragung des früheren Geschäfts;

sub 9. Tag, an welchem die Einlösung des Pfandes erfolgte, event. Hinweis auf die Nummer, unter welcher eine Verlängerung des Geschäfts bemerkt ist;

sub 10. Tag, an welchem der Verkauf des Pfandes erfolgte. Name, Stand, Wohnung des Erwerbers; Betrag des Kaufpreises.

finden die Vorschriften der §§. 1 bis 18 und des §. 21 Absatz 2 vorläufig nicht Anwendung.

Der Minister des Innern wird jedoch ermächtigt, die Anwendung der §§. 1 bis 18 und des §. 21 Absatz 2 auf die bezüglichen Anstalten anzuordnen und zugleich die bestehenden Ordnungen, Reglements und Statuten derselben zu ändern.

§. 23.

Alle bisherigen, den Gegenstand dieses Gesetzes betreffenden gesetzlichen Vorschriften, insbesondere das Pfand- und Leihreglement vom 13. März 1787, die Deklaration desselben vom 4. April 1803, die Allerhöchste Kabinetsordre vom 28. Juni 1826 und die Hannoversche Ministerialbekanntmachung vom 15. Oktober 1847, sind aufgehoben.

---

3. Die Pfandstücke sind vom Pfandleiher gegen Feuersgefahr angemessen zu versichern und in einem besonderen Raume oder Behältniß getrennt von anderen Gegenständen aufzubewahren. Jedes Pfandstück ist mit einer der Eintragung im Pfandbuche korrespondirenden Nummer zu versehen.
4. Es ist an einer in die Augen fallenden Stelle des Geschäftslokals ein Exemplar des Gesetzes betreffend das Pfandleihgewerbe vom 17. März 1881 sowie ein Exemplar dieser Instruktion und eine gedruckte Zinstabelle auszuhängen.
5. Alle dem Pfandleiher von Behörden oder Privatpersonen zugehenden Benachrichtigungen über verlorene oder dem Eigenthümer widerrechtlich entfremdete Gegenstände sind nach der Zeitfolge geordnet aufzubewahren.
6. Bei Einlösung eines Pfandes ist dem Verpfänder auf Verlangen eine Quittung auszustellen. Die eingelösten Pfandscheine hat der Pfandleiher mindestens ein Jahr lang aufzubewahren.
7. Der Verkauf von Pfandobjekten erfolgt auf Grund einer ortspolizeilich beglaubigten Liste, in welcher jedesmal die betreffenden einzelnen Pfänder nach den Nummern des Pfandbuches unter Angabe des Tags der Verpfändung und der Fälligkeit der Forderung sowie des Betrages der Forderung an Kapital und Zinsen aufzuführen sind.
8. Der Ortspolizeibehörde bleibt vorbehalten, jederzeit Revisionen des gesammten Geschäftsbetriebes der Pfandleiher vorzunehmen.
9. Zuwiderhandlungen gegen vorstehende Bestimmungen werden, soweit nicht nach allgemeinen gesetzlichen Vorschriften eine höhere Strafe eintritt, gemäß §. 360 Nr. 12 des Reichsstrafgesetzbuches mit Geldstrafe bis zu 150 Mark oder mit Haft bestraft.

§. 39.

Die Landesgesetze können die Einrichtung von Kehrbezirken für Schornsteinfeger gestatten. Jedoch ist, wo Kehrbezirke bestehen oder eingerichtet werden, die höhere Verwaltungs-Behörde, soweit nicht Privatrechte entgegenstehen, befugt, die Kehrbezirke aufzuheben oder zu verändern, ohne daß deshalb den Bezirksschornsteinfegern ein Widerspruchsrecht oder ein Anspruch auf Entschädigung zusteht.

§. 40.*)

Die in den §§. 29 bis 33a erwähnten Approbationen und Genehmigungen dürfen weder auf Zeit ertheilt, noch vorbe-

---

Jede Modifizirung der §§. 1—18 und 21 Abs. 2 des Ges. v. 17. März 1881 sowie der dazu ergangenen Bekanntmachung vom 16. Juli 1881 ist unzulässig. Ein etwaiger bloßer Abdruck dieser Vorschriften aber wird nicht in das Reglement einer Pfandleihanstalt aufzunehmen, sondern besser demselben als besondere Beilage beizugeben sein.

Cirk.R. d. M. d. J. v. 4. November 1881. (M.Bl. S. 247.)

Zu §. 20.

Vom 1. April 1884 ab tritt an die Stelle des Bezirksraths der Bezirksausschuß.

§. 139 Ges. v. 30. Juli 1883.

Zu §. 39. Gew.O.

1. Die höhere Verwaltungsbehörde ist in den zum Geltungsbereich des Competenzgesetzes vom 26. Juli 1876 gehörigen Provinzen der Bezirksrath (für Berlin die erste Abtheilung des Polizei-Präsidiums), in den übrigen Provinzen die Regierung, Landdrostei.

§. 136 a. a. O. Vgl. §. 132 Ges. v. 1. August 1883 abgedruckt S. 115.

Wegen der Regelung der Anstellung und der Pflichten der Bezirksschornsteinfeger vgl. Cirk.R. d. H.M. v. 14. Mai 1880. M.Bl. S. 183.

2. Inwiefern für diejenigen Schornsteinfeger, welchen ein Kehrbezirk zugewiesen ist, eine Stellvertretung zulässig ist, hat in jedem einzelnen Falle die höhere Verwaltungsbehörde zu bestimmen.

§. 47 Abs. 2 Gew.O.

Zu §. 40.

Vgl. das Cirk.R. v. 21. September 1879. Note 2 zu §. 34 der Gew.O.

Vgl. auch Note 2 z. Ges. v. 17. März 1881.

---

*) Die gegenwärtige Fassung beruht auf dem R.Ges. v. 1. Juli 1883. Die Aenderungen sind lediglich redaktionell.

haltlich der Bestimmungen in den §§. 33a, 53 und 143, widerrufen werden.

Gegen Versagung der Genehmigung zum Betriebe eines der in den §§. 30, 32, 33 und 34, sowie gegen Untersagung des Betriebes der in den §§. 35 und 37 erwähnten Gewerbe ist der Rekurs zulässig. Wegen des Verfahrens und der Behörden gelten die Vorschriften der §§. 20 und 21.

III. Umfang, Ausübung und Verlust der Gewerbsbefugnisse.

§. 41.

Die Befugniß zum selbständigen Betriebe eines stehenden Gewerbes begreift das Recht in sich, in beliebiger Zahl Gesellen, Gehülfen, Arbeiter jeder Art und, soweit die Vorschriften des gegenwärtigen Gesetzes nicht entgegenstehen, Lehrlinge anzunehmen. In der Wahl des Arbeits- und Hülfspersonals finden keine anderen Beschränkungen statt, als die durch das gegenwärtige Gesetz festgestellten.

In Betreff der Berechtigung der Apotheker, Gehülfen und Lehrlinge anzunehmen, bewendet es bei den Bestimmungen der Landesgesetze.

§. 42.

Wer zum selbständigen Betriebe eines stehenden Gewerbes befugt ist, darf dasselbe innerhalb und unbeschadet der Bestim-

Zu §. 41.

Vgl. die in Tit. VII. bezüglich der Gesellen, Gehülfen, Lehrlinge und Fabrikarbeiter getroffenen Bestimmungen.

Zu §. 42.

1. Fassung des Reichs-Ges. v. 1. Juli 1883. In der ursprünglichen Fassung lautete §. 42:

> Wer zum selbständigen Betriebe eines stehenden Gewerbes befugt ist, darf dasselbe vorbehaltlich der Bestimmungen des §. 59 am Orte seiner gewerblichen Niederlassung und, soweit nicht die Vorschriften des dritten Titels einen Legitimationsschein erfordern, auch außerhalb dieses Ortes ausüben.

An dem Grundsatze des §. 42 der Gewerbeordnung, daß derjenige, welcher zum selbständigen Betriebe eines stehenden Gewerbes befugt ist, dasselbe nicht nur am Orte seiner gewerblichen Niederlassung — sei es in Person oder durch

mungen des dritten Titels auch außerhalb des Gemeindebezirks seiner gewerblichen Niederlassung ausüben.

Eine gewerbliche Niederlassung gilt nicht als vorhanden, wenn der Gewerbetreibende im Inlande ein zu dauerndem

---

dritte Personen: Boten, Platzreisende u. s. w. —, sondern unbeschadet der Bestimmungen des dritten Titels auch außerhalb des Ortes seiner gewerblichen Niederlassung ausüben darf, wird festgehalten. Was unter gewerblicher Niederlassung zu verstehen sei, ist bei der außerordentlichen Verschiedenheit der Gewerbebetriebe generell nicht zu bestimmen. Es hat sich aber das Bedürfniß herausgestellt, wenigstens die negative Vorschrift zu erlassen, daß eine gewerbliche Niederlassung dann nicht als vorhanden gilt, wenn der Gewerbetreibende im Inlande ein zu dauerndem Gebrauche eingerichtetes, beständig oder doch *in regelmäßiger Wiederkehr von ihm benutztes Geschäftslokal nicht* besitzt. Durch diese Bestimmung sind auf der einen Seite die sogenannten Wanderlager von dem stehenden Gewerbebetriebe ausgeschlossen, auf der anderen Seite aber die sogenannten Saisongeschäfte in Badeorten und ähnliche Geschäfte von dem Gewerbebetriebe im Umherziehen ausgenommen. Was unter einem zu dauerndem Gebrauche eingerichteten Geschäftslokale zu verstehen sei, wird nach den Umständen des einzelnen Falles zu ermessen sein. Bei gewissen Gewerbtreibenden kann die Wohnung, in welcher dieselben gewerbliche Aufträge und Bestellungen entgegennehmen und welche als der Mittelpunkt ihrer geschäftlichen Thätigkeit zu betrachten ist, als Geschäftslokal im Sinne des Absatzes 2 angesehen werden.

Die Fassung des Gesetzes schließt es aus, bei dem Vorhandensein des daselbst näher bezeichneten Geschäftslokals ohne weiteres auch das Vorhandensein einer gewerblichen Niederlassung anzunehmen, vielmehr wird die weitere Entscheidung, ob im einzelnen Falle eine gewerbliche Niederlassung im Sinne des §. 42 vorliegt, nach den in Betracht kommenden gesammten Verhältnissen, insbesondere nach der Gesammtheit der von den Gewerbetreibenden getroffenen Veranstaltungen und den dieselben begleitenden Umständen zu treffen sein. Die Anmeldung des Gewerbebetriebes als eines stehenden für sich allein ist hierfür nicht maßgebend.

Der §. 42 der Gewerbeordnung von 1869 hat in dem §. 42 des neuen Gesetzes eine dem Vorstehenden entsprechende Ergänzung erfahren. Dabei ist, um ferneren Zweifeln vorzubeugen, an die Stelle des „Ortes" der gewerblichen Niederlassung, der „Gemeindebezirk" derselben gesetzt worden, während der in dem bisherigen §. 42 enthaltene Vorbehalt der Bestimmungen des §. 59 weggelassen werden konnte, nachdem der dem Vorbehalt zum Grunde liegende gesetzgeberische Gedanke im §. 33a bereits zum Ausdruck gelangt ist. Die weitere Abweichung der Fassung des Absatzes 1 des neuen Gesetzes von der bisherigen Fassung soll der Absicht des Gesetzgebers einen bestimmteren Ausdruck verleihen.

(Motive.)

Gebrauche eingerichtetes, beständig oder doch in regelmäßiger Wiederkehr von ihm benutztes Geschäftslokal nicht besitzt.

§. 42a.*)

Gegenstände, welche von dem Ankauf oder Feilbieten im Umherziehen ausgeschlossen sind, dürfen auch innerhalb des Gemeindebezirkes des Wohnorts oder der gewerblichen Niederlassung von Haus zu Haus oder auf öffentlichen Wegen, Straßen, Plätzen oder an anderen öffentlichen Orten nicht feilgeboten oder zum Wiederverkauf angekauft werden, mit Ausnahme von Bier und Wein in Fässern und Flaschen und vorbehaltlich des nach §. 33 erlaubten Gewerbebetriebes.

Die zuständige Landesregierung ist befugt, soweit ein Bedürfniß dazu obwaltet, anzuordnen, daß und inwiefern weitere Ausnahmen von diesem Verbote stattfinden sollen.

Das Feilbieten geistiger Getränke kann von der Orts-Polizeibehörde im Falle besonderen Bedürfnisses vorübergehend gestattet werden.

---

2. Für die Nichtbeachtung der einschränkenden Vorschriften, welche in den §§. 42 und 59 der Gewerbeordnung für gewisse gewerbliche Betriebsarten getroffen sind, fehlt es in dem Gesetze an einer Strafbestimmung. Da es sich hierbei um Verhältnisse handelt, die an vielen Orten von erheblichem praktischen Interesse sind, so erübrigt nur die Regelung im Wege der Polizeiverordnung.

Cirk.R. der M. d. F., H.M., K.M. u. M. d. J. vom 4. September 1869, betreffend die Anweisung zur Ausführung der Gewerbeordnung. M.Bl. S. 200.

Zu §. 42a.

1. In die Sphäre des §. 33, welcher die dauernde Konzessionirung der Gast- und Schankwirthschaften und des Kleinhandels mit Branntwein oder Spiritus regelt, ist nicht eingegriffen, sondern nur die Befugniß der zuständigen Behörden sicher gestellt werden sollen, unbeschadet der Bestimmungen des §. 42a für Volksfeste, Truppenmanöver und ähnliche vorübergehende Gelegenheiten das Feilhalten geistiger Getränke zu gestatten.

Sollten im Laufe der Zeit weitere Ausnahmen von dem Verbote des §. 42a sich als nothwendig oder wünschenswerth herausstellen, so ist die Bestimmung, daß die zuständige Landesregierung befugt sein soll, soweit ein Bedürfniß dazu obwaltet, solche Ausnahmen zu gestatten, ausreichend, allen auf

---

*) Die Vorschriften der §§. 42a b c sind durch das Reichs-Ges. v. 1. Juli 1883 eingeführt.

§. 42b.

Durch die höhere Verwaltungsbehörde kann auf Grund eines Gemeindebeschlusses für einzelne Gemeinden bestimmt werden, daß Personen, welche in dem Gemeindebezirke einen Wohnsitz oder eine gewerbliche Niederlassung besitzen und welche innerhalb des Gemeindebezirks auf öffentlichen Wegen, Straßen, Plätzen oder an

---

die Bedürfnisse des Lebens zu nehmenden Rücksichten die gebührende Geltung zu verschaffen.

Als ein Feilbieten oder Ankaufen von Waaren auf öffentlichen Wegen, Straßen und Plätzen im Sinne des §. 42a ist es nicht anzusehen, wenn der Gewerbetreibende einen vor seinem Geschäftslokale befindlichen freien Raum an öffentlichen Wegen, Straßen oder Plätzen zu seinem Geschäftsbetriebe mit benutzt oder wenn er, ohne von Straßenpolizeiwegen daran gehindert zu werden, seine Waaren auf Tischen und Bänken vor seinem Geschäftslokale, wenn auch auf der Straße ausbreitet. Diese Art des Geschäftsbetriebes, die namentlich bei Trödlern sich nicht selten findet, fällt nicht unter den §. 42a, welcher einen von dem Geschäftslokale losgelösten Gewerbebetrieb auf öffentlichen Wegen, Straßen oder Plätzen im Auge hat.

Daß die durch §. 56a vom Gewerbebetriebe im Umherziehen ausgeschlossenen Leistungen nicht in das Verbot des §. 42a hineingezogen sind, entspricht der Natur der Sache.

(Motive.)

2. Unter dem Feilbieten von Bier und Wein in Fässern und Flaschen ist der Ausschank oder Kleinverkauf zum Genuß auf der Stelle nicht mit zu verstehen.

(Kommissionsbericht.)

3. Die Frage, ob ein Ort ein öffentlicher ist, muß nach den Umständen des Falles beantwortet werden. Auch eine Restauration kann diese Eigenschaft zeitweilig (z. B. Anmiethung für ein Familienfest) verlieren.

(Kommissionsbericht.)

4. Für die Kolportage von Druckschriften am Orte greift die Vorschrift des §. 56 (Führung eines Verzeichnisses) nicht Platz. Ansichtsendungen, welche die Sortimentsbuchhandlungen ihren Kunden und solchen, deren Kundschaft sie zu erlangen wünschen, ins Haus zu schicken pflegen, fallen nicht unter §. 42a.

(Kommissionsbericht.)

Zu §. 42b.

Wenn daselbst unter Ziffer 2 nicht das Aufsuchen von Waarenbestellungen schlechthin Aufnahme gefunden hat, sondern nur, insofern es den Charakter des Hausirens an sich trägt, so entspricht dies dem System des Gesetzentwurfs (vgl. §. 44 Absatz 3 und §. 55). Für die Fassung der Ziffer 3 und des zweiten Satzes des Absatzes 1 war die Rücksicht auf §. 59 Ziffer 2 und §. 44

anderen öffentlichen Orten oder ohne vorgängige Bestellung von Haus zu Haus

1. Waaren feilbieten, oder
2. Waaren bei anderen Personen, als bei Kaufleuten oder solchen Personen, welche die Waaren produziren, oder an anderen Orten, als in offenen Verkaufsstellen zum Wiederverkauf ankaufen, oder Waarenbestellungen bei Personen, in deren Gewerbebetriebe Waaren der angebotenen Art keine Verwendung finden, aufsuchen, oder
3. gewerbliche Leistungen, hinsichtlich deren dies nicht Landesgebrauch ist, anbieten wollen,

der Erlaubniß bedürfen. Diese Bestimmung kann auf gewisse Kategorien von Waaren und Leistungen beschränkt werden.

Auf die Ertheilung, Versagung und Zurücknahme der Erlaubniß finden die Vorschriften der §§. 57, 57a, 57b, 58 und 63 Absatz 1, und auf die Ausübung des Gewerbebetriebes die Vorschriften der §§. 60b, 60c, 60d Absatz 1 und 2 und 63 Absatz 2 entsprechende Anwendung.

In Betreff der im §. 59 Ziffer 1 und 2 bezeichneten Erzeugnisse und Waaren, auch wenn dieselben nicht zu den selbstgewonnenen oder selbstverfertigten gehören, ferner in Betreff der Druckschriften, anderen Schriften und Bildwerken, insoweit der Gewerbebetrieb hiermit von Haus zu Haus stattfindet, sowie in Betreff der vom Bundesrath in Gemäßheit des §. 44 Absatz 2 gestatteten Ausnahmen darf der betreffende Gewerbebetrieb in dem

---

Absatz 2 und 3 maßgebend, da die Ortsangesessenen in der hier fraglichen Hinsicht nicht ungünstiger gestellt werden dürfen, als die Ortsfremden.

Zur Entscheidung über die Frage, ob ein Anlaß zur Anwendung des §. 42b für einzelne Gemeinden vorliegt, wird die höhere Verwaltungsbehörde — nicht die Gemeindebehörde — berufen, damit eine möglichst objektive Prüfung der in Betracht kommenden örtlichen Verhältnisse durch eine bei der Sache nicht unmittelbar betheiligte Instanz sichergestellt werde. Sache der höheren Verwaltungsbehörde wird es sein, die Behörde, welche die Erlaubniß zu ertheilen hat, und die Gültigkeitsdauer der Erlaubniß zu bestimmen, auch diejenigen Waarenkategorien und gewerblichen Leistungen, bezüglich deren die Erlaubniß erforderlich ist, zu bezeichnen und vorzuschreiben, ob die Erlaubniß nur für das eigentliche Hausiren, d. h. den Gewerbebetrieb von Haus zu Haus, oder auch für den ambulanten oder stehenden Betrieb auf öffentlichen

Gemeindebezirke des Wohnsitzes oder der gewerblichen Niederlassung von einer Erlaubniß nicht abhängig gemacht werden. In Betreff der im §. 59 Ziffer 1 und 2 bezeichneten Erzeugnisse und Waaren kann jedoch der Gewerbebetrieb unter den in §. 57 Ziffer 1 bis 4 erwähnten Voraussetzungen untersagt, sowie nach Maßgabe des §. 60b Absatz 2 und §. 60c Absatz 2 beschränkt werden. Auf die Untersagung dieses Gewerbetriebes finden die Vorschriften des §. 63 Absatz 1, auf die Beschränkung desselben die Vorschriften des §. 63 Absatz 2 entsprechende Anwendung.

Die höhere Verwaltungsbehörde ist befugt, die vom Bundesrath gemäß §. 56d getroffenen Bestimmungen auf diejenigen Ausländer entsprechend anzuwenden, welche innerhalb des Gemeindebezirks ihres Wohnortes oder ihrer gewerblichen Niederlassung auf öffentlichen Wegen, Straßen, Plätzen oder an anderen öffentlichen Orten, oder ohne vorgängige Bestellung von Haus zu Haus eins der unter Ziffer 1 bis 3 bezeichneten Gewerbe betreiben wollen.

§. 43.

Wer gewerbsmäßig Druckschriften oder andere Schriften oder Bildwerke auf öffentlichen Wegen, Straßen, Plätzen,

---

Wegen, Straßen, Plätzen oder an anderen öffentlichen Orten nachgesucht werden muß. Hierbei wird die höhere Verwaltungsbehörde naturgemäß die Anträge der Ortsbehörden in gebührende Berücksichtigung ziehen und vom Standpunkte des öffentlichen Interesses aus sich gegenwärtig halten, daß es sich hauptsächlich um den Ausschluß von sicherheitsgefährlichen Elementen von einem Gewerbebetriebe handelt, der von ihnen nur als Deckmantel für ihr bedenkliches Treiben benutzt wird. Um es aber an den nothwendigen gesetzlichen Schranken hinsichtlich der Ertheilung, Versagung und Zurücknahme der Erlaubniß nicht fehlen zu lassen, sind die §§. 57, 57a, 58 und 63 Absatz 1 des Entwurfs, welche von der Ertheilung, Versagung und Zurücknahme des Wandergewerbescheins handeln, für die Regelung des hier vorliegenden Verhältnisses als maßgebend bezeichnet.

Durch den letzten Absatz des vorliegenden Paragraphen endlich ist die Möglichkeit gegeben, dem bei den ausländischen Hausirern beliebt gewordenen Verfahren, zur Umgehung der in der Bekanntmachung vom 7. März 1877 (Centralblatt für das Deutsche Reich S. 142) enthaltenen Bestimmungen, in großen Städten eine gewerbliche Niederlassung zu begründen und von dieser aus einen Gewerbebetrieb auszuüben, wozu ihnen der andernfalls erforderliche Legitimationsschein schwerlich ertheilt werden würde, ein Ende zu machen. (Motive.)

Zu §. 43.

1. Die Vorschriften Abs. 2 flgde. beruhen auf der Bestimmung des Art. 7

oder an anderen öffentlichen Orten ausrufen, verkaufen, vertheilen, anheften oder anschlagen will, bedarf dazu einer Erlaubniß der Ortspolizei-Behörde und hat den über diese Erlaubniß auszustellenden, auf seinen Namen lautenden Legitimationsschein bei sich zu führen.

Auf die Ertheilung und Versagung der Erlaubniß finden die Vorschriften der §§. 57 Nr. 1, 2, 4, 57a, 57b Nr. 1 und 2 und 63 Absatz 1 entsprechende Anwendung. Auf das bloße Anheften und Anschlagen findet der Versagungsgrund der abschreckenden Entstellung keine Anwendung.

Zur Vertheilung von Stimmzetteln und Druckschriften zu Wahlzwecken bei der Wahl zu gesetzgebenden Körperschaften ist eine polizeiliche Erlaubniß in der Zeit von der amtlichen Bekanntmachung des Wahltages bis zur Beendigung des Wahlaktes nicht erforderlich.

Dasselbe gilt auch bezüglich der nichtgewerbsmäßigen Vertheilung von Stimmzetteln und Druckschriften zu Wahlzwecken.

In geschlossenen Räumen ist zur nichtgewerbsmäßigen Vertheilung von Druckschriften oder anderen Schriften oder Bildwerken eine Erlaubniß nicht erforderlich.

An die Stelle des im §. 5 Absatz 1 des Preßgesetzes vom 7. Mai 1874 angezogenen §. 57 der Gewerbeordnung treten die Bestimmungen der §§. 57 Nr. 1, 2, 4, 57a, 57b Nr. 1 und 2 des gegenwärtigen Gesetzes.

---

des mit dem 1. Januar 1884 in Wirksamkeit tretenden Reichsgesetzes vom 1. Juli 1883.

Die frühere Fassung ging dahin:

> Diese Erlaubniß darf nur unter den Bedingungen und nach Maßgabe des §. 57 versagt werden.

Die neue Fassung steht mit der Aenderung des §. 57 Gew.O. im Zusammenhange. Der bestehende Parallelismus zwischen dem Betriebe des „fliegenden Buchhändlers" und dem Hausirgewerbe wird insoweit aufrecht erhalten, als die Abänderung des §. 57 Gew.O. im Wesentlichen unmittelbare Anwendung auf denselben findet.

2. Die betreffende Strafbestimmung ist in §. 148 Nr. 5 Gew.O. enthalten.

Nach §. 5 des Reichsgesetzes über die Presse vom 7. Mai 1874 kann die nicht gewerbsmäßige öffentliche Verbreitung von Druckschriften durch

§. 44.

Wer ein stehendes Gewerbe betreibt, ist befugt, auch außerhalb des Gemeindebezirks seiner gewerblichen Niederlassung persönlich oder durch in seinem Dienste stehende Reisende für die Zwecke seines Gewerbebetriebes Waaren aufzukaufen und Bestellungen auf Waaren zu suchen.

Die aufgekauften Waaren dürfen nur behufs deren Beförderung nach dem Bestimmungsorte mitgeführt werden; von den Waaren, auf welche Bestellungen gesucht werden, dürfen nur Proben und Muster mitgeführt werden, soweit nicht der

---

die Ortspolizeibehörde denjenigen Personen verboten werden, welchen nach §. 57 Gew.O. ein Legitimationsschein versagt werden darf.

Zuwiderhandlungen gegen ein solches Verbot werden gleichfalls nach der zitirten Strafvorschrift geahndet.

In Betreff der sozialdemokratischen Druckschriften vgl. §. 19 des Ges. v. 21. Oktober 1878 (Note 2 zu §. 143 Gew.O.).

3. Gegen die Versagung der Erlaubniß, sowie gegen das Note 1 gedachte Verbot findet in den zum Geltungsbereich des Competenzgesetzes vom 26. Juli 1876 gehörigen Provinzen die Klage bei dem Kreisausschusse, in Stadtkreisen und den in einem Landkreise belegenen Städten mit mehr als 10 000 Einwohnern bei dem Bezirksverwaltungsgericht statt. (§. 130 a. a. O.)

Vom 1. April 1884 kommt die Vorschrift des §. 116 des Ges. v. 1. August 1883 (vgl. Seite 112) zur Anwendung.

In den übrigen Provinzen gelten die Vorschriften der Note 2 zu §. 30.

Zu §. 44.

1. Die Vorschrift beruht auf der Bestimmung des Art. 8 des mit dem 1. Januar 1884 in Wirksamkeit tretenden Reichsgesetzes v. 1. Juli 1883. Die frühere Fassung ging dahin:

> Kaufleute, Fabrikanten und andere Personen, welche ein stehendes Gewerbe betreiben, sind befugt, außerhalb des Ortes ihrer gewerblichen Niederlassung persönlich oder durch in ihren Diensten stehende Reisende Waaren aufzukaufen und Bestellungeen auf Waaren zu suchen.
>
> Sie bedürfen dazu eines Legitimationsscheins, welcher von der unteren Verwaltungs-Behörde ausgestellt wird und für das Kalenderjahr gilt. Dieses Legitimationsscheins bedarf es nicht, wenn die betreffenden Gewerbetreibenden durch die nach den Zollvereinsverträgen erforderliche Gewerbe-Legitimationskarte bereits für das Gesammtgebiet des Zollvereins legitimirt sind.
>
> Der Inhaber eines solchen Legitimationsscheins darf aufgekaufte Waaren nur Behufs deren Beförderung nach dem Bestimmungsorte

Bundesrath für bestimmte Waaren, welche im Verhältnisse zu ihrem Umfange einen hohen Werth haben und übungsgemäß an die Wiederverkäufer im Stück abgesetzt werden, zum Zweck des Absatzes an Personen, welche damit Handel treiben, Ausnahmen zuläßt.

---

und von den Waaren, auf welche er Bestellungen sucht, nur Proben oder Muster mit sich führen.

2. Durch die Vorschriften in §§. 44, 44a Gew.O. ist in Anwendung auf das Gewerbe der Handlungsreisenden die Grenze zwischen dem stehenden Gewerbebetrieb und dem Hausirgewerbe gezogen. Die polizeiliche Zulässigkeit ihres Gewerbes hat sich daher fortan nur nach diesen Bestimmungen zu richten. (Vgl. Nr. 17 der Anw. v. 4. September 1869.)

3. Der Abs. 1 entspricht im Wesentlichen dem Abs. 1 des bisherigen §. 44. Der „Kaufleute und Fabrikanten" erwähnt die neue Fassung nicht mehr, weil die spezielle Aufführung derselben neben der generellen Bezeichnung „wer ein stehendes Gewerbe betreibt" entbehrlich ist. Daß der Waarenankauf und das Aufsuchen von Waarenbestellungen für die Zwecke des stehenden Gewerbebetriebes erfolgen muß, wenn er als Ausfluß desselben gelten soll, folgt aus der Natur des Geschäftsverhältnisses.

Der Ausdruck des bisherigen §. 44: „in ihren Diensten stehende Reisende" ist beibehalten, weil der Begriff sich allmählig eingebürgert hat. Nicht auf die Art der dem Reisenden zu zahlenden Vergütung, sei es festes Gehalt, oder Provision, (sogenannte Provisionsreisende) kommt es an, sondern auf das bestehende Dienstverhältniß. Steht der Reisende nicht im „Dienste" eines Gewerbetreibenden, so sind seine Geschäftsabschlüsse nicht der Ausfluß des stehenden Gewerbes eines anderen Gewerbetreibenden.

In Uebereinstimmung mit §. 42 ist der „Gemeindebezirk" an die Stelle des „Ortes" der gewerblichen Niederlassung gesetzt.

Der Absatz 2 des §. 44 entspricht dem bisherigen Absatz 3. Der Verkauf der Proben und Muster seitens der Reisenden trägt die Kriterien des Gewerbebetriebes im Umherziehen an sich, ist mithin nicht auf Grund des §. 44 erlaubt, sondern unterliegt den Vorschriften des III. Titels.

Eine Ausnahme hiervon wird nur zu Gunsten derjenigen Handlungsreisenden gemacht, welche Waaren, die im Verhältniß zu ihrem Umfange einen hohen Werth haben, und übungsgemäß an die Wiederverkäufer im Stück d. h. einzeln, nicht gattungsweise oder in größerer Anzahl abgesetzt werden, an Personen, die damit Handel treiben, absetzen wollen.

Es besteht nämlich bei den Gold- und Bijouteriewaarenfabrikanten die Uebung, daß deren Handlungsreisende, wenn sie bei Wiederverkäufern Bestellungen aufsuchen, die Waaren im Stück mit sich führen und die erhaltene Bestellung unmittelbar durch Ueberlassung der Waare vollziehen.

Das Aufkaufen von Waaren darf ferner nur bei Kaufleuten oder solchen Personen, welche die Waaren produziren, oder in offenen Verkaufsstellen erfolgen.

Diese Uebung hat ihren Grund darin, daß von den meisten der hierbei in Betracht kommenden kostspieligen Waaren überhaupt nur ein Stück oder einige wenige Stücke der gleichen Gattung angefertigt werden, die betreffenden Waaren also einen ganz individuellen Werth haben. Namentlich seit dem Aufschwung, den die Bijouteriefabrikation in dem letzten Jahrzehnt in kunstgewerblicher Richtung genommen hat, werden immer mehr solche Waaren in den Verkehr gebracht, welche sich durch eigenartige Behandlung und Dekoration individuell unterscheiden und oft nur in einem Exemplar hergestellt werden. Es liegt einerseits im Interesse des Handlungsreisenden, daß er unmittelbar nach der Bestellung das betreffende Stück abliefern und das Geschäft, bei welchem es sich oft um erhebliche Werthe handelt, abwickeln kann; andererseits aber hat auch der Besteller ein erhebliches Interesse daran, daß er alsbald in den Besitz der Waare gesetzt und ihm die Mühe und das Risiko einer späteren Effektuirung erspart werde.

Daß ein Bedürfniß in dieser Hinsicht besteht, wurde schon bei der Berathung der Gewerbeordnung im norddeutschen Reichstage von mehreren Seiten hervorgehoben; ein darauf bezüglicher Antrag des Abgeordneten Weigel ist in der Sitzung vom 17. April 1869 nur mit geringer Majorität abgelehnt.

4. Die zu §. 44 ergangene Ausführungsbestimmung des Bundesraths lautet:

> Gold- und Silberwaarenfabrikanten und -Großhändler sind befugt, auch außerhalb des Gemeindebezirks ihrer gewerblichen Niederlassung, sofern diese im Inlande liegt, persönlich oder durch in ihrem Dienste stehende Reisende Gold- und Silberwaaren an Personen, die damit Handel treiben, feilzubieten und zu diesem Zwecke mit sich zu führen; vorausgesetzt, daß die Waaren, welche sie feilbieten, übungsgemäß an die Wiederverkäufer im Stück abgesetzt werden. Dasselbe gilt von Taschenuhren- und Bijouteriewaarenfabrikanten- und -Großhändlern, sowie von Gewerbetreibenden, welche mit Edelsteinen, Perlen, Kameen und Korallen Großhandel treiben.

Durch diese Bestimmung wird den betreffenden Händlern unter gewissen Voraussetzungen die Möglichkeit geboten, den in §. 56 Gew.O. verbotenen Hausirhandel zu betreiben.

Der nach Zeichnung, Gewicht und Feingehalt stattfindende Handel mit silbernen Löffeln u. s. w. wird an der Vergünstigung nicht theilnehmen können, weil der Absatz nicht übungsgemäß im Stück stattfindet.

Vgl. Motive zum Gesetzentwurf II. Session 1882.

§. 44a.

Wer in Gemäßheit des § 44 Absatz 1 und 2 Waarenbestellungen aufsucht oder Waaren aufkauft, bedarf hierzu einer Legitimationskarte, welche auf den Antrag des Inhabers des stehenden Gewerbebetriebes von der für dessen Niederlassungsort zuständigen Verwaltungsbehörde für die Dauer des Kalenderjahres und den Umfang des Reichs ausgestellt wird. Die Legitimationskarte enthält den Namen des Inhabers derselben, den Namen der Person oder der Firma, in deren Diensten er handelt, und die nähere Bezeichnung des Gewerbebetriebes.

Der Inhaber der Legitimationskarte ist verpflichtet, dieselbe während der Ausübung des Gewerbebetriebes bei sich zu führen, auf Erfordern der zuständigen Behörden oder Beamten vorzuzeigen und, sofern er hierzu nicht im Stande ist, auf deren Geheiß den Betrieb bis zur Herbeischaffung der Legitimationskarte einzustellen.

Die Legitimationskarte ist zu versagen, wenn bei demjenigen, für welchen sie beantragt wird, eine der im §. 57 Ziffer 1 bis 4 bezeichneten Voraussetzungen zutrifft, außerdem darf sie nur dann versagt werden, wenn die im §. 57b Ziffer 2 bezeichnete Voraussetzung vorliegt.

Zu §. 44a.

1. Auch diese Vorschrift beruht auf der Bestimmung des Art. 8 des mit dem 1. Januar 1884 in Wirksamkeit tretenden Reichsgesetzes vom 1. Juli 1883.

2. §. 44a entspricht in seinem ersten Absatze und dem ersten Satze des letzten Alinea im wesentlichen dem Absatz 2 des bisherigen §. 44, in seinem Absatz 2 dagegen beruht derselbe einestheils auf der bestehenden Praxis und anderentheils auf den Strafvorschriften des §. 148 Ziffer 6 und §. 149 Ziffer 1 der Gewerbeordnung. Die Bezeichnung: Legitimationskarte ist statt der bisherigen, auch im §. 43 vorkommenden: „Legitimationsschein", gewählt, um eine unterscheidende Benennung zu gewinnen. Gleichzeitig ist zur Beseitigung von Zweifeln vorgeschrieben, daß die Legitimationskarte auf den Antrag des Inhabers des stehenden Gewerbebetriebes von der für dessen Niederlassungsort zuständigen unteren Verwaltungsbehörde ertheilt wird. Der letzteren bleibt es vorbehalten, erforderlichen Falls in Betreff der Persönlichkeit des an einem anderen Orte wohnenden Reisenden die geeigneten Ermittelungen anzustellen. Will der Reisende mehrere Firmen aus verschiedenen Verwaltungsbezirken vertreten, so wird es für ihn der Ausstellung mehrerer Legitimationskarten be-

Die Legitimationskarte kann durch die Behörde, welche sie ausgestellt hat, zurückgenommen werden, wenn sich ergiebt, daß eine der in §. 57 Ziffer 1 bis 4 bezeichneten Voraussetzungen zur Zeit der Ertheilung derselben vorhanden gewesen, der Behörde aber unbekannt geblieben, oder nach Ertheilung derselben eingetreten ist, oder wenn bei dem Geschäftsbetriebe die in §. 44 gezogenen Schranken überschritten werden.

Wegen des Verfahrens gelten die Vorschriften des §. 63 Absatz 1.

Einer Legitimationskarte bedürfen diejenigen Gewerbetreibenden nicht, welche durch die in den Zollvereins- oder Handelsverträgen vorgesehene Gewerbelegitimationskarte bereits legitimirt sind. In Betreff dieser Gewerbetreibenden finden die vorstehenden Bestimmungen über die Verpflichtung zum Mitführen der Legitimationskarte, über die Folgen der Nichterfüllung dieser Verpflichtung, sowie über die Versagung und Zurücknahme der Karte entsprechende Anwendung.

---

dürfen, wenn nicht die betheiligten Behörden über die Ausstellung einer gemeinschaftlichen Karte sich verständig=n sollten. Würde er einzelne Firmen ohne entsprechende Legitimationskarte vertreten, so machte er sich nach §. 148 Ziffer 5 straffällig.

Völlig neu sind die Bestimmungen in den Absätzen 3 und 4.

In Konsequenz dieser Bestimmungen sorgt der Absatz 5 dafür, daß ein geordnetes Verfahren in dem Falle der Versagung oder Zurücknahme einer Legitimationskarte eröffnet wird, während Absatz 6 in Uebereinstimmung mit dem bisherigen Absatz 2 die Gewerbelegitimationskarte der Zollvereins- (und Handels-) Verträge den Legitimationskarten gleichstellt und folgerichtig auch rücksichtlich der Versagung und Zurücknahme mit diesen gleich behandelt. Hiermit hat selbstverständlich nicht gesagt werden sollen, daß eventuell durch deutsche Behörden eine von nicht deutschen Behörden ausgestellte Gewerbelegitimationskarte zurückgenommen werden könne. Was in einem Falle, der hierzu angethan wäre, geschehen könnte, wäre nur, wenn nicht zur Ausweisung aus dem Reichsgebiete zu schreiten sein sollte, die Untersagung des Geschäftsbetriebes, da die ausländischen Reisenden durch die Verträge in keinem Falle günstiger haben gestellt werden sollen, als die deutschen. Daß im Absatz 5 neben den Zollvereinsverträgen auch die Handelsverträge genannt sind, hat seinen Grund in den Bestimmungen des Handelsvertrags mit Oesterreich-Ungarn vom 23. Mai 1881, Art. 19 und Schlußprotokoll (R.G.Bl. S. 123), und des Handelsvertrages mit der Schweiz vom 23. Mai 1881, Art. 10 und Schlußprotokoll (R.G.Bl. S. 155).

§. 45.

Die Befugnisse zum stehenden Gewerbebetriebe können durch Stellvertreter ausgeübt werden; diese müssen jedoch den für das in Rede stehende Gewerbe insbesondere vorgeschriebenen Erfordernissen genügen.

Vereinbarungen in Betreff der Legitimationskarten bestehen zur Zeit

a) mit Luxemburg (Art. 14 des Zollanschlußvertrages v. 8. Februar 1842. Zollvereinigungsvertrag v. 8. Juli 1867 Art. 26, Schlußprotokoll Nr. 17);

b) mit Oesterreich-Ungarn (Handelsvertrag v. 23. Mai 1881. R.G.Bl. S. 123);

c) mit der Schweiz (Handelsvertrag v. 23. Mai 1881. R.G.Bl. S. 155);

d) mit Serbien (Handelsvertrag v. 6. Januar 1883 Art. IV);

e) mit Spanien (Handels- und Schifffahrtsvertrag v. 12. Juli 1883 Art. 5).

Die Anwendung derselben ist vorausgesetzt in den Verträgen mit Rumänien (Handelskonvention v. 14. November 1877. R.G.Bl. 1881 S. 199) und mit Portugal (Handels- und Schifffahrtsvertrag v. 2. März 1872. R.G.Bl. S. 254).

Als Verwaltungsbehörden kommen die Landräthe (Amtshauptleute, Oberamtmänner), in den deren Aufsicht nicht unterworfenen Städten die städtischen Polizeibehörden oder die an Stelle dieser Behörden fungirenden Königlichen Polizeibehörden (Polizei-Direktionen und Polizei-Präsidien) in Betracht. (Vgl. Nr. 25 der Anw. von 1869).

Die betreffende Strafbestimmung ist in den §§. 148 Nr. 6 und 149 Nr. 1 Gew.O. enthalten.

Zu §. 45.

1. Wer in einem von einem Andern selbstständig betriebenen Gewerbe für Rechnung jenes Gewerbes Handlungen vornimmt, betreibt noch nicht selbst das Gewerbe als Stellvertreter desselben. Bei mangelnder Konzession trifft ihn die Strafe der Beihülfe deshalb nur dann, wenn die Voraussetzungen derselben, insbesondere die Kenntniß des Mangels der Genehmigung, bei ihm zutreffen.

Erk. d. O.T. v. 17. Dezember 1874 (Opp. XV. S. 883) und vom 16. März 1876 (Opp. XVII. S. 347).

Die Zulassung von Stellvertretern ist der Regel nach lediglich Sache der Ortspolizeibehörde, welche hierüber im Wege der gewöhnlichen Verfügung zu befinden hat. Da nach §. 45 der Stellvertreter den für das betreffende Gewerbe insbesondere vorgeschriebenen Erfordernissen genügen muß, so hat die Polizeibehörde eine Prüfung in dieser Beziehung vorzunehmen, und für den Fall des Nichtvorhandenseins der vorgeschriebenen Erfor-

§. 46.

Nach dem Tode eines Gewerbetreibenden darf das Gewerbe für Rechnung der Wittwe während des Wittwenstandes, oder, wenn minderjährige Erben vorhanden sind, für deren Rechnung durch einen nach §. 45 qualifizirten Stellvertreter betrieben werden, insofern die über den Betrieb einzelner Gewerbe bestehenden besonderen Vorschriften nicht ein Anderes anordnen. Dasselbe gilt während der Dauer einer Kuratel oder Nachlaßregulirung.

§. 47.

Inwiefern für die nach den §§. 34 und 36 konzessionirten oder angestellten Personen eine Stellvertretung zulässig ist, hat in jedem einzelnen Falle die Behörde zu bestimmen, welcher die Konzessionirung oder Anstellung zusteht.

Dasselbe gilt in Beziehung auf diejenigen Schornsteinfeger, denen ein Kehrbezirk zugewiesen ist. (§. 39.)

§. 48.

Real-Gewerbeberechtigungen können auf jede, nach den Vorschriften dieses Gesetzes zum Betriebe des Gewerbes befähigte

---

vermisse die Zulassung des nicht qualifizirten Stellvertreters zu dem Gewerbebetriebe zu versagen, nöthigenfalls auch die Versagung im Wege des polizeilichen Zwangsverfahrens zur Geltung zu bringen.

R. d. M. d. J. v. 24. Februar 1882. M.Bl. S. 65.

2. Die polizeiliche Genehmigung zur Stellvertretung schließt noch nicht die Genehmigung zum Betriebe für eigene Rechnung in sich.

Erk. d. O.T. v. 16. November 1875.

Opp. XVI. S. 731.

3. Wer als Stellvertreter eines Andern die Schankwirthschaft ohne polizeiliche Genehmigung der Stellvertretung betreibt, macht sich der Beihülfe zu dem Vergehen gegen die §§. 33, 147 Gew.O. schuldig.

Erk. d. O.T. v. 10. April 1878.

Opp. XIX. S. 209.

4. Vgl. Note 16 zu §. 33, auch §§. 46, 47 Gew.O.

5. Die Strafbestimmung enthält §. 151 Gew.O.

Zu §. 46.

Vgl. Note 13 zu §. 33.

Zu §. 48.

Vor Erlaß der Gewerbeordnung erworbene Realberechtigungen zum Betriebe der Schankwirthschaft dauern zwar fort. Die Uebertragung

Person in der Art übertragen werden, daß der Erwerber die Gewerbeberechtigung für eigene Rechnung ausüben darf.

§. 49.

Bei Ertheilung der Genehmigung zu einer Anlage der in den §§. 16 und 24 bezeichneten Arten, ingleichen zur Anlegung von Privat-Kranken-, Privat-Entbindungs- und Privat-Irrenanstalten, zu Schauspiel-Unternehmungen, sowie zum Betriebe der im §. 33 gedachten Gewerbe, kann von der genehmigenden Behörde den Umständen nach eine Frist festgesetzt werden, binnen welcher die Anlage oder das Unternehmen bei Vermeidung des Erlöschens der Genehmigung begonnen und *ausgeführt, und der Gewerbebetrieb angefangen werden muß.* Ist eine solche Frist nicht bestimmt, so erlischt die ertheilte Genehmigung, wenn der Inhaber nach Empfang derselben ein ganzes Jahr verstreichen läßt, ohne davon Gebrauch zu machen.

Eine Verlängerung der Frist kann von der Behörde bewilligt werden, sobald erhebliche Gründe nicht entgegenstehen.

Hat der Inhaber einer solchen Genehmigung seinen Gewerbebetrieb während eines Zeitraumes von drei Jahren eingestellt, ohne eine Fristung nachgesucht und erhalten zu haben, so erlischt dieselbe.

Für die im §. 16 aufgeführten Anlagen darf die nachgesuchte Fristung so lange nicht versagt werden, als wegen einer durch Erbfall oder Konkurserklärung entstandenen Ungewißheit über das Eigenthum an einer Anlage oder, in Folge höherer Gewalt, der Betrieb entweder gar nicht oder nur mit erheblichem Nachtheile für den Inhaber oder Eigenthümer der Anlage stattfinden kann.

Das Verfahren für die Fristung ist dasselbe, wie für die Genehmigung neuer Anlagen.

§. 50.

Auf die Inhaber der bereits vor dem Erscheinen des gegenwärtigen Gesetzes ertheilten Genehmigungen finden die im §. 49 bestimmten Fristen ebenfalls Anwendung, jedoch mit

---

der betreffenden Realität auf eine andere Person berechtigt den Erwerber aber nur mit polizeilicher Erlaubniß zum Fortbetriebe.

Erk d. O.T. v. 3. Januar 1879.

Opp. XX. S. 3.

der Maßgabe, daß diese Fristen von dem Tage der Verkündigung des Gesetzes an zu laufen anfangen.

§. 51.

Wegen überwiegender Nachtheile und Gefahren für das Gemeinwohl kann die fernere Benutzung einer jeden gewerblichen Anlage durch die höhere Verwaltungsbehörde zu jeder Zeit untersagt werden. Doch muß dem Besitzer alsdann für den erweislichen Schaden Ersatz geleistet werden.

Gegen die untersagende Verfügung ist der Rekurs zulässig; wegen der Entschädigung steht der Rechtsweg offen.

Zu §. 51.

Die höhere Verwaltungsbehörde ist in den zum Geltungsbereich des Competenzgesetzes vom 26. Juli 1876 gehörigen Provinzen der Bezirksrath, in Berlin die erste Abtheilung des Polizei-Präsidiums, in den übrigen Provinzen die Bezirksregierung bezw. Landdrostei.

§. 126 a. a. O.

Mit 1. April 1884 tritt an die Stelle des Bezirksraths der Bezirksausschuß (vgl. §. 112 Ges. v. 1. August 1883 abgedruckt Seite 111).

Das Verfahren behufs Untersagung der ferneren Benutzung einer gewerblichen Anlage ist durch Nr. 52—54 der Anw. v. 4. September 1869 wie folgt geregelt:

a) Der Antrag ist der Regierung — in den Provinzen des Geltungsbereichs des Competenzgesetzes vom 26. Juli 1876 dem Bezirksrath (Bezirksausschuß) — einzureichen. Auf Grund desselben hat diese Behörde zunächst eine Erörterung der Sache zu veranlassen, welche in einem Termin erfolgt, zu welchem der Besitzer der Anlage, die Antragsteller und der Vorstand der Gemeinde, in deren Bezirk sich die Anlage befindet, vorzuladen sind. Der Zweck dieser Verhandlung ist die Feststellung, ob und in welchem Umfange durch den Betrieb der Anlage Nachtheile und Gefahren für das Gemeinwohl entstehen. Bei der Beweisaufnahme ist die Behörde an die Anträge der Betheiligten nicht gebunden.

b) Nach Abschluß dieses Vorverfahrens findet die Anberaumung des Verhandlungstermins statt, zu welchem die Antragsteller, der Besitzer der Anlage und der Vorstand der Gemeinde zu laden sind.

c) Der Rekurs gegen die Entscheidung geht an die in der Sache betheiligten Ministerien.

Für die Vorladung, das mündliche Verfahren und die Entscheidung so wie für die Einlegung und Instruktion des Rekurses gelten dieselben Bestimmungen wie für das Verfahren bei der Errichtung oder Veränderung gewerblicher Anlagen. (Vgl. Note 3 zu §. 16.)

§. 52.

Die Bestimmung des §. 51 findet auch auf die zur Zeit der Verkündigung des gegenwärtigen Gesetzes bereits vorhandenen gewerblichen Anlagen Anwendung; doch entspringt aus der Untersagung der ferneren Benutzung kein Anspruch auf Entschädigung, wenn bei der früher ertheilten Genehmigung ausdrücklich vorbehalten worden ist, dieselbe ohne Entschädigung zu widerrufen.

§. 53.

Die in dem §. 29 bezeichneten Approbationen können von der Verwaltungsbehörde nur dann zurückgenommen werden, wenn die Unrichtigkeit der Nachweise dargethan wird, auf Grund deren solche ertheilt worden sind, oder wenn dem Inhaber der Approbation die bürgerlichen Ehrenrechte aberkannt sind, im letzteren Falle jedoch nur für die Dauer des Ehrenverlustes.

Außer in diesen Gründen können die in den §§. 30, 30a, 32, 33, 34 und 36 bezeichneten Genehmigungen und Bestallungen in gleicher Weise zurückgenommen werden, wenn aus Handlungen oder Unterlassungen des Inhabers der Mangel derjenigen Eigenschaften, welche bei der Ertheilung der Genehmigung oder Bestallung nach der Vorschrift dieses Gesetzes vorausgesetzt werden mußten, klar erhellt. Inwiefern durch die Handlungen oder Unterlassungen eine Strafe verwirkt ist, bleibt der richterlichen Entscheidung vorbehalten.

Pfandleihern, welche vor dem Inkrafttreten des Gesetzes vom 23. Juli 1879 (Reichs-Gesetzbl. S. 267) den Gewerbebetrieb begonnen haben, kann derselbe untersagt werden, wenn Thatsachen vorliegen, welche die Unzuverlässigkeit des Gewerbetreibenden in Bezug auf den Gewerbebetrieb darthun.

Zu §. 53.

1. Diese Vorschrift beruht auf der Bestimmung des Art. 9 des mit dem 1. Januar 1884 in Wirksamkeit tretenden Reichsgesetzes v. 1. Juli 1883. Die frühere Fassung ging dahin:

Die in dem §. 29 bezeichneten Approbationen können von der Verwaltungsbehörde nur dann zurückgenommen werden, wenn die Unrichtigkeit der Nachweise dargethan wird, auf deren Grund solche ertheilt worden sind.

Außer aus diesem Grunde können die in den §§. 30, 32, 33, 34 und 36 bezeichneten Genehmigungen und Bestallungen in gleicher Weise zurückgenommen werden, wenn aus Handlungen oder

§. 54.

Wegen des Verfahrens und der Behörden, welche in Bezug auf die untersagte Benutzung einer gewerblichen Anlage (§. 51), auf die Untersagung eines Gewerbebetriebs (§. 35), und die Zurücknahme einer Approbation, Genehmigung oder Bestallung (§. 33a. 53) maßgebend sind, gelten die Vorschriften der §§. 20 und 21.

Unterlassungen des Inhabers der Mangel derjenigen Eigenschaften, welche bei der Ertheilung der Genehmigung oder Bestallung nach der Vorschrift dieses Gesetzes vorausgesetzt werden mußten, klar erhellt. Inwiefern durch die Handlungen oder Unterlassungen eine Strafe verwirkt ist, bleibt der richterlichen Entscheidung vorbehalten.

2. Die Verwaltungsbehörde ist in den zum Geltungsbereich des Competenzgesetzes vom 26. Juli 1876 gehörigen Provinzen der Kreisausschuß bezw. das Bezirksverwaltungsgericht, in den übrigen Provinzen die Bezirksregierung bezw. Landdrostei.

§§. 133, 134 a. a. O.

Mit dem 1. April 1884 treten an die Stelle der §§. 133, 134 des Ges. v. 26. Juli 1876 die Vorschriften der §§. 119, 120 des Ges. v. 1. August 1883, abgedruckt Seite 112.

Vgl. auch Note 2 zum Ges. v. 17. März 1881.

3. Die Prüfungszeugnisse der Hebeammen gehören zu den Approbationen, welche nach §§. 53, 54 Gew.O. im Verwaltungswege zurückgenommen werden können.

R. d. K.M. v. 28. Oktober 1875. M.Bl. S. 279.

4. Unter „Eigenschaften" im Sinne des §. 53 Abs. 2 sind nicht nur die persönlichen Eigenschaften des Konzessionirten, sondern auch die Eigenschaften der zum Gewerbebetriebe bestimmten Lokale zu verstehen.

R. d. M. d. J. v. 27. Januar 1872, M.Bl. S. 56, und vom 18. November 1875. Kletke, Bd. 5, S. 63.

5. Wegen des Verfahrens vgl. Note 12 zu §. 29 Gew.O., auch Note 2 zu §. 34 Gew.O.

6. Wegen der Untersagung des Gewerbebetriebes im Interesse des Schutzes gegen sozialdemokratische Bestrebungen vgl. §. 23 des Ges. v. 21. Oktober 1878. Note 2 zu §. 143 der Gew.O.

Zu §. 54.

1. Die gegenwärtige Fassung beruht auf der Bestimmung des Art. 10 des mit dem 1. Januar 1884 in Wirksamkeit tretenden Reichsgesetzes vom 1. Juli 1883. Danach ist das Citat „§. 15 Absatz 2" Zeile 3 in Wegfall gekommen und an Stelle des Citats (§. 53) gesetzt: „(§§. 33a, 53)".

2. Vgl. Note 2 zu §. 34 Gew.O. und Note 2 zum Ges. v. 17. März 1881.

Titel III.

Gewerbebetrieb im Umherziehen.

§. 55.

Wer außerhalb des Gemeindebezirks seines Wohnortes oder der durch besondere Anordnung der höheren Verwaltungsbehörde dem Gemeindebezirke des Wohnortes gleichgestellten nächsten Umgebung desselben ohne Begründung einer gewerblichen Niederlassung und ohne vorgängige Bestellung in eigener Person

1. Waaren feilbieten,
2. Waarenbestellungen aufsuchen oder Waaren bei anderen Personen, als bei Kaufleuten, oder an anderen Orten, als in offenen Verkaufsstellen zum Wiederkauf ankaufen,
3. gewerbliche Leistungen anbieten,
4. Musikaufführungen, Schaustellungen, theatralische Vorstellungen oder sonstige Lustbarkeiten, ohne daß ein höheres Interesse der Kunst oder der Wissenschaft dabei obwaltet, darbieten will,

bedarf eines Wandergewerbescheins, soweit nicht für die in Ziffer 2 bezeichneten Fälle in Gemäßheit des §. 44a eine Legitimationskarte genügt.

In dem Falle der Ziffer 4 ist auch für den Marktverkehr (§. 64) ein Wandergewerbeschein erforderlich.

Zu Titel III.

1. Die gegenwärtige Fassung der in diesem Titel enthaltenen Vorschriften beruht auf der Bestimmung des Art. 11 des mit dem 1. Januar 1884 in Wirksamkeit tretenden Reichsgesetzes v. 1. Juli 1883.

Für die Revision dieses Abschnitts der Gewerbeordnung sind die folgenden Gesichtspunkte maßgebend gewesen:

1. Einschränkung des Kreises der Gegenstände, welche im Umherziehen angekauft und feilgeboten, und der Leistungen, welche im Umherziehen dargeboten werden dürfen: beides unter der in dieser Hinsicht allein maßgebenden Rücksicht auf die Anforderungen der öffentlichen Sicherheit, Gesundheitspflege, Sittlichkeit und Ordnung;

2. aus eben derselben Rücksicht einerseits die Verschärfung der auf die persönliche Zulassung zum Gewerbebetriebe im Umherziehen bezüglichen Bestimmungen und andererseits die Eröffnung der Möglichkeit, zum Gewerbebetriebe bereits zugelassenen Personen die Fortsetzung des Betriebes zu untersagen;
3. Behandlung der Wanderlager als Gewerbebetrieb im Umherziehen, Ausschluß der Wanderverloosungen ꝛc., Verbot der Wanderauktionen, sofern nicht im einzelnen Falle besondere Momente deren Zulassung rechtfertigen;
4. Einführung beschränkender Bestimmungen in Betreff des gewerblichen Umherziehens minderjähriger Personen beiderlei Geschlechts, in Betreff des Betretens fremder Häuser, Gehöfte und Wohnungen und in Betreff des Gewerbebetriebes umherziehender Schauspieler- ꝛc. Gesellschaften;
5. Aufstellung unzweideutiger und dabei in gewisser Weise einschränkender Bestimmungen bezüglich des Mitführens von Begleitern und Kindern;
6. Regelung der Kompetenzverhältnisse und des Verfahrens;
7. Ergänzung der zur Zeit lückenhaften Strafbestimmungen.

Das Prinzip der Gewerbefreiheit und der Gleichberechtigung des Gewerbebetriebes im Umherziehen mit dem stehenden Gewerbebetriebe ist aufrecht erhalten. Die schärferen Bestimmungen sollen vornehmlich die übelbeleumundeten und unzuverlässigen Elemente treffen, während in die Geschäftssphäre der unbescholtenen ehrlichen Gewerbetreibenden nur insofern eingegriffen wird, als die Rücksicht auf die Eigenart des Gewerbebetriebes im Umherziehen dies unumgänglich nothwendig macht.

Auf der anderen Seite bietet das Gesetz nicht unerhebliche Erleichterungen, indem es im §. 59 ganze Kategorien kleiner Gewerbetreibender von der Lösung eines Legitimationsscheines befreit.
(Motive des Gesetzentwurfs.)

2. Die gewerbepolizeilichen Vorschriften sind größtentheils für die Hausirgewerbesteuer nicht von Bedeutung oder machen doch eine Aenderung der Ausführungsbestimmungen des Gesetzes vom 3. Juli 1876 (Anweisung v. 3. September 1876) nicht erforderlich, weil ihre Berücksichtigung in Bezug auf die Besteuerung des Gewerbebetriebes im Umherziehen keine Schwierigkeiten verursachen kann.

Hierher gehören z. B.:

1. die Aenderung der Benennung des „Legitimationsscheines" in „Wandergewerbeschein" und des bisherigen Legitimationsscheines der unteren Verwaltungsbehörde im Falle des §. 44 in „Legitimationskarte";
2. die erhebliche Erweiterung des Kreises der unzulässigen Gewerbe-

betriebe (§§. 56 bis 56c), zu denen selbstverständlich auch keine Gewerbescheine ertheilt werden dürfen;

3. der Wegfall des Erfordernisses eines Wandergewerbescheines (Legitimationsscheines) in den Fällen des §. 59 Nr. 2 bis 4, wodurch Uebereinstimmung mit §. 2 Nr. 3 bis 5 des Gesetzes vom 3. Juli 1876 hergestellt ist;

4. die Bestimmungen über die Ausstellung der Wandergewerbescheine für Gesellschaften (§. 60d) u. dgl. m.

Eine Aenderung der bestehenden Vorschriften ist deshalb nur in folgenden Punkten vorgesehen:

I. Im allgemeinen und abgesehen von den Angehörigen außerdeutscher Staaten (§. 3 des Gesetzes vom 3. Juli 1876) sind diejenigen Gewerbebetriebe, zu welchen nach der Reichsgewerbeordnung ein Wandergewerbeschein erforderlich ist, auch der Steuer vom Gewerbebetriebe im Umherziehen unterworfen.

II. Die Ausnahmen von dieser Regel sind folgende:

1. Wer rohe Erzeugnisse der Land- und Forstwirthschaft, der Geflügel- und Bienenzucht im Umherziehen feilbietet, unterliegt der Steuer vom Gewerbebetriebe im Umherziehen, wenn diese Erzeugnisse nicht selbstgewonnene sind, bedarf aber keines Wandergewerbescheines. Für die Besteuerung ist es gleichgültig, ob die Erzeugnisse zu den „rohen" zu rechnen sind, oder nicht. Dies kommt vielmehr nur für die Frage in Betracht, ob der Händler neben dem Gewerbescheine zugleich eines Wandergewerbescheines bedarf, oder nicht, während hinsichtlich der Besteuerung lediglich zu unterscheiden ist, ob die Erzeugnisse selbstgewonnene sind, oder nicht.

2. Wer ein stehendes Gewerbe in Deutschland betreibt und außerhalb des Gemeindebezirks seiner gewerblichen Niederlassung persönlich oder durch in seinem Dienste stehende Reisende Bestellungen auf Waaren suchen oder an anderen Orten als in offenen Verkaufsstellen Waaren aufkaufen will, welche nur behufs deren Beförderung nach dem Bestimmungsorte mitgeführt werden, bedarf nach den Vorschriften der Gewerbeordnung eines Wandergewerbescheines, wenn er

a) nicht für die Zwecke seines Gewerbebetriebes Waaren aufkauft oder Bestellungen sucht, oder

b) bei anderen Personen als Kaufleuten oder solchen, welche die Waaren produzieren, Waaren aufkauft.

Für die Steuer vom Gewerbebetriebe im Umherziehen sind die unter a) und b) vorstehend angeführten Beschränkungen nicht maßgebend.

Das Suchen von Waarenbestellungen und der Waarenaufkauf werden, falls die sonstigen Voraussetzungen zutreffen, auch dann dem stehenden Gewerbebetriebe zugerechnet (§. 4 des Gesetzes vom 3. Juli 1876), wenn sie nicht für die Zwecke des stehenden Gewerbes stattfinden, beziehungsweise wenn das Aufkaufen der Waaren bei anderen Personen als den Produzenten derselben oder Kaufleuten erfolgt.

Wer, ohne in Preußen oder einem andern deutschen Staate ein stehendes Gewerbe zu treiben, im Umherziehen Waaren zum Wiederverkauf bei anderen Personen als Kaufleuten oder an anderen Orten als in offenen Verkaufsstellen aufkaufen will, bedarf eines Gewerbescheines, auch wenn der Aufkauf bei solchen Personen, welche die Waaren produzieren, erfolgt und gleichviel, ob rohe Erzeugnisse der Landwirthschaft 2c. oder andere Erzeugnisse und Waaren Gegenstand des Aufkaufes sind.

3. Diejenigen, welche das Musikergewerbe nur innerhalb eines Umkreises von 15 Kilometern um ihren Wohnort ausüben, bedürfen keines Gewerbescheines, auch in denjenigen Fällen, wo sie einen Wandergewerbeschein nöthig haben.

III. Es ist ferner zu beachten, daß Wandergewerbescheine von den unteren Verwaltungsbehörden fernerhin nicht mehr ertheilt werden. Es fällt deshalb auch die Festsetzung der Steuer und die Ertheilung des Gewerbescheines durch die der Regierung nachgeordnete Behörde fort. Insoweit jedoch bezüglich des Gewerbebetriebes der Ausländer (Angehörige außerdeutscher Staaten), welche Waarenbestellungen suchen oder Waaren aufkaufen wollen und dieserhalb der Besteuerung unterliegen (Niederlande, Belgien), die Ertheilung des Gewerbescheines den der Regierung nachgeordneten Behörden übertragen ist, behält es hierbei bis auf weiteres sein Bewenden.

IV. Nach §. 60 der Gewerbeordnung können fortan Wandergewerbescheine zu Musikaufführungen, Schaustellungen 2c. auch für eine kürzere Dauer als das Kalenderjahr oder für bestimmte Tage während des Kalenderjahres ausgestellt oder ausgedehnt werden.

Für die Feststellung der Steuer und die Ertheilung des Gewerbescheines kommt eine derartige Beschränkung nur insoweit in Betracht, als dadurch den obwaltenden Umständen nach etwa die Anwendung eines ermäßigten Steuersatzes gerechtfertigt werden kann. Im übrigen bewendet es dabei, daß die Steuerfeststellung und Entrichtung und die Ertheilung des Gewerbescheines für das Kalenderjahr erfolgt. Wird innerhalb des Kalenderjahres lediglich die im Wandergewerbescheine festgesetzte Zeitbeschränkung von dem Gewerbetreibenden überschritten, so findet dieserhalb eine Bestrafung wegen Steuerhinterziehung (§. 19 des Gesetzes vom 3. Juli 1876) nicht statt, unbeschadet der Verfolgung der begangenen Gewerbepolizeikontravention.

Cirk.R. d. F.M. 22. August 1883.

3. Der Gewerbebetrieb im Umherziehen ist ein Wandern von Ort zu Ort, wobei die Ausübung der gewerblichen Thätigkeit (das Feilbieten

von Waaren, Aufsuchen von Bestellungen, Anbieten von Diensten) Zweck des Wanderns ist.

Erk. d. O.T. v. 13. September 1866.

Opp. VII. S. 458.

4. Unter „Waaren" im Sinne des §. 1 Nr. 2 des Gesetzes betreffend die Besteuerung des Gewerbebetriebes im Umherziehen rc. vom 3. Juli 1876 können Grundstücke nicht einbegriffen werden.

Erk. d. R.G. v. 2. April 1880. Entsch. I. S. 187.

Das Bringen von Waaren an verschiedene Orte ist nicht nothwendige Voraussetzung, es genügt vielmehr das Bringen an einen Ort außerhalb des Wohnorts.

Erk. d. O.T. v. 6. Oktober 1865.

Winiker Nr. 1060.

Zum Begriff des Hausirhandels gehört hiernach ein Umherziehen. Dasselbe kann zwar auch da angenommen werden, wo nur ein Fall der Aufforderung zu einer Waarenbestellung u. s. w. vorliegt, dann muß aber die Reise an den betreffenden Ort zum Zweck dieser Aufforderung unternommen sein. Ist dieses nicht der Fall, die Aufforderung u. s. w. vielmehr nur gelegentlich bei einer anderweiten Anwesenheit an einem fremden Orte geschehen, so kann ein Gewerbebetrieb im Umherziehen nicht angenommen werden.

Erk. d. O.T. v. 21. März 1861.

Opp. I. S. 309.

Die Anwendung der Vorschriften des Tit. III. setzt einen Gewerbebetrieb voraus. Jede nicht gewerbsmäßige Handlung fällt also nicht darunter, und ist z. B. das einmalige Ueberführen von Waaren zum Zweck des Verkaufs an einen andern Ort nur dann als ein Gewerbebetrieb im Umherziehen anzusehen, wenn es in der Absicht fortgesetzten Erwerbsbetriebes oder in Ausübung eines eigenen oder fremden Gewerbes geschehen ist.

Erk. d. O.T. v. 14. Juni 1872.

Opp. XIII. S. 359.

Vgl. auch Note 5 zu §. 55 Gew.O.

Der Gewerbebetrieb und die damit verbundenen Pflichten werden indeß nicht schon durch das Wollen, sondern erst durch den Beginn des Betriebes begründet.

Erk. d. O.T. vom 6. März 1878.

Opp. XIX. S. 111.

Dieser Beginn des Gewerbebetriebes kann aber auch schon in einer einmaligen, in der Absicht der Wiederholung vorgenommenen Handlung gefunden werden.

Erk d. O.T. v. 24. Oktober 1873.

Opp. XIV. S. 669.

Der umherziehende Charakter des Gewerbebetriebes kann nicht lediglich aus dem Grunde verneint werden, weil der Betrieb in einem besonderen Gebäude stattgefunden und sich auf mehrere Monate erstreckt hat.

Der sog. Wanderlagerbetrieb fällt daher gleichfalls unter den Begriff des Gewerbebetriebes im Umherziehen.

Erk. d. O.T. vom 10. März 1875.

Opp. XVI. S. 208.

Durch einen Beschluß des Bundesraths vom 27. März 1879 ist festgesetzt, daß Wanderlager als ein Gewerbebetrieb im Umherziehen zu behandeln und zu demselben der Regel nach diejenigen Unternehmungen zu rechnen sind, in welchen außerhalb des Wohnortes des Unternehmers und außer dem Meß- und Marktverkehr von einer festen Verkaufsstätte (Laden, Magazin, Zimmer, Schiff und dergl.) aus vorübergehend Waaren feilgeboten werden, wobei die Anzeige von der Eröffnung eines stehenden Gewerbebetriebes (§. 14 Gew.O.) nicht als ein Moment angesehen werden darf, welches der Beurtheilung, ob ein Unternehmen thatsächlich als Wanderlager anzusehen sei, präjudizirt.

Dagegen ist die Geschäftsvermittelung (Agenturbetrieb) nicht als Gewerbebetrieb im Umherziehen anzusehen.

Motive der Gew.O. v. 1869 zu §. 42.

Die Bestimmung in §. 56 des R.Ges. v. 1. Juli 1883 (Nr. 2) dokumentirt eine hiervon abweichende Auffassung.

5. Der Ausschank von Mineralwasser in umherfahrenden Trinkhallen am Wohnorte des Unternehmers ist nicht als Gewerbebetrieb im Umherziehen, sondern als stehender Gewerbebetrieb der Schankwirthschaft anzusehen und zu behandeln. Da jedoch die öffentliche Straße für diese Art des Betriebes gewissermaßen das in §. 33 der Gew.O. vorausgesetzte Lokal ersetzen soll, so ist, abgesehen von den erforderlichen persönlichen Eigenschaften des Unternehmers, diese Art des Ausschanks, wenn sie auch von dem Nachweise des Bedürfnisses nicht abhängig ist, nur insoweit zuzulassen, als durch dieselbe die Straßenordnung nicht gestört und der freie Verkehr nicht behindert wird.

R. d. M. d. J. v. 30. November 1872. M.Bl. S. 335.

6. Die Vorschriften des zu Tit. III. der älteren Fassung ergangenen Cirkularerlasses vom 24. November 1869 (M.Bl. S. 284) kommen für das neue Gesetz nur in folgenden Punkten in Betracht:

Die Anträge auf Ertheilung der Legitimationsscheine sind in allen Fällen an die Polizeibehörde des Wohnortes des Gewerbtreibenden zu richten, welche zu prüfen hat, ob einer derjenigen Gründe vorhanden ist, wegen deren zufolge §. 57 Gew.O. der Legitimationsschein versagt werden darf. Nach erfolgter Prüfung reicht die Ortspolizeibehörde, sofern sie für die Entscheidung der Sache nicht selbst zuständig ist, den Antrag mit ihrem Berichte unmittelbar derjenigen Behörde ein, welche nach §. 58 a. a. O. über die Ertheilung des Legitimationsscheins zu befinden hat. Wird die Ertheilung des Legitimationsscheins versagt, so ist die versagende Verfügung schriftlich zu erlassen, mit Gründen und mit einer Belehrung über das zuständige Rechtsmittel zu versehen und dem Antragsteller gegen Behändigungsschein zuzustellen. Gegen den ablehnenden Bescheid kann entweder auf mündliche Verhandlung der Sache angetragen oder Rekurs eingelegt werden. Der Antrag auf mündliche Verhandlung ist innerhalb 14 Tagen nach Zustellung des Bescheides an die Behörde zu richten, welche den Bescheid erlassen hat. Die Vorladung des Rekurrenten und das mündliche Verfahren erfolgen nach Maßgabe der Anweisung vom 4. September 1869 (vergl. Note 3 zu §. 16 S. 117). Wird auf Grund der mündlichen Verhandlung dahin entschieden, daß der nachgesuchte Legitimationsschein zu ertheilen, so fertigt die Behörde ohne weiteren schriftlichen Bescheid den Legitimationsschein aus. Wird dagegen die erste Verfügung, durch welche der Legitimationsschein versagt wurde, aufrecht erhalten, so ist ein förmlicher Bescheid zu erlassen, der diesen Beschluß näher begründet und auf das dagegen zulässige Rechtsmittel verweist. Die Zustellung des Bescheides erfolgt gegen Behändigungsschein. Gegen diesen Bescheid ist der *Rekurs an den betreffenden* Ressortminister zulässig. Der Rekurs gegen die erste Entscheidung ist innerhalb 14 Tagen nach der Zustellung einzulegen und zu rechtfertigen. Er kann bei der ersten oder bei der zweiten Instanz eingereicht werden. Wird durch den Rekursbescheid die angefochtene Verfügung bestätigt, so ist zugleich ausdrücklich darauf hinzuweisen, daß eine weitere Beschwerde durch das Gesetz nicht zugelassen sei. Der Bescheid wird der Behörde, welche in erster Instanz entschieden hat, in Ausfertigung übersendet. Ist darin der Rekurs zurückgewiesen, so stellt die letztgedachte Behörde den Bescheid dem Rekurrenten zu. Ist der Rekurs dagegen für begründet erachtet, so fertigt dieselbe auf Grund des Bescheides den nachgesuchten Legitimationsschein aus.

Die von einer Regierung ausgefertigten Legitimationsscheine gehen kurzer Hand an die Abtheilung für die direkten Steuern oder, wo eine solche nicht vorhanden ist, an den Steuerdezernenten zur Ausfüllung der angehängten Gewerbescheine, welche demnächst unter Benachrichtigung der Antragsteller an die Steuerkasse des Wohnortes des Letzteren zur Aushändigung an diese gegen Zahlung der Steuer unmittelbar versendet werden. Steuerfreie Gewerbescheine werden den Antragstellern direkt zugeschickt. Die Landdrosteien in der Provinz Hannover befördern die von ihnen ausgefertigten Legitimationsscheine an die dortige Finanzdirektion, welche damit ebenso, wie die Regierungs-Abtheilungen für direkte Steuern zu verfahren hat. In Berlin giebt das Polizei-Präsidium die von ihm ausgestellten Legitimationsscheine zur weiteren Veranlassung an die Direktion für die Verwaltung der direkten Steuern daselbst. Dasselbe Verfahren ist zu beobachten, wenn

a) ein Legitimationsschein für den Betrieb der in §. 59 Gew.O. bezeichneten Gewerbe auf den Bezirk einer anderen höheren Verwaltungsbehörde ausgedehnt wird, welche den Legitimationsschein zuerst ertheilt hat, oder wenn

b) zufolge §. 62 Gew.O. nach erfolgter Gwährung eines Legitimationsscheins die Mitführung von Begleitern nachträglich genehmigt wird.

Die Anträge auf Ertheilung steuerpflichtiger Gewerbescheine zum Verkauf oder Ankauf roher Erzeugnisse der Land- und Forstwirthschaft, des Garten- und Obstbaues sind in den drei ersten Gewerbesteuer-Abtheilungen an die Gemeindebehörde, in der vierten Abtheilung an den Landrath (Kreishauptmann, Oberamtmann) des Wohnorts des Gewerbetreibenden zu richten. Diese Behörden haben die für die Höhe des Steuersatzes maßgebenden Verhältnisse des beabsichtigten Gewerbebetriebes festzustellen, ohne sich auf eine Prüfung in polizeilicher Beziehung einzulassen, und darüber, unter Beifügung eines Signalements des Antragstellers, an die Bezirksregierung, in der Provinz Hannover an die Finanzdirektion, zu berichten. Letztere Behörden bestimmen den Steuersatz, fertigen den Gewerbeschein aus und senden denselben zur Aushändigung an den davon zu benachrichtigenden Antragsteller gegen Erlegung der Steuer der Steuerkasse des Wohnortes des Nachsuchenden zu.

In Berlin sind die Anträge auf Ertheilung solcher Gewerbescheine bei der Direktion für die Verwaltung der direkten Steuern anzubringen, welche die Gewerbescheine selbst auszufertigen und dem Nachsuchenden auszureichen hat.

Angehörigen des Deutschen Reichs, welche keine Preußen sind, ist in den im Schlußsatze des §. 55 Gew.O. bezeichneten Fällen gleich den Inländern stets ein besonderer Gewerbeschein auszustellen. In allen übrigen Fällen ist indessen unter der Bezeichnung „Gewerbeschein“ auf dem Legitimationsschein des Antragstellers die Zahlung der zu entrichtenden Gewerbesteuer von der zuständigen Steuerbehörde zu vermerken, und ein besonderer Gewerbeschein nur dann auszufertigen, wenn der Legitimationsschein hinlänglich Raum für diesen Vermerk nicht darbietet. Die Anträge auf Zulassung zum Gewerbebetriebe im Umherziehen in Preußen sind beim Landrath (Kreishauptmann, Oberamtmann) des Aufenthaltsortes zu stellen und ebenso zu behandeln wie die Anträge der Inländer auf Ertheilung von selbständigen, mit Legitimationsscheinen nicht verbundenen Gewerbescheinen. In Berlin sind dergleichen Anträge bei der Direktion für die Verwaltung der direkten Steuern anzubringen. Wegen Gestattung des Betriebes der in §. 59 Gew.O. bezeichneten Gwerbe findet bei nichtpreußischen Angehörigen des Deutschen Reichs dasselbe Verfahren statt, wie bei Inländern, welche den Betrieb auf den Bezirk einer anderen höheren Verwaltungsbehörde als derjenigen, welche den Legitimationsschein zuerst ertheilt hat, ausdehnen wollen. Nur muß ein selbständiger, mit dem Legitimationsschein nicht verbundener Gewerbeschein ausgefertigt werden, sofern der von dem Antragsteller einzureichende Legitimationsschein für die von der Steuerbehörde einzutragenden Vermerke nicht den genügenden Raum bietet.

---

7. In den zum Geltungsbereich des Kompetenzgesetzes vom 26. Juli 1876 gehörigen Provinzen findet gegen Verfügungen der Verwaltungsbehörden, durch welche Reichsangehörigen der Legitimationsschein versagt worden ist, die Klage bei dem Bezirksverwaltungsgericht statt. Die Ertheilung der Legitimationsscheine erfolgt, so weit sie bisher der Bezirksregierung zustand, durch den Regierungs-Präsidenten.

§. 131 a. a. O.

Mit dem 1. April 1884 tritt an die Stelle des §. 131 des Ges. v. 26. Juli 1876 die Vorschrift des §. 117 des Ges. v. 1. August 1883 abgedruckt S. 112.

8. Der Antrag auf Ertheilung eines Legitimationsscheins ist direkt von der Ortsbehörde an die Regierung abzugeben.

R. d. M. f. H., d. J. u. F.M. v. 24. Juni 1870. M.Bl. S. 198.

9. Der Gegenstand der Handlungen kommt nicht in Betracht, und ist es namentlich bei Schaustellungen unwesentlich, ob Menschen, Thiere oder andere Sehenswürdigkeiten denselben bilden. Auch ist es prinzipiell ohne Einfluß, ob, wenn Personen zur Schau gestellt werden, diese festen Lohn oder statt dessen bezw. daneben Unterhalt, einen Antheil am Ertrage der Schaustellung beziehen oder wie sonst salarirt werden. Auch sind die Requisite des §. 57 der Gew.O. keineswegs nur in der Weise und nur dann auf die zur Schau gestellten Personen anzuwenden, wenn diese gleichfalls mit besonderen Legitimationsscheinen versehen werden. Diese Personen bedürfen keines eigenen Gewerbescheines.

R. d. M. d. J. und d. F.M. v. 4. Januar 1871. M.Bl. S. 50.

10. Innerhalb des Grenzzollbezirkes darf ein Gewerbe im Umherziehen nur dann betrieben werden, wenn die Erlaubniß dazu im Legitimationsschein bezw. Gewerbeschein ausdrücklich ausgesprochen ist.

R. d. H. M. und F.M. v. 8. Dezember 1869. M.Bl. S. 18.

Darüber ob event. unter welchen Beschränkungen diese Erlaubniß ertheilt werden kann, hat sich die Regierung (Finanzdirektion, Landdrostei, Polizei-Präsidium zu Berlin) mit dem Provinzial-Steuerdirektor in Einvernehmen zu setzen. Die Erlaubniß gewährt aber nur die Berechtigung für den Grenzzollbezirk der betreffenden Provinzial-Steuerdirektion.

R. d. H.M. und F.M. v. 2. März 1870. M.Bl. S. 132.

In Legitimationsscheinen, in denen als Gegenstand des Hausirhandels auch solche Waaren aufgeführt sind, mit denen nach den bestehenden Vorschriften im Grenzbezirk nicht hausirt werden darf, sind bei etwaiger Gestattung des Hausirens im Grenzbezirk diejenigen Gegenstände bestimmt zu bezeichnen, auf welche sich diese Erlaubniß erstrecken oder nicht erstrecken soll. Ebenso ist in demselben jedesmal ausdrücklich zu bemerken, daß die Erlaubniß nur für diejenige Provinz Platz greift, in welcher die den Legitimationsschein ausstellende Behörde ihren Sitz hat.

R. d. F.M. u. H.M. v. 16. Oktober 1877. M.Bl. S. 288.

Zu §. 55.

1. In der Fassung der Gewerbeordnung v. 21. Juni 1869 lautete §. 55 wie folgt:

Wer außerhalb seines Wohnorts, ohne Begründung einer gewerblichen Niederlassung und ohne vorgängige Bestellung, in eigener Person:

1. Waaren irgend einer Art feilbieten,
2. Waaren irgend einer Art bei anderen Personen, als bei Kaufleuten oder an anderen Orten, als in offenen Verkaufsstellen zum Wiederverkauf ankaufen,
3. Waarenbestellungen aufsuchen, oder
4. gewerbliche oder künstlerische Leistungen oder Schaustellungen, bei welchen ein höheres wissenschaftliches oder Kunst-Interesse nicht obwaltet, feilbieten will,

bedarf, vorbehaltlich der in den §§. 44 und 64 getroffenen Bestimmungen, eines Legitimationsscheins.

Ein Legitimationsschein ist nicht erforderlich zum Verkauf oder Ankauf roher Erzeugnisse der Land- und Forstwirthschaft, des Garten- und Obstbaues.

2. Die Vorschrift des §. 55 der neuen Fassung enthält folgende Abweichungen von dem §. 55 der älteren Fassung.

1. Ebenso wie im §. 42 ist auch hier an die Stelle des Wohnortes der Gemeindebezirk des Wohnortes gesetzt, damit nicht ferner Zweifel entstehen, wie es zu halten ist, wenn ein Gemeindebezirk aus mehreren mit eigenem Namen bezeichneten Ortschaften besteht. Die in dieser Hinsicht herrschende außerordentliche Verschiedenheit hat schon in der Praxis ziemlich allgemein dazu geführt, den „Gemeindebezirk", in welchem der Gewerbetreibende wohnt, als entscheidend festzuhalten.
2. Der höheren Verwaltungsbehörde ist nach dem Vorgange des preußischen Gesetzes vom 3. Juli 1876, betreffend die Besteuerung des Gewerbebetriebes im Umherziehen 2c., Ges.S. S. 247, die Befugniß beigelegt, durch besondere Anordnung die nächste Umgebung des Gemeindebezirks des Wohnortes in der hier fraglichen Hinsicht dem letzteren gleich zu stellen, so daß dann also ein Ueberschreiten der Grenze des eigenen Gemeindebezirks beim Ankauf von Waaren u. s. w. noch nicht als Gewerbebetrieb im Umherziehen angesehen wird. Ein Bedürfniß, von dieser Befugniß Gebrauch zu machen, wird regelmäßig da vorliegen, wo mehrere Gemeindebezirke im Gemenge liegen, oder wo die nächsten Umgebungen eines Ortes zwar einem besonderen Gemeindebezirke angehören, jedoch in gewerb-

licher Beziehung im engsten Zusammenhange mit jenem stehen und mit ihm als ein Ganzes in Bezug auf den Verkehr thatsächlich sich darstellen. Sache der zuständigen Behörde wird es sein, die einzelnen Fälle unter Berücksichtigung etwaiger Anträge der Lokal-, Kreis- rc. Behörden sorgsam zu erwägen und je nach den Umständen zu entscheiden. Anordnungen der bezeichneten Art werden nach Bewandtniß der Umstände durch ortsübliche Bekanntmachung oder durch die Kreisblätter, Amtsblätter u. s. w. zur Kenntniß der Betheiligten zu bringen sein.

3. Aus naheliegenden inneren Gründen verlangt der Entwurf auch für den Marktverkehr (§. 64) in den Fällen unter Ziffer 4 (Schaustellungen rc.) die gleiche Legitimation wie für den sonstigen Verkehr.

4. Im Interesse einer sachgemäßeren Bezeichnung wird der Ausdruck „Legitimationsschein" durch den „Wandergewerbeschein" ersetzt.

(Motive des Gesetzentwurfs von 1882.)

Zu §. 55 Abs. 1.

1. Die Frage, was zur Begründung einer gewerblichen Niederlassung außerhalb des Wohnorts neben der Anmeldung gehört, ist vorwiegend thatsächlicher Natur. Vor Allem muß irgend eine Veranstaltung konstatirt werden, welche die Absicht eines dauernden lokalen Gewerbebetriebes erkennen läßt.

R. d. F.M. u. M. d. J. v. 16. Oktober 1875. M.Bl. S. 283.

Aus §. 55 bezw. §. 44 der Gew.O. folgt nicht, daß Jeder, welcher überhaupt eine gewerbliche Niederlassung besitzt, die im §. 55 zu 1 und 4 aufgeführten Geschäfte außerhalb seines Wohnorts unbeschränkt betreiben darf. Durch jene Worte hat vielmehr nur den vorangegangenen „außerhalb seines Wohnorts" eine Beschränkung hinzugefügt werden sollen. Nicht auf den Wohnort allein soll es ankommen, wenn es sich darum handelt, ob im Umherziehen Handel getrieben wird oder nicht, sondern auch eine gewerbliche Zweigniederlassung in Betracht gezogen werden, welche der Handelnde außerhalb seines Wohnorts begründet hat. Mit Rücksicht auf eine solche Niederlassung fallen alsdann unter die im Umherziehen betriebenen Handelsgeschäfte selbstverständlich diejenigen nicht, welche am Orte dieser Niederlassung abgeschlossen werden. Ein Gleiches gilt nach §. 44 rücksichtlich aller derjenigen Geschäfte, welche außerhalb des Ortes der gewerblichen Niederlassung oder unter solchen Umständen stattfinden, daß sie im Sinne des §. 44 als eine Ausübung des an diesem Orte betriebenen stehenden Gewerbes betrachtet werden können.

Erk. d. O.T. v. 11. Juli 1872.
Opp. XIII. S. 414.

Die Worte „ohne Begründung einer gewerblichen Niederlassung" sind dahin zu verstehen, daß der Betreffende eine gewerbliche Niederlassung an dem Orte, wo er das Gewerbe im Augenblicke betreibt, nicht besitzt.

Vgl. Commissionsbericht des Reichstages, II. Session, 1882.

Die Bestellung eines Agenten am dritten Orte und die Uebernahme der Verpflichtung, den Verkauf daselbst an bestimmten Punkten und in regelmäßigen Zeitabschnitten vorzunehmen, begründet nicht unter allen Umständen die Annahme, daß eine gewerbliche Niederlassung am dritten Orte erfolgt sei. Die Zweifel darüber werden nur dann beseitigt sein, wenn am dritten Orte eine feste Verkaufsstätte oder eine stehende Niederlage eingerichtet ist. Nach Maßgabe der konkreten Umstände können jedoch auch andere Merkmale für die Konstatirung der gewerblichen Niederlassung ausnahmsweise maßgebend sein.

R. d. F.M. u. M. d. J. v. 11. Februar 1876.

Mitth. Nr. 2 S. 45.

2. *Wenn Viehhändler ihren Geschäftsbetrieb dergestalt einrichten, daß* sie das von ihnen bezw. von den in ihrem Dienste stehenden oder von ihnen sonst beauftragten Personen aufgekaufte Vieh an ihrem Wohnorte in besonderen Stallräumen unterbringen, von dort aber nur vereinzelt und gelegentlich Verkäufe vornehmen, während sie die Mehrzahl des Viehs nach größeren Handelsorten schaffen und dort verkaufen, so begründen sie damit noch nicht eine gewerbliche Niederlassung. Der außerhalb des Wohnortes und des Marktverkehrs ohne vorgängige Bestellung bei anderen Personen als bei Kaufleuten bezw. an anderen Orten als in offenen Verkaufsstellen erfolgende Ankauf darf hiernach als Waarenaufkauf im Sinne des §. 44 Gew.O. nicht angesehen werden, ist vielmehr als Gewerbebetrieb im Umherziehen zu behandeln.

Die Aufkäufer bedürfen demgemäß, gleichviel ob sie den Aufkauf im Dienste der Händler oder für eigene Rechnung bewirken, eines Wandergewerbescheins nach Maßgabe des §. 55 Gew.O. Dasselbe ist auch dann anzunehmen, wenn der Aufkauf von solchen Gewerbetreibenden (bezw. in deren Auftrage) bewirkt wird, welche an ihrem Wohnorte eine gewerbliche Niederlassung z. B. Schlächterei haben, sofern aus der Art des Gewerbebetriebes zu entnehmen ist, daß das aufgekaufte Vieh hauptsächlich für den Wiederverkauf außerhalb des Wohnortes zur Verwendung gelangt.

3. Für den Begriff eines Wanderlagers im Sinne des Ges. vom 27. Februar 1880 (Wanderlagersteuer) ist es gleichgültig, ob die Verkaufsstätte sich in einem umschlossenen Lokale befindet, oder ob die Waaren mit Erlaubniß der Polizeibehörde auf einem öffentlichen Platze bezw. einem sonstigen freien Raume feilgeboten werden. Im letzteren Falle ist der von der zuständigen Behörde angewiesene Platz als feste Verkaufsstätte bezw. als Verkaufslokal zu betrachten.

R. d. F.M. v. 28. Juni 1880. Mitth. 14 S. 65.

Zur Annahme einer festen Verkaufsstätte in diesem Sinne genügt die Aufstellung eines Tisches auf der Straße und die Ausstellung von Waaren auf demselben.

R. v. 8. Januar 1881. Mitth. 14 S. 67.

4. Bestellung im gesetzlichen Sinne setzt individuelle Bezeichnung der bestellten Waare voraus. Eine genaue Vereinbarung namentlich in Betreff der Menge der zu liefernden Waare ist jedoch nicht erforderlich.

Erk. d. O.T. v. 30. April 1873.

Opp. XIV. S. 323.

Eine Bestellung in diesem Sinne liegt schon dann vor, wenn die Waare an sich individuell, von andern unterscheidbar, bezeichnet und auch für die Quantität eine annähernde Grenze durch den dem Händler bekannten Bedarf des Abnehmers gezogen ist.

R. d. F.M. v. 31. Januar 1882. Mitth. 14 S. 42.

Vgl. auch Erk. d. O.T. v. 3. Februar 1875 u. 13. Oktober 1876.

Opp. 16 S. 99.

Opp. 17. S. 661.

Eine vor längerer Zeit an einen Handeltreibenden ergangene Aufforderung, bei jedesmaliger Durchreise anzufragen, ob Gegenstände einer bestimmten Art zu verkaufen seien, stellt nicht eine, die Gewerbepflichtigkeit des Aufkaufens im Umherziehen ausschließende Bestellung dar.

Erk. d. O.T. v. 30. April 1873.

Opp. XIV. S. 323.

Ebensowenig die ganz allgemein gehaltene Aufforderung eines Abnehmers an einen Kaufmann, ihm, wenn er an seinen Wohnort käme, Waaren mitzubringen.

Erk. d. O.T. v. 29. Juli 1868.

Opp. IX. S. 414.

Die allgemeine Zusage des Abnehmers, von dem Kaufmanne seinen Bedarf an einer generell bestimmten Waare zu entnehmen, ist nicht eine den Thatbestand des Hausirens ausschließende Bestellung.

Erk. d. K.G. v. 16. Mai 1881. Entsch. II. S. 235.

Das Feilbieten von bestellten und an einen andern Ort gebrachten, aber vom Besteller nicht abgenommenen Waaren bei anderen Personen außerhalb des Wohnortes des Gewerbetreibenden ist als Ausübung des Gewerbebetriebes im Umherziehen anzusehen.

Erk. d. O.T. v. 5. Juli 1867.

Winiker Nr. 1072.

Die Aufforderung eines Wirths an eine Musikgesellschaft zu künstlerischen Leistungen in seinem Lokale ist eine Bestellung, sobald sich der Wirth den Musikern zu einer seinerseits zu leistenden Entschädigung verpflichtet hat, wenn dieselben auch daneben noch Beiträge der Gäste einsammeln.

Erk. d. O.T. v. 28. März 1878.

Opp. XIX. S. 178.

5. Die Gewerbesteuerpflicht des Gewerbebetriebes im Umherziehen ist lediglich nach den Gewerbesteuergesetzen zu beurtheilen. Der Besitz des Legitimationsscheins für das gesammte Reichsgebiet entbindet deshalb nicht von

der Entrichtung der in den einzelnen Staaten auf dem Gewerbe lastenden Steuern.

Erk. d. O.T. v. 11. Juni 1872 (Goltd. XX. S. 411) und v. 22. Dezember 1875 (Opp. XVI. S. 814).

6. Ob sich Jemand durch Ausübung der Heilkunde im Umherziehen strafbar gemacht hat, ist nicht nach den Bestimmungen der Gewerbeordnung, sondern nach den Landesgesetzen zu beurtheilen.

Erk. d. O.T. v. 5. März 1875.

Opp. XVI. S. 203.

7. Reichsangehörige bedürfen für die Kolportage von Bibeln und Erbauungsschriften außer dem Legitimationsschein nicht noch einer besonderen Ermächtigung der Provinzialbehörde. Das Vertheilen von Bibeln und Erbauungsschriften, welches unentgeltlich oder gegen eine nur die Kosten der Anschaffung deckende Vergütung erfolgt, ist nicht als ein steuerpflichtiger Gewerbebetrieb anzusehen.

R. d. M. d. J. und d. F.M. vom 27. Januar 1871. M.Bl. S. 117.

Zu §. 55 Nr. 1.

8. Unter Waare im Sinne des §. 55 ist Alles zu verstehen, was seiner Beschaffenheit nach zum Gegenstande des Handels gemacht wird bezw. gemacht werden kann, also auch Hefte eines im Erscheinen begriffenen schriftstellerischen Werkes.

Erk. d. O.T. v. 17. November 1871 und 25. Februar 1875.

Winiker Nr. 1102, 1121.

Zu §. 55 Nr. 2.

9. Als gewerbsmäßiger Waarenaufkauf im Umherziehen ist anzusehen, wenn Jemand außerhalb seines Wohnorts Kaufgeschäfte über Waaren, welche zum Zwecke des Wiederverkaufs erworben sind, durch Vereinbarung des Kaufpreises abgeschlossen hat. Dabei ist es gleichgültig, ob das Gewerbe für fremde Rechnung betrieben wird und ob die aufgekauften Waaren von Verkäufern schon vorher angeboten oder zugesagt sind.

Erk. d. O.T. v. 14. Mai 1874.

Opp. XIV. S. 363.

Ueberhaupt macht es bei der Beurtheilung der Strafbarkeit des Gewerbebetriebes im Umherziehen keinen Unterschied, ob das Gewerbe für eigene oder für fremde Rechnung betrieben wird.

Erk. d. O.T. v. 12. September 1873 (Opp. XIV. S. 527) und vom 17. Januar 1879 (Opp. XX. S. 39).

Die Strafbarkeit wird auch dadurch nicht ausgeschlossen, daß der Aufkäufer sich vor dem Erstehen der Waare eines bestimmten Wiederverkäufers versichert gehabt hat.

Erk. d. O.T. v. 19. April 1871.

Winiker Nr. 1097.

Ob der Wiederverkauf der aufgekauften Waaren im Inlande oder im Auslande erfolgt, ist gleichgültig.

Erk. d. O.T. v. 24. Oktober 1873.

Opp. XIV. S. 669.

10. Das Sammeln von Subskriptionen zu einem im Drucke herauszugebenden Werke oder zur Eingehung eines Abonnements auf eine Zeitschrift enthält ein Suchen von Waarenbestellungen.

Erk. d. O.T. v. 7. Mai 1864.

Opp. IV. S. 501.

11. Der Aufkauf von Eicheln außerhalb des eigenen Wohnortes von einer Mehrzahl von Personen zum Zwecke des Wiederverkaufs mit Gewinn genügt, Gewerbebetrieb und Gewerbesteuerpflicht zu begründen, auch wenn kein dauernder Geschäftsbetrieb beabsichtigt ist.

Erk. d. R.G. v. 25. Februar 1880. I. S. 390.

12. Wer künstlerische Leistungen, bei welchen ein höheres Kunstinteresse nicht obwaltet, außerhalb seines Wohnorts ohne Begründung einer gewerblichen Niederlassung und ohne vorgängige Bestellung feilbietet, bedarf hierzu keines Legitimationsscheins, wenn er dazu von dem konzessionirten Unternehmer eines stehenden Gewerbes für längere Zeit in der Weise vertragsmäßig engagirt ist, daß er dafür nicht den Ertrag der Schaustellung, sondern einen festen Lohn erhält.

Erk. d. O.T. v. 2. Januar 1873.

Opp. XIV. S. 3.

Deshalb sind auch ortsfremde Musiker nicht als legitimations- und gewerbesteuerpflichtig anzusehen, wenn sie — sei es allein oder mit anderen in der Stellung von Gehülfen zu ihnen gehörenden Musikern — von einem zur Veranstaltung von Musikaufführungen befugten Inhaber eines Schank- oder Restaurationslokals dazu engagirt sind, in diesem Lokal gegen ein vom Inhaber zu zahlendes Honorar ohne Theilnahme an dem Ertrage des etwaigen Eintrittsgeldes und ohne Sammlung von Gaben bei den Gästen musikalische Vorstellungen geben.

R. d. F.M. und M. d. J. v. 13. März 1874. MBl. S. 114.

Dagegen bedarf ein Theater-Unternehmer, welcher außerhalb seines Wohnortes theatralische Vorstellungen veranstaltet, bei denen ein höheres künstlerisches Interesse nicht obwaltet, eines Legitimations- und Gewerbescheins, selbst wenn er an dem betreffenden Orte in einem eigens dazu errichteten Gebäude und während eines bestimmten Jahresabschnittes seine Vorstellungen giebt. In gleicher Weise bedürfen die von ihm gegen ein bestimmtes Honorar engagirten Schauspieler des Hausirgewerbescheins.

Erk. d. O.T. v. 10. März 1875.

Opp. XVI. S. 208.

Schauspieler, welche außerhalb ihres Wohnortes und ohne Begründung einer gewerblichen Niederlassung ihre Vorstellungen geben, sind der Regel nach der Steuer vom Gewerbebetriebe im Umherziehen unterworfen. Damit ausnahmsweise Steuerfreiheit eintrete, bedarf es des besonderen Nachweises, daß bei den künstlerischen Leistungen ein höheres Kunstinteresse obwaltet. Zur Erbringung dieses Nachweises genügt es nicht, daß mehraktige Schau-, Trauer- und Lustspiele zur Aufführung gebracht sind und daß in dem Stadttheater einer größeren Stadt gespielt ist.

Erk. d. O.T. v. 15. Oktober 1878. J.M.Bl. S. 195.

13. Oeffentliche Darstellungen aus der biblischen Geschichte sind verboten.

R. d. F.M. u. M. d. J. v. 8. Oktober 1875 (M.Bl. S. 271). Vgl. auch Cirk. Erl. d. M. d. J. v. 29. Juli und 8. September 1817 (Annalen Bd. 1 S. 175) und Erl. d. M. d. J. u. F.M. vom 31. Dezember 1866 (M.Bl. 1867 S. 22).

14. Das Auswürfeln bezw. Ausspielen von Gegenständen auf Jahrmärkten, Schützenfesten, Volksfesten und ähnlichen Gelegenheiten fällt unter den §. 55 N. 4.

Cirk.R. d. H.M., M. d. J. und F.M. vom 29. Juni 1882 (M.Bl. S. 223).

15. Bei der Ausstellung von Legitimationsscheinen zum Gewerbebetrieb im Umherziehen für Gesellschaften, welche Musikaufführungen, Schaustellungen, theatralische Vorstellungen oder sonstige Lustbarkeiten öffentlich darbieten wollen, ist nach folgenden Grundsätzen zu verfahren.

a) Es können sowohl gemeinsame Legitimationsscheine für die Gesellschaft als solche, wie auch, an deren Stelle, besondere Legitimationsscheine für die einzelnen Mitglieder ausgefertigt werden. In letztere kann ein Vermerk aufgenommen werden, nach welchem den Inhabern der Gewerbebetrieb nur im Verbande einer Gesellschaft überhaupt oder im Verbande einer bestimmten Gesellschaft gestattet sein soll. Wie hiernach die Ausstellung im einzelnen Falle erfolgt, bleibt von dem Antrage des Gewerbetreibenden abhängig. In dem Legitimationsscheine für den Unternehmer einer Schauspielergesellschaft ist ausdrücklich zu vermerken, daß der Gewerbetreibende als Unternehmer auftreten will.

b) In dem für den einzelnen Gewerbetreibenden ausgefertigten Legitimationsscheine sind Vermerke, welche den Gewerbebetrieb auf die Ausübung in einem Gesellschaftsverbande beschränken, beispielsweise der Vermerk: „als Mitglied einer Musik- (Schauspiel- u. s. w.) Gesellschaft" oder „als Mitglied der Musikgesellschaft des N. N.", in den für die nähere Angabe des beabsichtigten Gewerbebetriebs vorbehaltenen Raum einzutragen. In den für Gesellschaften ausgefertigten gemeinsamen Legitimationsscheinen ist an der gleichen Stelle der Vermerk „als Unternehmer einer Musik- (Schauspiel- u. s. w.) Gesellschaft, welche aus den auf Blatt 2 bezeichneten Mitgliedern besteht", vorzutragen und

§. 56.

Beschränkungen, vermöge deren gewisse Waaren von dem Feilhalten im stehenden Gewerbebetriebe ganz oder theilweise ausgeschlossen sind, gelten auch für deren Feilhalten im Umherziehen.

Ausgeschlossen vom Ankauf oder Feilbieten im Umherziehen sind:

1. geistige Getränke, soweit nicht das Feilbieten derselben von der Ortspolizeibehörde im Falle besonderen Bedürfnisses vorübergehend gestattet ist;
2. gebrauchte Kleider, gebrauchte Wäsche, gebrauchte Betten und gebrauchte Bettstücke, insbesondere Bettfedern,

---

ein Verzeichniß der Mitglieder nach Namen und Personenbeschreibung zu geben.

Cirk. R. d. H.M., M. d. J. nnd F.M. v. 4. August 1879. Mith. 14. S. 49.

Zu §. 55 Nr. 3.

16. Das Wahrsagen ist nicht zu denjenigen Leistungen zu zählen, deren Betrieb im Umherziehen gestattet ist, und dürfen deshalb zu diesem Betriebe Legitimationsscheine nicht ertheilt werden.

R. d. M. d. J. und F.M. v. 11. Februar 1873. M.Bl. S. 62.

Sobald es gewerbsmäßig, sei es im stehenden Betriebe oder im Umherziehen, ausgeübt wird, unterliegt es der Strafbestimmung des §. 360 Nr. 11 des Strafgesetzbuchs.

R. d. M. d. J. v. 14. Oktober 1873. M.Bl. S. 303.

17. Die bezügliche Strafvorschrift ist enthalten im §. 148 Nr. 7 Gew.O.

Zu §. 56.

1. In der Fassung der Gewerbeordnung vom 21. Juni 1869 lautete §. 56 wie folgt:

Ausgeschlossen vom An- und Verkauf im Umherziehen sind:

1. geistige Getränke aller Art;
2. gebrauchte Kleider und Betten, Garnabfälle, Enden und Dräumen von Seide, Wolle, Leinen und Baumwolle, Bruchgold und Bruchsilber;
3. Spielkarten, Lotterielose, Staats- und sonstige Werthpapiere;
4. Schießpulver, Feuerwerkskörper und andere explosive Stoffe;
5. Arzneimittel, Gifte und giftige Stoffe.

Menschenhaare, Garnabfälle, Enden und Dräumen von Seide, Wolle, Leinen oder Baumwolle;

3. **Gold- und Silberwaaren**, Bruchgold und Bruchsilber, sowie Taschenuhren;

4. **Spielkarten**;

5. **Staats- und sonstige Werthpapiere, Lotterieloose, Bezugs- und Antheilscheine auf Werthpapiere und Lotterieloose**;

6. **explosive Stoffe**, insbesondere Feuerwerkskörper, Schießpulver und Dynamit;

Der **Bundesrath** ist befugt, soweit ein Bedürfniß obwaltet, anzuordnen, daß die *Erlaubniß zum Verkauf oder Ankauf* der einzelnen ausgeschlossenen Gegenstände ertheilt werde.

Der Bundesrath und in dringenden Fällen der Bundeskanzler nach Einvernehmen mit dem Ausschuß des Bundesrathes für Handel und Verkehr, ist befugt, **aus Gründen der öffentlichen Sicherheit oder der Gesundheitspflege** anzuordnen, daß auch **andere Gegenstände** innerhalb einer zu bestimmenden Frist nicht im Umherziehen feilgeboten oder angekauft werden dürfen.

2. Die Vorschrift des §. 56 **in der neuen Fassung** enthält folgende Aenderungen der früheren Bestimmung. Absatz 1 ist neu. Er soll verhindern, daß der Hausirer günstiger behandelt wird als der stehende Gewerbetreibende. In Absatze 2 sind verschiedene Waaren unter die vom Hausirhandel ausgeschlossenen Gegenstände neu aufgenommen. Zu den explosiven Stoffen sind insbesondere zu rechnen: Schießbaumwolle und Collodiumwolle, Zündschnüre, Knallsilber, Knallquecksilber, Knallgold, Pyropapier (sog. Düppelerschanzen-Papier), Nitroglycerin, pikrinsaure Salze, Zündblättchen u. s. w. nach Analogie der Bestimmungen des Eisenbahnbetriebs-Reglements vom 11. Mai 1874 (Centralblatt für das Deutsche Reich für 1874 S. 192) und der späteren Ergänzungen (vergl. Centralblatt für 1876 S. 223, für 1880 S. 452/53, für 1881 S. 261).

Die Vorschrift im Schlußabsatz (zu Nr. 10) ist unentbehrlich, damit die untersten Kontrolorgane sofort erkennen können, ob der Hausirer sich in den Schranken des Gesetzes hält. Auf diese Weise erst wird einerseits eine wirkliche Kontrole möglich gemacht, und andererseits der Hausirer gegen Mißgriffe geschützt. Wollte der Hausirer etwa dazu übergehen, feste Bestellungen auf Druckschriften oder Bildwerke, welche nicht in dem Verzeichnisse stehen, unter Vorlegung dieser Druckschriften rc. als Proben zu suchen, so würde dies dem Gesetze widersprechen. Zwischen dem Verkaufe mitgeführter und sogleich zu übergebender Gegenstände und dem Abschluß des Verkaufs über demnächst erst zu überliefernde Waaren besteht nur der Unterschied des Zeitpunktes der Uebergabe. Dem Hausirer wird es also nicht gelingen, auf diesem Wege das

7. solche **mineralische** und andere **Oele**, welche leicht entzündlich sind, insbesondere **Petroleum**, sowie **Spiritus**;
8. **Stoß-, Hieb- und Schußwaffen**;
9. **Gifte** und gifthaltige **Arznei-** und **Geheimmittel**.

Ausgeschlossen vom Feilbieten im Umherziehen sind ferner:

10. **Druckschriften**, andere Schriften und Bildwerke, insofern sie in sittlicher oder religiöser Beziehung Aergerniß zu geben geeignet sind, oder welche mittelst Zusicherung von Prämien oder Gewinnen vertrieben werden.

Verbot zu umgehen. Wären die Bestellungen aber keine festen, wären insbesondere die zu liefernden Druckschriften ꝛc. nicht zuvor vom Käufer individuell bestimmt, so würde das Verbot des §. 56 *in dem Augenblicke übertreten* werden, in welchem der Hausirer die Druckschriften ꝛc. an den Käufer verkaufen würde. Nicht unter das Verbot fallen würde dagegen das Aufsuchen von Bestellungen der letzteren Art und und deren Effektuirung durch die Post.

Die Landesregierungen haben nach der Organisation ihrer Verwaltung zu bestimmen, welche Behörden mit der Genehmigung des Druckschriften-Verzeichnisses zu betrauen sind. Wird die Genehmigung bezüglich des ganzen Verzeichnisses oder einer einzelnen Druckschrift ꝛc. versagt, so steht dem Gewerbetreibenden gemäß §. 63 dieserhalb die Beschwerde zu, welche selbstverständlich keinen Suspensiveffekt dahin haben kann, daß der Gewerbetreibende einstweilen mit der beanstandeten Druckschrift ꝛc. hausiren dürfte.

Die Verpflichtung des Gewerbetreibenden, das Verzeichniß auf Erfordern der zuständigen Behörden oder Beamten vorzuzeigen, und sofern er hierzu nicht im Stande ist, den Betrieb auf deren Geheiß bis zur Herbeischaffung des Verzeichnisses einzustellen, entspricht den analogen Vorschriften in Betreff des Wandergewerbescheines (§. 60c).

Die Bestimmungen der Absätze 2. 3 des §. 56b alter Fassung finden sich in dem §. 56b der neuen Fassung wieder.

Vgl. Motive zum Gesetzentwurf von 1882.

3. Wer ohne obrigkeitliche Erlaubniß **öffentliche Lotterien** veranstaltet, wird mit Gefängniß bis zu 2 Jahren oder mit Geldstrafe bis zu 3000 Mark bestraft. Den Lotterien sind öffentlich veranstaltete Ausspielungen beweglicher oder unbeweglicher Sachen gleich zu achten.

§. 286 St.G.B.

Mit Geldstrafe bis zu 150 Mark oder mit Haft wird bestraft, wer unbefugt auf einem öffentlichen Wege, einer Straße, einem öffentlichen Platze oder in einem öffentlichen Versammlungsorte **Glücksspiele** hält. Es kann auch auf Einziehung der auf dem Spieltische oder in der Bank befindlichen Gelder erkannt werden, ohne Unterschied, ob sie dem Verurtheilten gehören oder nicht.

§. 360 St.G.B.

Wer Druckschriften, andere Schriften oder Bildwerke im Umherziehen feilbieten will, hat ein Verzeichniß derselben der zuständigen Verwaltungsbehörde seines Wohnortes zur Genehmigung vorzulegen. Die Genehmigung ist nur zu versagen, soweit das Verzeichniß Druckschriften, andere Schriften oder Bildwerke der vorbezeichneten Art enthält. Der Gewerbetreibende darf nur die in dem genehmigten Verzeichnisse enthaltenen Druckschriften, anderen Schriften oder Bildwerke bei sich führen, und ist verpflichtet, das Verzeichniß während der Ausübung des Gewerbebetriebes bei sich zu führen, auf Erfordern der zuständigen Behörden oder Beamten vorzuzeigen und, sofern er hierzu nicht im Stande ist, auf deren Geheiß den Betrieb bis zur Herbeischaffung des Verzeichnisses einzustellen.

Lotterie bezeichnet eine Verloosung, von deren Ausfall es abhängt, einen Geldgewinn zu erzielen oder den Einsatz zu verlieren.

Rüdorff. St.G.B. S. 483.

Für das Spielen in auswärtigen Lotterien beziehungsweise den Vertrieb der Loose sind die Vorschriften der Verordnung vom 5. Juli 1847 (Ges.S. S. 261) und Art. IV. Nr. 1 der Verordnung vom 25. Juni 1867 (Ges.S. S. 921) maßgebend.

4. Der Verkauf von Loosen zu einer für bestimmte Provinzen gestatteten Lotterie in einer anderen Provinz ist nicht als Unternehmen einer neuen Lotterie zu verstehen.

Erk. R.G. v. 23. November 1881 (III. S. 728).

Siehe auch Erk. R.G. v. 29. September 1881 (III. S. 560).

In den alten Provinzen Preußens ist das Spielen in der in anderen Staaten des Deutschen Reichs veranstalteten Lotterien und der Vertrieb der darauf bezüglichen Loose strafbar aus der Verordnung v. 5. Juli 1847.

Erk. des R.G. v. 24. Februar 1880 (I. S. 380).

Der Verkäufer von sog. Antheilscheinen zu einer bestimmten Lotterie, welcher deshalb zu Strafe verurtheilt ist, kann wegen des anderweitigen Absatzes solcher Antheilsscheine bis zum ergangenen Urtheil, sollte dieser Absatz auch an anderen Orten und nach Eröffnung der Untersuchung stattgefunden haben, nicht nochmals bestraft werden.

Erk. d. R.G. v. 13. April 1883. V. S. 232.

Der Umstand, daß eine Person sich dem Verkaufe von Loosen mehrerer auswärtiger Lotterien unterzogen oder denselben befördert hat, begründet nicht nothwendig eine Mehrheit von Straffällen.

Erk. d. R.G. v. 11. Juli 1882. IV. S. 686.

§. 56a.

Ausgeschlossen vom Gewerbebetriebe im Umherziehen sind ferner:

1. die Ausübung der Heilkunde, insoweit der Ausübende für dieselbe nicht approbirt ist;

2. das Aufsuchen sowie die Vermittelung von Darlehnsgeschäften und von Rückkaufsgeschäften ohne vorgängige Bestellung, ferner das Aufsuchen von Bestellungen auf Staats- und sonstige Werthpapiere, Lotterieloose und Bezugs- und Antheilscheine auf Werthpapiere und Lotterieloose;

Der Art. IV. der V. v. 25. Juni 1867 ist durch §. 286 des R.St.G.Bs. nicht aufgehoben, und macht sich darnach nicht nur derjenige strafbar, welcher während seines Aufenthalts in Preußen die Loose verbotener Lotterien daselbst verkauft und vertreibt, sondern auch derjenige, welcher zu diesem Zwecke Loose von außerhalb in Preußen einführt.

Erk. d. K.G. v. 17. April 1882. III. S. 362.

Vgl. auch Cirk.R. d. M. d. J. v. 30. März 1882.

5. Der Gewerbebetrieb im Umherziehen mit Gegenständen, welche zu den in §. 56 der Gew.O. vom An- und Verkauf im Umherziehen ausgeschlossenen gehören, wird mit einer dem doppelten Betrage des Jahressteuersatzes von 48 Mark, in den Hohenzollernschen Landen von 10 Mark, gleichkommenden Geldstrafe geahndet.

§. 20 Ges. v. 3. Juli 1876.

Ges.S. S. 253.

Vgl. Anhang II. B.

6. Wegen des Verkehrs mit Arzeneimitteln vgl. V. v. 4. Januar 1875, abgedruckt S. 54.

Unter „Arzeneimitteln" im Sinne des §. 56 Nr. 9 der Gew.O. und des §. 367 Nr. 3 St.G.B. sind alle Zubereitungen zu verstehen, welche in einer dem Verzeichnisse A. der Verordnung v. 4. Januar 1875 entsprechenden Erscheinungsform z. B. als zu Heilzwecken bestimmte Mixtur, Elixir u. s. w. feilgeboten werden, ohne daß es auf die Form des Gefäßes, in welchem sie dargeboten werden ankommt.

Erk. d. K.G. v. 6. Januar 1881. II. S. 216.

Zu §. 56a.

Die bestellte Darlehnsvermittelung ist von dem Verbote ausgenommen, um dem legitimen und nützlichen Gewerbebetriebe der Agenten von Immobiliarkredit-Instituten, Darlehnskassen u. s. w. nicht zu nahe zu treten.

Vgl. Motive zum Gesetzentwurf von 1882.

3. das Aufsuchen von Bestellungen auf Branntwein und Spiritus bei Personen, in deren Gewerbebetriebe dieselben keine Verwendung finden.

§. 56b.

Der Bundesrath ist befugt, soweit ein Bedürfniß obwaltet, anzuordnen, daß und inwiefern der Ankauf oder das Feilbieten von einzelnen der im §. 56 Absatz 2 ausgeschlossenen Waaren im Umherziehen gestattet sein soll.

Aus Gründen der öffentlichen Sicherheit, sowie zur Abwehr oder Unterdrückung von Seuchen kann durch Beschluß des Bundesraths und in dringenden Fällen durch Anordnung des Reichskanzlers nach Einvernehmen mit dem Ausschuß des Bundesraths für Handel und Verkehr für den Umfang des Reichs oder für Theile desselben bestimmt werden, daß und inwiefern außer den in den §§. 56 und 56a aufgeführten Gegenständen und Leistungen auch noch andere Gegenstände und Leistungen auf bestimmte Dauer von dem Gewerbebetriebe im Umherziehen ausgeschlossen sein sollen. Die Anordnung ist dem Reichstag sofort, oder, wenn derselbe nicht versammelt ist, bei seinem nächsten Zusammentritt mitzutheilen. Dieselbe ist außer Kraft zu setzen, wenn der Reichstag die Zustimmung nicht ertheilt.

Durch die Landesregierungen kann das Umherziehen mit Zuchthengsten zur Deckung von Stuten untersagt oder Beschränkungen unterworfen werden.

§. 56c.

Das Feilbieten von Waaren im Umherziehen in der Art, daß dieselben versteigert oder im Wege des Glückspiels oder der

---

Zu §. 56b.

Die dem Bundesrathe beigelegte Befugniß, „soweit ein Bedürfniß obwaltet, anzuordnen, daß die Erlaubniß zum Verkauf oder Ankauf der einzelnen vom Gewerbebetriebe im Umherziehen ausgeschlossenen Gegenstände ertheilt werde, ist nicht so zu verstehen, daß den Gewerbetreibenden einzelner Orte der Hausirhandel mit Gegenständen gestattet werden dürfe, welche von den Gewerbetreibenden im übrigen Theile des Bundesgebiets nicht im Umherziehen verkauft oder angekauft werden dürfen.

Nr. 215 R.A. d. B.R. S. 55.

Zu §. 56c.

Die Vorschrift enthält in Bezug auf die Art des Gewerbebetriebes

Ausspielung (Lotterie) abgesetzt werden, ist nicht gestattet. **Ausnahmen von diesem Verbote dürfen von der zuständigen Behörde zugelassen werden.**

Oeffentliche Ankündigungen des Gewerbebetriebes dürfen nur unter dem Namen des Gewerbetreibenden mit Hinzufügung seines Wohnortes erlassen werden. Wird für den Gewerbebetrieb eine Verkaufsstelle benutzt, so muß an derselben in einer für Jedermann erkennbaren Weise ein den Namen und Wohnort des Gewerbetreibenden angebender Aushang angebracht werden. Dies gilt insbesondere von den Wanderlagern.

---

im Umherziehen beschränkende Vorschriften, welche der Gewerbeordnung von 1869 fremd sind: zunächst im Absatz 1 das Verbot des Feilbietens von Waaren in der Art, daß dieselben versteigert oder im Wege des Glücksspiels oder der Ausspielung (Lotterie) abgesetzt werden. In gleicher Weise wendet sich der Absatz 1 gegen die Wanderauktionen und tritt damit einer Geschäftsform entgegen, welche in den Verhandlungen über die Wanderlager als besonders bedenklich erkannt wurde. Die bezüglich dieser Geschäftsform den zuständigen Behörden eingeräumte Befugniß, Ausnahmen von dem Verbote zu gestatten, hat ihren Grund in bestimmten lokalen, unerheblichen und unbedenklichen Volksgewohnheiten, denen entgegenzuwirken der Gesetzgeber keinen Anlaß hat. Auf ähnlichen Erwägungen beruht die Zulassung einzelner Ausnahmen von dem Verbote des Absetzens der Waaren im Wege des Glückspiels oder der Ausspielung. Es sei hier nur an die auf Jahrmärkten üblichen Drehbretter der Kuchenbuden und ähnliche völlig harmlose Volkslustbarkeiten erinnert. Bei der fraglichen Ausnahmebefugniß ist an die Gestattung der Versteigerung in den eigentlichen Wanderlagern nicht gedacht.

Weiterhin verpflichtet der §. 56c im Absatz 2 die Gewerbetreibenden und vor allem die Wanderlagerbesitzer zu gewissen, das Publikum vor Täuschung und Betrug schützenden Einrichtungen. Damit wird dem Beschlusse des Bundesraths vom 27. März 1879 — §. 172 der Protokolle — und denjenigen Erwägungen Rechnung getragen, welche bei den eingangs angeführten Verhandlungen beschränkende Bestimmungen auf diesem Gebiete erforderlich erscheinen ließen. Ueber die Frage, ob im einzelnen Falle ein Wanderlager oder eine stehende gewerbliche Niederlassung vorliegt, vgl. 42 Absatz 2. Handelt es sich nicht um die ernsthafte Begründung einer gewerblichen Niederlassung, sondern um eine bloße Vorspiegelung derselben, so ist der Gewerbebetrieb nicht als ein stehender zu betrachten. Die Bestimmung in Abs. 2 soll selbstverständlich nur den Gewerbebetrieb im Umherziehen treffen.

Motive und Commissionsbericht zum Gesetzentwurf von 1882.

Vgl. auch die Note 1 zu §. 55 Abs. 1.

§. 56d.

Ausländern kann der Gewerbebetrieb im Umherziehen gestattet werden. Der Bundesrath ist befugt, die deshalb nöthigen Bestimmungen zu treffen.

Die bezüglichen mit dem 1. Januar 1884 in Wirksamkeit tretenden Bestimmungen lauten:

II. Gewerbebetrieb der Ausländer im Umherziehen.

A. Im allgemeinen.

1. Ausländer, welche ein Gewerbe im Umherziehen betreiben wollen, bedürfen eines Wandergewerbescheines.

2. Ausgenommen von der Vorschrift zu 1 sind solche Ausländer, welche ausschließlich den Verkauf roher Erzeugnisse der Land- und Forstwirthschaft, des Garten- und Obstbaues, der Geflügel- und Bienenzucht im gewöhnlichen Grenzverkehr betreiben wollen; der Gewerbebetrieb kann jedoch untersagt werden,

---

Zu §. 56d.

1. Die Fassung dieser Vorschrift entspricht der des Abs. 3 des §. 57 der Gew.O. von 1869.

2. Die unterm Strich abgedruckten Ausführungsbestimmungen des Bundesraths sind an die Stelle der Bekanntmachung vom 7. März 1877 (R.G.Bl. S. 142) getreten.

3. Die steuerliche Behandlung des Gewerbebetriebes im Umherziehen wird durch dieselben nicht berührt.

Cirk.R. d. F.M., M. d. J. u. H.M. v. 24. Mai 1877. M.Bl. S. 140.

4. Durch den §. 56d in Verbindung mit §. 42 Abs. 2 und §. 44 wird auch für den Fall, daß nicht, wie mit Oesterreich-Ungarn und der Schweiz entgegenstehende Verträge abgeschlossen sind, der Geschäftsverkehr der Reisenden ausländischer Handlungshäuser der Regelung durch den Bundesrath unterworfen. Auf die Bestimmungen des §. 44 können diese ausländischen Firmen sich nicht berufen, weil ihre ausländische gewerbliche Niederlassung nicht der Begriffsbestimmung des §. 42 Abs. 2 entspricht.

Vgl. Motive zum Gesetzentwurf von 1882.

5. Die Prüfung des Bedürfnisses im Falle zu Nr. 4 der Bekanntmachung bezieht sich auch auf die Zahl der zu gestattenden Begleiter.

Vgl. R. d. M. d. J., d. F.M. und H.M. v. 23. Februar 1878. M.Bl. S. 56.

wenn eine der Voraussetzungen der §§. 57 Ziffer 1 bis 4, 57a oder 57b Ziffer 2 bis 4 der Gewerbeordnung vorliegt.

3. Auf die Ausübung des Gewerbebetriebes im Umherziehen, ferner auf die Ertheilung, Versagung und Zurücknahme des Wandergewerbescheines finden die Bestimmungen des Titels III. der Gewerbeordnung Anwendung, soweit nachstehend nicht etwas anderes bestimmt ist.

4. Die Ertheilung eines Wandergewerbescheines ist zu versagen, wenn ein Bedürfniß zur Ausstellung von Wandergewerbescheinen für Ausübung des betreffenden Gewerbes im Bezirke der Behörde nicht besteht, oder sobald für das Gewerbe, für welches der Schein nachgesucht wird, die den Verhältnissen des Verwaltungsbezirks der Behörde entsprechende Anzahl von Wandergewerbescheinen ertheilt oder ausgedehnt worden ist (vergl. Ziffer 6).

Für das Gewerbe der Topfbinder, der Kesselflicker, der Händler mit Blech- und Drahtwaaren und ähnlichen Gegenständen, der Drehorgelspieler und Dudelsackpfeifer darf ein Wandergewerbeschein

---

6. Die für die Zulassung von Ausländern zu treffenden Bestimmungen sind, soweit thunlich, durch Vereinbarung mit den einzelnen hierbei in Betracht kommenden Regierungen festzustellen, und sind keineswegs eigentliche Staatsverträge, welche der Genehmigung des Reichstags bedürfen.

Nr. 217, R.A. d. B.R. S. 55.

7. Durch Cirk.R. d. H.M., d. F.M. und d. M. d. J. v. 26. Oktober 1881 (Mitth. 14 S. 54) sind den Provinzialbehörden insbesondere folgende Punkte zur Beachtung empfohlen:

1. Vor Ertheilung des Legitimationsscheins zum Gewerbebetrieb im Umherziehen an Slovaken und andere ausländische Hausirer ist in jedem einzelnen Falle sorgfältig zu prüfen,

a) ob in dem Bezirk der ertheilenden Behörde ein Bedürfniß, anderen als den bereits zugelassenen Personen den Betrieb des fraglichen Gewerbes im Umherziehen zu gestatten, anzuerkennen, und eine wie große Zahl von Begleitern ohne Ueberschreitung dieses Bedürfnisses zuzulassen ist.

Ergiebt die Prüfung, daß das Bedürfniß bereits gedeckt ist, so ist die Ausstellung bezw. Ausdehnung des Legitimationsscheins, sowie die Zulassung von Begleitern abzulehnen;

b) ob diejenigen Ausländer, welche den Legitimationsschein nachsuchen, sowie diejenigen Ausländer oder Inländer, welche als Begleiter eines ausländischen Hausirers zugelassen oder zu anderen

außerdem nur solchen Personen ertheilt werden, welche nachweislich in dem nächst vorangegangenen Kalenderjahre einen Wandergewerbeschein für dasselbe Gewerbe erhalten haben.

Zigeunern ist der Wandergewerbeschein stets zu versagen.

5. Ausländer, welche entweder das 21. Lebensjahr noch nicht überschritten haben, oder durch ihre Persönlichkeit zu erheblichen polizeilichen Bedenken Anlaß geben, sind zum Gewerbebetriebe im Umherziehen nicht zuzulassen.

Der ertheilte Wandergewerbeschein kann zurückgenommen werden, wenn solche Bedenken nachträglich sich ergeben.

6. Der Wandergewerbeschein berechtigt den Inhaber, nach Entrichtung der Landessteuern sein Gewerbe im Umherziehen in dem Bezirke derjenigen Behörde zu betreiben, welche den Wandergewerbeschein ertheilt hat. Zu dem Gewerbebetriebe in einem anderen Bezirke ist die Ausdehnung des Wandergewerbescheines durch die zuständige Behörde dieses Bezirks erforderlich. Die Ausdehnung wird versagt, wenn ein Bedürfniß zur Ausübung des betreffenden Gewerbes in dem Bezirke der Behörde nicht besteht, oder sobald für die den Verhältnissen des Bezirks entsprechende

---

Zwecken mitgeführt werden sollen, ingleichen die ausländischen Begleiter eines inländischen Hausirers nach ihrer **Persönlichkeit** den gesetzlichen Anforderungen entsprechen, d. h. **ob sie das 21. Lebensjahr überschritten haben**, ob bei ihnen nicht einer der in der Gewerbeordnung bezeichneten Hinderungsgründe zutrifft, und ob sie nicht durch ihre Persönlichkeit zu sonstigen erheblichen Bedenken Anlaß geben. Solche Bedenken werden auch aus Belästigungen des Publikums, welche sich die Antragsteller oder deren Begleiter haben zu Schulden kommen lassen, zu entnehmen sein. Ebenso sind Personen vom Gewerbebetrieb im Umherziehen auszuschließen, welche in Vorjahren zu Gesellschaften sich vereinigt und dadurch die öffentliche Sicherheit gefährdet haben, oder welche wegen Hausirgewerbekontravention, insbesondere wegen Mitführung nicht zugelassener Begleiter bestraft worden sind;

c) der Legitimationsschein ist bis auf weiteres denjenigen ausländischen Drahtwaarenhändlern ꝛc. zu versagen, welche im Vorjahr einen solchen nicht erhalten hatten oder nur als Begleiter eines legitimirten Hausirers zugelassen waren.

Personen, welche diesen Anforderungen (zu b und c) nicht entsprechen, **darf** der Legitimationsschein **nicht** ertheilt werden; ebensowenig dürfen die unter b bezeichneten Personen als Begleiter zugelassen werden.

Anzahl von Personen Wandergewerbescheine bereits ertheilt oder auf den betreffenden Bezirk ausgedehnt sind.

Auf die Zurücknahme der Ausdehnung findet der §. 58 der Gewerbeordnung so wie vorstehende Ziffer 5 Abs. 2 entsprechende Anwendung.

Das Recht, einen Ausländer aus dem Reichsgebiete auszuweisen, wird durch diese Bestimmungen nicht berührt.

7. Der Mangel eines festen Wohnsitzes im Inlande (§. 57b Ziffer 1 der Gewerbeordnung) ist Ausländern gegenüber als ein Grund zur Versagung des Wandergewerbescheines oder zur Versagung der Ausdehnung desselben nicht anzusehen.

8. Sowohl die Ausstellung *als auch die* Ausdehnung eines Wandergewerbescheines kann für eine kürzere Dauer, als das Kalenderjahr, oder für bestimmte Tage während des Kalenderjahres erfolgen.

9. Die Wandergewerbescheine werden nach den unter III nachstehend bezeichneten Formularen ausgestellt.

Wie die erforderliche Prüfung zu bewirken ist, bleibt dem Ermessen der Provinzialbehörden überlassen. Je nach Verschiedenheit der Verhältnisse werden sich Rückfragen an die Unterbehörden, oder auch laufende Berichte der letzteren über die Führung der einzelnen zugelassenen Slovaken und ihrer Begleiter nicht umgehen lassen.

2. In den Legitimationsschein sind neben dem genauen Signalement des Gewerbetreibenden und der näheren Bezeichnung des von demselben beabsichtigten Gewerbebetriebes auch die Namen, die Personalbeschreibungen und die Altersangaben der zugelassenen Begleiter (Reskript vom 28. Mai 1878) aufzunehmen.

3. Die Polizeibehörden und die Gendarmen sind anzuweisen, auf den Gewerbebetrieb der Slovaken rc. ein besonders wachsames Auge zu haben und im Fall von Zuwiderhandlungen gegen die bestehenden Vorschriften wegen Bestrafung und Ausweisung der hausirenden Ausländer und ihrer Begleiter das Erforderliche zu veranlassen. In Betreff der Zigeunerbanden wird auf den Erlaß des Ministers des Innern vom 22. Oktober 1870 verwiesen.

Im Uebrigen ist Folgendes zu beachten:

a) kein Ausländer darf das Hausirgewerbe betreiben, ohne im Besitz eines für seine Person, für das Kalenderjahr und für den Bezirk, in welchem er hausirt, gültigen Legitimationsscheines der zuständigen Behörde zu sein;

b) jeder Hausirer muß während der thatsächlichen Ausübung des

10. Wer beim Gewerbebetrieb im Umherziehen andere Personen von Ort zu Ort mit sich führen will, bedarf der Erlaubniß derjenigen Behörde, welche den Wandergewerbeschein ertheilt oder ausgedehnt hat. Die Erlaubniß wird in dem Wandergewerbescheine unter näherer Bezeichnung der Personen vermerkt.

Personen, welche den an die selbständigen Gewerbetreibenden zu stellenden Anforderungen nicht entsprechen, dürfen nicht mitgeführt werden. Diese Bestimmung findet auch auf die Mitführung eines Inländers durch einen ausländischen Gewerbetreibenden und eines Ausländers durch einen inländischen Gewerbetreibenden Anwendung.

Die Erlaubniß zur Mitführung von Personen anderen Geschlechts, mit Ausnahme der Ehegatten und der über 21 Jahre alten eigenen Kinder und Enkel, kann auch dann versagt werden, wenn keiner der aus Ziffer 3 bis 5 sich ergebenden Versagungsgründe vorliegt.

11. Die auf Grund der vorstehenden Bestimmungen getroffenen Verfügungen einschließlich der Versagung der Genehmi-

---

Gewerbes den Legitimationsschein bei sich führen und auf Erfordern der Ortspolizeibehörde vorzeigen;

c) als Begleiter eines ausländischen Hausirers dürfen nur Personen zugelassen werden, welche im Legitimationsschein ausdrücklich aufgeführt sind. Dies gilt auch von den nicht zu „gewerblichen" Zwecken, sondern lediglich aus wirthschaftlichen Rücksichten mitgeführten Frauen und Kindern unter 14 Jahren;

d) so oft sich ein Anlaß dazu ergiebt, ist genau zu prüfen, ob die Angaben des Legitimationsscheines über Namen und Signalement, insbesondere auch über das Alter, für diejenigen Gewerbetreibenden und Begleiter zutreffen, welche sich zu ihrem Ausweise auf den Schein berufen, und ob nicht etwa der letztere von dem ursprünglichen Inhaber einem Andern überlassen ist oder andere als die im Legitimationsschein genannten Personen als Begleiter auftreten oder eine im Signalement enthaltene Altersangabe für eine Persönlichkeit in Anspruch genommen wird, die augenscheinlich das entsprechende Lebensalter noch nicht erreicht hat;

e) ergiebt sich, daß ein nicht zugelassener Begleiter mitgeführt wird, so ist sowohl derjenige, welcher den Begleiter unbefugt mit sich führt, wie auch derjenige, welcher dem Gewerbetreibenden unbefugt als Begleiter dient, strafbar.

zung des Druckschriftenverzeichnisses (§. 56 Absatz 4 der Gewerbeordnung) können nur im Wege der Beschwerde an die unmittelbar vorgesetzte Aufsichtsbehörde angefochten werden.

B. Der Geschäftsbetrieb der ausländischen Handlungsreisenden im besonderen.

1. Auf Handlungsreisende, welche durch die in den Staatsverträgen vorgesehenen Gewerbelegitimationskarte legitimirt sind, finden die Bestimmungen der Staatsverträge Anwendung. Insoweit die Handlungsreisenden Waaren feilbieten, oder Waaren bei anderen Personen als bei Kaufleuten oder solchen Personen, welche die Waaren produziren, oder an anderen Orten, als in offenen Verkaufsstellen aufkaufen, oder Waarenbestellungen bei anderen Personen als bei Kaufleuten oder solchen Personen, in deren Gewerbebetriebe Waaren der angebotenen Art Verwendung finden, aufsuchen wollen, finden die vorstehenden Bestimmungen unter A auf sie Anwendung.

2. Handlungsreisende, welche Staaten angehören, mit denen ein Abkommen wegen der Gewerbelegitimationskarten zwar nicht abgeschlossen, denen jedoch das Recht der Meistbegünstigung hinsichtlich des Gewerbebetriebs eingeräumt ist, bedürfen zum Geschäftsbetriebe im Inlande einer Gewerbelegitimationskarte nach einem festgestellten Muster.

Die Gewerbelegitimationskarte berechtigt den Inhaber in dem ganzen Gebiete des Reichs, nach Entrichtung der Landessteuern, sofern in letzterer Hinsicht nicht ein anderes im Wege des Vertrages festgesetzt ist, Waaren bei Kaufleuten oder solchen Personen, welche die Waaren produziren, oder in offenen Verkaufsstellen aufzukaufen und Waarenbestellungen bei Kaufleuten oder Personen, in deren Gewerbebetriebe Waaren der angebotenen Art Verwendung

---

8. Die Ausführungsbestimmungen des Bundesraths erstrecken sich nicht auf den in §. 44 der Gewerbeordnung bezeichneten Gewerbebetrieb, welcher im bloßen Aufsuchen von Waarenbestellungen oder im Ankaufe frachtweise zu befördernder Waaren besteht.

Vgl. Nr. 457, R.A. d. B.R. S. 110.

9. Es ist selbstverständlich, daß die Ausländer keinesfalls günstiger gestellt werden sollen, wie die Inländer, und daß hiernach insbesondere die aus den

finden, aufzusuchen. Er darf nur Waarenmuster, aber keine Waaren mit sich führen.

Auf die Ertheilung, Versagung und Zurücknahme der Gewerbelegitimationskarte finden die Bestimmungen des Titels III der Gewerbeordnung mit der Maßgabe entsprechende Anwendung, daß der Mangel eines festen Wohnsitzes im Inlande (§. 57 b der Gewerbeordnung) einen Grund zur Versagung der Gewerbelegitimationskarte nicht bildet, und daß die auf Grund dieser Bestimmungen getroffenen Verfügungen nur im Wege der Beschwerde an die unmittelbar vorgesetzte Aufsichtsbehörde angefochten werden können.

3. Auf die Ausübung des Geschäftsbetriebes der ausländischen Handlungsreisenden (Ziffer 1 und 2) finden die Bestimmungen des Titels III der Gewerbeordnung entsprechende Anwendung.

III. Formulare für Wandergewerbescheine.

Die Wandergewerbescheine werden nach den bestimmten Formularen ausgestellt, von welchen Formular A für Inländer und Ausländer in den Fällen des §. 55 Ziffer 4 der Gewerbeordnung, und Formular B für Inländer, Formular C für Ausländer in den übrigen Fällen des Gewerbebetriebes im Umherziehen bestimmt sind.

Zoll- und Steuergesetzen (§. 5 der Gewerbeordnung) sich ergebenden Beschränkungen auch den Ausländern gegenüber zur Anwendung kommen. Ein von den Behörden der inneren Verwaltung ausgestellter Legitimationsschein berechtigt daher zum Hausirbetrieb im Zollgrenzbezirke nur dann, wenn den bezüglichen Zollkontrolvorschriften, namentlich dem §. 124 des Vereinszollgesetzes vom 1. Juli 1869, Genüge geleistet ist; es ist Sache der Vollzugsbehörden, die Betheiligten hierauf ausdrücklich aufmerksam zu machen.

Nr. 458, 463, R.A. d. B.R. S. 110, 111.

10. Dem betreffenden Ausländer sollen weder persönliche Rechtsansprüche, noch eigentliche Rechtsmittel eingeräumt werden; die Vorschriften der Gewerbeordnung über Versagung und späteres Verbot des Gewerbebetriebs, sowie in Bezug auf Rekurse haben in vorliegenden Fällen nur insoweit Anwendung zu finden, als die Gewerbeordnung den Betheiligten ein Recht gewährt. Vermeintliche Beschwerden sind bei der kompetenten höheren Behörde anzubringen.

Vgl. Nr. 459, R.A. d. B.R. S. 110.

§. 57.

Der Wandergewerbeschein ist zu versagen:

1. wenn der Nachsuchende mit einer abschreckenden oder ansteckenden Krankheit behaftet oder in einer abschreckenden Weise entstellt ist;
2. wenn er unter Polizeiaufsicht steht;
3. wenn er wegen strafbarer Handlungen aus Gewinnsucht, gegen das Eigenthum, gegen die Sittlichkeit, wegen vorsätzlicher Angriffe auf das Leben und die Gesundheit der

---

Auch bei Ertheilung der zulässigen Legitimationsscheine ist der Inhalt der Nr. 5 und 6 in Betracht zu ziehen.

Demgemäß ist insbesondere solchen Drahtwaarenhändlern und dergl., welche das 21. Lebensjahr noch nicht überschritten haben, der Legitimationsschein jedenfalls zu versagen.

Der Ausdruck „nächstvorangegangene Kalenderjahr" (Nr. 4) bedeutet immer dasjenige Jahr, welches jeweilig der Bewerbung unmittelbar vorangegangen ist, so daß also kein Legitimationsschein mehr ausgestellt werden darf, wenn der Gesuchsteller zwar in einem früheren, nicht aber in dem letzten Jahre vor seiner Bewerbung einen Legitimationsschein erhalten hat.

Vgl. Nr. 460, R.A. d. B.R. S. 110.

Wegen der Beschränkungen des Marktverkehrs der Ausländer vgl. §. 64 Gw.O.

Zu § 57.

1. Die Fassung der Gw.O. von 1869 lautete dahin:

Einem Bundesangehörigen, welcher innerhalb des Bundesgebietes einen festen Wohnsitz besitzt und das 21ste Lebensjahr überschritten hat, darf der Legitimationsschein, vorbehaltlich der Bestimmung des §. 59, nur dann versagt werden, wenn er:

1. mit einer abschreckenden oder ansteckenden Krankheit behaftet ist;
2. oder wegen strafbarer Handlungen aus Gewinnsucht gegen das Eigenthum, gegen die Sittlichkeit, wegen vorsätzlicher Angriffe auf das Leben und die Gesundheit der Menschen, wegen vorsätzlicher Brandstiftung, wegen Zuwiderhandlungen gegen Verbote oder Sicherungsmaßregeln, betreffend Einführung oder Verbreitung ansteckender Krankheiten oder Viehseuchen, zu Gefängniß von mindestens sechs Wochen, oder zwar zu einer geringeren Strafe verurtheilt, aber in der Ausübung der bürgerlichen Ehrenrechte beschränkt worden ist, innerhalb zweier Jahre nach erfolgter Verurtheilung, und im Falle der Gefängnißstrafe nach verbüßtem Gefängniß;

Menschen, wegen vorsätzlicher Brandstiftung, wegen Zuwiderhandlungen gegen Verbote oder Sicherungsmaßregeln, betreffend Einführung oder Verbreitung ansteckender Krankheiten oder Viehseuchen, zu einer Freiheitsstrafe von mindestens drei Monaten verurtheilt ist, und seit Verbüßung der Strafe drei Jahre noch nicht verflossen sind;

4. wenn er wegen gewohnheitsmäßiger Arbeitsscheu, Bettelei, Landstreicherei, Trunksucht übel berüchtigt ist;

---

3. oder unter Polizeiaufsicht steht;

4. oder wegen gewohnheitsmäßiger Arbeitsscheu, Bettelei, Landstreicherei, Trunksucht übel berüchtigt ist.

Die Behörde muß innerhalb vierzehn Tagen dem Nachsuchenden entweder den Legitimationsschein ertheilen oder unter Angabe des gesetzlichen Hinderungsgrundes schriftlich versagen. Gegen die Versagung steht der Rekurs zu. Wegen des Verfahrens und der Behörden gelten die Vorschriften der §§. 20 und 21.

Ausländern kann der Gewerbebetrieb im Umherziehen gestattet werden. Der Bundesrath ist befugt, die deshalb nöthigen Bestimmungen zu treffen.

2. Das Gesetz hat die Versagungsgründe so vervollständigt, daß nunmehr bescholtene und unzuverlässige Personen in der überwiegenden Zahl der Fälle vom Hausirgewerbe ausgeschlossen werden können. Was ferner die Zurücknahme des Wandergewerbescheins anlangt, so unterscheidet das Gesetz zwischen obligatorischen und einer doppelten Art von fakultativen Versagungsgründen, giebt es den Behörden, welche die Wandergewerbescheine zu ertheilen haben, die bisher fehlende Richtschnur dafür, in welchen Fällen sie zur Versagung des Wandergewerbescheins a. unbedingt, b. der Regel nach verpflichtet, c. nicht verpflichtet, aber berechtigt sind. Dabei dient die Ausscheidung der ersten beiden Kategorien von Versagungsgründen noch dem doppelten Zwecke, weniger energischen Beamten gegenüber dem Andrängen der den Wandergewerbeschein Nachsuchenden eine festere Stellung zu verschaffen, und solchen Beamten, welche etwa allzu sehr geneigt sein möchten, lästiger Elemente durch Ausstellung von Wandergewerbescheinen sich zu entledigen, ihre Pflicht unzweideutig vorzuscheiben.

Unter Ziffer 1 sind die abschreckenden oder ansteckenden Krankheiten der bisherigen Ziffer 1 beibehalten; neu aufgenommen sind die Fälle einer abschreckenden Entstellung.

Der Wandergewerbeschein ist auch dann zu versagen, wenn solche unglückliche Individuen zwar nicht auf offener Straße, sondern in Schaubuden sich sehen lassen wollen, um niederer Schaulust zu dienen und aus ihr Gewinn zu ziehen. Nur wenn es sich darum handelt, daß die betreffenden Personen

5. in dem Falle des §. 55 Ziffer 4, sobald der den Verhältnissen des Verwaltungsbezirks der zuständigen Verwaltungsbehörde entsprechenden Anzahl von Personen Wandergewerbescheine ertheilt oder ausgedehnt sind (§. 60 Absatz 2).

---

umhergeführt werden sollen, um in geschlossenen Räumen zu wissenschaftlichen Zwecken gezeigt zu werden, tritt der Begriff des Gewerbebetriebes in den Hintergrund und fällt die Veranlassung fort, mit einem Verbote hiergegen einzuschreiten.

Die Frage, ob eine Krankheit „abschreckend" genannt werden kann, oder ob der Nachsuchende in abschreckender Weise „entstellt" ist, unterliegt der Entscheidung der höheren Verwaltungsbehörde (§. 61) vorbehaltlich des Rekurses.

An zweiter Stelle ist die im §. 57 der Gewerbeordnung an dritter Stelle aufgeführte Polizeiaufsicht genannt, während die Bestimmung unter Ziffer 2 der Gewerbeordnung unter wesentlicher Erweiterung in den §. 57a Ziffer 5 und 6 des Entwurfs verwiesen ist. Als dritter obligatorischer Versagungsgrund (§. 57 Ziffer 3) wird das Vorhandensein von Thatsachen bezeichnet, welche die Annahme rechtfertigen, daß der Nachsuchende den Gewerbebetrieb zu Handlungen, welche den Gesetzen oder den guten Sitten zuwiderlaufen, oder zu schwindelhaften Zwecken benutzen werde. Es soll verhindert werden, daß nicht unter der Maske eines anderen Gewerbebetriebes den Gesetzen oder guten Sitten zuwidergehandelt oder schwindelhafte Zwecke verfolgt werden. Gegen Mißbrauch schützt der Rekurs. Was bei dem Erlaß dieser Vorschrift den Ausschlag geben muß, ist die Rücksicht auf das allgemeine Wohl.

Ziffer 4 des Gesetzes enthält eine wesentliche Erweiterung gegenüber der jetzt geltenden Vorschrift unter §. 57 Ziffer 4. Die Erfahrung hat gelehrt, daß das von der Gewerbeordnung vorausgesetzte „Uebelberüchtigtsein" sich schwer nachweisen läßt, auch wenn die Thatsache der Arbeitsscheu u. s. w., auf welche es doch allein ankommt, notorisch ist. Jener Begriff, welcher jede feste Grundlage vermissen läßt, hat deshalb in der Praxis zu verschiedenen Zweifeln Anlaß gegeben, weshalb das Gesetz denselben völlig bei Seite läßt, und vielmehr die Pflicht der Versagung des Wandergewerbescheins lediglich auf das Vorhandensein von Thatsachen stellt, welche die Annahme rechtfertigen, daß der Nachsuchende der Arbeitsscheu, der Bettelei, der Landstreicherei, dem Trunke oder einem liederlichen Lebenswandel ergeben ist.

Aus dem Eingange des jetzigen §. 57 der Gew.O. von 1869 sind die beiden Momente des Mangels der Großjährigkeit und des festen Wohnsitzes im Inlande hinübergenommen. — Daneben ist die neue Bestimmung getroffen, daß die Versagung, ebenfalls erfolgen darf,

wenn der Nachsuchende Kinder besitzt, für deren Unterhalt und, sofern sie im schulpflichtigen Alter stehen, für deren Unterricht nicht genügend gesorgt ist,

oder wenn er blind, taub oder stumm ist, oder an Geistesschwäche leidet.

§ 57a.

Der Wandergewerbeschein ist in der Regel zu versagen:

1. wenn der Nachsuchende noch nicht großjährig ist;
2. wenn er blind, taub oder stumm ist, oder an Geistesschwäche leidet.

§. 57b.

Der Wandergewerbeschein darf außerdem nur dann versagt werden:

1. wenn der Nachsuchende im Inlande einen festen Wohnsitz nicht hat;
2. wenn er wegen strafbarer Handlungen aus Gewinnsucht, gegen das Eigenthum, gegen die Sittlichkeit, wegen vorsätzlicher Angriffe auf das Leben und die Gesundheit der Menschen, wegen vorsätzlicher Brandstiftung, wegen Zuwiderhandlungen gegen Verbote oder Sicherungsmaßregeln, betreffend Einführung oder Verbreitung ansteckender Krankheiten oder Viehseuchen, zu einer Freiheitsstrafe von mindestens sechs Wochen verurtheilt ist, und seit Verbüßung der Strafe drei Jahre noch nicht verflossen sind;

Ziffer 5 deckt sich im wesentlichen mit dem Absatz 2 des früheren §. 59 in Verbindung mit dem Absatz 2 des jetzigen §. 60 und ist nur der Vollständigkeit wegen an dieser Stelle aufgeführt. Welche Anzahl der hier fraglichen Gewerbtreibenden den Verhältnissen des Verwaltungsbezirks entspricht, entscheidet die zuständige Behörde nach freiem Ermessen. Dabei kommt es selbstverständlich nicht darauf an, daß von jeder möglichen Gattung von Musikanten, Schaustellern u. s. w. irgend eine Anzahl zugelassen werden soll; sondern wenn von einer oder von einzelnen Betriebsarten bereits eine den Verhältnissen des Bezirks entsprechende Anzahl von Personen zugelassen ist, so können andere Betriebsarten auch ganz ausgeschlossen werden.

Motive zum Gesetzentwurf von 1882.

Zu §. 57a. b.

Die Bestimmung der Gewerbeordnung, daß dem Nachsuchenden innerhalb vierzehn Tagen der Legitimationsschein entweder ertheilt, oder unter Angabe des gesetzlichen Hinderungsgrundes schriftlich versagt werden muß, ist, was die Fristbestimmung anlangt, nicht mit aufgenommen worden. In den zahlreichen Fällen, wo Nachfragen in Betreff der Person des Nachsuchenden erforderlich sind, vergeht bis zur Entscheidung auch bei möglichster Beschleunigung der Angelegenheit gar leicht eine längere Zeit als vierzehn Tage. Die

3. wenn er wegen Verletzung der auf den Gewerbebetrieb im Umherziehen bezüglichen Vorschriften im Laufe der letzten drei Jahre wiederholt bestraft ist;
4. wenn er ein oder mehrere Kinder besitzt, für deren Unterhalt und, sofern sie im schulpflichtigen Alter stehen, für deren Unterricht nicht genügend gesorgt ist.

§. 58.

Der Wandergewerbeschein kann zurückgenommen werden, wenn sich ergiebt, daß eine der im §. 57 Ziffer 1 bis 4, §. 57a oder §. 57b bezeichneten Voraussetzungen entweder zur Zeit der Ertheilung desselben bereits vorhanden gewesen, der Behörde aber unbekannt geblieben, oder erst nach Ertheilung des Scheins eingetreten ist.

§. 59.

Eines Wandergewerbescheins bedarf nicht:
1. wer selbstgewonnene oder rohe Erzeugnisse der Land- und Forstwirthschaft, des Garten- und Obstbaues, der Geflügel- und Bienenzucht, sowie selbstgewonnene Erzeugnisse der Jagd und Fischerei feilbietet;
2. wer in der Umgegend seines Wohnortes bis zu 15 Kilometer Entfernung von demselben selbstverfertigte Waaren,

---

bestehende Vorschrift ist deshalb in ihrer Ausnahmslosigkeit erfahrungsmäßig undurchführbar.

Der unter Nr. 1 des §. 57b aufgeführte Mangel des festen Wohnsitzes ist dem Eingange des früheren §. 57 entnommen.

Der unter §. 57b Nr. 3 aufgeführte Grund ist neu. Gerechtfertigt ist derselbe durch das Bestreben, dem Gesetze Geltung zu verschaffen. Nach der Fassung genügt an und für sich die Thatsache der wiederholten Verurtheilung; ein „Rückfall" im Sinne des Strafrechts, also Verurtheilung nach erfolgter Verbüßung der ersten Strafe, wird nicht vorausgesetzt. Die Behörde soll hier freie Hand haben, um die Beschaffenheit des einzelnen Falls nach ihrem gewissenhaften Ermessen zu würdigen.

§. 57b Nr. 2 enthält in erweiterter Gestalt die Bestimmung unter Ziffer 2 des früheren §. 57.

Vgl. Motive zum Gesetzentwurf von 1882.

Unter den Bestrafungen (§. 57, 57b) sind nur gerichtlich erkannte zu verstehen. Die von anderen Behörden erkannten Strafen bleiben außer Betracht.

Vgl. Commissionsbericht zu §. 57b.

welche zu den Gegenständen des Wochenmarktverkehrs gehören, feilbietet oder gewerbliche Leistungen, hinsichtlich deren dies Landesgebrauch ist, anbietet;

3. wer selbstgewonnene Erzeugnisse oder selbstverfertigte Waaren, hinsichtlich deren dies Landesgebrauch ist, zu Wasser anfährt und von dem Fahrzeuge aus feilbietet;
4. wer bei öffentlichen Festen, Truppenzusammenziehungen oder anderen außergewöhnlichen Gelegenheiten mit Erlaubniß der Ortspolizeibehörde die von derselben zu bestimmenden Waaren feilbietet.

Die Landesregierungen können in weiterem Umfange den Gewerbebetrieb im Umherziehen mit Gegenständen des gemeinen Verbrauchs ohne Wandergewerbeschein innerhalb ihres Gebietes gestatten.

§. 59a.

In den Fällen des §. 59 Ziffer 1 bis 3 kann der Gewerbe-

Zu §. 59, 59a.

1. Das Reichsgesetz v. 1. Juli 1883 hat hier den Standpunkt der Gew.O. von 1869 verlassen. Die entsprechende Bestimmung (§. 58 der älteren Fassung) ging dahin:

Die Ertheilung des Legitimationsscheins erfolgt:

1. für den Aufkauf und Verkauf selbstgewonnener Erzeugnisse der Jagd und des Fischfanges,
2. für den Verkauf selbstverfertigter Waaren, welche zu den Gegenständen des Wochenmarktverkehrs gehören und für das nach Landesgebrauch hergebrachte Anbieten gewerblicher Leistungen innerhalb der von der Polizeibehörde näher zu bestimmenden Umgegend des Wohnortes

durch die Unterbehörde, welche für den Ort, wo der Gewerbetreibende seinen Wohnsitz hat, zuständig ist,

für alle anderen Arten des Gewerbebetriebes im Umherziehen durch die höhere Verwaltungsbehörde.

In den Fällen, für welche die Gesetze die Ausstellung eines Gewerbescheines nothwendig machen, kann dieser auch zugleich den Legitimationsschein ersetzen.

Um für die Behörden eine Entlastung und für das Publikum eine Erleichterung zu schaffen, hat das neue Gesetz im §. 59 für denjenigen Kleinverkehr, welcher gemäß der in der preußischen und bayerischen Landessteuergesetzgebung übereinstimmend gegebenen Begrenzung einer Steuerpflicht nicht unterliegt und somit im größten Theile des Reiches steuerfrei ist, auch von der

betrieb untersagt werden, wenn die Voraussetzungen des §. 57 Ziffer 1 bis 4 vorliegen.

---

gewerbepolizeilichen Legitimation abgesehen und für denjenigen Verkehr, welcher einer gewerbepolizeilichen Legitimation bedarf, im §. 61 den Grundsatz aufgestellt, daß diese Legitimation in allen Fällen durch die nämliche obere Instanz zu ertheilen ist.

2. In Betreff der Gegenstände des Wochenmarktverkehrs ist die Vorschrift des §. 66 Gew.O. maßgebend.

Vgl. auch den Cirk.Erl. d. M. d. J. v. 26. Dezember 1847 (M.Bl. pro 1848 S. 25) u. d. R. d. F.M. v. 19. November 1853, 20. September 1855 u. 31. Oktober 1870 (Winiker S. 254, 256).

3. Auf Ausländer finden die Bestimmungen der §§. 59, 59a keine Anwendung.

Vgl. Motive zum Gesetzentwurf von 1882.

4. Selbstgeschlachtetes Fleisch gehört zu den selbstverfertigten Waaren.

R. d. H.M. u. F.M. v. 13. Januar 1870. M.Bl. S. 131.

5. Anträge auf Ertheilung steuerpflichtiger Gewerbescheine zum An- oder Verkauf roher Erzeugnisse der Land- und Forstwirthschaft, des Garten- und Obstbaues sind bei der Polizeibehörde des Wohnortes des Gewerbetreibenden anzubringen, von welcher dann an die Bezirksregierungen — in der Provinz Hannover an die dortige Finanzdirektion — zu berichten ist. In Berlin sind derartige Anträge an die Direktion für die Verwaltung der direkten Steuern zu richten.

Cirk.Verf. d. F.M., H.M. und M. d. J. v. 10. Juni 1871. M.Bl. S. 207.

6. Unter rohen Erzeugnissen der Land- und Forstwirthschaft, des Garten- und Obstbaues sind nur die durch den Betrieb einer solchen Wirthschaft unmittelbar gewonnenen Erzeugnisse, dagegen nicht solche Produkte zu verstehen, welche vor ihrer Verwendung zum Verkauf einer besonderen Zubereitung oder Bereitung bedürfen.

Demzufolge sind Wachs und Honig, wenn diese Gegenstände in rohem Zustande verkauft werden, ferner Eier, rohe Felle, Schweinsborsten, Kälberhaare und gerupfte Federn, da sie keine Zubereitung erfahren haben, zu den Rohprodukten zu rechnen, während Flachs, sobald er gebrochen oder geröstet ist, Butter, Käse, gebackenes, getrocknetes und eingekochtes Obst hierzu nicht zu zählen sind.

Da die Gew.O. nur den Hausirhandel mit rohen Erzeugnissen der Land- und Forstwirthschaft, des Garten- und Obstbaues, nicht aber mit Produkten der Viehzucht von der Verpflichtung zur Lösung eines Legitimationsscheines befreit hat, so ist zum Gewerbebetrieb mit allen Arten lebenden

§. 60.

Der Wandergewerbeschein wird für die Dauer des Kalenderjahres ertheilt, er berechtigt den Inhaber, in dem ganzen Gebiete des Reichs das bezeichnete Gewerbe nach Entrichtung der darauf haftenden Landessteuern zu betreiben. Soweit nach §. 56 Ziffer 1 das Feilbieten von geistigen Ge-

---

Viehes, mit Ausschluß des Federviehes, welches zu den rohen Erzeugnissen der Landwirthschaft zu rechnen ist, ein Legitimationsschein einzuholen.

R. d. H.M. und F.M. v. 5. Februar 1870 (M.Bl. S. 132) und vom 7. Mai 1870.

Winiker Nr. 782b.

Erk. d. O.T. v. 20. März 1878.

Opp. XIX. S. 153.

7. Der §. 59 Gew.O., welcher in der älteren Fassung lautete:

Wer auf den Straßen oder sonst im Umherziehen oder an einem Orte vorübergehend und ohne Begründung eines stehenden Gewerbes öffentlich Musik aufführen, Schaustellungen, theatralische Vorstellungen oder sonstige Lustbarkeiten öffentlich darbieten will, ohne daß ein höheres Interesse der Kunst oder Wissenschaft dabei obwaltet, bedarf, außer den übrigen Erfordernissen, der vorhergehenden Erlaubniß durch die Behörde des Ortes, an welchem die Leistung beabsichtigt wird.

Die Ertheilung von Legitimationsscheinen für diese Gewerbe wird versagt, sobald der, den Verhältnissen des Verwaltungsbezirkes der höheren Verwaltungsbehörde entsprechenden Anzahl von Personen Legitimationsscheine ertheilt sind.

Umherziehenden Schauspieler-Gesellschaften wird der Legitimationsschein nur dann ertheilt, wenn der Unternehmer die im §. 32 vorgeschriebene Erlaubniß besitzt.

ist durch §. 33a und 60a in der Fassung des Reichsgesetzes v. 1. Juli 1883 absorbirt.

8. In Betreff der Gewerbescheine vgl. §§. 6, 7, 8 des Ges. v. 3. Juli 1876. Anhang II. B.

9. Die Veranstaltung öffentlicher Vorstellungen sogenannter Magnetiseure ist nicht gestattet.

R. d. K.M. v. 12. Mai 1881. (M.Bl. S. 170).

Zu §. 60.

1. §. 60 in der Fassung der Gew.O. v. 1869 lautete dahin:

Der Legitimationsschein enthält das Signalement des Inhabers und die nähere Bezeichnung des von demselben beabsichtigten Gewerbebetriebes. Er ist nur für das Kalenderjahr gültig.

tränken im Falle besonderen Bedürfnisses vorübergehend gestattet wird, ist die räumliche und zeitliche Beschränkung dieser Erlaubniß im Wandergewerbeschein anzugeben.

Ein Wandergewerbeschein für den Betrieb der im §. 55 Ziffer 4 bezeichneten Gewerbe gewährt die Befugniß zum Gewerbebetrieb in einem anderen, als dem Bezirke derjenigen Verwaltungsbehörde, welche ihn ausgestellt hat, nur dann, wenn er auf den anderen Bezirk von dessen Verwaltungsbehörde ausgedehnt ist. Sowohl die Ausstellung als auch die Ausdehnung eines derartigen Wandergewerbescheins kann für eine kürzere Dauer, als das Kalenderjahr, oder für bestimmte Tage während des

---

Seine Erneuerung darf nicht versagt werden, so lange die im §. 57 bezeichneten Erfordernisse vorhanden sind.

Der Legitimationsschein für den Betrieb der im §. 59 bezeichneten Gewerbe gewährt die Befugniß zum Gewerbebetrieb in einem anderen, als dem Bezirke derjenigen höheren Verwaltungsbehörde, welche ihn ausgestellt hat, nur dann, wenn er auf den anderen Bezirk von der höheren Verwaltungsbehörde der letzteren ausgedehnt ist. Diese Ausdehnung wird versagt, sobald für die den Verhältnissen des Bezirks entsprechende Anzahl von Personen Legitimationsscheine bereits ausgestellt oder ausgedehnt sind.

Die Fassung des Reichsgesetzs v. 1. Juli 1883 entspricht dem §. 60 in seiner jetzigen Fassung mit folgenden Abweichungen:

1. Hinsichtlich der Dauer des Wandergewerbescheins für ein Kalenderjahr hat der Entwurf die Bestimmung des bisherigen §. 60 übernommen. Dagegen hebt das neue Gesetz ausdrücklich hervor, daß der Schein für den Umfang des Reichs gilt. Der letzte Satz des Absatz 1 ist eine Konsequenz des §. 56 Ziffer 1.

2. Mit dem ausdrücklichen Hinweise auf die vorgängige Entrichtung der auf dem Gewerbebetriebe haftenden Landessteuern, zu denen auch unbeschadet der Bestimmung des §. 8 des Freizügigkeitsgesetzes die Gemeindesteuern zu rechnen sind, wird der Ausschluß der Annahme bezweckt, als ob der Besitz des Wandergewerbescheins allein zu der sofortigen Ausübung des Gewerbebetriebes im Umherziehen berechtigte, und als ob der Inhaber es auf die nachträgliche exekutivische Einziehung der Steuer ankommen lassen könnte.

   Durch den §. 5 der Gewerbeordnung wird jener Hinweis nicht überflüssig gemacht.

3. Durch die Bestimmung, daß sowohl die Ausstellung, als auch die Ausdehnung der Wandergewerbescheine für die im §. 55 unter 4 erwähnten Musikaufführungen, Schaustellungen u. s. w.

Kalenderjahres erfolgen. Die Ausdehnung ist zu versagen, sobald für die den Verhältnissen des Bezirks entsprechende Anzahl von Personen Wandergewerbescheine bereits ausgestellt oder ausgedehnt sind.

Die Verwaltungsbehörde kann die von ihr bewilligte Ausdehnung nach Maßgabe des §. 58 zurücknehmen.

Der Wandergewerbeschein enthält die Personalbeschreibung des Inhabers und die nähere Bezeichnung des Geschäftsbetriebes. Das Formular der Wandergewerbescheine bestimmt der Bundesrath.

---

für eine kurzere Dauer als das Kalenderjahr, oder für bestimmte Tage während des Kalenderjahrs, z. B. Messen, Märkte, Volksfeste, erfolgen kann, soll dem öffentlichen Interesse nicht weniger, als dem der betheiligten Gewerbetreibenden gedient werden. Letzterem insofern, als die Möglichkeit geschaffen werden soll, dem Antrage der Betheiligten auf Ertheilung eines Scheins von kürzerer Dauer oder für wenige Tage des Jahres, welcher voraussichtlich mit einer geringeren Steuer belastet sein wird, zu entsprechen. Auch soll namentlich in kleineren Ländern und Verwaltungsbezirken, nicht sofort durch einige wenige auf Jahresfrist ertheilte oder ausgedehnte Scheine die den Verhältnissen des Landes oder Bezirkes entsprechende Anzahl von Scheinen ausgefüllt werden. Denn das würde zur Folge haben, daß alle sich später Meldenden, selbst wenn die Erstbedachten sich nach kurzem Aufenthalt im Lande dort nicht wieder sehen lassen, ausgeschlossen werden müßten (§. 57 Ziffer 5).

4. In Uebereinstimmung mit dem im §. 58 ausgesprochenen Grundsatze muß eine Zurücknahme auch der Ausdehnung eines der unter 3 vorstehend bezeichneten Wandergewerbescheine möglich gemacht werden.

5. Während der §. 60 in der früheren Fassung nur eine allgemeine Vorschrift über den Inhalt der Legitimationsscheine enthält, bestimmt der §. 60 ferner, daß der Bundesrath das Formular der Wandergewerbescheine festsetzen soll.

6. Der Satz des §. 60 der Gewerbeordnung von 1869, daß die Erneuerung eines Wandergewerbescheines nicht versagt werden darf, so lange die im §. 57 bezeichneten Erfordernisse vorhanden sind, hat keine Aufnahme gefunden. Er könnte nur für die in dem bisherigen §. 59 behandelten Straßengewerbe Bedeutung haben. Denn jeder andere Gewerbetreibende, welcher die Erfordernisse des §. 57 der Gewerbeordnung erfüllt, hat ohnehin einen unabweisbaren Anspruch auf den Wandergewerbeschein. Für die im §. 59 cit. vorgesehenen Betriebe erscheint aber jene Bestimmung schon aus dem Grunde nicht genügend motivirt, weil der Erfolg der sein könnte, daß eine Anzahl Gewerbetreibender,

§. 60a.

Wer die im §. 55 Ziffer 4 bezeichneten Gewerbe an einem Orte von Haus zu Haus oder auf öffentlichen Wegen, Straßen, Plätzen oder an anderen öffentlichen Orten ausüben will, bedarf der vorgängigen Erlaubniß der Ortspolizeibehörde.

§. 60b.

Minderjährigen Personen kann in dem Wandergewerbescheine die Beschränkung auferlegt werden, daß sie das Gewerbe nicht nach Sonnenuntergang, und minderjährigen Personen weiblichen Geschlechts kann außerdem die Beschränkung auferlegt werden, daß sie dasselbe nur auf öffentlichen Wegen, Straßen und Plätzen, nicht aber von Haus zu Haus betreiben dürfen.

Desgleichen kann von der Ortspolizeibehörde minderjährigen Personen verboten werden, daß sie innerhalb des Polizeibezirks die im §. 59 Ziffer 1 und 2 aufgeführten Gegenstände nach Sonnenuntergang, und minderjährigen Personen weiblichen Geschlechts, daß sie dieselben Gegenstände von Haus zu Haus feilbieten.

§. 60c.

Der Inhaber eines Wandergewerbescheins ist verpflichtet,

---

deren Leistungen durchaus mangelhaft sind, späteren tüchtigeren Bewerbern die Erlangung eines Wandergewerbescheins dauernd abschnitten, weil jene bereits die dem Bezirke entsprechende Anzahl darstellen, oder daß, nachdem bereits Scheine in hinreichender Anzahl ausgestellt sind, einer Anzahl früher mit Scheinen versehener Personen, welche sich sehr spät behufs Erneuerung ihrer Scheine meldeten, noch weitere Scheine ausgestellt werden müßten.

Motive zum Gesetzentwurf von 1882.

2. Für Ausländer kommen die betreffenden Bestimmungen gleichmäßig in Anwendung.

Beschl. des Bundesraths Nr. 3, abgedruckt Seite 276.

3. Wegen der Formulare vgl. S. 281.

4. Die betreffende Strafbestimmung ist in §. 149 Nr. 3 Gew. O. enthalten.

Zu §. 60a.

Diese Vorschrift entspricht dem früheren §. 59 Abs. 1.

Zu §. 60b.

Diese Vorschrift ist neu. Sie wurde auf Anregung des preußischen Volkswirthschaftsraths in den Entwurf aufgenommen.

diesen während der Ausübung des Gewerbebetriebes bei sich zu führen, auf Erfordern der zuständigen Behörden oder Beamten vorzuzeigen und, sofern er hierzu nicht im Stande ist, auf deren Geheiß den Betrieb bis zur Herbeischaffung des Wandergewerbescheins einzustellen. Auf gleiches Erfordern hat er die von ihm geführten Waaren vorzulegen.

Zum Zweck des Gewerbebetriebes ist ohne vorgängige Erlaubniß der Eintritt in fremde Wohnungen, sowie zur Nachtzeit das Betreten fremder Häuser und Gehöfte nicht gestattet.

Denselben Bestimmungen — Absatz 2 — unterliegt das Feilbieten der im §. 59 Ziffer 1 und 2 aufgeführten Gegenstände.

Zu §. 60c.

Im Absatz 1 wird die Bestimmung des §. 61 der Gewerbeordnung mit der Aenderung wiedergegeben, daß im Interesse einer korrekteren Fassung statt „Erfordern der zuständigen Behörde" und „Geheiß der Behörde" gesagt ist: „Erfordern" beziehungsweise „Geheiß" der „zuständigen Behörden oder Beamten", um etwaige in der Praxis aufgetretene Zweifel zu beseitigen, nach welchen sehr oft ein einzelner Exekutivbeamter nicht unter den Begriff „Behörde" subsumirt wurde. Welche Behörden und Beamten die hier erlangte Zuständigkeit erhalten, richtet sich nach dem Landesrecht.

Neu ist auch die ausdrückliche Verpflichtung, auf Erfordern der zuständigen Behörden oder Beamten die im Umherziehen mitgeführten Waaren vorzulegen; sie ist eine Konsequenz des §. 56. Wollte ein Hausirer einem solchen Erfordern nicht Folge leisten, so würde er schon dadurch darthun, daß er mala fide handelt.

Neu ist endlich die Bestimmung des Absatzes 2, welche auf sicherheits-, sitten- und ordnungspolizeilichen Gründen beruht und die Bevölkerung vor der Belästigung durch zudringliche Hausirer schützen will. — Wer als Hausirer eine Wohnung oder ein Gehöft betritt, zu welchem der Zutritt ihm durch Anschlag oder sonstige Kundmachung verboten ist, macht sich eines nach §. 123 des Strafgesetzbuchs strafbaren Hausfriedensbruchs schuldig. In den §. 60c brauchte deshalb eine hierauf bezügliche speziellere Bestimmung nicht aufgenommen zu werden. Was §. 60c untersagen will, ist lediglich diejenige Zudringlichkeit der Hausirer, welche nicht als strafbarer Hausfriedensbruch erscheint. Eine solche Zudringlichkeit nimmt der Entwurf an, wenn der Hausirer ohne Erlaubniß zum Zwecke seines Gewerbebetriebes fremde Wohnungen oder zur Nachtzeit fremde Häuser und Gehöfte betritt. Die Uebertretung des hierauf gerichteten Verbotes findet ihre ergänzende Strafsanktion in dem §. 148 Ziffer 7. Der Begriff „Nachtzeit" ist wie im Strafgesetzbuche (zu vergleichen §§. 243, 7, 250, 4, 293, 296, 322) nicht gesetzlich bestimmt, sondern nach Lage

§. 60d.

Der Wandergewerbeschein darf einem Anderen nicht zur Benutzung überlassen werden.

Wer für einen Anderen ein Gewerbe im Umherziehen zu betreiben beabsichtigt, unterliegt für seine Person den Bestimmungen dieses Gesetzes.

Wenn mehrere Personen die im §. 55 Ziffer 4 bezeichneten Gewerbe in Gemeinschaft mit einander zu betreiben beabsichtigen, so kann auf ihren Antrag ein gemeinsamer Wandergewerbeschein für die Gesellschaft als solche ausgestellt werden, in welchem jedes einzelne Mitglied aufzuführen ist. Werden für die einzelnen Mitglieder besondere Wandergewerbescheine ausgestellt, so kann in

---

des einzelnen Falles thatsächlich festzusetzen. Zu einer Vorschrift, wie sie §. 104 der Strafprozeßordnung enthält, lag bei der Verschiedenheit der in beiden Fällen in Betracht kommenden Gesichtspunkte ein Anlaß nicht vor.

Der Hausirer hat sich darüber zu vergewissern, daß ihm der Eintritt in die Wohnung u. s. w. gestattet werde. So lange ihm eine derartige Erlaubniß nicht ertheilt wird, hat er vor der Thüre zu bleiben und nicht eigenmächtig in die Wohnräume einzutreten bezw. bei Nachtzeit fremde Häuser (auch außerhalb der Wohnräume) oder Geschäfte zu betreten. Die Gegenüberstellung von Haus und Wohnung rechtfertigt sich dadurch, daß ein Haus verschiedene Wohnungen enthalten kann, zu denen Eintritt erst dann zu erlangen ist, wenn man das Haus betreten hat. Auch kann ein einzelnes Haus Jedermann offen stehende Räume und daneben nur eine davon abgesonderte Wohnung enthalten.

Vgl. Motive zum Gesetzentwurf von 1882 und Commissionsbericht zu §. 60c.

Die entsprechende Bestimmung der Gew.O. von 1869 (§. 61) lautete wie folgt:

Der Inhaber des Legitimationsscheins ist verpflichtet, diesen während der thatsächlichen Ausübung des Gewerbebetriebes bei sich zu führen, auf Erfordern der zuständigen Behörde vorzuzeigen und sofern er hierzu nicht im Stande ist, auf Geheiß der Behörde den Betrieb bis zur Abhülfe des Mangels einzustellen.

Die zuständige Behörde ist auch hier die Ortspolizeibehörde; vgl. Anw. v. 1869 Nr. 15.

Zu §. 60d.

1. Der Grundsatz, daß der Wandergewerbeschein den darin genannten Gewerbetreibenden nur zur persönlichen Ausübung des Gewerbes, und nicht

die letzteren ein Vermerk aufgenommen werden, nach welchem dem Inhaber der Gewerbebetrieb nur im Verbande einer bestimmten Gesellschaft, oder einer Gesellschaft überhaupt, gestattet sein soll.

Umherziehenden Schauspielergesellschaften wird der Wandergewerbeschein nur dann ertheilt, wenn der Unternehmer die im § 32 vorgeschriebene Erlaubniß besitzt. In dem Wandergewerbescheine für den Unternehmer einer Schauspielergesellschaft ist ausdrücklich zu vermerken, daß der Gewerbetreibende als Unternehmer auftreten will.

...

etwa zum Betriebe desselben durch einen Stellvertreter ermächtigt, ist in den ersten beiden Absätzen des §. 60d *bedingungslos aufgestellt. Von den zur* Zeit im §. 62 Absatz 1 der Gewerbeordnung vorgesehenen Ausnahmen ist gänzlich Abstand genommen worden. Ein großer Theil des durch diese Ausnahmen gedeckten Gewerbebetriebes soll fortan überhaupt nicht mehr an die Ertheilung eines Wandergewerbescheins gebunden sein (§. 59). Soweit aber auch ferner ein Wandergewerbeschein erforderlich ist, liegt für eine ausnahmsweise Behandlung kein Bedürfniß vor.

Absatz 3 regelt, zur Ausfüllung einer in dem Gesetz vorhandenen Lücke, die Legitimationsverhältnisse für umherziehende Schauspielergesellschaften, Musikbanden u. s. w. Die Grundsätze entsprechen den bereits durch den Beschluß des Bundesraths vom 21. Juni 1879 — §. 362 der Protokolle, Nr. 109 der Drucksachen — festgesetzten Normen.

Der erste Satz des Absatzes 3 greift überhaupt in die Selbstbestimmung des Einzelnen nicht ein. Der im zweiten Satze zugelassene Vermerk verhindert, daß sich eine Bande von Musikanten u. s. w. zur größten Belästigung der Bevölkerung in einzeln musizirende Hausirer auflöst. Die innere Berechtigung einer solchen Vorschrift liegt auch noch darin, daß die höhere Verwaltungsbehörde nach §. 57 Ziffer 5 möglicherweise in der Lage gewesen wäre, die Einzelscheine zu versagen, während sie eine organisirte Truppe noch zulassen konnte. Ueberdies nimmt dieser besondere Gewerbebetrieb seiner ganzen Natur nach ohnehin im Gesetze eine exzeptionelle Stellung ein (vergl. §. 60a).

Absatz 4 enthält zunächst das letzte Alinea des früheren §. 59. Die weitere Vorschrift, daß in dem Wandergewerbescheine des Unternehmers einer Schauspielergesellschaft die Absicht des Inhabers, als Unternehmer aufzutreten, vermerkt werden soll, entspricht dem gedachten Bundesrathsbeschlusse vom 21. Juni 1879. Dadurch wird nicht nur die Kontrole erleichtert, sondern es werden auch dem nach §§. 32 und 55 gehörig legitimirten Unternehmer unnöthige Weiterungen erspart.

Vgl. die Motive zum Gesetzentwurf von 1882.

§. 61.

Die Ertheilung des Wandergewerbescheins erfolgt durch die für den Wohnort oder Aufenthaltsort des Nachsuchenden zuständige höhere Verwaltungsbehörde. Die Verwaltungsbehörde des Aufenthaltsortes kann den Nachsuchenden an die Behörde seines Wohnortes verweisen.

In dem Falle des §. 55 Ziffer 4 erfolgt die Ertheilung des Wandergewerbescheins durch die höhere Verwaltungsbehörde, in deren Bezirk das Gewerbe betrieben werden soll.

Die Zurücknahme des Wandergewerbescheins erfolgt durch die für den Wohnort oder Aufenthaltsort des Inhabers zuständige höhere Verwaltungsbehörde.

§. 62.

Wer beim Gewerbebetriebe im Umherziehen andere Personen von Ort zu Ort mit sich führen will, bedarf der Erlaubniß derjenigen Behörde, welche den Wandergewerbeschein ertheilt hat, oder in deren Bezirk sich der Nachsuchende befindet. Die Erlaubniß wird in dem Wandergewerbescheine unter näherer Bezeichnung dieser Personen vermerkt.

Die Erlaubniß ist zu versagen, insoweit bei ihnen eine der im §. 57 bezeichneten Voraussetzungen zutrifft; außerdem darf die-

---

2. Der für Rechnung eines Andern Hausirhandel betreibende Stellvertreter muß für seine Person einen Legitimationsschein lösen, vorausgesetzt, daß zu der Art des Betriebes ein solcher überhaupt nothwendig ist.

Erk. v. 4. September 1879.

Opp. XX. S. 346.

Die entsprechende Vorschrift der Gewerbeordnung von 1869 (§. 62 Abs. 1) lautete wie folgt:

Der Gewerbebetrieb im Umherziehen darf nicht durch Stellvertreter ausgeübt werden. Ausgenommen hiervon sind der Verkauf der im §. 58 bezeichneten Gegenstände, sofern er innerhalb der von der Polizeibehörde näher zu bestimmenden Umgegend des Wohnortes erfolgt, und der ebendaselbst unter 2 bezeichnete Gewerbebetrieb.

Zu §. 62.

1. Die entsprechende Vorschrift der Gewerbeordnung von 1869 (§. 62 Abs. 2) lautete wie folgt:

Die Mitführung von Begleitern, sei es zur Beförderung der Waaren, zur Wartung des Gespannes oder zu anderen Zwecken,

selbe nur dann versagt werden, insoweit eine der im §. 57a und §. 57b bezeichneten Voraussetzungen vorliegt. Die Zurücknahme der Erlaubniß erfolgt nach Maßgabe des §. 58 durch eine für deren Ertheilung zuständige Behörde.

Die Mitführung von Kindern unter vierzehn Jahren zu gewerblichen Zwecken ist verboten.

---

bedarf der in dem Legitimationsscheine auszudrückenden Genehmigung derjenigen Behörde, welche den Schein ertheilt hat, oder in deren Bezirk sich der Nachsuchende befindet. Diese Genehmigung darf nur unter den Voraussetzungen und Formen versagt werden, welche §. 57 für die Versagung des Legitimationsscheins gegenüber dem Unternehmer vorschreibt. Für Kinder unter vierzehn Jahren wird diese Genehmigung nicht ertheilt.

2. Nur solche Gewerbtreibende, die bei dem Betriebe ihres Gewerbes im Umherziehen Begleiter von Ort zu Ort mit sich führen wollen, bedürfen der Erlaubniß. Die Annahme von Hülfskräften &c. an einem einzelnen Orte, z. B. zur Erbauung einer Schaubude, zur Verstärkung eines Zuges durch die Straßen der Stadt u. s. w., gehört nicht hierher.

Unter „Mit-sich-führen" ist lediglich die Thatsache des Mitnehmens der Personen als solche zu verstehen, losgelöst von jeder Zweckbestimmung. Es kommt also nicht darauf an, ob die Begleiter zu irgend welchen dienstlichen Verrichtungen herangezogen werden, ob sie überhaupt zu dem Gewerbebetriebe in irgend welcher Beziehung stehen oder nicht.

Die Frage, ob eine einzelne Person, z. B. eine Person, die zur Schau gestellt wird, als Begleiter, oder als selbstthätiger oder mitthätiger Gewerbetreibender oder Gehülfe, welcher eines Wandergewerbescheins bedarf, anzusehen ist, muß aus der Gesammtheit der in Betracht kommenden Umstände beurtheilt werden. Eine Aenderung gegenüber der Fassung des bisherigen Rechts ist nicht beabsichtigt. Jedenfalls kann hierbei nicht der Umstand den Ausschlag geben, daß die Person nicht für ihre eigene Rechnung thätig ist. Dieses Moment ist von untergeordneter Bedeutung. Maßgebend sind die Bestimmungen des §. 55, welche wörtlich zu nehmen sind. Dort ist eine Summe von Handlungen aufgeführt, und jeder, der sie vornimmt, bedarf eines Wandergewerbescheins.

Aus diesem Grunde ist in der vorliegenden Begründung auch häufig von Hausirern und vom Hausiren die Rede, um gegenüber dem Begriffe „Gewerbetreibender" nur die Thatsache des gewerbsweisen Umherziehens zum Ausdruck zu bringen.

In den Absätzen 3 bis 5 ist die Mitführung von Kindern unter vierzehn Jahren bezw. von Kindern, welche noch im schulpflichtigen Alter stehen, besonders, und zwar abweichend von den bisherigen Bestimmungen, geregelt.

§. 63.

Wird der Wandergewerbeschein versagt oder zurückgenommen, oder wird die erfolgte Ausdehnung desselben zurückgenommen, so ist dies dem Betheiligten mittelst schriftlichen Bescheides unter Angabe der Gründe zu eröffnen. Gegen den Be-

---

Ueber die Schulpflicht entscheidet das Schulgesetz des Ortes, wo das Kind schulpflichtig ist.

Die Schulpflicht bezieht sich übrigens nur auf die Volksschule.

Abs. 3 bezieht sich auch auf die Zeit der Schulferien.

Die in Abs. 5 bezüglich der Ehegatten und eigenen Kinder gemachte Ausnahme bezieht sich nur auf das Geschlecht. Die sonst aufgestellten Beschränkungen greifen auch hier Platz.

Vgl. Motive zum Gesetzentwurf von 1882 und Commissionsbericht.

3. Anträge auf Zulassung von Begleitern sind von dem Unternehmer an die Polizeibehörde des Wohnortes des Begleiters zu richten, welche an die zur Entscheidung berufene Behörde zu berichten hat. Im Falle der Versagung findet das in den Noten II zu Tit. III bezeichnete Verfahren statt. Zur mündlichen Verhandlung ist aber auch der Begleiter vorzuladen, wogegen die Behändigung der Entscheidung allein an den Unternehmer zu bewirken ist.

Vgl. Anw. v. 24. November 1869 Nr. 4.

4. Begleiter des Inhabers eines Legitimationsscheins betreiben als solche das Gewerbe nicht selbständig.

Erk. d. O.T. v. 13. Juni 1877.

Opp. XVIII. S. 407.

Sie machen sich aber strafbar, wenn sie das Gewerbe desselben selbst, wenn auch für dessen Rechnung, betreiben.

Erk. d. O.T. v. 7. Juli 1875.

Opp. XVI. S. 519.

5. In die Legitimationsscheine zum Gewerbebetrieb im Umherziehen sind auch die Namen der mitzuführenden Begleiter, sowie die Personalbeschreibung derselben, insbesondere die Altersangabe, mit aufzunehmen.

R. d. M. d. J. v. 28. Mai 1878. M.Bl. S. 155.

6. Wegen des Gewerbebetriebes der Ausländer vgl. §. 57 der Gew.O. und den dort abgedruckten Beschluß des Bundesraths.

7. Die Zuwiderhandlung gegen die Vorschrift des §. 62 der Gew.O. unterliegt der im §. 149 Nr. 5 der Gew.O. vorgesehenen Strafbestimmung.

Zu §. 63.

§. 63 der Gew.O. von 1869 lautete wie folgt:

Der Gesetzgebung jedes Bundesstaates bleibt vorbehalten, für das Gebiet des letzteren den Verkauf oder Ankauf im Umherziehen von näher zu bezeichnenden Gegenständen des gemeinen Verbrauches von den beschränkenden Vorschriften dieses Titels auszunehmen.

scheid ist der Rekurs zulässig, jedoch ohne aufschiebende Wirkung. Wegen des Verfahrens und der Behörden gelten die Vorschriften der §§. 20 und 21. Dasselbe gilt von der Versagung der Genehmigung des Druckschriftenverzeichnisses (§. 56 Absatz 4), von der Untersagung des Gewerbebetriebes gemäß §. 59a und der Versagung oder Zurücknahme der Erlaubniß in den Fällen des §. 62 Abs. 2.

Die in Gemäßheit des §. 57 Ziffer 5 erfolgte Versagung des Wandergewerbescheins, sowie die auf Grund der §§. 60 Absatz 2, 60b und 62 Absatz 4 und 5 getroffenen Verfügungen können nur im Wege der Beschwerde an die unmittelbar vorgesetzte Aufsichtsbehörde angefochten werden.

Titel IV.

Marktverkehr.

§. 64.

Der Besuch der Messen, Jahr- und Wochenmärkte, sowie der Kauf und Verkauf auf denselben steht einem Jeden mit gleichen Befugnissen frei.

Diese Vorschrift ist in den §. 59 Abs. 2 der neuen Fassung übergegangen.

Die Bestimmung des §. 63 in der Fassung des Reichsgesetzes v. 1. Juli 1883 enthält in übersichtlicher Weise die auf das Rekurs- bezw. Beschwerdeverfahren sich beziehenden Vorschriften. Sie füllt zugleich einzelne Lücken aus, welche sich in dem früheren Titel III der Gewerbeordnung vorfinden.

Als Regel ist das formelle Rekursverfahren der §§. 20 und 21 der Gewerbeordnung beibehalten. Dieser Regel gegenüber bildet die an die Vorschriften dieser Paragraphen nicht gebundene Beschwerde an die vorgesetzte Behörde die Ausnahme. Die letztere ist in den wenigen Fällen, wo sie Platz greift, durch die Natur der Sache begründet. Indem die Beschwerde ausdrücklich nur an die unmittelbar vorgesetzte Behörde gestattet wird, ist jeder weitere Instanzenzug ausgeschlossen. Noch eine dritte Instanz zuzulassen, ist bei einer Prüfung der Fälle, um welche es sich handelt, hier ebensowenig wie bei §. 33a für zweckmäßig erachtet worden.

Vgl. die Motive zum Gesetzentwurf von 1882.

Zu §. 64.

1. Alle gegen den Vorkauf auf Wochenmärkten gerichteten früheren gesetzlichen oder polizeilichen Vorschriften sind außer Kraft gesetzt.

R. d. H.M. v. 18. Mai 1871. M.Bl. S. 176.

Wo jedoch nach der bisherigen Ortsgewohnheit gewisse Handwerkerwaaren, welche nicht zu den im §. 66 bezeichneten Gegenständen gehören, nur von Bewohnern des Marktortes auf dem Wochenmarkte verkauft werden durften, kann die höhere Verwaltungsbehörde, auf Antrag der Gemeindebehörde, den einheimischen Verkäufern die Fortsetzung des herkömmlichen Wochenmarktverkehrs mit jenen Handwerkerwaaren gestatten, ohne auswärtige Verkäufer derselben Waaren auf dem Wochenmarkte zuzulassen.

Beschränkungen des Marktverkehrs der Ausländer als Erwiderung der im Auslande gegen Reichsangehörige angeordneten Beschränkungen bleiben dem Bundesrath vorbehalten.

Ebenso sind die den Ankauf von Gegenständen des Marktverkehrs außerhalb der für den Markt bestimmten Plätze betreffenden früheren Strafbestimmungen nicht mehr anwendbar.

Erk. d. O.T. v. 7. Dezember 1870.

Opp. XI. S. 589.

2. Das betriebene stehende Gewerbe muß dessen ungeachtet angemeldet werden.

Erk. d. O.T. v. 22. September 1869.

Opp. X. S. 576.

3. Hinsichtlich des Marktbesuches im Grenzzollbezirk ist in §. 124 des Vereinszollgesetzes vom 1. Juli 1869 (B.G.Bl. S. 317) Folgendes vorgeschrieben:

> „Soweit es zur Sicherung des Zollinteresses für nöthig erachtet wird, ist auch der Marktbesuch, sowie der stehende Gewerbebetrieb im Grenzbezirke, den nach den örtlichen Verhältnissen von der obersten Landes-Finanzbehörde vorzuschreibenden Kontrolen unterworfen. Insbesondere hat Jeder, welcher mit Waaren einen Handel treibt, auf die sich die angeordnete spezielle Kontrole erstreckt, ein Buch zu führen, worin rücksichtlich der unmittelbar aus dem Auslande bezogenen Waaren beim Empfang derselben der Tag und Ort, an und in welchem die Verzollung stattgefunden hat, bemerkt, und rücksichtlich der aus dem Inlande empfangenen Waaren der Nachweis hierüber enthalten sein muß."

4. Die höhere Verwaltungsbehörde (§. 64 Abs. 2) ist im Geltungsbereich des Competenzgesetzes vom 26. Juli 1876 nach der Bestimmung des §. 136 Nr. 4 des gedachten Gesetzes der Bezirksrath, in den anderen Provinzen die Regierung, Landdrostei, in Berlin die erste Abtheilung des Polizei-Präsidiums.

Mit dem 1. April 1884 tritt die citirte Vorschrift des Ges. v. 26. Juli

§. 65.

Die Zahl, Zeit und Dauer der Messen, Jahr-, und Wochenmärkte wird von der zuständigen Verwaltungsbehörde festgesetzt.

Dem Marktberechtigten steht gegen eine solche Anordnung kein Widerspruch zu; ein Entschädigungsanspruch gebührt demselben nur dann, wenn durch die Anordnung die Zahl der bis dahin abgehaltenen Märkte vermindert wird, und eine größere Zahl ausdrücklich und unwiderruflich verliehen war. Gemeinden, welche einen Entschädigungsanspruch geltend machen wollen, müssen außerdem nachweisen, daß ihr Recht auf einen speziellen lästigen Titel sich gründet.

1876 außer Kraft. An die Stelle des Bezirksraths tritt dann der Bezirksausschuß.

§. 128 Ges. v. 1. August 1883 abgedruckt S. 114.

5. Zuwiderhandlungen gegen die polizeilichen Anordnungen des Marktverkehrs werden nach §. 149 Nr. 6 der Gew.O. geahndet.

Zu §. 65.

1. Die im §. 65 Gew.O. vorgesehene Festsetzung der Zeit, Zahl und Dauer der Märkte erfolgt auch ferner durch diejenigen Behörden, in deren Befugniß dieselbe nach den Gesetzen der einzelnen Landestheile bisher gelegen hat. Auch haben diese Behörden die im §. 66 vorbehaltene Bestimmung zu treffen, welche Gegenstände ausnahmsweise nach Ortsgewohnheit und Bedürfniß auf Wochenmärkten sollen verkauft werden dürfen. Ebenso verbleibt die Entscheidung über Erweiterungen des Verkehrs auf solchen Märkten, welche bei besonderen Gelegenheiten oder für bestimmte Gattungen von Gegenständen stattfinden, nach §. 70 den bisher dazu berufenen Verwaltungsinstanzen. (Anw. Nr. 19.)

2. In dem zum Geltungsbereich des Competenzgesetzes vom 26. Juli 1876 gehörigen Provinzen beschließt über die Zahl, Zeit und Dauer der Wochenmärkte der Bezirksrath (in Berlin die erste Abtheilung des Polizeipräsidiums) unter Zustimmung der Gemeindebehörden des Marktortes. Ueber die Zahl, Zeit und Dauer der Kram- und Viehmärkte beschließt der Provinzialrath, für Berlin der Oberpräsident.

Kommen bei der Aufhebung von Märkten Entschädigungsansprüche von Marktberechtigten in Frage, so bedürfen die bezüglichen Beschlüsse des Bezirksrathes oder des Provinzialrathes der Zustimmung des Ministers für Handel und Gewerbe.

§. 136 Nr. 4, §§. 139, 140, 170 Nr. 1, 2 des Ges. v. 26. Juli 1876.

Mit dem 1. April 1884 treten an Stelle der citirten Vorschriften die Bestimmungen des §. 127, 128. Ges. v. 1. August 1883 (abgedruckt S. 114).

§. 66.

Gegenstände des Wochenmarktverkehrs sind:

1. rohe Naturerzeugnisse mit Ausschluß des größeren Viehs;
2. Fabrikate, deren Erzeugung mit der Land- und Forstwirthschaft, dem Garten- und Obstbau oder der Fischerei in unmittelbarer Verbindung steht, oder zu den Nebenbeschäftigungen der Landleute der Gegend gehört, oder durch Tagelöhnerarbeit bewirkt wird, mit Ausschluß der geistigen Getränke;
3. frische Lebensmittel aller Art.

Die zuständige Verwaltungsbehörde ist auf Antrag der Gemeinde-Behörde befugt, zu bestimmen, welche Gegenstände außerdem nach Ortsgewohnheit und Bedürfniß in ihrem Bezirk überhaupt, oder an gewissen Orten zu den Wochenmarkts-Artikeln gehören.

§. 67.

Auf Jahrmärkten dürfen außer den im §. 66 benannten Gegenständen Verzehrungs-Gegenstände und Fabrikate aller Art feilgehalten werden.

Zum Verkauf von geistigen Getränken zum Genuß auf der Stelle bedarf es jedoch der Genehmigung der Ortspolizei-Behörde.

§. 68.

Der Marktverkehr darf in keinem Falle mit anderen als solchen Abgaben belastet werden, welche eine Vergütung für den überlassenen Raum und den Gebrauch von Buden und Geräthschaften bilden. In den Bestimmungen darüber, ob und in welchem Umfange Abgaben dieser Art erhoben werden dürfen, wird durch gegenwärtiges Gesetz nichts geändert. Ein Unterschied zwischen Einheimischen und Fremden bezüglich der Zahlung der Abgaben darf nicht stattfinden.

Zu §. 66.

1. Wegen der Gegenstände des Wochenmarktverkehrs vergl. die Noten zu §. 58 Gew.O.

2. Die zuständige Verwaltungsbehörde ist in den zum Geltungsbereich des Competenzgesetzes vom 26. Juli 1876 gehörigen Provinzen der

Gesetz betreffend die Erhebung von Marktstandgeldern v. 26. April 1872.
Ges.S. S. 513.

§. 1.

Für den Gebrauch öffentlicher Plätze oder Strassen zum Feilbieten auf Messen und Märkten darf eine Abgabe (Marktstandgeld) nur unter Zustimmung der Gemeinde und Genehmigung der Bezirksregierung (Landdrostei) nach Massgabe dieses Gesetzes eingeführt oder, wo sie besteht, erhöht werden.

§. 2.

Die Höhe des Marktstandgeldes (§. 1) ist nur nach der Grösse des vom Feilbietenden zum Marktstande gebrauchten Raumes und nach der Dauer des Feilbietens zu bestimmen. Sie darf den Satz von 20 Pf. für das Quadratmeter und den Tag des Feilbietens nicht übersteigen.

Wie diese Vorschrift auf Gegenstände, die weder auf Tischen, noch in Buden, Kisten, Fässern, Körben, Haufen u. s. w. feilgeboten werden, anzuwenden, und in welcher Weise das Marktstandgeld für Gegenstände, welche bei geringem Werthe einen grossen Raum einnehmen, verhältnissmässig geringer festzusetzen ist, kann in den betreffenden Tarifen mit Genehmigung der Bezirksregierung (Landdrostei) besonders bestimmt werden.

In gleicher Weise ist über die Anwendung der Vorschrift des ersten Absatzes auf Bruchtheile des Quadratmeters Bestimmung zu treffen.

§. 3.

Unter den Marktstandgeldern (§§. 1 und 2) ist die Miethe für Buden, Zelte, Tische, Unterlagen, Stangen oder sonstige Vorrichtungen, welche den Verkäufern zum Gebrauche überlassen worden, nicht begriffen.

Es steht einem Jeden frei, ob er sich der ihm selbst zugehörigen Vorrichtungen bedienen oder solche von Anderen entnehmen will.

Bezirksrath (§. 136 Nr. 5 a. a. O.), in den anderen Provinzen die Regierung, Landdrostei, in Berlin die erste Abtheilung des Polizeipräsidiums. In Betreff der Zeit vom 1. April 1884 ab vgl. Note 4 Abs. 2 zu §. 64 Gew.O.

Zum Gesetz vom 26. April 1872.

1. Die Ausführung dieses Gesetzes ist durch die Anweisung des Handels- und des Finanzministers vom 10. Juni 1872 (M.Bl. S. 185) geregelt.

2. In den zum Geltungsbereich des Competenzgesetzes v. 26. Juli 1876 gehörigen Provinzen beschließt der Provinzialrath über die Einführung neuer, sowie über die Erhöhung oder Ermäßigung und anderweite Regulirung

§. 4.

Die **Tarife** zur Erhebung von Marktstandgeld müssen während der Mess- und Marktzeit zu **Jedermanns Einsicht** auf den zum Feilhalten bestimmten Plätzen und Strassen aufgestellt sein und es dürfen ausser den dazu bestimmten Abgaben keine anderen erhoben werden.

Die Erhebung darf nur auf der Verkaufsstelle, nicht aber schon beim Eingange der Waaren in den Marktort stattfinden.

§. 5.

Wo es für nothwendig erachtet wird, können die Marktstandgelder, sowohl die schon bestehenden, wie in Folge dieses Gesetzes etwa neu eingeführten, nach Anhörung der Gemeinde von den Bezirksregierungen (Landdrosteien), den §§. 2, 3, und 4 entsprechend ermässigt und anderweit regulirt werden. Beruht aber das Hebungsrecht auf einem besonderen Rechtstitel und widerspricht der Berechtigte, so bleibt die Ermässigung oder anderweite Regulirung den Ministern des Handels und der Finanzen vorbehalten. In diesem Falle ist für den dem Berechtigten erwachsenen Ausfall Entschädigung zu gewähren, insofern nicht die Berechtigung dem Fiskus oder einer Gemeinde innerhalb ihres Gemeindebezirks zusteht.

Bevorzugungen, welche bei Entrichtung von Marktstandgeldern stattfinden, können aufgehoben werden, insofern sie nicht auf besonderem Rechtstitel beruhen.

§. 6.

Wer Marktstandgeld erhebt oder erheben lässt, von welchem er weiss, dass es gar nicht oder nur in geringerem Betrage zu entrichten ist, hat für jeden Uebertretungsfall eine **Geldstrafe** bis zu 150 Mark oder im Unvermögensfalle verhältnissmässige Haft verwirkt.

---

§ 69.

In den Grenzen der Bestimmungen der §§. 65 bis 68 kann die Ortspolizei-Behörde, im Einverständniß mit der Gemeinde-

---

bestehender Marktstandgelder. Die Beschwerde findet an den Minister für Handel statt.

§. 141 a. a. O.

Mit dem 1. April 1884 tritt der **Bezirksausschuß** an die Stelle des Provinzialraths. §. 130 Ges. v. 1. August 1883 (abgedruckt S. 114).

Zu §. 69.

Zuwiderhandlungen gegen die polizeilichen Anordnungen wegen des Marktverkehrs werden nach §. 149 Nr. 6 Gew.O. bestraft.

Behörde, die Markt-Ordnung nach dem örtlichen Bedürfniß festsetzen, namentlich auch für das Feilbieten von gleichartigen Gegenständen den Platz, und für das Feilbieten im Umhertragen, mit oder ohne Ausruf, die Tageszeit und die Gattung der Waaren bestimmen.

§. 70.

In Betreff der Märkte, welche bei besonderen Gelegenheiten oder für bestimmte Gattungen von Gegenständen gehalten werden, bewendet es bei den bestehenden Anordnungen.

Erweiterungen dieses Marktverkehrs können von der zuständigen Behörde mit Zustimmung der Gemeinde-Behörde angeordnet werden.

§. 71.

Beschränkungen des Verkehrs mit den zu Messen und Märkten gebrachten, aber unverkauft gebliebenen Gegenständen werden hierdurch aufgehoben. Der Einzelverkauf solcher Gegenstände außer der Marktzeit ist jedoch nur unter denselben Bedingungen zulässig, unter welchen derselbe statthaft sein würde, wenn die Gegenstände nicht auf den Markt gebracht wären.

Titel V.

Taxen.

§. 72.

Polizeiliche Taxen sollen, soweit nicht ein Anderes nachstehend angeordnet worden, künftig nicht vorgeschrieben werden; da,

Zu §. 70.

1. Vgl. Note 1, 2 zu §. 65.

2. Weisungen des Aufsichtspersonals sind nicht ohne Weiteres als polizeiliche Anordnungen bezüglich des Marktverkehrs zu betrachten.

Erk. d. O.T. v. 10. Mai 1875.

Opp. XVI. S. 359.

Zu §. 72.

Die Bestimmungen des Art. III. 1. der hessischen Polizei- und Landordnung von 1622, durch welche die Brodtaxen der Bäcker eingeführt worden, sind durch §. 72 Gew.O. für aufgehoben zu erachten.

Erk. d. R.G. v. 4. Mai 1882. III. S. 242.

wo sie gegenwärtig bestehen, sind sie in einer von der Ortspolizei-Behörde zu bestimmenden, höchstens einjährigen Frist aufzuheben.

§. 73.

Die Bäcker und die Verkäufer von Backwaaren können durch die Ortspolizei-Behörde angehalten werden, die Preise und das Gewicht ihrer verschiedenen Backwaaren für gewisse von derselben zu bestimmende Zeiträume durch einen von Außen sichtbaren Anschlag am Verkaufslokale zur Kenntniß des Publikums zu bringen.

Dieser Anschlag ist kostenfrei mit dem polizeilichen Stempel zu versehen und täglich während der Verkaufszeit auszuhängen.

§. 74.

Wo der Verkauf von Backwaaren nur nach den von den Bäckern und Verkäufern an ihren Verkaufslokalen angeschlagenen Preisen erlaubt ist, kann die Ortspolizei-Behörde die Bäcker und Verkäufer zugleich anhalten, im Verkaufslokale eine Waage mit den erforderlichen geeichten Gewichten aufzustellen und die Benutzung derselben zum Nachwägen der verkauften Backwaaren zu gestatten.

§. 75.

Die Gastwirthe können durch die Ortspolizei-Behörde angehalten werden, das Verzeichniß der von ihnen gestellten Preise einzureichen und in den Gastzimmern anzuschlagen. Die Preise

---

Zu §. 73.

Die Bestrafung der Zuwiderhandlung ist in §. 148 Nr. 8 der Gew.O. vorgesehen.

Zu §. 74.

1. Vgl. Maß- und Gewichtsordnung vom 17. August 1868. (B.G.Bl. S. 473) und Eichordnung vom 16. Juli 1869 (B.G.Bl. Beil. zu Nr. 32).

2. Als Strafbestimmung kommt auch hier §. 148 Nr. 8 Gew.O. in Anwendung.

Zu §. 75.

1. Polizeiverordnungen, welche den Gastwirthen gewisse, auf die polizeiliche Kontrole des Fremdenverkehrs abzielende, Verpflichtungen auferlegen, bleiben unberührt.

Erk. d. O.T. v. 24. November 1870.

Opp. XI. S. 569.

2. Vgl. Note 2 zu §. 74.

dürfen zwar jederzeit abgeändert werden, bleiben aber so lange in Kraft, bis die Abänderung der Polizei-Behörde angezeigt und das abgeänderte Verzeichniß in den Gastzimmern angeschlagen ist. Auf Beschwerden Reisender wegen Ueberschreitung der verzeichneten Preise steht der Ortspolizei-Behörde eine vorläufige Entscheidung vorbehaltlich des Rechtsweges zu.

§. 76.

Die Ortspolizei-Behörde ist in Uebereinstimmung mit der Gemeinde-Behörde befugt, für Lohnbediente und andere Personen, welche auf öffentlichen Straßen und Plätzen oder in Wirthshäusern ihre Dienste anbieten (§. 37), sowie für die Benutzung von Wagen, Pferden, Sänften, Gondeln und anderen Transportmitteln, welche öffentlich zum Gebrauch aufgestellt sind, Taxen festzusetzen.

§. 77.

Ebenso können für Schornsteinfeger, wenn ihnen Bezirke ausschließlich zugewiesen sind, von der Ortspolizei-Behörde, im Einverständniß mit der Gemeinde-Behörde, oder, wenn der zugewiesene Bezirk mehr als eine Ortschaft umfaßt, von der unteren Verwaltungs-Behörde Taxen aufgestellt werden.

Zu §. 76.

1. Vgl. Note 1 zu §. 37 der Gew.O.

2. Eine Orts-Polizeiverordnung kann über die Einrichtung solcher Fuhrwerke, durch welche der Verkehr aus dem Orte nach einem Nachbarorte unterhalten werden soll, maßgebende Vorschriften erlassen und Taxen vorschreiben.

Erk. d. O.T. v. 24. Juni 1874.
Opp. XV. S. 436.

3. Die Strafe für die Ueberschreitung der vorgeschriebenen Taxe ist in §. 148 Nr. 8 der Gew-O. vorgesehen. Diese Vorschrift bezieht sich auch auf die in §§. 77, 78, 79, 80 a. a. O. bezeichneten Taxen.

Zu §. 77.

1. Als untere Verwaltungsbehörde sind die Landräthe, Amtshauptleute und Oberamtmänner, und in den deren Aufsicht nicht unterworfenen Städten die städtischen Polizeibehörden, oder die an Stelle dieser Behörden fungirenden Königlichen Polizeibehörden (Polizeidirektionen und Polizeipräsidien) zu verstehen.

Anw. Nr. 25.

2. Wegen der Strafe vgl. Note 3 zu §. 76 Gew.O.

§. 78.

Hinsichtlich der Taxen für solche gewerbtreibende Personen, welche nach den Bestimmungen im §. 36 von den Behörden zu beeidigen und anzustellen sind, wird durch das gegenwärtige Gesetz nichts geändert. Die nach §. 36 zuständigen Behörden sind befugt, für diese Personen auch da Taxen einzuführen, wo dergleichen bisher nicht bestanden.

§. 79.

Die in den §§. 73 bis 78 genannten Gewerbetreibenden sind berechtigt, die festgestellten Preise und Taxen zu ermäßigen.

§. 80.

Die Taxen für die **Apotheker** können durch die Central-Behörden festgesetzt werden, Ermäßigungen derselben durch freie Vereinbarungen sind jedoch zulässig.

Die Bezahlung der **approbirten** Aerzte u. s. w. (§. 29 Absatz 1) bleibt der Vereinbarung überlassen. Als Norm für streitige Fälle im Mangel einer Vereinbarung können jedoch für dieselben Taxen von den Central-Behörden festgesetzt werden.

Gesetz, betreffend die den Medizinalbeamten für die Besorgung gerichtsärztlicher, medizinal- oder sanitätspolizeilicher Geschäfte zu gewährenden Vergütungen. Vom 9. März 1872. (Ges.-S. S. 265.)

§. 1.

Die Medizinalbeamten erhalten für medizinal- oder sanitätspolizeiliche Verrichtungen, welche sie im allgemeinen

---

Zu §§. 78, 79.

Wegen der Strafe vgl. Note 3 zu §. 76 Gew.O.

Zu §. 80.

1. Die Medizinaltaxe vom 21. Juni 1815 wird durch den §. 80 der Gew.O. nicht berührt.

R. d. K.M. v. 11. Januar 1873. M.Bl. S. 3.

2. Wundärzte erster Klasse sind befugt, für ihre ärztlichen Bemühungen, in Ermangelung einer Verabredung, nach den für Aerzte erlassenen Taxen zu liquidiren.

R. d. K.M. v. 7. Juni 1872. M.Bl. S. 164.

3. Die Gebühren der Hebammen in der Provinz Schleswig-Holstein sind durch das Gesetz vom 23. April 1875 (G.S. S. 201) geregelt.

staatlichen Interesse an ihrem Wohnorte oder innerhalb einer Viertelmeile von demselben zu beziehen haben, ausser ihrer etatsmässigen Besoldung keine andere Vergütung aus der Staatskasse, als eine Entschädigung von 1,50 Mark für Fuhrkosten bei jeder einzelnen Amtsverrichtung.

Ist die Verrichtung durch ein Privatinterresse veranlasst, so haben sie von den Betheiligten, ausser den etwaigen Fuhrkosten, eine Gebühr bis zu 15 Mark für den Tag zu beanspruchen, wobei sie berechtigt sind, die Zeit in Ansatz zu bringen, welche auf das zu erstattende Gutachten verwendet werden musste.

Das Gleiche gilt gegenüber den Gemeinden, wenn die Thätigkeit der Medizinalbeamten für solche ortspolizeilichen Interessen in Anspruch genommen wird, deren Befriedigung den Gemeinden gesetzlich obliegt.

§. 2.

Sind die im §. 1 bezeichneten Verrichtungen ausserhalb des Wohnortes, und zwar mehr als eine Viertelmeile davon entfernt vorzunehmen, so erhalten die Medizinalbeamten folgende Sätze:

I. Kreisphysiker, Kreiswundärzte und Departements-Thierärzte, letztere indessen nur bei Reisen, welche sie nach einem ausserhalb ihres engeren kreisthierärztlichen Bezirks gelegenen Orte hin vornehmen:

a) an Tagegeldern . . . . 7,50 Mark
für jeden Tag, welcher auf das Geschäft, einschliesslich der Reise, verwendet werden musste;

b) an Reisekosten:
für jede Meile auf dem Landwege . . . . . . 3,00 „
für jede Meile, die auf der Eisenbahn oder dem Dampfschiffe zurückgelegt werden kann . . . 1,00 „

c) bei Reisen auf der Eisenbahn oder dem Dampfschiffe für Ab- und Zugang zusammen . . . . 2,00 „

Die Reisekosten, einschliesslich der Nebenkosten, werden für die Hin- und Rückreise besonders berechnet.

Zum Gesetz vom 9. März 1872.

Die Bestimmung des §. 10 bezieht sich nur auf solche Fälle, für welche das Gesetz eine ihrem Satze nach unbestimmte Gebühr vorschreibt. Eine Ermächtigung, für Geschäfte, welche als solche im Gesetz nicht ausdrücklich erwähnt sind, eine Gebühr nach arbiträrem Ermessen festzusetzen, liegt darin nicht. R. d. K.M. v. 12. November 1873. M.Bl. S. 12.

Wegen der Gebühren der Aerzte in Todesermittelungssachen vgl. R. d. K.M. v. 9. Dezember 1880 (M.Bl. 1881 S. 3).

Beträgt die Entfernung weniger als eine Meile, so wird diese für voll angenommen; bei grösseren Entfernungen wird das Meilengeld nach Viertelmeilen vergütet und eine angefangene Viertelmeile für voll angenommen.

Haben in besonderen Fällen für die ganze Reise nachweislich höhere Fuhrkosten, als die vorstehend bestimmten, aufgewendet werden müssen, so sind dieselben zu vergüten.

II. Kreisthierärzte und Departements-Thierärzte, sofern letztere Reisen innerhalb ihres kreisthierärztlichen Bezirks zu machen haben, erhalten:

a) an Tagegeldern . . . . 4,50 Mark,
b) an Reisekosten:
für jede Meile auf dem Landwege. . . . . . 2,50 „
für jede Meile, welche auf der Eisenbahn oder auf dem Dampfschiffe zurückgelegt werden kann 0,75 „
c) an Nebenkosten . . . . 1,50 „

Im Uebrigen finden die Bestimmungen sub. I Anwendung.

§. 3.

Für alle von Gerichten oder anderen Behörden ihnen aufgetragenen Geschäfte haben die Medizinalbeamten, soweit sie nicht gemäss §. 1 oder durch bereits bestehende besondere Bestimmungen, oder vermöge privatrechtlichen Titels, zu unentgeltlicher Dienstleistung verpflichtet sind, nach folgenden Sätzen zu liquidiren:

1. Für Abwartung eines Termins . . . . 6,00 Mark,
und, insofern der Termin über drei Stunden dauert,
für jede folgende ganze oder angefangene Stunde . 1,50 „

Diese Sätze finden auch Anwendung für die Zuziehung zur mündlichen Hauptverhandlung in Untersuchungssachen, und zwar werden dieselben, wenn die Zuziehung an mehreren Verhandlungstagen stattgefunden hat, für jeden Tag besonders berechnet.

2. Für die Besichtigung eines Leichnams ohne Obduktion (einschliesslich der Terminsgebühr) . . . 6,00 Mark

---

Beamtete Thierärzte haben für solche Tage, an welchen sie dienstliche Verrichtungen gegen Bezug von Gebühren vornehmen, für anderweite Dienstgeschäfte Tagegelder nicht zu beanspruchen, gleichviel ob die Gebühren der Staatskasse oder einer Gemeinde bezw. einer Privatperson zur Last fallen.

R. d. M. f. Landw. v. 31. Mai 1883.

(M.Bl. S. 150.)

3. Für den Bericht hierüber (zu 2), falls derselbe nicht sogleich zu Protokoll gegeben wird . . . . . . 3,00 Mark
4. Für die Besichtigung und Obduktion eines Leichnams (einschliesslich der Terminsgebühr). . . . 12,00 „

War der Leichnam bereits 6 Wochen oder länger begraben, oder hatte derselbe 14 Tage oder länger im Wasser gelegen, so sind für die Besichtigung und Obduktion einschliesslich der Terminsgebühr 24 Mark zu bewilligen.

5. Für den vollständigen Obduktionsbericht. . . . 6—18 Mark.
6. Für jedes andere, mit wissenschaftlichen Gründen unterstützte, nicht bereits im Termin zu Protokoll gegebene Gutachten, es mag dasselbe den körperlichen oder geistigen Zustand einer Person oder einer Sache betreffen . . . . . . 6—24 Mark.

Die höheren Sätze sind insbesondere dann zu bewilligen, wenn eine zeitraubende Einsicht der Akten nothwendig war, oder die Untersuchung die Anwendung des Mikroskops oder anderer Instrumente oder Apparate erforderte, deren Handhabung mit besonderen Schwierigkeiten verbunden ist.

7. Für die Ausstellung eines Befundscheins ohne nähere gutachtliche Ausführung . . . . 3 Mark.

Wenn Medizinalbeamte sich zur Reinschrift ihrer Berichte oder Gutachten (No. 3, 5, 6) fremder Hülfe bedienen, sind ihnen Kopialien zum Satze von 0,25 Mark für den Bogen zu bewilligen*).

§. 4.

Der bei der Besichtigung oder Obduktion eines Leichnams zugezogene zweite Medizinalbeamte erhält für den Bericht 3—9 Mark.

Sind zwei Medizinalbeamte zu einem gemeinschaftlichen Gutachten über den Gemüthszustand eines Menschen aufgefordert, so erhält jeder derselben die Gebühr (§. 3 Nr. 6).

---

*) 8. Für Obduktionen von Thierkadavern, einschließlich des Berichts:
a) eines Pferdes oder eines Rindviehstücks, sofern letzteres nicht aus Anlaß der Lungenseuche obduzirt wird . . . . 12 Mark.
Für jede auf die erste an demselben Tage folgende Obduktion sind nur 6 Mark zu bewilligen;
b) eines anderen Hausthieres oder eines aus Anlaß der Lungenseuche obduzirten Rindviehstücks . . . . 6 „
Für jede auf die erste an demselben Tage folgende Obduktion sind nur 3 Mark zu bewilligen.
Werden an einem Tage mehrere Obduktionen ausgeführt, so ist für alle zusammen in keinem Falle mehr als 24 Mark zu bewilligen. Ges. v. 2. Februar 1881. Ges.S. S. 13.

§. 5.

Werden die im §. 3 erwähnten Verrichtungen in einer eine Viertelmeile übersteigenden Entfernung vom Wohnort des Medizinalbeamten vorgenommen, so hat dieser die Reisekosten (§. 2b) und nach seiner Wahl entweder die Gebühren (§. 5) oder die Tagegelder (§. 2a) zu liquidiren.

Diese Bestimmung findet auch dann Anwendung, wenn die Verrichtung an und für sich gemäss §. 3 unentgeltlich vorzunehmen ist.

§. 6.

Sind zu der verlangten sachkundigen Ermittelung besondere Vorbesuche nöthig, so ist, falls nicht die Voraussetzungen vorliegen, unter denen Tagegelder und Reisekosten liquidirt werden dürfen, für jeden Vorbesuch eine Gebühr von 3 Mark zu bewilligen.

Für mehr als drei Vorbesuche passirt die Gebühr nur insoweit, als die Vorbesuche auf ausdrückliches Verlangen der requirirenden Behörde gemacht sind.

§. 7.

Nichtbeamtete Aerzte und Thierärzte erhalten, wenn sie zu vorstehend (§§. 1—6) bezeichneten Verrichtungen amtlich aufgefordert werden, in Ermangelung anderweiter Verabredung, dieselben Gebühren, Tagegelder und Reisekosten, welche den beamteten Aerzten oder Thierärzten zustehen.

§. 8.

Macht eine gerichtliche oder medizinalpolizeiliche Feststellung die Zuziehung eines Chemikers nothwendig, so erhält derselbe für seine Arbeit, einschliesslich des Berichts, eine Gebühr von 12 bis 75 Mark.

Die verwendeten Reagentien und verbrauchten Apparate, sowie etwaige Auslagen für Benutzung eines besonderen Lokals, sind ihm neben der Gebühr zu vergüten.

§. 9.

Bei Apothekenvisitationen erhält der medizinische Kommissarius an seinem Wohnort 6 Mark Tagegelder, ausserhalb desselben reglementsmässige Reisekosten und Tagegelder.

Der pharmazeutische Kommissarius erhält Reisekosten und Tagegelder nach dem den Kreisphysikern zustehenden Satze: ausserdem 1,50 Mark für jede revidirte Apotheke als Ersatz für verbrauchte Reagentien.

§. 10.

Insoweit die Gebühren vorstehend nicht nach festbestimmten Sätzen geregelt sind, ist der im einzelnen Falle anzuweisende Betrag nach der Schwierigkeit des Geschäfts und dem zur Ausrichtung desselben erforderlich gewesenen Zeitaufwande festzusetzen. Diese Festsetzung hat, wenn sich Bedenken gegen die Angemessenheit des liquidirten Betrags ergeben, die zuständige Regierung oder Landdrostei endgültig zu bewirken.

Verordnung, betreffend die den Medizinalbeamten zu gewährende Fuhrkosten-Vergütung. Vom 4. November 1874. (Ges. S. S. 354.)

Für einzelne Ortschaften kann durch den Justizminister in Gemeinschaft mit dem Finanzminister bestimmt werden, dass den Medizinalbeamten bei den an ihrem Wohnorte oder in einer Entfernung von nicht mehr als einer Fünftelmeile von demselben auf Veranlassung einer Gerichtsbehörde oder eines Beamten der Staatsanwaltschaft vorzunehmenden Geschäften die verauslagten Fuhrkosten zu erstatten sind.

Titel VI.

Innungen von Gewerbetreibenden.

I. Bestehende Innungen.

§. 81.

Alle zur Zeit gesetzlich bestehenden Korporationen von Gewerbetreibenden (Innungen, Zünfte) dauern fort. Ihre Statuten (Innungs-Artikel, Zunft-Artikel) bleiben in Kraft, soweit sie nicht durch die Vorschriften dieses Gesetzes oder nach Maßgabe der Bestimmung im §. 92 abgeändert werden.

Zu Tit. VI.

Die Stellung der Innungen ist durch die Gewerbeordnung eine wesentlich veränderte geworden. Nur in einigen ausdrücklich hervorgehobenen Beziehungen steht den Staatsbehörden noch eine Einwirkung auf dieselben zu; im Uebrigen ist ihre Beaufsichtigung den Gemeindebehörden übertragen. Trotz dieser veränderten Stellung ist ihre statutarische Verfassung insoweit in Kraft erhalten, als sie mit dem Bundesgesetz nicht im Widerspruch steht, und sind demgemäß so lange noch ferner als maßgebend anzusehen, als auf dem durch §. 92 gegebenen Wege nicht eine Abänderung der Innungsverfassung erfolgt.

§. 82.

Jedes Mitglied einer Innung kann jederzeit, vorbehaltlich der Erfüllung seiner Verpflichtungen, ausscheiden und darf das Gewerbe nach dem Austritt fortsetzen. Der Ausgeschiedene verliert alle Ansprüche an das Zunftvermögen und die durch dasselbe ganz oder theilweise fundirten Nebenkassen, soweit die Statuten nicht ein Anderes bestimmen.

§. 83.

Von dem Eintritt in eine Innung können diejenigen ausgeschlossen werden:

1. welche sich nicht im Besitz der bürgerlichen Ehrenrechte befinden;

 oder

2. welche in Folge der gerichtlichen Anordnung in der Verfügung über ihr Vermögen beschränkt sind.

Eine derartige Abänderung ist nur einer beschränkten Staatsgenehmigung unterworfen (§. 92). Die Genehmigung der Statuten neuer Innungen ist dagegen unbeschränkt vorgeschrieben (§. 99). Durch §. 94 erhalten die Bezirksregierungen (Landdrosteien) die Befugniß, bei der Auflösung einer Innung den bis dahin mit derselben verbundenen Unterrichtsanstalten, Hülfskassen und anderen Instituten Korporationsrechte zu ertheilen. Inwieweit die Ertheilung derselben angezeigt ist, hängt von den Verhältnissen des einzelnen Falles ab. Es ist aber überall auf ein geordnetes, zur Verleihung der Korporationsrechte geeignetes Statut zu halten, und die Genehmigung späterer Aenderungen der Bezirksregierung ausdrücklich vorzubehalten.

Anw. Nr. 21.

Zu §. 83.

Die gegenwärtige Fassung beruht auf Art. 12 des Reichsgesetzes v. 1. Juli 1883, welches mit dem 1. Januar 1884 in Wirksamkeit tritt.

Die frühere Fassung ging dahin:

Von dem Eintritt in die Innung können diejenigen ausgeschlossen werden,

1. welche die bürgerliche Ehre verloren haben.
2. welchen die Ausübung der bürgerlichen Ehrenrechte auf Zeit untersagt ist,
3. welche sich im Konkurs befinden.

Die rein redactionelle Aenderung bezweckt die Uebereinstimmung mit dem Sprachgebrauch des Strafgesetzbuchs bezw. anderweiter Bestimmungen der Gew.O. (§. 100 Abs. 6).

§. 84.

Vorbehaltlich der vorstehenden Bestimmung (§. 83) darf der Eintritt in eine Innung Keinem versagt werden, welcher die in dem Statute vorgeschriebenen Bedingungen erfüllt hat.

Bedarf es zu diesem Zwecke der Ablegung einer Prüfung, so ist dieselbe auf den Nachweis der Befähigung zur selbstständigen Ausführung der gewöhnlichen Arbeiten des Gewerbes zu richten. Die deshalb zu lösenden Aufgaben, sowie der zur Bestreitung der Prüfungskosten von dem zu Prüfenden zu zahlende Betrag, werden von der Innung bestimmt. Bevorzugungeu sind dabei nicht statthaft.

Die Prüfungszeugnisse der für einzelne Gewerbe angeordneten besonderen Prüfungsbehörden und der bisher zur Abnahme von Prüfungen befugt gewesenen Kommissionen sind ein genügender Nachweis der Befähigung zum Betriebe der Gewerbe, über welche sie ausgestellt sind.

Die Ablegung einer Prüfung kann von denjenigen nicht gefordert werden, welche das betreffende Gewerbe mindestens seit Einem Jahre selbstständig ausüben.

§. 85.

Die bei der Aufnahme in eine Innung zu entrichtenden Antrittsgelder müssen für alle Genossen der Innungen gleich sein.

Zu §. 84.

Das Bundesgesetz vom 8. Juli 1868 hatte die Gesellen- und Meisterprüfungen nur soweit bestehen lassen, als dieselben nach den landesgesetzlichen Bestimmungen einen Bestandtheil der Innungsverfassung bildeten oder einen nur fakultativen Character an sich trugen. Durch die Gew.O. ist auch dieser Theil des Prüfungswesens beseitigt. Den Innungen ist zwar die Befugniß gelassen, den Beitritt von der Ablegung einer Prüfung abhängig zu machen. Soweit statutenmäßig eine solche stattfand, bleibt dieselbe daher bis zur Abänderung der Statuten bestehen. Die Voraussetzungen dieser Prüfungen bestimmt aber nicht mehr das Gesetz, ihre Leitung erfolgt nicht mehr unter amtlicher Mitwirkung. Es ist lediglich Sache der Innungen geworden, die Prüfungsbedingungen zu regeln und die Prüfungs-Commissionen zu bilden.

Nr. 20 Anw. v. 4. September 1869.

Zu §. 85.

Im Geltungsbereich des Competenzgesetzes vom 26. Juli 1876 ist unter der höheren Verwaltungsbehörde der Bezirksrath, im Stadtkreise

Wo sie mehr als fünfzehn Mark betragen, bedarf es zu ihrer Erhöhung der Genehmigung der höheren Verwaltungs-Behörde. Diese Genehmigung ist auch dann erforderlich, wenn Antrittsgelder, welche den Betrag von fünfzehn Mark nicht übersteigen, über diesen Betrag erhöht werden sollen.

Der Beitritt zu einer Innung schließt die Befugniß nicht aus, an anderen Innungen theilzunehmen.

§. 86.

Durch Beschluß der Innung kann von Ausübung des Stimmrechts, sowie der Ehrenrechte innerhalb der Innung, derjenige ausgeschlossen werden, welcher in einem der im §. 83 unter 1, 2 bezeichneten Verhältnisse sich befindet.

§. 87.

Wird nach dem Tode eines Innungs-Genossen dessen Gewerbe durch einen Stellvertreter für Rechnung der Wittwe oder minderjährigen Erben fortgesetzt, so gehen die Befugnisse und Obliegenheiten des Verstorbenen, mit Ausnahme des Stimmrechts in der Innungs-Versammlung, auf die Wittwe für die Dauer des Wittwenstandes, beziehungsweise auf die minderjährigen Erben für die Dauer der Minderjährigkeit über.

§. 88.

Die Innung wird bei gerichtlichen wie bei außergerichtlichen Verhandlungen durch ihren Vorstand vertreten.

Die Legitimation desselben wird durch eine amtliche Bescheinigung der Gemeindebehörde über seine Eigenschaft als solcher geführt.

Berlin die erste Abtheilung des Polizeipräsidiums zu verstehen (§. 136 Nr. 2 und §. 170 Nr. 1 a. a. O.). In den übrigen Provinzen sind es die Regierungen bezw. Landdrosteien (Anw. Nr. 25).

Mit dem 1. April 1884 tritt an die Stelle des Bezirksraths der Bezirksausschuß.

§. 123 Nr. 1 Ges. v. 1. August 1883.

Zu §. 86.

Die gegenwärtige Fassung beruht auf Art. 12 des Reichsgesetzes v. 1. Juli 1883 und steht mit redactioneller Aenderung des §. 83 Gew.O. im Zusammenhange.

Die Befugniß zur Vertretung erstreckt sich auch auf diejenigen Geschäfte und Rechtshandlungen, für welche nach den Gesetzen eine Spezial-Vollmacht erforderlich ist.

Soweit in dem Statut (Innungs-Artikeln, Zunft-Artikeln) einem Mitgliede oder mehreren Mitgliedern des Vorstandes die Vertretung der Innung nach Außen übertragen ist, behält es hierbei sein Bewenden.

§. 89.

Verträge der Innung über die Erwerbung, Veräußerung oder Verwendung unbeweglicher Sachen und über Darlehn, für welche das unbewegliche Vermögen der Innung oder die Nutzungen desselben auf länger als Ein Jahr haften sollen, bedürfen zu ihrer Rechtsgültigkeit der Genehmigung der Gemeinde-Behörde. Dieselbe darf jedoch nicht versagt werden, wenn nachgewiesen wird, daß die Erfüllung aller bestehenden Verpflichtungen der Innung, sowie der für den Fall der Auflösung durch §. 94 getroffenen Vorschriften gesichert bleibt.

§. 90.

Zahlungen aus den Einnahmen oder dem Vermögen der Innung an Genossen derselben dürfen nur insoweit geleistet werden, als sie auf ausdrücklichen Vorschriften des Statuts beruhen. Für Zehrung dürfen solche Zahlungen niemals geleistet werden.

§. 91.

Die exekutivische Beitreibung der Innungsbeiträge und der von Innungs-Genossen wegen Verletzung statutarischer Vorschriften verwirkten Geldstrafen im Verwaltungswege findet ferner nicht statt.

§. 92.

Abänderungen des Statuts können in einer Versammlung der Innung, zu welcher sämmtliche stimmberechtigte Genossen unter ausdrücklicher Bezeichnung des Gegenstandes der Berathung schriftlich eingeladen sind, durch absolute Mehrheit der Anwesenden beschlossen werden. Der Beschluß bedarf der Genehmigung der höheren Verwaltungsbehörde, wenn er Zahlungen aus den

---

Zu §. 92.

Wegen der höheren Verwaltungsbehörde vgl. Note zu §. 85.

Einnahmen oder dem Vermögen der Innung an Genossen derselben oder andere Verfügungen über das Innungsvermögen zum Gegenstande hat. Diese Genehmigung darf jedoch nicht versagt werden, wenn nachgewiesen wird, daß die Erfüllung aller bestehenden Verpflichtungen der Innung, sowie der für den Fall der Auflösung durch §. 94 getroffenen Vorschriften gesichert bleibt.

§. 93.

Ihre Auflösung kann die Innung in einer Versammlung, zu welcher sämmtliche stimmberechtigte Genossen unter ausdrücklicher Bezeichnung des Gegenstandes der Berathung schriftlich eingeladen sind, durch absolute Mehrheit der Anwesenden beschließen. Der Beschluß bedarf der Genehmigung der höheren Verwaltungs-Behörde. Diese Genehmigung wird ertheilt, wenn die Berichtigung der Schulden und die Erfüllung der Vorschriften des §. 94 sichergestellt ist.

§. 94.

Löst eine Innung sich auf, so muß ihr Vermögen zuvörderst zur Berichtigung ihrer Schulden und zur Erfüllung ihrer sonstigen Verpflichtungen verwendet werden. War dasselbe bisher ganz oder theilweise zur Fundirung von Unterrichtsanstalten oder zu anderen öffentlichen Zwecken bestimmt, so darf dasselbe dieser Bestimmung nicht entzogen werden. Wird dafür nicht in anderer genügender Weise Sorge getragen, so fällt das betreffende Vermögen der Gemeinde gegen Uebernahme der darauf lastenden Verpflichtungen zu.

Zu §. 93.

In den zum Geltungsbereich des Competenzgesetzes vom 26. Juli 1876 gehörigen Provinzen ist unter der höheren Verwaltungsbehörde der Bezirksrath, im Stadtkreise Berlin die erste Abtheilung des Polizeipräsidiums zu verstehen. (§. 136 Nr. 3 und §. 170 Nr. 1 a. a. O.) Mit dem 1. April 1884 tritt an die Stelle des Bezirksraths der Bezirksausschuß. §. 123 Nr. 2 Ges. v. 1. August 1883.

In den übrigen Provinzen sind es die Regierungen bezw. Landdrosteien. (Anw. Nr. 25.)

Zu §. 94.

Unter der höheren Verwaltungsbehörde (Abs. 4) ist in den zum Geltungsbereich des Competenzgesetzes vom 26. Juli 1876 gehörigen Provinzen das Bezirksverwaltungsgericht, im Falle des Abs. 5 der Bezirksrath — im Stadtkreise Berlin an Stelle des Bezirksraths der Oberpräsident — zu verstehen. §. 137 Abs. 1 und §. 170 Nr. 1 a. a. O.)

Eine Vertheilung des hiernach verbleibenden Reinvermögens unter die zeitigen Mitglieder kann die Innung bei ihrer Auflösung nur soweit beschließen, als dasselbe aus Beiträgen dieser Mitglieder entstanden ist.

Der Rest des Vermögens wird, sofern in dem Statute oder in den Landesgesetzen nicht ein Anderes ausdrücklich bestimmt ist, der Gemeinde, in welcher die aufgelöste Innung ihren Sitz hatte, zur Benutzung für gewerbliche Zwecke überwiesen.

Entstehen aus den vorstehenden Bestimmungen Differenzen zwischen der Ortsgemeinde und der Innung, so steht die Entscheidung darüber der höheren Verwaltungs-Behörde zu.

Letzterer steht auch die Befugniß zu, den bisher mit der Innung verbunden gewesenen Unterrichts-Anstalten, Hülfskassen oder anderen Instituten zu öffentlichen Zwecken nach der Auflösung der Innung Korporationsrechte zu ertheilen.

Die vorstehenden Vorschriften kommen auch im Falle des Erlöschens einer Innung durch Aussterben ihrer Mitglieder zur Anwendung.

§. 95.

Die Gemeinde-Behörde übt die Aufsicht über die Innungen aus. Sie entscheidet Streitigkeiten über die Aufnahme und Ausschließung von Genossen, über die Wahl der Vorstände und über die Rechte und Pflichten der letzteren. Gegen ihre Entscheidung steht der Rekurs an die höhere Verwaltungs-Behörde offen, welcher binnen einer präklusivischen Frist von vier Wochen bei der Gemeinde-Behörde anzubringen ist.

Innungs-Versammlungen, in welchen über Abänderungen des Statuts oder über die Auflösung der Innung Beschluß gefaßt

---

In den übrigen Provinzen sind es die Regierungen bezw. Landdrosteien. (Anw. Nr. 25.)

Mit dem 1. April 1884 tritt an Stelle des Bezirksraths der Bezirksausschuß.

§. 125 Ges. v. 1. August 1883.

Zu §. 95.

In den zum Geltungsbereich des Kompetenzgesetzes vom 26. Juli 1876 gehörigen Provinzen findet an Stelle des Rekurses die Klage bei dem Bezirksverwaltungsgericht statt, für welche die gleiche Frist maßgebend ist.

§. 137 Abs. 2 a. a. O.

werden soll, wohnt die Gemeinde-Behörde durch eines ihrer Mitglieder oder einen Beauftragten bei. An anderen Berathungen der Innung nimmt sie nicht Theil. Die Bestätigung der Wahl der Vorstände steht ihr fortan nicht zu.

§. 96.

Alle Bestimmungen der Gesetze oder der Statuten (Innungs-Artikel, Zunft-Artikel), durch welche der Gemeinde-Behörde in Angelegenheiten der Innungen größere Befugnisse beigelegt sind, als durch gegenwärtiges Gesetz, treten außer Kraft.

II. Neue Innungen.

§. 97.

Diejenigen, welche ein Gewerbe selbständig betreiben, können zur Förderung der gemeinsamen gewerblichen Interessen zu einer Innung zusammentreten.

Aufgabe der neuen Innungen ist:

1. die Pflege des Gemeingeistes sowie die Aufrechterhaltung und Stärkung der Standesehre unter den Innungsmitgliedern;

In den übrigen Provinzen sind unter der höheren Verwaltungsbehörde die Regierungen, Landdrosteien bezw. das Polizeipräsidium zu Berlin zu verstehen.

Anw. Nr. 25.

Mit dem 1. April 1884 tritt an die Stelle des Bezirksraths der Bezirksausschuß.

§. 125 Ges. v. 1. August 1883.

Wegen den Innungs-Krankenkassen vgl. §. 73 des Reichsgesetzes v. 15. Juni 1883 abgedruckt hinter Tit. VIII.

Zu II.

Die in diesem Abschnitt enthaltenen Bestimmungen beruhen auf dem Reichsgesetze v. 18. Juli 1881 (Art. 1, 3). Bezüglich des Entwickelungsganges dieses Zweiges der Gewerbegesetzgebung siehe Einleitung S. 19 fgde.

Zu §. 97.

1. Die Bestimmung des ersten Absatzes weicht von der des §. 97 Abs. 1 der Gewerbeordnung von 1869 insofern ab, als sie die Vereinigung zu einer Innung nicht auf Gewerbetreibende „gleicher oder verwandter" Gewerbe beschränkt, weil sonst in vielen Gegenden, in welchen die einzelnen Handwerke

2. die Förderung eines gedeihlichen Verhältnisses zwischen Meistern und Gesellen sowie die Fürsorge für das Herbergswesen der Gesellen und für die Nachweisung von Gesellenarbeit;
3. die nähere Regelung des Lehrlingswesens und die Fürsorge für die technische, gewerbliche und sittliche Ausbildung der Lehrlinge;
4. Streitigkeiten der im §. 120a bezeichneten Art zwischen den Innungsmitgliedern und ihren Lehrlingen an Stelle der Gemeindebehörde (Absatz 2 daselbst) zu entscheiden.

---

so schwach vertreten sind, daß eine lebensfähige Innung nur durch Vereinigung sämmtlicher Handwerker zu einer Innung ermöglicht werden kann, die sachlich wünschenswerthe Innungsbildung unterbleiben müßte.

Durch Absatz 2 des §. 97 und durch §. 97a. wird das Gebiet der Wirksamkeit der Innungen geregelt, und zwar in der Weise, daß unterschieden wird zwischen denjenigen Aufgaben, welche als wesentliche von jeder Innung zu erfüllen sind, und denjenigen, welche die einzelnen Innungen je nach den vorhandenen Bedürfnissen und Kräften in das Bereich ihrer Thätigkeit ziehen können. Die im §. 97 aufgestellten Zwecke, welche in diesem Sinne zu nothwendigen Aufgaben der Innungen gemacht werden sollen, von jeder Innung erfüllt werden müssen, wenn dieselbe nicht die Berechtigung, als eine im öffentlichen Interesse aufrecht zu erhaltende Korporation anerkannt zu werden, verlieren will, sind namentlich

a) die Regelung und Pflege des Lehrlingswesens,
b) das Herbergswesen,
c) die Funktion der Arbeitsvermittelung.

Diese sollen durch die Thätigkeit der organisirten Berufsgemeinschaften diejenige Pflege finden, deren sie im sittlichen und wirthschaftlichen Interesse der Gesellen bedürfen. Bei der neuen Regelung der Innungen mußte dafür Sorge getragen werden, daß der Staat in denselben Organe zur Lösung dieser Aufgaben der Gewerbeverwaltung gewinnt, und es rechtfertigte sich daher, wenn zu dem Ende die Einräumung der Rechte der Innung von der Uebernahme dieser Aufgaben abhängig gemacht ist.

Die Nr. 4 des §. 97 beruht auf der Erwägung, daß nach der ganzen Art, wie die Regelung und Beaufsichtigung des Lehrlingswesens zu einer genossenschaftlichen Aufgabe der Innung und die Lehrlinge zu Schutzbefohlenen der Genossenschaft gemacht werden sollen, auch die Streitigkeiten zwischen Meistern und Lehrlingen mehr unter dem Gesichtspunkte der Verletzung genossenschaftlicher Rechte und Pflichten als unter dem der Verletzung persönlicher Rechte zu entscheiden sind, und daß es hiernach gerechtfertigt erscheint, diese Entscheidung auf den Vorstand oder ein anderes im Statut vorzusehendes Organ der Innung zu übertragen.

Daß die Innung durch statutarische Bestimmungen ihre Mitglieder verpflichten kann, bei der Annahme von Gesellen gewisse Normen zu beachten, beispielsweise nur solche Gesellen anzunehmen, welche sich in einer von der Innung festzustellenden Weise legitimiren, ist selbstverständlich.

(Motive.)

2. In Betreff der Errichtung von Innungen enthält die Anweisung des Ministers für Handel und Gewerbe v. 2. März 1882 (M.Bl. S. 66) folgende Bestimmungen:

1. Diejenigen, welche zu einer neuen Innung zusammentreten wollen, haben den von ihnen vollzogenen Statut-Entwurf in zwei Exemplaren der Gemeindebehörde desjenigen Orts einzureichen, in welchem die Innung ihren Sitz haben soll, und dabei Bevollmächtigte zu bezeichnen, welche bis zur Konstituirung der Innung (Nr. 11) zu ihrer Vertretung befugt sein sollen. Bestehende Innungen, welche sich auf Grund des Gesetzes vom 18. Juli 1881 reorganisiren wollen, haben hierüber nach Maßgabe ihrer Statuten Beschluß zu fassen und diesen Beschluß nebst den zur Prüfung seiner Gültigkeit erforderlichen Unterlagen und zwei Exemplaren des Entwurfs der neuen Statuten durch den bisherigen Vorstand einzureichen.

   Die Gemeinde-Behörde hat diese Vorlagen ungesäumt der höheren Verwaltungsbehörde zu übersenden und derselben gleichzeitig oder spätestens innerhalb einer Woche anzuzeigen,

   a) ob in dem Gemeindebezirk für diejenigen Gewerbe, welche in der Innung vertreten sein sollen, oder für einzelne derselben eine Innung bereits besteht, und, wenn dies der Fall ist,

   b) ob und aus welchen Gründen anzunehmen ist, daß im Falle der Errichtung der neuen Innung beide Innungen an der Erfüllung der ihnen obliegenden Aufgaben gehindert sein würden.

2. Die höhere Verwaltungsbehörde prüft, ob nach den Vorschriften des §. 104 des Gesetzes vom 18. Juli 1881 derjenigen Gemeindebehörde, welche das Statut überreicht, die Aufsicht über die neue Innung zusteht, und führt, wenn dies nicht der Fall ist, die Ernennung der Aufsichtsbehörde herbei.

   Wird die Aufsicht nicht derjenigen Behörde übertragen, welche das Statut vorgelegt hat, so sind die von der letzteren eingereichten Schriftstücke der ernannten Aufsichtsbehörde zur Prüfung und Berichterstattung mit dem Auftrage zuzustellen, über die in Nr. 3 a. b. erwähnten Verhältnisse sich gleichfalls zu äußern.

   Soll der Bezirk der Innung über den Bezirk der höheren Verwaltungsbehörde hinausgehen, so hat die letztere die Genehmigung der Centralbehörde mittels gutachtlichen Berichts einzuholen.

3. Ist das Statut nach §. 98b des Gesetzes vom 18. Juli 1881 zu genehmigen, so wird ein Exemplar des ersteren mit dem Genehmigungsvermerk versehen und der Aufsichtsbehörde übersandt, welche dasselbe den für die Errichtung der neuen Innung bestellten Bevollmächtigten oder dem bisherigen Innungsvorstand (Nr. 3) zugehen läßt. Ist die Aufsichtsbehörde nicht zugleich die Gemeindebehörde des Sitzes der Innung, so hat jene dieser von der Genehmigung Kenntniß zu geben.

4. Ergeben sich gegen die Genehmigung Bedenken, welche sich durch Verhandlungen mit den Antragstellern nicht beseitigen lassen, so erläßt die höhere Verwaltungsbehörde einen schriftlichen Bescheid. In den Gründen desselben ist genau anzugeben, welche Bestimmungen des Statuts die Genehmigung des letzteren unstatthaft erscheinen lassen, und eventuell welche sonstigen Umstände derselben entgegenstehen. In dem Bescheid ist den Antragstellern zu eröffnen, daß *sie befugt sind*, binnen 2 Wochen bei der höheren Verwaltungsbehörde entweder auf mündliche Verhandlung und Beschlußfassung durch das Kollegium anzutragen, oder bei derselben Behörde den Rekurs an die vorgesetzte Behörde (Provinzialrath, Centralbehörde) anzumelden und ihn zu rechtfertigen.

5. Wird auf Grund der mündlichen Verhandlung entschieden, daß die Genehmigung des Statuts zu ertheilen ist, so wird die letztere nach Nr. 5 ausgefertigt. Lautet dagegen die Entscheidung auf Versagung der Genehmigung, so wird nach Maßgabe der Nr. 6 ein förmlicher Bescheid erlassen, in welchem dieser Beschluß näher zu begründen und auf das zulässige Rechtsmittel zu verweisen ist.

6. Wird Rekurs eingelegt, so kann zu dessen Rechtfertigung auf Antrag eine angemessene, der Regel nach nicht über zwei Wochen zu erstreckende Nachfrist gewährt werden.

Im Falle verspäteter Einlegung wird der Rekurs ohne Weiteres durch einen mit Gründen versehenen Bescheid zurückgewiesen. In demselben ist den Rekurrenten zu eröffnen, daß ihnen innerhalb einer Frist von zwei Wochen eine bei der zurückweisenden Behörde einzulegende Beschwerde an die Rekursbehörde zustehe.

Wird der Rekurs oder die Beschwerde bei derjenigen Behörde eingelegt, welche zur Beschlußfassung auf das Rechtsmittel zuständig ist, so hat diese Behörde das Schriftstück an die Behörde, welche in erster Instanz entschieden hat, abzugeben.

7. Der mit Gründen versehene Rekursbescheid wird der Behörde, welche in erster Instanz entschieden hat, in Ausfertigung übersandt. Ist die Versagung der Genehmigung aufrechterhalten, so wird der Bescheid den Antragstellern mit der Hinweisung darauf zugestellt, daß eine weitere Beschwerde durch das Gesetz nicht zugelassen ist. Wird dagegen der Rekurs für gerechtfertigt erachtet, so ist nach Nr. 5 zu verfahren.

8. Die Zustellung von Bescheiden an die Antragsteller erfolgt durch die Aufsichtsbehörde, welche von dem Inhalt auch der Gemeindebehörde des Sitzes der Innung Kenntniß giebt, sofern die letztere Behörde nicht selbst die Aufsicht führt.

9. Nach Eingang der Genehmigung des Statuts einer neuen Innung hat die Aufsichtsbehörde die Unterzeichner des Statuts zu einer Versammlung zu berufen, in welcher die Innung konstituirt und die Wahl des Innungsvorstandes, sowie der Inhaber der Innungsämter vorgenommen wird (§. 101).

Bei reorganisirten Innungen ist erforderlichen Falls in gleicher Weise zu verfahren.

3. Den Behörden ist das nachstehende Musterstatut zur Nachachtung mitgetheilt:

Bekanntmachung des Reichskanzlers vom 11. Januar 1882. Centr.Bl. S. 247.

Vorbemerkung.

Das Normal-Innungsstatut ist weder für die Entschließungen derjenigen, welche eine Innung errichten oder reorganisiren wollen, noch für die Entscheidung der Behörden, denen die Genehmigung der Innungsstatuten obliegt, verbindlich. Es soll nur eine Anleitung zur Aufstellung eines den gesetzlichen Erfordernissen (vgl. §§. 98a. und 98b. der Gewerbeordnung) entsprechenden Statuts geben. Dabei ist eine nur ein Gewerbe umfassende Innung von mittlerer Ausdehnung vorausgesetzt. Die Abänderungen, welche nöthig werden, wenn die Innung mehrere Gewerbe umfaßt, werden leicht zu formuliren sein. Für Innungen von geringer Mitgliederzahl wird das Statut vereinfacht werden können. Dagegen wird dasselbe auch für die größten Innungen brauchbar sein, da die umfassenderen Aufgaben, welche eine solche sich stellen kann, größtentheils durch Nebenstatute näher zu regeln sein werden.

Auch abgesehen von den Stellen, wo die Möglichkeit von Abweichungen oder verschiedenen Bestimmungen durch Klammern [—] angedeutet ist, wird bei der Abfassung des Statuts für eine bestimmte Innung stets zu prüfen sein, ob die einzelnen Bestimmungen mit Rücksicht auf die besonderen Verhältnisse der zu errichtenden oder zu reorganisirenden Innung überhaupt aufzunehmen, ob sie zu modifiziren oder durch andere zu ersetzen sind.

Statut der [Tischler-] Innung zu N.

Die Unterzeichneten treten auf Grund der §§. 97ff. der Gewerbeordnung (Gesetz vom 18. Juli 1881) und der nachfolgenden Bestimmungen zu einer Innung zusammen.

Zum Eingang.

Die Fassung für neue Innungen entspricht der Fassung des §. 97 der Gewerbeordnung, wonach eine Innung durch Zusammentreten der Gewerbe-

(Andere Fassung.)

Für die zu N. bestehende [Tischler-] Innung wird auf Grund der §§ 97ff. der Gewerbeordnung (Ges. vom 18. Juli 1881) das nachfolgende revidirte Statut erlassen.

Name, Sitz und Bezirk der Innung.

§. 1.

Die Innung führt den Namen [Tischler-] Innung zu N. Ihr Sitz ist zu N. Ihr Bezirk umfaßt den Bezirk der Gemeinde [des Amtsbezirks, des Kreises] N.[1]), [sowie der Gemeinden A., B., C. ꝛc.].[2])

Aufgaben der Innung.

§. 2.

Die Innung ist bestimmt, die gemeinsamen gewerblichen Interessen ihrer Mitglieder zu fördern.

Zu dem Ende wird sie in erster Linie die ihr nach §. 97 der Gewerbeordnung obliegenden Aufgaben zu erfüllen suchen und außerdem folgende Zwecke verfolgen.

[1. Die Vervollkommnung des Gewerbebetriebes der Innungsmeister und der Gesellen derselben durch Veranstaltung von Vorträgen, Errichtung einer Modell- und Mustersammlung, einer Fachbibliothek, einer Fachschule (gewerbliche Zeichenschule).

2. Die Abhaltung von Meister- und Gesellenprüfungen und Ausstellung von Zeugnissen darüber.

3. Die Errichtung eines gemeinsamen Rohstofflagers, einer gemeinsamen Verkaufsstelle für die Innungsmeister, die Beschaffung verbesserter Werkzeuge und Apparate, die Anschaffung von Hülfsmaschinen zur gemeinsamen Benutzung für die Innungsmeister.

4. Die Errichtung einer Vorschußkasse für die Innungsmeister.

5. Die Errichtung einer Kranken- und Sterbekasse für die Innungsmeister und deren Angehörigen, für die Gesellen und Lehrlinge der Innungsmeister.

6. Die Errichtung eines Schiedsgerichts zur Entscheidung der in §. 120a. der Gewerbeordnung bezeichneten Streitigkeiten zwischen den Innungsmeistern und ihren Gesellen.]

---

treibenden eines oder mehrerer Gewerbe zu stande kommt. Auch eine für mehrere oder für „alle" Gewerbe errichtete Innung kann nur solche Gewerbe umfassen, welche unter den Zusammentretenden wirklich vertreten sind.

Zu §. 1.

1. Fassung für den Fall, daß der Bezirk der Innung einen größeren Verwaltungsbezirk oder den Bezirk eines größeren Kommunalverbandes umfaßt.

2. Fassung für den Fall, daß der Bezirk der Innung die Bezirke mehrerer einzelner Gemeinden umfaßt.

(Vgl. §§. 98, 98a. Nr. 1 der G.-O.)

Zu §. 2.

1. Das Statut muß über die Aufgaben der Innung Bestimmung treffen.

Ueber die unter 3—6 bezeichneten Einrichtungen werden die erforderlichen Bestimmungen durch Nebenstatute nach Maßgabe der §§. 98c., 100c., 100d. der Gewerbeordnung getroffen werden.

Mitgliedschaft.

§. 3.

Mitglieder der Innung sind die Unterzeichneten und diejenigen, welche nach Maßgabe der nachfolgenden Bestimmungen in die Innung aufgenommen werden.

(Andere Fassung.)

§. 3.

Mitglieder der Innung sind die Mitglieder der bisherigen [Tischler-] Innung, sowie diejenigen, welche nach Maßgabe der nachfolgenden Bestimmungen in die Innung aufgenommen werden.

§. 4.

Zum Eintritt in die Innung ist jeder Großjährige berechtigt, welcher

a) das [Tischler-] Gewerbe [eines der Gewerbe, für welche die Innung errichtet ist] innerhalb des Innungsbezirks selbständig betreibt,

b) sich im Besitz der bürgerlichen Ehrenrechte befindet,

Aufgaben, welche nicht als solche der Innung im Statut bezeichnet sind, kann die Innung später, auch wenn sie gesetzlich zulässig sind, ohne entsprechende Abänderung des Statuts nicht verfolgen.

2. Diese oder eine ihrem Inhalte nach gleiche Bestimmung muß jedes Statut enthalten, weil die in §. 97 Nr. 1 bis 4 bezeichneten Aufgaben von jeder Innung erfüllt werden müssen.

3. Die unter Nr. 1—6 bezeichneten Aufgaben sind wie die unter den gleichen Nummern des §. 97a. der Gewerbeordnung aufgeführten nur Beispiele solcher Aufgaben, welche die Innung in das Bereich ihrer Wirksamkeit ziehen kann, aber nicht muß. Wie viele und welche derselben in das einzelne Innungsstatut aufzunehmen sind, muß nach den lokalen Verhältnissen und Bedürfnissen und namentlich nach dem Maße der der Innung zur Verfügung stehenden Kräfte geprüft werden. Auch andere als die aufgeführten Aufgaben können hier aufgenommen werden, sofern sie zur Förderung der „gemeinsamen gewerblichen Interessen" der Innungsmitglieder §. 97a. Abs. 1) dienen.

4. Für alle Zwecke, welche unter Nr. 4, 5, 6 des §. 97a. der Gewerbeordnung fallen, dürfen die zu ihrer Erreichung zu treffenden Einrichtungen nur durch Nebenstatute geregelt werden (§. 98a. Abs. 4 der Gewerbeordnung), während für alle übrigen Zwecke auch die näheren Einrichtungen im Innungsstatut zu regeln sind (daselbst Nr. 2).

Zu §. 4.

Die Bedingungen der Aufnahme müssen durch Statut geregelt werden. Die Erfordernisse unter a., b., c. sind gesetzliche (§. 100 Abs. 1 und 6 der Gewerbeordnung), welche durch das Statut nicht geändert werden können. Im übrigen steht es den Begründern der Innung frei, strengere oder mildere Bedingungen aufzustellen. Ob sie z. B. die unter 1 bis 4 aufgestellten Erfordernisse, wie im Normalstatut vorgesehen, nur alternativ, oder mehrere derselben nebeneinander, namentlich Nr. 4 neben Nr. 1 aufnehmen wollen, ist nach den Umständen zu entscheiden. Die Rücksicht auf das künftige Ansehen

c) nicht in Folge gerichtlicher Anordnung in der Verfügung über sein Vermögen beschränkt ist,

d) den an die Mitglieder der Innung in Bezug auf ehrenhaften Lebenswandel und ordnungsmäßigen Gewerbebetrieb zu stellenden Anforderungen genügt,

wenn er

1. entweder einer der Innung nach ordnungsmäßiger Lehrlings-Lehrzeit und abgelegter Gesellenprüfung ausgeschrieben und mindestens [3] Jahre als Geselle oder Gehülfe im [Tischler-] Gewerbe beschäftigt gewesen ist,
2. oder einer anderswo bestehenden [Tischler-] Innung als Mitglied angehört hat,
3. oder mindestens [2] Jahre lang das [Tischler-] Gewerbe selbständig [mit Gehülfen] betrieben hat,
4. oder die Meisterprüfung vor der Innung ablegt.

Für diejenigen, welche das Gewerbe an einem Orte erlernt haben, wo bei Beginn ihrer Lehrzeit eine [Tischler-] Innung nicht bestand, tritt an die Stelle des Erfordernisses unter Nr. 1 die Beibringung eines nach Maßgabe des §. 129 der Gewerbeordnung ausgestellten und beglaubigten Zeugnisses, durch welches die erfolgreiche Zurücklegung einer mindestens [3] jährigen Lehrzeit nachgewiesen wird, und der Nachweis mindestens [3] jähriger Beschäftigung als Geselle oder Gehülfe im [Tischler-] Gewerbe.

Für diejenigen, welche zur Zeit des Erlasses dieses Statuts das [Tischler-] Gewerbe innerhalb des Innungsbezirks selbständig betreiben und sich binnen [2, 4, 6] Monaten zum Eintritt in die Innung melden, kommen die unter Nr. 1—4 aufgestellten Erfordernisse in Wegfall.

§. 5.

Die Meisterprüfung wird vom Innungsvorstande nach Maßgabe der folgenden Bestimmungen abgenommen.

(Hier sind die Gegenstände, auf welche sich die Prüfung erstrecken soll, sowie Art und Umfang der zu fordernden Leistungen anzugeben, wobei zu beachten, daß nach §. 100 Abs. 2 der Gewerbeordnung nur der Nachweis der Befähigung zur selbständigen Ausführung der gewöhnlichen Arbeiten des Gewerbes gefordert werden darf.)

§. 6.

Diejenigen, welche als Werkmeister oder in ähnlicher Stellung bei einem

---

der Innung spricht für strengere Erfordernisse, während solche leicht vom Eintritte in die Innung mehr abschrecken können, als namentlich anfangs zu wünschen ist.

Zu §. 5.

Wenn eine Meisterprüfung überhaupt gefordert wird, so muß Art und Umfang derselben im Statut geregelt werden (§. 100 Abs. 2 der Gewerbeordnung).

Zu §. 6.

Ob die Aufnahme von Werkmeistern 2c. in die Innung überhaupt vor-

innerhalb des Innungsbezirks bestehenden Großbetriebe für [Tischler-] Arbeiten beschäftigt sind, können in die Innung aufgenommen werden, wenn sie den Erfordernissen des §. 4 mit Ausnahme desjenigen unter a. entsprechen. [Ein Recht auf Aufnahme steht ihnen nicht zu.]

§. 7.

Ueber die beim Vorsitzenden des Innungsvorstandes [Obermeister] einzubringenden Aufnahmegesuche entscheidet [der Vorstand, sofern er nicht die Ablehnung auf Grund der Bestimmung unter d. des §. 4 für erforderlich hält. In diesem Falle hat er die Entscheidung der Innungsversammlung in ihrer nächsten Sitzung herbeizuführen. Ebenso ist über die Aufnahme der in §. 6 bezeichneten Personen der Beschluß der Innungsversammlung herbeizuführen].*) [die Innungsversammlung].

§. 8.

Der Beschluß [des Vorstandes oder] der Innungsversammlung über die Aufnahme ist dem Angemeldeten vom Vorsitzenden — und zwar im Falle der Ablehnung schriftlich — mitzutheilen.

Wird gegen einen ablehnenden Beschluß Beschwerde bei der Aufsichtsbehörde erhoben (§. 104 Abs. 4 der Gewerbeordnung), so sind auf Aufforderung der letzteren die Gründe der Ablehnung anzugeben, sofern dies nicht schon bei Mittheilung des Beschlusses geschehen ist.

Der Neuaufgenommene, welchem bei Mittheilung der Aufnahme ein Exemplar des Innungsstatuts einzuhändigen ist, tritt damit in alle Rechte und Pflichten der Innnngsmitglieder ein. [Derselbe wird der Innungsversammlung durch den Obermeister vorgestellt, hat seinen Namen in die Rolle der Innungsmeister einzutragen und sich durch Handschlag zur Erfüllung aller Obliegenheiten eines Innungsmitgliedes zu verpflichten.]

---

gesehen werden soll, ist Sache der freien Entschließung. Ebenso ob denen, welche den Erfordernissen genügen, ein Recht zum Eintritt eingeräumt oder nur der Innung die Möglichkeit ihrer Aufnahme gewährt werden soll.

Zu §. 7.

*) Diese Worte sind zu streichen, wenn die Entscheidung über alle Aufnahmegesuche der Innungsversammlung vorbehalten werden soll. Dies wird sich in der Regel nur für kleinere Innungen empfehlen. Für größere Innungen wird Beschluß der Innungsversammlung zweckmäßig nur für solche Fälle vorzubehalten sein, wo die Aufnahme von einem Urtheil über die Ehrenhaftigkeit oder gewerbliche Tüchtigkeit des Angemeldeten abhängig ist, oder wo es sich um die Aufnahme von Werkmeistern handelt.

Zu §. 8.

1. Die Worte Abs. 1 [—] sind zu streichen, wenn in allen Fällen die Innungsversammlung selbst entscheidet.

2. Wo eine andere Art der förmlichen Aufnahme üblich ist, steht nichts im Wege, dieselbe beizubehalten. Es liegt nur im Interesse der Innung, daß überhaupt eine dem Ernste der Sache entsprechende Form der Aufnahme vorgesehen wird (zu Abs. 3 Schlußsatz).

§. 9.

Jedes neu eintretende Mitglied hat ein Eintrittsgeld von .... Mark in die Innungskasse zu zahlen. Eine Erhöhung oder Herabsetzung des Eintrittsgeldes kann von der Innungsversammlung beschlossen werden. Ein solcher Beschluß hat nur für diejenigen Wirkung, welche sich erst nach demselben zur Aufnahme gemeldet haben.

§. 10.

Wird nach dem Tode eines Innungsmeisters der Gewerbebetrieb desselben für Rechnung der Wittwe fortgesetzt, so gehen die Befugnisse und Obliegenheiten des Verstorbenen mit Ausnahme des Stimmrechts und der Ehrenrechte auf die Wittwe über, wenn dieselbe einen Werkführer annimmt, welcher den Anforderungen des §. 4 mit Ausnahme derjenigen unter a. daselbst entspricht.

Auf Antrag der Wittwe hat der Innungsvorstand seine Vermittelung zur Erlangung eines geeigneten Werkführers eintreten zu lassen.

§. 11.

Durch Beschluß der Innungsversammlung können Personen, welche dem [Tischler-] Gewerbe nicht angehören oder dasselbe nicht mehr betreiben, zu Ehrenmitgliedern der Innung ernannt werden. Dieselben sind berechtigt, an den Innungsversammlungen und auf an sie ergehende Einladung an den Verhandlungen des Vorstandes und der Innungsausschüsse mit berathender Stimme theilzunehmen.

Allgemeine Rechte und Pflichten der Innungsmitglieder.

§. 12.

Jedem Innungsmitgliede steht das Recht auf Theilnahme an dem Vermögen und den Einrichtungen der Innung, sowie auf Benutzung ihrer gemeinsamen Anstalten nach Maßgabe dieses Statuts, der Nebenstatute und der Beschlüsse der Innungsversammlung zu.

§. 13.

Jedes Mitglied der Innung ist verpflichtet, zur Förderung der gemeinsamen gewerblichen Interessen nach Maßgabe dieses Statuts mitzuwirken, den Vorschriften des letzteren, den Beschlüssen der Innungsversammlungen und den Anordnungen, welche vom Vorstande und den Ausschüssen der Innung innerhalb ihrer Zuständigkeit getroffen werden, Folge zu leisten.

Zu §. 9.

Für Innungen, welche kein für die einzelnen Mitglieder nutzbares Vermögen haben, empfiehlt es sich, das Eintrittsgeld niedrig zu bemessen, damit die Höhe desselben nicht vom Eintritt abschreckt.

Zu §. 11.

Ob die Aufnahme von Ehrenmitgliedern überhaupt vorgesehen werden soll, und welche Rechte denselben eingeräumt werden sollen, ist Sache der freien Entschließung.

§. 14.

Jedes Mitglied der Innung, welches das [60ste] Lebensjahr noch nicht überschritten hat, ist verpflichtet, die auf ihn fallende Wahl zu Innungsämtern anzunehmen, sofern es nicht bereits [4] Jahre[1]) hinter einanderoder im ganzen [6] Jahre[2]) ein Innungsamt verwaltet hat.

Ueber die Zulässigkeit der Ablehnung aus anderen Gründen entscheidet die Innungsversammlung. Wer die Annahme der Wahl aus unzulässigen Gründen ablehnt, kann durch Beschluß der Innungsversammluug verpflichtet werden, eine Buße bis zum [vierfachen] Betrage[3]) seines Jahresbeitrags zu bezahlen.

§. 15.

Kommen unter den Innungsgenossen Beleidigungen oder Streitigkeiten, welche sich auf gewerbliche Angelegenheiten beziehen, vor, so hat der Vorstand auf Antrag eines derselben beide Theile vorzuladen und einen Vergleich oder eine Aussöhnung unter ihnen zu versuchen.

Innungsmitglieder, welche Streitigkeiten dieser Art ohne vorgängigen Sühnversuch vor dem Vorstande gerichtlich anhängig machen, verwirken eine vom Innungsvorstande festzusetzende Ordnungsstrafe bis zu [10] Mark.

§. 16.

Jedes Innungsmitglied ist verpflichtet, den zum Zweck seiner Vernehmung in Innungsangelegenheiten an ihn ergehenden Vorladungen nachzukommen.

Bei [In] der Vorladung, [welche schriftlich zu erlassen ist], muß der Zweck derselben angegeben werden. Sie kann unter schriftlicher Androhung einer Ordnungsstrafe bis zu [3] Mark erfolgen. Im Falle unentschuldigter Nichtbeachtung der Vorladung kann bei Wiederholung derselben die doppelte Strafe angedroht werden.

§. 17.

Jedes Mitglied der Innung hat [viertel-, halb-] jährlich einen ordentlichen Beitrag von . . . Mark zu zahlen. [Vgl. §. 49.]

Zu §. 14.

1. Hier ist dieselbe Zahl einzutragen, welche in der Note zu §. 31 gewählt wird.

2. Hier wird das Doppelte oder das Anderthalbfache der Zahl bei 1 einzutragen sein.

3. Wird nach der Zahl bei 1 zu bemessen sein.

Zu §. 15.

Die Vorschrift dieses §. 15 ist die einzige besondere Bestimmung, welche zur Verwirklichung der in §. 97 Nr. 1 bezeichneten Aufgabe in das Normalstatut aufgenommen ist. Weitere diesem Zwecke dienende Bestimmungen, z. B. solche, welche einen soliden Geschäftsbetrieb bei den Innungsmitgliedern fördern oder eine Konkurrenz durch unlautere und schwindelhafte Mittel unter denselben ausschließen, sind wünschenswerth, müssen aber dem Ermessen der Betheiligten anheimgestellt werden.

Zu §. 16.

Das Wort „In" ist zu streichen, wenn schriftliche Form der Vorladung nicht vorgeschrieben werden soll.

Durch Beschluß der Innungsversammlung können außerordentliche Beiträge ausgeschrieben werden.

Austritt aus der Innung.

§. 18.

Der Austritt eines Mitgliedes aus der Innung ist nur mit dem Schlusse eines Kalender-Vierteljahres zulässig und muß [. . .] Monate*) vorher dem Innungsvorstande durch schriftliche Erklärung angezeigt werden.

Austretende Mitglieder verlieren alle Ansprüche an das Innungsvermögen und — vorbehaltlich abweichender Bestimmungen der Nebenstatute — an die von der Innung errichteten Nebenkassen und Anstalten. Sie bleiben zur Zahlung derjenigen Beiträge verpflichtet, deren Umlegung am Tage ihres Austritts bereits erfolgt war. Besondere Verbindlichkeiten, welche für sie aus den Nebenstatuten erwachsen oder von ihnen der Innung gegenüber eingegangen sind, werden durch den Austritt nicht berührt.

Ausschluß aus der Innung.

§. 19.

Durch Beschluß der Innungsversammlung können aus der Innung ausgeschlossen werden:

1. Diejenigen, welche die bürgerlichen Ehrenrechte verloren haben oder in Folge gerichtlicher Anordnungen in der Verfügung über ihr Vermögen beschränkt sind.
2. Diejenigen, welche sich trotz voranfgegangener wiederholter Ordnungsstrafen fortgesetzter Verletzungen der ihnen als Mitgliedern der Innung obliegenden Verpflichtungen schuldig machen.
3. Diejenigen, welche durch unehrenhafte Handlungen oder lasterhaften Lebenswandel in schlechten Ruf gerathen sind.
4. Diejenigen, welche während zweier auf einander folgender Jahre das Gewerbe nicht mehr selbständig betrieben haben.

Zu §. 17.

Der Beitragsfuß muß durch das Statut festgestellt werden (§. 98a. Nr. 4 der Gewerbeordnung). Ob die Beiträge für alle Mitglieder gleich sein, oder ob z. B. neben einem für alle gleichen Beitrage Zuschläge nach der Zahl der von den Mitgliedern beschäftigten Gesellen erhoben werden sollen, bleibt zu erwägen.

Zu §. 18.

*) Nach §. 100 Abs. 7 der Gewerbeordnung höchstens 6 Monate.

Zu §. 19.

1. Von der Ausübung des Stimmrechts und der Ehrenrechte sind die hier Bezeichneten kraft Gesetzes (§. 100a Abs. 2 der Gewerbeordnung) ausgeschlossen. Ob sie kraft Statuts die Mitgliedschaft verlieren, oder ob, wie hier vorgesehen, ihr Ausschluß vom Beschlusse der Innungsversammlung abhängen soll, ist zu erwägen. Für letzteres spricht die Rücksicht, daß die Mitgliedschaft häufig mit Vermögensrechten verbunden ist und Umstände vorliegen können,

Wittwen (§. 10) können außerdem ausgeschlossen werden, wenn sie sich weigern, einen Werkführer zu entlassen, welcher den in §. 10 aufgestellten Erfordernissen nicht mehr entspricht.

Ein Antrag auf Ausschließung eines Mitgliedes kann in der Innungsversammlung nur zur Verhandlung gebracht werden, wenn er vom Innungsvorstande gestellt oder bei diesem schriftlich unter Angabe des Ausschließungsgrundes und, von mindestens [5] [einem . . . tel der] stimmberechtigten Mitglieder[n] unterzeichnet, spätestens 14 Tage vor der Versammlung eingebracht ist.

Der Antrag ist dem betreffenden Innungsmitgliede spätestens 8 Tage vor der Innungsversammlung, in welcher er zur Verhandlung kommen soll, unter Angabe des Ausschließungsgrundes schriftlich mitzutheilen.

Eine Beschlußnahme über den Antrag darf nicht erfolgen, bevor nicht dem betreffenden Mitgliede Gelegenheit gegeben ist, sich vor der Innungsversammlung zu vertheidigen. Beruft sich derselbe für Thatsachen, welche er zu seiner Vertheidigung vorbringt, auf Zeugen oder sonstige Beweismittel, welche nicht zur Stelle sind, so ist auf seinen Antrag die Beschlußnahme auf eine spätere Versammlung zu verschieben. Erscheint er in einer der beiden Versammlungen ohne genügende Entschuldigung nicht, so erfolgt die Beschlußnahme in seiner Abwesenheit.

Ausschließungsbeschlüsse, welche unter Nichtbeachtung der vorstehenden Vorschriften gefaßt werden, sind nichtig.

Hinsichtlich der Rechte und Pflichten der Ausgeschlossenen greifen die Bestimmungen des §. 18 Absatz 2 Platz.

Innungsversammlung.

§. 20.

Die Innungsversammlung besteht aus sämmtlichen Mitgliedern der Innung, welche sich im Besitze der bürgerlichen Ehrenrechte befinden und nicht in Folge gerichtlicher Anordnungen in der Verfügung über ihr Vermögen beschränkt sind.

Sämmtliche Mitglieder der Innung haben gleiches Stimmrecht.

---

welche es billig erscheinen lassen, diese den unter Nr. 1 fallenden Mitgliedern nicht zu entziehen.

2. Das Ausschließungs**verfahren** kann auch anderweitig geregelt werden; es liegt aber im Interesse der Innung, durch ein förmliches Verfahren übereilte Ausschließungsbeschlüsse thunlichst zu verhindern und den Betheiligten die Möglichkeit ausreichender Vertheidigung zu sichern. Andernfalls kann leicht durch ein nachfolgendes Beschwerdeverfahren das Ansehen der Innung gefährdet werden.

Zu §§. 20 bis 28.

Die Innungsversammlung ist die Vertretung der Innung als Korporation. Der §. 20 bestimmt über ihre Zusammensetzung und über das Stimmrecht der Mitglieder, §§. 22 und 23 über ihre Berufung, §. 26 über ihre Beschlußnahme und die Beurkundung ihrer Beschlüsse. Hierüber **muß** das Statut nach §. 98a. Nr. 7 und 8 der Gewerbeordnung Bestimmungen enthalten.

Das Stimmrecht ruht:
1. für diejenigen, welche das Gewerbe zur Zeit nicht selbständig betreiben,
2. für diejenigen, welche mit den Innungsbeiträgen länger als [ein Vierteljahr] im Rückstande sind.

§. 21.

Der Beschlußfassung der Innungsversammlung unterliegen neben den ihr durch besondere Bestimmungen vorbehaltenen Angelegenheiten:
1. Die Feststellung des alljährlich aufzustellenden Haushaltsplanes der Innung, die Bewilligung von Ausgaben, welche nicht im Haushaltsplane vorgesehen sind, und die Abnahme der Jahresrechnung.
2. Die Errichtung von Nebenstatuten und alle neuen Einrichtungen, welche zur Erfüllung der Aufgaben der Innung getroffen werden sollen.
3. Anträge auf Abänderung der Statuten und Auflösung der Innung.
4. *Angelegenheiten der laufenden Verwaltung*, welche ihr vom Vorstande zur Entscheidung vorgelegt werden.
5. Anträge, welche von einzelnen Mitgliedern gestellt werden und Beschwerden über die Verwaltung des Vorstandes oder der Ausschüsse.
6. Einsetzung besonderer Ausschüsse zur Vorberathung einzelner Angelegenheiten oder zur Verwaltung einzelner Innungseinrichtungen.

§. 22.

Vierteljährlich und zwar im Laufe der Monate Januar, April, Juli, Oktober [Alljährlich — Halbjährlich] findet eine ordentliche Sitzung der Innungsversammlung statt.

Die Abhaltung außerordentlicher Sitzungen kann vom Vorstande beschlossen werden. Eine solche muß stattfinden, wenn sie von [¼] der stimmberechtigten Mitglieder schriftlich unter Angabe des Zweckes beim Vorstande beantragt wird.

Die in §. 21 enthaltene Bestimmung über die der Beschlußfassung der Innung unterliegenden Angelegenheiten empfiehlt sich, um die Funktionen der Innungsversammlung und des Innungsvorstandes sicher gegen einander abzugrenzen. Der Umfang der Befugnisse des Vorstandes, welcher nach §. 98a. Nr. 6 durch das Statut bestimmt werden muß, läßt sich leichter in der Weise abgrenzen, daß diejenigen Angelegenheiten bezeichnet werden, welche der Beschlußfassung der Innung vorbehalten werden, als in der Weise, daß alle Befugnisse des Vorstandes aufgezählt werden.

Der Inhalt der §§. 24 und 25 kann auch in der §. 28 vorgesehenen Geschäftsordnung seinen Platz finden. Seine Aufnahme in das Statut erleichtert die Uebersicht und wird meistens eine besondere Geschäftsordnung überflüssig machen.

Die Bestimmung des §. 27 empfiehlt sich, um Wiederholungen bei den verschiedenen Wahlbestimmungen überflüssig zu machen.

Zu §. 22.

Die Bestimmung über Zahl und Zeit der ordentlichen Sitzungen der Innungsversammlung wird sich nach der Ausdehnung der Innung und dem Umfange ihrer Thätigkeit richten müssen. Zu häufige Sitzungen führen leicht

§. 23.

Der Vorsitzende des Innungsvorstandes [der Obermeister] hat die Sitzung der Innungsversammlung — in den Fällen des §. 22 Absatz 2 spätestens 14 Tage nach der Beschlußfassung des Vorstandes oder nach dem Eingange des Antrags — mittelst [schriftlicher Einladung] [Bekanntmachung in dem .... Blatte. — Ansage durch den Innungsboten —] zu berufen. Dieselbe muß Ort, Tag und Stunde der Versammlung sowie die Gegenstände der Verhandlung angeben und [jedem Mitgliede so zeitig zugestellt werden, daß es] [so zeitig erfolgen, daß jedes Mitglied] mindestens 48 Stunden vor Beginn der Sitzung Kenntniß davon erhält.

Unterläßt der Vorsitzende des Innungsvorstandes die rechtzeitige Berufung der Sitzung, so hat der Vorstand dieselbe durch eines seiner Mitglieder, welches die Einladung Namens des Vorstandes erläßt, vorzunehmen. Kommt auch der Vorstand dieser Verpflichtung nicht nach, so ist jedes Mitglied der Innung berechtigt, das Einschreiten der Aufsichtsbehörde auf Grund des §. 104 Absatz 5 der Gewerbeordnung anzurufen.

§. 24.

Jedes Mitglied der Innungsversammlung ist verpflichtet, in den Sitzungen derselben rechtzeitig zu erscheinen, sofern es nicht durch Abwesenheit, Krankheit oder andere unvermeidliche Abhaltungen verhindert ist.

Wer ohne genügende Entschuldigung ausbleibt, verwirkt eine Ordnungsstrafe, welche bis zu anderweiter Feststellung durch Beschluß der Innungsversammlung [50] Pfennig beträgt.

§. 25.

Den Vorsitz in der Innungsversammlung führt der Vorsitzende des Innungsvorstandes [Obermeister], in dessen Verhinderung sein Stellvertreter oder ein anderes Vorstandsmitglied, in den Fällen, wo die Berufung der Innungsversammlung durch die Aufsichtsbehörde erfolgt ist [oder wo über die Abänderung des Innungsstatutes, die Errichtung oder Abänderung von Nebenstatuten, sowie über die Auflösung der Innung beschlossen werden soll], der Vertreter der Aufsichtsbehörde.

---

zu nutzloser Belästigung der Innungsmitglieder, während zu seltene Sitzungen ein lebendiges Korporationsleben nicht aufkommen lassen.

Zu §. 23.

Welche Form der Berufung Platz greifen soll, wird theils von dem Umfange des Innungsbezirks und der Zahl der Mitglieder, theils vom örtlichen Gebrauche abhängig zu machen sein.

Zu §. 24.

Zu erwägen bleibt, ob auch für nicht rechtzeitiges Erscheinen eine Strafe angedroht werden soll.

Zu §. 25.

Bei der Wichtigkeit und Schwierigkeit der hier bezeichneten Verhandlungen und bei den scharfen Gegensätzen, welche gelegentlich derselben leicht unter den Innungsmitgliedern hervortreten können, wird der Vorsitz des unbetheiligten

Der Vorsitzende eröffnet, leitet und schließt die Sitzung und setzt die Ordnungsstrafen gegen ausbleibende Mitglieder fest. Er hat das Recht, Mitglieder, welche seinen zur Leitung der Verhandlungen getroffenen Anordnungen nicht Folge leisten, oder sich sonst ungebührlich benehmen, aus dem Versammlungslokale auszuweisen.

§. 26.

Beschlüsse der Innungsversammlung werden vorbehaltlich der Bestimmungen in §§. 74, 75, mit einfacher Stimmenmehrheit der erschienenen Mitglieder gefaßt.

Beschlüsse können von der Innungsversammlung nur über solche Gegenstände gefaßt werden, welche bei ihrer Berufung als Gegenstände der Verhandlung bezeichnet sind oder mit Zustimmung aller anwesenden Stimmberechtigten vom Vorsitzenden zur Verhandlung gestellt werden.

Die von der Innungsversammlung gefaßten Beschlüsse sind von dem Schriftführer des Innungsvorstandes oder dessen Stellvertreter in ein Protokollbuch einzutragen und von dem Vorsitzenden der Versammlung und dem Schriftführer zu unterzeichnen.

§. 27.

Alle von der Innungsversammlung vorzunehmenden Wahlen erfolgen durch Stimmzettel. Bei Stimmengleichheit entscheidet das Loos.

§. 28.

Die Geschäftsordnung der Innungsversammlung wird, soweit das Statut darüber keine Vorschriften enthält, durch Beschlüsse der Innungsversammlung näher geregelt.

Innungsämter.

§. 29.

Für die Innung werden

1. ein Vorstand,
2. ein Ausschuß für das Gesellen- und Herbergswesen,
3. ein Ausschuß für das Lehrlingswesen,
4. . . . .

bestellt.

Innungsvorstand.

§. 30.

Der Vorstand besteht aus dem Vorsitzenden [Obermeister] und [4] Mit-

---

und voraussichtlich geschäftskundigen Beauftragten der Aufsichtsbehörde meistens erwünscht sein.

Zu §. 29.

Ob neben dem Vorstande noch die unter 2 und 3 bezeichneten Ausschüsse und vielleicht noch weitere Organe der Innung errichtet werden sollen, hängt von der Größe der Innung und der Ausdehnung ihres Wirkungskreises ab. Kleine Innungen können unter Umständen bestimmen, daß auch die Obliegenheiten der unter 2 und 3 genannten Ausschüsse unter Zuziehung von Vertretern der Gesellen vom Vorstande wahrzunehmen sind.

Zu §. 30.

Ob außer dem Vorsitzenden, welchem in Gegenden, wo dies bisher ge-

gliedern, welche von der Innungsversammlung aus ihrer Mitte und zwar für jeden in getrennter Wahlhandlung durch absolute Stimmenmehrheit der abgegebenen Stimmen gewählt werden. Wird im ersten Wahlgange eine absolute Mehrheit nicht erreicht, so findet eine wiederholte Wahl unter denjenigen beiden statt, welche im ersten Wahlgange die meisten Stimmen erhalten haben.

§. 31.

Der Vorsitzende [Obermeister] und die Mitglieder werden auf [4] Jahre gewählt, bleiben aber auch nach Ablauf dieser Periode so lange im Amte, bis ihre Nachfolger in den Vorstand eingetreten sind.

Von den Mitgliedern scheidet alljährlich eines aus. Die Reihenfolge des Ausscheidens wird während der ersten [3] Jahre durch das Loos, demnächst durch das Dienstalter bestimmt.

Die Ausscheidenden sind wieder wählbar.

Die Wiederwahl für die ausscheidenden Mitglieder ist unter Bezeichnung der Ausscheidenden auf die Tagesordnung der ersten ordentlichen Sitzung der Innungsversammlung des Jahres zu setzen.

Scheidet der Vorsitzende [Obermeister] oder ein Mitglied des Vorstandes vor Ablauf seiner Dienstzeit aus, so ist die Innungsversammlung binnen [4] Wochen — falls nicht innerhalb dieser Zeit eine ordentliche Sitzung derselben stattfindet —, zur außerordentlichen Sitzung behufs Neuwahl für den Ausgeschiedenen zu berufen. Der Gewählte bleibt nur so lange im Amte, als die Dienstzeit des ausgeschiedenen Mitgliedes gewährt haben würde.

§. 32.

Die erste Wahl des Vorstandes, sowie jede spätere Wahl, bei welcher ein Vorstand nicht vorhanden ist, wird von einem Vertreter der Aufsichts-Behörde anberaumt und geleitet.

Ueber jede Wahl ist ein besonderes Protokoll aufzunehmen. Die Dienstzeit des Gewählten beginnt mit dem Tage, an welchem die Wahl unter Beifügung dieses Protokolls der Aufsichtsbehörde angezeigt ist.

---

bräuchlich, die Bezeichnung „Obermeister" beigelegt werden kann, auch der Schriftführer und der Kassenführer direkt von der Innung oder, wie es in §. 33 Abs. 1 vorgesehen, von den Vorstandsmitgliedern aus ihrer Mitte erwählt werden soll, bleibt zu erwägen. Im ersteren Falle ist der Eingang des §. 30 entsprechend zu ändern und Abs. 1 des §. 32 zu streichen.

Zu §. 31.

Im Interesse einer erfolgreichen Amtsführung des Vorstandes ist es erwünscht, daß die Mitglieder desselben für mehrere Jahre gewählt werden, und daß die Erneuerung des Vorstandes in der Weise stattfindet, daß derselbe stets zum Theil aus Mitgliedern besteht, welche schon länger im Amte stehen und in Folge dessen die Geschäfte kennen. Die Zahl der Jahre, für welche die Wahl stattfinden und die Eintheilung, nach welcher das Ausscheiden und die Neuwahl stattfinden soll, wird mit Rücksicht auf die Zahl der Vorstandsmitglieder zu bestimmen sein. Bei 4 Vorstandsmitgliedern, welche auf 4 Jahre gewählt werden, kann die Erneuerung auch so stattfinden, daß alle zwei Jahre zwei Mitglieder ausscheiden; bei sechs Vorstandsmitgliedern kann die Dienstzeit auf drei Jahre festgesetzt und folgeweise bestimmt werden, daß alle drei Jahre zwei Mitglieder ausscheiden 2c.

§. 33.

Der Vorstand wählt aus seiner Mitte auf die Dauer eines Jahres einen Stellvertreter des Vorsitzenden [Obermeisters], einen Schriftführer und einen Kassenführer [Kassirer, Rendanten] desselben.

Der Vorsitzende [Obermeister], bei dessen Behinderung sein Stellvertreter, beruft und leitet die Sitzungen des Vorstandes, an denen jedes Vorstandsmitglied, abgesehen von Fällen dringender Behinderung, bei einer vom Vorsitzenden festzustellenden Ordnungsstrafe von .... Pf. theilzunehmen verpflichtet ist.

Der Vorsitzende [Obermeister] ist verpflichtet, innerhalb einer [14]tägigen Frist eine Sitzung des Vorstandes abzuhalten, wenn solches von mindestens [3] Vorstandsmitgliedern beantragt wird.

Der Vorstand ist beschlußfähig, wenn [3] seiner Mitglieder anwesend sind. Die Beschlüsse werden mit absoluter Stimmenmehrheit gefaßt. Bei Stimmengleichheit entscheidet der Vorsitzende.

Die Beschlüsse des Vorstandes werden von dem Schriftführer oder dessen Stellvertreter in ein Vorstands-Protokollbuch eingetragen und von dem Vorsitzenden und dem Schriftführer unterzeichnet.

§. 34.

Der Vorstand vertritt die Innung nach außen in allen gerichtlichen und außergerichtlichen Verhandlungen.

Schriftliche Willenserklärungen des Vorstandes müssen im Namen desselben ausgestellt und von dem Vorsitzenden [Obermeister] oder dessen Stellvertreter und mindestens [2] der übrigen Mitglieder unterschrieben sein. Eine in dieser Form ausgestellte Erklärung gilt Dritten gegenüber als eine die Innung verpflichtende Willenserklärung des Vorstandes. Die Vorstandsmitglieder dürfen indessen bei eigener Verantwortung eine solche Erklärung nur in Gemäßheit eines nach Maßgabe des §. 33 Abs. 4 gefaßten Beschlusses und nach Erfüllung derjenigen Bedingungen, von welchen die Gültigkeit des Beschlusses mit Rücksicht auf seinen Inhalt nach diesem Statute abhängig ist, ausstellen.

Zu §. 33.

Die Formen der Geschäftsführung und die Beurkundung der Beschlüsse des Vorstandes müssen nach §. 98a Nr 6 und 8 durch das Statut geregelt werden.

Zu §. 34.

Für den Geschäftsverkehr der Innung mit Dritten ist es von Wichtigkeit, daß für die Willenserklärungen des Vorstandes, durch welche die Innung verpflichtet wird, eine bestimmte Form vorgeschrieben und daß in dieser Form abgegebene Erklärungen des Vorstandes als verbindlich für die Innung anerkannt werden, unabhängig davon, ob die Vorstandsmitglieder, welche die Erklärung abgegeben haben, dabei den materiellen Vorschriften des Statuts nachgekommen sind oder nicht. Die Sicherheit der Innung gegen Schädigung durch derartige Willenserklärungen, welche im Widerspruch mit statutarischen Bestimmungen abgegeben sind, muß dadurch gewonnen werden, daß die Vor-

§. 35.

Der Vorstand hat die gesammte Verwaltung der Innungsangelegenheiten, insonderheit auch der Vermögensangelegenheiten wahrzunehmen, soweit dieselbe nicht gesetzlich oder durch Bestimmungen dieses Statuts oder der Nebenstatuten der Innungsversammlung vorbehalten oder auf andere Organe oder Beauftragte der Innung übertragen ist.

Der Vorstand hat die Verhandlungen der Innungsversammlung vorzubereiten und ihre Beschlüsse auszuführen. [In jeder [ersten] ordentlichen Sitzung der Innungsversammlung hat er vor Eintritt in die Tagesordnung über die Thätigkeit der Ausschüsse und die sonstigen im abgelaufenen Quartal [Jahre] vorgekommenen wichtigeren Angelegenheiten einen kurzen Bericht zu erstatten, über welchen vom Vorsitzenden der Innungsversammlung die Berathung zu eröffnen ist.]

Der Vorstand hat diejenigen Verpflichtungen zu erfüllen, welche der Innung der Aufsichtsbehörde gegenüber obliegen.

§. 36.

Der Vorsitzende [Obermeister] und die Mitglieder des Vorstandes sind der Innung für gewissenhafte und sorgfältige Geschäftsführung verantwortlich.

Entschädigungsansprüche, welche der Innung gegen dieselben aus ihrer Amtsführung erwachsen, kann sie durch einen besonderen in einer Sitzung der Innungsversammlung zu wählenden Vertreter gerichtlich verfolgen lassen. In der Sitzung der Innungsversammlung, in welcher hierüber verhandelt wird, können betheiligte Mitglieder des Vorstandes weder ihre Funktionen als solche noch ihr Stimmrecht ausüben. In Ermangelung eines unbetheiligten Mitglieds des Vorstandes hat in solchen Fällen der an Lebensjahren älteste dem Vorstande nicht angehörende Innungsmeister die Obliegenheiten des Vorsitzenden wahrzunehmen.

§. 37.

Soweit dieses Statut nicht Bestimmungen darüber enthält, kann der Vorstand seine Geschäftsordnung und die Vertheilung der Verwaltungsgeschäfte unter seine Mitglieder durch eigene Beschlüsse regeln.

---

standsmitglieder für die vermögensrechtlichen Folgen solcher Ueberschreitungen ihrer Befugnisse der Innung gegenüber haftbar gemacht werden.

Zu §. 35.

Die eingeklammerte oder eine ähnliche Bestimmung wird bei größeren Innungen dazu dienen, das Interesse aller Innungsmitglieder an den Aufgaben der Innung rege zu erhalten, und die Träger der Innungsämter zu eifriger Thätigkeit anzutreiben.

Zu §. 36.

Da der Vorstand, welcher der gesetzliche Vertreter der Innung ist, diese Funktion nicht ausüben kann, wenn es sich um Geltendmachung von Entschädigungsansprüchen der Innung gegen die Mitglieder desselben handelt, so muß für diesen Fall, wenn der Innung überhaupt die Möglichkeit, solche Ansprüche zu verfolgen, gewährt werden soll, die Bestellung einer besonderen Vertretung vorgesehen werden.

Ausschuß für das Gesellen- und Herbergswesen.

§. 38.

Der Ausschuß für das Gesellen- und Herbergswesen hat die Verwaltung der Gesellen- und Herbergsangelegenheiten nach Maßgabe der Vorschriften dieses Statuts und der auf Grund derselben getroffenen Bestimmungen wahrzunehmen. Derselbe besteht aus dem Vorsitzenden des Innungsvorstandes [Obermeister] oder einem von dem letzteren [vom Innungsvorstande] aus seiner Mitte zu wählenden Stellvertreter desselben als Vorsitzenden und [4] Mitgliedern, von denen zwei von der Innungsversammlung aus ihrer Mitte und zwei von dem Gesellenausschusse (§. 50) aus der Zahl derjenigen Gesellen, welche seit mindestens 3 Monaten bei Innungsmeistern in Arbeit stehen und sich im Besitze der bürgerlichen Ehrenrechte befinden, auf die Dauer von 2 Jahren gewählt werden.

Jedes Jahr scheiden zwei Mitglieder und zwar ein Meister und ein Geselle aus, welche erstmalig durch das Loos, demnächst durch das Dienstalter bestimmt werden.

Die Ausscheidenden sind wieder wählbar.

Im Uebrigen finden auf die Wahlen zum Ausschusse die Bestimmungen der §§. 30 und 31 mit der Maßgabe Anwendung, daß im Falle des Ausscheidens von Mitgliedern vor Ablauf ihrer Dienstzeit die Ergänzungswahlen für Meister vom Innungsvorstande, für Gesellen vom Gesellenausschusse vorgenommen werden.

Ausschuß für das Lehrlingswesen.

§. 39.

Der Ausschuß für das Lehrlingswesen hat die Lehrlingsangelegenheiten nach Maßgabe dieses Statuts und der auf Grund desselben getroffenen Bestimmungen wahrzunehmen. Derselbe besteht aus dem Vorsitzenden des Innungsvorstandes [Obermeister] oder einem von dem letzteren [vom Innungsvorstande] aus seiner Mitte zu wählenden Stellvertreter als Vorsitzenden und [4] Mitgliedern, von denen zwei aus den Meistern, zwei aus den Gesellen zu wählen sind.

Für die Wahl der Mitglieder greifen die Vorschriften des §. 38 Platz.

Gemeinsame Bestimmung für die Ausschüsse.

§. 40.

Die Vorsitzenden der Ausschüsse haben den Innungsvorstand von der Thätigkeit der Ausschüsse fortlaufend in Kenntniß zu erhalten. Der Verkehr zwischen der Innungsversammlung und den Ausschüssen wird durch den Vorstand der letzteren vermittelt.

Zu §. 38.

1. Vgl. Bemerkung zu §. 29.
2. Vgl. Bemerkung zu §. 50.

Zu §. 39.

Vgl. Bemerkung zu §. 29.

Gemeinsame Bestimmung für die Innungsämter.

§. 41.

Alle Aemter der Innung werden als unentgeltliche Ehrenämter wahrgenommen; jedoch kann dem Vorsitzenden des Innungsvorstandes [Obermeister], dem Schriftführer und dem Kassenführer [Kassirer, Rendanten], sowie den den Ausschüssen angehörenden Gesellen eine mäßige Vergütung für Zeitversäumniß durch Beschluß der Innungsversammlung gewährt werden. Für Botengänge und sonstige Dienstleistungen ist im Bedürfnißfalle ein Innungsbote anzunehmen, welcher seine Vergütung aus der Innungskasse erhält.

Gesellen- und Herbergswesen.

§. 42.

Die Innung errichtet für die bei den Innungsmeistern in Arbeit stehenden und die zuwandernden vorschriftsmäßig (§. 43) [Tischler-] Gesellen [in *Gemeinschaft mit der ...... Innung] eine für ihre Rechnung unter* Aufsicht des Ausschusses für das Gesellenwesen von einem vom Innungsvorstande in Pflicht zu nehmenden Herbergsvater zu verwaltende Herberge.

Die Herbergsordnung wird unter Berücksichtigung der Vorschriften der §§. 43—48 von dem Innungsvorstande festgesetzt.

(Andere Fassung.)

Als Herberge für die bei den Innungsmeistern in Arbeit stehenden und die zuwandernden vorschriftsmäßig legitimirten (§. 43) [Tischler-] Gesellen benutzt die Innung nach einem darüber abgeschlossenen Vertrage die hier bestehende „Herberge zur Heimath", deren Hausordnung auch für die daselbst verkehrenden [Tischler-] Gesellen in Kraft tritt.

§. 43.

Zuwandernde [Tischler-] Gesellen, welche bei Innungsmeistern Beschäftigung suchen wollen, haben sich auf der Herberge zu melden, und erhalten

---

Zu §. 42.

1. Nach §. 97 Nr. 2 gehört die Förderung eines gedeihlichen Verhältnisses zwischen Meistern und Gesellen, sowie die Fürsorge für das Herbergswesen der Gesellen und für die Nachweisung von Gesellenarbeit zu den Aufgaben, welche jede Innung erfüllen **muß**, und nach §. 98a Nr. 2 müssen daher auch die dauernden Einrichtungen zur Erfüllung dieser Aufgaben im Statut geregelt werden. Jedes Innungsstatut muß daher, um genehmigt werden zu können, ausreichende Bestimmungen darüber enthalten, wie das Herbergswesen der Gesellen geregelt werden soll. Große Innungen, welche genügende Kräfte und Mittel besitzen, werden daher eine eigene Herberge errichten, andere dagegen entweder mit anderen Innungen zusammen eine Herberge errichten, oder durch Vertrag sich die Mitbenutzung der Herberge einer größeren Innung oder einer der an vielen Orten bereits bestehenden von Vereinen begründeten „Herbergen zur Heimath" zu sichern haben.

2. Die Verpflichtung zur Aufnahme kann die Innung nicht für alle Zuwandernde, welche sich für Gesellen ihres Gewerbes ausgeben, sondern nur für diejenigen übernehmen, welche sich als solche nach den von der Innung darüber erlassenen Vorschriften ausweisen.

darüber, wenn sie sich vorschriftsmäßig legitimiren und sich für den Fall, daß sie bei einem Innungsmeister in Arbeit treten, den Ordnungen der Innung unterwerfen, eine [von einem Mitgliede des Ausschusses für das Gesellen- und Herbergswesen] [im Auftrage des Ausschusses für das Gesellen- und Herbergswesen vom Herbergsvater] zu unterzeichnende Bescheinigung.

Zweifel, welche über die Legitimation eines Gesellen entstehen, sind schleunigst zur Entscheidung des Vorsitzenden des Ausschusses für das Gesellen- und Herbergswesen zu bringen.

Die zur Legitimation eines Gesellen erforderlichen Ausweise und die Form derselben, sowie die Voraussetzungen, unter denen der Ausschuß von einzelnen Erfordernissen Abstand nehmen kann, werden durch Innungsbeschluß festgestellt.

§. 44.

Die Mitglieder der Innung, welche Gesellen suchen, haben dies bei dem Ausschuß für das Gesellen- und Herbergswesen anzumelden. [Die Namen derselben und ihre Wohnungen sind von dem diensthabenden Mitgliede des Ausschusses [vom Herbergsvater] in ein auf der Herberge aufzuhängendes Verzeichniß nach der Reihenfolge der Anmeldungen einzutragen.]

Zu §§. 43—45.

Wenn die Innung ihre Aufgabe, das Gesellenwesen gedeihlich zu regeln, erfüllen will, so muß sie die Voraussetzungen, unter welchen sie einen Gesellen als solchen anerkennt, feststellen, von dem Nachweise dieser Voraussetzungen die Aufnahme in die Herberge und die Zulassung zur Beschäftigung bei Innungsmeistern abhängig machen und den letzteren die Verpflichtung auferlegen, nur die von der Innung als solche anerkannten Gesellen in Arbeit zu nehmen. Durch diese Regelung und deren Handhabung erfüllt sie zugleich die Verpflichtung, für den Nachweis von Gesellenarbeit Sorge zu tragen.

Zu §. 43.

1. Die Prüfung der Legitimation und die Ausstellung der Bescheinigungen (für welche ebenso wie für die Erklärungen der Gesellen, daß sie sich den Ordnungen der Innung unterwerfen, Formulare zu verwenden sein werden) wird bei großen Innungen, welche die Ausschüsse zahlreich genug besetzen können, durch Mitglieder des Ausschusses, bei kleineren Innungen, um den Ausschuß nicht zu stark zu belasten, durch den Herbergsvater wahrzunehmen sein.

2. Von welchen Erfordernissen die Anerkennung als Geselle abhängig zu machen ist, wird nach Gewerben, Ort und Zeit verschieden zu beantworten sein. Mindestens wird zu verlangen sein, daß die Zurücklegung einer ordentlichen Lehrzeit nachgewiesen wird. Daß diese Lehrzeit bei einer Innung zurückgelegt sei, kann wenigstens vorläufig noch nicht und ausnahmslos auch künftig nicht wohl gefordert werden. Eine völlig zweckmäßige und wirksame Regelung wird in dieser Beziehung voraussichtlich erst zu erreichen sein, wenn die Innungen eines Gewerbes durch Errichtung von Innungsverbänden sich die Möglichkeit verschaffen, auf diesem Gebiete gemeinsam und übereinstimmend vorzugehen.

Zu §. 44.

Ob ein solches Verzeichniß geführt und ausgehängt oder ob statt dessen nur der Herbergsvater verpflichtet werden soll, dem Arbeit suchenden Gesellen die Namen der Gesellen suchenden Meister zu nennen, oder ob den letzteren überlassen werden soll, ihre Ankündigung, daß sie Gesellen suchen, auf der Herberge aushängen zu lassen, muß der Erwägung überlassen bleiben.

§. 45.

Die Mitglieder der Innung dürfen nur Gesellen in Arbeit nehmen, welche die in §. 43 vorgeschriebene Bescheinigung vorzeigen.

[Eine Ausnahme von dieser Vorschrift greift nur hinsichtlich der bisher schon bei Innungsmitgliedern beschäftigten und von diesen ordnungsmäßig entlassenen, sowie hinsichtlich der bisher außerhalb des Bezirks der Innung beschäftigt gewesenen Gesellen Platz, welchen ein Innungsmeister schriftlich Beschäftigung zugesichert hat. —

Andere] Gesellen, welche bei einem Innungsmeister Arbeit suchen, sind von diesem nach der Herberge zu verweisen.

§. 46.

Jeder Innungsmeister, welcher einen Gesellen in Arbeit nimmt, hat denselben binnen [3] Tagen bei dem Ausschusse für das Gesellen- und Herbergswesen anzumelden.

Für Gesellen, welche das 21. Lebensjahr noch nicht vollendet haben, ist dabei das gesetzlich vorgeschriebene, vom Meister vorher mit dem vorgeschriebenen Eintrage zu versehende Arbeitsbuch (§§. 107 und 111 der Gewerbeordnung), [für Gesellen, welche von auswärts verschrieben sind, deren Legitimation] beizufügen.

Die angemeldeten Gesellen werden [wenn ihre Legitimation ausreichend befunden wird], von dem diensthabenden Mitgliede des Ausschusses in die Gesellenrolle eingetragen. Die vorgelegten Arbeitsbücher und sonstigen Legitimationen sind dem anmeldenden Meister zurückzugeben. [Zweifelhafte Legitimationen sind dem Ausschuß vorzulegen, welcher, wenn er dieselben ungenügend findet, den Meister auffordern kann, den betreffenden Gesellen, vorbehaltlich der Kündigungsfrist sofort wieder zu entlassen.]

§. 47.

Meister, welche Gesellen unter Verletzung der Vorschriften dieses Statuts in Arbeit nehmen oder in Arbeit behalten, verfallen in eine auf Antrag des Ausschusses für das Gesellen- und Herbergswesen vom Innungsvorstande festzusetzende Ordnungsstrafe bis zu [10] Mark.

§. 48.

[Den Mitgliedern der Innung ist bei Vermeidung einer vom Obermeister festzusetzenden Ordnungsstrafe von [1—3] Mark untersagt, an wandernde Gesellen Unterstützungen irgend einer Art zu verabreichen.]

Zu §. 45.

Ob diese Ausnahme zugelassen werden soll, bleibt zu erwägen. Wird sie zugelassen, so muß jedenfalls, wie es in §. 46 durch die eingeklammerten Worte in Absatz 1 und 2 vorgesehen ist, die nachträgliche Legitimation gefordert werden.

Zu §. 46.

Vergl. die Bemerkung zu §. 45.

Zu §. 48.

Ob die Gewährung direkter Unterstützung an wandernde Gesellen den

[Dagegen soll] Jeder zuwandernde [Tischler-] Geselle, welcher sich vorschriftsmäßig legitimirt, [soll] auf der Herberge Aufnahme finden, und sofern er mittellos ist, für [24] Stunden freies Unterkommen und Beköstigung erhalten.

§. 49.

Als Beitrag zu den Kosten des Herbergswesens hat jeder Innungsmeister für jeden wenigstens vier Wochen lang von ihm beschäftigten Gesellen einen monatlichen Beitrag von ... Pfennig zu entrichten. Daneben haben die bei Innungsmeistern wenigstens vier Wochen in Arbeit stehenden Gesellen wöchentlich einen Beitrag von ... Pfennig zu entrichten.

Gesellenausschuß.

§. 50.

Für die bei den Mitgliedern der Innung beschäftigten Gesellen wird ein von denselben zu wählender, aus [....] Mitgliedern bestehender Gesellenausschuß errichtet.

Wahlberechtigt sind alle in die Gesellenrolle eingetragenen Gesellen, welche zur Zeit der Wahl seit mindestens [4] Wochen bei einem Mitgliede der Innung in Arbeit stehen und sich im Besitze der bürgerlichen Ehrenrechte befinden.

Wählbar sind diejenigen Wahlberechtigten, welche das [21.] Lebensjahr zurückgelegt haben.

Zur Wahl, welche erstmalig vom Vorsitzenden des Innungsausschusses [Obermeister], demnächst vom Altgesellen (§. 51) geleitet wird, sind alle Wahlberechtigten mindestens [24] Stunden vor dem Wahltermine einzuladen. [Die Wahl erfolgt durch Stimmzettel in einem Wahlgange. Jeder Wahlberechtigte hat so viele Namen zu bezeichnen, als Ausschußmitglieder zu wählen sind. Gewählt sind diejenigen, auf welche die meisten Stimmen fallen. Bei Stimmengleichheit entscheidet das Loos.]

Die Wahl erfolgt auf die Dauer von 2 Jahren. In jedem Jahre scheidet die Hälfte der Mitglieder aus. Die Ausscheidenden werden das erste Mal durch das Loos, demnächst durch das Dienstalter bestimmt. Die Ausscheidenden sind wieder wählbar.

Scheiden Mitglieder des Gesellenausschusses vor Ablauf ihrer Dienstzeit aus, so hat sich der Ausschuß durch eigene Wahl eines wählbaren Gesellen zu ergänzen. Das so gewählte Mitglied bleibt nur so lange im Amte, als die Dienstzeit des ausgeschiedenen Mitgliedes gedauert haben würde.

Innungsmeistern gänzlich untersagt werden soll, ist zu erwägen. Im Interesse der Abstellung des verderblichen, das Vagabondenwesen befördernden Bettelns ist ein solches Verbot dringend wünschenswerth.

Zu §. 49.

Diese Bestimmung ist jedenfalls dann kaum zu entbehren, wenn nach §. 17 der Innungsbeitrag für alle Mitglieder gleich ist.

Zu §§. 50 bis 52.

Nach §. 100a. der G.O. nehmen die Gesellen an der Innungsversamm-

§. 51.

Der Gesellenausschuß wählt aus seiner Mitte alljährlich einen Altgesellen, einen Stellvertreter desselben, einen Schriftführer und einen Stellvertreter desselben. Der Altgeselle beruft, leitet und schließt die Versammlung des Ausschusses.

Der Ausschuß ist beschlußfähig, wenn mehr als die Hälfte seiner Mitglieder versammelt sind. Die Beschlüsse werden mit Stimmenmehrheit der Anwesenden gefaßt. Bei Stimmengleichheit entscheidet der Vorsitzende.

Die Beschlüsse werden vom Schriftführer in ein Protokollbuch eingetragen und von ihm und dem Altgesellen unterzeichnet.

Im Uebrigen kann der Gesellenausschuß seine Geschäftsordnung durch eigene Beschlüsse regeln.

§. 52.

Der Gesellenausschuß hat die Gesellenschaft der Innung gegenüber zu vertreten.

Außer den ihm durch besondere Bestimmungen dieses Statuts und der Nebenstatuten übertragenen Geschäften hat er folgende Obliegenheiten wahrzunehmen:

1. Nebenstatuten über Einrichtungen, bei denen die Gesellen betheiligt sind, sollen der höheren Verwaltungsbehörde erst zur Genehmigung vorgelegt werden, nachdem der Gesellenausschuß darüber gehört ist.

   Wird ein von der Innungsversammlung vereinbartes Nebenstatut in einzelnen Punkten von dem Gesellenausschusse beanstandet, so findet

---

lung und an der Verwaltung nur insoweit theil, als dies im Innungsstatut vorgesehen ist; es muß ihnen aber eine solche Theilnahme an der Abnahme der Gesellenprüfung sowie an der Begründung und Verwaltung aller Einrichtungen, für welche sie Beiträge leisten oder eine besondere Mühewaltung übernehmen oder welche zu ihrer Unterstützung bestimmt sind, eingeräumt werden. Um diese Theilnahme in einer geordneten Weise stattfinden zu lassen, bedarf es einer dauernden Vertretung der Gesellenschaft, und dieser wird, da sich eine Theilnahme sämmtlicher Gesellen oder gewählter Vertreter derselben an den Sitzungen der Innungsversammlung schwerlich als zweckmäßig erweisen würde, auch die Mitwirkung bei den Beschlüssen der Innungsversammlung in denjenigen Fällen, in denen eine Theilnahme der Gesellen gesetzlich nöthig ist, in der Form selbständiger Beschlußnahme und eventueller Verhandlung durch Vermittlung des Innungsvorstandes zu übertragen sein.

Die nothwendigen Funktionen des Gesellenausschusses werden also sein:

a) die Wahl der Vertreter, durch welche die Gesellen an der Verwaltung des Herbergs- und Arbeitsnachweisungswesens, sowie an der Abnahme der Gesellenprüfungen theilnehmen,

b) Vertretung der Gesellen gegenüber der Innungsversammlung in den Angelegenheiten, in denen eine Theilnahme der Gesellen stattfinden muß. Werden durch Nebenstatuten eine Unterstützungskasse für Gesellen und ein Schiedsgericht zur Entscheidung von Streitigkeiten zwischen Meistern und Gesellen errichtet, so kann dem Gesellenausschusse auch die Wahl der bei der Verwaltung der Unterstützungskasse thätigen Gesellen und der dem Gesellenstande angehörenden Schiedsrichter übertragen werden.

zunächst eine gemeinsame Berathung des Innungsvorstandes und des Gesellenausschusses unter dem Vorsitze des Obermeisters statt. Werden auf Grund dieser Berathung die Meinungsverschiedenheiten nicht ausgeglichen, so ist das Statut mit den abweichenden Beschlüssen des Gesellenausschusses der Aufsichtsbehörde mit dem Ersuchen um Entscheidung der Meinungsverschiedenheiten und demnächstige Erwirkung der Genehmigung vorzulegen.

2. Beschlüsse der Innungsversammlung oder ihres Vorstandes über Angelegenheiten, welche nicht Gegenstand eines Nebenstatuts bilden, aber die Verhältnisse der Gesellen berühren, namentlich Bestimmungen über Herbergswesen und über die Legitimation der Gesellen, sollen nicht in Kraft gesetzt werden, bevor der Gesellenausschuß darüber gehört und über etwaige Einwendungen desselben eine Verständigung durch gemeinsame Berathung des Innungsvorstandes und des Gesellenausschusses versucht worden ist.
3. Entstehen zwischen den Mitgliedern der Innung und der Gesellenschaft Streitigkeiten über die Regelung des gegenseitigen Verhältnisses, namentlich über Arbeitsbedingungen, Arbeitszeit und Lohnsätze, so soll durch gemeinsame Beratung des Innungsvorstandes und des Gesellenausschusses eine Einigung darüber versucht werden.

Lehrlingswesen.

§. 53.

[Mitglieder der Innung, welche sich nicht in dem Besitz der bürgerlichen Ehrenrechte befinden, oder durch gerichtliche Anordnungen in der Verfügung über ihr Vermögen beschränkt sind, dürfen Lehrlinge nicht annehmen.

Außerdem kann solchen Innungsmitgliedern, welche die Pflichten eines Lehrmeisters gröblich verletzt haben, auf Antrag des Ausschusses für das Lehrlingswesen durch Beschluß der Innungsversammlung die Befugniß, Lehrlinge anzunehmen, bis auf weiteres entzogen werden.]

Endlich kann der Gesellenausschuß auch ein wirksames Mittel werden, um ein befriedigendes Verhältniß zwischen Meistern und Gesellen herbeizuführen und zu erhalten, wenn ihm die im §. 52 unter Nr. 3 aufgeführten Funktionen übertragen werden.

Zu §§. 53 ff.

Zur Erfüllung der der Innung nach §. 97 Nr. 3 obliegenden Aufgabe soll das Innungsstatut über die in §. 98a. unter Nr. 2a.—e. bezeichneten Verhältnisse des Lehrlingswesens Bestimmungen treffen. Ein Innungsstatut, welches diese Verhältnisse nicht regelt, kann also nicht genehmigt werden.

Zu §. 53.

Diese Bestimmung ist dann überflüssig, wenn im §. 19 statt der Vorschrift unter Nr. 1 eine Vorschrift aufgenommen wird, nach welcher die hier Bezeichneten kraft des Statuts aus der Innung ausscheiden.

In diesem Falle wird es sich empfehlen, die Bestimmung des Absatz 2 hier zu streichen und im §. 61 zu berücksichtigen.

§. 54.

[Als Lehrlinge dürfen von den Innungsmeistern nur solche junge Leute angenommen werden, welche die erforderlichen Schulkenntnisse besitzen und nicht an körperlichen oder geistigen Gebrechen leiden, welche sie zur Erlernung des Handwerks untüchtig machen.]

§. 55.

Die Annahme eines Lehrlings erfolgt durch Abschluß eines schriftlichen Lehrvertrages nach einem in den wesentlichen Punkten vom Innungsvorstande festgestellten, [von der Innungsversammlung zu genehmigenden Formulare (—) und durch Einschreiben des Lehrlings in die Lehrlingsrolle der Innung. In den Lehrvertrag muß die Bestimmung aufgenommen sein, daß Meister und Lehrling sich den durch dieses Statut über das Lehrlingswesen getroffenen Bestimmungen und den auf Grund derselben von der zuständigen Stelle getroffenen Entscheidungen unterwerfen.

Die Dauer der Lehrzeit darf ohne *ausdrückliche, nur nach Anhörung* des Ausschusses für das Lehrlingswesen zu ertheilende Genehmigung des Innungsvorstandes nicht unter [3] Jahren festgestellt werden.

§. 56.

Der Innungsmeister, welcher einen Lehrling annehmen will, hat denselben bei dem Innungsvorstande unter Einreichung des für ihn ausgestellten Arbeitsbuches (§. 107 der Gewerbeordnung) und des abzuschließenden Lehrvertrages anzumelden.

Entstehen Zweifel über das Vorhandensein der gesetz- oder statutenmäßigen Voraussetzungen für die Annahme des Lehrlings, so entscheidet der Vorstand nach Anhörung des Ausschusses für das Lehrlingswesen über die Zulässigkeit der Annahme.

Entstehen solche Zweifel nicht, oder werden dieselben durch Verhandlung mit dem Lehrmeister gehoben, so erfolgt in einem vom Vorstande anzusetzenden Termine, zu welchem auch der Ausschuß für das Lehrlingswesen einzuladen ist, die Vorstellung des Lehrlings, die Unterzeichnung des Lehrvertrages durch den Lehrmeister, den Lehrling und den Vater oder Vormund desselben und hierauf die Einschreibung des Lehrlings in die Lehrlingsrolle der Innung.

Für das Erscheinen des Vaters oder Vormundes des Lehrlings hat der Lehrmeister Sorge zu tragen. Im Falle des Nichterscheinens des Vaters oder Vormundes hat der Lehrmeister die vorgängige Unterzeichnung des Lehrvertrages durch denselben herbeizuführen.

Zu §. 54.

Ob die Innung in dieser Beziehung eine Einwirkung auf die Annahme der Lehrlinge üben will, ist zu erwägen.

Zu §. 55.

Bei der Wichtigkeit dieses Formulars ist es vielleicht angemessen, die Genehmigung desselben durch die Innungsversammlung vorzubehalten.

Zu §. 56.

Ob die Vorstellung und Einschreibung des Lehrlings in dieser oder in

§. 57.

Die Innungsmeister, welche Lehrlinge halten, sind der Innung gegenüber zu sorgfältiger und gewissenhafter Beobachtung der Vorschriften des §. 126 der Gewerbeordnung verpflichtet. Sie sind ferner verpflichtet, ihre Lehrlinge zum Besuche der hiesigen Fortbildungs- [Gewerbe-, Fach-, gewerblichen Zeichen-] Schule anzuhalten und ihnen die zum pünktlichen Erscheinen in den Unterrichtsstunden erforderliche Zeit zu gewähren.

§. 58.

Die Lehrherren haben ihre Lehrlinge zum fleißigen Besuch des öffentlichen Gottesdienstes anzuhalten.

Den Lehrlingen der Innungsmeister ist der Besuch von Schank- und anderen öffentlichen Lokalen, sofern derselbe nicht in Begleitung erwachsener Angehöriger stattfindet, untersagt. Dagegen soll ihnen in einem dazu hergerichteten Lokale am Sonntag Nachmittag und Abend Gelegenheit zur Unterhaltung und Belehrung geboten werden.

§. 59.

Wird das Lehrlingsverhältniß von einem der beiden Theile aufgelöst, so hat der Lehrherr dem Ausschuß für das Lehrlingswesen binnen 8 Tagen Anzeige zu machen.

§. 60.

Der Ausschuß für das Lehrlingswesen hat die Befolgung der gesetzlichen und statutarischen Vorschriften über das Lehrlingswesen zu überwachen.

Zu dem Ende hat er [sich von Zeit zu Zeit durch seine dem Meisterstande angehörenden Mitglieder von der Art der Beschäftigung der Lehrlinge in den Werkstätten Kenntniß zu verschaffen und] sich einmal im Jahre hinsichtlich aller Lehrlinge davon zu überzeugen, ob dieselben den ihrer Lehrzeit angemessenen Stand der Ausbildung erreicht haben.

[Eine besondere Beachtung hat er den nicht bei ihren Lehrmeistern untergebrachten Lehrlingen zu schenken, sich von der Beschaffenheit der Logir- und Kosthäuser, in denen sie untergebracht sind, Kenntniß zu verschaffen, und wenn er findet, daß aus derselben Gefahren für das leibliche oder sittliche Wohl des Lehrlings erwachsen, durch Verhandlung mit dem Lehrmeister und den Eltern oder Vormündern des Lehrlings auf Beschaffung eines anderweiten den Anforderungen entsprechenden Unterkommens hinzuwirken.]

Die Lehrmeister sind verpflichtet, dem Ausschusse für das Lehrlingswesen jede von demselben verlangte Auskunft über die Verhältnisse des Lehrlings zu geben, und Lehrlingen, welche vor den Ausschuß geladen werden, die zur Befolgung dieser Ladung erforderliche Zeit zu gewähren. Lehrmeister, welche

---

noch feierlicherer Weise vor der Innungsversammlung vorgenommen werden soll, ist zu erwägen.

Zu §. 60.

Welche Befugnisse und Obliegenheiten der Ausschuß für das Lehrlingswesen haben soll, um die Handhabung der Vorschriften über das Lehrlingswesen zu sichern, ist im einzelnen Falle sorgfältig zu erwägen. Es ist dabei

dieser Verpflichtung nicht nachkommen, verwirken eine auf Antrag des Ausschusses vom Vorstande festzustellende Ordnungsstrafe von [. .] Mark.

§. 61.

Lehrherren, welche die ihnen nach den Vorschriften der Gewerbeordnung und dieses Statuts ihren Lehrlingen gegenüber obliegenden Pflichten versäumen, sind auf Antrag des Ausschusses vor den Vorstand zu laden und zur gewissenhaften Erfüllung ihrer Verpflichtungen zu ermahnen. Bei wiederholten Pflichtwidrigkeiten kann der Vorstand Ordnungsstrafen bis zu [10] Mark gegen sie feststellen [und, falls auch solche unwirksam bleiben, nach vorgängiger Verwarnung bei der Innungsversammlung den Antrag auf Entziehung der Befugniß, Lehrlinge zu halten, stellen]. [Innungsmeistern, welche nach eingetretener Bestrafung fortfahren, die Pflichten gegen ihre Lehrlinge zu verletzen, kann auf Antrag des Ausschusses für das Lehrlingswesen durch Beschluß der Innungsversammlung die Befugniß, Lehrlinge zu halten, bis auf weiteres entzogen werden.]

§. 62.

Der Ausschuß für das Lehrlingswesen entscheidet an Stelle der Gemeindebehörde Streitigkeiten der in §. 120a der Gewerbeordnung bezeichneten Art zwischen den Innungsmitgliedern und ihren Lehrlingen auf Grund mündlicher Verhandlungen. Die Vertretung der Parteien durch Rechtsanwälte ist ausgeschlossen.

§. 63.

Verliert der Lehrherr nach [§. 53] §. 61 die Befugniß, Lehrlinge zu halten, oder wird derselbe zur Erfüllung der ihm vertragsmäßig obliegenden Verpflichtungen unfähig, so hat der Ausschuß für das Lehrlingswesen dem Vater oder dem Vormunde hiervon mit der Aufforderung Kenntniß zu geben, die Auflösung des Lehrverhältnisses herbeizuführen.

Das Gleiche hat zu geschehen, wenn der Lehrherr verstirbt und nicht innerhalb vier Wochen die Fortsetzung des Gewerbes durch die Wittwe nach Maßgabe des §. 10 geregelt wird.

In diesen Fällen, sowie in sonstigen Fällen, in welchen das Lehrlingsverhältniß auf Grund des §. 128 der Gewerbeordnung aufgelöst wird, hat der Ausschuß, sofern der Vater oder Vormund des Lehrlings dies wünschen, seine

---

einerseits zwar zu berücksichtigen, daß die Meister von einer Kontrole ihres Betriebes durch Innungsgenossen, wie sie zur Zeit der Blüthe des Innungswesens vielfach stattgefunden hat, gegenwärtig entwöhnt sind und gegen dieselbe meist eine große Abneigung haben werden; andererseits ist aber auch zu erwägen, daß es sich hier um eine der wichtigsten Aufgaben des Innungswesens handelt und daß die Innungen schwerlich wieder zur Blüthe, jedenfalls aber nicht in den Besitz der in §. 100e vorgesehenen besonderen Rechte gelangen werden, wenn sie sich auf dem Gebiete des Lehrlingswesens nicht selbst wirksame Verpflichtungen auferlegen wollen.

Zu §. 61.

Wenn §. 53 Absatz 2 nicht Aufnahme findet, so sind statt der zuerst eingeklammerten Worte die in der folgenden Klammer aufzunehmen.

Vermittelung dafür eintreten zu lassen, daß der Lehrling für den Rest der Lehrzeit bei einem anderen Innungsmeister untergebracht wird.

Wenn in Fällen dieser Art an der Vollendung der kürzesten, durch §. 55 dieses Statuts vorgeschriebenen Lehrzeit nicht mehr als ½ Jahr fehlt, so kann der Ausschuß den Lehrling sofort zur Gesellenprüfung zulassen.

§. 64.

Einen Erlaß an der vertragsmäßigen Lehrzeit, durch welchen die letztere unter das im §. 55 vorschriebene Maß verkürzt werden würde, darf der Lehrherr nur mit Zustimmung des Ausschusses gewähren. Diese Zustimmung soll nur ertheilt werden, wenn der Lehrling durch sein Betragen und seine Leistungen sich ausgezeichnet hat.

§. 65.

Jeder Lehrling eines Innungsmeisters hat sich vor der Entlassung aus der Lehre der von dem Ausschusse für das Lehrlingswesen vorzunehmenden Gesellenprüfung zu unterwerfen.

Dieselbe findet, abgesehen von den Fällen der §§. 63 und 64, erst nach Beendigung der vertragsmäßigen Lehrzeit statt.

Die näheren Bestimmungen über die Prüfung bleiben der Regelung durch Innungsbeschluß vorbehalten, sollen aber so getroffen werden, daß dem Lehrling Kosten aus der Prüfung nicht erwachsen.

§. 66.

Wird die Ausbildung des Lehrlings auf Grund der Prüfung für ungenügend erachtet, so kann der Ausschuß den Lehrling für die Zeit von einem viertel bis zu einem ganzen Jahre in die Lehre zurückverweisen.

Gewinnt der Ausschuß die Ueberzeugung, daß die mangelhafte Ausbildung des Lehrlings durch den Lehrherrn verschuldet ist, so kann er dem ersteren gestatten, für die noch für erforderlich erachtete Zeit bei einem anderen Innungsmeister in die Lehre zu treten.*) Auch kann dem Lehrling unter der Bedingung, daß er sich nach Ablauf einer festzusetzenden Frist einer Nachprüfung in einzelnen vorher zu bestimmenden Gegenständen unterwirft, gestattet werden, einstweilen als Geselle in Arbeit zu treten.

Hat der Ausschuß durch die Prüfung, und eintretenden Falls durch die Nachprüfung die Ueberzeugung gewonnen, daß der Lehrling die für einen [Tischler-] Gesellen erforderliche Ausbildung erworben hat, so beantragt er beim Vorstande die Ausschreibung des Lehrlings. Dieselbe erfolgt unter Aushändigung des Lehrbriefes [in der nächsten Innungsversammlung] [in gemeinsamer Versammlung des Vorstandes und des Ausschusses für das Lehrlingswesen]. Für die Ausstellung des Lehrbriefes ist ein Betrag von [1 Mark 50 Pf.] in die Innungskasse zu zahlen.

Zu §. 66.

*) Es ist zu erwägen, ob in diesem Falle den schuldigen Meister nicht auch besondere Nachtheile treffen sollen, z. B. die Verpflichtung, dem vernachlässigten Lehrling während der nachträglichen Lehrzeit einen Theil des ortsüblichen Gesellenlohnes auszuzahlen oder in anderer Weise den Schaden, welchen der Lehrling durch seine Schuld erleidet, zu ersetzen.

Vermögensverwaltung, Kassen- und Rechnungslegung.

§. 67.

Alljährlich hat der Innungsvorstand für die Verwaltung des Innungsvermögens und, soweit durch die Nebenstatuten nicht etwas Anderes bestimmt ist, für die Verwaltung der Nebenkassen unter Beachtung der Vorschrift des §. 100b Abs. 2 der Gewerbeordnung einen Haushaltsplan für das folgende Kalenderjahr aufzustellen. Derselbe ist der Innungsversammlung in der letzten ordentlichen Sitzung des Vorjahres zur Beschlußnahme vorzulegen und vorher [8] Tage lang zur Einsicht der Innungsmitglieder auszulegen.

Der Vorstand ist bei seiner Geschäftsführung an den von der Innungsversammlung festgestellten Haushaltsplan gebunden. Ausgaben, welche nicht in demselben vorgesehen sind, bedürfen der Genehmigung der Innungsversammlung.

§. 68.

Zur Erwerbung, Verpfändung und Veräußerung von Grundstücken, zu Mieth- und Pachtverträgen, zur *dauernden Belegung von Kapitalien*, zur Kündigung von dauernd belegten Kapitalien, zur Aufnahme von Darlehnen, zum Abschluß von Verträgen, durch welche der Innung fortlaufende Verpflichtungen auferlegt werden, zur Anstellung von Prozessen und zur Abschließung von Vergleichen ist die Genehmigung der Innungsversammlung erforderlich. Diese Bestimmung gilt auch für die durch Nebenstatuten begründeten Nebenkassen der Innung, soweit nicht durch das Nebenstatut etwas Anderes bestimmt wird.

§. 69.

Zur Besorgung der Kassen- und Rechnungsgeschäfte kann [soll] dem Kassenführer [Kassirer, Rendanten] (§. 33) ein vom Innungsvorstande anzunehmender Rechnungsführer beigegeben werden, welcher nicht Mitglied der Innung zu sein braucht.

Die demselben zu gewährende Vergütung wird durch eine mit ihm vom Innungsvorstande abzuschließende, von der Innungsversammlung zu genehmigende Vereinbarung bestimmt.

§. 70.

Der Kassenführer [Kassirer, Rendant] hat alle Einnahmen und Ausgaben der Innungskasse und, soweit die Nebenstatuten nicht etwas Anderes bestimmen, auch der Nebenkassen zu bewirken.

Für alle Vereinnahmungen und Zahlungen, für welche nicht durch Beschluß des Vorstandes etwas Anderes bestimmt ist, bedarf er einer schriftlichen Anweisung des Vorstandes [Obermeisters].

Zu §. 69.

1. Für große Innungen mit einem ausgebildeten Kassen- und Rechnungswesen wird es sich empfehlen, dem dasselbe führenden Vorstandsmitgliede eine solche geschäftskundige Hülfe zu geben. Statt dessen kann auch die Bestimmung getroffen werden, daß zum Kassenführer (Kassirer, Rendant) eine Person gewählt werden kann, welche überhaupt nicht der Innung und folgeweise auch nicht dem Vorstande angehört.

2. Hier kann auch, wenn es für erforderlich gehalten wird, Bestimmung über eine vom Rechnungsführer zu bestellende Kaution getroffen werden.

§. 71.

Der Kassenführer [Kassirer, Rendant] erhebt die Beiträge der Innungsmitglieder nach einer von ihm aufzustellenden und vom Obermeister zu genehmigenden Hebungsliste.

Ueber jede gegen ein Innungsmitglied erkannte Ordnungsstrafe erhält der Rendant eine schriftliche Anweisung des Obermeisters, welche er nach vorgängiger Eintragung in das Verzeichniß der Ordnungsstrafen unter Angabe der Zahlungsfrist dem betreffenden Innungsmitgliede zustellen läßt. Vierteljährlich [halbjährlich, jährlich] hat der Kassenführer [Kassirer, Rendant] ein Verzeichniß der rückständigen Beiträge und Ordnungsstrafen dem Obermeister vorzulegen, von welchem dasselbe vollzogen und der Aufsichtsbehörde mit dem Antrage auf Beitreibung vorgelegt wird.

§. 72.

Die Einnahmen und Ausgaben der Innungskasse sowie der Nebenkassen hat der Kassenführer [Kassirer, Rendant] gesondert von allen den Zwecken der betreffenden Kassen fremden Voreinnahmen und Vorausgaben zu verrechnen. Die Bestände jeder Kasse sind gesondert aufzubewahren. Bestände, welche einen bestimmten vom Vorstande festzustellenden Betrag übersteigen, hat der Kassenführer [Kassirer, Rendant] bis auf weitere Bestimmung des Vorstandes bei der [hiesigen] Sparkasse zu belegen.

§. 73.

Bis zum .... jeden Jahres hat der Kassenführer [Kassirer, Rendant] für die Innungskasse, sowie für jede von ihm verwaltete Nebenkasse eine gesonderte Rechnung für das abgelaufene Jahr zu legen. Dieselbe muß sämmtliche Einnahmen und Ausgaben der Kasse nachweisen und mit den erforderlichen Belägen versehen sein.

Der Innungsvorstand hat die Rechnung zu revidiren und sammt den Belägen mit den von ihm gestellten und nicht erledigten Erinnerungen [14] Tage vor der zur Abnahme der Rechnung bestimmten Sitzung der Innungsversammlung zur Einsicht der Innungsmitglieder auszulegen.

Die Abnahme der Rechnung erfolgt durch die Innungsversammlung. Dieselbe kann beschließen, die Rechnung vorher durch einen von ihr zu wählenden Ausschuß von [3] Mitgliedern einer nochmaligen Revision unterziehen zu lassen.

Der Revisions-Ausschuß, welchem vom Vorstande und dem Kassenführer [Kassirer, Rendanten] jede von ihm gewünschte Auskunft zu ertheilen ist, hat in der nächsten Sitzung der Innungsversammlung Bericht zu erstatten, worauf die letztere über die noch nicht erledigten Erinnerungen beschließt und vorbehaltlich der aufrechterhaltenen Erinnerungen die Abnahme der Rechnung vollzieht.

Abänderung des Innungsstatuts und Auflösung der Innung.

§. 74.

Anträge auf Abänderung des Innungsstatuts, sowie auf Auflösung der Innung sind beim Vorstande schriftlich einzubringen. Zur Verhandlung über dieselben ist eine außerordentliche, nur zu diesem Zwecke bestimmte Sitzung der Innungsversammlung zu berufen, zu welcher jedes Mitglied mindestens

14 Tage vorher schriftlich [mittelst öffentlicher Bekanntmachung] unter Angabe des Zweckes, und, falls es sich um Abänderung des Status handelt, unter Mittheilung der gestellten Abänderungsanträge einzuladen ist. Gleichzeitig ist der Aufsichtsbehörde mit dem Antrage auf Entsendung eines Vertreters in die Versammlung Anzeige zu machen.

§. 75.

[In der zur Verhandlung über Abänderungs- oder Auflösungsanträge bestimmten Innungsversammlung kann dem Vertreter der Aufsichtsbehörde der Vorsitz übertragen werden.]

Die Innungsversammlung kann über Anträge auf Abänderung der Statuten oder Auflösung der Innung nur beschließen, wenn [$^3/_4$] ihrer stimmberechtigten Mitglieder erschienen sind. Ist jedoch diese Zahl in der ersten zu dem fraglichen Zwecke angesetzten Versammlung nicht erschienen, so wird eine zweite Versammlung mit der Ankündigung anberaumt, daß in derselben über die gestellten Anträge ohne Rücksicht auf die Zahl der Erschienenen verhandelt werden solle.

Beschlüsse auf Abänderung der Statuten können nur mit $^2/_3$, der Auflösungsbeschluß nur mit $^3/_4$ der erschienenen stimmberechtigten Mitglieder gefaßt werden.

§. 76.

Im Falle der Auflösung oder Schließung der Innung sind die Innungsmitglieder verpflichtet, die ordentlichen Beiträge für das laufende Vierteljahr [Halbjahr, Jahr], sowie die bereits umgelegten außerordentlichen Beiträge an diejenigen zu zahlen, welchen die Abwickelung der Geschäfte der Innung obliegt (§. 103a der Gewerbeordnung).

Die Verwendung des Innungsvermögens erfolgt nach den Vorschriften des §. 94 der Gewerbeordnung mit der Maßgabe, daß eine Vertheilung des Reinvermögens unter die Mitglieder nur bis zu dem Betrage der von denselben in den beiden letzten Jahren vor der Auflösung oder Schließung entrichteten Beiträge erfolgt.

Der verbleibende Rest des Vermögens fällt der Gemeinde (N.) mit der Bestimmung zu, daß dasselbe zur Förderung des Lehrlingswesens des [Tischler-] Gewerbes in (N.) zu verwenden ist.

Zu §. 75.

Absatz 1 ist überflüssig, wenn die eingeklammerte Bestimmung in §. 25 Abs. 1 aufgenommen wird.

Zu §. 76.

1. Nach §. 103a Abs. 3 der Gewerbeordnung darf bei eintretender Vertheilung des Reinvermögens keinem Berechtigten mehr als der Gesammtbetrag der von ihm geleisteten Beiträge ausgezahlt werden. Das Statut kann aber weitere Beschränkungen der Vertheilung festsetzen, und zur Vermeidung schwieriger Berechnungen erscheint es zweckmäßig, dieselbe auf den Betrag der während einer bestimmten Reihe von Jahren geleisteten Beiträge zu beschränken.

2. Hier kann selbstverständlich auch die Verwendung für einen anderen Zweck festgesetzt werden.

§. 97a.

Die Innungen sind befugt, ihre Wirksamkeit auf andere, den Innungsmitgliedern gemeinsame gewerbliche Interessen als die im §. 97 bezeichneten auszudehnen. Insbesondere steht ihnen zu:

1. Fachschulen für Lehrlinge zu errichten und dieselben zu leiten;
2. zur Förderung der gewerblichen und technischen Ausbildung der Meister und Gesellen geeignete Einrichtungen zu treffen;
3. Gesellen- und Meisterprüfungen zu veranstalten und über die Prüfungen Zeugnisse auszustellen;
4. zur Förderung des Gewerbebetriebes der Innungsmitglieder einen gemeinschaftlichen Geschäftsbetrieb einzurichten;
5. zur Unterstützung der Innungsmitglieder, ihrer Angehörigen, ihrer Gesellen und Lehrlinge in Fällen der Krankheit, des Todes, der Arbeitsunfähigkeit oder sonstiger Bedürftigkeit, Kassen einzurichten;

Zu §. 97a.

Der Grund, welcher das Handwerk gegenwärtig auch auf den Gebieten, wo ein lebensfähiger Kleinbetrieb neben dem Großbetriebe noch sehr wohl möglich ist, immer mehr in Verfall gerathen zu lassen droht, liegt theils in der mangelhaften technischen und geschäftlichen Ausbildung der meisten Handwerker, welche sie hindert, die technischen Fortschritte rechtzeitig zu benutzen und ihren Betrieb den wechselnden Anforderungen des Marktes anzupassen, theils in dem Umstande, daß sie bisher zu wenig darauf bedacht gewesen sind, sich die Vortheile des Großbetriebes durch gemeinsame Thätigkeit, namentlich durch gemeinsamen Bezug der Rohstoffe, gemeinsame Beschaffung und Benutzung von Maschinen, sowie durch Errichtung gemeinsamer Verkaufsstellen zu Nutze zu machen. Deshalb sollen sie auf die Errichtung von Fachschulen für Lehrlinge, sowie auf die Förderung der gewerblichen und technischen Ausbildung der Meister und Gesellen durch genossenschaftliche Einrichtungen und auf diejenigen Einrichtungen, durch welche sie sich manche Vortheile des Großbetriebes verschaffen können, aufmerksam gemacht werden.

Zu 5 wird Vorsorge zu treffen sein, daß die von den Innungen errichteten Kassen ihren Mitgliedern eine ausreichende Sicherheit bieten. In dieser Beziehung werden in den §§. 98c. und 100c. die erforderlichen Bestimmungen getroffen.

6. Schiedsgerichte zu errichten, welche berufen sind, Streitigkeiten der im §. 120a bezeichneten Art zwischen den Innungsmitgliedern und deren Gesellen an Stelle der sonst zuständigen Behörden zu entscheiden.

§. 98.

Der Bezirk, für welchen eine Innung errichtet wird, soll in der Regel nicht über den Bezirk der höheren Verwaltungsbehörde, in welchem die Innung ihren Sitz nimmt, hinausgehen. Ausnahmen bedürfen der Genehmigung der Centralbehörde.

Bei der Errichtung ist der Innung ein Name zu geben, welcher von dem aller anderen, an demselben Orte oder in derselben Gemeinde befindlichen Innungen verschieden ist.

Zu 6 sind zur Vermeidung von Kollisionen mit den auf Grund des §. 120a. der Gewerbeordnung bereits bestehenden Einrichtungen, sowie zur Erlangung von Garantieen für eine geordnete und unparteiische Rechtspflege besondere Bestimmungen erforderlich, welche in den §§. 98c. und 100d. enthalten sind.

(Motive.)

Zu §. 98.

1. Unter der Bezeichnung: „höhere Verwaltungsbehörde" sind zu verstehen:

a) in den Provinzen Ostpreußen, Westpreußen, Brandenburg, Pommern, Schlesien und Sachsen

1. die Bezirksräthe für die Genehmigung und die Abänderung von Innungsstatuten und Nebenstatuten, für die Auflösung und Schließung von Innungen, für die Genehmigung und Abänderung von Statuten gemeinsamer Innungsausschüsse und für deren Schließung (§. 98b, c, §§. 102, 103 des Gesetzes vom 18. Juli 1881, §. 136 Nr. 3 des Zuständigkeitsgesetzes);

2. die Regierungs-Präsidenten für folgende Funktionen: Erweiterung der Zuständigkeit von Innungen (§. 100e des Gesetzes vom 18. Juli 1881); Bestimmung der Aufsichtsbehörde für solche Innungen, welche mehrere Gemeindebezirke desselben Regierungsbezirks umfassen oder ihren Sitz nicht innerhalb eines Stadtbezirks haben (§. 104 a. a. O.); Ausübung aller Befugnisse, welche der höheren Verwaltungsbehörde gegenüber den Innungsverbänden beigelegt sind (§§. 104c. bis 104g. a. a. O.);

b) in Berlin für die unter a. 1. bezeichneten Angelegenheiten die erste Abtheilung des Polizei-Präsidiums (§§. 136, 170 des Zuständigkeitsgesetzes), im Uebrigen der Polizei-Präsident (§. 35 des Organisationsgesetzes);

§. 98a.

Die Aufgaben der Innung, die Einrichtung ihrer Verwaltung und die Rechtsverhältnisse ihrer Mitglieder werden, soweit das Gesetz darüber nicht bestimmt, durch das Innungsstatut geregelt.

Dasselbe muß Bestimmung treffen:

1. über Namen, Sitz und Bezirk der Innung;
2. über die Aufgaben der Innung, sowie über die dauernden Einrichtungen zur Erfüllung dieser Aufgaben, namentlich sind die nachfolgenden Verhältnisse des Lehrlingswesens zu regeln:
   a) die von den Innungsmitgliedern bei der Annahme von Lehrlingen zu erfüllenden Voraussetzungen und Formen, sowie die Dauer der Lehrzeit;
   b) die Ueberwachung der Beobachtung der in §§. 120, 126, 127 enthaltenen Vorschriften seitens der Innung;
   c) die Verpflichtung der Meister, ihre Lehrlinge zum Besuche der Fortbildungsschule oder der Fachschule anzuhalten;

---

c) in den Provinzen Posen, Schleswig-Holstein, Westfalen und Hessen-Nassau, sowie in der Rheinprovinz die Regierungs-Abtheilungen des Innern;

d) in der Provinz Hannover die Landdrosteien;

e) in den Hohenzollernschen Landen für die unter a. 1. bezeichneten Angelegenheiten die Regierung, im Uebrigen der Regierungs-Präsident (§. 20 a. a. O.).

2. Die Aufsicht über diejenigen Innungen, welche ihren Sitz innerhalb eines Stadtbezirks haben, und deren Bezirk über den letzteren nicht hinausgeht, wird von der Gemeindebehörde geführt. Für die übrigen Innungen wird die Aufsichtsbehörde von der höheren Verwaltungsbehörde oder von der Centralbehörde bestimmt (§. 104 Abs. 2 des Gesetzes vom 18. Juli 1881).

Bildet die Gemeindebehörde ein Kollegium, so hat sie zur Wahrnehmung der Aufsicht einen Kommissar zu bestellen.

Nr. 1, 2 Anw. v. 9. März 1882.

3. Bezüglich der mit dem 1. April 1884 eintretenden Aenderungen des Zuständigkeitsgesetzes vgl. §. 123—126 des Ges. v. 1. August 1883 abgedruckt Seite 113, 114.

Zu §. 98a.

Durch den vorletzten Absatz, welcher in dem §. 100b. Abs. 1 und 2 seine Ergänzung findet, soll ähnlich wie es für die Hülfskassen durch das Gesetz vom 7. April 1876 geschehen ist, Vorsorge getroffen werden, daß nicht mit

d) die Beendigung der Lehrzeit, die Ausschreibung der Lehrlinge vor der Innung und die Ertheilung des Lehrbriefes;

e) die Bildung der Behörde und das Verfahren zur Entscheidung der im §. 97 unter Nr. 4 bezeichneten Streitigkeiten;

3. über Aufnahme, Austritt und Ausschließung der Mitglieder;
4. über die Rechte und Pflichten der Mitglieder, insbesondere über die Beiträge, welche von denselben zu entrichten sind, und über den Maßstab, nach welchem deren Umlegung erfolgt;
5. über die etwa wegen Verletzung statutarischer Vorschriften gegen die Innungsmitglieder zu verhängenden Ordnungsstrafen;
6. über die Bildung des Vorstandes, über den Umfang seiner Befugnisse und die Formen seiner Geschäftsführung;
7. über die Zusammensetzung und Berufung der Innungsversammlung, über das Stimmrecht in derselben und über die Art der Beschlußfassung;
8. über die Beurkundung der Beschlüsse der Innungsversammlung und des Vorstandes;
9. über die Voraussetzungen und die Form einer Abänderung des Statuts;
10. über die Voraussetzungen und die Form der Auflösung der Innung;
11. über die Verwendung des Innungsvermögens im Falle der Auflösung oder Schließung der Innung;
12. über die Aufstellung und Prüfung der Jahresrechnung.

Das Statut darf keine Bestimmung enthalten, welche mit den in diesem Gesetze bezeichneten Aufgaben der Innung nicht in Verbindung steht oder gesetzlichen Vorschriften zuwiderläuft.

Bestimmungen über Einrichtungen zur Erfüllung der in §. 97a unter Nr. 4, 5, 6 bezeichneten Aufgaben dürfen nicht in das Innungsstatut aufgenommen werden.

Hülfe einer für bestimmte Zwecke gesetzlich anerkannten Organisation ungesetzliche oder fremdartige Zwecke verfolgt werden können. (Motive.)

§. 98b.

Das Innungsstatut bedarf der Genehmigung durch die höhere Verwaltungsbehörde desjenigen Bezirks, in welchem die Innung ihren Sitz nimmt. Die Einreichung geschieht durch die Aufsichtsbehörde (§. 104).

Die Genehmigung ist zu versagen:

1. wenn das Innungsstatut den gesetzlichen Anforderungen nicht entspricht;
2. wenn durch die in dem Innungsstatut vorgesehenen Einrichtungen die Mittel zur Erfüllung der den Innungen nach §. 97 obliegenden Aufgaben nicht sichergestellt erscheinen;
3. wenn die Centralbehörde der durch das Innungsstatut vorgesehenen Begrenzung des Innungsbezirks die nach §. 98 Absatz 1 erforderliche Zustimmung versagt hat.

Außerdem darf die Genehmigung nur versagt werden, wenn in dem durch das Innungsstatut vorgesehenen Innungsbezirke für die gleichen Gewerbe eine Innung bereits besteht.

In dem die Genehmigung versagenden Bescheide sind die Gründe anzugeben; gegen denselben findet der Rekurs statt; wegen des Verfahrens und der Behörden gelten die Vorschriften der §§. 20 und 21, soweit nicht landesgesetzlich das Verfahren in streitigen Verwaltungssachen Platz greift.

Abänderungen des Innungsstatuts unterliegen den gleichen Vorschriften.

§. 98c.

Soll in der Innung eine Einrichtung der im §. 97a unter

Zu §. 98b.

Die Bedingung der Genehmigung soll nach Nr. 1 bis 3 sein, daß das Statut den gesetzlichen Anforderungen entspricht, daß durch seine Bestimmungen die Erfüllung der wesentlichen Aufgaben jeder Innung (§. 97) gesichert erscheint, und daß der Bezirk der Innung dem Gesetze gemäß begrenzt ist. Von dem Ermessen der Behörde soll die Genehmigung nur dann abhängig gemacht werden, wenn für den betreffenden Bezirk für dieselben Gewerbe bereits eine Innung besteht.

(Motive.)

Zu §. 98c.

1. Es bleibt den Betheiligten überlassen, ob und inwieweit sie die in

Nr. 4, 5, 6 vorgesehenen Art getroffen werden, so sind die dafür erforderlichen Bestimmungen in Nebenstatuten zusammen zu fassen. Dieselben bedürfen der Genehmigung durch die im §. 98b bezeichnete höhere Verwaltungsbehörde. Vor der Genehmigung ist die Gemeindebehörde des Ortes, an welchem die Innung ihren Sitz hat, sowie, falls diese Behörde für die Innung nicht die Aufsichtsbehörde bildet, auch letztere zu hören. Die Genehmigung kann nach Ermessen versagt werden. In dem die Genehmigung versagenden Bescheide sind die Gründe anzugeben. Gegen die Versagung kann binnen vier Wochen Beschwerde an die Centralbehörde eingelegt werden. Abänderung der Nebenstatuten unterliegen den gleichen Vorschriften.

---

§. 97a. bezeichneten Zwecke durch das Statut in den Bereich der Innungsthätigkeit ziehen wollen, sie sollen aber, sofern sie die unter Nr. 4, 5 und 6 dieses Paragraphen bezeichneten Zwecke verfolgen wollen, die Einrichtungen zu deren Erreichung nicht in dem Innungsstatut, sondern durch Nebenstatuten regeln. Letztere sollen nach §. 98c. einer besonderen Genehmigung der höheren Verwaltungsbehörde bedürfen, welche nicht vor Anhörung der Gemeinde- und Aufsichtsbehörde ertheilt werden soll, und vorbehaltlich der Beschwerde an die Centralbehörde nach freiem Ermessen versagt werden kann. Beides erscheint nothwendig, weil gegen Einrichtungen dieser Art oder gegen die im Einzelfalle dafür vorgesehene Regelung Bedenken aus örtlichen Verhältnissen entstehen können, welche einer näheren Erörterung bedürftig sind, und deren Einfluß auf die Entscheidung über Ertheilung und Versagung der Genehmigung sich nicht gesetzlich fixiren läßt. Für die unter Nr. 5, 6 des §. 97a. bezeichneten Einrichtungen kommt namentlich auch die Wahrung der in §§. 100a. Abs. 1, 100c. und 100d. getroffenen Vorschriften, sowie die Verhütung von Kollisionen mit ähnlichen bereits bestehenden örtlichen Einrichtungen in Betracht.

(Motive.)

2. (30) Die Nebenstatuten sind ausschließlich zur Ordnung derjenigen Einrichtungen bestimmt, welche zur Erfüllung der im §. 97a Nr. 4 bis 6 des Gesetzes vom 18. Juli 1881 aufgeführten, durch das Hauptstatut unter die Zwecke der Innung aufgenommenen Aufgaben dienen sollen. Bestimmungen über die zur Erfüllung sonstiger Aufgaben der Innung erforderlichen Einrichtungen müssen in dem Hauptstatut oder in den Anlagen zu demselben getroffen werden.

(31) Die Nebenstatuten sind in zwei Exemplaren unter Anschluß einer Ausfertigung des in der Innungsversammlung gefaßten Annahmebeschlusses von dem Innungsvorstand der Aufsichtsbehörde einzureichen.

Ist die Aufsichtsbehörde nicht zugleich die Gemeindebehörde des Orts, an

§. 99.

Die Innung kann unter ihrem Namen Rechte, insbesondere Eigenthum und andere dingliche Rechte an Grundstücken **erwerben**, **Verbindlichkeiten eingehen**, **vor Gericht klagen und verklagt werden**. Für alle Verbindlichkeiten der Innung haftet den Gläubigern nur das Vermögen der Innung.

§. 100.

Als Innungsmitglieder können nur Personen **aufgenommmen werden**, die ein Gewerbe, für welches die Innung errichtet ist, in dem Innungsbezirke **selbständig** betreiben oder in einem dem Gewerbe angehörenden Großbetriebe als **Werkmeister**

---

welchem die Innung ihren Sitz hat, so hat die erstere der letzteren die Nebenstatuten zur gutachtlichen Aeußerung zu übersenden (§. 98c. des Gesetzes vom 18. Juli 1881). Demnächst hat die Aufsichtsbehörde das gesammte Material mit ihrem Gutachten der höheren Verwaltungsbehörde, welche das Hauptstatut genehmigt hat, zur Beschlußfassung zu übersenden.

Letztere hat über die Genehmigung nach ihrem freien Ermessen zu befinden. Es ist darauf zu achten, daß die gesetzlichen Vorschriften (§. 100a. Abs. 1, §. 100c., §. 100d. a. a. O.) und die Bestimmungen des Innungsstatuts über die Beschlüsse der Innungsversammlung befolgt sind; es ist aber auch die Zweckmäßigkeit der beabsichtigten Einrichtungen insbesondere mit Bezug auf ähnliche an denselben Orten bereits bestehende Organisationen, mit welchen Kollisionen zu vermeiden sind, in Erwägung zu ziehen. Die Nebenstatuten müssen Bestimmungen über die Voraussetzungen und die Form ihrer Abänderung und ihrer Aufhebung treffen.

(32) Wird die Genehmigung ertheilt, so ist nach Nr. 5 zu verfahren. Wird sie versagt, so ist dem Innungsvorstand ein mit Gründen versehener schriftlicher Bescheid zuzustellen, in welchem darauf hinzuweisen ist, daß binnen 4 Wochen bei der höheren Verwaltungsbehörde die Beschwerde an die Centralbehörde eingelegt werden kann. Nr. 8 bis 10 finden auch hier entsprechende Anwendung.

Nr. 30, 31, 32. Anw. v. 9. März 1882.

Zu §. 99.

Die **juristische Persönlichkeit** wird den Innungen nicht durch Ertheilung von Korporationsrechten, sondern in derjenigen Form beigelegt, welche in der neueren Gesetzgebung mehrfach und namentlich bei den eingeschriebenen Hülfskassen zur Anwendung gekommen ist.

Zu §. 100.

Die Innungen erhalten hierdurch, ohne den Charakter gewerblicher Berufsgenossenschaften einzubüßen, die Möglichkeit, aus anderen Ständen zur

oder in ähnlicher Stellung beschäftigt sind. Andere Personen können als Ehrenmitglieder aufgenommen werden.

Von der Ablegung einer Prüfung kann die Aufnahme nur abhängig gemacht werden, wenn Art und Umfang derselben durch das Statut geregelt sind; die Prüfung darf nur den Nachweis der Befähigung zur selbständigen Ausführung der gewöhnlichen Arbeiten des Gewerbes bezwecken.

Ist die Aufnahme von der Zurücklegung einer Lehrlings- oder Gesellenzeit oder von der Ablegung einer Prüfung abhängig gemacht, so ist eine Ausnahme von der Erfüllung dieser Anforderungen nur unter bestimmten im Statut festgestellten Voraussetzungen zulässig. Von einem Aufnahmesuchenden, welcher bereits vor einer andern, den Voraussetzungen dieses Gesetzes entsprechenden Innung desselben Gewerbes eine Aufnahmeprüfung bestanden hat, kann eine solche nicht nochmals verlangt werden.

Gewerbetreibenden, welche den gesetzlichen und statutarischen Anforderungen entsprechen, darf die Aufnahme in die Innung nicht versagt werden.

Von der Erfüllung der gesetzlichen und statutarischen Bedingungen kann zu Gunsten Einzelner nicht abgesehen werden.

Vom Eintritt in eine Innung sind Diejenigen ausgeschlossen, welche sich nicht im Besitze der bürgerlichen Ehrenrechte befinden oder welche in Folge gerichtlicher Anordnungen in der Verfügung über ihr Vermögen beschränkt sind.

Der Austritt aus der Innung ist, wenn das Innungsstatut eine vorherige Anzeige darüber nicht verlangt, jeder Zeit gestattet. Eine Anzeige über den Austritt kann frühestens sechs Monate vor dem letzteren verlangt werden.

Lösung ihrer Aufgaben Kräfte heranzuziehen, welche sie unter den Berufsgenossen, namentlich an kleineren Orten, nicht immer in ausreichender Zahl finden.

Der Austritt aus der Innung soll wie bisher jedem Mitgliede freistehen. Um aber die Innungen gegen Verlegenheiten zu schützen, welche ihnen namentlich in finanzieller Hinsicht aus dem plötzlichen Austritte ihrer Mitglieder erwachsen können, soll ihnen die Befugniß eingeräumt werden, durch statutarische Bestimmungen den Austritt von einer vorgängigen Anzeige abhängig zu machen, deren Erstattung indeß frühestens 6 Monate

Ausscheidende Mitglieder verlieren alle Ansprüche an das Innungsvermögen, und soweit nicht statutarisch abweichende Bestimmungen getroffen sind, an die von der Innung errichteten Nebenkassen; sie bleiben zur Zahlung derjenigen Beiträge verpflichtet, deren Umlegung am Tage ihres Austritts bereits erfolgt war. Besondere Verbindlichkeiten, welche sie der Innung gegenüber eingegangen sind, werden durch den Austritt nicht berührt.

Die Rechte der Innungsmitglieder, mit Ausnahme des Stimmrechts und der Ehrenrechte, können von deren Wittwen, welche den Gewerbebetrieb fortsetzen, so lange ausgeübt werden, als sie die entsprechenden Verpflichtungen erfüllen. Die näheren Bestimmungen sind durch das Statut zu treffen.

§. 100a.

Die von den Innungsmitgliedern beschäftigten Gesellen nehmen an den Innungsversammlungen und an der Verwaltung der Innung nur insoweit Theil, als dieses in dem Innungsstatute vorgesehen ist. Eine solche Theilnahme muß ihnen eingeräumt werden an der Abnahme von Gesellenprüfungen, sowie an der Begründung und Verwaltung aller Einrichtungen, für welche sie Beiträge entrichten oder eine besondere Mühewaltung übernehmen, oder welche zu ihrer Unterstützung bestimmt sind.

Von der Ausübung eines Stimmrechts oder eines Ehrenrechts in der Innung sind alle diejenigen ausgeschlossen, welche sich nicht im Besitze der bürgerlichen Ehrenrechte befinden, oder welche in Folge gerichtlicher Anordnung in der Verfügung über ihr Vermögen beschränkt sind.

---

vor dem Austritt verlangt werden darf. Durch dieselbe Rücksicht wird die Bestimmung gerechtfertigt, daß ausscheidende Innungsmitglieder noch zur Zahlung derjenigen Beiträge verpflichtet bleiben, welche am Tage ihres Ausscheidens bereits umgelegt waren. Es wird dadurch verhindert, daß Mitglieder lediglich zu dem Zwecke austreten, um sich einer bevorstehenden, vielleicht besonders hohen Beitragsleistung zu entziehen.

(Motive.)

Zu §. 100a.

Die Bestimmung der Regierungsvorlage, wonach Ehrenmitglieder in den Innungsversammlungen stimmberechtigt und zu den Innungsämtern wähl-

§. 100b.

Den Innungsmitgliedern darf die Verpflichtung zu Handlungen oder Unterlassungen, welche mit den Aufgaben der Innung in keiner Verbindung stehen, nicht auferlegt werden.

Zu anderen Zwecken als der Erfüllung der statutarisch oder durch das Gesetz bestimmten Aufgaben der Innung sowie der Deckung der Kosten der Innungsverwaltung dürfen weder Beiträge von den Innungsmitgliedern oder von den Gesellen derselben erhoben werden, noch Verwendungen aus dem Vermögen der Innung erfolgen.

Die auf Grund des Innungsstatuts oder der Nebenstatuten (§. 98c.) umgelegten Beiträge und verhängten Ordnungsstrafen werden nach Antrag des Innungsvorstandes auf dem für die Beitreibung der Gemeindeabgaben landesrechtlich vorgesehenen Wege zwangsweise eingezogen. Ueber die Verpflichtung zur Zahlung der Beiträge findet unbeschadet der vorläufigen Einziehung der Rechtsweg statt. Ueber Beschwerden wegen der Ordnungsstrafen entscheidet die Aufsichtsbehörde endgültig.

§. 100c.

Ueber die Einnahmen und Ausgaben der nach Maßgabe des §. 97a. unter Nr. 5 begründeten Unterstützungskassen muß getrennte Rechnung geführt werden. Das ausschließlich für diese Kassen bestimmte Vermögen ist getrennt von dem übrigen Innungsvermögen zu verwalten. Verwendungen für andere Zwecke dürfen aus demselben nicht gemacht werden. Die Gläubiger der Kasse haben das Recht auf abgesonderte Befriedigung aus dem getrennt verwalteten Vermögen.

---

bar seien, im Uebrigen aber an den Rechten und Pflichten der Innungsmitglieder nicht theilnehmen sollten, ist vom Reichstage abgelehnt.

Zu §. 100b.

Die Erstreckung der vorgesehenen Art der Beitreibung auf die statutenmäßig verwirkten Ordnungsstrafen hat insofern einen besonderen Werth, als die Innung dadurch der Nothwendigkeit überhoben wird, gegen Verletzung statutarischer Vorschriften auch da, wo dieselbe lediglich aus Nachlässigkeit hervorgegangen ist, mit unverhältnißmäßig starken Mitteln und namentlich mit Ausschluß aus der Innung vorzugehen.

(Motive.)

Auf solche Krankenkassen der Innungen, welche eine den Vorschriften des Gesetzes über die eingeschriebenen Hülfskassen vom 7. April 1876 entsprechende Unterstützung gewähren sollen, finden folgende Bestimmungen Anwendung:

1. den Meistern, welche für ihre Gesellen und Lehrlinge die Kassenbeiträge vorschießen, steht das Recht zu, die letzteren bei der dem Fälligkeitstage zunächst vorausgehenden oder bei einer diesem Tage folgenden Lohnzahlung in Anrechnung zu bringen;
2. der Anspruch auf Unterstützung aus der Kasse kann mit rechtlicher Wirkung weder übertragen noch verpfändet werden; er kann nicht Gegenstand der Beschlagnahme sein;
3. die Gesellen können, so lange sie den Kassen angehören, zu den nach Maßgabe des §. 141a. begründeten Verpflichtungen nicht herangezogen werden;
4. Gesellen, welche bereits einer eingeschriebenen Hülfskasse angehören, können, so lange sie an derselben betheiligt sind, zum Eintritt in die entsprechende Unterstützungskasse der Innung nicht gezwungen werden.

§. 100d.

Für die auf Grund des §. 97a. zu errichtenden Schiedsgerichte sind folgende Bestimmungen maßgebend:

1. Die Schiedsgerichte müssen mindestens aus einem Vorsitzenden und zwei Beisitzern bestehen. Die Beisitzer müssen zur Hälfte aus den Innungsmitgliedern, zur Hälfte aus deren Gesellen entnommen sein. Die ersteren sind von der Innungsversammlung oder einer anderen Vertretung der Innungsmitglieder, die letzteren von den Gesellen der Innung oder einer Vertretung derselben zu wählen. Der Vorsitzende wird von der Aufsichtsbehörde bestimmt; er braucht der Innung nicht anzugehören.
2. Die Annahme der Wahl zum Beisitzer kann nur aus Gründen abgelehnt werden, aus welchen die Uebernahme einer Vormundschaft abgelehnt werden kann. Wer die Annahme ablehnt, ohne zu der Ablehnung berechtigt zu sein, kann

von der Aufsichtsbehörde durch Ordnungsstrafen zur Annahme angehalten werden.

3. Gegen die Entscheidung der Schiedsgerichte steht nach Maßgabe des §. 120a., Absatz 2 die Berufung auf den Rechtsweg offen.

Die auf Grund der Bestimmungen in §§. 97 Nr. 4 und 97a. Nr. 6 ergehenden Entscheidungen in Streitigkeiten der Innungsmitglieder mit ihren Gesellen und Lehrlingen sind vorläufig vollstreckbar. Die Vollstreckung erfolgt durch die Polizeibehörden nach Maßgabe der Vorschriften über die gerichtliche Zwangsvollstreckung. Lehrlinge sind auf Antrag der zur Entscheidung berufenen Innungsbehörde von der Polizeibehörde anzuhalten, vor der ersteren persönlich zu erscheinen.

§. 100e.

Für den Bezirk einer Innung, deren Thätigkeit auf dem Gebiete des Lehrlingswesens sich bewährt hat, kann durch die höhere Verwaltungsbehörde nach Anhörung der Aufsichtsbehörde bestimmt werden:

1. daß Streitigkeiten aus den Lehrverhältnissen der im §. 120a. bezeichneten Art auf Anrufen eines der streitenden Theile von der zuständigen Innungsbehörde auch dann zu entscheiden sind, wenn der Arbeitgeber, ob-

---

Zu §. 100e.

1. Die Maßregel, wonach diejenigen Vorschriften, welche von der Innung für ihre Mitglieder über die Regelung der Verhältnisse der Lehrlinge, über deren Ausbildung und Prüfung getroffen sind, auch für die der Innung nicht angehörenden Gewerbetreibenden für verbindlich erklärt werden, erscheint namentlich dann gerechtfertigt, wenn die Innung zur Sicherung einer dem öffentlichen Interesse entsprechenden Erziehung und Ausbildung der Lehrlinge ihren Mitgliedern Opfer auferlegt und an die bei letzteren eintretenden Lehrlinge Anforderungen stellt, welche die Innungsmitglieder gegenüber den an jene Vorschriften nicht gebundenen Meistern in Nachtheil versetzen und die Lehrlinge vom Eintritte bei Innungsmitgliedern abschrecken könnten. Die betreffenden Befugnisse können indeß den Innungen nur unter gewissen Voraussetzungen und in einem gewissen Umfange übertragen werden. Die Voraussetzungen bestehen darin, daß die Innung das Lehrlingswesen nicht nur statutenmäßig in befriedigender Weise geregelt, sondern auch durch die Handhabung dieser Regelung unzweifelhafte Erfolge erzielt hat, und daß sie in ihrem Bezirke wirklich den Kern des Handwerkerstandes in sich vereinigt.

wohl er ein in der Innung vertretenes Gewerbe betreibt und selbst zur Aufnahme in die Innung fähig sein würde, gleichwohl der Innung nicht angehört;

2. daß und inwieweit die von der Innung erlassenen Vorschriften über die Regelung des Lehrlingsverhältnisses, sowie über die Ausbildung und Prüfung der Lehrlinge auch dann bindend sind, wenn deren Lehrherr zu den unter Nr. 1 bezeichneten Arbeitgebern gehört.

Haben sich hiernach Lehrlinge solcher Gewerbetreibenden, welche der Innung nicht angehören, einer Prüfung zu unterziehen, so ist dieselbe von einer Kommission vorzunehmen, deren Mitglieder zur Hälfte von der Innung, zur Hälfte von der Aufsichtsbehörde berufen werden.

Die Bestimmungen sind widerruflich.

Die Grenzen, innerhalb welcher die betreffenden Befugnisse auszuüben sind, müssen so gezogen werden, daß die letzteren nur solchen Gewerbetreibenden gegenüber zur Geltung kommen, welche nach der Art ihres Gewerbebetriebes in die Innung einzutreten berechtigt sind, also weder durch den Umfang noch durch den Gegenstand ihres Betriebes von der Innung ausgeschlossen werden.

2. Die Regierungsvorlage enthielt unter Ziffer 3 noch folgenden Passus:

> daß Arbeitgeber der unter Nr. 1. bezeichneten Art von einem bestimmten Zeitpunkte an Lehrlinge nicht mehr annehmen dürfen.

Diese Vorschrift ist vom Reichstage abgelehnt.

3. (21) Dem Antrage einer Innung auf Erlaß der im §. 100e des Gesetzes vom 18. Juli 1881 vorgesehenen Bestimmungen ist, wenn ihre Thätigkeit auf dem Gebiete des Lehrlingswesens sich bewährt hat, in der Regel stattzugeben, falls der Innung die überwiegende Mehrzahl der angeseheneren Arbeitgeber aus den in ihr vertretenen Gewerben angehört.

Außer der Aufsichtsbehörde ist in denjenigen Fällen, in welchen diese nicht zugleich die Gemeindebehörde des Sitzes der Innung ist, auch die letztere Behörde über den Antrag zu hören.

(22) Der Bescheid ist durch Vermittelung der Aufsichtsbehörde zuzustellen, welche im Fall der Genehmigung des Antrags die Gemeindebehörde des Sitzes der Innung, sofern diese nicht selbst die Aufsicht führt, zu benachrichtigen hat.

§. 101.

Der Innungsvorstand besteht aus einer oder mehreren Personen, welche von den Innungsmitgliedern zu wählen sind (§. 98a. Nr. 6). Die Wahl findet unter Leitung des Vorstandes statt. Nur die erste Wahl nach Errichtung der Innung, sowie spätere Wahlen, bei welchen ein Vorstand nicht vorhanden ist, werden von einem Vertreter der Aufsichtsbehörde geleitet. Ueber den Wahlakt ist ein Protokoll aufzunehmen. Der Vorstand hat über jede Aenderung in seiner Zusammensetzung und über das Ergebniß jeder Wahl der Aufsichtsbehörde binnen einer Woche Anzeige zu erstatten, bei Wahlen unter Beifügung des Wahlprotokolls. Ist die Anzeige nicht erfolgt, so kann die Aenderung dritten Personen nur dann entgegengesetzt werden, wenn bewiesen wird, daß sie letzteren bekannt war.

Gegen die Ablehnung des Antrags ist die Beschwerde an den Minister für Handel und Gewerbe zulässig.

(23) Die auf Grund des §. 100e a. a. O. getroffenen Bestimmungen erstrecken sich örtlich auf den ganzen Bezirk der Innung, innerhalb desselben aber nur auf diejenigen Arbeitgeber, „welche nach der Art ihres Gewerbebetriebes in die Innung einzutreten berechtigt sind, also weder durch den Umfang noch durch die Gegenstände ihres Betriebs von der Innung ausgeschlossen werden" (Motive zu §. 100e).

(24) Werden die von einer Innung erlassenen Prüfungsvorschriften auf Lehrlinge solcher Gewerbetreibenden ausgedehnt, welche derselben nicht angehören, so erstreckt sich diese Ausdehnung nur auf die Bedingungen der Zulassung zur Prüfung sowie auf die Art und die Gegenstände der letzteren, nicht aber auf die zur Abnahme der Prüfungen durch das Statut berufene Innungsbehörde. Die Prüfungskommission ist vielmehr für die erwähnten Lehrlinge besonders zu bilden. Die höhere Verwaltungsbehörde bestimmt:

a) aus wie viel Mitgliedern die Kommission bestehen und wer den Vorsitz führen soll;
b) ob und in welcher Höhe der Vorsitzende und die von der Aufsichtsbehörde ernannten Mitglieder eine Vergütung zu erhalten haben, und wer dieselbe aufzubringen hat.

Nr. 21, 22, 23, 24 Anw. v. 9. März 1882.

Zu §. 101.

Die Bildung des Innungsvorstandes und die Vertretung der Innung durch denselben ist in derselben Weise geregelt, wie es bisher durch den §. 88 der Gewerbeordnung geschehen war. Eine Abweichung findet nur insofern statt, als durch eine genauere Regelung des Wahlverfahrens für die Beschei-

Die Innung wird bei gerichtlichen wie bei außergerichtlichen Verhandlungen durch ihren Vorstand vertreten. Die Befugniß zur Vertretung erstreckt sich auch auf diejenigen Geschäfte und Rechtshandlungen, für welche nach den Gesetzen eine Spezialvollmacht erforderlich ist. Durch das Statut kann einem Mitgliede oder mehreren Mitgliedern des Vorstandes die Vertretung der Innung nach außen übertragen werden.

Zur Legitimation des Innungsvorstandes bei allen Rechtsgeschäften genügt die Bescheinigung der Aufsichtsbehörde, daß die darin bezeichneten Personen zur Zeit den Vorstand bilden.

§. 102.

Für alle oder mehrere derselben Aufsichtsbehörde unterstehende Innungen kann ein gemeinsamer Innungsausschuß gebildet werden. Diesem liegt die Vertretung der gemeinsamen Interessen der betheiligten Innungen ob. Außerdem können ihm Rechte und Pflichten der betheiligten Innungen, soweit dieselben nicht vermögensrechtlicher Natur sind, übertragen werden.

Die Errichtung des Innungsausschusses erfolgt durch ein Statut, welches von den Innungsversammlungen der betheiligten Innungen zu beschließen ist. Das Statut bedarf der Genehmigung der höheren Verwaltungsbehörde. In dem die Genehmigung versagenden Bescheide sind die Gründe anzugeben. Gegen die Versagung kann binnen vier Wochen Beschwerde an die Centralbehörde eingelegt werden. Abänderungen des Statuts unterliegen den gleichen Vorschriften.

---

nigung der Aufsichtsbehörde, durch welche der Vorstand legitimirt wird, eine sicherere Grundlage als bisher geschaffen ist.

Zu §. 102.

1. (33) Wird die Errichtung eines Innungsausschusses beschlossen, so ist das für denselben entworfene Statut in zwei Exemplaren unter Anschluß von Ausfertigungen der bezüglichen Innungsbeschlüsse der Aufsichtsbehörde einzureichen. Letztere übersendet das gesammte Material mit ihrer gutachtlichen Aeußerung der höheren Verwaltungsbehörde, welche nach Nr. 32 verfährt:

Das Statut muß Bestimmung treffen:

1. über die Zusammensetzung des Ausschusses und über die Art der Beschlußfassung;
2. über die Rechte und Pflichten des Ausschusses;

§. 103.

Die **Schließung einer Innung** kann erfolgen:

1. wenn sich ergiebt, daß nach §. 98b. die Genehmigung hätte versagt werden müssen und die erforderliche Aenderung des Statuts innerhalb einer zu setzenden Frist nicht bewirkt wird;
2. wenn die Innung wiederholter Aufforderung der Aufsichtsbehörde ungeachtet die Erfüllung der ihr durch §. 97 gesetzten Aufgaben vernachlässigt;
3. wenn die Innung sich gesetzwidriger Handlungen oder Unterlassungen schuldig macht, durch welche das Gemeinwohl gefährdet wird, oder wenn sie andere als die gesetzlich zulässigen Zwecke verfolgt.

Die **Schließung eines Innungsausschusses** kann erfolgen, wenn der Ausschuß seinen statutarischen Verpflichtungen nicht nachkommt oder wenn er Beschlüsse faßt, welche über seine statutarischen Rechte hinausgehen.

Die Schließung wird durch die höhere Verwaltungsbehörde ausgesprochen.

Gegen die die Schließung aussprechende Verfügung findet der **Rekurs** statt. Wegen des **Verfahrens** und der **Behörden** gelten die entsprechenden Bestimmungen des §. 98b.

---

3. über die Voraussetzungen des Beitritts anderer Innungen und des Austritts aus dem Ausschuß.

Die Ertheilung der Genehmigung unterliegt dem Ermessen der Behörde (Motive zu §. 102 und §. 104a bis 104g).

(34) Der Ausschuß hört auf:

1. wenn er seine Auflösung beschließt;
2. wenn er von der höheren Verwaltungsbehörde geschlossen wird;
3. wenn durch Ausscheiden die Zahl der betheiligten Innungen bis auf eine reduzirt ist.

Das Verfahren bei der Schließung richtet sich nach Nr. 28.

Nr. 33, 34 Anw. v. 9. März 1882.

3. Vgl. die Note zu §. 104 a. bis g.

Zu §. 103 und 103a.

1. Nach den bisherigen Vorschriften konnte eine Innung nur durch den freien Beschluß ihrer Mitglieder aufgelöst werden. Selbst der **Konkurs** über das Vermögen der Innung hatte nicht die Folge, daß die Innung erlosch,

Die Eröffnung des Konkursverfahrens über das Vermögen einer Innung hat die Schließung kraft Gesetzes zur Folge.

§. 103 a.

Bei der Auflösung einer Innung wird die Abwickelung der Geschäfte, sofern die Innungsversammlung nicht anderweitig beschließt, durch den Vorstand unter Aufsicht der Aufsichtsbehörde vollzogen. Genügt der Vorstand seiner Verpflichtung nicht, oder tritt die Schließung der Innung ein, so erfolgt die Abwickelung der Geschäfte durch die Aufsichtsbehörde oder Beauftragte derselben.

Von dem Zeitpunkte der Auflösung oder Schließung einer Innung ab bleiben die Innungsmitglieder noch für diejenigen Zahlungen verhaftet, zu welchen sie statutarisch für den Fall eigenen Ausscheidens aus den Innungsverhältnissen verpflichtet sind.

Auf die Verwendung des Innungsvermögens finden die Vorschriften des §. 94 mit der Maßgabe Anwendung, daß bei einer Vertheilung von Reinvermögen keinem Anspruchsberechtigten mehr als der Gesammtbetrag der von ihm geleisteten Beiträge ausgezahlt werden darf.

---

und eine Schließung durch die Behörde im öffentlichen Interesse war nicht vorgesehen. Ebenso enthielt der §. 94 der Gewerbeordnung zwar materielle Bestimmungen über die Verwendung des Innungsvermögens im Falle der Auflösung, unterließ es aber, Vorschriften darüber zu treffen, in welcher Weise und durch wen jene Bestimmungen zur Ausführung gebracht werden sollten. Das gegenwärtige Gesetz regelt diese Verhältnisse in ähnlicher Weise, wie es durch das Gesetz vom 7. April 1876 für die Hülfskassen geschehen ist.

Vgl. auch die Note zu §. 98.

4. (27) Beschließt die Innung ihre Auflösung, so hat die Aufsichtsbehörde zu prüfen, ob dabei die Voraussetzungen und die Form beobachtet sind, welche das Statut für diesen Fall vorgesehen hat.

(28) In den Fällen des §. 103 Abs. 1 des Gesetzes vom 18. Juli 1881 wird das Verfahren von Amtswegen eingeleitet. Für dasselbe sind die in Nr. 60 fgde. der zur Ausführung der Gewerbeordnung erlassenen Anweisung vom 4. September 1869 enthaltenen Vorschriften mit folgenden Abänderungen maßgebend.

An Stelle des Gewerbetreibenden tritt der Innungsvorstand, an Stelle der Regierung die nach Nr. 1 der gegenwärtigen Anweisung zuständige höhere Verwaltungsbehörde. Der Rekurs ist bei dieser einzulegen und geht an die derselben im Instanzenzuge vorgesetzte Behörde (oben Nr. 6).

§. 104.

Die Innungen unterliegen der Aufsicht der Gemeindebehörde.

Für Innungen, welche ihren Sitz nicht innerhalb eines Stadtbezirks haben, oder welche mehrere Gemeindebezirke umfassen, wird von der höheren Verwaltungsbehörde, für Innungen, welche sich in die Bezirke mehrerer höherer Verwaltungsbehörden erstrecken, von der Centralbehörde die Aufsichtsbehörde bestimmt.

Die Aufsichtsbehörde überwacht die Befolgung der gesetzlichen und statutarischen Vorschriften und kann dieselben durch Androhung, Festsetzung und Vollstreckung von Ordnungsstrafen gegen die In-

---

Im Vorverfahren ist die Aufsichtsbehörde und, falls diese nicht zugleich die Gemeindebehörde des Sitzes der Innung ist, auch die letztere Behörde zu hören. Die Zuziehung derselben zum Hauptverfahren bleibt dem Ermessen der höheren Verwaltungsbehörde überlassen.

Wird im Vorverfahren die Einstellung des Verfahrens beschlossen, so ist hiervon die Aufsichtsbehörde zu benachrichtigen, welche den Innungsvorstand, und die Gemeindebehörde des Sitzes der Innung, sofern diese nicht selbst die Aufsicht führt, von dem Beschluß in Kenntniß zu setzen hat.

Die Bestimmungen in Nr. 8 bis 10 dieser Anweisung finden auch hier entsprechende Anwendung.

(29) Im Falle der Auflösung oder der Schließung kann die höhere Verwaltungsbehörde, welche das Statut genehmigt hat, den durch letzteres oder durch Nebenstatuten begründeten Unterrichtsanstalten, Unterstützungskassen oder anderen Instituten zu öffentlichen Zwecken Korporationsrechte ertheilen (§. 94 Abs. 5 der Gewerbeordnung).

Nr. 27, 28, 29 Anw. v. 9. März 1882.

Zu §. 104.

1. (12) Entstehen über die Richtigkeit der nach §. 101 Abs. 1 des Gesetzes vom 18. Juli 1881 zu erstattenden Anzeigen Zweifel, so hat die Aufsichtsbehörde nach pflichtmäßigem Ermessen den Sachverhalt festzustellen.

Ueber die Personen, welche nach dem Ergebniß der in der ersten Innungsversammlung vorgenommenen Wahl den Vorstand bilden und Innungsämter bekleiden, hat die Aufsichtsbehörde Verzeichnisse zu führen und fortlaufend nach Maßgabe der angemeldeten Aenderungen richtig zu erhalten. In diese Verzeichnisse ist Jedermann Einsicht zu gewähren. Auf Grund derselben sind die im §. 101 Abs. 3 a. a. O. erwähnten Bescheinigungen auszustellen.

(13) Die Aufsichtsbehörde hat den Innungsvorstand ein für alle Mal aufzufordern, Zeit und Ort jeder von der Innung zu veranstaltenden Prüfung ihr anzuzeigen.

Von dem im §. 104 Abs. 5 des Gesetzes vom 18. Juli 1881 ihr beigelegten Recht, zu den Prüfungen einen Vertreter zu entsenden, hat die Aufsichts-

haber der Innungsämter, gegen die Innungsmitglieder und gegen deren Gesellen, soweit diese an den Geschäften der Innung theilnehmen, erzwingen.

Sie entscheidet Streitigkeiten über die Aufnahme und Ausschließung der Mitglieder, über die Wahlen zu den Innungsämtern, sowie unbeschadet der Rechte Dritter über die Rechte und Pflichten der Inhaber dieser Aemter.

Sie hat das Recht, einen Vertreter zu den Prüfungen zu entsenden. Sie beruft und leitet die Innungsversammlung, wenn der Innungsvorstand dieselbe zu berufen sich weigert.

behörde thunlichst oft Gebrauch zu machen. Der Vertreter hat darauf zu halten, daß die auf die Prüfungen bezüglichen Vorschriften der Gesetze und des Statuts beachtet werden.

(14) Vernachlässigt die Innung die Erfüllung der ihr durch §. 97 a. a. O. gesetzten Aufgaben oder einzelner derselben, insbesondere die Fürsorge für das Lehrlings-, Gesellen- und Herbergswesen, oder ergiebt sich, daß das Statut an Mängeln leidet, welche die Genehmigung desselben hätten ausschließen sollen, so hat die Aufsichtsbehörde die Innung aufzufordern, ihren Verpflichtungen in Bezug auf die Erfüllung der erwähnten Aufgaben nachzukommen oder die erforderliche Aenderung des Statuts zu bewirken. Der Innung ist hierzu eine angemessene Frist zu setzen.

Wird eine zweite gleiche Aufforderung nöthig, so ist dem Innungsvorstand zu Protokoll zu eröffnen, daß bei abermaliger Versäumung der Frist die Stellung des Antrags auf Schließung der Innung werde in Erwägung gezogen werden.

Ist auch die zweite Aufforderung erfolglos geblieben, und erscheint eine weitere Nachsicht nicht angängig, so hat die Aufsichtsbehörde bei der höheren Verwaltungsbehörde die Schließung der Innung zu beantragen (§. 103 Abs. 1 Nr. 1, 2 des Gesetzes vom 18. Juli 1881).

Die Schließung kann ohne Weiteres beantragt werden, wenn sich die Innung solcher Handlungen oder Unterlassungen schuldig macht, welche gesetzwidrig sind und gleichzeitig nach Ansicht der Aufsichtsbehörde das Gemeinwohl gefährden, oder wenn sie andere als die gesetzlich zulässigen Zwecke verfolgt (§. 103 Abs. 1 Nr. 3 des Gesetzes vom 18. Juli 1881).

(15) Wird die Auflösung der Innung beschlossen, so liegt die Abwickelung der Geschäfte zunächst dem Vorstand oder den durch Innungsbeschluß besonders beauftragten Personen ob. Die Aufsichtsbehörde übt dabei dieselben Befugnisse aus, welche ihr in Bezug auf die laufende Verwaltung von Angelegenheiten der Innungen zustehen. Wenn jedoch der Vorstand oder die Beauftragten der Innung ihrer Verpflichtung nicht genügen, insbesondere die Gesetze, das Statut oder die Innungsbeschlüsse nicht beachten, und wiederholte

Ueber Abänderungen des Innungsstatuts oder der Nebenstatuten (§. 98c.) und über die Auflösung der Innung kann von der Innungsversammlung nur im Beisein eines Vertreters der Aufsichtsbehörde beschlossen werden.

Gegen die Anordnungen und Entscheidungen der Aufsichtsbehörde ist die Beschwerde an die nächstvorgesetzte Behörde zulässig. Dieselbe ist binnen einer präklusivischen Frist von vier Wochen bei der Aufsichtsbehörde einzubringen.

Die vorstehenden Bestimmungen finden auf die Beaufsichtigung der Innungsausschüsse entsprechende Anwendung.

Aufforderungen zur ordnungsmäßigen Abwickelung der Geschäfte unbefolgt lassen, so ist die letztere von der Aufsichtsbehörde oder von Beauftragten derselben zu Ende zu führen.

Im Fall der Schließung der Innung erfolgt die Abwickelung der Geschäfte lediglich durch die Aufsichtsbehörde oder durch deren Beauftragte (§. 103a des Gesetzes vom 18. Juli 1881).

(16) Streitigkeiten der im §. 120a der Gewerbeordnung bezeichneten Art zwischen den Innungsmitgliedern und ihren Lehrlingen werden fortan durch die neuen Innungen überall da entschieden, wo nicht besondere Behörden für diese Angelegenheiten bestehen (§. 97 Nr. 4 des Gesetzes vom 18. Juli 1881).

Macht eine Innung von der Befugniß Gebrauch, ein Schiedsgericht zur Entscheidung von Streitigkeiten der im §. 120a der Gewerbeordnung bezeichneten Art zwischen den Innungsmitgliedern und deren Gesellen zu errichten, so tritt dieses Schiedsgericht an die Stelle der bisher für die Entscheidung solcher Streitigkeiten zuständigen Behörden (§. 97a Nr. 6 des Gesetzes vom 18. Juli 1881).

(17) Wenn von einer Innung auf Grund des §. 97a Nr. 5 a. a. O. eine Unterstützungskasse eingerichtet wird und in dem Bezirk der Innung eine eingeschriebene Hülfskasse besteht, für welche eine Beitrittspflicht gewerblicher Arbeiter begründet ist, so hat die Aufsichtsbehörde dafür zu sorgen, daß der Vorstand der eingeschriebenen Hülfskasse Nachricht erhält, sobald ein beitrittspflichtiger gewerblicher Arbeiter aus der Innungskasse ausscheidet, und daß dem Innungsvorstande eine Benachrichtigung zu Theil wird, falls ein Angehöriger der Innung die Betheiligung an der eingeschriebenen Hülfskasse aufgiebt.

(18) Die Aufsichtsbehörde hat dem Antrage des Innungsvorstandes auf zwangsweise Einziehung der statutenmäßigen Beiträge und Ordnungsstrafen Folge zu geben, sofern nicht Zweifel darüber entstehen, ob bei Umlegung der Beiträge oder bei Verhängung der Strafen die maßgebenden Bestimmungen des Statuts und der Innungsbeschlüsse beachtet worden sind (§. 100b Abf. 3 a. a. O.).

§. 104a.

Innungen, welche nicht derselben Aufsichtsbehörde unterstehen, können zur gemeinsamen Verfolgung ihrer Aufgaben, sowie zur Pflege der gemeinsamen gewerblichen Interessen der bezeichneten Innungen zu Innungsverbänden zusammentreten.

Der Beitritt einer Innung kann nur mit Zustimmung der Innungsversammlung erfolgen.

§. 104b.

Für den Innungsverband ist ein Statut zu errichten, welches Bestimmungen enthalten muß:

---

(19) *Anordnungen und Entscheidungen der Aufsichtsbehörde*, welche nicht die Zahlung von Innungsbeiträgen betreffen, sind der Regel nach nicht eher zu vollstrecken, als bis dieselben rechtskräftig geworden sind. Bei Haftstrafen ist eine frühere Vollstreckung unzulässig.

(20) Die Vollstreckung aller Anordnungen und Entscheidungen der Innungs- und der Aufsichtsbehörden erfolgt durch die letzteren im Verwaltungszwangsverfahren; nur die Entscheidungen der Schiedsämter in Streitigkeiten der Innungsmitglieder mit ihren Lehrlingen und mit ihren Gesellen werden nach Maßgabe der Vorschriften über die gerichtliche Zwangsvollstreckung durch die Polizeibehörden vollstreckt. Die letzteren haben den hierauf sowie den auf Zwangsgestellung von Lehrlingen gerichteten Anträgen der Schiedsämter Folge zu geben (§. 100d Abs. 2 des Gesetzes vom 18. Juli 1881).

(25) Beschließt eine Innung Abänderungen des Statuts, so ist eine Zusammenstellung der abändernden Beschlüsse oder ein vollständig revidirtes Statut in zwei Exemplaren unter Beifügung der über die Beschlußfassung aufgenommenen Verhandlung der Aufsichtsbehörde, und von letzterer mit einer gutachtlichen Aeußerung der höheren Verwaltungsbehörde vorzulegen, welche das abzuändernde Statut genehmigt hat.

Im Uebrigen ist nach Nr. 5—10 dieser Anweisung zu verfahren.

(26) Die Prüfung der höheren Verwaltungsbehörde hat sich auch darauf zu erstrecken, ob die Abänderungsbeschlüsse nach Maßnahme des Gesetzes vom 18. Juli 1881 (§. 104 Abs. 6) und des Statuts gültig gefaßt sind.

Nr. 12 bis 20, 25, 26 Anw. v. 9. März 1882.

Zu §. 104a—g.

1. Manche Aufgaben der Berufsgemeinschaften können nur durch umfassendere Vereinigungen, als die einzelnen Innungen sie bieten, mit Erfolg gelöst werden. Eine ausreichende Fürsorge für das Herbergswesen, die Veranstaltung von Ausstellungen für Lehrlingsarbeiten, die Errichtung lebensfähiger Unterstützungskassen sind beispielsweise an manchen Orten nur möglich, wenn sämmtliche oder mehrere Innungen eines Ortes sich zu gemeinsamer

a) über Namen, Zweck und Bezirk des Verbandes,
b) über die Bedingungen der Aufnahme in den Verband und des Ausscheidens aus demselben,
c) über Bildung, Sitz und Befugnisse des Vorstandes,
d) über die Vertretung des Verbandes und ihre Befugnisse,
e) über die Beiträge zu den Ausgaben des Innungsverbandes,
f) über die Voraussetzungen und die Form einer Abänderung des Statuts,
g) über die Voraussetzungen und die Form einer Auflösung des Verbandes.

Das Statut darf keine Bestimmung enthalten, welche mit den gesetzlichen Zwecken des Verbandes nicht in Verbindung steht oder gesetzlichen Vorschriften zuwiderläuft.

§. 104c.

Das Verbandsstatut bedarf der Genehmigung und zwar:
a) für Innungsverbände, deren Bezirk nicht über den Bezirk einer höheren Verwaltungsbehörde hinausgreift, durch die letztere;
b) für Innungsverbände, deren Bezirk in die Bezirke mehrerer höherer Verwaltungsbehörden desselben Bundesstaates sich erstreckt, durch die Centralbehörde;
c) für Innungsverbände, deren Bezirk sich auf mehrere Bundesstaaten erstreckt, durch den Reichskanzler.

Thätigkeit vereinen. Andere Zwecke, wie die Errichtung von Fachschulen und die Regelung des Gehülfenwesens durch Aufstellung von Normen für das Verhalten der Meister können wiederum nur erreicht werden, wenn sich sämmtliche Meister desselben Gewerbes in einem größeren Bezirke vereinigen.

Das Gesetz sucht die über den Kreis der einzelnen Innung hinausgehende Organisation in doppelter Weise zu fördern. Zunächst wird den Innungen verschiedener Gewerbe an demselben Orte bezw. innerhalb desselben Aufsichtsbezirks gestattet, ein gemeinschaftliches Organ, den Innungsausschuß, zu errichten, welchem neben der Vertretung der gemeinsamen Interessen der daran betheiligten Innungen die Lösung gewisser, zunächst den einzelnen Innungen obliegenden Aufgaben durch Wahrnehmung der entsprechenden Rechte und Pflichten übertragen werden kann.

Die Errichtung dieser Innungsausschüsse ist im §. 102 analog derjenigen der einzelnen Innungen geregelt, während in §. 103 Abs. 2 wegen Schließung der Innungsausschüsse und in §. 104 (letzter Absatz) wegen ihrer Beaufsichtigung das Erforderliche vorgesehen ist.

Die Genehmigung ist zu versagen:

1. wenn die Zwecke des Verbandes sich nicht in den gesetzlichen Grenzen halten;
2. wenn das Verbandsstatut den gesetzlichen Anforderungen nicht entspricht.

Außerdem darf die Genehmigung nicht versagt werden, wenn die Zahl der dem Verbande beigetretenen Innungen nicht hinreichend erscheint, um die Zwecke des Verbandes wirksam zu verfolgen.

Gegen die Versagung der Genehmigung ist, sofern sie durch eine höhere Verwaltungsbehörde erfolgt, die Beschwerde zulässig.

Aenderungen des Statuts unterliegen den gleichen Vorschriften.

§. 104d.

Der Verbandsvorstand hat alljährlich im Monat Januar ein Verzeichniß derjenigen Innungen, welche dem Verbande angehören, der höheren Verwaltungsbehörde, in dereu Bezirk er seinen Sitz hat, einzureichen.

Veränderungen in der Zusammensetzung des Vorstandes sind derselben anzuzeigen. Eine gleiche Anzeige hat zu erfolgen, wenn der Sitz des Vorstandes an einen anderen Ort verlegt wird. Liegt letzterer nicht in dem Bezirke der vorbezeichneten Behörde, so ist die Anzeige an diese und an die höhere Verwaltungsbehörde, in deren Bezirk der Sitz verlegt wird, gleichzeitig zu richten.

Als weitere Maßregel zur Beförderung einer über die einzelne Innung hinausgehenden Organisation ist die ausdrückliche Anerkennung der Zulässigkeit des Zusammentritts der für gleiche oder verwandte Gewerbe an verschiedenen Orten bestehenden Innungen zu Verbänden, welche die Interessen der darin vertretenen Gewerbe wahrzunehmen und gewisse Aufgaben der Innungen gemeinsam zu verfolgen haben.

In den §§. 104a. bis 104c. sind die Voraussetzungen und Formen, unter welchen solche Verbände gebildet werden können, in der Weise geregelt, daß den Betheiligten die Bestimmung über den Zweck des Verbandes und über den Bezirk, für welchen derselbe gebildet werden soll, überlassen bleibt und daß die Genehmigung des Statuts, welche je nach dem Umfange des Bezirks von der höheren Verwaltungsbehörde, der Landes-Centralbehörde oder dem Reichskanzler ertheilt werden soll, abgesehen von dem Falle, in welchem nach dem Ermessen der für die Ertheilung der Genehmigung zuständigen Stelle die Zahl der dem Verbande beigetretenen Innungen nicht hinreichend erscheint, um die Zwecke des Verbandes wirksam zu verfolgen, nur dann versagt werden soll,

§. 104e.

Versammlungen des Verbandsvorstandes und der Vertretung des Verbandes dürfen nur innerhalb des Verbandsbezirks abgehalten werden.

Sie sind der höheren Verwaltungsbehörde, in deren Bezirk der Vorstand seinen Sitz hat, sowie der höheren Verwaltungsbehörde, in deren Bezirke die Versammlung abgehalten werden soll, unter Einreichung der Tagesordnung mindestens eine Woche vorher anzuzeigen. Der letzteren steht das Recht zu:

a) die Versammlung zu untersagen, wenn die Tagesordnung Gegenstände umfaßt, welche zu den Zwecken des Verbandes nicht in Beziehung stehen;

b) in die Versammlung einen Vertreter zu entsenden, und durch diesen die Versammlung zu schließen, wenn die Verhandlungen auf Gegenstände sich erstrecken, welche zu den Zwecken des Verbandes nicht in Beziehung stehen, oder wenn Anträge oder Vorschläge erörtert werden, welche eine Aufforderung oder Anreizung zu strafbaren Handlungen enthalten.

§. 104f.

Die Verbandsvorstände sind befugt, in Betreff der Verhältnisse der in dem Verbande vertretenen Gewerbe an die für die Genehmigung des Verbandsstatuts zuständige Stelle Bericht zu erstatten und Anträge zu richten.

Sie sind verpflichtet, auf Erfordern dieser Stelle Gutachten über gewerbliche Fragen abzugeben.

---

wenn die Zwecke des Verbandes sich nicht in den durch die Bestimmung des §. 104a. gezogenen Grenzen halten oder das Statut nicht den in §. 104b. aufgestellten Erfordernissen entspricht. (Motive.)

2. (35) Die Aufsicht über die Innungsverbände hat wesentlich die Aufgabe, einer Ueberschreitung ihrer Befugnisse und einem Mißbrauch ihrer Organisation zu fremdartigen und ungesetzlichen Zwecken entgegenzuwirken (Motive zu §. 104a bis §. 104g).

(36) Wird die Errichtung eines Innungsverbandes beschlossen, so ist das für denselben entworfene Statut in der in Nr. 33 vorgeschriebenen Weise der höheren Verwaltungsbehörde desjenigen Bezirks einzureichen, in welchem der Verband seinen Sitz haben soll. Dieselbe giebt die Vorlagen mit ihrer gutachtlichen Aeußerung an den Minister für Handel und Gewerbe ab, falls sie

§. 104 g.

Die Innungsverbände können aufgelöst werden:

1. wenn sich ergiebt, daß nach §. 104 c. Nr. 1 und 2 die Genehmigung hätte versagt werden müssen und die erforderliche Aenderung des Statuts innerhalb einer zu setzenden Frist nicht bewirkt wird;
2) wenn den auf Grund des §. 104 e. erlassenen Verfügungen nicht Folge geleistet ist;
3. wenn der Verbandsvorstand oder die Vertretung des Verbandes sich gesetzwidriger Handlungen schuldig machen, welche das Gemeinwohl gefährden, oder wenn sie andere als die gesetzlich zulässigen Zwecke verfolgen.

Die Auflösung erfolgt durch Beschluß der für die Genehmigung des Verbandsstatuts zuständigen Stelle.

Gegen den Beschluß der höheren Verwaltungsbehörde ist die Beschwerde zulässig.

Reichsgesetz vom 18. Juli 1881.

Artikel 3.

Die bei Erlaß dieses Gesetzes bestehenden Innungen, welche bis zum Ablauf des Jahres 1885 ihre Verfassung den Be-

---

nicht selbst über die Genehmigung zu beschließen hat. Bei der letzteren ist die Befolgung der für die Beschlußfassung der betheiligten Innungen maßgebenden statutarischen Vorschriften zu prüfen.

(37) Die höhere Verwaltungsbehörde ist befugt:

1. Versammlungen des Verbandsvorstandes und der Verbandsvertretung nach Maßgabe des §. 104 e des Gesetzes vom 18. Juli 1881 zu untersagen und zu schließen;
2. im Falle des §. 104 g Nr. 1 a. a. O. die Aenderung des Statuts binnen einer angemessenen Frist zu verlangen;
3. in den Fällen des §. 104 g a. a. O. die Auflösung des Verbandes herbeizuführen.

(38) Die höheren Verwaltungsbehörden haben im Februar jedes Jahres dem Minister für Handel und Gewerbe anzuzeigen, welche Innungsverbände in ihrem Bezirk bestehen, wie viele Innungen jedem derselben angehören, und welche Personen die Vorstände der einzelnen Verbände bilden.

Nr. 35 bis 38 Anw. v. 9. März 1882.

Zu Art. 3.

Die zur Zeit bestehenden Innungen müssen, um der nach den neuen Vorschriften den Innungen zu verleihenden Rechte theilhaftig zu werden,

stimmungen des Artikels 1 entsprechend nicht umgestaltet haben, können durch die Centralbehörde aufgefordert werden, diese Umgestaltung innerhalb bestimmter Frist zu bewirken. Wird der Aufforderung nicht entsprochen, so ist die Centralbehörde befugt, die Schließung der Innung anzuordnen. Ueber das Vermögen der Innung ist in diesem Falle nach Maßgabe des §. 94 zu verfügen.

Titel VII.

Gewerbliche Arbeiter (Gesellen, Gehülfen, Lehrlinge, Fabrikarbeiter).

1. Allgemeine Verhältnisse.

§. 105.

Die Festsetzung der Verhältnisse zwischen den selbstständigen Gewerbetreibenden und den gewerblichen Arbeitern ist, vorbehaltlich der durch Reichsgesetz begründeten Beschränkungen, Gegenstand freier Uebereinkunft.

---

auch die neuen Pflichten übernehmen und ihre Organisation den veränderten Vorschriften anpassen. Thun sie dieses nicht, so werden sie nach den bisherigen Bestimmungen fortexistiren. Jedoch ist mit Rücksicht darauf, daß der Fortbestand einer alten leicht das Hinderniß der Errichtung einer neuen Innung sein kann, der Centralbehörde das Recht eingeräumt, solche bestehende Innungen, welche bis zu einem bestimmten Zeitpunkt ihre Statuten nicht den neuen Vorschriften entsprechend reformiren, aufzulösen. (Motive.)

Zu Tit. VII.

1. Die Vorschriften dieses Titels beruhen auf dem Reichsgesetz v. 17. Juli 1878 (R.G.Bl. S. 199).

Hinsichtlich der Begründung der bezüglichen Reform vgl. Einleitung S. 11.

Die §§. 108 und 137 Abs. 1 haben durch das Reichsgesetz v. 1. Juli 1883 Abänderungen erfahren.

2. Als Gewerbsgehülfe im Sinne des Titel VII. der Gewerbeordnung ist Jeder anzusehen, welcher im Gewerbebetriebe eines selbständigen Gewerbetreibenden thätig ist, auch wenn er eine technische Kenntniß oder mechanische Fertigkeit nicht aufzuweisen hat. Er braucht nicht gerade diejenige Thätigkeit auszuüben, welche für den Betrieb des besonderen Gewerbes charakteristisch ist.

Erk. des O.H.G. v. 16. Februar 1876. Entsch. XIX. S. 382.

Zum Arbeiten an Sonn- und Festtagen können die Gewerbetreibenden die Arbeiter nicht verpflichten. Arbeiten, welche nach der Natur des Gewerbebetriebes einen Aufschub oder eine Unterbrechung nicht gestatten, fallen unter die vorstehende Bestimmung nicht.

Welche Tage als Festtage gelten, bestimmen die Landesregierungen.

§. 106.

Gewerbtreibende, welchen die bürgerlichen Ehrenrechte aberkannt sind, dürfen, so lange ihnen diese Rechte entzogen bleiben, mit der Anleitung von Arbeitern unter achtzehn Jahren sich nicht befassen.

Die Entlassung der dem vorstehenden Verbot zuwider beschäftigten Arbeiter kann polizeilich erzwungen werden.

---

3. Die Bestimmungen der §§. 105 bis 133 finden auf Gehülfen und Lehrlinge in Apotheken und Handelsgeschäften keine Anwendung.

§. 154 Gew.O.

4. Hinsichtlich der Motivirung der Reform des Titel VII. der Gewerbeordnung vgl. Einleitung Seite 11.

Zu §. 105.

1. Nur der Inhalt des Arbeitsvertrages ist landesgesetzlichen Beschränkungen entzogen. Die Bedingungen, unter welchen ein geschlossener Arbeitsvertrag Gültigkeit erlangt, insbesondere die Vertragsfähigkeit der Betheiligten und die Vertragsform, sind dagegen nach wie vor den Landesgesetzen unterworfen.

Motive zu §. 105.

Wenn auch die Gewerbeordnung von obligatorischen Bestimmungen über „Fabrikordnungen" absieht, so ist doch die ausdrückliche oder durch Annahme der Arbeit nach Mittheilung der Fabrikordnung stillschweigend erfolgte Unterwerfung eines Arbeiters unter eine bestehende Fabrikordnung als Vertrag zu betrachten; es haben solchenfalls also über Kündigungsfrist ꝛc. nicht die Vorschriften in §§. 105 ff. der Gewerbeordnung zu gelten.

Nr. 219. R.A. d. B.R. S. 56.

Zu §. 106.

1. Diese Vorschrift ist an die Stelle des §. 116 der Gew.O. getreten, wonach diejenigen Gewerbtreibenden von der Befugniß, Lehrlinge zu halten, auszuschließen waren, welchen

a) wegen anderer als politischer Verbrechen oder Vergehen der Vollgenuß der bürgerlichen Ehrenrechte entzogen ist, sofern sie nicht in diese Rechte wieder eingesetzt waren,

§. 107.

Personen unter einundzwanzig Jahren dürfen, soweit reichsgesetzlich nicht ein Anderes zugelassen ist, als Arbeiter nur beschäftigt werden, wenn sie mit einem Arbeitsbuche versehen sind. Bei der Annahme solcher Arbeiter hat der Arbeitgeber das Arbeitsbuch einzufordern. Er ist verpflichtet dasselbe zu verwahren, auf amtliches Verlangen vorzulegen und nach rechtmäßiger Lösung des Arbeitsverhältnisses dem Arbeiter wieder auszuhändigen.

Auf Kinder, welche zum Besuche der Volksschule verpflichtet sind, finden vorstehende Bestimmungen keine Anwendung.

§. 108.

Das Arbeitsbuch wird dem Arbeiter durch die Polizeibehörde desjenigen Ortes, an welchem er zuletzt seinen dauernden Aufenthalt gehabt hat, wenn aber ein solcher im Gebiete des Deutschen Reichs nicht stattgefunden hat, von der Polizeibehörde des von ihm zuerst erwählten deutschen Arbeitsorts kosten- und stempelfrei ausgestellt. Die Ausstellung erfolgt auf Antrag oder mit Zustimmung des Vaters oder Vormunds; ist die Erklärung des Vaters nicht zu beschaffen, oder verweigert der Vater die Zustimmung ohne genügenden Grund und zum Nachtheile des Arbeiters, so kann die Gemeindebehörde die Zustimmung desselben

---

b) welche wegen Diebstahls oder Betruges rechtskräftig verurtheilt sind.

2. Die betreffende Strafbestimmung ist in §. 150 Nr. 1 Gew.O. enthalten.

Zu §. 107.

1. Wegen des Begriffs der Volksschule vgl. Note 1 zu §. 108 der Gew.O.

2. Die betreffenden Strafbestimmungen sind in §. 150 Gew.O. enthalten.

Zu §. 108.

1. Diese Vorschrift beruht auf den Bestimmungen des mit dem 1. Januar 1884 in Wirksamkeit tretenden Reichsgesetzes v. 1. Juli 1883. In der früheren Fassung lautete §. 108 wie folgt:

Das Arbeitsbuch wird dem Arbeiter durch die Polizeibehörde desjenigen Ortes, an welchem er zuletzt seinen dauernden Aufenthalt gehabt hat, kosten- und stempelfrei ausgestellt. Die Ausstellung erfolgt auf Antrag oder mit Zustimmung des Vaters oder Vormundes; ist die Erklärung des Vaters nicht zu beschaffen, so kann die

ergänzen. Vor der Ausstellung ist nachzuweisen, daß der Arbeiter zum Besuche der Volksschule nicht mehr verpflichtet ist, und glaubhaft zu machen, daß bisher ein Arbeitsbuch für ihn noch nicht ausgestellt war.

§. 109.

Wenn das Arbeitsbuch vollständig ausgefüllt oder nicht mehr brauchbar, oder wenn es verloren gegangen oder vernichtet ist, so wird an Stelle desselben ein neues Arbeitsbuch ausgestellt. Die Ausstellung erfolgt durch die Polizeibehörde desjenigen Ortes, an welchem der Inhaber des Arbeitsbuches zuletzt seinen dauernden Aufenthalt gehabt hat. Das ausgefüllte oder nicht mehr brauchbare Arbeitsbuch ist durch einen amtlichen Vermerk zu schließen.

Wird das neue Arbeitsbuch an Stelle eines nicht mehr brauchbaren, eines verloren gegangenen oder vernichteten Arbeitsbuches ausgestellt, so ist dies darin zu vermerken. Für die Ausstellung kann in diesem Falle eine Gebühr bis zu fünfzig Pfennig erhoben werden.

> Gemeindebehörde die Zustimmung desselben ergänzen. Vor der Ausstellung ist nachzuweisen, daß der Arbeiter zum Besuche der Volksschule nicht mehr verpflichtet ist, und glaubhaft zu machen, daß bisher ein Arbeitsbuch für ihn noch nicht ausgestellt war.

Die geänderte unterscheidet sich von der bisherigen Fassung dadurch, daß eine Bestimmung darüber getroffen ist, welche Behörde in dem Falle, daß der Arbeiter einen dauernden Aufenthalt im Reichsgebiete bisher nicht gehabt hat, für ihn das Arbeitsbuch auszustellen hat.

2. Die Volksschule im Sinne dieses Gesetzes umfaßt nur die gewöhnliche Werktagsschule, nicht auch den Unterricht, welcher in sogenannten Abend-, Sonntags-, Feiertagsschulen u. s. w. ertheilt wird und zu dessen Besuch die jungen Leute wohl auch noch nach Entlassung aus der Werktagsschule landesrechtlich verpflichtet sind.

3. Die Ausführungsbestimmungen bezüglich der Vorschriften wegen Ausstellung der Arbeitsbücher und der Beschäftigung der Arbeiterinnen und jugendlichen Arbeiter in den Fabriken sind in der Anweisung des Handelsministers vom 24. Oktober 1878 (M.Bl. S. 252—264) enthalten.

4. Die betreffende Strafbestimmung ist in §. 150 der Gew.O. enthalten.

Zu §. 109.

Vgl. Note 2 zu §. 108.

§. 110.

Das Arbeitsbuch (§. 108) muß den Namen des Arbeiters, Ort, Jahr und Tag seiner Geburt, sowie seine Unterschrift enthalten. Die Ausstellung erfolgt unter dem Siegel und der Unterschrift der Behörde. Letztere hat über die von ihr ausgestellten Arbeitsbücher ein Verzeichniß zu führen.

Die Einrichtung der Arbeitsbücher wird durch den Reichskanzler bestimmt.

§. 111.

Bei dem Eintritte des Arbeiters in das Arbeitsverhältniß hat der Arbeitgeber an der dafür bestimmten Stelle des Arbeitsbuches die Zeit des Eintrittes und die Art der Beschäftigung, am Ende des Arbeitsverhältnisses die Zeit des Austritts und, wenn die Beschäftigung Aenderungen erfahren hat, die Art der letzten Beschäftigung des Arbeiters einzutragen.

Die Eintragungen sind mit Dinte zu bewirken und von dem Arbeitgeber zu unterzeichnen. Sie dürfen nicht mit einem Merkmal versehen sein, welches den Inhaber des Arbeitsbuches günstig oder nachtheilig zu kennzeichnen bezweckt.

Die Eintragung eines Urtheils über die Führung oder die Leistungen des Arbeiters und sonstige durch dieses Gesetz nicht vorgesehene Eintragungen oder Vermerke in oder an dem Arbeitsbuche sind unzulässig.

§. 112.

Ist das Arbeitsbuch bei dem Arbeitgeber unbrauchbar geworden, verloren gegangen oder vernichtet, oder sind von dem Arbeitgeber unzulässige Eintragungen oder Vermerke in oder an dem Arbeitsbuche gemacht, oder wird von dem Arbeitgeber ohne rechtmäßigen Grund die Aushändigung des Arbeitsbuches verweigert, so kann die Ausstellung eines neuen Arbeitsbuches auf Kosten des Arbeitgebers beansprucht werden.

Zu §. 110.

Vgl. Note 2 zu §. 108.

Zu §. 111.

Vgl. Note 2 zu §. 108.

Zu §. 112.

Vgl. Note 2 zu §. 108.

Ein Arbeitgeber, welcher das Arbeitsbuch seiner gesetzlichen Verpflichtung zuwider nicht rechtzeitig ausgehändigt oder die vorschriftsmäßigen Eintragungen zu machen unterlassen oder unzulässige Eintragungen oder Vermerke gemacht hat, ist dem Arbeiter entschädigungspflichtig. Der Anspruch auf Entschädigung erlischt, wenn er nicht innerhalb vier Wochen nach seiner Entstehung im Wege der Klage oder Einrede geltend gemacht ist.

§. 113.

Beim Abgange können die Arbeiter ein Zeugniß über die Art und Dauer ihrer Beschäftigung fordern.

Dieses Zeugniß ist auf Verlangen der Arbeiter auch auf ihre Führung auszudehnen.

§. 114.

Auf Antrag des Arbeiters hat die Ortspolizeibehörde die Eintragung in das Arbeitsbuch und das dem Arbeiter etwa ausgestellte Zeugniß kosten- und stempelfrei zu beglaubigen.

§. 115.

Die Gewerbtreibenden sind verpflichtet, die Löhne ihrer Arbeiter baar in Reichswährung auszuzahlen.

Sie dürfen denselben keine Waaren kreditiren. Die Verabfolgung von Lebensmitteln an die Arbeiter fällt, sofern sie zu einem

---

Zu §. 113.

1. Vgl. Note 2 zu §. 108.
2. Eine Strafvorschrift besteht hier nicht. Vgl. §. 150 d. Gew.O.

Zu §. 115.

1. Die Zulässigkeit der Beschlagnahme des Arbeits- oder Dienstlohnes ist geregelt durch das Reichsgesetz vom 21. Juni 1869 (B.G.Bl. S. 242).

Die Bestimmungen desselben lauten:

Gesetz, betreffend die Beschlagnahme des Arbeits- oder Dienstlohnes. Vom 21. Juni 1869. (B.G.Bl. S. 242.)

§. 1.

Die Vergütung (Lohn, Gehalt, Honorar u. s. w.) für Arbeiten oder Dienste, welche auf Grund eines Arbeits- oder Dienstverhältnisses geleistet werden, darf, sofern dieses Verhältniß die Erwerbsthätigkeit des Vergütungsberechtigten vollständig oder hauptsächlich in Anspruch nimmt, zum Zwecke der Sicherstellung oder Befriedigung eines Gläubigers erst dann mit Beschlag belegt werden, nachdem die Leistung der Arbeiten oder Dienste erfolgt und

die Anschaffungskosten nicht übersteigenden Preise erfolgt, unter die vorstehende Bestimmung nicht; auch können den Arbeitern Wohnung, Feuerung, Landnutzung, regelmäßige Beköstigung, Arzneien und

---

nachdem der Tag, an welchem die Vergütung gesetzlich, vertrags- oder gewohnheitsmäßig zu entrichten war, abgelaufen ist, ohne daß der Vergütungsberechtigte dieselbe eingefordert hat.

§. 2.

Die Bestimmungen des §. 1 können nicht mit rechtlicher Wirkung durch Vertrag ausgeschlossen oder beschränkt werden.

Soweit nach diesen Bestimmungen die Beschlagnahme unzulässig ist, ist auch jede Verfügung durch Cession, Anweisung, Verpfändung oder durch ein anderes Rechtsgeschäft ohne rechtliche Wirkung.

§. 3.

Als Vergütung ist jeder dem Berechtigten gebührende Vermögensvortheil anzusehen. Auch macht es keinen Unterschied, ob dieselbe nach Zeit oder Stück berechnet wird.

Ist die Vergütung mit dem Preise oder Werth für Material oder mit dem Ersatz anderer Auslagen in ungetrennter Summe bedungen, so gilt als Vergütung im Sinne dieses Gesetzes der Betrag, welcher nach Abzug des Preises oder des Werthes der Materialien und nach Abzug der Auslagen übrig bleibt.

§. 4.

Das gegenwärtige Gesetz findet keine Anwendung:

1. auf den Gehalt und die Dienstbezüge der öffentlichen Beamten;
2. auf die Beitreibung der direkten persönlichen Staatssteuern und Kommunalabgaben (die derartigen Abgaben an Kreis-, Kirchen-, Schul- und sonstige Kommunalverbände mit eingeschlossen), sofern diese Steuern und Abgaben nicht seit länger als drei Monaten fällig geworden sind;
3. auf die Betreibung der auf gesetzlicher Vorschrift beruhenden Alimentationsansprüche der Familienglieder;
4. auf den Gehalt und die Dienstbezüge der im Privatdienste dauernd angestellten Personen, soweit der Gesammtbetrag die Summe von 1200 Mark jährlich übersteigt.

   Als dauernd in diesem Sinne gilt das Dienstverhältniß, wenn dasselbe gesetzlich, vertrags- oder gewohnheitsmäßig mindestens auf Ein Jahr bestimmt, oder bei unbestimmter Dauer für die Auflösung eine Kündigungsfrist von mindestens drei Monaten einzuhalten ist.

§. 5.

Dieses Gesetz tritt am 1. August 1869 in Kraft.

Die bis dahin verfügten, mit den Vorschriften dieses Gesetzes nicht vereinbaren Beschlagnahmen sind auf Antrag des Schuldners aufzuheben oder einzuschränken.

ärztliche Hülfe, sowie Werkzeuge und Stoffe zu den ihnen übertragenen Arbeiten unter Anrechnung bei der Lohnzahlung verabfolgt werden.

Dagegen finden die Bestimmungen des zweiten Absatzes des §. 2 auf frühere Fälle keine Anwendung.

2. Der Arrestbruch ist selbst dann, wenn die Beschlagnahme gesetzlich unzulässig war, z. B. die Beschlagnahme eines künftig zu entrichtenden Arbeitslohnes aus §. 137 des St.G.B.'s strafbar.

Erk. d. O.T. v. 28. November 1873.

Opp. XIV. S. 763.

3. Der Fabrikherr, welcher seine Arbeiter nicht in baarem Gelde, sondern theilweise in anderer Weise befriedigt, verwirkt, auch wenn dabei ein Zwang zur Annahme eines anderen Lohnes statt des baaren Geldes nicht stattgefunden hat, die Strafe des §. 146 Gew.O.

Dasselbe gilt, wenn ein Fabrikherr die Löhne der von ihm beschäftigten Arbeiter in Wechseln ausbezahlt.

Vgl. Erk. d. O.T. vom 12. Mai 1870 (Opp. XI. S. 304) und vom 2. Juni 1874 (J.M.Bl. S. 204).

Dagegen ist der Arbeitgeber, welcher den einem Arbeiter verschuldeten Lohn nicht diesem, sondern im Einverständniß mit ihm einem Gläubiger desselben auszahlt, nicht strafbar.

Erk. d. O.T. v. 7. Januar 1875.

Opp. XVI. S. 28.

Die von einem Gewerbtreibenden oder den ihm gesetzlich gleichgestellten Personen auf Anrechnung des Lohnes an die Arbeiter erfolgte Aushändigung von Marken, auf welche bei dritten Personen Lebensmittel entnommen werden können, ist unstatthaft und strafbar.

Erk. d. R.G. v. 22. September 1882. IV. S. 706.

Die Verrechnung von Blechmarken (für Lebensmittel und Waarenbezüge) bei der Lohnauszahlung an die Arbeiter fällt unter das Strafverbot des §. 115 Abs. 1 der Gew.O.

Erk. d. RG. v. 23. November 1882. IV. S. 834.

Die Auszahlung von Lohnvorschüssen an Arbeiter in Bons, welche berechtigen, bei einem bestimmten Gewerbsmann Waaren zu entnehmen und die Bons als Zahlungsmittel zu benutzen, fällt unter die Strafbestimmung des §. 146 Gew.O.

Erk. d. R.G. v. 8. Januar 1883. V. S. 18.

4. Die §§. 115 bis 119 finden auch auf die Besitzer und Arbeiter von Bergwerken, Salinen, Aufbereitungsanstalten und unterirdisch betriebenen Brüchen und Gruben Anwendung. Arbeiterinnen dürfen in solchen Anlagen nicht unter Tage beschäftigt werden. Zuwiderhandlungen unterliegen der Strafbestimmung des §. 146 Gew.O.

§. 154 Gew.O.

§. 116.

Arbeiter, deren Forderungen in einer dem §. 115 zuwiderlaufenden Weise berichtigt worden sind, können zu jeder Zeit Zahlung nach Maßgabe des §. 115 verlangen, ohne daß ihnen eine Einrede aus dem an Zahlungsstatt Gegebenen entgegengesetzt werden kann. Letzteres fällt, soweit es noch bei dem Empfänger vorhanden oder dieser daraus bereichert ist, derjenigen Hülfskasse zu, welcher der Arbeiter angehört, in Ermangelung einer solchen einer anderen zum Besten der Arbeiter an dem Orte bestehenden, von der Gemeindebehörde zu bestimmenden Kasse und in deren Ermangelung der Ortsarmenkasse.

§. 117.

Verträge, welche dem §. 115 zuwiderlaufen, sind nichtig.

Dasselbe gilt von Verabredungen zwischen den Gewerbetreibenden und den von ihnen beschäftigten Arbeitern über die Entnahme der Bedürfnisse der letzteren aus gewissen Verkaufsstellen, sowie überhaupt über die Verwendung des Verdienstes derselben zu einem anderen Zweck als zur Betheiligung an Einrichtungen zur Verbesserung der Lage der Arbeiter oder ihrer Familien.

§. 118.

Forderungen für Waaren, welche dem §. 115 zuwider kreditirt worden sind, können von dem Gläubiger weder eingeklagt, noch durch Anrechnung oder sonst geltend gemacht werden, ohne Unterschied, ob sie zwischen den Betheiligten unmittelbar entstanden oder mittelbar erworben sind. Dagegen fallen dergleichen Forderungen der in §. 116 bezeichneten Kasse zu.

Die Strafthat aus §. 115, 119 Gew.O. kann nur von selbständigen Gewerbetreibenden begangen werden. Die von denselben in ihrem Geschäft verwendeten Familienmitglieder u. s. w. fallen daher nicht unter die Strafbestimmung des §. 119, auch nicht unter die dort angeführten „andern Gewerbetreibenden". Sie können nicht als Mitthäter, wohl aber unter Umständen wegen Theilnahme aus §§. 48, 49 St.G.B. bestraft werden.

Erk. d. R.G. v. 30. März 1882. IV. S. 296.

Zu §. 116.

In diese Kasse fließen auch die in Anwendung des §. 146 Gew.O. erkannten Geldstrafen.

Vgl. §. 146 Gew.O.

§. 119.

Den Gewerbetreibenden im Sinne der §§. 115 bis 118 sind gleich zu achten deren Familienglieder, Gehülfen, Beauftragte, Geschäftsführer, Aufseher und Faktoren, sowie andere Gewerbetreibende, bei deren Geschäft eine der hier erwähnten Personen unmittelbar betheiligt ist.

Unter den in §§. 115 bis 118 bezeichneten Arbeitern werden auch diejenigen Personen verstanden, welche für bestimmte Gewerbetreibende außerhalb der Arbeitsstätten der letzteren mit der Anfertigung gewerblicher Erzeugnisse beschäftigt sind.

§. 120.

Die Gewerbeunternehmer sind verpflichtet, bei der Beschäftigung von Arbeitern unter achtzehn Jahren die durch das Alter derselben gebotene besondere Rücksicht auf Gesundheit und Sittlichkeit zu nehmen.

Sie haben ihren Arbeitern unter achtzehn Jahren, welche eine von der Gemeindebehörde oder vom Staate als Fortbildungsschule anerkannte Unterrichtsanstalt besuchen, hierzu die, erforderlichenfalls von der zuständigen Behörde festzusetzende Zeit zu gewähren. Für Arbeiter unter achtzehn Jahren kann die Verpflichtung zum Besuche einer Fortbildungsschule, soweit die Verpflichtung nicht landesgesetzlich besteht, durch Ortsstatut (§. 142) begründet werden.

Zu §. 120.

1. Für die Verbindlichkeit zum Schadenersatz für die bei dem Betriebe von Eisenbahnen, Bergwerken, Steinbrüchen, Gräbereien oder Fabriken herbeigeführten Tödtungen und Verletzungen sind die Bestimmungen des **Reichsgesetzes vom 7. Juni 1871** (R.G.Bl. S. 207) maßgebend.

Dieselben lauten:

§. 1.

Wenn bei dem Betriebe einer Eisenbahn ein Mensch getödtet oder körperlich verletzt wird, so haftet der Betriebs-Unternehmer für den dadurch entstandenen Schaden, sofern er nicht beweist, daß der Unfall durch höhere Gewalt oder durch eigenes Verschulden des Getödteten oder Verletzten verursacht ist.

§. 2.

Wer ein Bergwerk, einen Steinbruch, eine Gräberei (Grube) oder eine Fabrik betreibt, haftet, wenn ein Bevollmächtigter oder ein Repräsentant oder eine zur Leitung oder Beaufsichtigung des Betriebes oder der Arbeiter angenommene Person durch ein Verschulden in Ausführung der Dienstver-

Die Gewerbeunternehmer sind endlich verpflichtet, alle diejenigen Einrichtungen herzustellen und zu unterhalten, welche mit Rücksicht auf die besondere Beschaffenheit des Gewerbebetriebes und der Betriebsstätte zu thunlichster Sicherheit gegen Gefahr für Leben und Gesundheit nothwendig sind. Darüber, welche Einrichtungen für alle Anlagen einer bestimmten Art herzustellen sind, können durch Beschluß des Bundesraths Vorschriften erlassen werden. Soweit solche nicht erlassen sind, bleibt es den nach den Landesgesetzen zuständigen Behörden überlassen, die erforderlichen Bestimmungen zu treffen.

---

richtungen den Tod oder die Körperverletzung eines Menschen herbeigeführt hat, für den dadurch entstandenen Schaden.

§. 3.

Der Schadenersatz (§§. 1 und 2) ist zu leisten:

1. im Falle der Tödtung durch Ersatz der Kosten einer versuchten Heilung und der Beerdigung, sowie des Vermögensnachtheils, welchen der Getödtete während der Krankheit durch Erwerbsunfähigkeit oder Verminderung der Erwerbsfähigkeit erlitten hat. War der Getödtete zur Zeit seines Todes vermöge Gesetzes verpflichtet, einem Anderen Unterhalt zu gewähren, so kann dieser insoweit Ersatz fordern, als ihm in Folge des Todesfalles der Unterhalt entzogen worden ist;
2. im Fall einer Körperverletzung durch Ersatz der Heilungskosten und des Vermögensnachtheils, welchen der Verletzte durch eine in Folge der Verletzung eingetretene zeitweise oder dauernde Erwerbsunfähigkeit oder Verminderung der Erwerbsfähigkeit erleidet.

§. 4.

War der Getödtete oder Verletzte unter Mitleistung von Prämien oder anderen Beiträgen durch den Betriebs-Unternehmer bei einer Versicherungsanstalt, Knappschafts-, Unterstützungs-, Kranken- oder ähnlichen Kasse gegen den Unfall versichert, so ist die Leistung der Letzteren an den Ersatzberechtigten auf die Entschädigung einzurechnen, wenn die Mitleistung des Betriebsunternehmers nicht unter einem Drittel der Gesammtleistung beträgt.

§. 5.

Die in den §§. 1 und 2 bezeichneten Unternehmer sind nicht befugt, die Anwendung der in den §§. 1 bis 3 enthaltenen Bestimmungen zu ihrem Vortheil durch Verträge (mittelst Reglements oder durch besondere Uebereinkunft) im Voraus auszuschließen oder zu beschränken.

Vertragsbestimmungen, welche dieser Vorschrift entgegenstehen, haben keine rechtliche Wirkung.

§. 6.

Aufgehoben durch das Gesetz vom 30. Januar 1877 betreffend die Einführung der Civilprozeßordnung (R.G.Bl. S. 244).

§. 7.

Das Gericht hat unter Würdigung aller Umstände über die Höhe des Schadens, sowie darüber, ob, in welcher Art und in welcher Höhe Sicherheit zu bestellen ist, nach freiem Ermessen zu erkennen. Als Ersatz für den zukünftigen Unterhalt oder Erwerb ist, wenn nicht beide Theile über die Abfindung in Kapital einverstanden sind, in der Regel eine Rente zuzubilligen.

Der Verpflichtete kann jederzeit die Aufhebung oder Minderung der Rente fordern, wenn diejenigen Verhältnisse, welche die Zuerkennung oder Höhe der Rente bedingt hatten, inzwischen wesentlich verändert sind. Ebenso kann der Verletzte, dafern er den Anspruch auf Schadenersatz innerhalb der Verjährungsfrist (§. 8) geltend gemacht hat, jederzeit die Erhöhung oder Wiedergewährung der Rente fordern, wenn die Verhältnisse, welche für die Feststellung, Minderung oder Aufhebung der Rente maßgebend waren, wesentlich verändert sind.

Der Berechtigte kann auch nachträglich die Bestellung einer Sicherheit oder Erhöhung derselben fordern, wenn die Vermögensverhältnisse des Verpflichteten inzwischen sich verschlechtert haben.

§. 8.

Die Forderungen auf Schadenersatz (§§. 1 bis 3) verjähren in zwei Jahren vom Tage des Unfalls an. Gegen denjenigen, welchem der Getödtete Unterhalt zu gewähren hatte (§. 3 Nr. 1), beginnt die Verjährung mit dem Todestage. Die Verjährung läuft auch gegen Minderjährige und diesen gleichgestellte Personen von denselben Zeitpunkten an, mit Ausschluß der Wiedereinsetzung.

§. 9.

Die Bestimmungen der Landesgesetze, nach welchen außer den in diesem Gesetz vorgesehenen Fällen der Unternehmer einer in den §§. 1 und 2 bezeichneten Anlage oder eine andere Person, insbesondere wegen eines eigenen Verschuldens für den bei dem Betriebe der Anlage durch Tödtung oder Körperverletzung eines Menschen entstandenen Schaden haftet, bleiben unberührt.

Die Vorschriften der §§. 3, 4, 6 bis 8 finden auch in diesen Fällen Anwendung, jedoch unbeschadet derjenigen Bestimmungen der Landesgesetze, welche dem Beschädigten einen höheren Ersatzanspruch gewähren.

§. 10.

Die Bestimmungen des Gesetzes, betreffend die Errichtung eines obersten Gerichtshofes für Handelssachen, vom 12. Juni 1869, sowie die Ergänzungen desselben werden auf diejenigen bürgerlichen Rechtsstreitigkeiten ausgedehnt, in welchen durch die Klage oder Widerklage ein Anspruch auf Grund des gegenwärtigen Gesetzes oder der in §. 9 erwähnten landesgesetzlichen Bestimmungen geltend gemacht wird.

2. Unter dem **Bahnbetrieb** sind auch die gewöhnlichen Arbeiten auf den Güterböden u. s. w. einbegriffen.

Nr. 298 R.A. d. B.R. S. 75.

3. Auch die mit **Pferden betriebenen Eisenbahnen** sind unter die Bestimmungen des §. 1 des Ges. v. 7. Juni 1871 zu subsumiren.

Nr. 299 R.A. d. B.R. S. 75.

4. §§. 315, 316, 320 des St.G.B. beziehen sich dagegen nicht auf diejenigen **Eisenbahnen**, auf welchen der Transport durch eine andere Kraft als durch Dampfkraft bewirkt wird.

Nr. 273 R.A. d. B.R. S. 68.

5. Der Ausdruck „**höhere Gewalt**" stellt es außer Zweifel, daß der Betriebsunternehmer für gewöhnlichen Kasus, mithin für denjenigen Zufall einzustehen hat, dem nicht die Eigenschaft einer wirklichen vis major beizulegen ist.

Nr. 300 R.A. d. B.R. S. 75.

6. Der Begriff „**der zur Leitung oder Beaufsichtigung des Betriebs oder der Arbeiter angenommenen Personen**" ist im weitesten Sinne aufzufassen z. B. beim Bergbau auf Dienstleistungen der älteren Bergleute auszudehnen, welche, wenn auch nicht eigentlich den Offizianten-Funktionen zugehörig, doch für die Sicherheit des ganzen Betriebes von Wichtigkeit sind.

Nr. 301 R.A. d. B.R. S. 75.

7. Die **Haftung des Bergwerkbesitzers** (Fabrikunternehmers) ist nicht auf die Schäden auszudehnen, welche durch ein Verschulden eines Mitarbeiters verursacht werden.

Nr. 302. R.A. d. B.R. S. 75.

8. Die **Betriebsunternehmer** sind nicht gehindert, sich den Regreß **gegen ihre Bevollmächtigten** rc. für den Fall eines Verschuldens der letzteren vertragsmäßig zu sichern.

Nr. 303. R.A. d. B.R. S. 75.

9. Der Richter hat bei Abschätzung des Schadens auch darauf Rücksicht zu nehmen, ob etwa dem Verletzten oder den Hinterbliebenen des Getödteten Pensions- oder sonstige Entschädigungsansprüche zur Seite stehen. Nur die Schadloshaltung, nicht die Bereicherung der Beschädigten hat das Gesetz im Auge.

Nr. 304. R.A. d. B.R. S. 76.

10. a) Die im Landesrechte begründeten Ansprüche auf Ersatz für die in den §§. 1 und 2 erwähnten Körperbeschädigungen sind nach jeder Richtung hin, insbesondere also die Klage gegen den Urheber des Schadens intakt geblieben.

b) Die in §. 3 gegebene Norm für den Umfang der Ersatzpflicht thut den Mehrforderungen keinen Eintrag, welche aus dem Landesrecht, sei es gegen den Urheber des Schadens oder gegen den Unternehmer der Anlage als solchen, hergeleitet werden können.

c) Unbeschadet des Anspruchs auf höhere Entschädigung sollen die Vorschriften der §§. 3ff. auch auf diejenigen Forderungen Anwendung finden, welche aus Anlaß der in Rede stehenden Körperbeschädigungen nach den Landesgesetzen erhoben werden.

Nr. 305. R.A. d. B.R. S. 76.

11. Die Strafe für fahrlässige Tödtung eines Menschen ist in §. 222 des St.G.B.'s für den Fall, daß der Thäter zu der Aufmerksamkeit, welche er aus den Augen setzte, vermöge seines Gewerbes besonders verpflichtet war, derart qualifizirt, daß die Gefängnißstrafe bis auf 5 Jahre erhöht werden kann.

Eine gleiche Strafverschärfung wie bei fahrlässiger Tödtung ist bezüglich der fahrlässigen Körperverletzung in §. 230 des R.St.G.B.'s vorgesehen. Die Strafe kann, falls der Thäter zu der Aufmerksamkeit, welche er aus den Augen setzte, vermöge seines Gewerbes besonders verpflichtet war, bis auf drei Jahre Gefängniß erhöht werden.

Eine besondere Strafbestimmung enthält noch §. 330 des R.St.G.B.'s., wonach derjenige, welcher bei der Leitung oder Ausführung eines Baues wider die allgemein anerkannten Regeln der Baukunst dergestalt handelt, daß hieraus für Andere Gefahr entsteht, mit Geldstrafe bis zu 900 Mark oder mit Gefängniß bis zu einem Jahre bestraft wird.

12. Die strafrechtlichen Folgen der unterlassenen Beobachtung der Vorschrift in Abs. 3 sind in §§. 222, 230, 232, 330 des R.St.G.B.'s. vorgeschrieben. Ob das Gewerbe, welches der Thäter betreibt, ein konzessionirtes, ob es gelernt oder erlaubter Weise ausgeübt worden, ist hierbei gleichgültig.

Erk. d. O.T. v. 5. Oktober 1871.

Opp. XII. S. 498.

Die besondere Verpflichtung eines Gewerbtreibenden in Beziehung auf die in seinem Geschäfte befindlichen gefahrbringenden Gegenstände beschränkt sich nicht auf die Thätigkeit innerhalb des Geschäftsbetriebes.

Erk. R.G. v. 1. März 1881 (III. S. 89).

Zum Thatbestande des §. 330 St.G.B. gehört es, daß die Gefahr bereits durch das Bauwerk, so weit es fertig gestellt ist, droht; es genügt dagegen nicht, wenn festgestellt wird, daß bei Fortsetzung des Baues eine solche Gefahr entstehen würde.

Erk. R.G. v. 22. November 1881 (III. S. 726).

Ein Gewerbtreibender ist unter allen Umständen zu derjenigen Aufmerksamkeit verpflichtet, welche erforderlich ist, um Unglücksfällen vorzubeugen.

Fehlen ihm hierzu die Kenntnisse, so hat er diesen Mangel durch Heranziehung Sachverständiger zu ersetzen.

Erk. d. O.T. v. 30. Mai 1876.

Opp. XVII. S. 395.

Die besondere Aufmerksamkeit, zu welcher ein Gewerbtreibender verpflichtet ist, kann auch in Bezug auf solche Pflichten erfordert werden, welche nicht dem Gewerbetreibenden allein obliegen, sondern auf allgemein verbindlicher Anordnung beruhen. Auf gesetzliche Obliegenheiten ist diese Pflicht nicht beschränkt.

Erk. d. O.T. v. 8. September 1873. Goltd. 21 S. 542. Erk. d. O.T. v. 7. Februar 1874. Goltd. 22 S. 124.

Es kann daher z. B. in der Unterlassung der Untersuchung trichinösen Fleisches eine Fahrlässigkeit gefunden werden, selbst wenn eine Zwangsvorschrift für die Untersuchung nicht besteht.

Erk. d. O.T. v. 3. November 1875.
Goltd. 23 S. 523.

Die erhöhte Strafbarkeit eines Gewerbetreibenden bei fahrlässiger Tödtung tritt nur dann ein, wenn sein Gewerbe ihn zu der außer Augen gesetzten Aufmerksamkeit besonders verpflichtete.

Erk. R.G. v. 23. April 1880. I. S. 649.

Wer Hängegerüste auf Lager hält und fortgesetzt an Andere gegen Entgelt verleiht, betreibt ein Gewerbe und macht sich durch Verletzung der ihm obliegenden Gewerbepflichten strafbar.

Erk. R.G. v. 4. Mai 1880. I. S. 726.

Unter Betriebsleiter ist jeder factisch den Betrieb Leitenden zu verstehen, gleichviel welchen Titel er führt.

Erk. R.G. v. 26. November 1881. III. S. 746.

Das Delict des §. 330 St.G.B. kann auch durch fahrlässige Unterlassungen begangen werden, welche Gefahr für Andere herbeiführen.

Erk. d. R.G. v. 4. Januar 1883 V. S. 8.

Auch ein Handarbeiter kann als zu besonderer Aufmerksamkeit im Sinne des §. 230 des St.G.B. verpflichtet erscheinen, wenn die Art seiner Handarbeit eine Gefahr, Dritte damit körperlich zu beschädigen, mit sich bringt.

Erk. R.G. v. 2. Dezember 1880. II. S. 594.

13. Wenn ein Bauleiter einen Bau unter Zuwiderhandeln gegen allgemein anerkannte Regeln der Baukunst dergestalt herstellt, daß bei bestimmungsmäßiger Verwendung des Baues Gefahr für Menschen entsteht, ist derselbe aus §. 330 St.G.B. strafbar, wenn auch die Verwendung noch nicht eingetreten ist.

Erk. d. R.G. v. 11. Februar 1882. IV. S. 160.

14. Die gänzliche Unbrauchbarkeit eines, wenn auch wichtigen, Gliedes des menschlichen Körpers läßt sich weder als Verlust desselben noch als Lähmung im Sinne des §. 224 St.G.B. auffassen.

Erk. d. R.G. v. 23. Februar 1882. IV. S. 189.

15. Diese Strafbestimmung des §. 222 St.G.B. trifft auch auf Kurpfuscher zu, welche die Heilkunde gewerbsmäßig betreiben und bei Heilung einer Krankheit sich gegen die anerkannten Regeln der Heilkunde nach dem dermaligen Stand der Wissenschaft verfehlen.

Erk. d. R.G. v. 12. April 1882. IV. S. 313.

§. 120a.

Streitigkeiten der selbständigen Gewerbetreibenden mit ihren Arbeitern, die auf den Antritt, die Fortsetzung

16. Die Uebertretung einer Berufspflicht ist nicht davon abhängig, daß derjenige, welcher einen Beruf erwählt hat, sich in Wirklichkeit die erforderliche Sachkunde erworben hat.

Erk. d. R.G. v. 9. Juni 1882. IV. S. 547.

17. Eine zur Leitung der Eisenbahnfahrten oder zur Aufsicht über die Bahn oder den Beförderungsbetrieb im Sinne des §. 316 des Str.G.B. angestellte Person ist Jeder, welcher mit der Wahrnehmung der betreffenden Funktion, wenn auch nur vorübergehend bei einer Staats- oder Privatbahn betraut worden ist, sofern nur die Uebertragung dieser, wenn auch nur privatdienstlichen Pflichten durch einen dazu Berufenen stattgefunden hat.

Erk. d. R.G. vom 5. Dezember 1882. IV. S. 870.

18. Dem Gewerbeunternehmer liegt nicht die Verpflichtung zur Beseitigung aller Gefahr für seine Arbeiter ob. Es kann, abgesehen von den Fällen, in welchen einer speziellen Aufforderung der Behörde entgegengehandelt ist, vom Gewerbeunternehmer keine größere Fürsorge verlangt werden, als sie ein sorgfältiger Gewerbetreibender der betreffenden Geschäftsbranche anzuwenden pflegt, wobei derselbe darauf rechnen darf, daß die Arbeiter ihrerseits die gewöhnliche Vorsicht nicht außer Acht lassen. Auch kann außer dem Schadenersatz für verminderte Erwerbsfähigkeit nicht noch Entschädigung für erlittene Verunstaltung gefordert werden.

Erk. d. R.O.H.G. v. 17. März 1876. Entsch. XIX. Nr. 114.

19. Die durch den §. 120 in der gegenwärtigen Fassung ersetzte frühere Bestimmung im §. 106 Absatz 1 der Gewerbeordnung, wonach denjenigen Lehrlingen, welche des Schul- und Religionsunterrichtes noch bedürfen, Zeit dazu gelassen werden soll, ist in Wegfall gebracht. Für Lehrlinge im Handwerk bezw. in der Hausindustrie ist sie für entbehrlich erachtet, weil in §. 105 ihre Beschäftigung an Sonntagen unter die dem Bedürfniß entsprechenden Beschränkungen gestellt ist, und § 108 ihren Eintritt in das Gewerbe überhaupt erst nach Entlassung aus der Volksschule gestattet, für Lehrlinge in der Fabrikindustrie endlich in den §§. 134 fgde durch Beschränkung der täglichen Arbeitsstunden und durch eine besondere Rücksicht auf den außerordentlichen Religionsunterricht ausreichende Vorsorge getroffen ist.

Motive zu §. 119.

20. Die diesfälligen amtlichen Funktionen der Gewerberäthe sind in den §§. 1, 3, 15 der Dienstanweisung vom 24. Mai 1879, abgedruckt als Note zu §. 139a Gew.O., erörtert.

21. Wegen der Strafvorschrift vgl. §. 147 Nr. 4 der Gew.O.

Zu §. 120a.

1. Die Frage, ob die Gemeindebehörden befugt sind, ihre Ur-

oder Aufhebung des Arbeitsverhältnisses, auf die gegenseitigen Leistungen aus demselben, auf die Ertheilung oder den Inhalt der Arbeitsbücher oder Zeugnisse sich beziehen, sind, soweit für diese Angelegenheiten besondere Behörden bestehen, bei diesen zur Entscheidung zu bringen.

Insoweit solche besondere Behörden nicht bestehen, erfolgt die Entscheidung durch die Gemeindebehörde. Gegen diese Entscheidung steht die Berufung auf den Rechtsweg binnen zehn Tagen offen; die vorläufige Vollstreckung wird durch die Berufung nicht aufgehalten.

Durch Ortsstatut (§. 142) können an Stelle der gegenwärtig hierfür bestimmten Behörden Schiedsgerichte mit der Entscheidung betraut werden. Dieselben sind durch die Gemeindebehörde unter gleichmäßiger Zuziehung von Arbeitgebern und Arbeitern zu bilden.

2. Verhältnisse der Gesellen und Gehülfen.

§. 121.

Gesellen und Gehülfen sind verpflichtet, den Anordnungen der Arbeitgeber in Beziehung auf die ihnen übertragenen Arbeiten und auf die häuslichen Einrichtungen Folge zu leisten; zu häuslichen Arbeiten sind sie nicht verbunden.

---

theile selbst zu vollstrecken oder nicht, ist nach den Landesgesetzen zu beurtheilen.

Nr. 220 R.A. d. B.R. S. 56.

2. Die Absicht des Abs. 1 in §. 120a geht nicht dahin, die thatsächlich bestehenden besonderen Behörden, sondern dahin, die Bestimmungen der bestehenden Gesetze über die Einrichtung solcher Behörden aufrecht zu erhalten, daß also die Neuerrichtung besonderer Behörden auf Grund bestehender Gesetze auch fernerhin zulässig sei.

Nr. 222. R.A. d. B.R. S. 56.

3. Wenn es sich nur um einen Entschädigungsanspruch im Allgemeinen handelt, steht die Entscheidung den ordentlichen Gerichten zu.

Ert. d. O.T. vom 18. November 1869.

Striethorst, Archiv Bd. 81 S. 1.

Schadenersatzansprüche wegen unberechtigter Aufhebung des Arbeitsverhältnisses zwischen Gewerbetreibenden und ihren Gesellen fallen

§. 122.

Das Arbeitsverhältniß zwischen den Gesellen oder Gehülfen und ihren Arbeitgebern kann, wenn nicht ein Anderes verabredet ist, durch eine jedem Theile freistehende, vierzehn Tage vorher erklärte Aufkündigung gelöst werden.

§. 123.

Vor Ablauf der vertragsmäßigen Zeit und ohne Aufkündigung können Gesellen und Gehülfen entlassen werden:

unter diese Vorschrift. Die ordentlichen Gerichte sind daher nicht zuständig zur Entscheidung von Streitigkeiten, bei denen es sich um Schadenersatz wegen unberechtigter Aufhebung des Arbeitsverhältnisses handelt. Auf die Werkmeister in den Fabriken ist die Vorschrift nicht anwendbar, sondern nur auf die Fabrikarbeiter.

Erk. d. O.H.G. v. 8. Dezember 1876. Entsch. XXI. S. 201.

4. Die Entscheidungen dürfen nur mit den für die Vollstreckung von Civilerkenntnissen zulässigen Exekutionsarten zur Ausführung gebracht werden.

R. d. H.M. v. 11. Juni 1872. M.Bl. S. 176.

5. Die Gemeindebehörden des Bundesgebietes haben einander zum Zweck der vorläufigen Vollstreckung der bezüglichen Entscheidungen nach den über die Rechtshülfe geltenden allgemeinen Grundsätzen Beistand zu leisten. Vgl. Cirk.R. d. M. d. J. und des H.M. v. 28. Februar 1874. (M.Bl. S. 78.)

Eine Befugniß der Gemeindebehörden, in Streitigkeiten zwischen selbständigen Gewerbtreibenden und ihren Arbeitern Eide abzunehmen, ist nach Lage der Gesetzgebung nicht begründet. Ihre Aufgabe ist lediglich eine administrative Vorentscheidung eventuell einen Vergleich zu Stande zu bringen. Es kann auch nicht gebilligt werden, daß die Gemeindebehörden auf die Eidesabnahme bezügliche Gesuche an die Gerichte stellen, welche überdies nach Lage der bestehenden Justizgesetzgebung nicht mehr verpflichtet sind, einem solchen Ersuchen zu entsprechen.

Cirk.R. d. H.M. vom 19. November 1881. (M.Bl. S. 278.) Nr. 221. R.A. d. B.R. S. 56.

Zu §. 123.

Im Wesentlichen ist der Inhalt des §. 111 der Gew.O. übernommen. Die hauptsächlichsten Aenderungen sind:

a) die unter Nr. 1 und 6 hinzugetretenen neuen Fälle, in denen eine Entlassung ohne Aufkündigung stattfinden kann,

b) die Zusatzbestimmung in Absatz 2.

1. wenn sie bei Abschluß des Arbeitsvertrages den Arbeitgeber durch Vorzeigung falscher oder verfälschter Arbeitsbücher oder Zeugnisse hintergangen oder ihn über das Bestehen eines anderen, sie gleichzeitig verpflichtenden Arbeitsverhältnisses in einen Irrthum versetzt haben;
2. wenn sie eines Diebstahls, einer Entwendung, einer Unterschlagung, eines Betruges oder eines liederlichen Lebenswandels sich schuldig machen;
3. wenn sie die Arbeit unbefugt verlassen haben oder sonst den nach dem Arbeitsvertrage ihnen obliegenden Verpflichtungen nachzukommen beharrlich verweigern;
4. wenn sie der Verwarnung ungeachtet mit Feuer und Licht unvorsichtig umgehen;
5. wenn sie sich Thätlichkeiten oder grobe Beleidigungen gegen den Arbeitgeber oder seinen Vertreter oder gegen die Familienangehörigen des Arbeitgebers oder seiner Vertreter zu Schulden kommen lassen;
6. wenn sie einer vorsätzlichen und rechtswidrigen Sachbeschädigung zum Nachtheil des Arbeitgebers oder eines Mitarbeiters sich schuldig machen;
7. wenn sie Familienangehörige des Arbeitgebers oder seiner Vertreter oder Mitarbeiter zu Handlungen verleiten oder mit Familienangehörigen des Arbeitgebers oder seiner Vertreter Handlungen begehen, welche wider die Gesetze oder die guten Sitten verstoßen;
8. wenn sie zur Fortsetzung der Arbeit unfähig oder mit einer abschreckenden Krankheit behaftet sind.

In den unter Nr. 1 bis 7 gedachten Fällen ist die Entlassung nicht mehr zulässig, wenn die zu Grunde liegenden Thatsachen dem Arbeitgeber länger als eine Woche bekannt sind.

Inwiefern in den unter Nr. 8 gedachten Fällen dem Entlassenen ein Anspruch auf Entschädigung zustehe, ist nach dem In-

---

Zu §. 123 Nr. 2.

Wer einer Person, zu der er im Lehrlingsverhältnisse steht, Sachen von unbedeutendem Werthe **stiehlt oder unterschlägt, ist nur auf Antrag** zu verfolgen.

§. 247 R.St.G.B.'s.

halt des Vertrages und nach den allgemeinen gesetzlichen Vorschriften zu beurtheilrn.

§. 124.

Vor Ablauf der vertragsmäßigen Zeit und ohne Aufkündigung können Gesellen und Gehülfen die Arbeit verlassen:

1. wenn sie zur Fortsetzung der Arbeit unfähig werden;
2. wenn der Arbeitgeber oder seine Vertreter sich Thätlichkeiten oder grobe Beleidigungen gegen die Arbeiter oder gegen ihre Familienangehörigen zu Schulden kommen lassen;
3. wenn der Arbeitgeber oder seine Vertreter oder Familienangehörige derselben die Arbeiter oder deren Familienangehörige zu Handlungen verleiten oder mit den Familienangehörigen der Arbeiter Handlungen begehen, welche wider die Gesetze oder die guten Sitten laufen;
4. wenn der Arbeitgeber den Arbeitern den schuldigen Lohn nicht in der bedungenen Weise auszahlt, bei Stücklohn nicht für ihre ausreichende Beschäftigung sorgt, oder wenn er sich widerrechtlicher Uebervortheilungen gegen sie schuldig macht;
5. wenn bei Fortsetzung der Arbeit das Leben oder die Gesundheit der Arbeiter einer erweislichen Gefahr ausgesetzt sein würde, welche bei Eingehung des Arbeitsvertrages nicht zu erkennen war.

In den unter Nr. 2 und 3 gedachten Fällen ist der Austritt aus der Arbeit nicht mehr zulässig, wenn die zu Grunde liegenden Thatsachen dem Arbeiter länger als eine Woche bekannt sind.

§. 125.

Ein Arbeitgeber, welcher einen Gesellen oder Gehülfen verleitet, vor rechtmäßiger Beendigung des Arbeitsverhältnisses die Arbeit zu verlassen, ist dem früheren Arbeitgeber für den dadurch entstehenden Schaden als Selbstschuldner mit verhaftet. In gleicher Weise haftet ein Arbeitgeber, welcher einen Gesellen oder Gehülfen

---

Zu §. 124.

Im Wesentlichen ist der Inhalt des §. 112 der Gew.O. mit geringen Fassungsänderungen übernommen. Neu ist nur die Vorschrift im zweiten Abschnitt.

annimmt oder behält, von dem er weiß, daß derselbe einem anderen Arbeitgeber zur Arbeit noch verpflichtet ist.

3. Lehrlingsverhältnisse.

§. 126.

Der Lehrherr ist verpflichtet, den Lehrling in den bei seinem Betriebe vorkommenden Arbeiten des Gewerbes in der durch den Zweck der Ausbildung gebotenen Reihenfolge und Ausdehnung zu unterweisen. Er muß entweder selbst oder durch einen geeigneten, ausdrücklich dazu bestimmten Vertreter die Ausbildung des Lehrlings leiten. Er darf dem Lehrling die zu seiner Ausbildung und zum Besuche des Gottesdienstes an Sonn- und Festtagen erforderliche Zeit und Gelegenheit durch Verwendung zu anderen Dienstleistungen nicht entziehen. Er hat den Lehrling zur Arbeitsamkeit und zu guten Sitten anzuhalten und vor Ausschweifungen zu bewahren.

§. 127.

Der Lehrling ist der väterlichen Zucht des Lehrherrn unterworfen. Demjenigen gegenüber, welcher an Stelle des Lehrherrn seine Ausbildung zu leiten hat, ist er zur Folgsamkeit verpflichtet.

Zu §. 126.

1. Die Bestimmung giebt den §. 118 der Gew.O. mit den nothwendig erschienenen Ergänzungen wieder. Letztere bestehen in einer näheren Bezeichnung der Pflichten des Letzteren sowohl hinsichtlich seiner persönlichen Verantwortlichkeit als auch in Betreff des Umfanges der dem Lehrling zu gebenden technischen Unterweisung.

2. Die Verletzung der gesetzlichen Pflichten der Gewerbetreibenden gegen ihre Lehrlinge ist durch §. 148 Nr. 9 der Gew.O. unter Strafe gestellt.

Zu §. 127.

1. Nach §§. 115, 119 der Gew.O. war der Lehrling der väterlichen Zucht des Lehrherrn nicht mehr unterworfen, wenn er das achtzehnte Lebensjahr zurückgelegt hatte.

Daß der Lehrling die allgemeine Ordnung in Haus und Werkstätte und die darauf sich gründenden Anweisungen des an Stelle des Lehrherrn die Werkstätten leitenden Gesellen oder Gehülfen zu achten hat, ist nach Inhalt der Motive zu §. 126 des Entwurfs als selbstverständlich angesehen, und deshalb, abweichend von §. 119 der Gew.O., nicht ausdrücklich erwähnt.

§. 128.

Das Lehrverhältniß kann, wenn eine längere Frist nicht vereinbart ist, während der ersten vier Wochen nach Beginn der Lehrzeit durch einseitigen Rücktritt aufgelöst werden. Eine Vereinbarung, wonach diese Probezeit mehr als drei Monat betragen soll, ist nichtig.

Nach Ablauf der Probezeit kann der Lehrling vor Beendigung der verabredeten Lehrzeit entlassen werden, wenn einer der im §. 123 vorgesehenen Fälle auf ihn Anwendung findet.

Von Seiten des Lehrlings kann das Lehrverhältniß nach Ablauf der Probezeit aufgelöst werden:

1. wenn einer der im §. 124 unter Nr. 1, 3 bis 5 vorgesehenen Fälle vorliegt;
2. wenn der Lehrherr seine gesetzlichen Verpflichtungen gegen den Lehrling in einer die Gesundheit, die Sittlichkeit oder die Ausbildung des Lehrlings gefährdenden Weise vernachlässigt, oder das Recht der väterlichen Zucht mißbraucht oder zur Erfüllung der ihm vertragsmäßig obliegenden Verpflichtungen unfähig wird.

Der Lehrvertrag wird durch den Tod des Lehrlings aufgehoben. Durch den Tod des Lehrherrn gilt der Lehrvertrag als aufgehoben, sofern die Aufhebung innerhalb vier Wochen geltend gemacht wird.

§. 129.

Bei Beendigung des Lehrverhältnisses hat der Lehrherr dem Lehrling unter Angabe des Gewerbes, in welchem der Lehrling unterwiesen worden ist, über die Dauer der Lehrzeit und die

---

2. Der dauernde Stellvertreter eines Geschäftsinhabers, welchem zugleich die Ueberwachung der Geschäftslehrlinge obliegt, ist als Lehrherr derselben anzusehen und hat daher ihnen gegenüber die Rechte väterlicher Zucht.

Erk. d. O.T. v. 15. Dezember 1875.

Opp. XVI. S. 799.

Zu §. 128.

Im Vergleich mit der Fassung der Gewerbeordnung von 1869 sind die Fälle der rechtmäßigen Lösung zunächst durch die Zulassung jederzeitiger Auflösung während einer sogenannten Probezeit vermehrt. Außerdem sind die Gründe, aus welchen der Lehrling einseitig das Lehrlingsverhältniß zu lösen berechtigt sein soll, erweitert worden (Abs. 3 Nr. 1).

während derselben erworbenen Kenntnisse und Fertigkeiten, sowie über sein Betragen ein Zeugniß auszustellen, welches von der Gemeinde-Behörde kosten- und stempelfrei zu beglaubigen ist.

An Stelle dieser Zeugnisse können, wo Innungen oder andere Vertretungen der Gewerbetreibenden bestehen, die von diesen ausgestellten Lehrbriefe treten.

§. 130.

Verläßt der Lehrling in einem durch dies Gesetz nicht vorgesehenen Falle ohne Zustimmung des Lehrherrn die Lehre, so kann letzterer den Anspruch auf Rückkehr des Lehrlings nur geltend machen, wenn der Lehrvertrag schriftlich geschlossen ist. Die Polizeibehörde kann in diesem Falle auf Antrag des Lehrherrn den Lehrling anhalten, so lange in der Lehre zu verbleiben, als durch gerichtliches Urtheil das Lehrverhältniß nicht für aufgelöst erklärt ist. Der Antrag ist nur zulässig, wenn er binnen einer Woche nach dem Austritte des Lehrlings gestellt ist. Im Falle der Weigerung kann die Polizeibehörde den Lehrling zwangsweise zurückführen lassen, oder durch Androhung von Geldstrafe bis zu fünfzig Mark oder Haft bis zu fünf Tagen zur Rückkehr ihn anhalten.

§. 131.

Wird von dem Vater oder Vormund für den Lehrling, oder, sofern der letztere großjährig ist, von ihm selbst dem Lehrherrn die schriftliche Erklärung abgegeben, daß der Lehrling zu einem anderen Gewerbe oder anderen Berufe übergehen werde, so gilt das Lehrverhältniß, wenn der Lehrling nicht früher entlassen wird, nach Ablauf von vier Wochen als aufgelöst. Den Grund der Auflösung hat der Lehrherr in dem Arbeitsbuche zu vermerken.

Zu §. 131.

1. Die hierdurch beseitigte Bestimmung des §. 122 der Gew.O. ging dahin, daß das Lehrverhältniß wider den Willen des Lehrherrn vor Ablauf der Lehrzeit aufgehoben werden dürfe, wenn der Lehrling zu einem andern Gewerbe oder zu einem andern Berufe überging. Dem Lehrherrn mußte aber in Ermangelung anderweiter Verabredung das weiterlaufende Lehrgeld noch bis zu einem halbjährigen Betrage gezahlt werden.

Binnen neun Monaten nach der Auflösung darf der Lehrling in demselben Gewerbe von einem anderen Arbeitgeber ohne Zustimmung des früheren Lehrherrn nicht beschäftigt werden.

§. 132.

Erreicht das Lehrverhältniß vor Ablauf der verabredeten Lehrzeit sein Ende, so kann von dem Lehrherrn oder von dem Lehrling ein Anspruch auf Entschädigung nur geltend gemacht werden, wenn der Lehrvertrag schriftlich geschlossen ist. In den Fällen des §. 128 Abs. 1 und 4 kann der Anspruch nur geltend gemacht werden, wenn dieses in dem Lehrvertrage unter Festsetzung der Art und Höhe der Entschädigung vereinbart ist.

Der Anspruch auf Entschädigung erlischt, wenn er nicht innerhalb vier Wochen nach Auflösung des Lehrverhältnisses im Wege der Klage oder Einrede geltend gemacht ist.

§. 133.

Ist von dem Lehrherrn das Lehrverhältniß aufgelöst worden, weil der Lehrling die Lehre unbefugt verlassen hat, so ist die von dem Lehrherrn beanspruchte Entschädigung, wenn in dem Lehrvertrage ein Anderes nicht ausbedungen ist, auf einen Betrag festzusetzen, welcher für jeden auf den Tag des Vertragsbruchs folgenden Tag der Lehrzeit, höchstens aber für sechs Monate, bis auf die Hälfte des in dem Gewerbe des Lehrherrn

---

Zu §. 131 Abs. 2.

2. Die betreffenden Strafbestimmungen sind in §. 148 Nr. 10 und §. 150 Nr. 2 Gew.O. enthalten.

Zu §. 132.

1. Wenn der Lehrling die Erfüllung der ihm obliegenden Dienste verweigert, so hat der Lehrherr nicht das Recht, auf unmittelbare Fortsetzung des Vertrages durch den Lehrling zu bestehen, sondern nur einen Anspruch wegen einseitiger Vertragsauflösung.

Erk. d. O.H.G. v. 26. September 1874.
Entsch. XIV. S. 208.

2. Wegen der Strafvorschriften vgl. §. 148 Nr. 9 und 10 Gew.O.

Zu §. 133.

Im Abs. 2 ist die Entschädigungspflicht im Falle des Vertragsbruchs der Lehrlinge in ähnlicher Weise erweitert, als dieses durch §. 125 bei dem Vertragsbruch der Gesellen und Gehülfen geschehen ist.

den Gesellen oder Gehülfen ortsüblich gezahlten Lohnes sich belaufen darf.

Für die Zahlung der Entschädigung sind als Selbstschuldner mitverhaftet der Vater des Lehrlings sowie derjenige Arbeitgeber, welcher den Lehrling zum Verlassen der Lehre verleitet oder welcher ihn in Arbeit genommen hat, obwohl er wußte, daß der Lehrling zur Fortsetzung eines Lehrverhältnisses noch verpflichtet war. Hat der Entschädigungsberechtigte erst nach Auflösung des Lehrverhältnisses von der Person des Arbeitgebers, welcher den Lehrling verleitet oder in Arbeit genommen hat, Kenntniß erhalten, so erlischt gegen diese der Entschädigungsanspruch erst, wenn derselbe nicht innerhalb vier Wochen nach erhaltener Kenntniß geltend gemacht ist.

4. Verhältnisse der Fabrikarbeiter.

§. 134.

Auf Fabrikarbeiter finden die Bestimmungen der §§. 121 bis 125 oder, wenn die Fabrikarbeiter als Lehrlinge anzusehen sind, die Bestimmungen der §§. 126 bis 133 Anwendung.

Zu: 4. Verhältnisse der Fabrikarbeiter.

1. Die Bestimmungen der §§. 134 bis 139b finden auf Arbeitgeber und Arbeiter in Werkstätten, in deren Betrieb eine regelmäßige Benutzung von Dampfkraft, sowie in Hüttenwerken, in Bauhöfen und Werften entsprechende Anwendung.

§. 154 Abs. 2 a. a. O.

2. Bezüglich der Werkmeister vgl. Note 3 zu §. 120a der Gew.O.

Zu §. 134.

1. Die Bestimmung entspricht in der ersten Zeile dem §. 127 der Gew.O., welche ebenfalls in der rechtlichen Stellung des Gesellen und erwachsenen Fabrikarbeiters einen Unterschied nicht mehr gemacht hat.

2. Die Auszahlung der Arbeitslöhne in Bons, welche als Zahlung für Waaren dienen, die von bestimmten Händlern zu beziehen sind, und Einlösung der Bons durch die Fabrikkasse streitet gegen die Bestimmung der Gew.O.

Erk. R.G. v. 19. April 1880 (I. S. 618).

3. Den Fabrikarbeitern stehen die von den Eisenbahnverwaltungen angestellten Bahnhofs-, Werkstatt-, Güterboden- u. s. w. Arbeiter gleich.

Nr. 226. R.A. d. B.R. S. 57.

§. 135.

Kinder unter zwölf Jahren dürfen in Fabriken nicht beschäftigt werden.

Die Beschäftigung von Kindern unter vierzehn Jahren darf die Dauer von sechs Stunden täglich nicht überschreiten.

Kinder, welche zum Besuche der Volksschule verpflichtet sind, dürfen in Fabriken nur dann beschäftigt werden, wenn sie in der Volksschule oder in einer von der Schulaufsichtsbehörde genehmigten Schule und nach einem von ihr genehmigten Lehrplane einen regelmäßigen Unterricht von mindestens drei Stunden täglich genießen.

Junge Leute zwischen vierzehn und sechszehn Jahren dürfen in Fabriken nicht länger als zehn Stunden täglich beschäftigt werden.

Wöchnerinnen dürfen während drei Wochen nach ihrer Niederkunft nicht beschäftigt werden.

Zu § 135.

1. Die auf Erfüllung der Schulpflicht bezüglichen Landesgesetze werden durch die Gewerbeordnung nicht alterirt; wenn durch Befolgung derselben thatsächlich eine Beschränkung in der Möglichkeit der Verwendung schulpflichtiger Kinder zu Gewerbsarbeiten herbeigeführt wird, welche noch weiter geht als §. 135 der Gewerbeordnung, so ist hierin ein Widerspruch mit der Gewerbeordnung nicht gegeben; §. 135 enthält nur ein unter allen Umständen zu erzwingendes Minimum.

Nr. 223: R.A. d. B.R. S. 56.

2. Die Bestimmungen der §§. 135 bis 139 b finden auch auf Besitzer und Arbeiter von Bergwerken, Salinen und Aufbereitungsanstalten sowie unterirdisch betriebener Brüche oder Gruben Anwendung. Arbeiterinnen dürfen in solchen Anlagen nicht unter Tage beschäftigt werden.

§. 154 a. a. O.

3. Auch eine Buchdruckerei kann nach der Beschaffenheit ihres Betriebes den Charakter einer Fabrik annehmen.

Erk. d. R.G. v. 15. Februar 1883. V. S. 119.

4. Nach §. 128 der Gew.O., an dessen Stelle der §. 135 getreten ist, durften Kinder unter zwölf Jahren nur nicht zu einer regelmäßigen Beschäftigung in Fabriken angenommen werden.

Für Kinder unter vierzehn Jahren ist zwar das in §. 128 der Gew.O. vorgesehene Maximum der Beschäftigungszeit beibehalten, hinsichtlich des Schulunterrichts aber eine mehr präzisirte Fassung gewählt. Der vierte Absatz giebt den §. 128 Abs. 3 der Gew.O. mit Ausnahme des Schlußsatzes wieder.

§. 136.

Die Arbeitsstunden der jugendlichen Arbeiter (§. 135) dürfen nicht vor 5½ Uhr Morgens beginnen und nicht über 8½ Uhr Abends dauern. Zwischen den Arbeitsstunden müssen an jedem Arbeitstage regelmäßige Pausen gewährt werden. Die Pausen müssen für Kinder eine halbe Stunde, für junge Leute zwischen vierzehn und sechszehn Jahren Mittags eine Stunde, sowie Vormittags und Nachmittags je eine halbe Stunde mindestens betragen.

Die Vorschrift in Abs. 5 ist neu hinzugetreten.

5. Wegen der Schuleinrichtungen und Lehrpläne für die in Fabriken beschäftigten schulpflichtigen Kinder vgl. das Cirkular-Rescript des Handelsministers und des Kultusministers vom 26. November 1878 (M.Bl. S. 266).

6. Es ist davon auszugehen, daß der Unterricht der in Fabriken beschäftigten Kinder in jedem Falle nach einem von der Schulaufsichtsbehörde besonders genehmigten Lehrplane erfolgen muß. Die in §. 135 Abs. 3 für die Beschäftigung von Kindern in Fabriken aufgestellte Bedingung ist daher nur dann erfüllt, wenn hinsichtlich des Schulunterrichts derselben die Genehmigung der Schulaufsichtsbehörde vorliegt und ihre Arbeitskarten (§. 137 Abs. 2) die entsprechende Angabe enthalten. Wenn ein, den in dem Erlaß vom 26. November 1878 ad V aufgestellten Anforderungen entsprechender Unterricht nicht in anderer Weise gesichert werden kann, kann die Genehmigung von der Verminderung der Zahl der Arbeitsstunden unter das gesetzlich zulässige Maaß abhängig gemacht werdea.

C.R. d. H.M. u. K.M. v. 31. Januar 1880. M.Bl. S. 97.

7. Wegen der Beschäftigung von Arbeiterinnen und jugendlichen Arbeitern in Walz- und Hammerwerken und Glashütten, sowie wegen der Beschäftigung jugendlicher Arbeiter in Spinnereien vgl. die beiden Bekanntmachungen vom 23. April 1879 und die Bekanntmachung vom 20. Mai 1879, abgedruckt in den Noten zu §. 139a Gew.O.

8. Die im §. 135 der R.Gew.O. für die in Fabriken beschäftigten jungen Leute erlassenen Schulbestimmnngen finden auch auf Lehrlinge Anwendung.

Erk. d. R.G. v. 19. Oktober 1882. IV. S. 746.

9. Die betreffende Strafbestimmung ist in §. 146 Gew.O. enthalten.

Zu §. 136.

1. Die Vorschrift entspricht im Wesentlichen dem §. 129 der Gew.O. Nur im zweiten Absatz ist das bestehende Recht modifizirt.

2. a) Bei gemeinschaftlichem Gewerbebetrieb Mehrerer haftet Jeder derselben für die Einhaltung der gesetzlichen Vorschriften. Die unter den Gesellschaftern vereinbarte Vertheilung der Geschäfte kann an sich den Einzelnen von seiner strafrechtlichen Verantwortlichkeit nicht entlasten.

Während der Pausen darf den jugendlichen Arbeitern eine Beschäftigung in dem Fabrikbetriebe überhaupt nicht und der Aufenthalt in den Arbeitsräumen nur dann gestattet werden, wenn in denselben diejenigen Theile des Betriebes, in welchen jugendliche Arbeiter beschäftigt sind, für die Zeit der Pausen völlig eingestellt werden.

An Sonn- und Festtagen, sowie während der von dem ordentlichen Seelsorger für den Katechumenen- und Konfirmanden-, Beicht- und Kommunion-Unterricht bestimmten Stunden dürfen jugendliche Arbeiter nicht beschäftigt werden.

§. 137.

Die Beschäftigung eines Kindes in Fabriken ist nicht gestattet, wenn dem Arbeitgeber nicht zuvor für dasselbe eine Arbeitskarte eingehändigt ist. Dasselbe gilt hinsichtlich der noch zum Besuche der Volksschule verpflichteten jungen Leute zwischen vierzehn und sechszehn Jahren. Eines Arbeitsbuches bedarf es in diesem Falle nicht.

Die Arbeitskarten werden auf Antrag oder mit Zustimmung des Vaters oder Vormundes durch die Ortspolizeibehörde kosten-

---

b) Es besteht keine zwingende Gesetzesvorschrift bei länger dauernder Ueberbeschäftigung für jeden Arbeitstag einen gesonderten Straffall anzunehmen.

Erk. d. R.G. v. 16. März 1882. IV. S. 253.

3. Durch Verbot der Uebertretung der Vorschriften über Beschäftigung jugendlicher Arbeiter unter Androhung von Strafen allein sind Fabrikherrn nicht entschuldigt, wenn gegen ihren Willen solche Uebertretungen vorkommen, sondern es muß nachgewiesen sein, daß die Uebertretung trotz möglicher Ueberwachung vorgekommen ist.

Erk. d. R.G. v. 18. Juni 1881 III. S. 411.

4. Die betreffende Strafbestimmung ist in §. 146 Gew.O. enthalten.

5. Vgl. auch Note 4 zu §. 135 Gew.O.

Zu §. 137.

Abs. 1. beruht auf dem mit dem 1. Januar 1884 in Wirksamkeit tretenden Reichsgesetze v. 1. Juli 1883. In der früheren Fassung lautete diese Bestimmung:

Die Beschäftigung eines Kindes in Fabriken ist nicht gestattet, wenn dem Arbeitgeber nicht zuvor für dasselbe eine Arbeitskarte eingehändigt ist. Eines Arbeitsbuches bedarf es daneben nicht.

und stempelfrei ausgestellt; ist die Erklärung des Vaters nicht zu beschaffen, so kann die Gemeindebehörde die Zustimmung desselben ergänzen. Sie haben den Namen, Tag und Jahr der Geburt sowie die Religion des Kindes, den Namen, Stand und letzten Wohnort des Vaters oder Vormundes und außerdem die zur Erfüllung der gesetzlichen Schulpflicht (§. 135) getroffenen Einrichtungen anzugeben.

Der Arbeitgeber hat die Arbeitskarte zu verwahren, auf amtliches Verlangen jederzeit vorzulegen und am Ende des Arbeitsverhältnisses dem Vater oder Vormund wieder auszuhändigen. Ist die Wohnung des Vaters nicht zu ermitteln, so erfolgt die Zustellung der Arbeitskarte an die Mutter oder den sonstigen nächsten Angehörigen des Kindes.

§. 138.

Sollen jugendliche Arbeiter in Fabriken beschäftigt werden, so hat der Arbeitgeber vor dem Beginn der Beschäftigung der Ortspolizeibehörde eine schriftliche Anzeige zu machen.

In der Anzeige sind die Fabrik, die Wochentage, an welchen die Beschäftigung stattfinden soll, Beginn und Ende der Arbeitszeit und der Pausen, sowie die Art der Beschäftigung anzugeben. Eine Aenderung hierin darf, abgesehen von Verschiebungen, welche durch Ersetzung behinderter Arbeiter für einzelne Arbeitsschichten nothwendig werden, nicht erfolgen, bevor eine entsprechende weitere Anzeige der Behörde gemacht ist.

In jeder Fabrik hat der Arbeitgeber dafür zu sorgen, daß in den Fabrikräumen, in welchen jugendliche Arbeiter beschäftigt werden, an einer in die Augen fallenden Stelle ein Verzeichniß

---

2. Vgl. Note 4 zu §. 135 Gew.O.

3. Die betreffende Strafbestimmung ist in §. 150 Nr. 2 der Gew.O. enthalten.

Zu §. 138.

1. Durch diese Vorschrift ist der §. 130 der Gew.O. in einer dem Bedürfniß entsprechenden Weise geändert.

2. Vgl. auch die Bekanntmachungen vom 23. April 1879 und die Bekanntmachung vom 20. Mai 1879 sowie die Dienstanweisung für die Gewerberäthe vom 24. Mai 1879, abgedruckt als Noten zu §. 139a Gew.O.

3. Die betreffende Strafbestimmung ist in §. 149 Nr. 7 Gew.O. enthalten.

der jugendlichen Arbeiter unter Angabe ihrer Arbeitstage sowie des Beginns und Endes ihrer Arbeitszeit und der Pausen ausgehängt ist. Ebenso hat er dafür zu sorgen, daß in den bezeichneten Räumen eine Tafel ausgehängt ist, welche in der von der Zentralbehörde zu bestimmenden Fassung und in deutlicher Schrift einen Auszug aus den Bestimmungen über die Beschäftigung jugendlicher Arbeiter enthält.

§. 139.

Wenn Naturereignisse oder Unglücksfälle den regelmäßigen Betrieb einer Fabrik unterbrochen haben, so können Ausnahmen von den in §. 135 Abs. 2 bis 4 und in §. 136 vorgesehenen Beschränkungen auf die Dauer von vier Wochen durch die höhere Verwaltungsbehörde, auf längere Zeit durch den Reichskanzler nachgelassen werden. In dringenden Fällen solcher Art, sowie zur Verhütung von Unglücksfällen kann die Ortspolizeibehörde, jedoch höchstens auf die Dauer von vierzehn Tagen, solche Ausnahmen gestatten.

Wenn die Natur des Betriebes oder Rücksichten auf die Arbeiter in einzelnen Fabriken es erwünscht erscheinen lassen, daß die Arbeitszeit der jugendlichen Arbeiter in einer anderen als der durch §. 136 vorgesehenen Weise geregelt wird, so kann auf besonderen Antrag eine anderweite Regelung hinsichtlich der Pausen durch die höhere Verwaltungsbehörde, im Uebrigen durch den Reichskanzler gestattet werden. Jedoch dürfen in solchen Fällen die jugendlichen Arbeiter nicht länger als sechs Stunden beschäftigt werden, wenn zwischen den Arbeitsstunden nicht Pausen von zusammen mindestens einstündiger Dauer gewährt werden.

Die auf Grund vorstehender Bestimmungen zu treffenden Verfügungen müssen schriftlich erlassen werden.

Zu §. 139.

1. Das Gesetz hat hier die Vorschriften der Gewerbeordnung nach zwei Richtungen hin geändert. Es sind an Stelle der bisherigen, für alle Industriezweige und alle Betriebsweisen in gleicher Weise festgestellten bedingungslosen Normen andere den mannichfaltigen Verhältnissen der Industrie entsprechende Vorschriften gesetzt.

Die Ausführung des §. 139 Gew.O. ist durch das Cirk.R. des H.M. v. 5. November 1878 (M.Bl. S. 264) geregelt.

§. 139a.

Durch Beschluß des Bundesraths kann die Verwendung von jugendlichen Arbeitern sowie von Arbeiterinnen für gewisse Fabrikationszweige, welche mit besonderen Gefahren für Gesundheit oder Sittlichkeit verbunden sind, gänzlich untersagt oder von besonderen Bedingungen abhängig gemacht werden. Insbesondere kann für gewisse Fabrikationszweige die Nachtarbeit der Arbeiterinnen untersagt werden.

Durch Beschluß des Bundesraths können für Spinnereien, für Fabriken, welche mit ununterbrochenem Feuer betrieben werden, oder welche sonst durch die Art des Betriebes auf eine regelmäßige Tag- und Nachtarbeit angewiesen sind, sowie für solche Fabriken, deren Betrieb eine Eintheilung in regelmäßige Arbeitsschichten von gleicher Dauer nicht gestattet oder seiner Natur nach auf bestimmte Jahreszeiten beschränkt ist, Ausnahmen von den in §. 135 Abs. 2 bis 4 und in §. 136 vorgesehenen Beschränkungen nachgelassen werden. Jedoch darf in solchen Fällen die Arbeitszeit für Kinder die Dauer von sechsunddreißig Stunden und für junge Leute die Dauer von sechszig, in Spinnereien von sechsundsechszig Stunden wöchentlich nicht überschreiten.

Die durch Beschluß des Bundesraths getroffenen Bestimmungen sind dem nächstfolgenden Reichstag vorzulegen. Sie sind außer Kraft zu setzen, wenn der Reichstag dies verlangt.

---

2. Bezüglich der Beschäftigung von Arbeiterinnen und jugendlichen Arbeitern in Walz- und Hammerwerken vgl. Cirk.R. d. H.M. v. 17. April 1879 (M.Bl. S. 97).

3. Die betreffende Strafbestimmung ist in §. 146 der Gew.O. enthalten.

Zu §. 139a.

1. Vgl. die Noten zu §. 139.

2. Mechanische Leinen- und Jutewebereien sind nicht zu denjenigen Fabriken zu rechnen, für welche Ausnahmen von den gesetzlichen Beschränkungen hinsichtlich der Beschäftigung jugendlicher Arbeiter vom Bundesrathe nachgelassen werden können. Eine Erstreckung der Arbeitszeit für solche Personen auf 66 Stunden wöchentlich ist überhaupt nur in Spinnereien zulässig.

Nr. 224, R.A. d. B.R. S. 57.

3. Bek. v. 10. Juli 1881 (Centr.Bl. S. 275) und Bek. v. 12. März 1883 (Centr.Bl. S. 63).

I. Auf Steinkohlenbergwerken, deren Betrieb auf eine doppelte tägliche Arbeitsschicht eingerichtet ist, treten die Beschränkungen des §. 136 Abs. 1, 2 der Gew.O. für diejenigen jugendlichen Arbeiter männlichen Geschlechts über 14 Jahre, welche über Tage mit den unmittelbar mit der Förderung der Kohlen zusammenhängenden Arbeiten beschäftigt sind, mit folgenden Maßgaben außer Anwendung:

1. Die erste Schicht darf vor 5 Uhr Morgens nicht beginnen, die zweite Schicht nicht nach 10 Uhr Abends schließen, keine der beiden Schichten länger als 8 Stunden dauern.
2. Zwischen den Arbeitsstunden müssen den jugendlichen Arbeitern an jedem Arbeitstage Pausen von zusammen mindestens einstündiger Dauer gewährt werden, während der Pausen darf ihnen eine Beschäftigung in dem Betriebe nicht gestattet werden.
3. Vor Beginn der Beschäftigung ist dem Arbeitgeber für jeden Arbeiter *ein ärztliches Zeugniß darüber auszustellen*, daß die körperliche Entwickelung des Arbeiters eine Beschäftigung auf dem Werke ohne Gefahr für die Gesundheit zuläßt. Der Arbeitgeber hat mit dem Zeugniß nach §. 137 Abs. 3 der Gew.O. zu verfahren.

II. In Räumen, in welchen jugendliche Arbeiter nach Maßgabe der Vorschriften unter I. beschäftigt werden, muß neben der nach §. 138 Abs. 3 der Gew.O. auszuhängenden Tafel eine zweite Tafel ausgehängt werden, welche in deutlicher Schrift die Bestimmungen unter I. wiedergiebt.

4. Bezüglich der Beschäftigung von Arbeiterinnen und jugendlichen Arbeitern in Walz- und Hammerwerken sind folgende Bestimmungen ergangen:

A. Die Beschäftigung von Arbeiterinnen und jugendlichen Arbeitern in Walz- und Hammerwerken unterliegt folgenden Beschränkungen:

a) Arbeiterinnen dürfen bei dem unmittelbaren Betriebe der Werke nicht beschäftigt werden;
b) Kinder zwischen 12 und 14 Jahren dürfen in den Werken überhaupt nicht beschäftigt werden.

B. Für die Beschäftigung der jungen Leute männlichen Geschlechts treten die Beschränkungen des §. 136 der Gewerbeordnung mit folgenden Maßgaben außer Anwendung:

a) Vor Beginn der Beschäftigung ist dem Arbeitgeber für jeden Arbeiter ein ärztliches Zeugniß einzuhändigen, nach welchem die körperliche Entwickelung des Arbeiters eine Beschäftigung in dem Werke ohne Gefahr für die Gesundheit zuläßt. Der Arbeitgeber hat mit dem Zeugnisse nach §. 137 Absatz 3 der Gewerbeordnung zu verfahren.
b) Die Arbeitsschicht darf einschließlich der Pausen nicht länger als 12 Stunden, ausschließlich der Pausen nicht länger als 10 Stunden dauern. Unterbrechungen der Arbeit von weniger als 1/4 Stunde Dauer kommen auf die Pausen nicht in Anrechnung. Eine der Pausen

muß mindestens ½ Stunde dauern und zwischen das Ende der 4. und den Anfang der 7. Arbeitsstunde fallen.

Die Gesammtdauer der Beschäftigung darf innerhalb einer Woche ausschließlich der Pausen 60 Stunden betragen; davon dürfen innerhalb zweier Wochen in die Zeit von 6 Uhr Abends bis 6 Uhr Morgens nicht mehr als 60 Stunden fallen. Von letzterer Vorschrift ist vorübergehend eine Ausnahme gestattet, wenn dieselbe durch eine, im Interesse der Arbeiter erfolgende Aenderung in der Art des Schichtenwechsels bedingt wird.

c) Zwischen zwei Arbeitsschichten muß eine Ruhezeit von mindestens 12 Stunden liegen. Innerhalb der Ruhezeit ist eine Beschäftigung mit Nebenarbeiten nicht gestattet.

d) An Sonn- und Festtagen darf die Beschäftigung nicht in die Zeit von 6 Uhr Morgens bis 6 Uhr Abends fallen. In die Stunden vor und nach dieser Zeit darf an Sonntagen die Beschäftigung nur dann fallen, wenn vor Beginn oder nach Abschluß der Arbeitsschicht den jungen Leuten eine ununterbrochene Ruhezeit von mindestens 24 Stunden gesichert bleibt.

e) Während der Pausen für die Erwachsenen dürfen junge Leute nicht beschäftigt sein.

C. Die Bestimmungen des §. 138 der Gewerbeordnung finden in Walz- und Hammerwerken mit folgenden Maßgaben Anwendung:

a) Das in den Fabrikräumen auszuhängende Verzeichniß der jugendlichen Arbeiter ist in der Weise aufzustellen, daß die in derselben Schicht Beschäftigten je eine Abtheilung bilden.

b) In Räumen, in welchen junge Leute nach Maßgabe der Vorschriften unter B beschäftigt werden, muß neben der nach §. 138 Absatz 3 auszuhängenden Tafel eine zweite Tafel ausgehängt werden, welche in deutlicher Schrift die Bestimmungen unter A und B wiedergiebt.

Bek. v. 23. April 1879 (R.C.Bl. S. 303).

5. Hinsichtlich der Beschäftigung von Arbeiterinnen und jugendlichen Arbeitern in Glashütten sind folgende Bestimmungen erlassen:

D. Die Beschäftigung von Arbeiterinnen und jugendlichen Arbeitern in Glashütten unterliegt folgenden Beschränkungen:

a) In solchen Räumen, in welchen vor dem Ofen (Schmelz-, Kühl-, Glüh-, Streckofen) gearbeitet wird, darf Arbeiterinnen überhaupt, und in solchen Räumen, in welchen eine außergewöhnlich hohe Wärme herrscht (Häfenkammern und dergleichen), darf jugendlichen Arbeiterinnen eine Beschäftigung nicht gewährt und der Aufenthalt nicht gestattet werden. Ausnahmen hiervon kann der Bundesrath zulassen.

b) Die Beschäftigung von jugendlichen Arbeitern männlichen Geschlechts unter 14 Jahre (Knaben) ist nur gestattet, wenn mit Genehmigung der Schulaufsichtsbehörde eine Schuleinrichtung getroffen ist, welche den Knaben einen wöchentlichen Unterricht von mindestens 12 Stunden sichert und zwischen dem Ende der Arbeitszeit und dem Beginn des Unterrichts eine Ruhezeit von ausreichender Dauer, nach dem Ende der Nachtschicht eine Ruhezeit von mindestens 7 Stunden freiläßt.

Knaben, welche zum Besuche der Volksschule verpflichtet sind, dürfen in Zukunft zur Beschäftigung nur angenommen werden, wenn vorher dem Arbeitgeber ein Zeugniß des zuständigen Schulaufsichtsbeamten eingehändigt ist, nach welchem die Knaben den Anforderungen der Schule vollständig genügen. Das Zeugniß ist halbjährlich zu erneuern; der Arbeitgeber hat mit demselben nach §. 137 Absatz 3 der Gewerbeordnung zu verfahren.

c) Mit Schleifarbeiten dürfen jugendliche Arbeiterinnen und Knaben nicht beschäftigt werden. In Tafelglashütten dürfen Knaben vor dem Schmelz- oder Streckofen oder mit dem Tragen der Walzen nicht beschäftigt werden, wenn die Hütten Walzen von mehr als 5 kg Gewicht herstellen.

E. In Glashütten mit ununterbrochenem Tag- und Nachtbetriebe und regelmäßig wechselnden Schichten treten die Beschränkungen des §. 136 der Gewerbeordnung für jugendliche Arbeiter männlichen Geschlechts (Knaben und junge Leute) mit folgenden Maßgaben außer Anwendung:

a) Die Beschäftigung der Knaben darf innerhalb 24 Stunden einschließlich der Pausen nicht länger als 6 Stunden dauern. Die Gesammtdauer darf innerhalb einer Woche einschließlich der Pausen nicht mehr als 36 Stunden betragen; davon dürfen innerhalb zweier Wochen in die Zeit von 6 Uhr Abends bis 6 Uhr Morgens nicht mehr als 36 Stunden fallen.

b) Die Arbeitsschicht der jungen Leute darf einschließlich der Pausen nicht länger als 12 Stunden, ausschließlich der Pausen nicht länger als 10 Stunden dauern. Unterbrechungen der Arbeit von weniger als 1/4 Stunde Dauer werden auf die Pausen nicht in Anrechnung gebracht; eine der Pausen muß mindestens 1/2 Stunde dauern.

Die Gesammtdauer der Beschäftigung darf innerhalb einer Woche ausschließlich der Pausen 60 Stunden betragen; davon dürfen innerhalb zweier Wochen in die Zeit von 6 Uhr Abends bis 6 Uhr Morgens nicht mehr als 60 Stunden fallen.

c) Während der Pausen für die Erwachsenen dürfen jugendliche Arbeiter überhaupt nicht, während der Pausen für junge Leute dürfen Knaben nicht beschäftigt sein.

d) Zwischen 2 Arbeitsschichten muß eine Ruhezeit von mindestens 12 Stunden liegen.

e) An Sonn- und Festtagen darf die Beschäftigung nicht in die Zeit von 6 Uhr Morgens bis 6 Uhr Abends fallen. Die Vorschrift findet, wenn mehrere Festtage aufeinander folgen, nur auf den ersten Festtag Anwendung.

F. In Glashütten mit zeitweisen Betriebsunterbrechungen und mit Arbeitsschichten von unregelmäßiger Lage oder Dauer treten die Beschränkungen des §. 135 Absatz 2, 4 und §. 136 der Gewerbeordnung für jugendliche Arbeiter männlichen Geschlechts (Knaben und junge Leute) mit folgenden Maßgaben außer Anwendung:

a) Die Arbeitsschicht der Knaben darf nicht länger als die halbe Arbeitsschicht der Erwachsenen dauern. Die Beschäftigung darf nicht länger als 6 Stunden dauern, wenn zwischen den Arbeitsstunden nicht Pausen von zusammen mindestens einstündiger Dauer gewährt werden. Die Gesammtdauer darf innerhalb zweier Wochen einschließlich der Pausen nicht mehr als 72 Stunden betragen; von der Gesammtdauer darf in die Zeit von 6 Uhr Abends bis 6 Uhr Morgens nicht mehr als die Hälfte fallen.

b) Die Gesammtdauer der Beschäftigung darf für junge Leute innerhalb einer Woche ausschließlich der Pausen nicht mehr als 60 Stunden betragen. Die Dauer der Pausen muß für Schichten von höchstens 10 Arbeitsstunden mindestens 1 Stunde, für Schichten mit längerer Arbeitszeit mindestens $1\frac{1}{2}$ Stunde betragen. Unterbrechungen der Arbeit von weniger als $\frac{1}{4}$ Stunde Dauer werden auf die Pausen nicht in Anrechnung gebracht; eine der Pausen muß mindestens $\frac{1}{2}$ Stunde dauern.

c) Zwischen 2 Arbeitsschichten muß eine Ruhezeit liegen. Bei Knaben muß dieselbe mindestens die Dauer einer vollen Arbeitsschicht der Erwachsenen, bei jungen Leuten mindestens die Dauer der zuletzt beendigten Schicht erreichen. Innerhalb der Ruhezeit ist eine Beschäftigung mit Nebenarbeiten für Knaben nicht gestattet. Für junge Leute ist sie gestattet, wenn dieselben vor Beginn oder nach dem Ende dieser Beschäftigung noch für eine Zeit von der Dauer der zuletzt beendigten Schicht ohne jede Beschäftigung bleiben. Die Dauer der Beschäftigung mit Nebenarbeiten kommt auf die Gesammtdauer der wöchentlichen Arbeitszeit in Anrechnung.

d) An Sonntagen darf die Beschäftigung nur einmal innerhalb zweier Wochen in die Zeit von 6 Uhr Morgens bis 6 Uhr Abends fallen.

e) Während der Pausen für die Erwachsenen dürfen jugendliche Arbeiter überhaupt nicht, während der Pausen für junge Leute dürfen Knaben nicht beschäftigt sein.

G. Für Glashütten, welche von den unter E und F nachgelassenen Ausnahmen Gebrauch machen, finden die Bestimmungen des §. 138 der Gewerbeordnung mit folgenden Maßgaben Anwendung:

a) Das in den Fabrikräumen auszuhängende Verzeichniß der jugendlichen Arbeiter ist getrennt für Knaben und für junge Leute in der

Weise aufzustellen, daß die in derselben Schicht Beschäftigten je eine Abtheilung bilden.

b) Das Verzeichniß braucht in Glashütten der unter E gedachten Art eine Angabe über die Pausen nicht zu enthalten. Statt dessen ist dem Verzeichnisse eine Tabelle beizufügen, in welche während jeder Arbeitsschicht Anfang und Ende der darin gewährten Pausen eingetragen wird. In Glashütten der unter F. gedachten Art braucht das Verzeichniß eine Angabe über die Arbeitstage, die Arbeitszeit und die Pausen nicht zu enthalten. Statt dessen ist dem Verzeichnisse eine Tabelle nach einem bestimmten Muster beizufügen, in welche während jeder Arbeitsschicht die vorgesehenen Eintragungen bewirkt werden.

Jede Tabelle muß mindestens über die letzten 14 Arbeitsschichten Auskunft geben. Der Name desjenigen, welcher die Eintragungen bewirkt, muß daraus zu ersehen sein.

c) *In Räumen, in welchen jugendliche Arbeiter beschäftigt werden,* muß neben der nach §. 138 Absatz 3 auszuhängenden Tafel eine zweite Tafel ausgehängt werden, welche in deutlicher Schrift außer den Bestimmungen unter D, für Glashütten der unter E gedachten Art die Bestimmungen unter E, für Glashütten der unter F gedachten Art die Bestimmungen unter F wiedergiebt.

Bek. v. 23. April 1879. R.G.Bl. S. 304.

6. Die Beschäftigung jugendlicher Arbeiter in Spinnereien ist durch die Bekanntmachung v. 20. Mai 1879 (R.G.Bl. S. 362) wie folgt geregelt:

II. Jugendlichen Arbeitern darf in Hechelsälen, sowie in Räumen, in welchen Reißwölfe im Betriebe sind, während der Dauer des Betriebes eine Beschäftigung nicht gewährt und der Aufenthalt nicht gestattet werden.

I. Für junge Leute zwischen 14 und 16 Jahren, welche ausschließlich zur Hülfeleistung bei dem Betriebe der Spinnmaschinen verwendet werden, tritt die Beschränkung des §. 135 Absatz 4 der Gewerbeordnung mit folgenden Maßgaben außer Anwendung:

a) die tägliche Arbeitszeit darf 11 Stunden nicht überschreiten;

b) vor dem Beginn der Beschäftigung ist dem Arbeitgeber für jeden Arbeiter ein ärztliches Zeugniß einzuhändigen, nach welchem die körperliche Entwickelung des Arbeiters eine Beschäftigung bei dem Betriebe der Spinnmaschinen bis zu 11 Stunden täglich ohne Gefahr für die Gesundheit zuläßt;

c) der Arbeitgeber hat mit dem ärztlichen Zeugniß nach §. 137 Absatz 3 der Gewerbeordnung zu verfahren.

K. In den Räumen, in welchen jugendliche Arbeiter beschäftigt werden, muß neben der nach §. 138 Absatz 3 der Gewerbeordnung auszuhängenden Tafel eine zweite Tafel ausgehängt werden, welche die Bestimmungen unter II und I in deutlicher Schrift wiedergiebt.

§. 139b.

Die Aufsicht über die Ausführung der Bestimmungen der §§. 135 bis 139a sowie des §. 120 Abs. 3 in seiner Anwendung auf Fabriken ist ausschließlich oder neben den ordentlichen Polizeibehörden besonderen von den Landesregierungen zu ernennenden Beamten zu übertragen. Denselben stehen bei Ausübung dieser Aufsicht alle amtlichen Befugnisse der Ortspolizeibehörden, insbesondere das Recht zur jederzeitigen Revision der Fabriken zu. Sie sind, vorbehaltlich der Anzeige von Gesetzwidrigkeiten, zur Geheimhaltung der amtlich zu ihrer Kenntniß gelangenden Geschäfts- und Betriebsverhältnisse der ihrer Revision unterliegenden Fabriken zu verpflichten.

Die Ordnung der Zuständigkeitsverhältnisse zwischen diesen Beamten und den ordentlichen Polizeibehörden bleibt der verfassungsmäßigen Regelung in den einzelnen Bundesstaaten vorbehalten.

Die erwähnten Beamten haben Jahresberichte über ihre amtliche Thätigkeit zu erstatten. Diese Jahresberichte oder Auszüge aus denselben sind dem Bundesrath und dem Reichstag vorzulegen.

Auf Antrag der Landesregierungen kann für solche Bezirke, in welchen Fabrikbetriebe gar nicht oder nur in geringem Umfange

---

Zu §. 139b.

1. Die in Ausführung des §. 139b des Reichsgesetzes vom 17. Juli 1878 den Provinzialbehörden zugeordneten Beamten sind in Preußen die Fabriken-Inspektoren (Gewerberäthe).

Allerh. Erlaß vom 14. Mai 1879. Ges.S. S. 353.

Ihre Funktionen sind durch die Dienst-Anweisung vom 24. Mai 1879 (M.Bl. Seite 152) wie folgt geregelt:

Dienstanweisung für die Gewerberäthe vom 24. Mai 1879.
(M.Bl. Seite 152.)

§. 1.

Der Wirkungskreis der Gewerberäthe umfaßt:

I. innerhalb der durch die §§. 139b und 154 der Gewerbeordnung bezeichneten Grenzen mit Ausschluß der unter Aufsicht der Bergbehörden stehenden Anlagen:

A. die Aufsicht über die Ausführung der die Beschäftigung der Arbeiterinnen und jugendlichen Arbeiter betreffenden Bestimmungen der Gewerbeordnung,

vorhanden sind, durch Beschluß des Bundesraths von der Anstellung besonderer Beamten abgesehen werden.

Die auf Grund der Bestimmungen der §§. 135 bis 139a sowie des §. 120 Abs. 3 in seiner Anwendung auf Fabriken auszuführenden amtlichen Revisionen müssen die Arbeitgeber zu jeder Zeit, namentlich auch in der Nacht, während die Fabriken im Betriebe sind, gestatten.

B. Die Aufsicht über die Ausführung des §. 120 Abs. 3 der Gewerbeordnung;

II. die Beaufsichtigung derjenigen Anlagen, welche den Bestimmungen des §. 16 der Gewerbeordnung und seiner Ergänzungen unterliegen.

§. 2.

Die Gewerberäthe sollen in dem ihnen zugewiesenen Wirkungskreise nicht an die Stelle der ordentlichen Polizeibehörden treten, vielmehr durch Ergänzung deren Thätigkeit, sowie durch sachverständige Berathung derjenigen Provinzialbehörden, welchen sie zugeordnet sind, eine sachgemäße und gleichmäßige Ausführung der Bestimmungen der Gewerbeordnung und der auf Grund derselben erlassenen Vorschriften in dem ihnen überwiesenen Aufsichtsbezirk herbeizuführen suchen. Dabei sollen sie ihre Aufgabe vornehmlich darin suchen, durch eine wohlwollend controlirende, berathende und vermittelnde Thätigkeit nicht nur den Arbeitern die Wohlthaten des Gesetzes zu sichern, sondern auch die Arbeitgeber in der Erfüllung der Anforderungen, welche das Gesetz an die Einrichtung und den Betrieb ihrer Anlagen stellt, taktvoll zu unterstützen, zwischen den Interessen der Gewerbeunternehmer einerseits, der Arbeiter und des Publikums andererseits, auf Grund ihrer technischen Kenntnisse und amtlichen Erfahrungen in billiger Weise zu vermitteln und sowohl den Arbeitgebern als den Arbeitern gegenüber eine Vertrauensstellung zu gewinnen, welche sie in den Stand setzt, zur Erhaltung und Anbahnung guter Beziehungen zwischen beiden mitzuwirken.

§. 3.

Zur Erfüllung dieser Aufgabe haben sich die Gewerberäthe durch fortlaufende Revision der ihrer Aufsicht unterstellten Anlagen von dem Zustande und Betriebe derselben eingehende Kenntniß zu verschaffen, auf die Abstellung der dabei vorgefundenen Gesetzwidrigkeiten und Uebelstände hinzuwirken und sich ein Urtheil darüber zu bilden, ob und welche Vorschriften oder Einrichtungen erforderlich sind, um die Aufsicht der ordentlichen Polizeibehörden zu einer ersprießlichen zu machen, sowie ob und welche auf Grund der §§. 120 Abs. 3 und 139a der Gew.O. zu erlassende Vorschriften im Interesse der Industrie einerseits, der Arbeiter andererseits wünschenswerth erscheinen, oder in wie weit eine Abänderung bereits bestehender derartiger Vorschriften sich empfiehlt.

Einer speziellen persönlichen Revision sollen sie vornehmlich solche gewerblichen Anlagen unterziehen, bezüglich deren eine, den gesetzlichen Anforderungen ohne Schädigung der gewerblichen Interessen gerecht werdende Aufsicht durch technische Kenntnisse und Erfahrungen bedingt ist, welche bei den Organen der ordentlichen Polizeibehörden nicht vorausgesetzt werden können, sowie solche, deren Betrieb mit besonderen Gefahren für die Arbeiter oder die Nachbarschaft verbunden ist.

§. 4.

Den Gewerberäthen stehen nach §. 139b. Abs. 1 der Gew.O. die amtlichen Befugnisse der Ortspolizeibehörden zu. Sie sollen indessen von dem Rechte, Strafmandate oder polizeiliche event. im Wege administrativen Zwanges durchzuführende Verfügungen zu erlassen, keinen Gebrauch machen.

Die Abstellung einzelner Gesetzwidrigkeiten und Uebelstände sollen sie zunächst durch gütliche Vorstellungen und geeignete Rathschläge herbeizuführen suchen.

Ist auf diesem Wege die Erfüllung der gesetzlichen Anforderungen nicht zu erreichen, so haben die Gewerberäthe, so weit es sich um die Beschäftigung der jugendlichen Arbeiter oder der Arbeiterinnen handelt, die wahrgenommenen Verstöße den ordentlichen Polizeibehörden mit dem Ersuchen um Herbeiführung des weiteren Verfahrens zur Kenntniß zu bringen.

Soweit es sich um die Ausführung des §. 120 Abs. 3 der Gew.O. handelt, haben sie in denjenigen Fällen, wo die auf Grund dieser Bestimmung vom Bundesrathe oder von den zuständigen Landesbehörden erlassenen Vorschriften nicht beachtet werden, an den betreffenden Gewerbeunternehmer die im §. 147 ad 4 der Gew.O. vorgesehene Aufforderung zu richten, und, sofern derselben innerhalb einer angemessenen Frist nicht entsprochen wird, die ordentlichen Polizeibehörden um Herbeiführung des weiteren Verfahrens zu ersuchen. In solchen Fällen dagegen, in denen es sich um Einrichtungen handelt, deren Herstellung zur Sicherung der Arbeiter gegen Gefahren für Leben und Gesundheit von ihnen für nothwendig gehalten wird, aber nicht für alle Anlagen der fraglichen Art vorgeschrieben ist, haben sie jene Aufforderung erst zu erlassen, wenn sie eine dahin gehende Entscheidung der zuständigen höheren Verwaltungsbehörde herbeigeführt haben. (Vergl. §. 9.)

§. 5.

Die im §. 1 unter II. bezeichnete Aufsicht haben die Gewerberäthe als ständige Kommissarien derjenigen Regierungen (Landdrosteien), denen sie untergeordnet sind, wahrzunehmen. Sie haben als solche bei den von ihnen vorzunehmenden Revisionen festzustellen, ob für die den Bestimmungen des §. 16 der Gewerbeordnung und seiner Ergänzungen unterworfenen Anlagen die erforderliche Genehmigung erwirkt ist, und ob der Bestand und Betrieb derselben mit dem Inhalte der Genehmigung beziehungsweise mit den vorgeschriebenen Bedingungen übereinstimmt. Die wahrgenommenen Verstöße haben sie, wenn deren Beseitigung auf ihre desfallsige Aufforderung nicht erfolgt, den ordentlichen Polizeibehörden mit dem Ersuchen um Herbeiführung des weiteren Verfahrens zur Kenntniß zu bringen.

Allgemeine aus dem Betriebe gewisser Arten von Anlagen hervorgehende Uebelstände haben sie mit ihren auf Abhülfe derselben gerichteten Vorschlägen zur Kenntniß der zuständigen Regierung (Landdrostei) zu bringen.

§. 6.

Den Kreis- und Ortspolizeibehörden gegenüber haben die Gewerberäthe innerhalb ihres Wirkungskreises die Stellung von Kommissarien der zuständigen Regierung (Landdrostei).

Die Ortspolizeibehörden haben ihnen bei Ausübung ihrer Amtsthätigkeit die innerhalb ihrer Zuständigkeit liegende Unterstützung zu Theil werden zu lassen, insonderheit auf desfallsiges Ersuchen,

1. die nach Maßgabe der Anweisung für die Ortspolizeibehörden, betreffend die *Ausführung der Vorschriften der Gewerbeordnung* über die Beschäftigung der Arbeiterinnen und jugendlichen Arbeiter ꝛc. zu führenden Verzeichnisse, sowie die ihnen nach Maßgabe des §. 138 Absatz 2 erstatteten Anzeigen vorzulegen;
2. bei der Revision gewerblicher Anlagen Assistenz zu leisten;
3. Revisionen und Nachrevisionen bestimmter gewerblicher Anlagen vorzunehmen und über das Ergebniß Mittheilung zu machen;
4. ihnen über den Ausgang des auf ihr Ersuchen eingeleiteten weiteren Verfahrens Kenntniß zu geben.

§. 7.

Mit den technischen Beamten der Kreise (Kreisphysikus, Kreisschulinspektor, Kreisbaumeister) haben sich die Gewerberäthe über die den amtlichen Wirkungskreis derselben berührenden Fragen in's Benehmen zu setzen. Halten sie in besonderen Fällen eine Mitwirkung derselben bei den von ihnen vorzunehmenden Revisionen für erforderlich, so haben sie ihre darauf gerichteten Anträge bei der zuständigen Regierung (Landdrostei) einzubringen.

§. 8.

Die Gewerberäthe sollen die Regierungen (Landdrosteien), denen sie zugeordnet sind, von allen in das Bereich ihrer Wirksamkeit fallenden Wahrnehmungen, welche für die Gewerbeverwaltung von Bedeutung sind, in fortlaufender Kenntniß erhalten und bei den Geschäften des letzteren mit ihrem sachverständigen Rathe unterstützen.

Zu dem Ende sollen sie, soweit die ihnen obliegende Inspektionsthätigkeit es zuläßt, an den Sitzungen der Regierungen (Landdrosteien) und an denjenigen Geschäften derselben, bei denen die technischen oder die Betriebsverhältnisse der Industrie oder die Verhältnisse der gewerblichen Arbeiter in Betracht kommen, gleich den technischen Räthen der Regierung Theil nehmen. Insoderheit soll ihre Zuziehung, abgesehen von den durch besondere Anordnung vorgesehenen Fällen, in der Regel bei denjenigen Geschäften erfolgen, welche betreffen:

1. den Erlaß von Polizeiverordnungen oder von Anweisungen an die nachgeordneten Behörden, welche sich auf die Ausführung der in den Wirkungskreis der Gewerberäthe fallenden Bestimmungen der Gewerbeordnung beziehen;
2. die Genehmigung der unter die Bestimmungen des §. 16 der Gewerbeordnung und seiner Ergänzungen fallenden Anlagen und die auf Grund des §. 27 daselbst zu erlassenden Entscheidungen und Verfügungen;
3. Beschwerden, welche durch den Betrieb der unter 2 erwähnten Anlagen veranlaßt sind.

Die Zuziehung soll im Wege mündlicher Berathung, wo diese nicht thunlich, in den einfachsten Geschäftsformen erfolgen.

In denjenigen Fällen, in welchen ein Gewerberath mehreren Regierungen (Landdrosteien) zugeordnet ist, wird die Zuziehung des ersteren zu den Sitzungen der letzteren durch besondere Bestimmungen geregelt.

§. 9.

In solchen Fällen, wo der Erlaß der in §. 147 ad 4 der Gewerbeordnung vorgesehenen Aufforderung durch die Entscheidung der höheren Verwaltungsbehörde bedingt ist (vergl. 4 i. f.), soll dieser Entscheidung, wenn es sich um erstmalig anzuordnende Einrichtungen handelt, die Vernehmung geeigneter Sachverständigen voraufgehen. Bei dieser und bei den auf Grund derselben stattfindenden weiteren Verhandlungen ist der Gewerberath in der Regel persönlich zuzuziehen; wo dies nicht thunlich, vor Abgabe der Entscheidung nach beendigter Instruktion der Sache seine schriftliche Aeußerung zu veranlassen.

§. 10.

Im Geltungsbereich der Provinzialordnung vom 29. Juni 1875 können die Vorsitzenden der Provinzial- und Bezirksräthe bei den in §. 8 bezeichneten, zur Zuständigkeit der letzteren gehörenden Geschäften die Mitwirkung der zuständigen Gewerberäthe in Anspruch nehmen und zu dem Ende sowohl die Theilnahme derselben an den betreffenden Sitzungen des Provinzial- bezw. Bezirksrathes als auch die Erstattung schriftlicher Gutachten anordnen.

Im Gleichen ist im Bereiche der Provinzialordnung den Kreis- und Stadtausschüssen, bezw. den Magistraten, in der Provinz Hannover den Aemtern und Magistraten bei den die Genehmigung gewerblicher Anlagen betreffenden Verhandlungen die Zuziehung der Gewerberäthe nach denjenigen Grundsätzen gestattet, nach welchen den Kreisausschüssen mittelst Cirkular-Erlasses vom 9. Mai 1874 die Zuziehung Königlicher Beamten bei Erledigung von Geschäften der allgemeinen Landesverwaltung gestattet ist. Diese Zuziehung ist in der Regel auf solche Fälle zu beschränken, in denen entweder die Zahl der zu beschäftigenden Arbeiter oder die besonders gefährliche oder gesundheitsschädliche Natur des Betriebes besondere Sorgfalt bei Feststellung der Konzessionsbedingungen fordern. Anträge auf solche Zuziehung sind an den nächsten Vorgesetzten des Gewerberathes zu richten.

§. 11.

Der unmittelbare Vorgesetzte des Gewerberathes ist der Präsident (Landdrost) derjenigen Regierung (Landdrostei), welcher der Gewerberath zugeordnet ist. Ist ein Gewerberath mehreren Regierungen (Landdrosteien) zugeordnet, so wird der unmittelbare Vorgesetzte desselben besonders bestimmt.

§. 12.

Die Inhaber und Leiter der Fabriken und der in §. 154 aufgeführten Anlagen, welche der Aufsicht der Gewerberäthe unterliegen, sind verpflichtet, den letzteren den Zutritt zu denselben zu jeder Zeit, namentlich auch in der Nacht, während die Anlagen im Betriebe sind, zu gestatten, und soweit es sich um die unter den §. 16 der Gewerbeordnung und seiner Ergänzungen fallenden Anlagen handelt, auf Erfordern die Genehmigungsurkunde nebst den dazu gehörigen Plänen und Zeichnungen vorzulegen.

§. 13.

Den Nachweis seiner amtlichen Eigenschaft führt der Gewerberath durch Vorzeigung einer ihm von seinem unmittelbaren Vorgesetzten auszustellenden Legitimationskarte und im schriftlichen Verkehr durch Anwendung des ihm verliehenen Dienstsiegels.

§. 14.

Die Gewerberäthe sind vorbehaltlich der Anzeige von Gesetzwidrigkeiten zur Geheimhaltung der amtlich zu ihrer Kenntniß gelangenden Geschäfts- und Betriebsverhältnisse der ihrer Aufsicht unterliegenden Anlagen verpflichtet.

§. 15.

Alljährlich haben die Gewerberäthe einen das abgelaufene Kalenderjahr umfassenden Jahresbericht über ihre amtliche Thätigkeit zu erstatten, welcher bis zum 1. März durch Vermittlung ihres unmittelbaren Vorgesetzten dem Minister für Handel und Gewerbe vorzulegen ist.

Der Jahresbericht ist in folgenden Abtheilungen zu erstatten:

I. Allgemeine kurze Uebersicht über die gesammte Dienstthätigkeit unter Angabe der Zahl der vorgenommenen Revisionen und der auf Dienstreisen verwandten Tage;

II. Thätigkeit und Erfahrungen in Beziehung auf Beschäftigung der Arbeiterinnen und jugendlichen Arbeiter;

III. Ausführung des §. 120 Absatz 3 der Gewerbeordnung;

IV. die nach §. 16 der Gewerbeordnung genehmigungspflichtigen Anlagen;

V. Mittheilungen über Arbeiter- und andere Verhältnisse, welche für den Wirkungskreis der Gewerberäthe von Bedeutung sind, aber nicht zu den unter II—IV aufgeführten Gegenständen gehören.

---

2. Die Strafbestimmung wegen Uebertretung der Vorschrift in §. 139b der Gew.O. Abs. 5 ist in §. 149 Nr. 7 der Gew.O. enthalten.

Titel VIII.

Gewerbliche Hülfskassen.

§. 140.

Die durch Ortsstatut oder Anordnung der Verwaltungs-Behörde begründete Verpflichtung der selbständigen Gewerbetreibenden einer mit einer Innung verbundenen oder außerhalb derselben bestehenden Kranken-, Hülfs- oder Sterbekasse für selbständige Gewerbetreibende beizutreten, wird aufgehoben. Im Uebrigen wird in den Verhältnissen dieser Kassen durch gegenwärtiges Gesetz nichts geändert.

Neue Kassen der selbständigen Gewerbetreibenden für die erwähnten Zwecke erhalten durch die Genehmigung der höheren Verwaltungs-Behörde die Rechte juristischer Personen, soweit es zur Erlangung dieser Rechte einer besonderen staatlichen Genehmigung bedarf.

Gesetz über die eingeschriebenen Hülfskassen. Vom 7. April 1876.
(R.G.Bl. S. 125.)

§. 1.

Kassen, welche die gegenseitige Unterstützung ihrer Mitglieder für den Fall der Krankheit bezwecken, erhalten die

---

Zu Tit. VIII.

1. Hinsichtlich der Motivirung der Reform der Bestimmungen des Titel VIII. der Gewerbeordnung bezw. des Erlasses des Gesetzes vom 7. April 1876 vgl. Einleitung S. 9, 10.

2. Wo nach der Landesgesetzgebung die Rechte einer juristischen Person durch Personenvereine auch ohne Konkurrenz der höheren Verwaltungsbehörden auf Grund allgemeiner Gesetze erlangt werden, bedarf es der im §. 140 Abs. 2 der Gewerbeordnung vorgeschriebenen Genehmigung nicht; diese Bestimmung soll nur sagen, daß die Genehmigung der höheren Verwaltungsbehörde jedenfalls diese Wirkung hat.

Nr. 225, R.A. d. B.R. S. 57.

3. Für den Bereich der Bergwerke und Aufbereitungsanstalten ist die Aufsicht über die Ausführung der Vorschriften über die Beschäftigung jugendlicher Arbeiter den Bergbehörden übertragen. Die den Ortspolizeibehörden zugewiesenen Obliegenheiten sind durch die Revierbeamten wahrzunehmen.

Nr. 23, Anw. v. 4. September 1869.

Rechte einer eingeschriebenen Hülfskasse unter den nachstehend angegebenen Bedingungen.

§. 2.

Die Kasse hat einen Namen anzunehmen, welcher von dem aller anderen, an demselben Orte oder in derselben Gemeinde befindlichen Hülfskassen verschieden ist und die zusätzliche Bezeichnung „eingeschriebene Hülfskasse“ enthält.

Zum Gesetz vom 7. April 1876.

Nach §. 75 des Reichsgesetzes über die Krankenversicherung der Arbeiter vom 15. Juni 1883 kann der gesetzlichen Versicherungspflicht gegen Krankheit durch die Betheiligung an einer eingeschriebenen Hülfskasse ohne Beitrittszwang genügt werden, „falls dieselbe ihren Mitgliedern mindestens diejenigen Leistungen gewährt, welche in der Gemeinde, in deren Bezirk die Kasse ihren Sitz hat, nach Maßgabe des §. 6 von der Gemeinde-Krankenversicherung zu gewähren sind". Für Mitglieder solcher eingeschriebenen Hülfskassen ohne Beitrittszwang tritt weder die Gemeinde-Krankenversicherung noch die Verpflichtung, einer nach Maßgabe der Vorschriften dieses Gesetzes errichteten Krankenkasse" (mit Ausnahme der Knappschaftskassen, §. 74) „beizutreten, ein". Eingeschriebene Hülfskassen dagegen, für welche in irgend einer Form ein Zwang zum Beitritt besteht, insbesondere also Fabrikkrankenkassen (Beitrittszwang durch Reglement) und solche Hülfskassen, welche nach Maßgabe des (fortan aufgehobenen) Reichsgesetzes vom 8. April 1876 (R.G.Bl. S. 134) auf Anordnung der Gemeindebehörde (Beitrittszwang durch Ortsstatut) errichtet worden sind, gelten vom 1. December 1884 ab nicht mehr als eingeschriebene Hülfskassen und fallen demgemäß auch nicht mehr unter das Reichsgesetz vom 7. April 1876, sondern unterliegen den Vorschriften des Krankenkassengesetzes, §. 87 a. a. O. Das Hülfskassengesetz vom 7. April 1876 hat also vom 1. December 1884 ab nur noch Bedeutung für die freiwillig errichteten, mit Beitrittszwang nicht ausgestatteten eingeschriebenen Hülfskassen, und zwar insofern, als

a) Versicherungspflichtige (§§. 1 und 3 des Krankenkassengesetzes vom 15. Juni 1883) ihrer gesetzlichen, oder statutarischen Versicherungspflicht durch Betheiligung an denselben unter obiger Voraussetzung genügen können und alsdann weder zum Eintritt in die ihrer Beschäftigung entsprechenden Formen der Krankenversicherung genöthigt, noch an dem Uebertritt aus den letzteren in die ersteren gehindert sind (§§. 4, 19, 63, 72, 73 a. a. O.), — nur für die Mitglieder der Knappschaftskassen gilt dies nicht, da in die letzteren nicht hat eingegriffen werden sollen, §. 74 a. a. O.;

b) Versicherungspflichtige neben der Betheiligung an der Gemeindekrankenversicherung und an organisirten Krankenkassen auch noch eingeschriebenen Hülfskassen angehören, also Doppelversicherung eingehen und dadurch Krankenunterstützung bis zum vollen Betrage ihres individuellen

§. 3.

Das Statut der Kasse muss Bestimmung treffen:

1. über Namen, Sitz und Zweck der Kasse;
2. über den Beitritt und Austritt der Mitglieder;
3. über die Höhe der Beiträge, welche von den Mitgliedern zu entrichten sind, und, falls die Arbeitgeber zu Zuschüssen gesetzlich verpflichtet sind, über deren Höhe;
4. über die Voraussetzungen, die Art und den Umfang der Unterstützungen;
5. über die Bildung des Vorstandes, die Vertretung der zu Zuschüssen gesetzlich verpflichteten Arbeitgeber in demselben, sowie über die Legitimation seiner Mitglieder und den Umfang seiner Befugnisse;
6. über die Zusammensetzung und Berufung der Generalversammlung, über die Art ihrer Beschlussfassung und über die Stimmberechtigung der zu Zuschüssen gesetzlich verpflichteten Arbeitgeber;
7. über die Abänderung des Statuts;

Durchschnittslohnes sich sichern können, den den letzteren übersteigenden Betrag aus der Doppelversicherung allerdings in der Regel einbüßen, §. 26 a. a. O.;

c) Personen, auf welche das Krankenkassengesetz keine Anwendung findet insbesondere selbständige Meister (cf. jedoch §. 26 Abs. 4 Nr. 5), in derartigen eingeschriebenen Hülfskassen Versicherung nehmen können.

(von Woedtke, Kommentar zum Gesetz betreffend die Krankenversicherung der Arbeiter Seite 202. 203).

Zu §. 1.

1. Die Gegenseitigkeit der Kassen ist dadurch bedingt, daß die Mitglieder selbst durch regelmäßige Beiträge die Bedürfnisse der Kasse decken oder doch decken helfen. Kassen, welche ausschließlich auf andere Deckungsmittel angewiesen sind, namentlich solche, welche allein von den Arbeitgebern unterhalten werden, fallen nicht unter das Gesetz.

2. Nebenleistungen, welche nicht die Unterstützung der Mitglieder in Erkrankungsfällen, sondern andere Unterstützungszwecke, z. B. die der Angehörigen betreffen, sind ausgeschlossen.

3. Unter Krankheit sind auch die durch Unfall, Verunglückung u. s. w. hervorgerufenen körperlichen Beschädigungen zu verstehen.

Motive zu §. 1.

Zu §. 3.

Soweit das Gesetz keine Beschränkungen enthält, ist den Betheiligten volle Freiheit gegeben, die Kasseneinrichtungen nach ihrem Ermessen zu regeln. Dieses

8. über die Verwendung des Kassenvermögens im Falle der Auflösung oder Schliessung der Kasse;
9. über die Aufstellung und Prüfung der Jahresrechnung.

Das Statut darf keine Bestimmung enthalten, welche mit dem Zwecke der Kasse nicht in Verbindung steht oder den Vorschriften dieses Gesetzes zuwiderläuft.

§. 4.

Das Statut ist in zwei Exemplaren dem Vorstande der Gemeinde, in deren Bezirk die Kasse ihren Sitz nimmt, von den mit der Geschäftsleitung vorläufig betrauten Personen oder von dem Vorstande der Kasse in Person einzureichen. Der Gemeindevorstand hat das Statut der höheren Verwaltungsbehörde ungesäumt zu übersenden; diese entscheidet über die Zulassung der Kasse. Der Bescheid ist innerhalb sechs Wochen zu ertheilen.

Die Zulassung darf nur versagt werden, wenn das Statut den Anforderungen dieses Gesetzes nicht genügt. Wird die Zulassung versagt, so sind die Gründe mitzutheilen. Gegen die Versagung steht der Rekurs zu; wegen des Verfahrens und der Behörden gelten die Vorschriften der §§. 20 und 21 der Gewerbeordnung. In Elsass-Lothringen finden statt derselben die dort geltenden Bestimmungen über das Verfahren in streitigen Verwaltungssachen entsprechende Anwendung. Wird die Zulassung ausgesprochen, so ist eine Ausfertigung des Statuts, versehen mit dem Vermerke der erfolgten Zulassung, zurückzugeben.

Abänderungen des Statuts unterliegen den gleichen Vorschriften.

Eine Kasse, welche behufs Erhebung der Beiträge und Zahlung der Unterstützungen örtliche Verwaltungsstellen einrichtet, hat ihre Zulassung bei derjenigen Verwaltungsbehörde zu erwirken, in deren Bezirk die Hauptkasse ihren Sitz hat.

Die höhere Verwaltungsbehörde hat die Namen der zugelassenen Hülfskassen in ein Register einzutragen.

gilt namentlich auch von der Feststellung der Höhe der Mitgliederbeiträge.

Motive zu §. 3.

Zu §. 4.

Unter der Bezeichnung „höhere Verwaltungsbehörde“ sind die Regierungen (Landdrosteien) und das Polizeipräsidium in Berlin, unter der Bezeichnung „Gemeindebehörden“ diejenigen Behörden zu verstehen, welche den Gemeindevorstand bilden.

Der Gemeindevorstand, welchem das Statut einer Kasse behufs Erwirkung der Zulassung eingereicht wird, hat darüber ein Protokoll aufzunehmen, welches das Datum der Einreichung, den Namen der Kasse und den Namen und Wohnort der das Statut einreichenden Personen ergiebt. Dieses Protokoll ist der höheren Verwaltungsbehörde einzureichen und gleichzeitig über die Höhe des täglichen Lohnes, welcher gewöhnlichen Tagarbeitern an dem Orte, an welchem die Kasse ihren Sitz hat, im Jahresdurchschnitt gezahlt wird, zu berichten.

Die höhere Verwaltungsbehörde hat die Prüfung des Statuts darauf zu richten:

a) ob dasselbe formell vollständig ist (§. 3 Nr. 1—9),

b) ob der Inhalt den gesetzlichen Vorschriften entspricht (§. 3 Al. 2),

c) ob in das Statut Bestimmungen aufgenommen sind, welche mit dem Zwecke der Kasse nicht in Verbindung stehen (§. 3 Al. 2).

Ergeben sich Bedenken gegen die Zulassung, so kann zunächst der Versuch gemacht werden, die erforderlichen Abänderungen durch Verhandlung mit den Antragstellern herbeizuführen. Es muß aber jedenfalls innerhalb der Frist des §. 4 ein vorläufiger motivirter Bescheid ertheilt werden.

Im Uebrigen sind für das Verfahren die Vorschriften der §§. 20, 21 der Gewerbeordnung und Nr. 55, 57, 58 der Anweisung vom 4. September 1869 (Note 2 zu §. 30 der Gew.O.) mit folgenden Modifikationen maßgebend:

a) der schriftliche Bescheid (Nr. 55. Anw.) hat diejenigen Bestimmungen des Statuts, welche den Anforderungen des Gesetzes nicht entsprechen, und inwiefern dieses der Fall ist, genau zu bezeichnen;

b) der Rekurs und dessen Rechtfertigung ist innerhalb der gesetzlichen Frist und zwar zur Beschleunigung des Verfahrens in der Regel nicht unmittelbar bei den Ministerien, sondern bei der höheren Verwaltungsbehörde einzureichen, worauf in dem Bescheide jedesmal hinzuweisen ist.

Erfolgt die Entscheidung im Sinne der Zulassung der Kasse, so werden die eingereichten Exemplare des Statuts mit folgendem Zulassungsvermerke versehen:

„Die ..... ist auf Grund des vorstehenden Statuts als ein-
„geschriebene Hülfskasse zugelassen und unter Nr. ... des Registers
„der eingeschriebenen Hülfskassen eingetragen.

Ein Exemplar des Statuts ist nach vorgängiger Eintragung der Kasse in das Register durch Vermittelung der Aufsichtsbehörde den Antragstellern zuzustellen.

Ist die Gemeindebehörde nicht zugleich Aufsichtsbehörde, so erhält sie besondere Nachricht von der Zulassung.

Die Rekurse sind unter Beifügung der Verhandlungen, wenn es sich um Hülfskassen handelt, welche ausschließlich für Gewerbetreibende bestimmt sind, dem Minister für Handel und Gewerbe, sonst dem Minister des Innern vorzulegen.

Beschließt eine Kasse Abänderungen des Statuts, so ist eine Zusammenstellung der abändernden Beschlüsse oder ein vollständiges revidirtes Kassenstatut in 2 Exemplaren unter Beifügung der über die Beschlußfassung aufgenommenen Verhandlung dem Gemeindevorstande einzureichen. Die Prü-

§. 5.

Die Kasse kann unter ihrem Namen Rechte erwerben und Verbindlichkeiten eingehen, Eigenthum und andere dingliche Rechte an Grundstücken erwerben, vor Gericht klagen und verklagt werden.

Für alle Verbindlichkeiten der Kasse haftet den Kassengläubigern nur das Vermögen der Kasse.

Der ordentliche Gerichtsstand der Kasse ist bei dem Gerichte, in dessen Bezirk sie ihren Sitz hat.

§. 6.

Zum Beitritt der Mitglieder ist eine schriftliche Erklärung oder die Unterzeichnung des Statuts erforderlich. Handzeichen Schrei-

---

fung hat sich dann auch darauf zu erstrecken, ob die abändernden Beschlüsse nach Maßgabe des Gesetzes (§. 20 Al. 3) und des Statuts (§. 3 Nr. 7) gültig gefaßt sind. Im Uebrigen gelten dieselben Vorschriften, welche bei der ersten Zulassung zu beobachten sind. Der Zulassungsvermerk lautet:

a) wenn ein vollständig revidirtes Statut eingereicht ist:

„Die unterm ...... als eingeschriebene Hülfskasse zugelassene
„und unter Nr. ... des Registers eingetragene ....
„............ bleibt auf Grund des vorstehenden revidirten
„Statuts als eingeschriebene Hülfskasse ferner zugelassen;

b) wenn nur eine Zusammenstellung der abändernden Bestimmungen eingereicht ist:

„Die unterm ...... als eingeschriebene Hülfskasse zugelassene
„und unter Nr. ... des Registers eingetragene ....
„bleibt mit den vorstehenden Abänderungen des Kassenstatuts als
„eingeschriebene Hülfskasse ferner zugelassen.

Jede höhere Verwaltungsbehörde hat ein Register der eingeschriebenen Hülfskassen zu führen.

Jede Kasse ist in demselben auf einer besonderen Seite einzutragen. Die Eintragung erfolgt nach Ertheilung des Zulassungsvermerks. Bei Abänderungen des Statuts ist das Datum des Zulassungsvermerks einzutragen und anzugeben, ob ein revidirtes Statut oder nur einzelne Statutenänderungen vorliegen. Erstreckt sich die Aenderung auch auf die Bezeichnung der Kasse, so ist auch diese einzutragen.

Wird die Kasse aufgelöst oder geschlossen, oder wird über dieselbe der Konkurs eröffnet, so ist dies auf der betreffenden Seite des Registers zu vermerken und das Datum des Auflösungsbeschlusses bezw. des die Schließung aussprechenden Bescheides oder der Konkurseröffnung einzutragen.

Anw. d. M. d. J. u. H.-M. vom 15. Mai 1876.

Zu §. 6.

Es soll nicht nur die Verpflichtung der Kassenmitglieder zum Eintritt

bensunkundiger bedürfen der Beglaubigung durch ein Mitglied des Vorstandes.

Der Beitritt darf von der Betheiligung an anderen Gesellschaften oder Vereinen nur dann abhängig gemacht werden, wenn eine solche Betheiligung für sämmtliche Mitglieder bei Errichtung der Kasse durch das Statut vorgesehen ist. Im Uebrigen darf den Mitgliedern die Verpflichtung zu Handlungen oder Unterlassungen, welche mit dem Kassenzweck in keiner Verbindung stehen, nicht auferlegt werden.

§. 7.

Das Recht auf Unterstützung aus der Kasse beginnt für sämmtliche Mitglieder spätestens mit dem Ablauf der dreizehnten auf den Beitritt folgenden Woche.

Hat ein Mitglied bereits das Recht auf Unterstützung erworben, so verbleibt ihm dasselbe auch nach dem Austritte oder Ausslchusse für die nach Absatz 1 festgesetzte Frist. Ist der Ausschluss wegen Zahlungsversäumniss erfolgt, so läuft diese Frist von dem Tage, bis zu welchem die Beiträge bezahlt sind.

Für die erste Woche nach dem Beginn der Krankheit kann die Gewährung einer Unterstützung ausgeschlossen werden.

Der Ausschluss der Unterstützung in Fällen bestimmter Krankheiten ist unzulässig.

§. 8.

Die Mitglieder sind der Kasse gegenüber lediglich zu den auf Grund dieses Gesetzes und des Statuts festgestellten Beiträgen verpflichtet.

Nach Massgabe des Geschlechts, des Gesundheitszustandes, des Lebensalters oder der Beschäftigung der Mitglieder darf die Höhe der Beiträge verschieden bemessen werden.

Die Einrichtung von Mitgliederkassen mit verschiedenen Beitrags- und Unterstützungssätzen ist zulässig.

Im Uebrigen müssen die Beiträge und Unterstützungen für alle Mitglieder nach gleichen Grundsätzen abgemessen sein.

§. 9.

Arbeitgebern, welche für ihre Arbeiter die Beiträge vorschiessen, steht das Recht zu, die letzteren bei der dem Fälligkeitstage zunächst vorausgehenden oder bei einer diesem Tage folgenden Lohnzahlung in Anrechnung zu bringen.

---

in andere Vereine, sondern auch jede sonstige Verpflichtung ausgeschlossen bleiben, welche durch den Zweck der Hülfskasse nicht gerechtfertigt wird.

Motive zu §. 6.

§. 10.

Der Anspruch auf Unterstützung kann mit rechtlicher Wirkung weder übertragen, noch verpfändet werden; er kann nicht Gegenstand der Beschlagnahme sein.

§. 11.

Die Unterstützungen müssen im Falle der Arbeitsunfähigkeit des Unterstützungsberechtigten auf die Dauer von mindestens dreizehn Wochen gewährt werden, sofern die Arbeitsunfähigkeit nicht früher ihr Ende erreicht. Sie müssen während dieser Zeit täglich für Männer mindestens die Hälfte, für Frauen mindestens ein Dritttheil des Lohnbetrages erreichen, welcher zur Zeit der Feststellung des Statuts der Kasse an dem Orte ihres Sitzes nach dem Urtheil der dortigen Gemeindebehörde gewöhnlichen Tagearbeitern im Jahresdurchschnitt gezahlt wird.

Auf den Betrag der Unterstützungen, jedoch höchstens bis zu zwei Drittheilen desselben, darf die Gewährung der ärztlichen Behandlung und der Arzneien angerechnet werden.

An die Stelle jeder sonstigen Unterstützung kann die Verpflegung in einer Krankenanstalt treten.

§. 12.

Die täglichen Unterstützungen dürfen das Fünffache des gesetzlichen Mindestbetrages (§. 11) nicht überschreiten.

Neben diesen Unterstützungen können den Mitgliedern die geeigneten Mittel zur Erleichterung der ihnen nach der Genesung verbliebenen körperlichen Mängel gewährt werden.

Auch kann die Gewährung ärztlicher Behandlung auf die Familienangehörigen der Mitglieder ausgedehnt werden.

Den Hinterbliebenen verstorbener Mitglieder kann ferner eine Beihülfe gewährt werden, welche das Zehnfache der wöchentlichen Unterstützung, auf welche das verstorbene Mitglied Anspruch hatte, nicht überschreitet.

Zu §. 10.

Die von den Hülfskassen ihren Mitgliedern gewährte Unterstützung soll für die Zeit der Arbeitsunfähigkeit an die Stelle des durch eigene Arbeitskraft erworbenen Unterhalts treten. Wie das Gesetz betreffend die Beschlagnahme des Arbeits- oder Dienstlohnes vom 21. Juni 1869 diesen Unterhalt dem Erwerber ungeschmälert erhalten will, so ist folgerichtig auch jene Unterstützung vor einer Schmälerung zu bewahren.

Motive zu §. 10.

§. 13.

Zu anderen Zwecken, als den in den §§. 11 und 12 bezeichneten Unterstützungen und der Deckung der Verwaltungskosten, dürfen weder Beiträge von den Mitgliedern erhoben werden, noch Verwendungen aus dem Vermögen der Kasse erfolgen.

§. 14.

Eine Ermässigung der Beiträge oder eine Erhöhung der Unterstützungen bedarf für Kassen, in Ansehung deren eine Beitragspflicht der Arbeiter begründet ist, der Genehmigung des Vorstandes der Gemeinde oder des grösseren Kommunalverbandes, auf deren Anordnung die Beitrittspflicht beruht.

Eine Erhöhung der Beiträge oder eine Ermässigung der Unterstützungen bis auf den gesetzlichen Mindestbetrag (§. 11) kann die genannte Behörde für diese Kassen nach Anhörung des Vorstandes verfügen, wenn nach dem Rechnungsabschlusse des letzten Jahres die Einnahmen der Kasse zu den statutmässigen Aufwendungen nicht ausgereicht haben.

Rückständige Zahlungen von Mitgliedern und den Arbeitgebern können für diese Kassen, unter Vorbehalt richterlicher Entscheidung, im Verwaltungswege eingezogen werden.

§. 15.

Der Ausschluss von Mitgliedern aus der Kasse kann nur unter den durch das Statut bestimmten Formen und aus den darin bezeichneten Gründen erfolgen. Er ist nur zulässig bei dem Wegfall einer die Aufnahme bedingenden Voraussetzung, für den Fall einer Zahlungssäumniss oder einer solchen strafbaren Handlung, welche eine Verletzung der Bestimmungen des Statuts in sich schliesst. Wegen des Austrittes oder Ausschlusses aus einer Gesellschaft oder einem Vereine können Mitglieder nicht ausgeschlossen werden, wenn sie der Kasse bereits zwei Jahre angehört haben. Erfolgt ihre Ausschliessung vor Ablauf dieser Zeit, so haben sie Anspruch auf Ersatz des von ihnen bezahlten Eintrittsgeldes.

§. 16.

Die Kasse muss einen von der Generalversammlung gewählten Vorstand haben, durch welchen sie gerichtlich und aussergerichtlich vertreten wird.

Arbeitgeber, welche Zuschüsse zu der Kasse leisten, haben Anspruch auf Vertretung im Vorstande unter Berücksichtigung des Masses ihrer Zuschüsse. Mehr als ein Drittheil ihrer Stimmen darf ihnen jedoch im Vorstande nicht eingeräumt werden.

§. 17.

Die Zusammensetzung des Vorstandes, sowie jede in der Zusammensetzung des Vorstandes eingetretene Aenderung ist dem Vorstande der Gemeinde, in deren Bezirk die Kasse ihren Sitz hat, anzumelden. Die Anmeldung hat durch die Vorstandsmitglieder in Person oder durch eine beglaubigte schriftliche Erklärung zu erfolgen. Ist die Anmeldung nicht geschehen, so kann eine in der Zusammensetzung eingetretene Aendernng dritten Personen nur dann entgegengesetzt werden, wenn bewiesen wird, dass sie letzteren bekannt war.

Zur Legitimation des Vorstandes bei allen Geschäften, auch den das Hypotheken- und Grundschuldwesen betreffenden, genügt das Zeugniss des Vorstandes der Gemeinde, dass die darin bezeichneten Personen zur Zeit als Mitglieder des Vorstandes angemeldet sind.

§. 18.

Die Befugniss des Vorstandes, die Kasse nach Aussen zu vertreten, wird durch die im Statut enthaltene Vollmacht bestimmt.

Durch die innerhalb der Grenzen dieser Vollmacht im Namen der Kasse vom Vorstande abgeschlossenen Geschäfte wird die Kasse verpflichtet und berechtigt.

§. 19.

Dem Vorstande kann zur Ueberwachung der Geschäftsleitung ein Ausschuss zur Seite gesetzt werden, welcher durch die Generalversammlung zu wählen ist.

§. 20.

Soweit die Angelegenheiten der Kasse nicht durch den Vorstand

---

Zu §. 17.

Die Anmeldung der Zusammensetzung des Vorstandes und der in dieser Zusammensetzung eingetretenen Veränderungen erfolgt durch die Vorstandsmitglieder in Person oder durch beglaubigte schriftliche Erklärung. Entstehen über die Identität der anmeldenden Personen oder über die Richtigkeit der Anmeldung Zweifel, so hat die Gemeindebehörde nach pflichtmäßigem Ermessen auf dem ihr geeignet erscheinenden Wege den wahren Thatbestand festzustellen. Jeder Vorstand einer Gemeinde, in deren Bezirk eingeschriebene Hülfskassen ihren Sitz haben, hat über die Personen, welche als Mitglieder der Vorstände der Kassen angemeldet werden, ein Verzeichniß zu führen und fortlaufend nach Maßgabe der angemeldeten Veränderungen richtig zu erhalten. Auf Grund dieses Verzeichnisses sind die in §. 17 Al. 2 erwähnten Zeugnisse auszustellen.

Anw. d. M. d. J. und H.M. v. 15. Mai 1876.

Zu §. 20.

Nähere Anordnungen über die Berufung der Generalversammlung

oder Ausschuss wahrgenommen werden, steht die Beschlussnahme darüber der Generalversammlung zu.

Die Generalversammlung kann dritten Personen ihre Befugnisse nicht übertragen.

Abänderungen des Statuts bedürfen, mit der durch §. 14 gegebenen Massgabe, ihrer Zustimmung.

§. 21.

In der Generalversammlung hat jedes anwesende Mitglied, welches grossjährig und im Besitz der bürgerlichen Ehrenrechte ist, eine Stimme. Mitglieder, welche mit den Beiträgen im Rückstande sind, können von der Theilnahme an der Abstimmung ausgeschlossen werden.

Die Generalversammlung kann auch aus Abgeordneten gebildet werden, welche aus der Mitte der stimmfähigen Mitglieder zu wählen sind; die Zahl der zu wählenden Abgeordneten muss jedoch mindestens dreissig betragen.

Arbeiter, welche Zuschüsse zu der Kasse leisten, haben Anspruch auf Stimmberechtigung. Das Mass dieser Stimmberechtigung ist unter Berücksichtigung ihrer Zuschüsse festzustellen: die Zahl ihrer Stimmen darf jedoch die Hälfte der den Mitgliedern der Kasse zustehenden Stimmen nicht übersteigen.

§. 22.

Generalversammlungen können nur innerhalb des Deutschen Reichs an einem Orte abgehalten werden, an welchem die Kasse eine Zahlungsstelle besitzt. Bei der Berufung ist der Gegenstand der Berathung anzugeben.

Wird von dem Ausschuss oder von dem zehnten Theile der stimmfähigen Mitglieder die Berufung der Generalversammlung beantragt, so muss der Vorstand die letztere berufen.

§. 23.

Für diejenigen Kassen, in Ansehung deren eine Beitrittspflicht der Arbeiter begründet ist, kann der Vorstand der Gemeinde oder des grösseren Kommunalverbandes, auf deren Anordnung die Beitrittspflicht beruht,

1. so lange die Wahl des Vorstandes oder Ausschusses nicht zu Stande kommt, so lange ferner Vorstand oder Ausschuss

---

bleiben dem Statut überlassen. Dieselbe fällt in den Bereich der Geschäftsleitung und erfolgt daher, soweit das Statut nicht etwa über den regelmäßigen Zusammentritt Bestimmungen trifft, durch den Vorstand.

Motive zu §§. 19, 21.

die Erfüllung ihrer Obliegenheiten verweigern, mit der Wahrnehmung dieser Obliegenheiten geeignete Personen betrauen;

2. so lange die Generalversammlung oder eine durch das Gesetz oder das Statut vorgeschriebene Beschlussfassung der Generalversammlung nicht zu Stande kommt, die Befugnisse derselben wahrnehmen.

§. 24.

Die Einnahmen und Ausgaben der Kasse sind von allen den Zwecken der Kasse fremden Vereinnahmungen und Verausgabungen getrennt festzustellen und zu verrechnen; ebenso sind Bestände gesondert zu verwahren.

Verfügbare Gelder dürfen, ausser in öffentlichen Sparkassen, nur ebenso wie die Gelder angelegt werden.

§. 25.

In jedem fünften Jahre hat die Kasse die wahrscheinliche Höhe ihrer Verpflichtungen und der ihnen gegenüberstehenden Einnahmen durch einen Sachverständigen, welcher bei der Verwaltung der Kasse nicht betheiligt ist, abschätzen zu lassen, das Ergebniss nach dem vorgeschriebenen Formulare der Aufsichtsbehörde mitzutheilen und der Kenntnissnahme aller Mitglieder zugänglich zu machen.

§. 26.

Wenn nach dem Ergebnisse der Abschätzung die Verpflichtungen der Kasse die ihnen gegenüberstehenden Einnahmen übersteigen, so muss, Mangels anderer Deckungsmittel, entweder eine Ermässigung der Unterstützungen bis auf den gesetzlichen Mindestbetrag, oder eine Erhöhung der Beiträge eintreten, derart, dass nach dem Gutachten des Sachverständigen die Herstellung des Gleichgewichts zwischen den Vepflichtungen und Einnahmen der Kasse bis zur nächsten Abschätzung zu erwarten ist.

§. 27.

Die Kasse ist verpflichtet, in den vorgeschriebenen Fristen und nach den vorgeschriebenen Formularen Uebersichten über die

---

Zu §. 25 und §. 57.

Die Aufsichtsbehörde hat die Kassen zur rechtzeitigen Erfüllung der ihnen durch §§. 25 und 27 auferlegten Verpflichtungen, event. soweit dieses nach §. 33 Al. 4 zulässig, durch Ordnungsstrafen anzuhalten und das ihr mitgetheilte Ergebniß der fünfjährigen Abschätzung innerhalb 14 Tagen der höheren Verwaltungsbehörde vorzulegen. Wenn in ihrem Bezirke gewerbliche Hülfskassen bestehen, hinsichtlich deren eine Beitrittspflicht der Arbeiter begründet

Mitglieder, über die Krankheits- und Sterbefälle, über die verrechneten Beitrags- und Unterstützungstage der höheren Verwaltungsbehörde, sowie einen Rechnungsabschluss der Aufsichtsbehörde einzusenden. Sie hat der Aufsichtsbehörde auf Erfordern das Ausscheiden der Mitglieder anzuzeigen.

§. 28.

Kassen, in Ansehung deren eine Beitrittspflicht der Arbeiter nicht begründet ist, können durch Beschluss der Generalversammlung unter Zustimmung von mindestens vier Fünftheilen sämmtlicher vertretenen Stimmen aufgelöst werden.

§. 29.

Die Schliessung einer Kasse kann durch die höhere Verwaltungsbehörde erfolgen:

1. wenn mehr als ein Viertheil der Mitglieder mit der Einzahlung der Beiträge im Rückstande ist und trotz ergangener Auf-

---

ist, so hat sie an diejenigen eingeschriebenen Hülfskassen, welche für gewerbliche Arbeiter oder auch für solche bestimmt sind, das Erfordern zu richten, das Ausscheiden von Mitgliedern in jedem Falle unter Angabe des Vor- und Zunamens, des Wohnortes und der Beschäftigung binnen 14 Tagen anzuzeigen. Diese Verpflichtung kann auf die Arbeiter einzelner, in diesem Falle bestimmt zu bezeichnender Gewerbszweige beschränkt werden, wenn nur für diese eine Verpflichtung, gewissen Hülfskassen beizutreten, besteht.

Anw. d. M. d. J. und H.M. vom 15. Mai 1876.

In Ausführung der Bestimmung des §. 27 ist die Anordnung getroffen, daß die Uebersichten über die Mitglieder und über Krankheits- und Sterbefälle, so wie der Rechnungsabschluß nach Maßgabe eines bestimmten Formulars aufzustellen sind.

Bek. des Reichskanzlers v. 14. Februar 1877. R.Centr.Bl. S. 99.

Zu §. 28.

Hierbei entscheiden nicht nur die Mitglieder, sondern auch die stimmberechtigten Arbeitgeber. Ist die Errichtung der Kasse nicht durch den Willen der Mitglieder, sondern auch auf Grund eines Ortsstatuts oder eines Beschlusses der höheren Verwaltungsbehörde erfolgt, so kann auch die Auflösung nicht in die freie Entschließung der Mitglieder gestellt werden. Sie ist vielmehr von der Aufhebung derjenigen Bestimmungen abhängig, durch welche die Errichtung erfolgt ist.

Motive zu §. 26.

Zu §. 29.

Die Aufsichtsbehörde hat in den in §. 29 N. 1—3 erwähnten Fällen die Aufforderungen und Auflagen unter Fristbestimmung zu erlassen.

forderung der Aufsichtsbehörde weder die Beitreibung der fälligen Beiträge, noch der Ausschluss der säumigen Mitglieder erfolgt;

2. wenn die Kasse trotz ergangener Aufforderung der Aufsichtsbehörde vier Wochen mit Zahlung fälliger nicht streitiger Unterstützungen im Rückstande ist;

3. wenn die Generalversammlung einen mit den Vorschriften dieses Gesetzes oder des Kassenstatuts im Widerspruch stehenden Beschluss gefasst hat und der Auflage der Aufsichtsbehörde, denselben zurückzunehmen, innerhalb der gesetzten Frist nicht nachgekommen ist;

4. wenn dem §. 6 dieses Gesetzes zuwider Mitglieder zu Handlungen oder Unterlassungen verpflichtet, oder wenn der Vorschrift des §. 13 entgegen Beiträge von den Mitgliedern erhoben oder Verwendungen aus dem Vermögen der Kasse bewirkt werden;

5. wenn im Falle des §. 26 innerhalb einer von der höheren Verwaltungsbehörde angemessen zu bestimmenden Frist für die Herstellung des Gleichgewichts zwischen den Verpflichtungen und Einnahmen der Kasse nicht Sorge getragen ist;

6. wenn Mitglieder aus einem nach diesem Gesetze unzulässigen Grunde aus der Kasse ausgeschlossen werden.

Gegen die Massregeln der Verwaltungsbehörde ist der Rekurs zulässig; wegen des Verfahrens und der Behörden gelten die Vorschriften der §§. 20 und 21 der Gewerbeordnung. In Elsass-Lothringen finden statt derselben die dort geltenden Bestimmungen über das Verfahren in streitigen Verwaltungssachen entsprechende Anwendung.

Die Eröffnung des Konkursverfahrens über eine Kasse hat die Schliessung kraft Gesetzes zur Folge.

Im Falle der Konkurseröffnung oder des Eintritts einer der Fälle, in denen gemäß §. 29 N. 1—6 die Schließung der Kasse erfolgen kann, ferner im Falle der Auflösung derselben, ist der höheren Verwaltungsbehörde innerhalb 14 Tagen Anzeige zu machen.

Für das Verfahren bei Schließung einer Kasse (§. 29 Al. 1, 2) greifen dieselben Bestimmungen Platz, welche bei Entziehung einer ertheilten Approbation (vgl. Note 12 zu §. 29 Gew.O.) vorgeschrieben sind.

Anw. d. M. d. J. u. H.M. v. 15. Mai 1876.

Wegen der Hülfskassen sozialdemokratischer Vereine vgl. §. 2 des Gesetzes vom 21. Oktober 1878 Note 2 zu §. 143 Gew.O.

§. 30.

Bei der **Auflösung einer Kasse** wird die Abwickelung der Geschäfte, sofern die Generalversammlung darüber nicht anderweitig beschliesst, durch den Vorstand vollzogen. Genügt dieser seiner Verpflichtung nicht, oder wird die Kasse geschlossen, so hat die Aufsichtsbehörde die Abwickelung der Geschäfte geeigneten Personen zu übertragen und deren Namen bekannt zu machen.

§. 31.

Von dem Zeitpunkte der Auflösung oder Schliessung einer Kasse ab bleiben die Mitglieder noch für diejenigen Zahlungen verhaftet, zu welchen sie das Statut für den Fall ihres Austrittes aus der Kasse verpflichtete.

Das Vermögen der Kasse ist nach der Auflösung oder Schliessung zunächst zur Deckung der vor dem Zeitpunkte der Auflösung oder Schliessung bereits eingetretenen Unterstützungsverpflichtungen zu verwenden.

§. 32.

Bis zum Ablaufe eines Jahres nach Auflösung oder Schliessung einer Kasse kann einer für die gleichen Zwecke und für denselben Mitgliederkreis oder für einen Theil desselben neu errichteten Kasse die Zulassung versagt werden.

§. 33.

Die Kassen unterliegen in Bezug auf die Befolgung dieses Gesetzes der **Beaufsichtigung durch die von den Landesregierungen zu bestimmenden Behörden.**

Zu §. 30.

In dem Falle des §. 30 Satz 2 hat die Aufsichtsbehörde die erforderlichen Verfügungen wegen Abwickelung der Geschäfte der Kasse zu treffen.

Anw. d. M. d. J. u. H.M. vom 15. Mai 1876.

Zu §. 33.

Die **Beaufsichtigung** der Kassen ist in den Städten von dem Gemeindevorstande, sonst von den Kreislandräthen, in der Provinz Hannover von den Amtshauptmännern, in Hohenzollern von den Oberamtmännern wahrzunehmen. In denjenigen Städten, in welchen der Gemeindevorstand ein Kollegium bildet, hat derselbe zur Wahrnehmung der Aufsicht einen Kommissarius zu bestellen.

Die Aufsichtsbehörde hat im Falle des §. 33 Al. 3 auf Anrufung der Antragsteller (§. 22 Al. 2) den Vorstand der Kasse aufzufordern, binnen einer bestimmten kurzen Frist unter Beachtung der im Statut vorgeschriebenen Formen (§. 3 Nr. 6) die Berufung selbst vorzunehmen. Sie hat sich von allen Ver-

Die Aufsichtsbehörde kann jederzeit die Bücher der Kasse einsehen.

Sie beruft die Generalversammlung, falls der Vorstand der durch §. 22 begründeten Verpflichtung nicht genügt.

Sie kann die Mitglieder des Vorstandes und die im Falle der Auflösung oder Schliessung einer Kasse mit der Abwickelung der Geschäfte betrauten Personen zur Erfüllung der durch §. 27 begründeten Pflichten durch Ordnungsstrafe bis zu einhundert Mark anhalten.

§. 34.

Mitglieder des Vorstandes oder des Ausschusses, welche den Bestimmungen dieses Gesetzes zuwider handeln, werden mit Geldstrafe bis zu dreihundert Mark gerichtlich bestraft. Haben sie absichtlich zum Nachtheil der Kasse gehandelt, so unterliegen sie der Strafbestimmung des §. 266 des Strafgesetzbuchs.

§. 35.

Eine **Vereinigung mehrerer Kassen zu einem Verbande** behufs gegenseitiger Aushülfe kann unter Zustimmung der einzelnen Kassen und auf Grund eines schriftlichen Statuts erfolgen.

Der Verband ist durch einen aus der Wahl der Vorstände oder Ausschüsse der betheiligten Kassen hervorgegangenen Vorstand zu verwalten. Seine Pflichten und Befugnisse bestimmt das Statut. Sein Sitz darf nur an einem Orte sein, wo eine der betheiligten Kassen ihren Sitz hat.

Der Verband unterliegt nach Massgabe des §. 33 der Aufsicht der höhereren Verwaltungsbehörde desjenigen Bezirks, in welchem der Vorstand seinen Sitz hat.

---

hältnissen der Kassen, welche für die Wahrnehmung der Aufsicht von Bedeutung sind, soweit erforderlich durch Einsehung der Kassenbücher (§. 33 Al. 2) in fortlaufender Kenntniß zu erhalten.

Anw. d. M. d. J. u. H.M. vom 15. Mai 1876.

Die **Kosten der Revision** der eingeschriebenen Hülfskassen seitens der Aufsichtsbehörde (Gemeindevorstand) sind von dem durch dieselben Verpflichteten zu tragen, und fallen der Staatskasse nicht zur Last.

R. d. H.M. u. M. d. J. v. 18. Februar 1883. (M.Bl. S. 145.)

Zu §. 34.

Die Aufsichtsbehörde hat in denjenigen Fällen, in denen Mitglieder des Vorstandes oder des Ausschusses den Gesetzen zuwiderhandeln (§. 34), soweit nicht zunächst mit Ordnungsstrafen vorzugehen ist (§. 33 Al. 4), die Einleitung des gerichtlichen Strafverfahrens zu veranlassen.

Anw. d. M. d. J. und H.M. vom 15. Mai 1876.

Vgl. auch §. 75, 87 des R.G. v. 15. Juni 1883 (Krankenversicherung) abgedruckt Seite 438.

Auf die Mitglieder des Vorstandes und die sonstigen Organe des Verbandes finden die Bestimmungen des §. 34 Anwendung.

§. 36.

Die Verfassung und die Rechte der auf Grund landesrechtlicher Vorschriften errichteten Hülfskassen werden durch dieses Gesetz nicht berührt; die Kassen können jedoch durch die Landesregierungen zur Einsendung der im §. 27 bezeichneten Uebersichten verpflichtet werden.

In Ansehung der Kassen der Knappschaftsvereine verbleibt es bei den dafür massgebenden besonderen Bestimmungen.

---

§. 141.*)

Durch Ortsstatut (§. 142) kann die Bildung von Hülfskassen nach Maßgabe des Gesetzes über die eingeschriebenen Hülfskassen vom 7. April 1876 zur Unterstützung von Gesellen, Gehülfen und Fabrikarbeitern angeordnet werden.

In diesem Falle ist die Gemeindebehörde ermächtigt, nach Maßgabe des genannten Gesetzes die Einrichtung der Kassen nach Anhörung der Betheiligten zu regeln und die Verwaltung der Kassen sicher zu stellen.

§. 141 a.

Durch Ortsstatut kann Gesellen, Gehülfen und Fabrikarbeitern, welche das sechszehnte Lebensjahr zurückgelegt haben, die Betheiligung an einer auf Anordnung der Gemeindebehörde gebildeten Kasse zur Pflicht gemacht werden.

Von der Pflicht, einer solchen Hülfskasse beizutreten oder fernerhin anzugehören, werden diejenigen befreit, welche die Betheiligung an einer anderen eingeschriebenen Hülfskasse nachweisen.

Wer der Pflicht zur Betheiligung nicht genügt, kann von der Kasse für alle Zahlungen, welche bei rechtzeitigem Eintritte von

*) Die §§. 141 bis 141f beruhen auf dem Gesetze, betreffend die Abänderung des Titels VIII der Gewerbeordnung, vom 8. April 1876 (R.G.Bl. S. 134). Dieses Gesetz ist durch §. 87 des Gesetzes, betreffend die Krankenversicherung der Arbeiter, vom 15. Juni 1883 (R.G.Bl. S. 73) aufgehoben. Die Bestimmungen des letzteren Gesetzes treten, soweit sie die Beschlußfassung über die statutarische Einführung des Versicherungszwanges, sowie die Herstellung der zur Durchführung des Versicherungszwanges dienenden Einrichtungen betreffen, mit dem 1. Dezember 1883, die übrigen mit dem 1. Dezember 1884 in Kraft (§. 88 a. a. O.).

ihm zu entrichten gewesen wären, gleich einem Mitgliede in Anspruch genommen werden.

§. 141b.

Für Gesellen, Gehülfen und Fabrikarbeiter, welche nach Maßgabe der Landesgesetze auf Grund einer Anordnung der Gemeindeverwaltung regelmäßige Beiträge zum Zweck der Krankenunterstützung entrichten, kann durch Ortsstatut die Verpflichtung zur Betheiligung an einer eingeschriebenen Hülfskasse nicht begründet werden.

§. 141c.

Durch Ortsstatut kann bestimmt werden:

1. daß Arbeitgeber diejenigen Beiträge, welche ihre Arbeiter an eine auf Anordnung der Gemeindebehörde gebildete Hülfskasse zu entrichten haben, bis auf die Hälfte des verdienten Lohnes vorschießen, soweit diese Beiträge während der Dauer der Arbeit bei ihnen fällig werden;
2. daß Fabrikinhaber zu den vorgedachten Beiträgen ihrer Arbeiter Zuschüsse bis auf die Höhe der Hälfte dieser Beiträge leisten;
3. daß Arbeitgeber ihre zum Eintritte in eine bestimmte Hülfskasse verpflichteten Arbeiter für diese Kasse anmelden. Wer dieser Pflicht nicht genügt, kann von der Kasse für alle Zahlungen, welche bei rechtzeitigem Eintritte von den Arbeitern zu entrichten gewesen wären, gleich einem Mitgliede in Anspruch genommen werden.

§. 141d.

Die im §. 141a Absatz 3 und §. 141c Nr. 3 bezeichneten Forderungen einer Kasse verjähren in einem Jahre; die Verjährung beginnt mit Schluß des Kalenderjahres, in welchem die Forderung entstanden ist.

§. 141e.

Gleich der Gemeinde kann auch ein größerer Kommunalverband nach Maßgabe der vorstehenden Bestimmungen durch seine verfassungsmäßigen Organe für seinen Bezirk oder für Theile desselben die Bildung eingeschriebener Hülfskassen anordnen und Gesellen, Gehülfen sowie Fabrikarbeiter zur Betheiligung an diesen Kassen verpflichten.

§. 141f.

Den Bestimmungen der §§. 141 bis 141e unterliegen auch diejenigen bei Bergwerken, Aufbereitungsanstalten und Brüchen oder Gruben beschäftigten Arbeiter und Arbeitgeber, für welche eine sonstige gesetzliche Verpflichtung zur Bildung von Hülfskassen und zur Betheiligung an denselben nicht besteht. Arbeitgeber der hier bezeichneten Art werden den Fabrikinhabern (§. 141c Nr. 2) gleichgeachtet.

Auf Arbeiter und Arbeitgeber, welche bei den auf Grund berggesetzlicher Vorschriften gebildeten Hülfskassen betheiligt sind, finden die Bestimmungen der §§. 141 bis 141e keine Anwendung.

Gesetz, betreffend die Krankenversicherung der Arbeiter.*) Vom 15. Juni 1883. (R.G.Bl. S. 73.)

A. Versicherungszwang.

§. 1.

Personen, welche gegen Gehalt oder Lohn beschäftigt sind:

1. in Bergwerken, Salinen, Aufbereitungsanstalten, Brüchen und Gruben, in Fabriken und Hüttenwerken, beim Eisenbahn- und Binnendampfschiffahrtsbetriebe, auf Werften und bei Bauten.
2. im Handwerk und in sonstigen stehenden Gewerbebetrieben,
3. in Betrieben, in denen Dampfkessel oder durch elementare Kraft (Wind, Wasser, Dampf, Gas, heisse Luft etc.) bewegte Triebwerke zur Verwendung kommen, sofern diese Verwendung nicht ausschliesslich in vorübergehender Benutzung einer nicht zur Betriebsanlage gehörenden Kraftmaschine besteht,

sind mit Ausnahme der im §. 2 unter 2 bis 6 aufgeführten Personen, sofern nicht die Beschäftigung ihrer Natur nach eine vorübergehende oder durch den Arbeitsvertrag im voraus auf einen Zeitraum von weniger als einer Woche beschränkt ist, nach Massgabe der Vorschriften dieses Gesetzes gegen Krankheit zu versichern.

Betriebsbeamte unterliegen der Versicherungspflicht nur, wenn ihr Arbeitsverdienst an Lohn oder Gehalt sechszweidrittel Mark für den Arbeitstag nicht übersteigt.

Als Gehalt oder Lohn im Sinne dieses Gesetzes gelten auch Tantiemen

---

*) Vgl. die Note zum Ges. v. 7. April 1876 Seite 421.

und Naturalbezüge. Der Werth der letzteren ist nach Ortsdurchschnittspreisen in Ansatz zu bringen.

§. 2.

Durch statutarische Bestimmung einer Gemeinde für ihren Bezirk, oder eines weiteren Kommunalverbandes für seinen Bezirk oder Theile desselben, kann die Anwendung der Vorschriften des §. 1 erstreckt werden:

1. auf diejenigen in §. 1 bezeichneten Personen, deren Beschäftigung ihrer Natur nach eine vorübergehende oder durch den Arbeitsvertrag im voraus auf einen Zeitraum von weniger als einer Woche beschränkt ist,
2. auf Handlungs-Gehülfen und -Lehrlinge, Gehülfen und Lehrlinge in Apotheken,
3. auf Personen, welche in anderen als den in §. 1 bezeichneten Transportgewerben beschäftigt werden,
4. auf Personen, welche von Gewerbetreibenden ausserhalb ihrer Betriebsstätten beschäftigt werden,
5. auf selbständige Gewerbetreibende, welche in eigenen Betriebsstätten im Auftrage und für Rechnung anderer Gewerbetreibender mit der Herstellung oder Bearbeitung gewerblicher Erzeugnisse beschäftigt werden (Hausindustrie),
6. auf die in der Land- und Forstwirthschaft beschäftigten Arbeiter.

Die auf Grund dieser Vorschrift ergehenden statutarischen Bestimmuugen müssen neben genauer Bezeichnung derjenigen Klassen von Personen, auf welche die Anwendung der Vorschriften des §. 1 erstreckt werden soll, Bestimmungen über die Verpflichtung zur An- und Abmeldung, sowie über die Verpflichtung zur Einzahlung der Beiträge enthalten.

Sie bedürfen der Genehmigung der höheren Verwaltungsbehörde und sind in der für Bekanntmachungen der Gemeindebehörden vorgeschriebenen oder üblichen Form zu veröffentlichen.

§. 3.

Auf Beamte, welche in Betriebsverwaltungen des Reichs, eines Bundesstaates oder eines Kommunalverbandes mit festem Gehalt angestellt sind, finden die Bestimmungen der §§. 1, 2 dieses Gesetzes keine Anwendung.

Auf ihren Antrag sind von der Versicherungspflicht zu befreien. Personen, welche im Krankheitsfalle mindestens für dreizehn Wochen auf Verpflegung in der Familie des Arbeitgebers oder auf Fortzahlung des Gehaltes oder des Lohnes Anspruch haben.

B. Gemeinde-Krankenversicherung.

§. 4.

Für alle versicherungspflichtigen Personen, welche nicht
einer Orts-Krankenkasse (§. 16),
einer Betriebs- (Fabrik-) Krankenkasse (§. 59),
einer Bau-Krankenkasse (§. 69),
einer Innungs-Krankenkasse (§. 73),
einer Knappschaftskasse (§. 74),
einer eingeschriebenen oder auf Grund landesrechtlicher Vorschriften errichteten Hülfskasse (§. 75)
angehören, tritt die Gemeinde-Krankenversicherung ein.

Personen der in §§. 1, 2, 3 bezeichneten Art, welche der Versicherungspflicht nicht unterliegen, sowie Dienstboten sind berechtigt, der Gemeinde-Krankenversicherung der Gemeinde, in deren Bezirk sie beschäftigt sind, beizutreten. Der Beitritt erfolgt durch schriftliche oder mündliche Erklärung beim Gemeindevorstande, gewährt aber keinen Anspruch auf Unterstützung im Falle einer bereits zur Zeit dieser Erklärung eingetretenen Erkrankung. Beigetretene, welche die Versicherungsbeiträge (§. 5) an zwei auf einander folgenden Zahlungsterminen nicht geleistet haben, scheiden damit aus der Gemeinde-Krankenversicherung aus.

§. 5.

Denjenigen Personen, für welche die Gemeinde-Krankenversicherung eintritt, ist von der Gemeinde, in deren Bezirk sie beschäftigt sind, im Falle einer Krankheit oder durch Krankheit herbeigeführten Erwerbsunfähigkeit Krankenunterstützung zu gewähren.

Von denselben hat die Gemeinde Krankenversicherungsbeiträge (§. 9) zu erheben.

§. 6.

Als Krankenunterstützung ist zu gewähren:

1. vom Beginn der Krankheit ab freie ärztliche Behandlung, Arznei, sowie Brillen, Bruchbänder und ähnliche Heilmittel;
2. im Falle der Erwerbsunfähigkeit, vom dritten Tage nach dem Tage der Erkrankung ab für jeden Arbeitstag ein Krankengeld in Höhe der Hälfte des ortsüblichen Tagelohnes gewöhnlicher Tagearbeiter.

Die Krankenunterstützung endet spätestens mit dem Ablauf der dreizehnten Woche nach Beginn der Krankheit.

Die Gemeinden sind ermächtigt, zu beschliessen, dass bei Krankheiten, welche die Betheiligten sich vorsätzlich oder durch schuldhafte

Betheiligung bei Schlägereien oder Raufhändeln, durch Trunkfälligkeit oder geschlechtliche Ausschweifungen zugezogen haben, das Krankengeld gar nicht oder nur theilweise gewährt wird, sowie dass Personen, welche der Versicherungspflicht nicht unterliegen und freiwillig der Gemeinde-Krankenversicherung beitreten, erst nach Ablauf einer auf höchstens sechs Wochen vom Beitritte ab zu bemessenden Frist Krankenunterstützung erhalten.

Das Krankengeld ist wöchentlich postnumerando zu zahlen.

§. 7.

An Stelle der in §. 6 vorgeschriebenen Leistungen kann freie Kur und Verpflegung in einem Krankenhause gewährt werden, und zwar:

1. für diejenigen, welche verheirathet oder Glieder einer Familie sind, mit ihrer Zustimmung, oder unabhängig von derselben, wenn die Art der Krankheit Anforderungen an die Behandlung oder Verpflegung stellt, welchen in der Familie des Erkrankten nicht genügt werden kann,
2. für sonstige Erkrankte unbedingt.

Hat der in einem Krankenhause Untergebrachte Angehörige, deren Unterhalt er bisher aus seinem Arbeitsverdienste bestritten hat, so ist neben der freien Kur und Verpflegung die Hälfte des in §. 6 festgesetzten Krankengeldes zu leisten.

§. 8.

Der Betrag des ortsüblichen Tagelohnes gewöhnlicher Tagearbeiter wird von der höheren Verwaltungsbehörde nach Anhörung der Gemeindebehörde festgesetzt.

Die Festsetzung findet für männliche und weibliche, für jugendliche und erwachsene Arbeiter besonders statt. Für Lehrlinge gilt die für jugendliche Arbeiter getroffene Feststelluug.

§. 9.

Die von der Gemeinde zu erhebenden Versicherungsbeiträge sollen, so lange nicht nach Massgabe des §. 10 etwas anderes festgesetzt ist, einundeinhalbes Prozent des ortsüblichen Tagelohnes (vergl. §. 8) nicht übersteigen und sind mangels besonderer Beschlussnahme in dieser Höhe zu erheben.

Dieselben fliessen in eine besondere Kasse, aus welcher auch die Krankenunterstützungen zu bestreiten sind.

Die Einnahmen und Ausgaben dieser Kasse sind getrennt von den sonstigen Einnahmen und Ausgaben der Gemeinde festzustellen und zu verrechnen. Die Verwaltung der Kasse hat die Gemeinde unentgeltlich zu führen. Ein Jahresabschluss der Kasse nebst einer Uebersicht über die Versicherten und die Krankheitsverhältnisse ist alljährlich der höheren Verwaltungsbehörde einzureichen.

Reichen die Bestände der Krankenversicherungskasse nicht aus, um die fällig werdenden Ausgaben derselben zu decken, so sind aus der Gemeindekasse die erforderlichen Vorschüsse zu leisten, welche ihr, vorbehaltlich der Bestimmungen des §. 10, demnächst aus der Krankenversicherungskasse mit ihrem Reservefonds zu erstatten sind.

§. 10.

Ergiebt sich aus den Jahresabschlüssen, dass die gesetzlichen Krankenversicherungsbeiträge zur Deckung der gesetzlichen Krankenunterstützungen nicht ausreichen, so können mit Genehmigung der höheren Verwaltungsbehörde die Beiträge bis zu zwei Prozent des ortsüblichen Tagelohnes (§. 8) erhöht werden.

Ueberschüsse der Einnahmen über die Ausgaben, welche nicht zur Deckung etwaiger Vorschüsse der Gemeinde in Anspruch genommen werden, sind zunächst zur Ansammlung eines Reservefonds zu verwenden.

Ergeben sich aus den Jahresabschlüssen dauernd Ueberschüsse der Einnahmen aus Beiträgen über die Ausgaben, so sind nach Ansammlung eines Reservefonds im Betrage einer durchschnittlichen Jahreseinnahme zunächst die Beiträge bis zu einundeinhalb Prozent des ortsüblichen Tagelohnes (§. 8) zu ermässigen. Verbleiben alsdann noch Ueberschüsse, so hat die Gemeinde zu beschliessen, ob eine weitere Herabsetzung der Beiträge oder eine Erhöhung der Unterstützungen eintreten soll. Erfolgt eine Beschlussnahme nicht, so kann die höhere Verwaltungsbehörde die Herabsetzung der Beiträge verfügen.

§. 11.

Personen, für welche die Gemeinde-Krankenversicherung eingetreten ist, behalten, wenn sie aus der dieselbe begründenden Beschäftigung ausscheiden und nicht zu einer Beschäftigung übergehen, vermöge welcher sie nach Vorschrift dieses Gesetzes Mitglieder einer Krankenkasse werden, den Anspruch auf Krankenunterstützung, so lange sie die Versicherungsbeiträge fortzahlen und entweder Im Gemeindebezirke ihres bisherigen Aufenthaltes verbleiben, oder in dem Gemeindebezirke ihren Aufenthalt nehmen, in welchem sie zuletzt beschäftigt wurden.

§. 12.

Mehrere Gemeinden können sich durch übereinstimmende Beschlüsse zu gemeinsamer Gemeinde-Krankenversicherung vereinigen.

Durch Beschluss eines weiteren Kommunalverbandes kann dieser für die Gemeinde-Krankenversicherung an die Stelle der demselben angehörenden einzelnen Gemeinden gesetzt oder die Vereinigung mehrerer ihm angehörender Gemeinden zu gemeinsamer Gemeinde-Krankenversicherung angeordnet werden.

Wo weitere Kommunalverbände nicht bestehen, kann die Vereinignng mehrerer benachbarter Gemeinden zu gemeinsamer Gemeinde-Krankenversicherung durch Verfügung der höheren Verwaltungsbehörde angeordnet werden.

Derartige Beschlüsse und Verfügungen müssen über die Verwaltung der gemeinsamen Gemeinde-Krankenversicherung Bestimmung treffen.

Die Beschlüsse bedürfen der Genehmigung der höheren Verwaltungsbehörde; gegen die Verfügung der letzteren, durch welche die Genehmigung versagt oder ertheilt oder die Vereinigung mehrerer Gemeinden angeordnet wird, steht den betheiligten Gemeinden und Kommunalverbänden innerhalb vier Wochen die Beschwerde an die Centralbehörde zu.

§. 13.

Sind in einer Gemeinde nicht mindestens fünfzig Personen vorhanden, für welche die Gemeinde-Krankenversicherung einzutreten hat, oder ergiebt sich aus den Jahresabschlüssen (§. 9 Absatz 3) einer Gemeinde, dass auch nach Erhöhung der Versicherungsbeiträge auf zwei Prozent des ortsüblichen Tagelohnes (§. 8) die Deckung der gesetzlichen Krankenunterstützung fortlaufend Vorschüsse der Gemeindekasse erfordert, so kann auf Antrag der Gemeinde deren Vereinigung mit einer oder mehreren benachbarten Gemeinden zu gemeinsamer Krankenversicherung durch die höhere Verwaltungsbehörde angeordnet werden.

Trifft diese Voraussetzung für die Mehrzahl der einem weiteren Kommunalverbande angehörenden Gemeinden zu, so kann die höhere Verwaltungsbehörde anordnen, dass der weitere Kommunalverband für die Gemeinde-Krankenversicherung der ihm angehörenden Gemeinden an die Stelle der einzelnen Gemeinden zu treten hat.

Ueber die Verwaltung der Gemeinde-Krankenversicherung sind in diesen Fällen die erforderlichen Vorschriften nach Anhörung der betheiligten Gemeinden und Verbände zu erlassen.

Gegen die auf Grund der vorstehenden Bestimmungen von der höheren Verwaltungsbehörde erlassenen Anordnungen und Vorschriften steht den betheiligten Gemeinden und Kommunalverbänden innerhalb vier Wochen die Beschwerde an die Zentralbehörde zu.

Gemeinden von mehr als zehntausend Einwohnern können ohne ihre Einwilligung nur dann mit kleineren Gemeinden vereinigt werden, wenn ihnen die Verwaltung der gemeinsamen Gemeinde-Krankenversicherung übertragen wird.

§. 14.

Eine auf Grund des §. 12 oder des §. 13 herbeigeführte Vereinigung kann auf demselben Wege wieder aufgelöst werden, auf welchem sie herbeigeführt ist.

Durch Beschluss des weiteren Kommunalverbandes oder Verfügung der höheren Verwaltungsbehörde kann die Auflösung nur auf Antrag einer der betheiligten Gemeinden herbeigeführt werden.

Ueber die Vertheilung eines etwa vorhandenen Reservefonds ist, falls die Auflösung durch Beschluss erfolgt, durch diesen, falls sie von der höheren Verwaltungsbehörde angeordnet wird, in der die Auflösung anordnenden Verfügung Bestimmung zu treffen.

Gegen die Verfügung der höheren Verwaltungsbehörde, durch welche die Genehmigung zu einer beschlossenen Auflösung ertheilt oder versagt wird, oder durch welche die Auflösung angeordnet wird, steht den betheiligten Gemeinden und Kommunalverbänden innerhalb vier Wochen die Beschwerde an die Centralbehörde zu.

§. 15.

Für Gemeinden, welche nach den Landesgesetzen den nach Vorschrift dieses Gesetzes versicherungspflichtigen Personen Krankenunterstützung gewähren und dagegen zur Erhebung bestimmter Beiträge berechtigt sind, gilt die landesgesetzlich geregelte Krankenversicherung als Gemeinde-Krankenversicherung im Sinne dieses Gesetzes, sofern die Unterstützung den Anforderungen dieses Gesetzes genügt und höhere Beiträge, als nach demselben zulässig sind, nicht erhoben werden. Eine hiernach etwa erforderliche Erhöhung der Unterstützung, oder Ermässigung der Beiträge muss spätestens bis zum Ablauf eines Jahres nach Inkrafttreten dieses Gesetzes herbeigeführt werden.

C. Orts-Krankenkassen.

§. 16.

Die Gemeinden sind berechtigt, für die in ihrem Bezirke beschäftigten versicherungspflichtigen Personen Orts-Krankenkassen zu errichten, sofern die Zahl der in der Kasse zu versichernden Personen mindestens einhundert beträgt.

Die Orts-Krankenkassen sollen in der Regel für die in einem Gewerbszweige oder in einer Betriebsart beschäftigten Personen errichtet werden.

Die Errichtung gemeinsamer Orts-Krankenkassen für mehrere Gewerbszweige oder Betriebsarten ist zulässig, wenn die Zahl der in den einzelnen Gewerbszweigen oder Betriebsarten beschäftigten Personen weniger als einhundert beträgt.

Gewerbszweige oder Betriebsarten, in welchen einhundert Personen oder mehr beschäftigt werden, können mit anderen Gewerbszweigen oder Betriebsarten zu einer gemeinsamen Orts-Krankenkasse nur vereinigt werden, nachdem den in ihnen beschäftigten Personen Gelegenheit zu einer Aeusserung über die Errichtung der gemeinsamen Kasse gegeben worden ist. Wird in diesem Falle Widerspruch erhoben, so entscheidet über die Zulässigkeit der Errichtung die höhere Verwaltungsbehörde.

§. 17.

Durch Anordnung der höheren Verwaltungsbehörde kann die Gemeinde verpflichtet werden, für die in einem Gewerbszweige oder in einer Betriebsart beschäftigten Personen eine Orts-Krankenkasse zu errichten, wenn dies von Betheiligten beantragt wird und diesem Antrage, nachdem sämmtlichen Betheiligten zu einer Aeusserung darüber Gelegenheit gegeben ist, mehr als die Hälfte derselben und mindestens einhundert beitreten.

Dasselbe gilt von der Errichtung einer gemeinsamen Orts-Krankenkasse für mehrere Gewerbszweige oder Betriebsarten, wenn dem Antrage mehr als die Hälfte der in jedem Gewerbszweige oder in jeder Betriebsart beschäftigten Personen und im ganzen mindestens einhundert beitreten.

Gegen die Verfügung der höheren Verwaltungsbehörde, durch welche die Errichtung einer gemeinsamen Orts-Krankenkasse angeordnet wird, steht der Gemeinde innerhalb vier Wochen die Beschwerde an die Zentralbehörde zu.

Gemeinden, welche dieser Verpflichtung innerhalb der von der höheren Verwaltungsbehörde zu bestimmenden Frist nicht nachkommen, dürfen von denjenigen Personen, für welche die Errichtung einer Orts-Krankenkasse angeordnet ist, Versicherungsbeiträge zur Gemeinde-Krankenversicherung (§. 5 Absatz 2) nicht erheben.

§. 18.

Beträgt die Zahl der in einem Gewerbszweige oder einer Betriebsart beschäftigten Personen weniger als einhundert, so kann die Errichtung einer Orts-Krankenkasse gestattet werden, wenn die dauernde Leistungsfähigkeit der Kasse in einer von der höheren Verwaltungsbehörde für ausreichend erachteten Weise sichergestellt ist.

§. 19.

Die Gewerbszweige und Betriebsarten, für welche eine Orts-Krankenkasse errichtet wird, sind in dem Kassenstatut (§. 23) zu bezeichnen.

Die in diesen Gewerbszweigen und Betriebsarten beschäftigten Personen werden, soweit sie versicherungspflichtig sind, mit dem Tage, an welchem sie in die Beschäftigung eintreten, Mitglieder der Kasse, sofern sie nicht nachweislich einer der übrigen in §. 4 benannten Kassen angehören.

Soweit sie nicht versicherungspflichtig sind, haben sie das Recht, der Kasse beizutreten. Der Beitritt erfolgt durch schriftliche oder mündliche Anmeldung bei dem Kassenvorstande oder der auf Grund des § 49 Absatz 3 errichteten Meldestelle, gewährt aber keinen Anspruch auf Unterstützung im Falle einer bereits zur Zeit dieser Anmeldung eingetretenen Erkrankung.

Der Austritt ist versicherungspflichtigen Personen mit dem Schlusse des Rechnungsjahres zu gestatten, wenn sie denselben spätestens drei Monate zuvor bei dem Vorstande beantragen und vor dem Austritte nachweisen, dass sie Mitglieder einer der übrigen in §. 4 bezeichneten Kassen geworden sind.

Die Mitgliedschaft nichtversicherungspflichtiger Personen erlischt, wenn sie die Beiträge an zwei auf einander folgenden Zahlungsterminen nicht geleistet haben.

§. 20.

Die Orts-Krankenkassen sollen mindestens gewähren:

1. eine Krankenunterstützung, welche nach §§. 6, 7, 8 mit der Massgabe zu bemessen ist, dass der durchschnittliche Tagelohn derjenigen Klassen der Versicherten, für welche die Kasse errichtet wird, soweit er drei Mark für den Arbeitstag nicht überschreitet, an die Stelle des ortsüblichen Tagelohnes gewöhnlicher Tagearbeiter tritt;
2. eine gleiche Unterstützung an Wöchnerinnen auf die Dauer von drei Wochen nach ihrer Niederkunft;
3. für den Todesfall eines Mitgliedes ein Sterbegeld im zwanzigfachen Betrage des ortsüblichen Tagelohnes (§. 8).

Die Feststellung des durchschnittlichen Tagelohnes kann auch unter Berücksichtigung der zwischen den Kassenmitgliedern hinsichtlich der Lohnhöhe bestehenden Verschiedenheiten klassenweise erfolgen. Der durchschnittliche Tagelohn einer Klassedarf in diesem Falle nicht über den Betrag von vier Mark und nicht unter den Betrag des ortsüblichen Tagelohnes (§. 8) festgestellt werden.

§. 21.

Eine **Erhöhung und Erweiterung der Leistungen** der Orts-Krankenkassen ist in folgendem Umfange zulässig:

1. Die Dauer der Krankenunterstützung kann auf einen längeren Zeitraum als dreizehn Wochen bis zu einem Jahre festgesetzt werden.
2. Das Krankengeld kann auf einen höheren Betrag und zwar bis zu drei Viertel des durchschnittlichen Tagelohnes (§. 20) festgesetzt werden; neben freier ärztlicher Behandlung und Arznei können auch andere als die im §. 6 bezeichneten Heilmittel gewährt werden.
3. Neben freier Kur und Verpflegung in einem Krankenhause kann Krankengeld bis zu einem Achtel des durchschnittlichen Tagelohnes (§. 20) auch solchen bewilligt werden, welche nicht den Unterhalt von Angehörigen aus ihrem Lohne bestritten haben.
4. Wöchnerinnen kann die Krankenunterstützung bis zur Dauer von sechs Wochen nach ihrer Niederkunft gewährt werden.
5. Freie ärztliche Behandlung, freie Arznei und sonstige Heilmittel können für erkrankte Familienangehörige der Kassenmitglieder, sofern sie nicht selbst dem Krankenversicherungszwange unterliegen, gewährt werden. Unter derselben Voraussetzung kann für Ehefrauen der Kassenmitglieder im Falle der Entbindung die nach No. 4 zulässige Krankenunterstützung gewährt werden.
6. Das Sterbegeld kann auf einen höheren als den zwanzigfachen Betrag und zwar bis zum vierzigfachen Betrage des ortsüblichen Tagelohnes (§. 8) erhöht werden.
7. Beim Tode der Ehefrau oder eines Kindes eines Kassenmitgliedes kann, sofern diese Personen nicht selbst dem Versicherungszwange unterliegen, ein Sterbegeld und zwar für erstere im Betrage bis zu zwei Dritteln, für letztere bis zur Hälfte des für das Mitglied festgestellten Sterbegeldes gewährt werden.

Auf weitere Unterstützungen, namentlich auf Invaliden-, Wittwen- und Waisenunterstützungen, dürfen die Leistungen der Orts-Krankenkasse nicht ausgedehnt werden.

§. 22.

Die Beiträge zu den Orts-Krankenkassen sind in Prozenten des durchschnittlichen Tagelohnes (§. 20) so zu bemessen, dass sie unter

Einrechnung der etwaigen sonstigen Einnahmen der Kasse ausreichen, um die statutenmässigen Unterstützungen, die Verwaltungskosten und die zur Ansammlung oder Ergänzung des Reservefonds (§. 32) erforderlichen Rücklagen zu decken.

§. 23.

Für jede Orts-Krankenkasse ist von der Gemeindebehörde nach Anhörung der Betheiligten oder von Vertretern derselben ein Kassenstatut zu errichten.

Dasselbe muss Bestimmung treffen:

1. über die Klassen der dem Krankenversicherungszwange unterliegenden Personen, welche der Kasse als Mitglieder angehören sollen;
2. über Art und Umfang der Unterstützungen;
3. über die Höhe der Beiträge;
4. über die Bildung des Vorstandes und den Umfang seiner Befügnisse;
5. über die Zusammensetzung und Berufung der Generalversammlung und über die Art ihrer Beschlussfassung;
6. über die Abänderung des Statuts;
7. über die Aufstellung und Prüfung der Jahresrechnung.

Das Statut darf keine Bestimmung enthalten, welche mit dem Zweck der Kasse nicht in Verbindung steht oder gesetzlichen Vorschriften zuwiderläuft.

§. 24.

Das Kassenstatut bedarf der Genehmigung der höheren Verwaltungsbehörde. Bescheid ist innerhalb sechs Wochen zu ertheilen. Die Genehmigung darf nur versagt werden, wenn das Statut den Anforderungen dieses Gesetzes nicht genügt. Wird die Genehmigung versagt, so sind die Gründe mitzutheilen. Der versagende Bescheid kann im Wege des Verwaltungsstreitverfahrens, wo ein solches nicht besteht, im Wege des Rekurses nach Massgabe der Vorschriften der §§. 20, 21 der Gewerbeordnung angefochten werden.

Abänderungen des Statuts unterliegen der gleichen Vorschrift.

§. 25.

Die Orts-Krankenkasse kann unter ihrem Namen Rechte erwerben und Verbindlichkeiten eingehen, vor Gericht klagen und verklagt werden.

Für alle Verbindlichkeiten der Kasse haftet den Kassengläubigern nur das Vermögen der Kasse.

§. 26.

Für sämmtliche Kassenmitglieder beginnt das Recht auf die Unterstützungen der Kasse zum Betrage der gesetzlichen Mindestleistungen der Kasse (§. 20) mit dem Zeitpunkte, in welchem sie Mitglieder der Kasse geworden sind (§. 19). Von Kassenmitgliedern, welche nachweisen, dass sie bereits einer anderen Krankenkasse angehört oder Beiträge zur Gemeinde-Krankenversicherung geleistet haben, und dass zwischen dem Zeitpunkte, mit welchem sie aufgehört haben, einer solchen Krankenkasse anzugehören oder Beiträge zur Gemeinde-Krankenversicherung zu leisten, und dem Zeitpunkte, in welchem sie Mitglieder der Ortskrankenkasse geworden sind, nicht mehr als dreizehn Wochen liegen, darf ein Eintrittsgeld nicht erhoben werden.

Soweit die vorstehenden Bestimmungen nicht entgegenstehen, kann durch Kassenstatut bestimmt werden, dass das Recht auf die Unterstützungen der Kasse erst nach Ablauf einer Karenzzeit beginnt, und dass neu eintretende Kassenmitglieder ein Eintrittsgeld zu zahlen haben. Die Karenzzeit darf den Zeitraum von sechs Wochen, das Eintrittsgeld darf den Betrag des für sechs Wochen zu leistenden Kassenbeitrages nicht übersteigen.

Kassenmitgliedern, welche gleichzeitig anderweitig gegen Krankheit versichert sind, ist die statutenmässige Krankenunterstützung soweit zu kürzen, als sie, zusammen mit der aus anderweiter Versicherung bezogenen Krankenunterstützung, den vollen Betrag ihres durchschnittlichen Tagelohnes übersteigen würde. Durch das Kassenstatut kann diese Kürzung ganz oder theilweise ausgeschlossen werden.

Durch das Kassenstatut kann ferner bestimmt werden:

1. dass Kassenmitglieder, welche die Kasse wiederholt durch Betrug geschädigt haben, von der Mitgliedschaft auszuschliessen sind;
2. dass Mitgliedern, welche sich die Krankheit vorsätzlich, oder durch schuldhafte Betheiligung bei Schlägereien oder Raufhändeln, durch Trunkfälligkeit oder geschlechtliche Ausschweifungen zugezogen haben, das statutenmässige Krankengeld gar nicht, oder nur theilweise zu gewähren ist;
3. dass einem Mitgliede, welches die statutenmässige Krankenunterstützung ununterbrochen oder im Laufe eines Kalenderjahres für dreizehn Wochen bezogen hat, bei Eintritt einer neuen Krankheit nur der gesetzliche Mindestbetrag der Krankenunterstützung und die volle statutenmässige Krankenunterstützung erst wieder gewährt wird, wenn zwischen der letzten Unterstützung und dem Eintritte der neuen Krankheit ein Zeitraum von dreizehn Wochen oder mehr liegt;
4. dass Personen, welche der Versicherungspflicht nicht unter-

liegen und freiwillig der Kasse beitreten, erst nach Ablauf einer auf höchstens sechs Wochen vom Beitritte ab zu bemessenden Frist Krankenunterstützung erhalten;

5. dass auch andere als die in den §§. 1 bis 3 genannten Personen als Mitglieder der Kasse aufgenommen werden können.

Abänderungen des Statuts, durch welche die bisherigen Kassenleistungen herabgesetzt werden, finden auf solche Mitglieder, welchen bereits zur Zeit der Abänderung ein Unterstützungsanspruch wegen eingetretener Krankheit zusteht, für die Dauer dieser Krankheit keine Anwendung.

§. 27.

Kassenmitglieder, welche aus der die Mitgliedschaft begründenden Beschäftigung ausscheiden, und nicht zu einer Beschäftigung übergehen, vermöge welcher sie Mitglieder einer anderen der in den §§. 16, 59, 69, 73, 74 bezeichneten Krankenkassen werden, bleiben so lange Mitglieder, als sie sich im Gebiete des Deutschen Reichs aufhalten, sofern sie ihre dahin gehende Absicht binnen einer Woche dem Kassenvorstande anzeigen. Die Zahlung der vollen statutenmässigen Kassenbeiträge zum ersten Fälligkeitstermine ist der ausdrücklichen Anzeige gleich zu erachten.

Die Mitgliedschaft erlischt, wenn die Beiträge an zwei auf einander folgenden Zahlungsterminen nicht geleistet werden.

Durch Kassenstatut kann bestimmt werden, dass für nicht im Bezirke der Gemeinde sich aufhaltende Mitglieder der im ersten Absatze bezeichneten Art an die Stelle der im §. 6 Absatz 1 Nr. 1 bezeichneten Leistungen eine Erhöhung des Krankengeldes um die Hälfte seines Betrages tritt.

Ueber die Einsendung der Beiträge, die Auszahlung der Unterstützungen und die Krankenkontrole für die nicht im Bezirke der Gemeinde sich aufhaltenden Personen hat das Kassenstatut Bestimmung zu treffen.

§. 28.

Kassenmitglieder, welche erwerbslos werden, behalten für die Dauer der Erwerbslosigkeit, jedoch nicht für einen längeren Zeitraum, als sie der Kasse angehört haben, und höchstens für drei Wochen ihre Ansprüche auf die gesetzlichen Mindestleistungen der Kasse.

§. 29.

Die Mitglieder sind der Kasse gegenüber lediglich zu den auf Grund dieses Gesetzes und des Kassenstatuts festgestellten Beiträgen verpflichtet.

Zu anderen Zwecken als den statutenmässigen Unterstützungen, der statutenmässigen Ansammlung und Ergänzung des Reservefonds und der Deckung der Verwaltungskosten dürfen weder Beiträge von Mitgliedern erhoben werden, noch Verwendungen aus dem Vermögen der Kasse erfolgen.

§. 30.

Entstehen Zweifel darüber, ob die im Kassenstatut vorgenommene Bemessung der Beiträge der Anforderung des §. 22 entspricht, so hat die höhere Verwaltungsbehörde vor der Ertheilung der Genehmigung eine sachverständige Prüfung herbeizuführen und, falls diese die Unzulänglichkeit der Beiträge ergiebt, die Ertheilung der Genehmigung von einer Erhöhung der Beiträge oder einer Minderung der Unterstützungen bis auf den gesetzlichen Mindestbetrag (§. 20) abhängig zu machen.

§. 31.

Bei der Errichtung der Kasse dürfen die Beiträge, soweit sie den Kassenmitgliedern selbst zur Last fallen (vergl. §. 52), nicht über zwei Prozent des durchschnittlichen Tagelohnes (§. 20) festgesetzt werden, sofern solches nicht zur Deckung der Mindestleistungen der Kasse (§. 20) erforderlich ist.

Eine spätere Erhöhung der Beiträge über diesen Betrag, welche nicht zur Deckung der Mindestleistungen erforderlich wird, ist nur bis zur Höhe von drei Prozent des durchschnittlichen Tagelohnes und nur dann zulässig, wenn dieselbe sowohl von der Vertretung der zu Beiträgen verpflichteten Arbeitgeber (vergl. §. 38) als von derjenigen der Kassenmitglieder beschlossen wird.

§. 32.

Die Orts-Krankenkasse hat einen Reservefonds im Mindestbetrage einer durchschnittlichen Jahresausgabe anzusammeln und erforderlichenfalls bis zu dieser Höhe zu ergänzen.

So lange der Reservefonds diesen Betrag nicht erreicht, ist demselben mindestens ein Zehntel des Jahresbetrages der Kassenbeiträge zuzuführen.

§. 33.

Ergiebt sich aus den Jahresabschlüssen der Kasse, dass die Einnahmen derselben zur Deckung ihrer Ausgaben einschiesslich der Rücklagen zur Ansammlung und Ergänzung des Reservefonds nicht ausreichen, so ist entweder unter Berücksichtigung der Vorschriften des §. 31 eine Erhöhung der Beiträge oder eine Minderung der Kassenleistungen herbeizuführen.

Ergiebt sich dagegen aus den Jahresabschlüssen, dass die Jahreseinnahmen die Jahresausgaben übersteigen, so ist, falls der Reservefonds das Doppelte des gesetzlichen Mindestbetrages erreicht hat, entweder eine Ermässigung der Beiträge oder unter Berücksichtigung der Vorschriften der §§. 21 und 31 eine Erhöhung der Kassenleistungen herbeizuführen.

Unterlässt die Vertretung der Kasse, diese Abänderungen zu beschliessen, so hat die höhere Verwaltungsbehörde die Beschlussfassung anzuordnen, und falls dieser Anordnung keine Folge gegeben wird, ihrerseits die erforderliche Abänderung des Kassenstatuts von Amtswegen mit rechtsverbindlicher Wirkung zu vollziehen.

§. 34.

Die Kasse muss einen von der Generalversammlung (§. 37) gewählten Vorstand haben. Die Wahl, welche, abgesehen von der den Arbeitgebern nach §. 38 zustehenden Vertretung, aus der Mitte der Kassenmitglieder erfolgt, findet unter Leitung des Vorstandes statt. Nur die erste Wahl nach Errichtung der Kasse, sowie spätere Wahlen, bei welchen ein Vorstand nicht vorhanden ist, werden von einem Vertreter der Aufsichtsbehörde geleitet. Ueber die Wahlverhandlung ist ein Protokoll aufzunehmen.

Der Vorstand hat über jede Aenderung in seiner Zusammensetzung und über das Ergebniss jeder Wahl der Aufsichtsbehörde binnen einer Woche Anzeige zu erstatten. Ist die Anzeige nicht erfolgt, so kann die Aenderung dritten Personen nur dann entgegengesetzt werden, wenn bewiesen wird, dass sie letzteren bekannt war.

§. 35.

Der Vorstand vertritt die Kasse gerichtlich und aussergerichtlich und führt nach Massgabe des Kassenstatuts die laufende Verwaltung derselben. Die Vertretung erstreckt sich auch auf diejenigen Geschäfte und Rechtshandlungen, für welche nach den Gesetzen eine Spezialvollmacht erforderlich ist. Durch das Statut kann einem Mitgliede oder mehreren Mitgliedern des Vorstandes die Vertretung nach aussen übertragen werden.

Zur Legitimation des Vorstandes bei allen Rechtsgeschäften genügt die Bescheinigung der Aufsichtsbehörde, dass die darin bezeichneten Personen zur Zeit den Vorstand bilden.

§. 36.

Soweit die Wahrnehmung der Angelegenheiten der Kasse nicht nach Vorschrift des Gesetzes oder des Statuts dem Vorstande obliegt, steht die Beschlussnahme darüber der Generalversammlung zu. Derselben muss vorbehalten bleiben:

1. die Abnahme der Jahresrechnung und die Befugniss, dieselbe vorgängig durch einen besonderen Ausschuss prüfen zu lassen;
2. die Verfolgung von Ansprüchen, welche der Kasse gegen Vorstandsmitglieder aus deren Amtsführung erwachsen, durch Beauftragte;
3. die Beschlussnahme über Abänderung der Statuten.

§. 37.

Die Generalversammlung besteht nach Bestimmung des Statuts entweder aus sämmtlichen Kassenmitgliedern, welche grossjährig und im Besitze der bürgerlichen Ehrenrechte sind, oder aus Vertretern, welche von den bezeichneten Mitgliedern aus ihrer Mitte gewählt werden.

Die Generalversammluug muss aus Vertretern bestehen, wenn die Kasse fünfhundert oder mehr Mitglieder zählt.

Besteht die Generalversammlung aus Vertretern, so findet die Wahl derselben unter Leitung des Vorstandes statt. Nur die erstmalige Wahl nach Errichtung der Kasse, sowie spätere Wahlen, bei welchen ein Vorstand nicht vorhanden ist, werden von einem Vertreter der Aufsichtsbehörde geleitet.

§. 38.

Arbeitgeber, welche für die von ihnen beschäftigten Mitglieder einer Orts-Krankenkasse an diese Beiträge aus eigenen Mitteln zu zahlen verpflichtet sind (§. 52), haben Anspruch auf Vertretung im Vorstande und der Generalversammlung der Kasse.

Die Vertretung ist nach dem Verhältnisse der von den Arbeitgebern aus eigenen Mitteln zu zahlenden Beiträge zu dem Gesammtbetrage der Beiträge zu bemessen. Mehr als ein Drittel der Stimmen darf den Arbeitgebern weder in der Generalversammlung noch im Vorstande eingeräumt werden.

Die Wahlen der Generalversammlung zum Vorstande werden getrennt von Arbeitgebern und Kassenmitgliedern vorgenommen.

Durch das Statut kann bestimmt werden, dass Arbeitgeber, welche mit Zahlung der Beiträge im Rückstande sind, von der Vertretung und der Wahlberechtigung auszuschliessen sind.

§. 39.

Wird die Wahl des Vorstandes von der Generalversammlung oder die Wahl der Vertreter zur Generalversammlung durch die Wahlberechtigten verweigert, so tritt an ihre Stelle Ernennung der Mitglieder des Vorstandes oder der Generalversammlung durch die Aufsichtsbehörde.

§. 40.

Die Einnahmen und Ausgaben der Kasse sind von allen den Zwecken der Kasse fremden Vereinnahmungen und Verausgabungen getrennt festzustellen; ihre Bestände sind gesondert zu verwahren.

Werthpapiere, welche zum Vermögen der Kasse gehören und nicht lediglich zur vorübergehenden Anlegung zeitweilig verfügbarer Betriebsgelder für die Kasse erworben sind, sind bei der Aufsichtsbehörde oder nach deren Anweisung verwahrlich niederzulegen.

Sofern besondere gesetzliche Vorschriften über die Anlegung der Gelder Bevormundeter nicht bestehen, kann die Anlegung der verfügbaren Gelder in Schuldverschreibungen, welche von dem Deutschen Reich, von einem deutschen Bundesstaate oder dem Reichslande Elsass-Lothringen mit gesetzlicher Ermächtigung ausgestellt sind, oder in Schuldverschreibungen, deren Verzinsung von dem Deutschen Reich, von einem deutschen Bundesstaate oder dem Reichslande Elsass-Lothringen gesetzlich garantirt ist, oder in Schuldverschreibungen, welche von deutschen kommunalen Korporationen (Provinzen, Kreisen, Gemeinden etc.) oder von deren Kreditanstalten ausgestellt und entweder seitens der Inhaber kündbar sind, oder einer regelmässigen Amortisation unterliegen, erfolgen. Auch können die Gelder bei der Reichsbank verzinslich angelegt werden.

§. 41.

Die Kasse ist verpflichtet, in den vorgeschriebenen Fristen und nach den vorgeschriebenen Formularen Uebersichten über die Mitglieder, über die Krankheits- und Sterbefälle, über die vereinnahmten Beiträge und die geleisteten Unterstützungen, sowie einen Rechnungsabschluss der Aufsichtsbehörde einzureichen.

Die höhere Verwaltungsbehörde ist befugt, über Art und Form der Rechnungsführung Vorschriften zu erlassen.

§. 42.

Die Mitglieder des Vorstandes, sowie Rechnungs- und Kassenführer haften der Kasse für pflichtmässige Verwaltung wie Vormünder ihren Mündeln.

Verwenden sie verfügbare Gelder der Kasse in ihrem Nutzen, so können sie unbeschadet der strafrechtlichen Verfolgung durch die Aufsichtsbehörde angehalten werden, das in ihrem Nutzen verwendete Geld von Beginn der Verwendung an zu verzinsen. Den Zinsfuss bestimmt die Aufsichtsbehörde nach ihrem Ermessen auf acht bis zwanzig vom Hundert.

Handeln sie absichtlich zum Nachtheile der Kasse, so unterliegen sie der Bestimmung des §. 266 des Strafgesetzbuchs.

§. 43.

Mehrere Gemeinden können sich durch übereinstimmende Beschlüsse zur Errichtung gemeinsamer Orts-Krankenkassen für ihre Bezirke vereinigen.

Durch Beschluss eines weiteren Kommunalverbandes kann für dessen Bezirk oder für Theile desselben die Errichtung gemeinsamer Orts-Krankenkassen angeordnet werden.

Wo weitere Kommunalverbände nicht bestehen, kann die Errichtung gemeinsamer Orts-Krankenkassen durch Verfügung der höheren Verwaltungsbehörde für einzelne Theile ihres Verwaltungsbezirks angeordnet werden.

Derartige Beschlüsse und Verfügungen müssen zugleich Bestimmungen darüber treffen, für welche Gewerbszweige oder Betriebsarten die gemeinsamen Orts-Krankenkassen errichtet und von welcher Behörde für die letzteren die den Gemeindebehörden übertragenen Obliegenheiten wahrgenommen werden sollen.

Die Beschlüsse bedürfen der Genehmigung der höheren Verwaltungsbehörde. Diese kann vor Ertheilung der Genehmigung den bei der Errichtung der gemeinsamen Krankenkassen betheiligten Personen zu einer Aeusserung darüber Gelegenheit geben und die Genehmigung versagen, wenn aus der Mitte der Betheiligten Widerspruch dagegen erhoben wird.

Gegen die Verfügung der höheren Verwaltungsbehörde, durch welche die Genehmigung versagt oder ertheilt oder die Errichtung einer gemeinsamen Ortskasse angeordnet wird, steht den betheiligten Gemeinden und Kommunalverbänden innerhalb vier Wochen die Beschwerde an die Zentralbehörde zu.

§. 44.

Die Aufsicht über die Orts-Krankenkassen wird unter Oberaufsicht der höheren Verwaltungsbehörde in Gemeinden von mehr als zehntausend Einwohnern von den Gemeindebehörden, übrigens von den seitens der Landesregierungen zu bestimmenden Behörden wahrgenommen.

§. 45.

Die Aufsichtsbehörde überwacht die Befolgung der gesetzlichen und statutarischen Vorschriften und kann dieselbe durch Androhung, Festsetzung und Vollstreckung von Ordnungsstrafen gegen die Mitglieder des Kassenvorstandes erzwingen.

Sie ist befugt, von allen Verhandlungen, Büchern und Rechnungen der Kasse Einsicht zu nehmen und die Kasse zu revidiren.

Sie kann die Berufung der Kassenorgane zu Sitzungen verlangen und, falls diesem Verlangen nicht entsprochen wird, die Sitzungen selbst anberaumen.

In den auf ihren Anlass anberaumten Sitzungen kann sie die Leitung der Verhandlungen übernehmen.

So lange der Vorstand oder die Generalversammlung nicht zustande kommt oder die Organe der Kasse die Erfüllung ihrer gesetzlichen oder statutenmässigen Obliegenheiten verweigern, kann die Aufsichtsbehörde die Befugnisse und Obliegenheiten der Kassenorgane selbst oder durch von ihr zu bestellende Vertreter auf Kosten der Kasse wahrnehmen.

§. 46.

Sämmtliche oder mehrere Orts-Krankenkassen innerhalb des Bezirks einer Aufsichtsbehörde können durch übereinstimmende Beschlüsse ihrer Generalversammlungen zu einem Verbande zum Zweck:

1. der Anstellung eines gemeinsamen Rechnungs- und Kassenführers,
2. der Abschliessung gemeinsamer Verträge mit Aerzten, Apotheken und Krankenhäusern,
3. der Anlage und des Betriebes gemeinsamer Anstalten zur Heilung und Verpflegung erkrankter Mitglieder

sich vereinigen.

Die Vertretung des Kassenverbandes und die Geschäftsführung für denselben wird nach Massgabe eines von der höheren Verwaltungsbehörde zu genehmigenden Statuts durch einen von den Vorständen der betheiligten Kassen zu wählenden oder, so lange eine Wahl nicht zustande kommt, von der Aufsichtsbehörde zu ernennenden Vorstand wahrgenommen.

Die Ausgaben des Verbandes werden durch Beiträge der betheiligten Kassen gedeckt, welche in Ermangelung anderweiter durch Uebereinkommen derselben getroffener Regelung nach der Zahl der Kassenmitglieder umgelegt werden.

§. 47.

Die Schliessung einer Orts-Krankenkasse muss erfolgen:

1. wenn die Zahl der Mitglieder dauernd unter fünfzig sinkt,
2. wenn sich aus den Jahresabschlüssen der Kasse ergiebt, dass die gesetzlichen Mindestleistungen auch nach erfolgter Erhöhung der Beiträge der Versicherten auf drei Prozent des durchschnittlichen Tagelohnes (§. 20) nicht gedeckt werden

können, und gegen die weitere Erhöhung der Beiträge aus der Mitte der Beitragspflichtigen Widerspruch erhoben wird.

Die Auflösung kann erfolgen, wenn sie von der Gemeindebehörde unter Zustimmung der Generalversammlung beantragt wird.

Die Schliessung oder Auflösung erfolgt durch Verfügung der höheren Verwaltungsbehörde, welche nach Massgabe des §. 24 angefochten werden kann.

Wird eine Orts-Krankenkasse geschlossen oder aufgelöst, so sind die versicherungspflichtigen Personen, für welche sie errichtet war, anderen Orts-Krankenkassen und, soweit dies nicht ohne Benachtheiligung anderer Orts-Krankenkassen geschehen kann, der Gemeinde-Krankenversicherung zu überweisen.

Das etwa vorhandene Vermögen der Kasse ist in diesem Falle zunächst zur Berichtigung der etwa vorhandenen Schulden und zur Deckung der vor der Schliessung oder Auflösung bereits entstandenen Unterstützunganspruche zu verwenden. Der Rest fällt nach Entscheidung der höheren Verwaltungsbehörde denjenigen Orts-Krankenkassen, sowie der Gemeinde-Krankenversicherung zu, welchen die der geschlossenen oder aufgelösten Kasse angehörenden Personen überwiesen werden.

Die Vorschrift des ersten Absatzes findet keine Anwendung, wenn nach dem Urtheile der höheren Verwaltungsbehörde die Gewährung der gesetzlichen Mindestleistungen durch vorhandenes Vermögen oder durch andere ausserordentliche Hülfsquellen gesichert ist.

§. 48.

Orts-Krankenkassen, welche auf Grund der §§. 16, 17 für versicherungspflichtige Personen verschiedener Gewerbszweige oder Betriebsarten errichtet sind, können nach Anhörung der Gemeinde aufgelöst werden, wenn die Generalversammlung der Kasse dies beantragt.

Unter der gleichen Voraussetzung kann die Ausscheidung der demselben Gewerbszweige oder derselben Betriebsart angehörenden Kassenmitglieder aus der gemeinsamen Kasse erfolgen, wenn die Mehrzahl dieser Kassenmitglieder zustimmt.

Für Orts-Krankenkassen, welche auf Grund des §. 43 gemeinsam für mehrere Gemeinden oder für einen weiteren Kommunalverband errichtet sind, kann auf Antrag einer der betheiligten Gemeinden oder der Generalversammlung der betheiligten Kasse die Auflösung oder die Ausscheidung der in einer oder mehreren der betheiligten Gemeinden beschäftigten Kassenmitglieder erfolgen.

Die Auflösung oder Ausscheidung erfolgt durch Verfügung der

höheren Verwaltungsbehörde, in welcher nach Massgabe des §. 47 Absatz 4, 5 über die Verwendung und Vertheilung des Vermögens, sowie über die anderweitige Versicherung der versicherungspflichtigen Personen Bestimmung zu treffen ist. Gegen die Verfügung, durch welche die Auflösung oder Ausscheidung angeordnet oder versagt wird, steht den Betheiligten innerhalb vier Wochen die Beschwerde an die Zentralbehörde zu.

D. Gemeinsame Bestimmungen für die Gemeinde-Krankenversicherung und für die Orts-Krankenkassen.

§. 49.

Die Arbeitgeber haben jede von ihnen beschäftigte versicherungspflichtige Person, für welche die Gemeinde-Krankenversicherung eintritt, oder welche einer Orts-Krankenkasse angehört, spätestens am dritten Tage nach Beginn der Beschäftigung anzumelden und spätestens am dritten Tage nach Beendigung des Arbeitsverhältnisses wieder abzumelden.

Die Anmeldungen und Abmeldungen erfolgen für die Gemeinde-Krankenversicherung bei der Gemeindebehörde oder einer von dieser zu bestimmenden Meldestelle, für die Orts-Krankenkassen bei den durch das Statut bestimmten Stellen.

Die Aufsichtsbehörde kann eine gemeinsame Meldestelle für die Gemeinde-Krankenversicherung und sämmtliche Orts-Krankenkassen eines Bezirks errichten. Die Kosten derselben sind von der Gemeinde und den Orts-Krankenkassen nach Massgabe der Zahl der im Jahresdurchschnitt bei ihnen versicherten Personen zu bestreiten.

§. 50.

Arbeitgeber, welche ihrer Anmeldepflicht nicht genügen, sind verpflichtet, alle Aufwendungen zu erstatten, welche die Gemeinde-Krankenversicherung oder eine Orts-Krankenkasse auf Grund gesetzlicher oder statutarischer Vorschrift zur Unterstützung einer vor der Anmeldung erkrankten Person gemacht haben.

§. 51.

Die Arbeitgeber sind verpflichtet, die Beiträge, welche nach gesetzlicher oder statutarischer Vorschrift für die von ihnen beschäftigten Personen zur Gemeinde-Krankenversicherung oder zu einer Orts-Krankenkasse zu entrichten sind, im voraus, und zwar für die erstere, sofern nicht durch Gemeindebeschluss andere Zahlungstermine festgesetzt sind, wöchentlich, für die letztere zu den durch Statut festgesetzten Zahlungsterminen einzuzahlen. Die Beiträge sind so lange fortzuzahlen, bis die vorschriftsmässige Abmeldung (§. 49) erfolgt ist, und für den betreffenden Zeittheil zurückzuerstatten, wenn die abgemeldete Person innerhalb der Zahlungsperiode aus der bisherigen Versicherung ausscheidet.

§. 52.

Die Arbeitgeber haben ein Drittel der Beiträge, welche auf die von ihnen beschäftigten versicherungspflichtigen Personen entfallen, aus eigenen Mitteln zu leisten.

Durch statutarische Regelung (§. 2) kann bestimmt werden, dass Arbeitgeber, in deren Betrieben Dampfkessel oder durch elementare Kraft bewegte Triebwerke nicht verwendet und mehr als zwei dem Krankenversicherungszwange unterliegende Personen nicht beschäftigt werden, von der Verpflichtung zur Leistung von Beiträgen aus eigenen Mitteln befreit sind.

§. 53.

Die Arbeitgeber sind berechtigt, den von ihnen beschäftigten Personen die Beiträge, welche sie für dieselben einzahlen, soweit sie solche nicht nach §. 52 aus eigenen Mitteln zu leisten haben, bei jeder regelmässigen Lohnzahlung in Abzug zu bringen, soweit sie auf diese Lohnzahlungsperiode antheilsweise entfallen.

Auf Streitigkeiten zwischen dem Arbeitgeber und den von ihm beschäftigten Personen über die Berechnung und Anrechnung der von diesen zu leistenden Beiträge findet §. 120a der Gewerbeordnung Anwendung.

§. 54.

Ob und inwieweit die Vorschriften der §§. 49 bis 53 auf die Arbeitgeber der im §. 2 unter 1 bis 6 bezeichneten Personen Anwendung finden, ist durch statutarische Bestimmung zu regeln; dieselbe bedarf der Genehmigung der höheren Verwaltungsbehörde.

§. 55.

Rückständige Beiträge werden in derselben Weise beigetrieben, wie Gemeindeabgaben. Dieselben haben das Vorzugsrecht des §. 54 Nr. 1 der Reichs-Konkursordnung vom 10. Februar 1877.

§. 56.

Die dem Unterstützungsberechtigten auf Grund dieses Gesetzes zustehenden Forderungen können mit rechtlicher Wirkung weder verpfändet, noch übertragen, noch gepfändet und dürfen nur auf geschuldete Beiträge aufgerechnet werden.

§. 57.

Die auf gesetzlicher Vorschrift beruhende Verpflichtung von Gemeinden oder Armenverbänden zur Unterstützung hülfsbedürftiger Personen, sowie die auf Gesetz oder Vertrag beruhenden Ansprüche der Versicherten gegen Dritte werden durch dieses Gesetz nicht berührt.

Soweit auf Grund dieser Verpflichtung Unterstützungen für einen Zeitraum geleistet sind, für welchen dem Unterstützten auf Grund dieses Gesetzes ein Unterstützungsanspruch zusteht, geht der letztere im Betrage der geleisteten Unterstützung auf die Gemeinde oder den Armenverband über, von welchen die Unterstützung geleistet ist.

Das Gleiche gilt von den Betriebsunternehmern und Kassen, welche die den bezeichneten Gemeinden und Armenverbänden obliegende Verpflichtung zur Unterstützung auf Grund gesetzlicher Vorschrift erfüllt haben.

Ist von der Gemeinde-Krankenversicherung oder von der Orts-Krankenkasse Unterstützung in einem Krankheitsfalle geleistet, für welchen dem Versicherten ein gesetzlicher Entschädigungsanspruch gegen Dritte zusteht, so geht dieser Anspruch in Höhe der geleisteten Unterstützung auf die Gemeinde-Krankenversicherung oder die Orts-Krankenkasse über.

In Fällen dieser Art gilt als Ersatz der im §. 6 Absatz 1 Nr. 1 bezeichneten Leistungen die Hälfte des gesetzlichen Mindestbetrages des Krankengeldes.

§. 58.

Streitigkeiten, welche zwischen den auf Grund dieses Gesetzes zu versichernden Personen oder ihren Arbeitgebern einerseits und der Gemeinde-Krankenversicherung oder der Orts-Krankenkasse andererseits über die Verpflichtung zur Leistung oder Einzahlung von Beiträgen oder über Unterstützungsansprüche entstehen, werden von der Aufsichtsbehörde entschieden. Gegen deren Entscheidung findet binnen zwei Wochen nach Zustellung derselben die Berufung auf den Rechtsweg mittelst Erhebung der Klage statt. Die Entscheidung ist vorläufig vollstreckbar, soweit es sich um Streitigkeiten handelt, welche Unterstützungsansprüche betreffen.

Streitigkeiten über die im §. 57 Absatz 2 bis 4 bezeichneten Ansprüche werden im Verwaltungsstreitverfahren entschieden. Wo ein solches nicht besteht, findet die Vorschrift des Absatzes 1 mit der Massgabe Anwendung, dass die vorläufige Vollstreckbarkeit der Entscheidung der Aufsichtsbehörde ausgeschlossen ist.

E. Betriebs- (Fabrik-) Krankenkassen.

§. 59.

Krankenkassen, welche für einen der im §. 1 bezeichneten Betriebe oder für mehrere dieser Betriebe gemeinsam in der Weise errichtet werden, dass auf dem Wege des Arbeitsvertrages (durch Fabrikordnung, Reglement u. s. w.) die in dem Betriebe beschäftigten Personen zum Beitritte verpflichtet werden, unterliegen den nachfolgenden Vorschriften.

§. 60.

Ein Unternehmer, welcher in einem Betriebe oder in mehreren Betrieben fünfzig oder mehr dem Krankenversicherungszwange unterliegende Personen beschäftigt, ist berechtigt, eine Betriebs- (Fabrik-) Krankenkasse zu errichten.

Er kann dazu durch Anordnung der höheren Verwaltungsbehörde verpflichtet werden, wenn dies von der Gemeinde, in welcher die Beschäftigung stattfindet, oder von der Krankenkasse, welcher die beschäftigten Personen angehören, beantragt wird. Vor der Anordnung ist dem Unternehmer, sowie den von ihm beschäftigten Personen oder von diesen gewählten Vertretern und, falls der Antrag von einer Orts-Krankenkasse ausgegangen ist, auch der Gemeinde zu einer Aeusserung darüber Gelegenheit zu geben.

§. 61.

Unternehmer eines Betriebes, welcher für die darin beschäftigten Personen mit besonderer Krankheitsgefahr verbunden ist, können auch dann, wenn sie weniger als fünfzig Personen beschäftigen, zur Errichtung einer Betriebs- (Fabrik-) Krankenkasse angehalten werden.

Unternehmern eines Betriebes, in welchem weniger als fünfzig Personen beschäftigt werden, kann die Errichtung einer Betriebs- (Fabrik-) Krankenkasse gestattet werden, wenn die nachhaltige Leistungsfähigkeit der Kasse in einer von der höheren Verwaltungsbehörde für ausreichend erachteten Weise sichergestellt ist.

§. 62.

Unternehmer, welche der Verpflichtung, eine Betriebs- (Fabrik-) Krankenkasse zu errichten, innerhalb der von der höheren Verwaltungsbehörde zu bestimmenden Frist nicht nachkommen, sind verpflichtet, für jede in ihrem Betriebe beschäftigte, dem Versicherungszwange unterliegende Person Beiträge bis zu fünf Prozent des verdienten Lohnes aus eigenen Mitteln zur Gemeinde-Krankenversicherung oder zur Orts-Krankenkasse zu leisten.

Die Höhe der zu leistenden Beiträge wird nach Anhörung der Gemeindebehörde von der höheren Verwaltungsbehörde endgültig festgesetzt.

§. 63.

Versicherungspflichtige Personen, welche in dem Betriebe, für welchen eine Betriebs- (Fabrik-) Krankenkasse errichtet ist, beschäftigt werden, gehören mit dem Tage des Eintritts in die Beschäftigung der Kasse als Mitglieder an, sofern sie nicht nachweislich Mitglieder einer der in den §§. 73, 74, 75 bezeichneten Kassen sind.

Nichtversicherungspflichtige in dem Betriebe beschäftigte Personen haben das Recht, der Kasse beizutreten. Der Beitritt erfolgt durch schriftliche oder mündliche Anmeldung bei dem Kassenvorstande, gewährt aber keinen Anspruch auf Unterstützung im Falle einer bereits zur Zeit dieser Anmeldung eingetretenen Erkrankung.

Versicherungspflichtigen Personen ist der Austritt mit dem Schluss des Rechnungsjahres zu gestatten, wenn sie denselben mindestens drei Monate vorher bei dem Vorstande beantragen und vor dem Austritte nachweisen, dass sie einer der in §. 75 bezeichneten Kassen angehören.

Nichtversicherungspflichtige Personen, welche die Beiträge an zwei auf einander folgenden Zahlungsterminen nicht geleistet haben, scheiden damit aus der Kasse aus.

§. 64.

Die §§. 20 bis 42 finden auf die Betriebs- (Fabrik-) Krankenkassen mit folgenden Abänderungen Anwendung:

1. Durch Bestimmung des Statuts können die Beiträge und Unterstützungen statt nach durchschnittlichen Tagelöhnen (§. 20) in Prozenten des wirklichen Arbeitsverdienstes der einzelnen Versicherten festgesetzt werden, soweit dieser vier Mark für den Tag nicht übersteigt.
2. Das Kassenstatut (§. 23) ist durch den Betriebsunternehmer in Person oder durch einen Beauftragten nach Anhörung der beschäftigten Personen oder der von denselben gewählten Vertreter zu errichten.
3. Durch das Kassenstatut kann dem Betriebsunternehmer oder einem Vertreter desselben der Vorsitz im Vorstande und in der Generalversammlung übertragen werden.
4. Die Rechnungs- und Kassenführung ist unter Verantwortlichkeit und auf Kosten des Betriebsunternehmers durch einen von demselben zu bestellenden Rechnungs- und Kassenführer wahrzunehmen. Verwendungen von Kassengeldern in den Nutzen der Betriebsunternehmer fallen unter die Vorschrift des §. 42 Absatz 2.
5. Reichen die Bestände einer auf Grund der Vorschrift des §. 61 errichteten Betriebs- (Fabrik-) Krankenkasse nicht aus, um die laufenden Ausgaben derselben zu decken, so sind von dem Betriebsunternehmer die erforderlichen Vorschüsse zu leisten.

6. Die aus dem Betriebe ausgeschiedenen Personen, welche auf Grund der Vorschrift des §. 27 Mitglieder der Kasse bleiben, können Stimmrechte nicht ausüben und Kassenämter nicht bekleiden.

§. 65.

Die Betriebsunternehmer sind verpflichtet, die statutenmässigen Beiträge für die von ihnen beschäftigten versicherungspflichtigen Kassenmitglieder zu den durch das Kassenstatut festgesetzten Zahlungsterminen in die Kasse einzuzahlen und zu einem Drittel aus eigenen Mitteln zu leisten.

Sie sind berechtigt, diese Beiträge zu zwei Dritteln den Kassenmitgliedern, für welche sie dieselben einzahlen, bei jeder regelmässigen Lohnzahlung in Abzug zu bringen, soweit sie auf die Lohnzahlungsperiode antheilsweise entfallen.

Werden die gesetzlichen Mindestleistungen der Kasse (§. 20) durch die Beiträge, nachdem diese für die Versicherten drei Prozent der durchschnittlichen Tagelöhne oder des Arbeitsverdienstes erreicht haben, nicht gedeckt, so hat der Betriebsunternehmer die zur Deckung derselben erforderlichen Zuschüsse aus eigenen Mitteln zu leisten.

Auf Streitigkeiten zwischen dem Betriebsunternehmer und den von ihm beschäftigten Personen über die Berechnung und Anrechnung der Beiträge der letzteren findet §. 120a der Gewerbeordnung Anwendung.

Die §§. 55 bis 58 finden auch auf Betriebs- (Fabrik-) Krankenkassen Anwendung.

§. 66.

Auf die Beaufsichtigung der Betriebs- (Fabrik-) Krankenkassen finden die §§. 44, 45 Absatz 1 bis 4 Anwenduug.

Die Aufsichtsbehörde ist befugt, Ansprüche, welche der Kasse gegen den Betriebsunternehmer aus der Rechnungs- und Kassenführung erwachsen (vergl. §. 64 No. 4), in Vertretung der Kasse entweder selbst oder durch einen von ihr zu bestellenden Vertreter geltend zu machen.

§. 67.

Wird der Betrieb oder werden die Betriebe, für welche die Kasse errichtet ist, zeitweilig eingestellt oder so weit eingeschränkt, dass die Zahl der darin beschäftigten versicherungspflichtigen Personen unter die doppelte Zahl der statutenmässigen Vorstandsmitglieder sinkt, so kann die Verwaltung von der Aufsichtsbehörde übernommen werden, welche dieselbe durch einen von ihr zu bestellenden Vertreter wahrzunehmen hat.

Das vorhandene Kassenvermögen, die Rechnungen, Bücher und

sonstigen Aktenstücke der Kasse sind in diesem Falle der Aufsichtsbehörde auszuliefern.

Vorstehende Bestimmungen finden keine Anwendung, wenn die zeitweilige Einstellung oder Einschränkung eine durch die Art des Betriebes bedingte periodisch wiederkehrende ist.

§. 68.

Die Kasse ist zu schliessen:

1. wenn der Betrieb oder die Betriebe, für welche sie errichtet ist, aufgelöst werden;
2. soweit nicht auf den Betrieb, für welchen die Kasse errichtet ist, die Vorschrift des §. 61 Absatz 1 Anwendung findet, wenn die Zahl der in dem Betriebe beschäftigten versicherungspflichtigen Personen dauernd unter die gesetzliche Mindestzahl (§. 60) sinkt und die dauernde Leistungsfähigkeit der Kasse nicht genügend sichergestellt wird (§. 61 Absatz 2);
3. wenn der Betriebsunternehmer es unterlässt, für ordnungsmässige Kassen- und Rechnungsführung Sorge zu tragen.

In dem Falle zu 3 kann gleichzeitig mit der Schliessung der Kasse dem Betriebsunternehmer die in §. 62 vorgesehene Verpflichtung auferlegt und die Errichtung einer neuen Betriebs- (Fabrik-) Krankenkasse versagt werden.

Die Kasse kann nach Anhörung der betheiligten Gemeinden aufgelöst werden, wenn der Betriebsunternehmer unter Zustimmung der Generalversammlung die Auflösung beantragt.

Die Schliessung oder Auflösung erfolgt durch die höhere Verwaltungsbehörde. Gegen den dieselbe aussprechenden oder ablehnenden Bescheid, in welchem die Gründe anzugeben sind, kann binnen zwei Wochen nach der Zustellung Beschwerde an die vorgesetzte Behörde erhoben werden.

Auf das Vermögen der geschlossenen oder aufgelösten Kasse finden die Vorschriften des §. 47 Absatz 5 mit der Massgabe Anwendung, dass der Rest des Vermögens, sofern Kassenmitglieder, welche einer Orts-Krankenkasse überwiesen werden, nicht vorhanden sind, der Gemeinde-Krankenversicherung zufällt. Sind die zur Deckung bereits entstandener Unterstützungsansprüche erforderlichen Mittel nicht vorhanden, so sind die letzteren vor Schliessung oder Auflösung der Kasse aufzubringen. Die Haftung für dieselben liegt dem Betriebsunternehmer ob.

F. Bau-Krankenkassen.

§. 69.

Für die bei Eisenbahn-, Kanal-, Wege-, Strom-, Deich- und Festungsbauten, sowie in anderen vorübergehenden Baubetrieben beschäftigten Personen haben die Bauherren auf Anordnung der höheren Verwaltungsbehörde Bau-Krankenkassen zu errichten, wenn sie zeitweilig eine grössere Zahl von Arbeitern beschäftigen.

§. 70.

Die den Bauherren obliegende Verpflichtung kann mit Genehmigung der höheren Verwaltungsbehörde auf einen oder mehrere Unternehmer, welche die Ausführung des Baues oder eines Theiles deselben für eigene Rechnung übernommen haben, übertragen werden, wenn dieselben für die Erfüllung der Verpflichtung eine nach dem Urtheile der höheren Verwaltungsbehörde ausreichende Sicherheit bestellen.

§. 71.

Bauherren, welche der ihnen nach §. 69 auferlegten Verpflichtung nicht nachkommen, haben den von ihnen beschäftigten Personen für den Fall einer Krankheit und im Falle des Todes derselben ihren Hinterbliebenen die im §. 20 vorgeschriebenen Unterstützungen aus eigenen Mitteln zu leisten.

§. 72.

Die in Gemässheit des §. 69 errichteten Krankenkassen sind zu schliessen:

1. wenn der Betrieb, für welchen sie errichtet sind, aufgelöst wird;
2. wenn der Bauherr oder Unternehmer es unterlässt, für ordnungsmässige Kassen- und Rechnungsführung Sorge zu tragen.

In dem Falle zu 2 trifft den Bauherrn oder Unternehmer die im §. 71 ausgesprochene Verpflichtung.

Im übrigen finden auf die in Gemässheit des §. 69 errichteten Krankenkassen die Vorschriften der §§. 63 bis 68 mit der Massgabe Anwendung, dass über die Anwendbarkeit der Vorschrift des §. 32 die höhere Verwaltungsbehörde bei Genehmigung des Kassenstatuts, über die Verwendung des bei Schliessung oder Auflösung einer Kasse verbleibenden Restes des Kassenvermögens das Kassenstatut Bestimmung treffen muss. Eine Verwendung zu Gunsten des Bauherrn oder Unternehmers ist ausgeschlossen.

Auf Streitigkeiten über Unterstützungsansprüche, welche auf Grund des §. 71 gegen den Bauherrn erhoben werden, findet die Vorschrift des §. 58 Absatz 1 Anwendung; auf Streitigkeiten über Ersatzansprüche, welche auf Grund des §. 71 und des §. 57 Absatz 2 gegen den Bauherrn erhoben werden, findet die Vorschrift des §. 58 Absatz 2 Anwendung.

G. Innungs-Krankenkassen.

§. 73.

Auf Krankenkassen, welche auf Grund der Vorschriften des Titels VI der Gewerbeordnung von Innungen für die Gesellen und Lehrlinge ihrer Mitglieder errichtet werden, finden die Vorschriften der §§. 19 Absatz 4, 20 bis 22, 27 bis 33, 39 bis 42, 51 bis 53, 55 bis 58, 65 Absatz 3 Anwendung.

H. Verhältniss der Knappschaftskasssen und der eingeschriebenen und anderen Hülfskassen zur Krankenversicherung.

§. 74.

Für die Mitglieder der auf Grund berggesetzlicher Vorschriften errichteten Krankenkassen (Knappschaftskassen) tritt weder die Gemeinde-Krankenversicherung noch die Verpflichtung, einer nach Massgabe der Vorschriften dieses Gesetzes errichteten Krankenkasse anzugehören, ein.

Die statutenmässigen Leistungen dieser Kassen in Krankheitsfällen müssen, sofern sie den Betrag der für die Betriebs- (Fabrik-) Krankenkassen vorgeschriebenen Mindestleistungen nicht erreichen, spätestens bis zum Ablauf des Jahres 1886 für sämmtliche Mitglieder auf diesen Betrag erhöht werden.

Die dazu erforderliche Abänderung der Statuten der Knappschaftskassen ist, soweit sie nicht innerhalb der gedachten Frist auf dem durch die Landesgesetze oder die Statuten vorgeschriebenen Wege erfolgt, durch die Aufsichtsbehörden mit rechtsverbindlicher Wirkung vorzunehmen.

Die Vorschriften des §. 26 Absatz 1 finden auch auf Knappschaftskassen Anwendung.

Im Uebrigen bleiben die landesgesetzlichen Vorschriften über die Knappschaftskassen unberührt.

§. 75.

Für Mitglieder der auf Grund des Gesetzes vom 7. April 1876 (Reichs-Gesetzbl. S. 125) errichteten eingeschriebenen Hülfskassen, sowie der auf Grund landesrechtlicher Vorschriften errichteten Hülfskassen, für welche ein Zwang zum Beitritte nicht besteht, tritt weder die Gemeinde-Krankenversicherung noch die Verpflichtung, einer nach Massgabe der Vorschriften dieses Gesetzes errichteten Krankenkasse beizutreten, ein, wenn die Hülfskasse, welcher sie angehören, ihren Mitgliedern mindestens diejenigen Leistungen gewährt, welche in der Gemeinde, in deren Bezirk die Kasse ihren Sitz hat, nach Massgabe des §. 6 von der Gemeinde-Krankenversicherung zu gewähren sind. Kassen, welche freie ärztliche Behandlung und Arznei nicht gewähren, genügen dieser Bedingung durch Gewährung eines Krankengeldes von drei Vierteln des ortsüblichen Tagelohnes (§. 8).

J. Schluss-, Straf- und Uebergangsbestimmungen.

§. 76.

Ist für einen Bezirk eine gemeinsame Meldestelle nach Massgabe des §. 49 Absatz 3 errichtet, so kann die Aufsichtsbehörde anordnen, dass die Krankenkassen des Bezirks deren Mitgliedschaft von der Verpflichtung, der Gemeinde-Krankenversicherung oder einer Orts-Krankenkasse anzugehören, befreit, jeden Austritt eines Mitgliedes binnen einer Woche bei der Meldestelle zur Anzeige bringen.

Die Anordnung ist in der für Bekanntmachungen der Gemeindebehörden vorgeschriebenen oder üblichen Form zu veröffentlichen.

Zur Erstattung der Anzeige ist für jede Kasse, sofern deren Vorstand nicht eine andere Person benennt, der Kassen- und Rechnungsführer derselben verpflichtet.

§. 77.

Die auf Grund dieses Gesetzes gewährten Leistungen, sowie die Unterstützungen, welche nach Massgabe des §. 57 Absatz 2 und 3 ersetzt sind, gelten nicht als öffentliche Armenunterstützungen.

§. 78.

Die auf Grund dieses Gesetzes zu versichernden Personen sind in Streitigkeiten über Unterstützungsansprüche vom Kostenvorschuss befreit.

Amtliche Bescheinigungen, welche zur Legitimation von Kassen- und Verbandsvorständen oder zur Führung der den Versicherungspflichtigen nach Vorschriften dieses Gesetzes obliegenden Nachweise erforderlich werden, sind gebühren- und stempelfrei.

§. 79.

Die Fristen und Formulare für die in den §§. 9, 41 vorgeschriebenen Uebersichten und Rechnungsabschlüsse werden vom Bundesrath festgestellt. Mindestens von fünf zu fünf Jahren findet eine einheitliche Zusammenstellung und Verarbeitung für das Reich statt.

§. 80.

Den Arbeitgebern ist untersagt, die Anwendung der Bestimmungen dieses Gesetzes zum Nachtheile der Versicherten durch Verträge (mittelst

Reglements oder besonderer Uebereinkunft) auszuschliessen oder zu beschränken. Vertragsbestimmungen, welche diesem Verbote zuwiderlaufen, haben keine rechtliche Wirkung.

§. 81.

Wer der ihm nach §. 49 oder nach den auf Grund des §. 2 Absatz 2 erlassenen Bestimmungen obliegenden Verpflichtung zur An- oder Abmeldung oder der ihm nach §. 76 obliegenden Anzeigepflicht nicht nachkommt, wird mit Geldstrafe bis zu zwanzig Mark bestraft.

§. 82.

Arbeitgeber, welche den von ihnen beschäftigten, dem Krankenversicherungszwange unterliegenden Personen bei der Lohnzahlung vorsätzlich höhere als die nach §§. 53, 65 zulässigen Beiträge in Anrechnung bringen, oder dem Verbote des §. 80 entgegenhandeln, werden, sofern nicht nach anderen gesetzlichen Bestimmungen eine härtere Strafe eintritt, mit Geldstrafe bis zu dreihundert Mark bestraft.

§. 83.

Die in diesem Gesetze für Gemeinden getroffenen Bestimmungen gelten auch für die einem Gemeindeverbande nicht einverleibten selbständigen Gutsbezirke und Gemarkungen mit Ausnahme des §. 5 Absatz 2 und des §. 13. Soweit aus denselben der Gemeinde Rechte und Pflichten erwachsen, tritt an ihre Stelle der Gutsherr oder der Gemarkungsberechtigte.

§. 84.

Die Bestimmung darüber, welche Behörden in jedem Bundesstaate unter Gemeindebehörde, höhere Verwaltungsbehörde, und welche Verbände als weitere Kommunalverbände im Sinne dieses Gesetzes zu verstehen sind, bleibt den Landesregierungen mit der Massgabe überlassen, dass mit den von den höheren Verwaltungsbehörden wahrzunehmenden Geschäften diejenigen höheren Verwaltungsbehörden zu betrauen sind, welche nach Landesrecht die Aufsicht oder Oberaufsicht in Gemeindeangelegenheiten wahrzunehmen haben.

Die auf Grund dieser Vorschrift erlassenen Bestimmungen sind bekannt zu machen.

Bei Betriebs- (Fabrik-) und Bau-Krankenkassen, welche ausschliesslich für Betriebe des Reichs oder des Staates errichtet werden, können die Befugnisse und Obliegenheiten der Aufsichtsbehörde und der höheren Verwaltungsbehörde den den Verwaltungen dieser Betriebe vorgesetzten Dienstbehörden übertragen werden.

§. 85.

Bestehende Krankenkassen, in Ansehung deren nach den bisher geltenden Vorschriften für Personen, welche unter die Vorschrift des §. 1 fallen, eine Beitrittspflicht begründet war, unterliegen den Vorschriften dieses Gesetzes.

Die Statuten dieser Kassen sind, soweit sie hinsichtlich der Bestimmungen über die Kassenleistungen und Kassenbeiträge, über die Vertretung und Verwaltung der Kasse den Vorschriften dieses Gesetzes nicht genügen, bis zum 1. Januar 1885 der dazu erforderlichen Abänderung zu unterziehen.

Wird die erforderliche Abänderung nicht bis zu diesem Zeitpunkte auf dem durch die bisher geltenden Vorschriften vorgesehenen Wege vorgenommen, so wird dieselbe von der höheren Verwaltungsbehörde mit rechtsverbindlicher Wirkung vollzogen.

Bisherige Leistungen dieser Kassen, welche nach den Vorschriften dieses Gesetzes von den Krankenkassen nicht übernommen werden dürfen, können, soweit sie nicht in Invaliden-, Wittwen- und Waisenpensionen bestehen, beibehalten werden, sofern die bisherigen statutenmässigen Kassenbeiträge mit Hülfe der Einkünfte des etwa vorhandenen Vermögens nach dem Urtheile der höheren Verwaltungsbehörde zur dauernden Deckung der Kassenleistungen ausreichend sind, oder auf dem für die Abänderung des Statuts vorgeschriebenen Wege und unter Berücksichtigung der Vorschrift des §. 31 Absatz 2 erhöht werden.

Im übrigen finden auf die Abänderung des Statuts die Vorschriften der §§. 24, 30 Anwendung.

§. 86.

Für Kassen der in §. 85 bezeichneten Art, welche neben den nach den Vorschriften dieses Gesetzes zulässigen Leistungen Invaliden-, Wittwen- oder Waisenpensionen gewähren, treten folgende Bestimmungen in Kraft:

1. Die bisherige Kasse bleibt als Krankenkasse bestehen. Auf dieselbe finden die Vorschriften des §. 85 Anwendung.
2. Der statutenmässigen Vertretung der bisherigen Kasse, bei Betriebs- (Fabrik-) Krankenkassen (§. 59) jedoch nur unter Zustimmung des Betriebsunternehmers, ist gestattet, eine besondere Pensionskasse mit Beitrittszwang für diejenigen Klassen von Personen, welche der bisherigen Kasse beizutreten verpflichtet waren, zu errichten.
3. Für die neue Pensionskasse ist durch Beschluss der Vertretung der bisherigen Kasse, bei Betriebs- (Fabrik-) Krankenkassen

durch den Betriebsunternehmer, nach Anhörung der Vertreter der bisherigen Kasse ein Kassenstatut zu errichten.

4. Findet die Errichtung einer besonderen Pensionskasse statt, so erfolgt die Verwendung des Vermögens der bisherigen Kasse nach Anordnung der höheren Verwaltungsbehörde in der Weise, dass zunächst derjenige Betrag, welcher zur Deckung der bereits entstandenen Pensionsansprüche erforderlich ist, ausgeschieden und der Pensionskasse mit der Verpflichtung, diese Ansprüche zu befriedigen, überwiesen wird. Der Rest des Vermögens wird zwischen der Krankenkasse und der Pensionskasse mit der Massgabe vertheilt, dass der Krankenkasse höchstens der zweijährige Betrag der nach Vorschrift des neuen Kassenstatuts für die derzeitigen Kassenmitglieder zu erhebenden Beiträge überwiesen wird.

5. Wird eine besondere Pensionskasse nicht errichtet, so ist nach Anordnung der höheren Verwaltungsbehörde aus dem Vermögen der bisherigen Kasse derjenige Betrag auszuscheiden, welcher erforderlich ist, um die bereits entstandenen Pensionsansprüche zu decken.

Für den ausgeschiedenen Vermögenstheil ist von der höheren Verwaltungsbehörde eine besondere Verwaltung zu bestellen, auf welche die Verpflichtung zur Befriedigung der Pensionsansprüche übergeht.

Reicht das Vermögen der bisherigen Kasse nicht aus, um die bereits entstandenen Pensionsansprüche zu decken, so werden die letzteren um den nicht gedeckten Betrag pro rata ermässigt.

Der nach der Ausscheidung verbleibende Rest des Vermögens der bisherigen Kasse und der nach Befriedigung sämmtlicher auf den ausgeschiedenen Vermögenstheil angewiesenen Ansprüche von diesem verbleibende Rest fallen der Krankenkasse zu.

§. 87.

Das Gesetz, betreffend die Abänderung des Titel VIII der Gewerbeordnung vom 8. April 1876 (Reichs-Gesetzbl. S. 134), wird aufgehoben. Die auf Grund des Artikels 1 §§. 141a, 141c, 141e desselben getroffenen statutarischen Bestimmungen treten, soweit sie den Vorschriften dieses Gesetzes zuwiderlaufen, ausser Kraft.

Das Gesetz über eingeschriebene Hülfskassen vom 7. April 1876 (Reichs-Gesetzbl. S. 125) findet in Zukunft auf die unter die Vorschriften der Abschnitte C bis G dieses Gesetzes fallenden Kassen keine Anwendung mehr. Auf bestehende Kassen dieser Art, welche als eingeschriebene Hülfskassen zugelassen sind, finden die Vorschriften des §. 85 Absatz 1, 2, 3, 5 Anwendung.

§. 88.

Die Bestimmungen dieses Gesetzes treten, soweit sie die Beschlussfassung über die statutarische Einführung des Versicherungszwanges, sowie die Herstellung der zur Durchführung des Versicherungszwanges dienenden Einrichtungen betreffen, mit dem 1. Dezember 1883, die übrigen mit dem 1. Dezember 1884 in Kraft.

Titel IX.

Orts-Statuten.

§. 142.

Ortsstatuten können die ihnen durch das Gesetz überwiesenen gewerblichen Gegenstände mit verbindlicher Kraft ordnen. Dieselben werden, nach Anhörung betheiligter Gewerbetreibender, auf Grund eines Gemeindebeschlusses abgefaßt. Sie bedürfen der Genehmigung der höheren Verwaltungs-Behörde.

Die Centralbehörde ist befugt, Ortsstatuten, welche mit den Gesetzen in Widerspruch stehen, außer Kraft zu setzen.

Zu §. 142.

1. Die höhere Verwaltungsbehörde ist in den zum Geltungsbereich des Competenzgesetzes vom 26. Juli 1876 gehörigen Provinzen der Provinzialrath.

§. 138 a. a. O.

In den übrigen Provinzen sind die Regierungen ꝛc. darunter zu verstehen.

Mit dem 1. April 1884 tritt an die Stelle des Provinzialraths der Bezirksausschuß.

§. 122 Ges. v. 1. August 1883 abgedruckt S. 113.

2. Wegen des Einflusses der Bestimmungen des Ges. v. 23. Juli 1879 auf die bezüglichen durch Ortsstatut geregelten Verhältnisse vgl. die Cirk.R. des M. d. I. vom 14. und 21. September 1879 (Note 1 zu §. 33 Gew.O. — Seite 204 — und Note 2 zu §. 34 Gew.O. — S. 214 —).

Titel X.

Strafbestimmungen.

§. 143.

Die Berechtigung zum Gewerbebetriebe kann, abgesehen von den in den Reichsgesetzen vorgesehenen Fällen ihrer Entziehung, weder durch richterliche, noch administrative Entscheidung entzogen werden.

Ausnahmen von diesem Grundsatze, welche durch die Steuergesetze begründet sind, bleiben so lange aufrecht erhalten, als diese Steuergesetze in Kraft bleiben.

Die Bestimmungen der Landesgesetze, nach welchen die Befugniß zur Herausgabe von Druckschriften und zum Vertriebe derselben innerhalb des Reichsgebiets im Verwaltungswege entzogen werden darf, werden hierdurch aufgehoben.

Zu Tit. X.

Nach Vorschrift des §. 6 des Einführungsgesetzes zum Strafgesetzbuch vom 31. Mai 1871 (B.G.Bl. S. 195) darf nur auf die im Strafgesetzbuch enthaltenen Strafarten erkannt werden.

Die Bestimmungen des §. 143 der Gew.O. sind indeß durch das Strafgesetzbuch und dessen Einführungsgesetz insofern unberührt geblieben, als die Bestimmungen über die fernere ausnahmsweise Zulässigkeit der Untersagung des Gewerbebetriebes als Strafe noch als in Kraft bestehend zu betrachten sind.

Erk. d. O.T. v. 7. Dezember 1871 (M.Bl. S. 5).

Zu §. 143.

1. Diese Vorschrift beruht auf der Fassung des Reichsgesetzes v. 1. Juli 1883.

§. 143 der Gew.O. von 1869 ist dadurch nur insofern modifizirt, als Abs. 1 eine redaktionelle Aenderung erfahren hat, und Abs. 3, welcher dahin lautete:

> Ebenso bewendet es bei den Vorschriften der Landesgesetze, welche die Entziehung der Befugnisse zum selbständigen Betriebe eines Gewerbes durch richterliches Erkenntniß als Strafe im Falle einer durch die Presse begangenen Zuwiderhandlung vorschreiben oder zulassen,

in Wegfall gekommen ist.

2. Das Reichsgesetz vom 7. Mai 1874 über die Presse (R.G.B. S. 65) bestimmt in §. 4:

Eine Entziehung der Befugniß zum selbständigen Betriebe irgend eines Preßgewerbes oder sonst zur Herausgabe und zum Vertriebe von Druckschriften kann weder im administrativen noch im richterlichen Wege stattfinden.

Im Uebrigen sind für den Betrieb der Preßgewerbe die Bestimmungen der Gewerbeordnung maßgebend.

3. **Das Reichsgesetz gegen die gemeingefährlichen Bestrebungen der Sozialdemokratie vom 21. Oktober 1878** (R.G.B. S. 351) enthält folgende den Gewerbebetrieb betreffenden Strafbestimmungen:

§. 1.

Vereine, welche durch sozialdemokratische, sozialistische oder kommunistische Bestrebungen den Umsturz der bestehenden Staats- oder Gesellschaftsordnung bezwecken, sind zu verbieten.

Dasselbe gilt von Vereinen, in welchen sozialdemokratische, sozialistische oder kommunistische, auf den Umsturz der bestehenden Staats- oder Gesellschaftsordnung gerichtete Bestrebungen in einer den öffentlichen Frieden, insbesondere die Eintracht der Bevölkerungsklassen gefährdenden Weise zu Tage treten.

Den Vereinen stehen gleich Verbindungen jeder Art.

Auf eingetragene Genossenschaften findet im Falle des §. 1 Abs. 2 der §. 35 des Gesetzes vom 4. Juli 1868, betreffend die privatrechtliche Stellung der Erwerbs- und Wirthschaftsgenossenschaften (B.G.Bl. S. 415 ff.), Anwendung.

Auf eingeschriebene Hülfskassen findet im Falle des §. 1 Abs. 2 der §. 29 des Gesetzes über die eingeschriebenen Hülfskassen vom 7. April 1876 (Reichs-Gesetzbl. S. 125 ff.) Anwendung.

§. 3.

Selbständige Kassenvereine (nicht eingeschriebene), welche nach ihren Statuten die gegenseitige Unterstützung ihrer Mitglieder bezwecken, sind im Falle des §. 1 Abs. 2 zunächst nicht zu verbieten, sondern unter eine außerordentliche staatliche Kontrole zu stellen.

Sind mehrere selbständige Vereine der vorgedachten Art zu einem Verbande vereinigt, so kann, wenn in einem derselben die im §. 1 Abs. 2 bezeichneten Bestrebungen zu Tage treten, die Ausscheidung dieses Vereins aus dem Verbande und die Kontrole über denselben angeordnet werden.

In gleicher Weise ist, wenn die bezeichneten Bestrebungen in einem Zweigvereine zu Tage treten, die Kontrole auf diesen zu beschränken.

§. 4.

Die mit der Kontrole betraute Behörde ist befugt:

1. allen Sitzungen und Versammlungen des Vereins beizuwohnen;
2. Generalversammlungen einzuberufen und zu leiten;
3. die Bücher, Schriften und Kassenbestände einzusehen, sowie Auskunft über die Verhältnisse des Vereins zu erfordern;

4. die Ausführung von Beschlüssen, welche zur Förderung der im §. 1 Abs. 2 bezeichneten Bestrebungen geeignet sind, zu untersagen;
5. mit der Wahrnehmung der Obliegenheiten des Vorstandes oder anderer leitender Organe des Vereins geeignete Personen zu betrauen;
6. die Kassen in Verwahrung und Verwaltung zu nehmen.

§. 5.

Wird durch die Generalversammlung, durch den Vorstand oder durch ein anderes leitendes Organ des Vereins den von der Kontrolbehörde innerhalb ihrer Befugnisse erlassenen Anordnungen zuwidergehandelt oder treten in dem Vereine die im §. 1 Abs. 2 bezeichneten Bestrebungen auch nach Einleitung der Kontrole zu Tage, so kann der Verein verboten werden.

§. 6.

Zuständig für das Verbot und die Anordnung der Kontrole ist die Landespolizeibehörde. Das Verbot ausländischer Vereine steht dem Reichskanzler zu.

Das Verbot ist in allen Fällen durch den Reichsanzeiger, das von der Landespolizeibehörde erlassene Verbot überdies durch das für amtliche Bekanntmachungen der Behörde bestimmte Blatt des Ortes oder des Bezirkes bekannt zu machen.

Das Verbot ist für das ganze Bundesgebiet wirksam und umfaßt alle Verzweigungen des Vereins, sowie jeden vorgeblich neuen Verein, welcher sachlich als der alte sich darstellt.

§. 7.

Auf Grund des Verbots sind die Vereinskasse, sowie alle für Zwecke des Vereins bestimmte Gegenstände durch die Behörde in Beschlag zu nehmen.

Nachdem das Verbot endgültig geworden ist, hat die von der Landespolizeibehörde zu bezeichnende Verwaltungsbehörde die Abwickelung der Geschäfte des Vereins (Liquidation) geeigneten Personen zu übertragen und zu überwachen, auch die Namen der Liquidatoren bekannt zu machen.

An die Stelle des in den Gesetzen oder Statuten vorgesehenen Beschlusses der Generalversammlung tritt der Beschluß der Verwaltungsbehörde.

Das liquidirte Vereinsvermögen ist, unbeschadet der Rechtsansprüche Dritter und der Vereinsmitglieder, nach Maßgabe der Vereinsstatuten beziehungsweise der allgemeinen gesetzlichen Bestimmungen zu verwenden.

Der Zeitpunkt, in welchem das Verbot endgültig wird, ist als der Zeitpunkt der Auflösung oder Schließung des Vereins (der Kasse) anzusehen.

Gegen die Anordnungen der Behörde findet nur die Beschwerde an die Aufsichtsbehörden statt.

§. 8.

Das von der Landespolizeibehörde erlassene Verbot, sowie die Anordnung der Kontrole ist dem Vereinsvorstande, sofern ein solcher im Inlande vorhanden ist, durch schriftliche, mit Gründen versehene Verfügung bekannt zu machen. Gegen dieselbe steht dem Vereinsvorstande die Beschwerde (§. 26) zu.

Die Beschwerde ist innerhalb einer Woche nach der Zustellung der Verfügung bei der Behörde anzubringen, welche dieselbe erlassen hat.

Die Beschwerde hat keine aufschiebende Wirkung.

§. 11.

Druckschriften, in welchen sozialdemokratische, sozialistische oder kommunistische auf den Umsturz der bestehenden Staats- oder Gesellschaftsordnung, gerichtete Bestrebungen in einer den öffentlichen Frieden, insbesondere die Eintracht der Bevölkerungsklassen gefährdenden Weise zu Tage treten, sind zu verbieten.

Bei periodischen Druckschriften kann das Verbot sich auch auf das fernere Erscheinen erstrecken, sobald auf Grund dieses Gesetzes das Verbot einer einzelnen Nummer erfolgt.

§. 12.

Zuständig für das Verbot ist die Landespolizeibehörde, bei periodischen im Inlande erscheinenden Druckschriften die Landespolizeibehörde des Bezirks, in welchem die Druckschrift erscheint. Das Verbot der ferneren Verbreitung einer im Auslande erscheinenden periodischen Druckschrift steht dem Reichskanzler zu.

Das Verbot ist in der im §. 6 Abs. 2 vorgeschriebenen Weise bekannt zu machen und ist für das ganze Bundesgebiet wirksam.

§. 13.

Das von der Landespolizeibehörde erlassene Verbot einer Druckschrift ist dem Verleger oder dem Herausgeber, das Verbot einer nicht periodisch erscheinenden Druckschrift auch dem auf derselben benannten Verfasser, sofern diese Personen im Inlande vorhanden sind, durch schriftliche, mit Gründen versehene Verfügung bekannt zu machen.

Gegen die Verfügung steht dem Verleger oder dem Herausgeber, sowie dem Verfasser die Beschwerde (§. 26) zu.

Die Beschwerde ist innerhalb einer Woche nach der Zustellung der Verfügung bei der Behörde anzubringen, welche dieselbe erlassen hat.

Die Beschwerde hat keine aufschiebende Wirkung.

§. 14.

Auf Grund des Verbots sind die von demselben betroffenen Druckschriften da, wo sie sich zum Zwecke der Verbreitung vorfinden, in Beschlag zu nehmen. Die Beschlagnahme kann sich auf die zur Vervielfältigung dienenden Platten und Formen erstrecken; bei Druckschriften im engeren Sinne hat auf Antrag des Betheiligten statt Beschlagnahme des Satzes das Ablegen des letzteren zu geschehen. Die in Beschlag genommenen Druckschriften, Platten und Formen sind, nachdem das Verbot endgültig geworden ist, unbrauchbar zu machen.

Die Beschwerde findet nur an die Aufsichtsbehörden statt.

§. 15.

Die Polizeibehörde ist befugt, Druckschriften der im §. 11 bezeichneten Art, sowie die zu ihrer Vervielfältigung dienenden Platten und Formen schon vor Erlaß eines Verbots vorläufig in Beschlag zu nehmen. Die in Beschlag genommene Druckschrift ist innerhalb vierundzwanzig Stunden der Landespolizeibehörde einzureichen. Letztere hat entweder die Wiederaufhebung der Beschlagnahme sofort anzuordnen oder innerhalb einer Woche das Verbot zu erlassen. Erfolgt das Verbot nicht innerhalb dieser Frist, so erlischt die Beschlagnahme und müssen die einzelnen Stücke, Platten und Formen freigegeben werden.

§. 17.

Wer an einem verbotenen Vereine (§. 6) als Mitglied sich betheiligt, oder eine Thätigkeit im Interesse eines solchen Vereins ausübt, wird mit Geldstrafe bis zu fünfhundert Mark oder mit Gefängniß bis zu drei Monaten bestraft. Eine gleiche Strafe trifft denjenigen, welcher an einer verbotenen Versammlung (§. 9) sich betheiligt, oder welcher nach polizeilicher Auflösung einer Versammlung (§. 9) sich nicht sofort entfernt.

Gegen diejenigen, welche sich an dem Vereine oder an der Versammlung als Vorsteher, Leiter, Ordner, Agenten, Redner oder Kassirer betheiligen, oder welche zu der Versammlung auffordern, ist auf Gefängniß von Einem Monat bis zu Einem Jahre zu erkennen.

§. 19.

Wer eine verbotene Druckschrift (§§. 11, 12), oder wer eine von der vorläufigen Beschlagnahme betroffene Druckschrift (§. 15) verbreitet, fortsetzt oder wieder abdruckt, wird mit Geldstrafe bis zu eintausend Mark oder mit Gefängniß bis zu sechs Monaten bestraft.

§. 21.

Wer ohne Kenntniß, jedoch nach erfolgter Bekanntmachung des Verbots durch den Reichsanzeiger (§§. 6, 12) eine der in den §§. 17, 19 verbotenen Handlungen begeht, ist mit Geldstrafe bis zu einhundertfünfzig Mark oder mit Haft zu bestrafen.

§. 22.

Gegen Personen, welche sich die Agitation für die im §. 1 Abs. 2 bezeichneten Bestrebungen zum Geschäfte machen, kann im Falle einer Verurtheilung wegen Zuwiderhandlungen gegen die §§. 17 bis 20 neben der Freiheitsstrafe auf die Zulässigkeit der Einschränkung ihres Aufenthaltes erkannt werden.

Auf Grund dieses Erkenntnisses kann dem Verurtheilten der Aufenthalt in bestimmten Bezirken oder Ortschaften durch die Landespolizeibehörde versagt werden, jedoch in seinem Wohnsitze nur dann, wenn er denselben nicht bereits seit sechs Monaten inne hat. Ausländer können von der Landespolizeibehörde aus dem Bundesgebiete ausgewiesen werden. Die Beschwerde findet nur an die Aufsichtsbehörden statt.

Zuwiderhandlungen werden mit Gefängniß von Einem Monat bis zu Einem Jahre bestraft.

§. 23.

Unter den im §. 22 Abs. 1 bezeichneten Voraussetzungen kann gegen Gastwirthe, Schankwirthe, mit Branntwein oder Spiritus Kleinhandel treibende Personen, Buchhändler, Buchdrucker, Leihbibliothekare und Inhaber von Lesekabineten neben der Freiheitsstrafe auf Untersagung ihres Gewerbebetriebes erkannt werden.

§. 24.

Personen, welche es sich zum Geschäft machen, die im §. 1 Abs. 2 bezeichneten Bestrebungen zu fördern, oder welche auf Grund einer Bestimmung dieses Gesetzes rechtskräftig zu einer Strafe verurtheilt worden sind, kann von der Landespolizeibehörde die Befugniß zur gewerbsmäßigen oder nicht gewerbsmäßigen öffentlichen Verbreitung von Druckschriften, sowie die Befugniß zum Handel mit Druckschriften im Umherziehen entzogen werden.

Die Beschwerde findet nur an die Aufsichtsbehörden statt.

§. 25.

Wer einem auf Grund des §. 23 ergangenen Urtheil oder einer auf Grund des §. 24 erlassenen Verfügung zuwiderhandelt, wird mit Geldstrafe bis zu eintausend Mark oder mit Haft oder mit Gefängniß bis zu sechs Monaten bestraft.

§. 26.

Zur Entscheidung der in den Fällen der §§. 8, 13 erhobenen Beschwerden wird eine Kommission gebildet. Der Bundesrath wählt vier Mitglieder aus seiner Mitte und fünf aus den Mitgliedern der höchsten Gerichte des Reichs oder der einzelnen Bundesstaaten.

Die Wahl dieser fünf Mitglieder erfolgt für die Zeit der Dauer dieses Gesetzes und für die Dauer ihres Verbleibens in richterlichem Amte.

Der Kaiser ernennt den Vorsitzenden und aus der Zahl der Mitglieder der Kommission dessen Stellvertreter.

§. 27.

Die Kommission entscheidet in der Besetzung von fünf Mitgliedern, von denen mindestens drei zu den richterlichen Mitgliedern gehören müssen. Vor der Entscheidung über die Beschwerde ist den Betheiligten Gelegenheit zur mündlichen oder schriftlichen Begründung ihrer Anträge zu geben. Die Kommission ist befugt, Beweis in vollem Umfange, insbesondere durch eidliche Vernehmung von Zeugen und Sachverständigen, zu erheben oder mittelst Ersuchens einer Behörde des Reichs oder eines Bundesstaates erheben zu lassen. Hinsichtlich der Verpflichtung, sich als Zeuge oder Sachverständiger vernehmen zu lassen, sowie hinsichtlich der im Falle des Ungehorsams zu verhängenden Strafen kommen die Bestimmungen der am Sitze der Kommission beziehungsweise der ersuchten Behörde geltenden bürgerlichen Prozeßgesetze zur Anwendung. Die Entscheidungen erfolgen nach freiem Ermessen und sind endgültig.

Im übrigen wird der Geschäftsgang bei der Kommission durch ein von derselben zu entwerfendes Regulativ geordnet, welches der Bestätigung des Bundesraths unterliegt.

§. 28*).

Für Bezirke oder Ortschaften, welche durch die im §. 1 Abs. 2 bezeichneten Bestrebungen mit Gefahr für die öffentliche Sicher-

---

*) Die Beschwerde gegen die Verfügungen, welche auf Grund der ge-

heit bedroht sind, können von den Zentralbehörden der Bundesstaaten die folgenden Anordnungen, soweit sie nicht bereits landesgesetzlich zulässig sind, mit Genehmigung des Bundesraths für die Dauer von längstens Einem Jahre getroffen werden:

1. . . . .
2. daß die Verbreitung von Druckschriften auf öffentlichen Wegen, Straßen, Plätzen oder an anderen öffentlichen Orten nicht stattfinden darf;
3. . . . .
4. daß der Besitz, das Tragen, die Einführung und der Verkauf von Waffen verboten, beschränkt oder an bestimmte Voraussetzungen geknüpft wird.

Ueber jede auf Grund der vorstehenden Bestimmungen getroffene Anordnung muß dem Reichstag sofort beziehungsweise bei seinem nächsten Zusammentreten Rechenschaft gegeben werden.

Die getroffenen Anordnungen sind durch den Reichsanzeiger und auf die für landespolizeiliche Verfügungen vorgeschriebene Weise bekannt zu machen.

Wer diesen Anordnungen oder den auf Grund derselben erlassenen Verfügungen mit Kenntniß oder nach erfolgter öffentlicher Bekanntmachung zuwiderhandelt, wird mit Geldstrafe bis zu eintausend Mark oder mit Haft oder mit Gefängniß bis zu sechs Monaten bestraft.

§. 29.

Welche Behörden in jedem Bundesstaat unter der Bezeichnung Landespolizeibehörde, Polizeibehörde zu verstehen sind, wird von der Zentralbehörde des Bundesstaates bekannt gemacht.

§. 30.*)

Dieses Gesetz tritt mit dem Tage der Verkündigung in Kraft und gilt bis zum 31. März 1881.

---

4. Für die Auslegung der hier interessirenden Vorschriften des Ges. v. 21. Oktober 1878 sind folgende Entscheidungen des Reichsgerichts von Wichtigkeit:

Zu §. 19.

a. Unter Druckschriften im Sinne des §. 19 des Reichsgesetzes v. 21. Oktober 1878 sind nicht nur Erzeugnisse der Buchdruckerpresse, sondern auch alle anderen durch mechanische oder chemische Mittel bewirkten und zur Verbreitung bestimmten Vervielfältigungen, also auch Photographien zu verstehen.

Erk. R.G. v. 29. Juni 1881. (III. S. 445.)

---

mäß §. 28 getroffenen Anordnungen erlassen werden, findet nur an die Aufsichtsbehörde statt.

§. 1 R.Ges. v. 31. Mai 1880 (R.G.Bl. S. 117).

*) Diese Frist ist durch das Gesetz vom 31. Mai 1880 (R.G.Bl. S. 117) bis zum 30. September 1884 verlängert.

b. Eine unter einem neuen Titel und neuer äußerer Einrichtung erscheinende periodische Druckschrift kann als die Fortsetzung einer verbotenen periodischen Druckschrift erachtet werden.

Erk. R.G. v. 14. Nov. 1879. (I. S. 67.)

c. Personen, welchen auf Grund des §. 24 die Befugniß zur öffentlichen Verbreitung von Druckschriften durch Verfügung der Landespolizeibehörde entzogen ist, machen sich der strafbaren Zuwiderhandlung gegen diese Verfügung nur durch die wirklich begonnene Verbreitung schuldig. Der Versuch ist straflos.

Erk. d. O.T. v. 20. Dezember 1878.

Opp. XIX. S. 592.

d. Die Verbreitung einer Druckschrift liegt vor, wenn mit dem Verkaufe an einen Abnehmer der beabsichtigte Vertrieb begonnen hat.

Erk. R.G. v. 23. Dezember 1881. (III. S. 826.)

e. Der Begriff des Verbreitens gemäß §. 19 des Reichs-Ges. v. 21. Oktober 1878 setzt nicht den Erfolg der Kenntnißnahme der verbotenen Schriften durch Andere voraus, sondern ist mit jeder Thätigkeit zum Zweck jener Kenntnißnahme, welche die Bereitstellung zur Einsichtnahme herbeiführte, gegeben.

Erk. R.G. v. 8. Oktober 1881. (III. S. 613.)

f. Auch in der nur einmaligen Zusendung einer Mehrzahl verbotener Druckschriften an eine einzelne Person kann eine Verbreitung derselben gefunden werden, wenn die Zusendung zum Zweck des Absatzes an Dritte erfolgt.

Für diese Verbreitung ist der Absender strafrechtlich verantwortlich, selbst wenn er die Versendung vom Auslande aus bewerkstelligte.

Erk. R.G. v. 3. Februar 1881. (III. S. 6.)

g. Die Hingabe verbotener sozialistischer Schriften an eine einzelne Person erfüllt nur dann den Begriff der Verbreitung, wenn die Absicht oder das Bewußtsein des Handelnden bestand, durch den ersten Empfänger die Schrift auch einer Mehrzahl Anderer zugänglich zu machen, oder wenn die Hingabe in Folge einer auf Verbreitung berechneten Veranstaltung erfolgte, wie das Halten einer Leihbibliothek von solchen Schriften. —

Erk. R.G. v. 1. Juni 1881. (III. S. 359.)

Zu §. 24.

a. Das Recht der Landespolizeibehörden gemäß §. 24 die Befugniß zur gewerbsmäßigen öffentlichen Verbreitung von Druckschriften zu entziehen, erstreckt sich nicht auf das Recht, die Befugniß zum stehenden Buchhandel zu entziehen.

Erk. d. R.G. v. 10. Mai 1882. IV. S. 461.

b. Das Verbot der Verbreitung von Druckschriften gemäß §. 24 erstreckt sich auch auf die Verbreitung von Wahlzetteln.

Erk. d. R.G. v. 15. März 1882. IV. S. 247.

§. 144.

Inwiefern, abgesehen von den Vorschriften über die Entziehung des Gewerbebetriibes (§. 143), Zuwiderhandlungen der Gewerbetreibenden gegen ihre Berufspflichten außer den in diesem Gesetz erwähnten Fällen einer Strafe unterliegen, ist nach den darüber bestehenden Gesetzen zu beurtheilen.

Jedoch werden aufgehoben die für Medizinalpersonen bestehenden besonderen Bestimmungen, welche ihnen unter Androhung von Strafen einen Zwang zu ärztlicher Hülfe auferlegen.

Zu §. 28.

a. Die Mittheilung einer verbotenen sozialdemokratischen Schrift an eine einzelne Person erfüllt den Begriff des Verbreitens derselben nur dann, wenn sie in der Absicht geschah, durch denjenigen, an welchen die Mittheilung erfolgte, eine weitere Verbreitung zu bewirken.

Erk. R.G. v. 1. Oktober 1881. (III. S. 570.)

b. Das auf Grund des Ges. v. 21. Oktober 1878 erlassene Verbot des Waffentragens beschränkt sich nicht auf solche Waffen, welche zum sofortigen augenblicklichen Gebrauch geeignet sind, sondern bezieht sich auch auf Waffentheile, insofern dieselben durch manuelle Thätigkeit sofort zu einem Ganzen vereinigt werden können.

Erk. R.G. v. 23. September 1881. (III. S. 523.)

c. Ein Theaterdolch, welcher seiner Beschaffenheit nach nicht die Bestimmung an sich trägt, auch eine Waffe zu sein, ist keine Waffe im Sinne dieses Gesetzes.

Erk. d. R.G. v. 3. Februar 1882. IV. S. 114.

Zu §. 144.

1. Derartige Strafen für Zuwiderhandlungen der Gewerbetreibenden enthält das Strafgesetzbuch in den §§. 222, 230, 232, 266 (Nr. 3), 290, 297, 298, 300, 360 (Nr. 1, 7, 9, 12), 367 (Nr. 3, 5, 7, 9, 15) und §. 369.

Vgl. auch Note 1 zu §. 75 Gew.O.

Vgl. auch die Strafbestimmungen §. 29, 31, 45 des Feld- und Forstpolizeigesetzes v. 1. April 1880 (Ges.S. S. 230).

2. Die Fassung des §. 360 Nr. 12 ist durch das R.Ges. v. 24. Mai 1880 (R.G.Bl. S. 109) geändert.

3. Ein Gewerbtreibender, dem in Beziehung auf seinen Gewerbebetrieb durch Gesetz oder Polizeiverordnung ein bestimmtes Thun oder Unterlassen unter Strafandrohung zur Pflicht gemacht worden, kann sich nicht lediglich damit entschuldigen, daß Zuwiderhandlungen gegen diese Vorschriften seitens

§. 145.

Für das Mindestmaß der Strafen, das Verhältniß von Geldstrafe zur Freiheitsstrafe, sowie für die Verjährung der in den §§. 146 und 153 verzeichneten Vergehen sind die Bestimmungen des Strafgesetzbuchs für das Deutsche Reich maßgebend.

Die übrigen in diesem Titel mit Strafe bedrohten Handlungen verjähren binnen drei Monaten, von dem Tage an gerechnet, an welchem sie begangen sind.

---

seiner Angehörigen oder seines Dienstpersonals ohne sein Wissen und Willen geschehen seien; er hat vielmehr solche Veranstaltungen zu treffen, daß die *Befolgung jener Vorschriften gesichert ist.*

Erk. d. R.G. v. 22. Dezember 1881. III. S. 252.

4. Der Händler mit Fleischwaaren hat die Berufsverpflichtung, vor Abgabe der Waaren sich zu vergewissern und dies nöthigenfalls, soweit seine eigene Prüfung nicht ausreicht, durch Sachverständige zu bewirken, daß durch ihren Genuß das Leben und die Gesundheit nicht gefährdet werde.

Erk. R.G. v. 1. Dezember 1881. III. S. 757.

Zu §. 145.

Diese Vorschrift beruht auf der Fassung des mit dem 1. Januar 1884 in Wirksamkeit tretenden Reichsgesetzes vom 1. Juli 1883.

Die Aenderung ist lediglich redaktionell.

Die bezüglichen Bestimmungen des Strafgesetzbuches für das Deutsche Reich lauten:

§. 16.

Der Höchstbetrag der Gefängnißstrafe ist fünf Jahre, ihr Mindestbetrag ein Tag.

§. 18.

Der Höchstbetrag der Haft ist sechs Wochen, ihr Mindestbetrag ein Tag.

§. 19.

Bei Freiheitsstrafen wird der Tag zu vierundzwanzig Stunden, die Woche zu sieben Tagen, der Monat und das Jahr nach der Kalenderzeit gerechnet.

Die Dauer einer Zuchthausstrafe darf nur nach vollen Monaten, die Dauer einer anderen Freiheitsstrafe nur nach vollen Tagen bemessen werden.

§. 27.

Der Mindestbetrag der Geldstrafe ist bei (Verbrechen und) Vergehen drei Mark, bei Uebertretungen eine Mark.

§. 28.

Eine nicht beizutreibende Geldstrafe ist in Gefängniß und, wenn sie wegen einer Uebertretung erkannt worden ist, in Haft umzuwandeln.

§. 146.

Mit Geldstrafe bis zu zweitausend Mark und im Unvermögensfalle mit Gefängniß bis zu sechs Monaten werden bestraft:

1. **Gewerbetreibende, welche bei der Zahlung des Lohnes oder bei dem Verkaufe von Waaren an die Arbeiter dem §. 115 zuwiderhandeln;**
2. **Gewerbetreibende, welche den §§. 135, 136 oder den auf Grund der §§. 139, 139a getroffenen Verfügungen zu-**

Ist bei einem Vergehen Geldstrafe allein oder an erster Stelle oder wahlweise neben Haft angedroht, so kann die Geldstrafe in Haft umgewandelt werden, wenn die erkannte Strafe nicht den Betrag von 600 Mark und die an ihre Stelle tretende Freiheitsstrafe nicht die Dauer von 6 Wochen übersteigt.

Der Verurtheilte kann sich durch Erlegung des Strafbetrages, soweit dieser durch die erstandene Freiheitsstrafe noch nicht getilgt ist, von der letzteren freimachen.

§. 29.

Bei Umwandelung einer wegen eines (Verbrechens oder) Vergehens erkannten Geldstrafe ist der Betrag von 3 bis 15 Mark, bei Umwandelung einer wegen einer Uebertretung erkannten Geldstrafe der Betrag von 1 bis 15 Mark einer eintägigen Freiheitsstrafe gleich zu achten. Der Mindestbetrag der an Stelle einer Geldstrafe tretenden Freiheitsstrafe ist ein Tag, ihr Höchstbetrag bei Haft sechs Wochen, bei Gefängniß ein Jahr. Wenn jedoch eine neben der Geldstrafe wahlweise angedrohte Freiheitsstrafe ihrer Dauer nach den vorgedachten Höchstbetrag nicht erreicht, so darf die an Stelle der Geldstrafe tretende Freiheitsstrafe den angedrohten Höchstbetrag jener Freiheitsstrafe nicht übersteigen.

§. 67.

Die Strafverfolgung von Vergehen, die im Höchstbetrage mit einer längeren als dreimonatlichen Gefängnißstrafe bedroht sind, verjährt in fünf Jahren, von anderen Vergehen in drei Jahren.

Die Strafverfolgung von Uebertretungen verjährt in drei Monaten.

Die Verjährung beginnt mit dem Tage, an welchem die Handlung begangen ist, ohne Rücksicht auf den Zeitpunkt des eingetretenen Erfolges.

§. 68.

Jede Handlung des Richters, welche wegen der begangenen That gegen den Thäter gerichtet ist, unterbricht die Verjährung.

Die Unterbrechung findet nur rücksichtlich dessen statt, auf welchen die Handlung sich bezieht. Nach der Unterbrechung beginnt eine neue Verjährung.

Zu §. 146.

1. Die Vorschrift beruht auf dem Reichsgesetz vom 17. Juli 1878 (R.G.Bl. S. 199).

wider Arbeiterinnen oder jugendlichen Arbeitern Beschäftigung geben.

3. Gewerbetreibende, welche der Bestimmung im §. 111 entgegen die Eintragungen mit einem Merkmale versehen, welches den Inhaber des Arbeitsbuches günstig oder nachtheilig zu bezeichnen bezweckt;

4. wer §. 56 Nr. 6 zuwiderhandelt.

Die Geldstrafen fließen der im §. 116 bezeichneten Kasse zu.

§. 147.

Mit Geldstrafe bis dreihundert Mark und im Unvermögensfalle mit Haft wird bestraft:

Nr. 3. 4 sind durch das Reichsgesetz vom 1. Juli 1883 eingeschaltet.

2. Bei Anwendung des §. 146 Abs. 1 kann nicht unter 3 Mark Geldbuße herabgegangen werden.

Erk. d. R.G. v. 16. März 1882. IV. S. 253.

Vgl. auch § 154 Gew.O. Abs. 4.

Zu §. 147.

1. Die gegenwärtige Fassung beruht auf dem Reichsgesetz v. 17. Juli 1878.

2. Ein Gewerbe-Polizeivergehen setzt den Nachweis des Dolus nicht voraus.

Erk. d. O.T. v. 13. Dezember 1878.

Opp. XIX. S. 583.

3. Die im §. 147 vorgesehenen Kontraventionen sind als Vergehen im Sinne des §. 1 des R.St.G.B. anzusehen und gehören deshalb auch im Geltungsbereich der Verordnung vom 3. Januar 1849 zur Zuständigkeit der Gerichtsabtheilungen.

Beschl. d. O.T. v. 20. Oktober 1870 (Opp. XI. S. 525) u. v. 13. November 1878 (Opp. XIX. S. 529).

Vgl. auch Opp. XII. S. 107, 332.

Nach den Bestimmungen des Gerichtsverfassungsgesetzes vom 27. Januar 1877 (R.G.Bl. S. 41) sind die Schöffengerichte zuständig für alle Uebertretungen sowie für diejenigen Vergehen, welche nur mit Gefängniß von höchstens drei Monaten oder Geldstrafe von höchstens 600 Mark allein oder neben Haft oder in Verbindung mit einander oder in Verbindung mit Einziehung bedroht sind. Die Strafkammern sind als erkennende Gerichte für die Vergehen zuständig, welche nicht zur Zuständigkeit der Schöffengerichte gehören. Sie können bei Eröffnung des Hauptverfahrens wegen derjenigen Vergehen, welche nur mit Gefängnißstrafe von höchstens sechs Monaten oder Geldstrafe von höchstens 1500 Mark allein oder in Verbindung mit einander oder in Verbindung mit Einziehung bedroht sind, sowie wegen solcher Zuwiderhandlungen gegen die Vorschriften über die Erhebung öffentlicher Abgaben und Gefälle, deren Strafe in dem mehrfachen Betrage einer hinterzogenen Abgabe oder andern Leistung besteht, auf Antrag der Staatsanwaltschaft die Verhandlung und Entscheidung dem Schöffengerichte, soweit dieses nicht schon zuständig ist, überweisen, wenn nach den Umständen des Falles anzunehmen ist, daß wegen des Vergehens auf keine andere und höhere Strafe als die vorgedachte Gefängnißstrafe bezw. Geldbuße zu erkennen sein werde. Beschwerde findet statt. Hat in dem letztgedachten Falle die Verwaltungsbehörde die öffentliche Klage erhoben, so steht ihr der Antrag auf Ueberweisung an das Schöffengericht in gleicher Weise wie der Staatsanwaltschaft zu. Die Strafkammern sind ferner als erkennende Gerichte für die Verhandlung und Entscheidung über das Rechtsmittel der Berufung gegen die Urtheile der Schöffengerichte zuständig.

Das Amt der Staatsanwaltschaft wird bei den Schöffengerichten durch einen Amtsanwalt ausgeübt. Die Zuständigkeit desselben erstreckt sich nicht auf das amtsrichterliche Verfahren zur Vorbereitung der öffentlichen Klage in denjenigen Strafsachen, welche zur Zuständigkeit andrer Gerichte als der Schöffengerichte gehören.

§. 27, 73, 75, 143 a. a. O.

4. Die Handlungen, durch welche ein Gewerbe unbefugt betrieben ist, können nicht als selbständige strafbare Handlungen angesehen werden, sondern bilden nur eine Strafthat.

Erk. d. O.T. v. 26. Mai 1865.
Winiker Nr. 968.
Erk. d. O.T. v. 7. Dezember 1865.
Winiker Nr. 1061.

5. Die neben der Geldstrafe angedrohte Freiheitsstrafe ist keine alternative, sondern eine eventuelle.

Erk. d. O.T. v. 26. September 1876.
Opp. XVII. S. 624.

6. Allg. Verfügung des Justizministers vom 25. August 1879 betreffend die von den Beamten der Staatsanwaltschaft an andere Behörden zu machenden Mittheilungen (M.Bl. S. 221):

In allen Zoll- und Steuerdefraudations- und Contraventionssachen, welche zur gerichtlichen Untersuchung gelangen, einschließlich der sich nur als Uebertretungen charakterisirenden Zuwiderhandlungen, ist die Urtheilsformel sogleich nach der Verkündung der zur Verwaltung der betreffenden Steuern und Zölle bestellten Provinzialbehörde, in der Untersuchung wegen Grund- und Gebäudesteuer-Defraudation dem Kreislandrath mitzutheilen, unter gleichzeitiger Aeußerung, ob seitens der Staatsanwaltschaft die Einlegung eines Rechtsmittels in Aussicht genommen sei, oder aus welchen Gründen von der Einlegung des zulässigen Rechtsmittels Abstand genommen ist.

1. wer den selbständigen Betrieb eines stehenden Gewerbes, zu dessen Beginne eine besondere polizeiliche Genehmigung (Konzession, Approbation, Bestallung) erforderlich ist, ohne die vorschriftsmäßige Genehmigung unternimmt oder fortsetzt, oder von den in der Genehmigung festgesetzten Bedingungen abweicht;

Von allen rechtskräftigen Entscheidungen, bei welchen Staats-, Gemeinde- oder Korporations-Kassen interessiren, insbesondere von solchen Entscheidungen, aus welchen dieselben einen Anspruch an den Verurtheilten herleiten können oder in Folge deren Verpflichtungen gegen den Verurtheilten aufhören, ist den betreffenden Behörden unverzüglich Mittheilung zu machen.

Ist zur Justifikation von Rechnungsposten oder aus einem sonstigen Grunde eine beglaubigte Abschrift von der Urtheilsformel erforderlich, so ist dieselbe zu ertheilen.

Zu §. 147 Nr. 1.

7. Der Thatbestand des in §. 147 Nr. 1 vorgesehenen Gewerbepolizeivergehens besteht nicht in einer bloßen Unterlassung, sondern setzt zugleich ein positives Handeln, den Betrieb des betreffenden Gewerbes ohne die erforderliche Genehmigung, voraus, und ist daher die Möglichkeit einer strafbaren Hülfeleistung zu diesem Vergehen nicht ausgeschlossen.

Erk. d. O.T. v. 8. Juni 1876.

Opp. XVII. S. 410.

Nicht in der blos unterlassenen Einholung der polizeilichen Genehmigung zu einem erst beabsichtigten Gewerbebetriebe, welcher der polizeilichen Genehmigung bedarf, sondern in der thatsächlichen Ausübung des Gewerbes liegt der Grund der Strafbarkeit. Wenn eine in Gütergemeinschaft mit ihrem Ehemanne lebende Frau ein derartiges Gewerbe thatsächlich mit ausübt, macht sie sich als Theilnehmerin strafbar.

Beihülfe zu einem strafbaren unkonzessionirten Gewerbebetriebe ist möglich und strafbar.

Erk. d. O.T. v. 24. Mai 1872.

Opp. XIII. S. 315.

Vgl. auch Erk. v. 18. Juli 1879. Opp. XX. S. 338.

8. Der Betrieb eines Gewerbes, zu welchem eine Konzession erforderlich ist, hört auf, ein unerlaubter Betrieb zu sein, wenn der Gewerbetreibende bei der zuständigen Behörde die Konzession nachgesucht hat, aber von dieser Behörde, wenn auch rechtsirrthümlich, belehrt ist, daß es einer Konzession nicht bedürfe.

Erk. d. O.T. v. 6. Mai 1879.

Opp. XX. S. 249.

2. **wer eine gewerbliche Anlage, zu der mit Rücksicht auf die Lage oder Beschaffenheit der Betriebsstätte oder des Lokals eine besondere Genehmigung erforderlich ist (§§. 16 und 24), ohne diese Genehmigung errichtet, oder die wesentlichen Bedingungen, unter welchen die Genehmigung ertheilt worden, nicht innehält, oder ohne neue Genehmigung eine wesentliche Veränderung der Betriebsstätte oder eine Verlegung des Lokals oder eine wesentliche Veränderung in dem Betriebe der Anlage vornimmt;**

---

9. Das Bewußtsein der Widerrechtlichkeit eines beigelegten ärztlichen Titels kann durch Ermächtigung der Behörde, denselben zu führen, für ausgeschlossen erachtet werden.

Erk. d. O.T. v. 30. April 1879.

Opp. XX. S. 231.

10. Die von dem beabsichtigten Betriebe einer Schankwirthschaft bei der Polizeibehörde gemachte Anzeige befreit nicht von der Strafe des §. 147, da es zum Betriebe einer solchen der polizeilichen Erlaubniß bedarf. Ein diesfälliger Irrthum hindert die Anwendung des Strafgesetzes nicht.

Erk. d. O.T. v. 20. September 1876.

Opp. XVII. S. 572.

Vgl. übrigens Nr. 13, 15, 16, 17, 18, 19, 21, 22, 24, 25, 26 zu §. 33 der Gew.O.

Zu §. 147 Nr. 2.

11. Unter den wesentlichen Bedingungen der Genehmigung können nur solche verstanden werden, welche für nöthig erachtet worden, damit die Einrichtung oder der Betrieb der Anlage nicht Nachtheile oder Belästigungen für die Nachbarn oder das Publikum herbeiführen, nicht aber die Bedingung der Revision durch einen Baubeamten. Nur bei Dampfkesseln ist der Beginn des Betriebes von einer vorgängigen Revision und Bescheinigung über eine mit der ertheilten Genehmigung übereinstimmende Bauausführung abhängig gemacht und die Inbetriebsetzung vor der Revision unter Strafe gestellt.

Erk. d. O.T. v. 14. Juni 1877.

Kletke Band 6 S. 53.

12. Die Errichtung einer gewerblichen Anlage ohne die erforderliche Genehmigung ist strafbar, sobald mit der Errichtung begonnen, d. h. der Zweck der Anlage äußerlich erkennbar ist, wenn auch die Anlage noch nicht soweit gediehen ist, um sofort in Betrieb gesetzt zu werden.

Erk. d. O.T. v. 4. April 1878.

Opp. XIX. S. 191.

Vgl. auch Note 8 zu §. 16 der Gew.O.

13. Unter den gemäß §. 16 Gew.O. nur mit polizeilicher Genehmigung zu errichtenden Schlächtereien sind alle Schlachtstätten ohne Unterschied, also

3. wer, ohne hierzu approbirt zu sein, sich als Arzt (Wundarzt, Augenarzt, Geburtshelfer, Zahnarzt, Thierarzt) bezeichnet oder sich einen ähnlichen Titel beilegt, durch den der Glauben erweckt wird, der Inhaber desselben sei eine geprüfte Medizinalperson;
4. wer der Aufforderung der Behörde ungeachtet den Bestimmungen des §. 120 zuwiderhandelt.

Enthält die Handlung zugleich eine Zuwiderhandlung gegen

---

auch jede von einem einzelnen Schlächter in seiner Behausung zum Schlachten benutzte Räumlichkeit zu verstehen.

Erk. d. O.T. v. 18. Juli 1879. Opp. XX. S. 338.

Zu §. 147 Nr. 3.

14. Ob die Bezeichnung, welche Jemand, der nicht als Arzt approbirt ist, sich beigelegt hat, eine dem Titel „Arzt" ähnliche sei, und ob dadurch der Glaube erweckt wird, er sei eine geprüfte Medizinalperson, ist nicht nach dem abstrakten Verhältniß des gewählten Ausdrucks, sondern nach den Umständen des Einzelfalls zu entscheiden. Die Frage ist eine thatsächliche.

Erk. d. O.T. v. 19. Oktober 1871 (Opp. XII. S. 520) u. v. 17. Oktober 1877 (Opp. XVIII. S. 654.)

Auch eine Frauensperson, welche sich unbefugt einen arztähnlichen Titel beilegt, um den Glauben zu erwecken, sie sei eine geprüfte Medizinalperson, macht sich nach §. 147 Nr. 3 Gew.O. strafbar.

Erk. d. K.G. v. 20. März 1882. III. S. 241.

Die Führung eines ärztlichen Titels auf ausdrücklich erwähnte ausländische Approbation hin ist an sich nicht strafbar, kann aber bestraft werden, wenn der Thatrichter findet, daß der Beisatz „im Auslande" unerheblich und der Titel dessen ungeachtet zur Täuschung des Publikums geeignet ist.

Erk. R.G. v. 6. November 1880. II. S. 460.

15. Die Strafbestimmung des §. 147 Nr. 3 richtet sich gegen Personen, welche die in der Gew.O. vorgesehenen Prüfungen von Medizinalpersonen nicht mit Erfolg gemacht haben, aber den Glauben erwecken, daß dieses geschehen sei. Es kann daher selbst die Führung eines rechtmäßig erworbenen Doktortitels die Anwendbarkeit des §. 147 Nr. 3 begründen.

Erk. d. O.H. v. 20. September 1876 (Opp. XVII. S. 572) u. v. 15. Jan. 1879 (Opp. XX. S. 36).

Vgl. auch die Noten II. Nr. 1, 4, 6, 7, 9, 10, 11 zu §. 29 der Gew.O.

Zu §. 147 Nr. 4.

Vgl. §. 4, 9 der Anw. v. 24. Mai 1879 (Note 1 zu §. 139 b Gew.O.).

Zu §. 147 Al. 2.

16. Die Bestimmung des §. 73 des Reichsstrafgesetzbuchs:

die Steuergesetze, so soll nicht außerdem noch auf eine Steuerstrafe erkannt werden, es ist aber darauf bei Zumessung der Strafe Rücksicht zu nehmen.

In dem Falle zu 2 kann die Polizeibehörde die Wegschaffung

„Wenn eine und dieselbe Handlung mehrere Strafgesetze verletzt, so kommt nur dasjenige Gesetz, welches die schwerste Strafe androht, zur Anwendung."

ist auch hier zu beachten.

Bei der betreffenden Konkurrenz darf aber die Strafe nicht unter dem Maße der für das Steuervergehen allein bestimmten Strafe bemessen werden. Der Richter muß hierauf selbst dann Rücksicht nehmen, wenn in der Anklage die Thatsache der unterlassenen steuerlichen Anmeldung nicht erwähnt war.

Erk. d. O.T. v. 4. Juli 1872 (Opp. XIII. S. 384), v. 21. Dezember 1876 (Opp. XVII. S. 847) v. 13. November 1878 (Opp. XIX. S. 529) u. v. 4. Juli 1879 (Opp. XX. S. 324).

17. Bei der Frage, ob mit der Gewerbeübertretung eine Zuwiderhandlung gegen die Steuergesetze ideell konkurrirt, kommt es nicht darauf an, ob durch die Handlung oder Unterlassung ein Verlust der öffentlichen Kasse an Steuereinkommen eingetreten ist, sondern nur darauf, ob dieselbe durch die Steuergesetze unter Strafe gestellt ist.

Erk. d. O.T. v. 23. Juni 1876. Opp. XVII. S. 456.

18. Concurrirt mit einem Gewerbe-Steuer-Vergehen ein aus §. 147 Gew.O. zu bestrafendes Gewerbe-Polizei-Vergehen, so steht es der Steuerverwaltungsbehörde nicht zu, die Zuwiderhandlung gegen das Steuergesetz zu verfolgen bezw. im Wege der vorläufigen Straffestsetzung vorzugehen.

Erk. d. O.T. v. 31. Januar 1874 (Opp. XV. S. 48) v. 7. April 1875 (Opp. XVI. S. 273) u. v. 3. Juli 1879 (Opp. XX. S. 320).

19. Bei Aburtheilung einer Gewerbe-Polizei-Uebertretung ist der Appellationsrichter nicht behindert, ein damit konkurrirendes Steuerdelikt in Betracht zu ziehen, wenn auch der erste Richter ein solches nicht angenommen und seiner Entscheidung zu Grunde gelegt hat.

Erk. v. 1. November 1878. Opp. XIX. S. 509.

20. Enthält eine Handlung zugleich eine Gewerbesteuer- und ein Gewerbepolizeivergehen, so ist die Strafverfolgung wegen des Steuervergehens dadurch nicht ausgeschlossen, daß der Strafverfolgung wegen des Gewerbepolizeivergehens die Verjährung entgegensteht.

Erk. d. R.G. v. 23. Juni 1882. IV. S. 603.
Vgl. auch Erk. R.G. v. 9. Mai 1881. II. S. 208.
Beschl. d. O.T. v. 4. März 1873. Opp. XIV. S. 185.
Erk. d. O.T. v. 11. Juni 1877. Opp. XVIII. S. 381.

Zu §. 147 Abs. 3.

20. Die Verjährung der auf die unerlaubte Errichtung einer Anlage

der Anlage oder die Herstellung des den Bedingungen entsprechenden Zustandes derselben anordnen.

§. 148.

Mit Geldstrafe bis zu einhundertfünfzig Mark und im Unvermögensfalle mit Haft bis zu vier Wochen wird bestraft:

1. wer außer den im §. 147 vorgesehenen Fällen ein stehendes Gewerbe beginnt, ohne dasselbe vorschriftsmäßig anzuzeigen;
2. wer die im §. 14 erforderte An- oder Abmeldung einer übernommenen Feuerversicherungsagentur unterläßt;
3. wer die im §. 14 erforderten Anzeigen über das Betriebslokal unterläßt;
4. wer der nach §. 35 gegen ihn ergangenen Untersagung eines Gewerbebetriebes zuwiderhandelt, oder die im §. 35 vorgeschriebene Anzeige unterläßt;
5. wer dem §. 33b oder außer den im §. 149 Ziffer 1 vorgesehenen Fällen den §§. 42a bis 44a zuwiderhandelt, oder seine Legitimationskarte (§. 44a) oder seinen Wandergewerbeschein (§. 55) einem Anderen zur Benutzung überläßt;

---

gesetzten Strafe läuft so lange nicht, als der durch die Errichtung herbeigeführte rechtswidrige Zustand fortbesteht.

Erk. d. O.T. v. 2. Juni 1874 (J.-M.Bl. S. 211) u. v. 30. September 1875 (Opp. XVI. S. 620).

Cirk. Erl. d. H. M. v. 23. Dezember 1875 (M.Bl. S. 287).

Vgl. auch die Noten zum Schlußsatz des §. 148 der Gew.O.

Zu §. 148.

1. Die Fassung beruht theils auf dem Reichsgesetz v. 17. Juli 1878 theils (Nr. 10) auf dem Reichsgesetz v. 18. Juli 1881 (R.G.Bl. S. 233) theils (Nr. 5 bis 7e einschließlich) auf dem Reichsgesetz v. 1. Juli 1883.

2. Das in Note 4 zu §. 5 der Gew.O. bezeichnete Verbot fällt gleichfalls unter die Strafbestimmung des §. 148.

Zu §. 148 Nr. 5.

Die auf die Ueberlassung der Legitimationskarte oder des Wandergewerbescheins an einen Andern bezügliche Bestimmung erscheint auch nach Erlaß des Strafgesetzbuchs noch erforderlich, da dessen §. 363 Abs. 2 diese Ueberlassung nicht duldet. Die Anwendung des §. 363 verlangt als einen Theil des Thatbestandes stets die Täuschung zum Zweck eines besseren Fortkommens, während dieses Moment bei §. 148 Nr. 5 nicht Voraus-

6. wer zum Zweck der Erlangung einer Legitimationskarte, eines Wandergewerbescheins oder der im §. 62 vorgesehenen Erlaubniß in Bezug auf seine Person, oder die Personen, die er mit sich zu führen beabsichtigt, wissentlich unrichtige Angaben macht;
7. wer ein Gewerbe im Umherziehen ohne den gesetzlich erforderlichen Wandergewerbeschein, imgleichen wer eines der im §. 59 Ziffer 1 bis 3 bezeichneten Gewerbe der nach §. 59a ergangenen Untersagung zuwider betreibt;

7a. wer dem §. 56 Absatz 1, Absatz 2 Ziffer 1 bis 5, 7 bis 9, Absatz 3, §. 56a oder §. 56b zuwiderhandelt;

7b. wer den Vorschriften der §§. 56c, 60a, 60b Absatz 2 oder 60c Absatz 2 und 3 zuwiderhandelt;

7c. wer einer ihm in Gemäßheit des §. 60 Absatz 1, §. 60b Absatz 1 oder des §. 60d Absatz 3 in dem Wandergewerbescheine auferlegten Beschränkung zuwiderhandelt;

7d. wer bei dem Gewerbebetriebe im Umherziehen Kinder unter vierzehn Jahren zu gewerblichen Zwecken mit sich führt;

7e. ein Ausländer, welcher bei dem Gewerbebetriebe im Umherziehen den in Gemäßheit des §. 56d vom Bundesrath getroffenen Bestimmungen zuwiderhandelt;

8. wer bei dem Betriebe seines Gewerbes die von der Obrigkeit vorgeschriebenen oder genehmigten Taxen überschreitet;
9. wer die gesetzlichen Pflichten gegen die ihm anvertrauten Lehrlinge verletzt;
10. wer wissentlich der Bestimmung im §. 131 Abs. 2 zuwider einen Lehrling beschäftigt, oder wer einer auf Grund des §. 100e Nr. 2 getroffenen Bestimmung zuwiderhandelt.

---

setzung der Strafbarkeit ist. Dagegen wird die Fälschung der Legitimationskarte und des Wandergewerbescheins durch §. 267 fgd. St.G. gedeckt

Zu §. 148 Nr. 9.

Hat eine Gemeinde eine gewerbliche Fortbildungsschule errichtet und durch Ortsstatut sämmtliche Lehrlinge, Gesellen und Gehülfen zum Besuch derselben, die Arbeits- und Lehrherren aber zur Gewährung der für diesen Besuch erforderlichen Zeit verpflichtet, so sind die Lehrherren, nicht auch die Lehrlinge, strafbar.

Erk. d. O.T. v. 1. Juni 1878. Opp. XIX, S. 292.

In allen diesen Fällen bleibt die Strafe ausgeschlossen, wenn die strafbare Handlung zugleich eine Zuwiderhandlung gegen die Steuergesetze enthält.

§. 149.

Mit Geldstrafe bis zu dreißig Mark und im Unvermögensfalle mit Haft bis zu acht Tagen wird bestraft:

1. wer den im §. 42b vorgesehenen Erlaubnißschein oder den im §. 43 vorgesehenen Legitimationsschein während der Ausübung des Gewerbebetriebes nicht bei sich führt, oder den Bestimmungen des §. 44a Absatz 2 zuwiderhandelt;

Zu §. 148 Schlußsatz.

Die Anwendung des Schlußsatzes des §. 148 setzt die ausdrückliche Feststellung des Steuerdelikts voraus.

Erk. d. O.T. v. 13. Juni 1877.

Opp. XVIII, S. 407.

Neben der Steuerstrafe kann eine besondere Strafe wegen mangelnden Legitimationsscheins nicht verhängt werden.

Erk. d. O.T. v. 11. Juli 1872.

Opp. XIII. S. 414.

Wenn die strafbare Handlung zugleich eine Zuwiderhandlung gegen die Steuergesetze enthält, so steht der Steuerbehörde die Befugniß zum Anschluß an das Strafverfahren und zur Einlegung von Rechtsmitteln zu.

Der Mangel einer auf die Steuer-Kontravention ausdrücklich gerichteten Anklage giebt kein Hinderniß gegen die Geltendmachung dieses Gesichtspunkts selbst noch in der Berufungsinstanz und gegen die Anwendung der Steuerstrafe ab. Die Steuerbehörde, welche sich dem Strafverfahren anschließt, ist der Verurtheilung in die Kosten nicht unterworfen.

Erk. d. O.T. v. 13. Dezember 1876.

Opp. XVII. S. 818.

Es ist nicht rechtsirrthümlich, wenn das Gericht bei Zumessung der Strafe für ein Delict, welches mit einem andern ideell concurrirt, unter das nach dem milderen Gesetze zulässige Strafmaß herabgeht, wenn dies dasjenige Gesetz gestattet, welches die schwerste Strafe androht.

Erk. d. R.G. v. 8. Februar 1883. V. S. 92.

Zu §. 149.

1. Die Fassung beruht auf der Bestimmung des Reichsgesetzes v. 17. Juli 1878, theils (Nr. 8) auf der des Reichsgesetzes v. 18. Juli 1881, theils (Nr. 1. 2. 3. 4. 5 und Abs. 3) auf dem Reichsgesetz v. 1. Juli 1883.

2. wer bei dem Gewerbebetriebe im Umherziehen dem letzten Absatz des §. 56 oder dem §. 60c Absatz 1 zuwiderhandelt;
3. wer ein Gewerbe im Umherziehen, für welches ihm ein auf einen bestimmten Bezirk lautender Wandergewerbeschein ertheilt ist, unbefugt in einem anderen Bezirke betreibt;
4. wer ein Gewerbe im Umherziehen mit anderen Waarengattungen oder unter Darbietung anderer Leistungen betreibt, als sein Wandergewerbeschein angiebt;
5. wer bei dem Gewerbebetriebe im Umherziehen unbefugt Personen mit sich führt, oder einen Gewerbetreibenden, zu welchem er nicht in dem Verhältnisse eines Ehegatten, Kindes oder Enkels steht, unbefugt begleitet;
6. wer den polizeilichen Anordnungen wegen des Marktverkehrs zuwiderhandelt;
7. wer es unterläßt, den durch §§. 138 und 139b für ihn begründeten Verpflichtungen nachzukommen;
8. wer ohne einer Innung als Mitglied anzugehören sich als Innungsmeister bezeichnet.

Die Unterlassung einer durch das Gesetz oder durch Statuten vorgeschriebenen Anzeige über Innungsverhältnisse an die Behörden, sowie Unrichtigkeiten in einer solchen Anzeige werden gegen die Mitglieder des Vorstandes der Innung oder des Innungsverbandes mit der gleichen Strafe geahndet.

In allen diesen Fällen bleibt die Strafe ausgeschlossen, wenn die strafbare Handlung zugleich eine Zuwiderhandlung gegen die Steuergesetze enthält.

§. 150.

Mit Geldstrafe bis zu zwanzig Mark und im Unvermögensfalle mit Haft bis zu drei Tagen für jeden Fall der Verletzung des Gesetzes wird bestraft:

---

2. Die Strafen des §. 149 werden durch die nach §§. 147. 148 Gew.O. erkannten Strafen nicht absorbirt.

Erk. d. O.T. v. 13. Juli 1877. Opp. XVIII. S. 408.

Zu §. 150.

Die Fassung beruht theils auf der Bestimmung des Reichsgesetzes vom

1. wer den Bestimmungen der §§. 106 bis 112 zuwider einen Arbeiter in Beschäftigung nimmt oder behält;
2. wer außer dem in §. 146 Ziffer 3 vorgesehenen Falle den Bestimmungen dieses Gesetzes in Ansehung der Arbeitsbücher und Arbeitskarten zuwiderhandelt;
3. wer vorsätzlich ein auf seinen Namen ausgestelltes Arbeitsbuch unbrauchbar macht oder vernichtet.

§. 151.

Sind polizeiliche Vorschriften von dem Stellvertreter eines Gewerbetreibenden bei Ausübung des Gewerbes übertreten worden, so trifft die Strafe den Stellvertreter; ist die Uebertretung mit Vorwissen des verfügungsfähigen Vertretenen begangen worden, so verfallen beide der gesetzlichen Strafe.

Ist an eine solche Uebertretung der Verlust der Konzession, Approbation oder Bestallung geknüpft, so findet derselbe auch als Folge der von dem Stellvertreter begangenen Uebertretung statt, wenn diese mit Vorwissen des verfügungsfähigen Vertretenen begangen worden. Ist dies nicht der Fall, so ist der Vertretene bei Verlust der Konzession, Approbation u. s. w. verpflichtet, den Stellvertreter zu entlassen.

---

17. Juli 1878, theils (Nr. 1) auf der des Reichsgesetzes v. 1. Juli 1883.

Zu §. 151.

1. Unter Stellvertretern sind nicht diejenigen zu verstehen, denen bei großen Fabrik-Etablissements von dem Fabrikherrn irgend welche einzelne Geschäftszweige zu einer mehr oder weniger selbständigen Verwaltung übertragen sind, sondern nur solche Personen, die das ganze Geschäft im Namen und für Rechnung des Eigenthümers verwalten.

Erk. d. O.T. v. 19. Dezember 1878.

Opp. XIX. S. 589.

2. a) Gewerbetreibende, denen durch polizeiliche Vorschrift in Beziehung auf ihren Gewerbebetrieb ein bestimmtes Thun oder Unterlassen unter Strafandrohung zur Pflicht gemacht ist, handeln fahrlässig und bleiben verantwortlich, wenn sie die Erfüllung dieser Pflicht einem Bediensteten übertragen und überlassen.

b) Die mit einzelnen Zweigen des Geschäftsbetriebes vom Geschäftsherrn betrauten Personen sind nicht Stellvertreter des Letzteren im Sinne des §. 151 Gew.O., als solche sind vielmehr nur diejenigen Personen zu erachten,

§. 152.

Alle Verbote und Strafbestimmungen gegen Gewerbetreibende, gewerbliche Gehülfen, Gesellen oder Fabrikarbeiter wegen Verabredungen und Vereinigungen zum Behufe der Erlangung günstiger Lohn- und Arbeitsbedingungen, insbesondere mittelst Einstellung der Arbeit oder Entlassung der Arbeiter, werden aufgehoben.

Jedem Theilnehmer steht der Rücktritt von solchen Vereinigungen und Verabredungen frei, und es findet aus letzteren weder Klage noch Einrede statt.

§. 153.

Wer Andere durch Anwendung körperlichen Zwanges, durch Drohungen, durch Ehrverletzung oder durch Verrufserklärung bestimmt oder zu bestimmen versucht, an solchen Verabredungen (§. 152) Theil zu nehmen, oder ihnen Folge zu leisten, oder Andere durch gleiche Mittel hindert oder zu hindern versucht, von solchen Verabredungen zurückzutreten, wird mit Gefängniß bis zu drei Monaten bestraft, sofern nach dem allgemeinen Strafgesetz nicht eine härtere Strafe eintritt.

---

welche an Stelle des mit dem Geschäftsbetriebe selbst sich nicht befassenden Geschäftsherrn das Gewerbe in seiner Gesammtheit leiten.

Erk. R.G. v. 12. Oktober 1880. II. S. 326.

3. Ein Fabrikant, in dessen Fabrik Kinder in gesetzwidriger Weise Beschäftigung finden, wird nicht dadurch straflos, daß die Kinder Hilfsarbeiten verrichteten und die Arbeiter, denen sie halfen, dieselben zur Arbeit aufnahmen und bezahlten.

Erk. d. R.G. v. 21. Oktober 1882. IV. S. 753.

Zu §. 153.

1. Der Versuch, auf die künftige freie Entschließung Anderer, ob und wie lange sie einer in Beziehung auf die Erlangung günstiger Lohnbedingungen getroffenen Verabredung Folge leisten wollen, durch eine eventuell ausgesprochene Ehrverletzung u. s. w. einen Einfluß auszuüben, ist strafbar, selbst wenn es bei jener Verabredung noch nicht zu einem Einverständniß in Betreff des zu dem gedachten Zwecke anzuwendenden Mittels, z. B. eines Strike gekommen ist.

Erk. d. O.T. v. 9. Oktober 1873.

Opp. XIV. S. 619.

Ebenso ist der Versuch, einen Gewerbetreibenden zur Theilnahme oder Befolgung einer Lohnverabredung zu nöthigen, ohne Rücksicht darauf strafbar,

Schlußbestimmungen.

§. 154.

Die Bestimmungen der §§. 105 bis 133 finden auf Gehülfen und Lehrlinge in Apotheken und Handelsgeschäften keine Anwendung.

Die Bestimmungen der §§. 134 bis 139b finden auf Arbeitgeber und Arbeiter in Werkstätten, in deren Betrieb eine regelmäßige Benutzung von Dampfkraft stattfindet, sowie in Hüttenwerken, in Bauhöfen und Werften entsprechende Anwendung.

In gleicher Weise finden Anwendung die Bestimmungen der §§. 115 bis 119, 135 bis 139b, 152 und 153 auf die Besitzer und Arbeiter von Bergwerken, Salinen, Aufbereitungsanstalten und unterirdisch betriebenen Brüchen oder Gruben.

Arbeiterinnen dürfen in Anlagen der im Absatz 3 bezeichneten Art nicht unter Tage beschäftigt werden. Zuwiderhandlungen unterliegen der Strafbestimmung des §. 146.

---

ob dabei eine schon vorhandene bestimmte Absicht des zu Nöthigenden ins Auge gefaßt ist, oder ob auf eine mögliche künftige Entschließung desselben eingewirkt werden soll:

Erk. d. O.T. v. 3. Juni 1874.

Opp. XV. S. 362.

2. In einer Handlung, welche einem Andern zur Verhinderung seines Rücktritts von einer Vereinigung zur Arbeitseinstellung die Gefahr eines Vermögensnachtheils in Aussicht stellt, gegen den er nach dem Willen des Gesetzes geschützt sein soll, kann eine Drohung gefunden werden.

Erk. d. O.T. v. 1. Juni 1875.

Opp. XVI. S. 503.

3. Die entsprechende Strafvorschrift des Reichsstrafgesetzbuchs lautet:

§. 240.

Wer einen Andern widerrechtlich durch Gewalt oder durch Bedrohung mit einem Verbrechen oder Vergehen zu einer Handlung, Duldung oder Unterlassung nöthigt, wird mit Gefängniß bis zu einem Jahre oder mit Geldstrafe bis zu 600 Mark bestraft.

Der Versuch ist strafbar.

4. Vgl. §. 145 Gew.O.

Zu §. 154.

1. Die Fassung beruht theils auf der Bestimmung des Reichsgesetzes v. 17. Juli 1878, theils (Abs. 3) auf der des Reichsgesetzes v. 1. Juli

§. 155.

Wo in diesem Gesetze auf die Landesgesetze verwiesen ist, sind unter den letzteren auch die verfassungs- oder gesetzmäßig erlassenen Verordnungen verstanden.

Welche Behörden in jedem Bundesstaate unter der Bezeichnung: höhere Verwaltungsbehörde, untere Verwaltungsbehörde, Gemeindebehörde, Ortsbehörde, Unterbehörde, Polizeibehörde, Ortspolizeibehörde zu verstehen sind, wird von der Zentralbehörde des Bundesstaates bekannt gemacht.

1883. Die letztere Aenderung steht mit der des §. 6 Gew.O. im Zusammenhange.

2. Wegen der Funktion der Gewerberäthe vgl. §§. 1, 12 der Anw. v. 24. Mai 1879. Note zu §. 139b. Gew.O.

---

§. 156 der Gew.O. von 1869, wonach die Tit. I, II, IV bis X drei Monate nach Emanation der Gewerbeordnung in Kraft, das Ges. v. 8. Juli 1868 in gleicher Frist außer Kraft treten, Tit. III. am 1. Januar 1870 Gesetzeskraft erlangen sollte, ist, weil gegenwärtig bedeutungslos, in Wegfall gebracht.

Art. 16 des R.Ges. v. 1. Juli 1883.

Anhang.

I.

Die Gesetze, betreffend den Schutz des Urheberrechts gewerblicher Leistungen:

1. das Gesetz vom 11. Juni 1870, betreffend das Urheberrecht an Schriftwerken, Abbildungen, musikalischen Compositionen und dramatischen Werken,
2. das Gesetz vom 30. November 1874 über Markenschutz,
3. das Gesetz vom 9. Januar 1876, betreffend das Urheberrecht an Werken bildender Künste,
4. das Gesetz vom 10. Januar 1876, betreffend den Schutz der Photographien gegen unbefugte Nachbildung,
5. das Gesetz vom 11. Januar 1876, betreffend das Urheberrecht an Mustern und Modellen,
6. das Patentgesetz vom 25. Mai 1877, nebst folgenden Ergänzungsgesetzen:
   a) Verordnung vom 18. Juni 1877, betreffend die Einrichtung, das Verfahren und den Geschäftsgang des Patentamts,
   b) Verordnung vom 1. Mai 1878, betreffend das Berufungsverfahren beim Reichs-Oberhandelsgericht in Patentsachen.

II.

Die Preußischen Gesetze, betreffend die Besteuerung der stehenden Gewerbe und des Gewerbebetriebes im Umherziehen:

A. Die gesetzlichen Bestimmungen, betreffend die Besteuerung der stehenden Gewerbe,

B. Gesetz vom 3. Juli 1876, betreffend die Besteuerung des Gewerbebetriebes im Umherziehen,

C. Gesetz vom 27. Februar 1880, betreffend die Besteuerung des Wanderlagerbetriebes.

I.

Die Gesetze,

betreffend

den Schutz des Urheberrechts gewerblicher Leistungen.

1.

Gesetz, betreffend das Urheberrecht an Schriftwerken, Abbildungen, musikalischen Kompositionen und dramatischen Werken.

Vom 11. Juni 1870. (B.G.Bl. S. 339)*).

I. Schriftstücke.

a. Ausschließliches Recht des Urhebers.

§. 1.

Das Recht, ein Schriftwerk auf mechanischem Wege zu vervielfältigen, steht dem Urheber desselben ausschließlich zu.

§. 2.

Dem Urheber wird in Beziehung auf den durch das gegenwärtige Gesetz gewährten Schutz der Herausgeber eines aus Beiträgen Mehrerer bestehenden Werkes gleich geachtet, wenn dieses ein einheitliches Ganzes bildet.

Das Urheberrecht an den einzelnen Beiträgen steht den Urhebern derselben zu.

§. 3.

Das Recht des Urhebers geht auf dessen Erben über. Dieses Recht kann beschränkt oder unbeschränkt durch Vertrag oder durch Verfügung von Todeswegen auf Andere übertragen werden.

*) Das Gesetz gilt für den Gesammtumfang des Deutschen Reichs.

b. Verbot des Nachdrucks.

§. 4.

Jede mechanische Vervielfältigung eines Schriftwerkes, welche ohne Genehmigung des Berechtigten (§§. 1, 2, 3) hergestellt wird, heißt Nachdruck und ist verboten.

Hinsichtlich dieses Verbotes macht es keinen Unterschied, ob das Schriftwerk ganz oder nur theilweise vervielfältigt wird.

Als mechanische Vervielfältigung ist auch das Abschreiben anzusehen, wenn es dazu bestimmt ist, den Druck zu vertreten.

§. 5.

Als Nachdruck (§. 4) ist auch anzusehen:

a) der ohne Genehmigung des Urhebers erfolgte Abdruck von noch nicht veröffentlichten Schriftwerken (Manuskripten).

Auch der rechtmäßige Besitzer eines Manuskriptes oder einer Abschrift desselben bedarf der Genehmigung des Urhebers zum Abdruck;

b) der ohne Genehmigung des Urhebers erfolgte Abdruck von Vorträgen, welche zum Zwecke der Erbauung, der Belehrung oder der Unterhaltung gehalten sind;

c) der neue Abdruck von Werken, welchen der Urheber oder der Verleger dem unter ihnen bestehenden Vertrage zuwider veranstaltet;

d) die Anfertigung einer größeren Anzahl von Exemplaren eines Werkes Seitens des Verlegers, als demselben vertragsmäßig oder gesetzlich gestattet ist.

§. 6.

Uebersetzungen ohne Genehmigung des Urhebers des Originalwerkes gelten als Nachdruck:

a) wenn von einem, zuerst in einer todten Sprache erschienenen Werke eine Uebersetzung in einer lebenden Sprache herausgegeben wird;

b) wenn von einem gleichzeitig in verschiedenen Sprachen herausgegebenen Werke eine Uebersetzung in einer dieser Sprachen veranstaltet wird;

c) wenn der Urheber sich das Recht der Uebersetzung auf dem Titelblatte oder an der Spitze des Werkes vorbehalten hat, vorausgesetzt, daß die Veröffentlichung der vorbehaltenen Uebersetzung nach dem Erscheinen des Originalwerkes binnen einem Jahre begonnen und binnen drei Jahren beendet wird. Das Kalenderjahr, in welchem das Originalwerk erschienen ist, wird hierbei nicht mitgerechnet.

Bei Originalwerken, welche in mehreren Bänden oder Abtheilungen erscheinen, wird jeder Band oder jede Abtheilung im Sinne dieses Paragraphen als ein besonderes Werk angesehen, und muß der Vorbehalt der Uebersetzung auf jedem Bande oder jeder Abtheilung wiederholt werden.

Bei dramatischen Werken muß die Uebersetzung innerhalb sechs Monaten, vom Tage der Veröffentlichung des Originals an gerechnet, vollständig erschienen sein.

Der Beginn und beziehungsweise die Vollendung der Uebersetzung muß zugleich innerhalb der angegebenen Fristen zur Eintragung in die Eintragungsrolle (§§. 39ff.) angemeldet werden, widrigenfalls der Schutz gegen neue Uebersetzungen erlischt.

Die Uebersetzung eines noch ungedruckten gegen Nachdruck geschützten Schriftwerkes (§. 5 Littr. a und b) ist als Nachdruck anzusehen.

Uebersetzungen genießen gleich Originalwerken den Schutz dieses Gesetzes gegen Nachdruck.

c. Was nicht als Nachdruck anzusehen ist.

§. 7.

Als Nachdruck ist nicht anzusehen:

a) das wörtliche Anführen einzelner Stellen oder kleinerer Theile eines bereits veröffentlichten Werkes oder die Aufnahme bereits veröffentlichter Schriften von geringerem Umfang in ein größeres Ganzes, sobald dieses nach seinem Hauptinhalt ein selbständiges wissenschaftliches Werk ist, sowie in Sammlungen, welche aus Werken mehrerer Schriftsteller zum Kirchen-, Schul- und Unterrichtsgebrauch oder zu einem eigenthümlichen literarischen Zwecke veranstaltet werden. Vorausgesetzt ist jedoch, daß der Urheber oder die benutzte Quelle angegeben ist;

b) der Abdruck einzelner Artikel aus Zeitschriften und anderen öffentlichen Blättern mit Ausnahme von novellistischen Erzeugnissen und wissenschaftlichen Ausarbeitungen, sowie von sonstigen größeren Mittheilungen, sofern an der Spitze der letzteren der Abdruck untersagt ist;

c) der Abdruck von Gesetzbüchern, Gesetzen, amtlichen Erlassen, öffentlichen Aktenstücken und Verhandlungen aller Art;

d) der Abdruck von Reden, welche bei den Verhandlungen der Gerichte, der politischen, kommunalen und kirchlichen Vertretungen, sowie der politischen und ähnlichen Versammlungen gehalten werden.

d. Dauer des ausschließlichen Rechtes des Urhebers.

§. 8.

Der Schutz des gegenwärtigen Gesetzes gegen Nachdruck wird, vorbehaltlich der folgenden besonderen Bestimmungen, für die Lebensdauer des Urhebers (§§. 1 und 2) und dreißig Jahre nach dem Tode desselben gewährt.

§. 9.

Bei einem von mehreren Personen als Miturhebern verfaßten Werke erstreckt sich die Schutzfrist auf die Dauer von dreißig Jahren nach dem Tode des Letztlebenden derselben.

Bei Werken, welche durch Beiträge mehrerer Mitarbeiter gebildet werden, richtet sich die Schutzfrist für die einzelnen Beiträge danach, ob die Urheber derselben genannt sind oder nicht (§§. 8, 11).

§. 10.

Einzelne Aufsätze, Abhandlungen rc., welche in periodischen Werken, als: Zeitschriften, Taschenbüchern, Kalendern rc., erschienen sind, darf der Urheber, falls nicht Anderes verabredet ist, auch ohne Einwilligung des Herausgebers oder Verlegers des Werkes, in welches dieselben aufgenommen sind, nach zwei Jahren vom Ablauf des Jahres des Erscheinens an gerechnet, anderweitig abdrucken.

§. 11.

Bei Schriftwerken, welche bereits veröffentlicht sind, ist die im §. 8 vorgeschriebene Dauer des Schutzes an die Bedingung geknüpft, daß der wahre Name des Urhebers auf dem Titelblatte oder unter der Zueignung oder unter der Vorrede angegeben ist.

Bei Werken, welche durch Beiträge mehrerer Mitarbeiter gebildet werden, genügt es für den Schutz der Beiträge, wenn der Name des Urhebers an der Spitze oder am Schluß des Beitrags angegeben ist.

Ein Schriftwerk, welches entweder unter einem anderen, als dem wahren Namen des Urhebers veröffentlicht, oder bei welchem ein Urheber gar nicht angegeben ist, wird dreißig Jahre lang, von der ersten Herausgabe an gerechnet, gegen Nachdruck geschützt (§. 28).

Wird innerhalb dreißig Jahre, von der ersten Herausgabe an gerechnet, der wahre Name des Urhebers von ihm selbst oder seinen hierzu legitimirten Rechtsnachfolgern zur Eintragung in die Eintragsrolle (§§. 39ff.) angemeldet, so wird dadurch dem Werke die im §. 8 bestimmte längere Dauer des Schutzes erworben.

§. 12.

Die erst nach dem Tode des Urhebers erschienenen Werke werden dreißig Jahre lang, vom Tode des Urhebers an gerechnet, gegen Nachdruck geschützt.

§. 13.

Akademien, Universitäten, sonstige juristische Personen, öffentliche Unterrichtsanstalten, sowie gelehrte oder andere Gesellschaften, wenn sie als Herausgeber dem Urheber gleich zu achten sind (§. 2), genießen für die von ihnen herausgegebenen Werke einen Schutz von dreißig Jahren nach dem Erscheinen.

§. 14.

Bei Werken, die in mehreren Bänden oder Abtheilungen erscheinen, wird die Schutzfrist von dem ersten Erscheinen eines jeden Bandes oder einer jeden Abtheilung an berechnet.

Bei Werken jedoch, die in einem oder mehreren Bänden eine einzige Aufgabe behandeln und mithin als in sich zusammenhängend zu betrachten sind, beginnt die Schutzfrist erst nach dem Erscheinen des letzten Bandes oder der letzten Abtheilung.

Wenn indessen zwischen der Herausgabe einzelner Bände oder Abtheilungen ein Zeitraum von mehr als drei Jahren verflossen ist, so sind die vorher erschienenen Bände, Abtheilungen rc. als ein für sich bestehendes Werk und ebenso die nach Ablauf der drei Jahre erscheinenden weiteren Fortsetzungen als ein neues Werk zu behandeln.

§. 15.

Das Verbot der Herausgabe von Uebersetzungen dauert in dem Falle des §. 6 Littr. b fünf Jahre vom Erscheinen des Originalwerkes, in dem Falle des §. 6 Littr. c fünf Jahre vom ersten Erscheinen der rechtmäßigen Uebersetzung ab gerechnet.

§. 16.

In den Zeitraum der gesetzlichen Schutzfrist (§§. 8ff.) wird das Todesjahr des Verfassers, beziehungsweise das Kalenderjahr des ersten Erscheinens des Werkes oder der Uebersetzung nicht eingerechnet.

§. 17.

Ein Heimfallsrecht des Fiskus oder anderer zu herrenlosen Verlassenschaften berechtigter Personen findet auf das ausschließliche Recht des Urhebers und seiner Rechtsnachfolger nicht statt.

e. Entschädigung und Strafen.

§. 18.

Wer vorsätzlich oder aus Fahrlässigkeit einen Nachdruck (§§. 4ff.) in der Absicht, denselben innerhalb oder außerhalb des Norddeutschen Bundes zu verbreiten, veranstaltet, ist den Urheber oder dessen Rechtsnachfolger zu entschädigen verpflichtet und wird außerdem mit einer Geldstrafe bis zu Eintausend Thalern bestraft.

Die Bestrafung des Nachdrucks bleibt jedoch ausgeschlossen, wenn der Veranstalter desselben auf Grund entschuldbaren, thatsächlichen oder rechtlichen Irrthums in gutem Glauben gehandelt hat.

Kann die verwirkte Geldstrafe nicht beigetrieben werden, so wird dieselbe nach Maßgabe der allgemeinen Strafgesetze in eine entsprechende Freiheitsstrafe bis zu sechs Monaten umgewandelt.

Statt jeder aus diesem Gesetze entspringenden Entschädigung kann auf Verlangen des Beschädigten neben der Strafe auf eine an den Beschädigten zu erlegende Geldbuße bis zum Betrage von zweitausend Thalern erkannt werden. Für diese Buße haften die zu derselben Verurtheilten als Gesammtschuldner.

Eine erkannte Buße schließt die Geltendmachung eines weiteren Entschädigungsanspruches aus.

Wenn den Veranstalter des Nachdrucks kein Verschulden trifft, so haftet er dem Urheber oder dessen Rechtsnachfolger für den entstandenen Schaden nur bis zur Höhe seiner Bereicherung.

§. 19.

Darüber, ob ein Schaden entstanden ist, und wie hoch sich derselbe beläuft, desgleichen über den Bestand und die Höhe einer Bereicherung, entscheidet das Gericht unter Würdigung aller Umstände nach freier Ueberzeugung.

§. 20.

Wer vorsätzlich oder aus Fahrlässigkeit einen Anderen zur Veranstaltung eines Nachdrucks veranlaßt, hat die in §. 18 festgesetzte Strafe verwirkt, und ist den Urheber oder dessen Rechtsnachfolger nach Maßgabe der §§. 18 und 19 zu entschädigen verpflichtet, und zwar selbst dann, wenn der Veranstalter des Nachdrucks nach §. 18 nicht strafbar oder ersatzverbindlich sein sollte.

Wenn der Veranstalter des Nachdrucks ebenfalls vorsätzlich oder aus Fahrlässigkeit gehandelt hat, so haften Beide dem Berechtigten solidarisch.

Die Strafbarkeit und die Ersatzverbindlichkeit der übrigen Theilnehmer am Nachdruck richtet sich nach den allgemeinen gesetzlichen Vorschriften.

§. 21.

Die vorräthigen Nachdrucks-Exemplare und die zur widerrechtlichen Vervielfältigung ausschließlich bestimmten Vorrichtungen, wie Formen, Platten, Steine, Stereotypabgüsse rc., unterliegen der Einziehung. Dieselben sind, nachdem die Einziehung dem Eigenthümer gegenüber rechtskräftig erkannt ist, entweder zu vernichten oder ihrer gefährdenden Form zu entkleiden und alsdann dem Eigenthümer zurückzugeben.

Wenn nur ein Theil des Werkes als Nachdruck anzusehen ist, so erstreckt sich die Einziehung nur auf den als Nachdruck erkannten Theil des Werkes und die Vorrichtungen zu diesem Theile.

Die Einziehung erstreckt sich auf alle diejenigen Nachdrucks-Exemplare und Vorrichtungen, welche sich im Eigenthum des Veranstalters des Nachdrucks, des Druckers, der Sortimentsbuchhändler, der gewerbsmäßigen Verbreiter und desjenigen, welcher den Nachdruck veranlaßt hat (§. 20), befinden.

Die Einziehung tritt auch dann ein, wenn der Veranstalter oder Veranlasser des Nachdrucks weder vorsätzlich noch fahrlässig gehandelt hat (§. 18). Sie erfolgt auch gegen die Erben desselben.

Es steht dem Beschädigten frei, die Nachdrucks-Exemplare und Vorrichtungen ganz oder theilweise gegen die Herstellungskosten zu übernehmen, insofern nicht die Rechte eines Dritten dadurch verletzt oder gefährdet werden.

§. 22.

Das Vergehen des Nachdrucks ist vollendet, sobald ein Nachdrucks-Exemplar eines Werkes den Vorschriften des gegenwärtigen Gesetzes zuwider, sei es im Gebiete des Norddeutschen Bundes, sei es außerhalb desselben, hergestellt worden ist.

Im Falle des bloßen Versuchs des Nachdrucks tritt weder eine Bestrafung noch eine Entschädigungsverbindlichkeit des Nachdruckers ein. Die Einziehung der Nachdrucksvorrichtungen (§. 21) erfolgt auch in diesem Falle.

§. 23.

Wegen Rückfalls findet eine Erhöhung der Strafe über das höchste gesetzliche Maß (§. 18) nicht statt.

§. 24.

Wenn in den Fällen des §. 7 Littr. a die Angabe der Quelle oder des Namens des Urhebers vorsätzlich oder aus Fahrlässigkeit unterlassen wird, so haben der Veranstalter und der Veranlasser des Abdrucks eine Geldstrafe bis zu zwanzig Thalern verwirkt.

Eine Umwandlung der Geldstrafe in Freiheitsstrafe findet nicht statt.

Eine Entschädigungspflicht tritt nicht ein.

§. 25.

Wer vorsätzlich Exemplare eines Werkes, welche den Vorschriften des gegenwärtigen Gesetzes zuwider angefertigt worden sind, innerhalb oder außerhalb des Norddeutschen Bundes gewerbemäßig feilhält, verkauft oder in sonstiger Weise verbreitet, ist nach Maßgabe des von ihm verursachten Schadens den Urheber oder dessen Rechtsnachfolger zu entschädigen verpflichtet und wird außerdem mit Geldstrafe nach §. 18 bestraft.

Die Einziehung der zur gewerbemäßigen Verbreitung bestimmten Nachdrucks-Exemplare nach Maßgabe des §. 21 findet auch dann statt, wenn der Verbreiter nicht vorsätzlich gehandelt hat.

Der Entschädigungspflicht, sowie der Bestrafung wegen Verbreitung unterliegen auch der Veranstalter und Veranlasser des Nachdrucks, wenn sie nicht schon als solche entschädigungspflichtig und strafbar sind.

f. Verfahren.

§. 26.

Sowohl die Entscheidgung über den Entschädigungsanspruch, als auch die Verhängung der im gegenwärtigen Gesetze angedrohten Strafen und die Einziehung der Nachdrucks-Exemplare ꝛc. gehört zur Kompetenz der ordentlichen Gerichte.

Die Einziehung der Nachdrucks-Exemplare ꝛc. kann sowohl im Strafrechtswege beantragt, als im Civilrechtswege verfolgt werden.

§. 27.

Das gerichtliche Strafverfahren ist nicht von Amtswegen, sondern nur auf den Antrag des Verletzten einzuleiten. Der Antrag auf Bestrafung kann bis zur Verkündigung eines auf Strafe lautenden Erkenntnisses zurückgenommen werden.

§. 28.

Die Verfolgung des Nachdrucks steht Jedem zu, dessen Urheber- oder Verlagsrechte durch die widerrechtliche Vervielfältigung beeinträchtigt oder gefährdet sind.

Bei Werken, welche bereits veröffentlicht sind, gilt bis zum Gegenbeweise derjenige als Urheber, welcher nach Maßgabe des §. 11 Absatz 1, 2 auf dem Werke als Urheber angegeben ist.

Bei anonymen und pseudonymen Werken ist der Herausgeber, und wenn ein solcher nicht angegeben ist, der Verleger berechtigt, die dem Ueheber zustehenden Rechte wahrzunehmen. Der auf dem Werke angegebene Verleger gilt ohne weiteren Nachweis als der Rechtsnachfolger des anonymen oder pseudonymen Urhebers.

§. 29.

In den Rechtsstreitigkeiten wegen Nachdrucks, einschließlich der Klagen wegen Bereicherung aus dem Nachdruck, hat der Richter, ohne an positive Regeln über die Wirkung der Beweismittel gebunden zu sein, den Thatbestand nach seiner freien, aus dem Inbegriff der Verhandlungen geschöpften Ueberzeugung festzustellen.

Ebenso ist der Richter bei Entscheidung der Frage: ob der Nachdrucker oder der Veranlasser des Nachdrucks (§§. 18, 20) fahrlässig gehandelt hat, an die in den Landesgesetzen vorgeschriebenen verschiedenen Grade der Fahrlässigkeit nicht gebunden.

§. 30.

Sind technische Fragen, von welchen der Thatbestand des Nachdrucks oder der Betrag des Schadens oder der Bereicherung abhängt, zweifelhaft oder streitig, so ist der Richter befugt, das Gutachten Sachverständiger einzuholen.

§. 31.

In allen Staaten des Norddeutschen Bundes sollen aus Gelehrten, Schriftstellern, Buchhändlern und anderen geeigneten Personen Sachverständigen-Vereine gebildet werden, welche, auf Erfordern des Richters, Gutachten über die an sie gerichteten Fragen abzugeben verpflichtet sind. Es bleibt den einzelnen Staaten überlassen, sich zu diesem Behufe an andere Staaten des Norddeutschen Bundes anzuschließen, oder auch mit denselben sich zur Bildung gemeinschaftlicher Sachverständigen-Vereine zu verbinden.

Die Sachverständigen-Vereine sind befugt, auf Anrufen der Betheiligten über streitige Entschädigungsansprüche und die Einziehung nach Maßgabe der §§. 18 bis 21 als Schiedsrichter zu verhandeln und zu entscheiden.

Das Bundeskanzler-Amt erläßt die Instruktion über die Zusammensetzung und den Geschäftsbetrieb der Sachverständigen-Vereine.

§. 32.

Die in den §§. 12 und 13 des Gesetzes, betreffend die Errichtung eines obersten Gerichtshofes für Handelssachen vom 12. Juni 1869 (Bundesgesetzbl. S. 201), geregelte Zuständigkeit des Bundes Oberhandelsgerichts zu Leipzig wird auf diejenigen bürgerlichen Rechtsstreitigkeiten ausgedehnt, in welchen auf Grund der Bestimmungen dieses Gesetzes durch die Klage ein Entschädigungsanspruch oder ein Anspruch auf Einziehung geltend gemacht wird.*)

Das Bundes-Oberhandelsgericht tritt auch in den nach den Bestimmungen dieses Gesetzes zu beurtheilenden Strafsachen an die Stelle des für das Gebiet, in welchem die Sache in erster Instanz anhängig geworden ist, nach den Landesgesetzen bestehenden obersten Gerichtshofes, und zwar mit derjenigen Zuständigkeit, welche nach diesen Landesgesetzen dem obersten Gerichtshofe gebührt.

In den zufolge der vorstehenden Bestimmung zur Zuständigkeit des Bundes-Oberhandelsgerichts gehörenden Strafsachen bestimmt sich das Verfahren auch bei diesem Gerichtshofe nach den für das Gebiet, aus welchem die Sache an das Bundes-Oberhandelsgericht gelangt, geltenden Strafprozeßgesetzen. Die Verrichtungen der Staatsanwaltschaft in diesen Strafsachen werden bei dem Bundes-Oberhandelsgericht von dem Staatsanwalt wahrgenommen, welcher dieselben bei dem betreffenden obersten Landesgerichtshofe wahrzunehmen hat. Der bezeichnete Staatsanwalt kann sich jedoch bei der mündlichen Verhandlung durch einen in Leipzig angestellten Staatsanwalt oder durch einen in Leipzig wohnenden Advokaten vertreten lassen.

Strafsachen, für welche in letzter Instanz das Bundes-Oberhandelsgericht zuständig ist, und Strafsachen, für welche in letzter Instanz der oberste Landesgerichtshof zuständig ist, können in Einem Strafverfahren nicht verbunden werden.

Die Bestimmungen der §§. 10, 12 Absatz 2, §. 16 Absatz 2, §§. 17, 18, 21 und 22 des Gesetzes vom 12. Juni 1869 finden auch auf die zur Zuständigkeit des Bundes-Oberhandelsgerichts gehörenden Strafsachen entsprechende Anwendung.

g. Verjährung.

§. 33.

Die Strafverfolgung des Nachdrucks und die Klage auf

---

*) An die Stelle des Bundes-Oberhandelsgerichts zu Leipzig ist das Reichsgericht getreten. §. 12, 13 des Gerichtsverfassungsgesetzes vom 27. Januar 1877. §. 1, 19 des Einführungsgesetzes vom 27. Januar 1877 (R.G.Bl. S. 41, 77).

Entschädigung wegen Nachdrucks, einschließlich der Klage wegen Bereicherung (§. 18), verjähren in drei Jahren.

Der Lauf der Verjährung beginnt mit dem Tage, an welchem die Verbreitung der Nachdrucks-Exemplare zuerst stattgefunden hat.

§. 34.

Die Strafverfolgung der Verbreitung von Nachdrucks-Exemplaren und die Klage auf Entschädigung wegen dieser Verbreitung (§. 25) verjähren ebenfalls in drei Jahren.

Der Lauf der Verjährung beginnt mit dem Tage, an welchem die Verbreitung zuletzt stattgefunden hat.

§. 35.

Der Nachdruck und die Verbreitung von Nachdrucks-Exemplaren sollen straflos bleiben, wenn der zum Strafantrage Berechtigte den Antrag binnen drei Monaten nach erlangter Kenntniß von dem begangenen Vergehen und von der Person des Thäters zu machen unterläßt.

§. 36.

Der Antrag auf Einziehung und Vernichtung der Nachdrucks-Exemplare, sowie der zur widerrechtlichen Vervielfältigung ausschließlich bestimmten Vorrichtungen (§. 21), ist so lange zulässig, als solche Exemplare und Vorrichtungen vorhanden sind.

§. 37.

Die Uebertretung, welche dadurch begangen wird, daß in den Fällen des §. 7 Littr. a die Angabe der Quelle oder des Namens des Urhebers unterblieben ist, verjährt in drei Monaten.

Der Lauf der Verjährung beginnt mit dem Tage, an welchem der Abdruck zuerst verbreitet worden ist.

§. 38.

Die allgemeinen gesetzlichen Vorschriften bestimmen, durch welche Handlungen die Verjährung unterbrochen wird.

Die Einleitung des Strafverfahrens unterbricht die Verjährung der Entschädigungsklage nicht, und ebenso wenig unterbricht die Anstellung der Entschädigungsklage die Verjährung des Strafverfahrens.

h. Eintragsrolle.

§. 39.

Die Eintragsrolle, in welche die in den §§. 6 und 11 vorgeschriebenen Eintragungen stattzufinden haben, wird bei dem Stadtrath zu Leipzig geführt.

§. 40.

Der Stadtrath zu Leipzig ist verpflichtet, auf Antrag der Betheiligten die Eintragungen zu bewirken, ohne daß eine zuvorige Prüfung über die Berechtigung des Antragstellers oder über die Richtigkeit der zur Eintragung angemeldeten Thatsachen stattfindet.

§. 41.

Das Bundeskanzler-Amt erläßt die Instruktion über die Führung der Eintragsrolle. Es ist Jedermann gestattet, von der Eintragsrolle Einsicht zu nehmen und sich beglaubigte Auszüge aus derselben ertheilen zu lassen. Die Eintragungen werden im Börsenblatt für den Deutschen Buchhandel und, falls dasselbe zu erscheinen aufhören sollte, in einer anderen vom Bundeskanzler-Amte zu bestimmenden Zeitung öffentlich bekannt gemacht.

§. 42.

Alle Eingaben, Verhandlungen, Atteste, Beglaubigungen, Zeugnisse, Auszüge u. s. w., welche die Eintragung in die Eintragsrolle betreffen, sind stempelfrei.

Dagegen wird für jede Eintragung, für jeden Eintragsschein, sowie für jeden sonstigen Auszug aus der Eintragsrolle eine Gebühr von je 15 Sgr. erhoben, und außerdem hat der Antragsteller die etwaigen Kosten für die öffentliche Bekanntmachung der Eintragung (§. 41) zu entrichten.

II. Geographische, topographische, naturwissenschaftliche, architektonische, technische und ähnliche Abbildungen.

§. 43.

Die Bestimmungen in den §§. 1—42 finden auch Anwendung auf geographische, topographische, naturwissenschaftliche, architektonische, technische und ähnliche Zeichnungen und

Abbildungen, welche nach ihrem Hauptzwecke nicht als Kunstwerke zu betrachten sind.

§. 44.

Als Nachdruck ist es nicht anzusehen, wenn einem Schriftwerke einzelne Abbildungen aus einem anderen Werke beigefügt werden, vorausgesetzt, daß das Schriftwerk als die Hauptsache erscheint und die Abbildungen nur zur Erläuterung des Textes u. s. w. dienen. Auch muß der Urheber oder die benutzte Quelle angegeben sein, widrigenfalls die Strafbestimmung im §. 24 Platz greift.

III. Musikalische Kompositionen.

§. 45.

Die Bestimmungen in den §§. 1 bis 5, 8 bis 42 finden auch Anwendung auf das ausschließliche Recht des Urhebers zur Vervielfältigung musikalischer Kompositionen.

§. 46.

Als Nachdruck sind alle ohne Genehmigung des Urhebers einer musikalischen Komposition herausgegebenen Bearbeitungen derselben anzusehen, welche nicht als eigenthümliche Kompositionen betrachtet werden können, insbesondere Auszüge aus einer musikalischen Komposition, Arrangements für einzelne oder mehrere Instrumente oder Stimmen, sowie der Abdruck von einzelnen Motiven oder Melodien eines und desselben Werkes, die nicht künstlerisch verarbeitet sind.

§. 47.

Als Nachdruck ist nicht anzusehen: das Anführen einzelner Stellen eines bereits veröffentlichten Werkes der Tonkunst, die Aufnahme bereits veröffentlichter kleinerer Kompositionen in ein nach seinem Hauptinhalte selbständiges wissenschaftliches Werk, sowie in Sammlungen von Werken verschiedener Komponisten zur Benutzung in Schulen, ausschließlich der Musikschulen. Vorausgesetzt ist jedoch, daß der Urheber oder die benutzte Quelle angegeben ist, widrigenfalls die Strafbestimmung des §. 24 Platz greift.

§. 48.

Als Nachdruck ist nicht anzusehen: die Benutzung eines bereits veröffentlichten Schriftwerkes als Text zu musikalischen Kompositionen, sofern der Text in Verbindung mit der Komposition abgedruckt wird.

Ausgenommen sind solche Texte, welche ihrem Wesen nach nur für den Zweck der Komposition Bedeutung haben, namentlich Texte, zu Opern oder Oratorien. Texte dieser Art dürfen nur unter Genehmigung ihres Urhebers mit den musikalischen Kompositionen zusammen abgedruckt werden.

Zum Abdruck des Textes ohne Musik ist die Einwilligung des Urhebers oder seiner Rechtsnachfolger erforderlich.

§. 49.

Die Sachverständigen-Vereine, welche nach Maßgabe des §. 31 Gutachten über den Nachdruck musikalischer Kompositionen abzugeben haben, sollen aus Komponisten, Musikverständigen und Musikalienhändlern bestehen.

IV. Oeffentliche Aufführung dramatischer, musikalischer oder dramatisch-musikalischer Werke.

§. 50.

Das Recht, ein dramatisches, musikalisches oder dramatisch-musikalisches Werk öffentlich aufzuführen, steht dem Urheber und dessen Rechtsnachfolgern (§. 3) ausschließlich zu.

In Betreff der dramatischen und dramatisch-musikalischen Werke ist es hierbei gleichgiltig, ob das Werk bereits durch den Druck 2c. veröffentlicht worden ist oder nicht. Musikalische Werke, welche durch Druck veröffentlicht worden sind, können ohne Genehmigung des Urhebers öffentlich aufgeführt werden, falls nicht der Urheber auf dem Titelblatt oder an der Spitze des Werkes sich das Recht der öffentlichen Aufführung vorbehalten hat.

Dem Urheber wird der Verfasser einer rechtmäßigen Uebersetzung des dramatischen Werkes in Beziehung auf das ausschließliche Recht zur öffentlichen Aufführung dieser Uebersetzung gleich geachtet.

Die öffentliche Aufführung einer rechtswidrigen Uebersetzung (§. 6) oder einer rechtswidrigen Bearbeitung (§. 46) des Originalwerkes ist untersagt.

§. 51.

Sind mehrere Urheber vorhanden, so ist zur Veranstaltung der öffentlichen Aufführung die Genehmigung jedes Urhebers erforderlich.

Bei musikalischen Werken, zu denen ein Text gehört, einschließlich der dramatisch-musikalischen Werke, genügt die Genehmigung des Komponisten allein.

§. 52.

In Betreff der Dauer des ausschließlichen Rechts zur öffentlichen Aufführung kommen die §§. 8 bis 17 zur Anwendung.

Anonyme und pseudonyme Werke, welche zur Zeit ihrer ersten rechtmäßigen öffentlichen Aufführung noch nicht durch den Druck veröffentlicht sind, werden dreißig Jahre vom Tage der ersten rechtmäßigen Aufführung an, posthume Werke dreißig Jahre vom Tode des Urhebers an gegen unbefugte öffentliche Aufführung geschützt.

Wenn der Urheber des anonymen oder pseudonymen Werkes oder sein hierzu legitimirter Rechtsnachfolger innerhalb der Frist von dreißig Jahren den wahren Namen des Urhebers vermittelst Eintragung in die Eintragsrolle (§. 39) bekannt macht, oder wenn der Urheber das Werk innerhalb derselben Frist unter seinem wahren Namen veröffentlicht, so gelangt die Bestimmung des §. 8 zur Anwendung.

§. 53.

Bei dramatischen, musikalischen und dramatisch-musikalischen Werken, welche noch nicht mechanisch vervielfältigt, oder öffentlich aufgeführt worden sind, gilt bis zum Gegenbeweise derjenige als Urheber, welcher bei der Ankündigung der Aufführung als solcher bezeichnet worden ist.

§. 54.

Wer vorsätzlich oder aus Fahrlässigkeit ein dramatisches, musikalisches oder dramatisch-musikalisches Werk vollständig oder mit unwesentlichen Aenderungen unbefugter Weise öffentlich aufführt, ist den Urheber oder dessen Rechtsnachfolger zu entschädigen verpflichtet und wird außerdem mit einer Geldstrafe nach Maßgabe der §§. 18 und 23 bestraft.

Auf den Veranlasser der unbefugten Aufführung findet der §. 20 mit der Maßgabe Anwendung, daß die Höhe der Entschädigung nach §. 55 zu bemessen ist.

§. 55.

Die Entschädigung, welche dem Berechtigten im Falle des §. 54 zu gewähren ist, besteht in dem ganzen Betrage der Einnahme von jeder Aufführung ohne Abzug der auf dieselbe verwendeten Kosten.

Ist das Werk in Verbindung mit anderen Werken aufgeführt worden, so ist, unter Berücksichtigung der Verhältnisse, ein entsprechender Theil der Einnahme als Entschädigung festzusetzen.

Wenn die Einnahme nicht zu ermitteln oder eine solche nicht vorhanden ist, so wird der Betrag der Entschädigung vom Richter nach freiem Ermessen festgestellt.

Trifft den Veranstalter der Aufführung kein Verschulden, so haftet er dem Berechtigten auf Höhe seiner Bereicherung.

§. 56.

Die Bestimmungen in den §§. 26 bis 42 finden auch in Betreff der Aufführung von dramatischen, musikalischen und dramatisch-musikalischen Werken Anwendung.

V. Allgemeine Bestimmungen.

§. 57.

Das gegenwärtige Gesetz tritt mit dem 1. Januar 1871 in Kraft. Alle früheren, in den einzelnen Staaten des Norddeutschen Bundes geltenden, rechtlichen Bestimmungen in Beziehung auf das Urheberrecht an Schriftwerken, Abbildungen, musikalischen Kompositionen und dramatischen Werken treten von demselben Tage ab außer Wirksamkeit.

§. 58.

Das gegenwärtige Gesetz findet auf alle vor dem Inkrafttreten desselben erschienenen Schriftwerke, Abbildungen, musikalischen Kompositionen und dramatischen Werke Anwendung, selbst wenn dieselben nach den bisherigen Landesgesetzgebungen keinen Schutz gegen Nachdruck, Nachbildung oder öffentliche Aufführung genossen haben.

Die bei dem Inkrafttreten dieses Gesetzes vorhandenen Exemplare, deren Herstellung nach der bisherigen Gesetzgebung gestattet war, sollen auch fernerhin verbreitet werden dürfen, selbst wenn ihre Herstellung nach dem gegenwärtigen Gesetze untersagt ist.

Ebenso sollen die bei dem Inkrafttreten dieses Gesetzes vorhandenen, bisher rechtmäßig angefertigten Vorrichtungen, wie Formen, Platten, Steine, Stereotypabgüsse 2c., auch fernerhin zur Anfertigung von Exemplaren benutzt werden dürfen.

Auch dürfen die beim Inkrafttreten des Gesetzes bereits begonnenen, bisher gestatteten Vervielfältigungen noch vollendet werden.

Die Regierungen der Staaten des Norddeutschen Bundes werden ein Inventarium über die Vorrichtungen, deren fernere Benutzung hiernach gestattet ist, amtlich aufstellen und diese Vorrichtungen mit einem gleichförmigen Stempel bedrucken lassen. Ebenso sollen alle Exemplare von Schriftwerken, welche nach Maßgabe dieses Paragraphen auch fernerhin verbreitet werden dürfen, mit einem Stempel versehen werden.

Nach Ablauf der für die Legalisirung angegebenen Frist unterliegen alle mit dem Stempel nicht versehenen Vorrichtungen und Exemplare der bezeichneten Werke, auf Antrag des Verletzten, der Einziehung. Die nähere Instruktion über das bei der Aufstellung des Inventariums und bei der Stempelung zu beobachtende Verfahren wird vom Bundeskanzler-Amte erlassen.

§. 59.

Insofern nach den bisherigen Landesgesetzgebungen für den Vorbehalt des Uebersetzungsrechts andere Förmlichkeiten und für das Erscheinen der ersten Uebersetzung andere Fristen, als im §. 6 Littr. c vorgeschrieben sind, hat es bei denselben in Betreff derjenigen Werke, welche vor dem Inkrafttreten des gegenwärtigen Gesetzes bereits erschienen sind, sein Bewenden.

§. 60.

Die Ertheilung von Privilegien zum Schutze des Urheberrechts ist nicht mehr zulässig.

Dem Inhaber eines vor dem Inkrafttreten des gegenwärtigen Gesetzes von dem Deutschen Bunde oder den Regierungen einzelner, jetzt zum Norddeutschen Bunde gehörigen Staaten ertheilten Privilegiums steht es frei, ob er von diesem Privilegium Gebrauch machen oder den Schutz des gegenwärtigen Gesetzes anrufen will.

Der Privilegienschutz kann indeß nur für den Umfang derjenigen Staaten geltend gemacht werden, von welchen derselbe ertheilt worden ist.

Die Berufung auf den Privilegienschutz ist dadurch bedingt, daß das Privilegium entweder ganz oder dem wesentlichen Inhalte nach dem Werke vorgedruckt oder auf oder hinter dem Titelblatt desselben bemerkt ist. Wo dieses nach der Natur des Gegenstandes nicht stattfinden kann, oder bisher nicht geschehen ist, muß das Privilegium, bei Vermeidung des Erlöschens, binnen drei Monaten nach dem Inkrafttreten dieses Gesetzes zur Eintragung in die Eintragsrolle angemeldet und von dem Kuratorium derselben öffentlich bekannt gemacht werden.

§. 61.

Das gegenwärtige Gesetz findet Anwendung auf alle Werke inländischer Urheber, gleichviel ob die Werke im Inlande oder Auslande erschienen oder überhaupt noch nicht veröffentlicht sind.

Wenn Werke ausländischer Urheber bei Verlegern erscheinen, die im Gebiete des Norddeutschen Bundes ihre Handelsniederlassung haben, so stehen diese Werke unter dem Schutze des gegenwärtigen Gesetzes.

§. 62.

Diejenigen Werke ausländischer Urheber, welche in einem Orte erschienen sind, der zum ehemaligen Deutschen Bunde, nicht aber zum Norddeutschen Bunde, gehört, genießen den Schutz dieses Gesetzes unter der Voraussetzung, daß das Recht des betreffenden Staates den innerhalb des Norddeutschen Bundes erschienenen Werken einen den einheimischen Werken gleichen Schutz gewährt; jedoch dauert der Schutz nicht länger als in dem betreffenden Staat eselbst. Dasselbe gilt von nicht veröffentlichten Werken solcher Urheber, welche zwar nicht im Norddeutschen Bunde, wohl aber im ehemaligen Deutschen Bundesgebiete staatsangehörig sind.

2.

Gesetz über Markenschutz. Vom 30. November 1874.

(R.G.Bl. S. 143.)

§. 1.

Gewerbetreibende, deren Firma im Handelsregister eingetragen ist, können Zeichen, welche zur Unterscheidung ihrer Waaren von den Waaren anderer Gewerbetreibenden auf den Waaren selbst oder auf deren Verpackung angebracht werden sollen, zur Eintragung in das Handelsregister des Ortes ihrer Hauptniederlassung bei dem zuständigen Gerichte anmelden.

§. 2.

Der Anmeldung muß eine deutliche Darstellung des Waarenzeichens (§. 1) nebst einem Verzeichniß der Waarengattungen, für welche das Zeichen bestimmt ist, mit der Unterschrift der Firma versehen, beigefügt sein.

§. 3.

Die Eintragung von Waarenzeichen, deren Benutzung für den Anmeldenden landesgesetzlich geschützt ist, ferner von solchen Zeichen, welche bis zum Beginn des Jahres 1875 im Verkehr allgemein als Kennzeichen der Waaren eines bestimmten Gewerbetreibenden gegolten haben, darf nicht versagt werden.

Im Uebrigen ist die Eintragung zu versagen, wenn die Zeichen ausschließlich in Zahlen, Buchstaben oder Worten bestehen, oder wenn sie öffentliche Wappen oder Aergerniß erregende Darstellungen enthalten.

§. 4.

Die Eintragung erfolgt unter der Firma des Anmeldenden. Die Zeit der Anmeldung ist dabei zu vermerken. Gelangt ein bereits eingetragenes Waarenzeichen aus Anlaß der Verlegung der Hauptniederlassung wiederholt zur Eintragung, so ist dabei die Zeit der ersten Anmeldung zu vermerken.

§. 5.

Auf Antrag des Inhabers der Firma wird das eingetragene Waarenzeichen gelöscht.

Von Amtswegen erfolgt die Löschung:

1. wenn die Firma im Handelsregister gelöscht wird;

2. wenn eine Aenderung der Firma und nicht zugleich die Beibehaltung des Zeichens angemeldet wird;
3. wenn seit der Eintragung des Zeichens, ohne daß dessen weitere Beibehaltung angemeldet worden, oder seit einer solchen Anmeldung, ohne daß dieselbe wiederholt worden, zehn Jahre verflossen sind;
4. wenn das Zeichen nach §. 3 nicht hätte eingetragen werden dürfen.

§. 6.

Die **erste Eintragung** und die **Löschung** eines Zeichens wird im „Deutschen Reichs-Anzeiger" bekannt gemacht.

Die **Kosten der Bekanntmachung** der Eintragung hat der Inhaber der Firma zu tragen.

§. 7.

Für die erste Eintragung eines Zeichens, welches landesgesetzlich nicht geschützt ist, wird eine **Gebühr** von fünfzig Mark entrichtet.

Von der Entrichtung einer Gebühr für die Eintragung solcher Zeichen, welche bis zum Beginn des Jahres 1875 im Verkehr allgemein als Kennzeichen der Waaren eines bestimmten Gewerbetreibenden gegolten haben, können die Landesregierungen entbinden.

Andere Eintragungen und Löschungen geschehen unentgeltlich.

§. 8.

Das Recht, Waaren oder deren Verpackung mit einem für diese Waaren zum Handelsregister angemeldeten Zeichen zu versehen oder auf solche Art bezeichnete Waaren in Verkehr zu bringen, steht dem **Inhaber derjenigen Firma**, für welche **zuerst** die **Anmeldung bewirkt ist**, ausschließlich zu.

§. 9.

Auf Waarenzeichen, welche landesgesetzlich geschützt sind, ferner auf solche Zeichen, welche bis zum Beginn des Jahres 1875 im Verkehr allgemein als Kennzeichen der Waaren eines bestimmten Gewerbetreibenden gegolten haben, kann durch die Anmeldung außer den gesetzlich geschützten oder im Verkehr allgemein anerkannten Inhabern niemand ein Recht erwerben, sofern diese vor dem 1. Oktober 1875 die Anmeldung bewirken.

§. 10.

Durch die Anmeldung eines Waarenzeichens, welches Buchstaben oder Worte enthält, wird niemand gehindert, seinen Namen oder seine Firma, sei es auch in abgekürzter Gestalt, zur Kennzeichnung seiner Waaren zu gebrauchen.

Auf Waarenzeichen, welche bisher im freien Gebrauche aller oder gewisser Klassen von Gewerbetreibenden sich befunden haben, oder deren Eintragung nicht zulässig ist, kann durch Anmeldung niemand ein Recht erwerben.

§. 11.

Der Inhaber einer Firma, für welche ein Waarenzeichen eingetragen ist, hat dasselbe auf Verlangen desjenigen, welcher ihn von der Benutzung des Zeichens auszuschließen berechtigt ist, oder sofern das Waarenzeichen zu den im §. 10 Absatz 2 erwähnten gehört, auf Verlangen eines Betheiligten löschen zu lassen.

§. 12.

Das durch die Anmeldung eines Waarenzeichens erlangte Recht erlischt:

1. mit der Zurücknahme der Anmeldung, oder mit dem Antrage auf Löschung seitens des Inhabers der berechtigten Firma;
2. mit dem Eintritte eines der im §. 5 Nr. 1 bis 3 bezeichneten Fälle.

§. 13.

Jeder inländische Produzent oder Handeltreibende kann gegen denjenigen, welcher Waaren oder deren Verpackung mit einem für den Ersteren nach Maßgabe dieses Gesetzes zu schützenden Waarenzeichen oder mit dem Namen oder der Firma des Ersteren widerrechtlich bezeichnet, im Wege der Klage beantragen, daß derselbe für nicht berechtigt erklärt werde, diese Bezeichnung zu gebrauchen.

Desgleichen kann der Produzent oder Handeltreibende gegen denjenigen, welcher dergleichen widerrechtlich bezeichnete Waaren in Verkehr bringt oder feilhält, im Wege der Klage beantragen, daß derselbe für nicht berechtigt erklärt werde, so bezeichnete Waaren in Verkehr zu bringen oder feil zu halten.

§. 14.

Wer Waaren oder deren Verpackung wissentlich mit einem nach Maßgabe dieses Gesetzes zu schützenden Waarenzeichen, oder mit dem Namen oder der Firma eines inländischen Produzenten oder Handeltreibenden widerrechtlich bezeichnet, oder wissentlich dergleichen widerrechtlich bezeichnete Waaren in Verkehr bringt oder feilhält, wird mit Geldstrafe von einhundertfünfzig bis dreitausend Mark oder mit Gefängniß bis zu sechs Monaten bestraft und ist dem Verletzten zur Entschädigung verpflichtet.

Die Strafverfolgung tritt nur auf Antrag ein.

§. 15.

Statt jeder aus diesem Gesetze entspringenden Entschädigung kann auf Verlangen des Beschädigten neben der Strafe auf eine an ihn zu erlegende Buße bis zum Betrage von fünftausend Mark erkannt werden. Für diese Buße haften die zu derselben Verurtheilten als Gesammtschuldner.

Eine erkannte Buße schließt die Geltendmachung eines weiteren Entschädigungsanspruchs aus.

§. 16.

Darüber, ob ein Schaden entstanden ist, und wie hoch sich derselbe beläuft, entscheidet das Gericht unter Würdigung aller Umstände nach freier Ueberzeugung.

§. 17.

Erfolgt eine Verurtheilung auf Grund des §. 14, so ist auf Antrag des Verletzten bezüglich der im Besitze des Verurtheilten befindlichen Waaren auf Vernichtung der Zeichen auf der Verpackung oder den Waaren, oder, wenn die Beseitigung der Zeichen in anderer Weise nicht möglich ist, auf Vernichtung der Verpackung oder der Waaren selbst zu erkennen.

Erfolgt die Verurtheilung im Strafverfahren, so ist dem Verletzten die Befugniß zuzusprechen, die Verurtheilung auf Kosten des Verurtheilten öffentlich bekannt zu machen. Die Art der Bekanntmachung, sowie die Frist zu derselben ist in dem Urtheil zu bestimmen.

§. 18.

Der dem Inhaber eines Waarenzeichens, eines Namens oder einer Firma nach Inhalt dieses Gesetzes gewährte Schutz wird dadurch nicht ausgeschlossen, daß das Waarenzeichen, der Name oder die Firma mit Abänderungen wiedergegeben sind, welche nur durch Anwendung besonderer Aufmerksamkeit wahrgenommen werden können.

§. 19.

Bürgerliche Rechtsstreitigkeiten, in welchen durch die Klage ein Anspruch auf Grund dieses Gesetzes erhoben wird, gelten im Sinne der Reichs- und Landesgesetze als Handelssachen.

§. 20.*)

Auf Waarenzeichen von Gewerbetreibenden, welche im Inlande eine Handelsniederlassung nicht besitzen, sowie auf die Namen oder die Firmen ausländischer Produzenten oder Handeltreibenden finden, wenn in dem Staate, wo ihre Niederlassung sich befindet, nach einer in dem Reichs-Gesetzblatt enthaltenen Bekanntmachung deutsche Waarenzeichen, Namen und Firmen einen Schutz genießen, die Bestimmungen dieses Gesetzes Anwendung, jedoch in Ansehung der Waarenzeichen (§. 1) mit folgenden Maßgaben:

1. die Anmeldung eines Waarenzeichens hat bei dem Handelsgerichte in Leipzig**) mit der Erklärung zu erfolgen, daß sich der Anmeldende für Klagen auf Grund dieses Gesetzes der Gerichtsbarkeit des genannten Gerichts unterwirft;
2. mit der Anmeldung ist der Nachweis zu verbinden, daß in dem fremden Staate die Voraussetzungen erfüllt sind, unter welchen der Anmeldende dort einen Schutz für das Zeichen beanspruchen kann;
3. die Anmeldung begründet ein Recht auf das Zeichen nur insofern und auf so lange, als in dem fremden Staate der Anmeldende in der Benutzung des Zeichens geschützt ist.

§. 21.

Dieses Gesetz tritt mit dem 1. Mai 1875 in Kraft.

Auf Waarenzeichen, welche bis zu diesem Tage landesgesetzlich geschützt waren, finden jedoch die landesgesetzlichen Bestimmungen

*) Wegen der mit andern Staaten getroffenen Vereinbarungen vgl. Einleitung Seite 27.

**) Vgl. das Gerichtsverfassungsgesetz vom 27. Januar 1877. R.G.Bl. Seite 41.

noch bis dahin, daß die Anmeldung nach Maßgabe gegenwärtigen Gesetzes erfolgt ist, längstens bis zum 1. Oktober 1875 Anwendung.

3.

Gesetz, betreffend das Urheberrecht an Werken der bildenden Künste. Vom 9. Januar 1876.

(R.G.Bl. S. 4.)

A. Ausschließliches Recht des Urhebers.

§. 1.

Das Recht, ein Werk der bildenden Künste ganz oder theilweise nachzubilden, steht dem Urheber desselben ausschließlich zu.

§. 2.

Das Recht des Urhebers geht auf dessen Erben über. Dieses Recht kann beschränkt oder unbeschränkt durch Vertrag oder durch Verfügung von Todeswegen auf Andere übertragen werden.

§. 3.

Auf die Baukunst findet das gegenwärtige Gesetz keine Anwendung.

§. 4.

Als Nachbildung ist nicht anzusehen die freie Benutzung eines Werkes der bildenden Künste zur Hervorbringung eines neuen Werkes.

§. 5.

Jede Nachbildung eines Werkes der bildenden Künste, welche in der Absicht, dieselbe zu verbreiten, ohne Genehmigung des Berechtigten (§§. 1, 2) hergestellt wird, ist verboten. Als verbotene Nachbildung ist es auch anzusehen:

1. wenn bei Hervorbringung derselben ein anderes Verfahren angewendet worden ist, als bei dem Originalwerk;
2. wenn die Nachbildung nicht unmittelbar nach dem Originalwerke, sondern mittelbar nach einer Nachbildung desselben geschaffen ist;
3. wenn die Nachbildung eines Werkes der bildenden Künste sich an einem Werke der Baukunst, der Industrie, der Fabriken, Handwerke oder Manufakturen befindet;

4. wenn der Urheber oder Verleger dem unter ihnen bestehenden Vertrage zuwider eine neue Vervielfältigung des Werkes veranstalten;
5. wenn der Verleger eine größere Anzahl von Exemplaren eines Werkes anfertigen läßt, als ihm vertragsmäßig oder gesetzlich gestattet ist.

§. 6.

Als verbotene Nachbildung ist nicht anzusehen:

1. die Einzelkopie eines Werkes der bildenden Künste, sofern dieselbe ohne die Absicht der Verwerthung angefertigt wird. Es ist jedoch verboten, den Namen oder das Monogramm des Urhebers des Werkes in irgend einer Weise auf der Einzelkopie anzubringen, widrigenfalls eine Geldstrafe bis zu fünfhundert Mark verwirkt ist;
2. die Nachbildung eines Werkes der zeichnenden oder malenden Kunst durch die plastische Kunst, oder umgekehrt;
3. die Nachbildung von Werken der bildenden Künste, welche auf oder an Straßen oder öffentlichen Plätzen bleibend sich befinden. Die Nachbildung darf jedoch nicht in derselben Kunstform erfolgen;
4. die Aufnahme von Nachbildungen einzelner Werke der bildenden Künste in ein Schriftwerk, vorausgesetzt, daß das letztere als die Hauptsache erscheint, und die Abbildungen nur zur Erläuterung des Textes dienen. Jedoch muß der Urheber des Originals oder die benutzte Quelle angegeben werden, widrigenfalls die Strafbestimmung im §. 24 des Gesetzes vom 11. Juni 1870, betreffend das Urheberrecht an Schriftwerken rc. (Bundes-Gesetzbl. 1870 S. 339), Platz greift.

§. 7.

Wer ein von einem Anderen herrührendes Werk der bildenden Künste auf rechtmäßige Weise, aber mittelst eines anderen Kunstverfahrens nachbildet, hat in Beziehung auf das von ihm hervorgebrachte Werk das Recht eines Urhebers (§. 1), auch wenn das Original bereits Gemeingut geworden ist.

§. 8.

Wenn der Urheber eines Werkes der bildenden Künste das

Eigenthum am Werke einem Anderen überläßt, so ist darin die Uebertragung des Nachbildungsrechts fortan nicht enthalten; bei Portraits und Portraitbüsten geht dieses Recht jedoch auf den Besteller über.

Der Eigenthümer des Werkes ist nicht verpflichtet, dasselbe zum Zweck der Veranstaltung von Nachbildungen an den Urheber oder dessen Rechtsnachfolger herauszugeben.

B. Dauer des Urheberrechts.

§. 9.

Der Schutz des gegenwärtigen Gesetzes gegen Nachbildung wird für die Lebensdauer des Urhebers und dreißig Jahre nach dem Tode desselben gewährt.

Bei Werken, welche veröffentlicht sind, ist diese Dauer des Schutzes an die Bedingung geknüpft, daß der wahre Name des Urhebers auf dem Werke vollständig genannt oder durch kenntliche Zeichen ausgedrückt ist.

Werke, welche entweder unter einem anderen, als dem wahren Namen des Urhebers veröffentlicht, oder bei welchen ein Urheber gar nicht angegeben ist, werden dreißig Jahre lang, von der Veröffentlichung an, gegen Nachbildung geschützt. Wird innerhalb dieser dreißig Jahre der wahre Name des Urhebers von ihm selbst oder seinen hierzu legitimirten Rechtsnachfolgern zur Eintragung in die Eintragsrolle (§. 39 des Gesetzes vom 11. Juni 1870, betreffend das Urheberrecht an Schriftwerken rc. — Bundes-Gesetzbl. 1870 S. 339) angemeldet, so wird dadurch dem Werke die im Absatz 1 bestimmte längere Dauer des Schutzes erworben.

§. 10.

Bei Werken, die in mehreren Bänden oder Abtheilungen erscheinen, wird die Schutzfrist von dem ersten Erscheinen eines jeden Bandes oder einer jeden Abtheilung an berechnet.

Bei Werken jedoch, die in einem oder mehreren Bänden eine einzige Aufgabe behandeln und mithin als in sich zusammenhängend zu betrachten sind, beginnt die Schutzfrist erst nach dem Erscheinen des letzten Bandes oder der letzten Abtheilung.

Wenn indessen zwischen der Herausgabe einzelner Bände oder

Abtheilungen ein Zeitraum von mehr als drei Jahren verflossen ist, so sind die vorher erschienenen Bände, Abtheilungen 2c. als ein für sich bestehendes Werk und ebenso die nach Ablauf der drei Jahre erscheinenden weiteren Fortsetzungen als ein neues Werk zu behandeln.

§. 11.

Die erst nach dem Tode des Urhebers veröffentlichten Werke werden dreißig Jahre lang, vom Tode des Urhebers an gerechnet, gegen Nachbildung geschützt.

§. 12.

Einzelne Werke der bildenden Künste, welche in periodischen Werken, als Zeitschriften, Taschenbüchern, Kalendern 2c. erschienen sind, darf der Urheber, falls nichts anderes verabredet ist, auch ohne Einwilligung des Herausgebers oder Verlegers des Werkes, in welches dieselben aufgenommen sind, nach zwei Jahren, vom Ablaufe des Jahres des Erscheinens an gerechnet, anderweitig abdrucken.

§. 13.

In den Zeitraum der gesetzlichen Schutzfrist wird das Todesjahr des Verfassers beziehungsweise das Kalenderjahr der ersten Veröffentlichung oder des ersten Erscheinens des Werkes nicht eingerechnet.

§. 14.

Wenn der Urheber eines Werkes der bildenden Künste gestattet, daß dasselbe an einem Werke der Industrie, der Fabriken, Handwerke oder Manufakturen nachgebildet wird, so genießt er den Schutz gegen weitere Nachbildungen an Werken der Industrie 2c. nicht nach Maßgabe des gegenwärtigen Gesetzes, sondern nur nach Maßgabe des Gesetzes, betreffend das Urheberrecht an Mustern und Modellen.

§. 15.

Ein Heimfallsrecht des Fiskus oder anderer zu herrenlosen Verlassenschaften berechtigter Personen findet auf das ausschließliche Recht des Urhebers und seiner Rechtsnachfolger nicht statt.

C. Sicherstellung des Urheberrechts.

§. 16.

Die Bestimmungen in den §§. 18—42 des Gesetzes vom 11. Juni 1870, betreffend das Urheberrecht an Schriftwerken ꝛc. (Bundes-Gesetzbl. 1870 S. 339), finden auch auf die Nachbildung von Werken der bildenden Künste entsprechende Anwendung.

Die Sachverständigen-Vereine, welche nach Maßgabe des §. 31 des genannten Gesetzes Gutachten über die Nachbildung von Werken der bildenden Künste abzugeben haben, sollen aus Künstlern verschiedener Kunstzweige, aus Kunsthändlern, Kunstgewerbtreibenden und aus anderen Kunstverständigen bestehen.

D. Allgemeine Bestimmungen.

§. 17.

Das gegenwärtige Gesetz tritt mit dem 1. Juli 1876 in Kraft. Alle früheren in den einzelnen Staaten des Deutschen Reichs geltenden Bestimmungen in Beziehung auf das Urheberrecht an Werken der bildenden Künste treten von demselben Tage ab außer Wirksamkeit.

§. 18.

Das gegenwärtige Gesetz findet auch auf alle vor dem Inkrafttreten desselben erschienenen Werke der bildenden Künste Anwendung, selbst wenn dieselben nach den bisherigen Landesgesetzgebungen keinen Schutz gegen Nachbildung genossen haben.

Die bei dem Inkrafttreten dieses Gesetzes vorhandenen Exemplare, deren Herstellung nach der bisherigen Gesetzgebung gestattet war, sollen auch fernerhin verbreitet werden dürfen, selbst wenn ihre Herstellung nach dem gegenwärtigen Gesetze untersagt ist.

Ebenso sollen die bei dem Inkrafttreten dieses Gesetzes vorhandenen, bisher rechtmäßig angefertigten Vorrichtungen, wie Formen, Platten, Steine, Stereotypabgüsse u. s. w. auch fernerhin zur Anfertigung von Exemplaren benutzt werden dürfen.

Auch dürfen die beim Inkrafttreten des Gesetzes bereits begonnenen, bisher gestatteten Vervielfältigungen noch vollendet werden.

Die Regierungen der Staaten des Deutschen Reichs werden ein Inventarium über die Vorrichtungen, deren fernere Benutzung hiernach gestattet ist, amtlich aufstellen und diese Vorrichtungen mit einem gleichförmigen Stempel bedrucken lassen.

Nach Ablauf der für die Legalisirung angegebenen Frist unterliegen alle mit dem Stempel nicht versehenen Vorrichtungen der bezeichneten Werke, auf Antrag des Verletzten, der Einziehung. Die nähere Instruktion über das bei der Aufstellung des Inventariums und bei der Stempelung zu beobachtende Verfahren wird vom Reichskanzler-Amt erlassen.

§. 19.

Die Ertheilung von Privilegien zum Schutze des Urheberrechts ist nicht mehr zulässig.

Dem Inhaber eines vor dem Inkrafttreten des gegenwärtigen Gesetzes von den Regierungen einzelner deutscher Staaten ertheilten Privilegiums steht es frei, ob er von diesem Privilegium Gebrauch machen oder den Schutz des gegenwärtigen Gesetzes anrufen will.

Der Privilegienschutz kann indeß nur für den Umfang derjenigen Staaten geltend gemacht werden, von welchen derselbe ertheilt worden ist.

Die Berufung auf den Privilegienschutz ist dadurch bedingt, daß das Privilegium entweder ganz oder dem wesentlichen Inhalte nach dem Werke vorgedruckt oder auf oder hinter dem Titelblatt desselben bemerkt ist. Wo dieses nach der Natur des Gegenstandes nicht stattfinden kann oder bisher nicht geschehen ist, muß das Privilegium, bei Vermeidung des Erlöschens, binnen drei Monaten nach dem Inkrafttreten dieses Gesetzes zur Eintragung in die Eintragsrolle angemeldet werden. Das Kuratorium der Eintragsrolle hat das Privilegium öffentlich bekannt zu machen.

§. 20.

Das gegenwärtige Gesetz findet Anwendung auf alle Werke inländischer Urheber, gleichviel ob die Werke im Inlande oder Auslande erschienen oder überhaupt noch nicht veröffentlicht sind.

Wenn Werke ausländischer Urheber bei inländischen Verlegern erscheinen, so stehen diese Werke unter dem Schutze des gegenwärtigen Gesetzes.

§. 21.

Diejenigen Werke ausländischer Urheber, welche in einem Orte erschienen sind, der zum ehemaligen Deutschen Bunde, nicht aber zum Deutschen Reich gehört, genießen den Schutz dieses Gesetzes unter der Voraussetzung, daß das Recht des betreffenden Staates den innerhalb des Deutschen Reichs erschienenen Werken einen den einheimischen Werken gleichen Schutz gewährt; jedoch dauert der Schutz nicht länger, als in dem betreffenden Staate selbst. Dasselbe gilt von nicht veröffentlichten Werken solcher Urheber, welche zwar nicht im Deutschen Reich, wohl aber im ehemaligen deutschen Bundesgebiete staatsangehörig sind.

4.

Gesetz, betreffend den Schutz der Photographieen gegen unbefugte Nachbildung. Vom 10. Januar 1876.

(R.G.Bl. S. 8.)

§. 1.

Das Recht, ein durch Photographie hergestelltes Werk ganz oder theilweise auf mechanischem Wege nachzubilden, steht dem Verfertiger der photographischen Aufnahme ausschließlich zu.

Auf Photographieen von solchen Werken, welche gesetzlich gegen Nachdruck und Nachbildung noch geschützt sind, findet das gegenwärtige Gesetz keine Anwendung.

§. 2.

Als Nachbildung ist nicht anzusehen die freie Benutzung eines durch Photographie hergestellten Werkes zur Hervorbringung eines neuen Werkes.

§. 3.

Die mechanische Nachbildung eines photographischen Werkes, welche in der Absicht, dieselbe zu verbreiten, ohne Genehmigung der Berechtigten (§§. 1 und 7) hergestellt wird, ist verboten.

§. 4.

Die Nachbildung eines photographischen Werkes, wenn sie sich an einem Werke der Industrie, der Fabriken, Handwerke oder Manufakturen befindet, ist als eine verbotene nicht anzusehen.

§. 5.

Jede rechtmäßige photographische oder sonstige mechanische Abbildung der Originalaufnahme muß auf der Abbildung seblst oder auf dem Karton

a) den Namen beziehungsweise die Firma des Verfertigers der Originalaufnahme oder des Verlegers, und

b) den Wohnort des Verfertigers oder Verlegers,

c) das Kalenderjahr, in welchem die rechtmäßige Abbildung zuerst erschienen ist,

enthalten, widrigenfalls ein Schutz gegen Nachbildung nicht stattfindet.

§. 6.

Der Schutz des gegenwärtigen Gesetzes gegen Nachbildung wird dem Verfertiger des photographischen Werkes fünf Jahre gewährt. Diese Frist wird vom Ablaufe desjenigen Kalenderjahres ab gerechnet, in welchem die rechtmäßigen photographischen oder sonstigen mechanischen Abbildungen der Originalaufnahme zuerst erschienen sind.

Wenn solche Abbildungen nicht erscheinen, so wird die fünfjährige Frist von dem Ablauf desjenigen Kalenderjahres ab gerechnet, in welchem das Negativ der photographischen Aufnahme entstanden ist.

Bei Werken, die in mehreren Bänden oder Abtheilungen erscheinen, findet der §. 14 des Gesetzes vom 11. Juni 1870, betreffend das Urheberrecht an Schriftwerken ꝛc., Anwendung.

§. 7.

Das im §. 1 bezeichnete Recht des Verfertigers eines photographischen Werkes geht auf dessen Erben über. Auch kann dieses Recht von dem Verfertiger oder dessen Erben ganz oder theilweise durch Vertrag oder durch Verfügung von Todeswegen auf Andere übertragen werden. Bei photographischen Bildnissen (Portraits) geht das Recht auch ohne Vertrag von selbst auf den Besteller über.

§. 8.

Wer eine von einem Anderen verfertigte photographische Aufnahme durch ein Werk der malenden, zeichnenden oder plastischen Kunst nachbildet, genießt in Beziehung auf das von ihm hervorgebrachte Werk das Recht eines Urhebers nach Maßgabe des §. 7 des Gesetzes vom 9. Januar d. J., betreffend das Urheberrecht an Werken der bildenden Künste.

§. 9.

Die Bestimmungen in den §§. 18 bis 38, 44, 61 Absatz 1 des Gesetzes vom 11. Juni 1870, betreffend das Urheberrecht an Schriftwerken rc., finden auch Anwendung auf das ausschließliche Nachbildungs- oder Vervielfältigungsrecht des Verfertigers photographischer Werke.

§. 10.

Die Sachverständigen-Vereine, welche Gutachten über die Nachbildung photographischer Aufnahmen abzugeben haben, sollen aus Künstlern verschiedener Kunstzweige, aus Kunsthändlern, aus anderen Kunstverständigen und aus Photographen bestehen.

§. 11.

Die Bestimmungen des gegenwärtigen Gesetzes finden auch Anwendung auf solche Werke, welche durch ein der Photographie ähnliches Verfahren hergestellt werden.

§. 12.

Das gegenwärtige Gesetz tritt mit dem 1. Juli 1876 in Kraft. Auf photographische Aufnahmen, welche vor diesem Tage angefertigt sind, findet dasselbe nur dann Anwendung, wenn die erste rechtmäßige photographische oder sonstige mechanische Abbildung der Originalaufnahme nach dem Inkrafttreten des gegenwärtigen Gesetzes erschienen ist.

Photographische Aufnahmen, welche schon bisher landesgesetzlich gegen Nachbildung geschützt waren, behalten diesen Schutz; jedoch kann derselbe nur für denjenigen räumlichen Umfang geltend gemacht werden, für welchen er durch die Landesgesetzgebung ertheilt war.

5.
Gesetz, betreffend das Urheberrecht an Mustern und Modellen. Vom 11. Januar 1876.
(R.G.Bl. S. 11.)

§. 1.

Das Recht, ein gewerbliches Muster oder Modell ganz oder theilweise nachzubilden, steht dem Urheber desselben ausschließlich zu.

Als Muster oder Modelle im Sinne dieses Gesetzes werden nur neue und eigenthümliche Erzeugnisse angesehen.

§. 2.

Bei solchen Mustern und Modellen, welche von den in einer inländischen gewerblichen Anstalt beschäftigten Zeichnern, Malern, Bildhauern rc. im Auftrage oder für Rechnung des Eigenthümers der gewerblichen Anstalt angefertigt werden, gilt der letztere, wenn durch Vertrag nichts anderes bestimmt ist, als der Urheber der Muster und Modelle.

§. 3.

Das Recht des Urhebers geht auf dessen Erben über. Dieses Recht kann beschränkt oder unbeschränkt durch Vertrag oder durch Verfügung von Todeswegen auf Andere übertragen werden.

§. 4.

Die freie Benutzung einzelner Motive eines Musters oder Modells zur Herstellung eines neuen Musters oder Modells ist als Nachbildung nicht anzusehen.

§. 5.

Jede Nachbildung eines Musters oder Modells, welche in der Absicht, dieselbe zu verbreiten, ohne Genehmigung des Berechtigten (§§. 1—3) hergestellt wird, ist verboten. Als verbotene Nachbildung ist es auch anzusehen:

1. wenn bei Hervorbringung derselben ein anderes Verfahren angewendet worden ist, als bei dem Originalwerke, oder wenn die Nachbildung für einen anderen Gewerbszweig bestimmt ist, als das Original;

2. wenn die Nachbildung in anderen räumlichen Abmessungen oder Farben hergestellt wird, als das Original, oder wenn sie sich vom Original nur durch solche Abänderungen unterscheidet, welche nur bei Anwendung besonderer Aufmerksamkeit wahrgenommen werden können;
3. wenn die Nachbildung nicht unmittelbar nach dem Originalwerke, sondern mittelbar nach einer Nachbildung desselben geschaffen ist.

§. 6.

Als verbotene Nachbildung ist nicht anzusehen:

1. die Einzelkopie eines Musters oder Modells, sofern dieselbe ohne die Absicht der gewerbsmäßigen Verbreitung und Verwerthung angefertigt wird;
2. die Nachbildung von Mustern, welche für Flächenerzeugnisse bestimmt sind, durch plastische Erzeugnisse, und umgekehrt;
3. die Aufnahme von Nachbildungen einzelner Muster oder Modelle in ein Schriftwerk.

§. 7.

Der Urheber eines Musters oder Modells genießt den Schutz gegen Nachbildung nur dann, wenn er dasselbe zur Eintragung in das Musterregister angemeldet und ein Exemplar oder eine Abbildung des Musters 2c. bei der mit Führung des Musterregisters beauftragten Behörde niedergelegt hat.

Die Anmeldung und Niederlegung muß erfolgen, bevor ein nach dem Muster oder Modelle gefertigtes Erzeugniß verbreitet wird.

§. 8.

Der Schutz des gegenwärtigen Gesetzes gegen Nachbildung wird dem Urheber des Musters oder Modells nach seiner Wahl ein bis drei Jahre lang, vom Tage der Anmeldung (§. 7) ab, gewährt.

Der Urheber ist berechtigt, gegen Zahlung der im §. 12 Absatz 3 bestimmten Gebühr, eine Ausdehnung der Schutzfrist bis auf höchstens fünfzehn Jahre zu verlangen. Die Verlängerung der Schutzfrist wird in dem Musterregister eingetragen.

Der Urheber kann das ihm nach Absatz 2 zustehende Recht außer bei der Anmeldung auch bei Ablauf der dreijährigen und der zehnjährigen Schutzfrist ausüben.

§. 9.

Das Musterregister wird von den mit der Führung der Handelsregister beauftragten Gerichtsbehörden geführt.

Der Urheber hat die Anmeldung und Niederlegung des Musters oder Modells bei der Gerichtsbehörde seiner Hauptniederlassung, und falls er eine eingetragene Firma nicht besitzt, bei der betreffenden Gerichtsbehörde seines Wohnortes zu bewirken.

Urheber, welche im Inlande weder eine Niederlassung, noch einen Wohnsitz haben, müssen die Anmeldung und Niederlegung bei dem Handelsgericht in Leipzig bewirken.

Die Muster oder Modelle können offen oder versiegelt, einzeln oder in Packeten niedergelegt werden. Die Packete dürfen jedoch nicht mehr als 50 Muster oder Modelle enthalten und nicht mehr als 10 Kilogramm wiegen. Die näheren Vorschriften über die Führung des Musterregisters erläßt das Reichskanzler-Amt.

Die Eröffnung der versiegelt niedergelegten Muster erfolgt drei Jahre nach der Anmeldung (§. 7), beziehentlich, wenn die Schutzfrist eine kürzere ist, nach dem Ablaufe derselben.

Die Eintragung und die Verlängerung der Schutzfrist (§. 8 Alinea 2) wird monatlich im Deutschen Reichsanzeiger bekannt gemacht. Die Kosten der Bekanntmachung hat der Anmeldende zu tragen.

§. 10.

Die Eintragungen in das Musterregister werden bewirkt, ohne daß eine zuvorige Prüfung über die Berechtigung des Antragstellers oder über die Richtigkeit der zur Eintragung angemeldeten Thatsachen stattfindet.

§. 11.

Es ist Jedermann gestattet, von dem Musterregister und den nicht versiegelten Mustern und Modellen Einsicht zu nehmen und sich beglaubigte Auszüge aus dem Musterregister ertheilen zu lassen. In Streitfällen darüber, ob ein Muster oder Modell gegen Nachbildung geschützt ist, können zur Herbeiführung der Entscheidung auch die versiegelten Packete von der mit der Führung des Musterregisters beauftragten Behörde geöffnet werden.

§. 12.

Alle Eingaben, Verhandlungen, Atteste, Beglaubigungen, Zeugnisse, Auszüge ꝛc., welche die Eintragung in das Musterregister betreffen, sind stempelfrei.

Für jede Eintragung und Niederlegung eines einzelnen Musters oder eines Packets mit Mustern ꝛc. (§. 9) wird, insofern die Schutzfrist auf nicht länger als drei Jahre beansprucht wird (§. 8 Absatz 1), eine Gebühr von 1 Mark für jedes Jahr erhoben.

Nimmt der Urheber in Gemäßheit des §. 8 Absatz 2 eine längere Schutzfrist in Anspruch, so hat er für jedes weitere Jahr bis zum zehnten Jahre einschließlich eine Gebühr von 2 Mark, von elf bis fünfzehn Jahren eine Gebühr von 3 Mark für jedes einzelne Muster oder Modell zu entrichten. Für jeden Eintragungsschein, sowie für jeden sonstigen Auszug aus dem Musterregister wird eine Gebühr von je 1 Mark erhoben.

§. 13.

Derjenige, welcher nach Maßgabe des §. 7 das Muster oder Modell zur Eintragung in das Musterregister angemeldet und niedergelegt hat, gilt bis zum Gegenbeweise als Urheber.

§. 14.

Die Bestimmungen in den §§. 18—36, 38 des Gesetzes vom 11. Juni 1870, betreffend das Urheberrecht an Schriftwerken ꝛc. (Bundes-Gesetzbl. 1870 S. 339), finden auch auf das Urheberrecht an Mustern und Modellen mit der Maßgabe entsprechende Anwendung, daß die vorräthigen Nachbildungen und die zur widerrechtlichen Vervielfältigung bestimmten Vorrichtungen nicht vernichtet, sondern auf Kosten des Eigenthümers und nach Wahl desselben entweder ihrer gefährdenden Form entkleidet, oder bis zum Ablauf der Schutzfrist amtlich aufbewahrt werden.

Die Sachverständigen-Vereine, welche nach §. 31 des genannten Gesetzes Gutachten über die Nachbildung von Mustern oder Modellen abzugeben haben, sollen aus Künstlern, aus Gewerbtreibenden verschiedener Gewerbzweige und aus sonstigen Personen, welche mit dem Muster- und Modellwesen vertraut sind, zusammengesetzt werden.

§. 15.

Bürgerliche Rechtsstreitigkeiten, in welchen auf Grund der Bestimmungen dieses Gesetzes eine Klage wegen Entschädigung, Bereicherung oder Einziehung angestellt wird, gelten im Sinne der Reichs- und Landesgesetze als Handelssachen.

§. 16.

Das gegenwärtige Gesetz findet Anwendung auf alle Muster und Modelle inländischer Urheber, sofern die nach den Mustern oder Modellen hergestellten Erzeugnisse im Inlande verfertigt sind, gleichviel ob dieselben im Inlande oder Auslande verbreitet werden.

Wenn ausländische Urheber im Gebiete des Deutschen Reichs ihre gewerbliche Niederlassung haben, so genießen sie für die im Inlande gefertigten Erzeugnisse den Schutz des gegenwärtigen Gesetzes.

Im Uebrigen richtet sich der Schutz der ausländischen Urheber nach den bestehenden Staatsverträgen.

§. 17.

Das gegenwärtige Gesetz tritt mit dem 1. April 1876 in Kraft. Es findet Anwendung auf alle Muster und Modelle, welche nach dem Inkrafttreten desselben angefertigt worden sind.

Muster und Modelle, welche vor diesem Tage angefertigt worden sind, genießen den Schutz des Gesetzes nur dann, wenn das erste nach dem Muster ꝛc. gefertigte Erzeugniß erst nach dem Inkrafttreten des Gesetzes verbreitet worden ist.

Muster und Modelle, welche schon bisher landesgesetzlich gegen Nachbildung geschützt waren, behalten diesen Schutz; jedoch kann derselbe nur für denjenigen räumlichen Umfang geltend gemacht werden, für welchen er durch die Landesgesetzgebung ertheilt war.

6.

Patentgesetz. Vom 25. Mai 1877.

(R.G.Bl. S. 501.)

Erster Abschnitt.

Patentrecht.

§. 1.

Patente werden ertheilt für neue Erfindungen, welche eine gewerbliche Verwerthung gestatten.

Ausgenommen sind:

1. Erfindungen, deren Verwerthung den Gesetzen oder guten Sitten zuwiderlaufen würde;
2. Erfindungen von Nahrungs-, Genuß- und Arzneimitteln, sowie von Stoffen, welche auf chemischem Wege hergestellt werden, soweit die Erfindungen nicht ein bestimmtes Verfahren zur Herstellung der Gegenstände betreffen.

§. 2.

Eine Erfindung gilt nicht als neu, wenn sie zur Zeit der auf Grund dieses Gesetzes erfolgten Anmeldung in öffentlichen Druckschriften bereits derart beschrieben oder im Inlande bereits so offenkundig benutzt ist, daß danach die Benutzung durch andere Sachverständige möglich erscheint.

§. 3.

Auf die Ertheilung des Patentes hat derjenige Anspruch, welcher die Erfindung zuerst nach Maßgabe dieses Gesetzes angemeldet hat.

Ein Anspruch des Patentsuchers auf Ertheilung des Patentes findet nicht statt, wenn der wesentliche Inhalt seiner Anmeldung den Beschreibungen, Zeichnungen, Modellen, Geräthschaften oder Einrichtungen eines Anderen oder einem von diesem angewendeten Verfahren ohne Einwilligung desselben entnommen, und von dem letzteren aus diesem Grunde Einspruch erhoben ist.

§. 4.

Das Patent hat die Wirkung, daß Niemand befugt ist, ohne

Erlaubniß des Patentinhabers den Gegenstand der Erfindung gewerbsmäßig herzustellen, in Verkehr zu bringen oder feilzuhalten.

Bildet ein Verfahren, eine Maschine oder eine sonstige Betriebsvorrichtung, ein Werkzeug oder ein sonstiges Arbeitsgeräth den Gegenstand der Erfindung, so hat das Patent außerdem die Wirkung, daß Niemand befugt ist, ohne Erlaubniß des Patentinhabers das Verfahren anzuwenden oder den Gegenstand der Erfindung zu gebrauchen.

§. 5.

Die Wirkung des Patentes tritt gegen denjenigen nicht ein, welcher bereits zur Zeit der Anmeldung des Patentinhabers im Inlande die Erfindung in Benutzung genommen oder die zur Benutzung erforderlichen Veranstaltungen getroffen hatte.

Die Wirkung des Patentes tritt ferner insoweit nicht ein, als die Erfindung nach Bestimmung des Reichskanzlers für das Heer oder für die Flotte oder sonst im Interesse der öffentlichen Wohlfahrt benutzt werden soll. Doch hat der Patentinhaber in diesem Falle gegenüber dem Reich oder dem Staat, welcher in seinem besonderen Interesse die Beschränkung des Patentes beantragt hat, Anspruch auf angemessene Vergütung, welche in Ermangelung einer Verständigung im Rechtswege festgesetzt wird.

Auf Einrichtungen an Fahrzeugen, welche nur vorübergehend in das Inland gelangen, erstreckt sich die Wirkung des Patentes nicht.

§. 6.

Der Anspruch auf Ertheilung des Patentes und das Recht aus dem Patente gehen auf die Erben über. Der Anspruch und das Recht können beschränkt oder unbeschränkt durch Vertrag oder durch Verfügung von Todeswegen auf Andere übertragen werden.

§. 7.

Die Dauer des Patentes ist fünfzehn Jahre; der Lauf dieser Zeit beginnt mit dem auf die Anmeldung der Erfindung folgenden Tage. Bezweckt eine Erfindung die Verbesserung einer anderen, zu Gunsten des Patentsuchers durch ein Patent geschützten Erfindung, so kann dieser die Ertheilung eines Zusatzpatentes nachsuchen, welches mit dem Patente für die ältere Erfindung sein Ende erreicht.

§. 8.

Für jedes Patent ist bei der Ertheilung eine Gebühr von 30 Mark zu entrichten.

Mit Ausnahme der Zusatzpatente (§. 7) ist außerdem für jedes Patent mit Beginn des zweiten und jeden folgenden Jahres der Dauer eine Gebühr zu entrichten, welche das erste Mal 50 Mark beträgt und weiterhin jedes Jahr um 50 Mark steigt.

Einem Patentinhaber, welcher seine Bedürftigkeit nachweist, können die Gebühren für das erste und zweite Jahr der Dauer des Patentes bis zum dritten Jahre gestundet und, wenn das Patent im dritten Jahre erlischt, erlassen werden.

§. 9.

Das Patent erlischt, wenn der Patentinhaber auf dasselbe verzichtet, oder wenn die Gebühren nicht spätestens drei Monate nach der Fälligkeit gezahlt werden.

§. 10.

Das Patent wird für nichtig erklärt, wenn sich ergiebt:

1. daß die Erfindung nach §§. 1 und 2 nicht patentfähig war,
2. daß der wesentliche Inhalt der Anmeldung den Beschreibungen, Zeichnungen, Modellen, Geräthschaften oder Einrichtungen eines Anderen oder einem von diesem angewendeten Verfahren ohne Einwilligung desselben entnommen war.

§. 11.

Das Patent kann nach Ablauf von drei Jahren zurückgenommen werden:

1. wenn der Patentinhaber es unterläßt, im Inlande die Erfindung in angemessenem Umfange zur Ausführung zu bringen, oder doch Alles zu thun, was erforderlich ist, um diese Ausführung zu sichern;
2. wenn im öffentlichen Interesse die Ertheilung der Erlaubniß zur Benutzung der Erfindung an Andere geboten erscheint, der Patentinhaber aber gleichwohl sich weigert, diese Erlaubniß gegen angemessene Vergütung und genügende Sicherstellung zu ertheilen.

§. 12.

Wer nicht im Inlande wohnt, kann den Anspruch auf die Ertheilung eines Patentes und die Rechte aus dem letzteren nur geltend machen, wenn er im Inlande einen Vertreter bestellt hat. Der letztere ist zur Vertretung in dem nach Maßgabe dieses Gesetzes stattfindenden Verfahren, sowie in den das Patent betreffenden bürgerlichen Rechtsstreitigkeiten befugt. Für die in solchen Rechtsstreitigkeiten gegen den Patentinhaber anzustellenden Klagen ist das Gericht zuständig, in dessen Bezirk der Vertreter seinen Wohnsitz hat, in Ermangelung eines solchen das Gericht, in dessen Bezirk das Patentamt seinen Sitz hat.

Zweiter Abschnitt.

Patentamt.

§. 13.

Die Ertheilung, die Erklärung der Nichtigkeit und die Zurücknahme der Patente erfolgt durch das Patentamt.

Das Patentamt hat seinen Sitz in Berlin. Es besteht aus mindestens drei ständigen Mitgliedern, einschließlich des Vorsitzenden, und aus nicht ständigen Mitgliedern. Die Mitglieder werden vom Kaiser, die übrigen Beamten vom Reichskanzler ernannt. Die Ernennung der ständigen Mitglieder erfolgt auf Vorschlag des Bundesraths, und zwar, wenn sie im Reichs- oder Staatsdienste ein Amt bekleiden, auf die Dauer dieses Amtes, anderen Falls auf Lebenszeit; die Ernennung der nicht ständigen Mitglieder erfolgt auf fünf Jahre. Von den ständigen Mitgliedern müssen mindestens drei die Befähigung zum Richteramte oder zum höheren Verwaltungsdienste besitzen, die nicht ständigen Mitglieder müssen in einem Zweige der Technik sachverständig sein. Auf die nicht ständigen Mitglieder finden die Bestimmungen in §. 16 des Gesetzes, betreffend die Rechtsverhältnisse der Reichsbeamten, vom 31. März 1873 keine Anwendung.

§. 14.

Das Patentamt besteht aus mehreren Abtheilungen. Dieselben werden im voraus auf mindestens ein Jahr gebildet. Ein Mitglied kann mehreren Abtheilungen angehören.

Die Beschlußfähigkeit der Abtheilungen ist, wenn es sich um die Ertheilung eines Patentes handelt, durch die Anwesenheit von mindestens drei Mitgliedern bedingt, unter welchen sich zwei nicht ständige Mitglieder befinden müssen.

Für die Entscheidungen über die Erklärung der Nichtigkeit und über die Zurücknahme von Patenten wird eine besondere Abtheilung gebildet. Die Entscheidungen derselben erfolgen in der Besetzung von zwei Mitgliedern, einschließlich des Vorsitzenden, welche die Befähigung zum Richteramte oder zum höheren Verwaltungsdienste besitzen, und drei sonstigen Mitgliedern. Zu anderen Beschlüssen genügt die Anwesenheit von drei Mitgliedern.

Die Bestimmungen der Civilprozeßordnung über Ausschließung und Ablehnung der Gerichtspersonen finden entsprechende Anwendung.

Zu den Berathungen können Sachverständige, welche nicht Mitglieder sind, zugezogen werden; dieselben dürfen an den Abstimmungen nicht theilnehmen.

§. 15.

Die Beschlüsse und die Entscheidungen der Abtheilungen erfolgen im Namen des Patentamtes; sie sind mit Gründen zu versehen, schriftlich auszufertigen und allen Betheiligten von Amtswegen zuzustellen.

Zustellungen, welche den Lauf von Fristen bedingen, erfolgen durch die Post mittels eingeschriebenen Briefes gegen Empfangschein. Kann eine Zustellung im Inlande nicht erfolgen, so wird sie von den damit beauftragten Beamten des Patentamtes durch Aufgabe zur Post nach Maßgabe der §§. 161, 175 der Civilprozeßordnung bewirkt.

Gegen die Beschlüsse des Patentamtes findet die Beschwerde statt.

§. 16.

Wird der Beschluß einer Abtheilung des Patentamtes im Wege der Beschwerde angefochten, so erfolgt die Beschlußfassung über diese Beschwerde durch eine andere Abtheilung oder durch mehrere Abtheilungen gemeinsam.

An der Beschlußfassung darf kein Mitglied theilnehmen, welches bei dem angefochtenen Beschlusse mitgewirkt hat.

§. 17.

Die Bildung der Abtheilungen, die Bestimmung ihres Geschäftskreises, die Formen des Verfahrens und der Geschäftsgang des Patentamtes werden, insoweit dieses Gesetz nicht Bestimmungen darüber trifft, durch Kaiserliche Verordnung unter Zustimmung des Bundesraths geregelt*).

§. 18.

Das Patentamt ist verpflichtet, auf Ersuchen der Gerichte über Fragen, welche Patente betreffen, Gutachten abzugeben. Im Uebrigen ist dasselbe nicht befugt, ohne Genehmigung des Reichskanzlers außerhalb seines gesetzlichen Geschäftskreises Beschlüsse zu fassen oder Gutachten abzugeben.

§. 19.

Bei dem Patentamte wird eine Rolle geführt, welche den Gegenstand und die Dauer der ertheilten Patente, sowie den Namen und Wohnort der Patentinhaber und ihrer bei Anmeldung der Erfindung etwa bestellten Vertreter angiebt. Der Anfang, der Ablauf, das Erlöschen, die Erklärung der Nichtigkeit und die Zurücknahme der Patente sind, unter gleichzeitiger Bekanntmachung durch den Reichsanzeiger, in der Rolle zu vermerken.

Tritt in der Person des Patentinhabers oder seines Vertreters eine Aenderung ein, so wird dieselbe, wenn sie in beweisender Form zur Kenntniß des Patentamtes gebracht ist, ebenfalls in der Rolle vermerkt und durch den Reichsanzeiger veröffentlicht. So lange dieses nicht geschehen ist, bleiben der frühere Patentinhaber und sein früherer Vertreter nach Maßgabe dieses Gesetzes berechtigt und verpflichtet.

Die Einsicht der Rolle, der Beschreibungen, Zeichnungen, Modelle und Probestücke, auf Grund deren die Ertheilung der Patente erfolgt ist, steht, soweit es sich nicht um ein im Namen der Reichsverwaltung für die Zwecke des Heeres oder der Flotte genommenes Patent handelt, Jedermann frei.

Das Patentamt veröffentlicht die Beschreibungen und Zeichnungen, soweit deren Einsicht Jedermann freisteht, in ihren wesentlichen Theilen durch ein amtliches Blatt. In dasselbe sind auch die Bekanntmachungen aufzunehmen, welche durch den Reichsanzeiger nach Maßgabe dieses Gesetzes erfolgen müssen.

*) Vergl. die Verordnung vom 18. Juni 1877 Seite 548.

Dritter Abschnitt.

Verfahren in Patentsachen.

§. 20.

Die Anmeldung einer Erfindung behufs Ertheilung eines Patentes geschieht schriftlich bei dem Patentamte. Für jede Erfindung ist eine besondere Anmeldung erforderlich. Die Anmeldung muß den Antrag auf Ertheilung des Patentes enthalten und in dem Antrage den Gegenstand, welcher durch das Patent geschützt werden soll, genau bezeichnen. In einer Anlage ist die Erfindung dergestalt zu beschreiben, daß danach die Benutzung derselben durch andere Sachverständige möglich erscheint. Auch sind die erforderlichen Zeichnungen, bildlichen Darstellungen, Modelle und Probestücke beizufügen.

Das Patentamt erläßt Bestimmungen über die sonstigen Erfordernisse der Anmeldung.

Bis zu der Bekanntmachung der Anmeldung sind Abänderungen der darin enthaltenen Angaben zulässig. Gleichzeitig mit der Anmeldung sind für die Kosten des Verfahrens 20 Mark zu zahlen.

§. 21.

Ist durch die Anmeldung den vorgeschriebenen Anforderungen nicht genügt, so verlangt das Patentamt von dem Patentsucher unter Bezeichnung der Mängel deren Beseitigung innerhalb einer bestimmten Frist. Wird dieser Aufforderung innerhalb der Frist nicht genügt, so ist die Anmeldung zurückzuweisen.

§. 22.

Erachtet das Patentamt die Anmeldung für gehörig erfolgt und die Ertheilung eines Patentes nicht für ausgeschlossen, so verfügt es die Bekanntmachung der Anmeldung. Mit der Bekanntmachung treten für den Gegenstand der Anmeldung zu Gunsten des Patentsuchers einstweilen die gesetzlichen Wirkungen des Patentes ein (§§. 4, 5).

Ist das Patentamt der Ansicht, daß eine nach §§. 1 und 2 patentfähige Erfindung nicht vorliegt, so weist es die Anmeldung zurück.

§. 23.

Die Bekanntmachung der Anmeldung geschieht in der Weise, daß der Name des Patentsuchers und der wesentliche Inhalt des in seiner Anmeldung enthaltenen Antrages durch den Reichsanzeiger einmal veröffentlicht wird. Gleichzeitig ist die Anmeldung mit sämmtlichen Beilagen bei dem Patentamte zur Einsicht für Jedermann auszulegen. Mit der Veröffentlichung ist die Anzeige zu verbinden, daß der Gegenstand der Anmeldung einstweilen gegen unbefugte Benutzung geschützt sei.

Handelt es sich um ein im Namen der Reichsverwaltung für die Zwecke des Heeres oder der Flotte nachgesuchtes Patent, so unterbleibt die Auslegung der Anmeldung und ihrer Beilagen.

§. 24.

Nach Ablauf von acht Wochen, seit dem Tage der Veröffentlichung (§. 23), hat das Patentamt über die Ertheilung des Patentes Beschluß zu fassen. Bis dahin kann gegen die Ertheilung bei dem Patentamte Einspruch erhoben werden. Der Einspruch muß schriftlich erfolgen und mit Gründen versehen sein. Er kann nur auf die Behauptung, daß die Erfindung nicht neu sei oder daß die Voraussetzung des §. 3 Absatz 2 vorliege, gestützt werden.

Vor der Beschlußfassung kann das Patentamt die Ladung und Anhörung der Betheiligten, sowie die Begutachtung des Antrages durch geeignete, in einem Zweige der Technik sachverständige Personen und sonstige zur Aufklärung der Sache erforderliche Ermittelungen anordnen.

§. 25.

Gegen den Beschluß, durch welchen die Anmeldung zurückgewiesen wird, kann der Patentsucher, und gegen den Beschluß, durch welchen über die Ertheilung des Patentes entschieden wird, der Patentsucher oder der Einsprechende binnen vier Wochen nach der Zustellung Beschwerde einlegen. Mit der Einlegung der Beschwerde sind für die Kosten des Beschwerdeverfahrens 20 Mark zu zahlen; erfolgt die Zahlung nicht, so gilt die Beschwerde als nicht erhoben.

Auf das Verfahren findet §. 24 Absatz 2 Anwendung.

§. 26.

Ist die Ertheilung des Patentes endgültig beschlossen, so erläßt das Patentamt darüber durch den Reichsanzeiger eine Bekanntmachung und fertigt demnächst für den Patentinhaber eine Urkunde aus.

Wird das Patent versagt, so ist dies ebenfalls bekannt zu machen. Mit der Versagung gelten die Wirkungen des einstweiligen Schutzes als nicht eingetreten.

§. 27.

Die Einleitung des Verfahrens wegen Erklärung der Nichtigkeit oder wegen Zurücknahme des Patentes erfolgt nur auf Antrag. Im Falle des §. 10 Nr. 2 ist nur der Verletzte zu dem Antrage berechtigt. Der Antrag ist schriftlich an das Patentamt zu richten und hat die Thatsachen anzugeben, auf welche er gestützt wird.

§. 28.

Nachdem die Einleitung des Verfahrens verfügt ist, fordert das Patentamt den Patentinhaber unter Mittheilung des Antrages auf, sich über denselben binnen vier Wochen zu erklären.

Erklärt der Patentinhaber binnen der Frist sich nicht, so kann ohne Ladung und Anhörung der Betheiligten sofort nach dem Antrage entschieden und bei dieser Entscheidung jede von dem Antragsteller behauptete Thatsache für erwiesen angenommen werden.

§. 29.

Widerspricht der Patentinhaber rechtzeitig, oder wird im Falle des §. 28 Absatz 2 nicht sofort nach dem Antrage entschieden, so trifft das Patentamt, und zwar im ersteren Falle unter Mittheilung des Widerspruchs an den Antragsteller, die zur Aufklärung der Sache erforderlichen Verfügungen. Es kann die Vernehmung von Zeugen und Sachverständigen anordnen. Auf dieselben finden die Vorschriften der Civilprozeßordnung entsprechende Anwendung. Die Beweisverhandlungen sind unter Zuziehung eines beeidigten Protokollführers aufzunehmen.

Die Entscheidung erfolgt nach Ladung und Anhörung der Betheiligten.

Wird die Zurücknahme des Patentes auf Grund des §. 11 Nr. 2 beantragt, so muß der diesem Antrage entsprechenden Entscheidung eine Androhung der Zurücknahme unter Angabe von Gründen und unter Festsetzung einer angemessenen Frist vorausgehen.

§. 30.

In der Entscheidung (§§. 28, 29) hat das Patentamt nach freiem Ermessen zu bestimmen, zu welchem Antheile die Kosten des Verfahrens den Betheiligten zur Last fallen.

§. 31.

Die Gerichte sind verpflichtet, dem Patentamte Rechtshülfe zu leisten. Die Festsetzung einer Strafe gegen Zeugen und Sachverständige, welche nicht erscheinen oder ihre Aussage oder deren Beeidigung verweigern, sowie die Vorführung eines nicht erschienenen Zeugen, erfolgt auf Ersuchen durch die Gerichte.

§. 32.

Gegen die Entscheidungen des Patentamtes (§§. 28, 29) ist die Berufung zulässig. Die Berufung geht an das Reichs-Oberhandelsgericht.*) Sie ist binnen sechs Wochen nach der Zustellung bei dem Patentamte schriftlich anzumelden und zu begründen.

Durch das Urtheil des Gerichtshofes ist nach Maßgabe des §. 30 auch über die Kosten des Verfahrens zu bestimmen.

Im Uebrigen wird das Verfahren vor dem Gerichtshofe durch ein Regulativ bestimmt, welches von dem Gerichtshofe zu entwerfen ist und durch Kaiserliche Verordnung und Zustimmung des Bundesraths festgestellt wird.

§. 33.

In Betreff der Geschäftssprache vor dem Patentamte finden die Bestimmungen des Gerichtsverfassungsgesetzes über die Gerichtssprache entsprechende Anwendung. Eingaben, welche nicht in deutscher Sprache abgefaßt sind, werden nicht berücksichtigt.

Vierter Abschnitt.

Strafen und Entschädigung.

§. 34.

Wer wissentlich den Bestimmungen der §§. 4 und 5 zuwider eine Erfindung in Benutzung nimmt, wird mit Geldstrafe bis zu

*) Vgl. Gerichtsverfassungsgesetz vom 27. Januar 1877 R.G.Bl. S. 41.

fünftausend Mark oder mit Gefängniß bis zu Einem Jahre bestraft und ist dem Verletzten zur Entschädigung verpflichtet.

Die Strafverfolgung tritt nur auf Antrag ein.

§. 35.

Erfolgt die Verurtheilung im Strafverfahren, so ist dem Verletzten die Befugniß zuzusprechen, die Verurtheilung auf Kosten des Verurtheilten öffentlich bekannt zu machen. Die Art der Bekanntmachung, sowie die Frist zu derselben ist im Urtheil zu bestimmen.

§. 36.

Statt jeder aus diesem Gesetze entspringenden Entschädigung kann auf Verlangen des Beschädigten neben der Strafe auf eine an ihn zu erlegende Buße bis zum Betrage von zehntausend Mark erkannt werden. Für diese Buße haften die zu derselben Verurtheilten als Gesammtschuldner.

Eine erkannte Buße schließt die Geltendmachung eines weiteren Entschädigungsanspruchs aus.

§. 37.

Die im §. 12 des Gesetzes, betreffend die Errichtung eines obersten Gerichtshofes für Handelssachen, vom 12. Juni 1869 geregelte Zuständigkeit des Reichs-Oberhandelsgerichts wird auf diejenigen bürgerlichen Rechtsstreitigkeiten ausgedehnt, in welchen durch die Klage ein Anspruch auf Grund der Bestimmungen dieses Gesetzes geltend gemacht wird.*)

§. 38.

Die Klagen wegen Verletzung des Patentrechts verjähren rücksichtlich jeder einzelnen dieselbe begründenden Handlung in drei Jahren.

§. 39.

Darüber, ob ein Schaden entstanden ist und wie hoch sich derselbe beläuft, entscheidet das Gericht unter Würdigung aller Umstände nach freier Ueberzeugung.

§. 40.

Mit Geldstrafe bis zu einhundertfünfzig Mark oder mit Haft wird bestraft:

---

*) Vgl. die Note zu §. 32.

1. wer Gegenstände oder deren Verpackung mit einer Bezeichnung versieht, welche geeignet ist, den Irrthum zu erregen, daß die Gegenstände durch ein Patent nach Maßgabe dieses Gesetzes geschützt seien;
2. wer in öffentlichen Anzeigen, auf Aushängeschildern, auf Empfehlungskarten oder in ähnlichen Kundgebungen eine Bezeichnung anwendet, welche geeignet ist, den Irrthum zu erregen, daß die darin erwähnten Gegenstände durch ein Patent nach Maßgabe dieses Gesetzes geschützt seien.

Fünfter Abschnitt.

Uebergangsbestimmungen.

§. 41.

Die auf Grund landesgesetzlicher Bestimmungen zur Zeit bestehenden Patente bleiben nach Maßgabe dieser Bestimmungen bis zu ihrem Ablaufe in Kraft; eine Verlängerung ihrer Dauer ist unzulässig.

§. 42.

Der Inhaber eines bestehenden Patentes (§. 41) kann für die dadurch geschützte Erfindung die Ertheilung eines Patentes nach Maßgabe dieses Gesetzes beanspruchen. Die Prüfung der Erfindung unterliegt dann dem durch dieses Gesetz vorgeschriebenen Verfahren. Die Ertheilung des Patentes ist zu versagen, wenn vor der Beschlußfassung über die Ertheilung der Inhaber eines anderen, für dieselbe Erfindung bestehenden Patentes (§. 41) die Ertheilung des Patentes beansprucht oder gegen die Ertheilung Einspruch erhebt. Wegen mangelnder Neuheit ist die Ertheilung des Patentes nur dann zu versagen, wenn die Erfindung zur Zeit, als sie im Inlande zuerst einen Schutz erlangte, im Sinne des §. 2 nicht mehr neu war.

Mit der Ertheilung eines Patentes nach Maßgabe dieses Gesetzes erlöschen die für dieselbe Erfindung bestehenden Patente (§. 41), soweit der Inhaber des neuen Patentes deren Inhaber ist. Soweit dieses nicht der Fall ist, treten die gesetzlichen Wirkungen des neuen Patentes in dem Geltungsbereiche der bestehenden Patente erst mit dem Ablaufe der letzteren ein.

§. 43.

Auf die gesetzliche Dauer eines nach Maßgabe des §. 42 ertheilten Patentes wird die Zeit in Anrechnung gebracht, während deren die Erfindung nach dem ältesten der bestehenden Patente im Inlande bereits geschützt gewesen ist. Der Patentinhaber ist für die noch übrige Dauer des Patentes zur Zahlung der gesetzlichen Gebühren (§. 8) verpflichtet; der Fälligkeitstag und der Jahresbetrag der Gebühren wird nach dem Zeitpunkte bestimmt, mit welchem die Erfindung im Inlande zuerst einen Schutz erlangt hat.

§. 44.

Durch die Ertheilung eines Patentes nach Maßgabe des §. 42 werden diejenigen, welche die Erfindung zur Zeit der Anmeldung derselben ohne Verletzung eines Patentrechts bereits in Benutzung genommen oder die zur Benutzung erforderlichen Veranstaltungen getroffen hatten, in dieser Benutzung nicht beschränkt.

§. 45.

Dieses Gesetz tritt mit dem 1. Juli 1877 in Kraft.

6a.

Verordnung, betreffend die Einrichtung, das Verfahren und den Geschäftsgang des Patentamts. Vom 18. Juni 1877.

(R.G.Bl. S. 533.)

§. 1.

Das Patentamt besteht aus sieben Abtheilungen.

Zuständig sind:

die Abtheilungen I und II für die Beschlußfassung über Patentgesuche ausschließlich aus dem Gebiete der mechanischen Technik;

die Abtheilungen III und IV für die Beschlußfassung über Patentgesuche ausschließlich aus dem Gebiete der chemischen Technik;

die Abtheilungen V und VI für die Beschlußfassung über solche Patentgesuche, welche das Gebiet der chemischen und der mechanischen Technik zugleich berühren, sowie über alle sonstigen Patentgesuche;

die Abtheilung VII für die Beschlußfassung und Entscheidung in dem Verfahren wegen Erklärung der Nichtigkeit und wegen Zurücknahme ertheilter Patente.

§. 2.

Für Beschwerden gegen den Beschluß einer Abtheilung in dem Verfahren wegen Ertheilung eines Patentes ist diejenige Abtheilung zuständig, welche neben der ersteren nach §. 1 über Patentgesuche aus demselben Gebiete der Technik zu beschließen hat. Der Vorsitzende des Patentamts kann jedoch im einzelnen Falle bestimmen, daß außer der hiernach zuständigen Abtheilung eine oder mehrere andere Abtheilungen bei der Beschlußfassung über die Beschwerde mitwirken sollen.

Für Beschwerden in dem Verfahren wegen Erklärung der Nichtigkeit oder wegen Zurücknahme eines Patentes sind diejenigen beiden Abtheilungen gemeinsam zuständig, welche nach §. 1 über Patentgesuche zu beschließen haben, die demselben Gebiete der Technik, wie das angefochtene Patent, angehören.

§. 3.

Die näheren Bestimmungen über die Vertheilung der Geschäfte an die einzelnen Abtheilungen hat der Vorsitzende des Patentamts zu treffen. Für Anträge oder Gesuche, welche die Ertheilung, die Erklärung der Nichtigkeit oder die Zurücknahme eines Patentes nicht betreffen, kann er in jedem einzelnen Falle die Zuständigkeit beistimmen.

§. 4.

An den Verhandlungen einer Abtheilung können nur solche Mitglieder theilnehmen, welche der Abtheilung angehören.

Den Abtheilungen I und II müssen mindestens je 5, den Abtheilungen III und IV mindestens je 3, den Abtheilungen V und VI mindestens je 4 und der Abtheilung VII mindestens 6 nicht ständige Mitglieder angehören. Von den Mitgliedern der Abtheilung V und der Abtheilung VI muß mindestens je eins aus jeder der ersten vier Abtheilungen, von den Mitgliedern der Abtheilung VII muß mindestens je eins aus jeder der ersten sechs Abtheilungen entnommen sein.

Jeder Abtheilung muß mindestens ein ständiges Mitglied, der Abtheilung VII außerdem der Vorsitzende des Patentamts angehören.

§. 5.

Die Abtheilungen werden durch eine Verfügung des Vorsitzenden des Patentamts, welche die Mitglieder einer jeden Abtheilung bezeichnet, auf die Dauer eines Jahres oder für einen längeren Zeitraum gebildet.

Bei Ablauf der Zeit, für welche die Abtheilungen gebildet waren, erläßt der Vorsitzende des Patentamts eine neue Verfügung, welche die Abtheilungen abermals im voraus auf mindestens ein Jahr bildet. Hierbei kann die Zusammensetzung der Abtheilungen unverändert bleiben. Im Falle des Todes, der Erkrankung oder der längeren Abwesenheit eines Mitgliedes können in die davon betroffene Abtheilung, soweit und so lange das Bedürfniß dieses erfordert, durch Verfügung des Vorsitzenden Mitglieder anderer Abtheilungen zur Aushülfe berufen werden.

§. 6.

Die Geschäftsleitung in den Abtheilungen führt das von dem Vorsitzenden des Patentamts hierzu bestimmte Mitglied. In der Abtheilung VII führt sie der Vorsitzende des Patentamts selbst. Bei Beschwerden gegen Beschlüsse einer der ersten sechs Abtheilungen steht die Geschäftsleitung dem Vorsitzenden des Patentamts zu; welchem der ständigen Mitglieder bei Beschwerden gegen Beschlüsse der Abtheilung VII die Geschäftsleitung zustehen soll, bestimmt der Vorsitzende des Patentamts zum voraus für die in §. 5 bezeichnete Zeit.

Ueber die Vertretung im Vorsitz, sowie über die Vertretung in der Geschäftsleitung der Abtheilungen hat der Vorsitzende des Patentamts Bestimmung zu treffen.

§. 7.

In den Abtheilungen liegt es dem geschäftsleitenden Mitgliede ob, die für den Fortgang der Sachen erforderlichen Verfügungen, soweit dadurch der Entscheidung nicht vorgegriffen wird, zu treffen. Insbesondere hat das geschäftsleitende Mitglied für jede Sache den Berichterstatter zu bezeichnen, welchem allein oder unter Mitwirkung eines zweiten Mitgliedes die Prüfung der Sache zunächst zufallen soll. Der Berichterstatter hat den mündlichen Vortrag in den Sitzungen zu halten, sowie alle Beschlüsse und Entscheidungen in der für die Zufertigung an die Betheiligten geeigneten Form schriftlich zu entwerfen. Das geschäftsleitende Mitglied ist befugt, Aenderungen in der Fassung, soweit ihm solche nothwendig erscheinen, vorzunehmen.

Ueber die Zuziehung von Sachverständigen (Patentgesetz §. 14 Absatz 5) beschließen die Abtheilungen.

§. 8.

Die Beschlußfassung der Abtheilungen kann nur auf Grund mündlichen Vortrags in der Sitzung erfolgen:

1. wenn es sich um einen Beschluß nach Maßgabe des §. 25 des Gesetzes handelt;
2. wenn es sich im Falle des §. 29 Absatz 3 des Gesetzes um die Androhung der Zurücknahme eines Patentes handelt;
3. wenn es sich um die Entscheidung über die Erklärung der Nichtigkeit oder die Zurücknahme eines Patentes handelt.

§. 9.

Die Beschlüsse und Entscheidungen der Abtheilungen erfolgen nach Stimmenmehrheit. Bei Stimmengleichheit entscheidet die Stimme des geschäftsleitenden Mitgliedes. Ist dem Beschluß oder der Entscheidung eine Anhörung der Betheiligten (Patentgesetz §. 24 Absatz 2, §. 25 Absatz 2, §. 29 Absatz 2) vorhergegangen, so kann ein Mitglied, welches bei derselben nicht zugegen gewesen ist, an der Abstimmung nicht theilnehmen.

§. 10.

Dem Vorsitzenden des Patentamts liegt es ob, auf eine gleichmäßige Behandlung der Geschäfte und auf die Beobachtung gleicher Grundsätze hinzuwirken. Zu diesem Behufe ist er befugt, den Berathungen aller Abtheilungen beizuwohnen, auch sämmtliche Mitglieder zu Plenarversammlungen zu vereinigen und die Berathung des Plenums über die von ihm vorgelegten Fragen herbeizuführen.

§. 11.

Die Sitzungen der Abtheilungen finden der Regel nach an

bestimmten Tagen und zu bestimmten Stunden statt. Die Verfügung darüber steht dem Vorsitzenden des Patentamts zu.

§. 12.

Zeugen und Sachverständige erhalten nach den am Ort ihres Wohnsitzes für bürgerliche Rechtsstreitigkeiten maßgebenden Bestimmungen eine Entschädigung für Zeitversäumniß und Erstattung der ihnen verursachten Kosten, Sachverständige außerdem eine Vergütung ihrer Mühwaltung.

§. 13.

Zu den Kosten des Verfahrens, über welche das Patentamt nach §. 30 des Gesetzes zu bestimmen hat, gehören außer den aus der Kasse des Patentamts bestrittenen Auslagen diejenigen den Betheiligten erwachsenen Kosten, welche nach freiem Ermessen des Patentamts zur zweckentsprechenden Wahrung der Ansprüche und Rechte nothwendig waren.

§. 14.

Die Einrichtung des Büreaus, die Verwaltung der Kasse, der Bibliothek und der Sammlungen werden durch den Vorsitzenden des Patentamts geordnet. Der Vorsitzende erläßt die für die Beamten erforderlichen Geschäftsanweisungen.

§. 15.

Die Leitung und Beaufsichtigung des gesammten Geschäftsbetriebes steht dem Vorsitzenden des Patentamts zu. Er ist der Dienstvorgesetzte der Subaltern- und Unterbeamten. Er verfügt in allen Verwaltungsangelegenheiten.

§. 16.

Geschäftssachen, welche während der Dienststunden der Büreaus eingehen, sind alsbald, andere Geschäftssachen bei dem Wiederbeginn der Dienststunden von dem dazu bestimmten Beamten nach der Reihe des Eingangs oder, wenn diese nicht feststeht, nach der Reihe, in welcher sie von dem Beamten übernommen werden, mit einer laufenden Nummer und dem Datum zu versehen.

§. 17.

Schriftstücke, in welchen die Ertheilung eines Patentes nachgesucht wird, oder welche auf ein bereits eingeleitetes Verfahren wegen Ertheilung eines Patentes Bezug haben, gehen unmittelbar an die für die Erledigung zuständige Abtheilung. Wird in Bezug auf die Zuständigkeit Anstand erhoben, so ist die Bestimmung des Vorsitzenden des Patentamts einzuholen. Alle übrigen Schriftstücke werden dem letzteren vorgelegt.

§. 18.

Das Patentamt kann nach seinem Ermessen von den bei ihm beruhenden Eingaben und Verhandlungen, soweit deren Einsichtnahme gesetzlich nicht beschränkt ist, auf Antrag an jedermann Abschriften und Auszüge gegen Einzahlung der Kosten ertheilen.

§. 19.

Die Ausfertigungen der Beschlüsse der Abtheilungen erhalten die Unterschrift: „Kaiserliches Patentamt, Abtheilung ...". Diejenigen Beschlüsse jedoch, welche die Abtheilungen als Beschwerdeinstanzen fassen (§. 2), sowie alle Entscheidungen des Patentamts erhalten in der Ausfertigung nur die Unterschrift: „Kaiserliches Patentamt". Die Ausfertigungen werden von dem geschäftsleitenden Mitgliede vollzogen. Vorladungs- und Zustellungsschreiben, sowie die Ausfertigungen der Patenturkunden werden nicht vollzogen, sondern nur beglaubigt. Die Beglaubigung von Schriftstücken geschieht unter der Unterschrift des von dem Vorsitzenden des Patentamts dazu bestimmten Beamten und unter Beifügung des Siegels des Patentamts.

§. 20.

Das Siegel des Patentamts enthält in der Mitte den Reichsadler und in der Umschrift die Worte: „Kaiserliches Patentamt".

6b.

Verordnung, betreffend das Berufungsverfahren beim Reichs-Oberhandelsgericht in Patentsachen. Vom 1. Mai 1878.

(R.G.Bl. S. 90.)

§. 1.

Die in Gemäßheit des §. 32 Absatz 1 des Patentgesetzes vom 25. Mai 1877 bei dem Patentamt einzureichende Berufungsschrift muß die Berufungsanträge, sowie die Angabe der neuen

Thatsachen und Beweismittel enthalten, welche der Berufungskläger geltend machen will.

§. 2.

Ist die Berufungsschrift nicht rechtzeitig eingegangen oder nicht in deutscher Sprache abgefaßt oder enthält sie nicht die Berufungsanträge, so hat das Patentamt die Berufung als unzulässig zu verwerfen.

Der Berufungskläger kann binnen einer Woche nach Zustellung dieses Beschlusses auf die Entscheidung des Reichs-Oberhandelsgerichts*) antragen.

§. 3.

Ist die Berufung zulässig, so wird die Berufungsschrift von dem Patentamt dem Berufungsbeklagten mit der Auflage mitgetheilt, seine schriftliche Erklärung binnen vier Wochen nach der Zustellung bei dem Patentamt einzureichen.

Die Erklärung muß die Gegenanträge sowie die Angabe der neuen Thatsachen und Beweismittel enthalten, welche der Berufungsbeklagte geltend machen will.

§. 4.

Das Patentamt legt die Verhandlungen nebst den Akten erster Instanz dem Reichs-Oberhandelsgericht**) vor und benachrichtigt hiervon die Parteien, unter Mittheilung der Gegenerklärung an den Berufungskläger.

§. 5.

Das Reichs-Oberhandelsgericht trifft nach freiem Ermessen die zur Aufklärung der Sache erforderlichen Verfügungen.

Beweiserhebungen finden, soweit die Umstände nicht ein anderes erfordern, durch Vermittelung des Patentamts statt.

§. 6.

Das Urtheil des Reichs-Oberhandelsgerichts ergeht nach Ladung und Anhörung der Parteien.

Die Ladungsfrist beträgt mindestens zwei Wochen.

§. 7.

Die Geltendmachung neuer Thatsachen und Beweismittel im Termin ist nur insoweit zulässig, als sie durch das Vor-

---

*) Vgl. das Gerichtsverfassungsgesetz v. 27. Januar 1877 R.G.Bl. S. 41.
**) Vgl. die Note zu §. 2.

bringen des Berufungsbeklagten in der Erklärungsschrift veranlaßt wird.

Das Gericht kann auch Thatsachen und Beweise berücksichtigen, mit welchen die Parteien ausgeschlossen sind.

Eine noch erforderliche Beweisaufnahme erfolgt nach der Bestimmung im §. 5.

§. 8.

Von einer Partei behauptete Thatsachen, über welche die Gegenpartei sich nicht erklärt hat, können für erwiesen angenommen werden.

Erscheint in dem Termin keine der Parteien, so ergeht das Urtheil auf Grund der Akten.

§. 9.

Das Reichs-Oberhandelsgericht kann zu der Berathung Sachverständige zuziehen; dieselben dürfen an der Abstimmung nicht Theil nehmen.

§. 10.

Zu den Kosten des Verfahrens, über welche das Reichs-Oberhandelsgericht*) nach §. 32 Absatz 2 des Patentgesetzes zu bestimmen hat, gehören außer den aus der Kasse des Patentamts zu bestreitenden Auslagen diejenigen den Parteien erwachsenen Auslagen, welche nach freiem Ermessen des Gerichtshofes zur zweckentsprechenden Wahrung der Ansprüche und Rechte nothwendig waren.

§. 11.

In dem Termin ist ein Protokoll aufzunehmen, welches den Gang der Verhandlung im Allgemeinen angiebt.

Das Protokoll ist von dem Vorsitzenden und dem Gerichtsschreiber zu unterschreiben.

§. 12.

Die Verkündung des Urtheils erfolgt in dem Termin, in welchem die Verhandlung geschlossen ist, oder in einem sofort anzuberaumenden Termin.

Wird die Verkündung der Entscheidundsgründe für angemessen erachtet, so erfolgt sie durch Vorlesung der Gründe oder durch mündliche Mittheilung des wesentlichen Inhalts.

---

*) Vgl. Gerichtsverfassungsgesetz vom 27. Januar 1877. R.G.Bl. S. 41.

Die Ausfertigung des mit Gründen zu versehenden Urtheils wird durch Vermittelung des Patentamts zugestellt.

§. 13.

Wird beantragt, daß in Abänderung der Entscheidung des Patentamts die Zurücknahme des Patents auf Grund des §. 11 Nr. 2 des Patentgesetzes ausgesprochen werde, so findet die Vorschrift des §. 29 Absatz 3 dieses Gesetzes entsprechende Anwendung.

§. 14.

Die zur Praxis bei dem Reichs-Oberhandelsgericht*) berechtigten Rechtsanwälte und Advokaten sind befugt, im Berufungsverfahren in Patentsachen die Vertretung zu übernehmen.

§. 15.

Im Uebrigen ist für das Berufungsverfahren in Patentsachen das den Geschäftsgang beim Reichs-Oberhandelsgericht normirende Regulativ maßgebend.

*) Wie vor.

II.

Die gesetzlichen Bestimmungen

betreffend

die Staats-Gewerbesteuer in Preußen.

A.

Die gesetzlichen Bestimmungen betreffend die Besteuerung der stehenden Gewerbe.

Gesetz wegen Entrichtung der Gewerbesteuer.

Vom 30. Mai 1820*).

(Ges.S. S. 147ff.)

§. 1.

Die Gewerbesteuer soll im ganzen Staate gleichförmig nach dem Inhalte des gegenwärtigen Gesetzes erhoben werden.

§. 2.

Gewerbesteuerpflichtigkeit überhaupt.

Gewerbesteuerpflichtig sind nur:

der Handel,
die Gastwirthschaft,
das Verfertigen von Waaren auf den Kauf,
der Betrieb von Handwerken mit mehreren Gehülfen,
der Betrieb von Mühlenwerken,
das Gewerbe der Schiffer, der Fracht- und Lohnfuhrleute, der Pferdeverleiher und diejenigen Gewerbe, die von umherziehenden Personen betrieben werden**).

---

*) Die betreffenden Steuergesetze umfassen das gesammte Preußische Staatsgebiet mit Ausschluß des Regierungsbezirks Sigmaringen. Dort gelten besondere Steuergesetze.

**) Der Grundbesitz und der Betrieb eines Gewerbes sowie das aus diesen Quellen herrührende Einkommen darf nur von demjenigen Bundes-

Nähere Bestimmungen: A. Für den Handel.

§. 3.

Die Gewerbesteuerpflichtigkeit vom Handel trifft

a) jedes Groß- oder Einzeln-Handels-, Kommissions-, Speditions-, Wechselbank-, Leih-, Assekuranz-, Fabrik- und Rhedereigeschäft. Auch die bei der Kaufmannschaft angestellten Mäkler und Handels-Agenten sind der Steuer unterworfen.

GESETZ

betreffend einige Abänderungen des Gesetzes wegen Entrichtung der Gewerbesteuer vom 30. Mai 1820.

Vom 19. Juli 1861.

(Ges.Samml. S. 697 ff.)

§. 1.

Die Veranlagung der Gewerbesteuer vom Handel erfolgt fortan in drei Steuerklassen: A I, A II und B.

§. 2.

1. Bei dieser Veranlagung (§ 1) ist von der mittleren Klasse — A II — auszugehen, in der Art, dass nur die umfangreicheren Geschäfte zur Klasse A I, dagegen die geringfügigen zur Klasse B nach Massgabe der nachstehend zu 2 und 3 ertheilten Bestimmungen ausgesondert werden.

2. Die erste Klasse — Klasse A I — umfasst diejenigen Fabrik- und Handels-Unternehmungen mit Einschluss der Kommissions-, Speditions-, Agentur-, Bank-, Geld-, Wechsel-, Versicherungs- und Rhederei-Geschäfte, sowie der auf Vermittelung von Handels- oder Geldgeschäften gerichteten Gewerbe, bei welchen theils nach der Höhe des dazu erforderlichen Anlage- und Betriebs-Kapitals, theils nach der Erheblichkeit ihres jährlichen Umsatzes auf einen Betrieb von bedeutendem Umfange zu schliessen ist.

1. Cabinetsordre vom 11. Juni 1826.
Schimmelpfennig S. 263.

Der Gewerbesteuer vom Handel (§. 3 des Ges. v. 30. Mai 1820) sind die Apotheker unterworfen, sie mögen sich auf den Verkauf von Arzeneimitteln beschränken oder daneben andre Waaren führen.

---

staate besteuert werden, in welchem der Grundbesitz liegt oder das Gewerbe betrieben wird.

§. 3 des Gesetzes wegen Beseitigung der Doppelbesteuerung vom 13. Mai 1870. B.G.Bl. S. 119.

2. Cabinetsordre vom 3. Mai 1828.
Schimmelpfennig S. 264.

Es kann keinen Zweifel finden, dass zu den Handelsgeschäften auch der Betrieb von Privat-Versicherungs-Gesellschaften und andrer auf einen Gewerbezweck gerichteten Privatvereine gerechnet werden muss.

Es ist hiernach gesetzlich begründet, dass die Privatversicherungs-Gesellschaften und andre, auf einen Gewerbezweck gerichtete, Privatvereine sowie deren Agenten*), wenn sie nicht schon eine Steuer von ihrem anderweiten Gewerbe entrichten, entweder nach §. 3 oder nach §. 5 des Ges. v. 30. Mai 1820 der Gewerbesteuer unterworfen sind.

3. Cabinetsordre vom 17. Dezember 1833.
(Ges.S. 1834 S. 5.)

Sämmtliche Hammerwerke sind, soweit dieses noch nicht geschehen ist, der Gewerbesteuer zu unterwerfen.

4. Gesetz die Bergwerksabgaben betreffend vom 20. Oktober 1862.
(Ges.S. S. 351.)
§. 5.

. . . .

Vom 1. Januar 1865 an unterliegt der Betrieb der Hüttenwerke ohne Unterschied der Steuer vom Handel nach dem Gesetze wegen Entrichtung der Gewerbesteuer vom 30. Mai 1820 und dem Gesetz vom 19. Juli 1861.

5. Gesetz betreffend die Aufhebung und Ablösung der auf den Betrieb des Abdeckereigewerbes bezüglichen Berechtigungen vom 17. Dezember 1872.
(Ges.S. S. 717.)
§. 3.

Das Abdeckkereigewerbe wird fortan überall zur Gewerbesteuer vom Handel herangezogen.

6. Cabinetsordre vom 10. Januar 1824.

3. Die Gewerbesteuer der Branntweinbrenner, wie sie durch das Ges. v. 30. Mai 1820 (Beilage B zu G) angeordnet ist, wird neben der Steuer von der inländischen Branntweinbereitung ferner nicht erhoben.

3. In der dritten Klasse — Klasse B — sind die Handelsgeschäfte der geringsten Art, mit Einschluss der nicht handwerksmässigen Anfertigung von Waaren auf den Kauf, zu ver-

*) Die Gewerbesteuerpflicht der Agenten der Versicherungs-Gesellschaften ist aufgehoben durch §. 2 des Ges. v. 5. Juni 1874. Vgl. S. 15.

anlagen, wie diejenigen der Höker, Trödler. Viktualien-. Obst- und Gemüsehändler und die diesen ähnlichen Gewerbe. Wird jedoch ein Gewerbe der zuletzt gedachten Art in einem für dasselbe ungewöhnlich erheblichen Umfange betrieben, so erfolgt dessen Veranlagung in einer der Klassen A.

Eine im Inlande belegene Fabrik, welche mit dem dazu gehörigen, örtlich von ihr getrennten Comtoir (Verkaufsstätte) dergestalt in Verbindung steht, dass der Verkauf ausschliesslich von dem Comtoir aus stattfindet, ist mit demselben zusammen nur als ein Geschäft, also nur einmal zu veranlagen, und zwar in demjenigen Rollenbezirk, in welchem sich das Comtoir (Verkaufsstätte) befindet.

§. 3.

Der Steuer vom Handel unterliegt ferner auch der Betrieb von

1. Leihbibliotheken und anderen Leihanstalten;
2. Badeanstalten.

Als steuerpflichtige Badeanstalten werden solche Badeeinrichtungen nicht angesehen, welche von Gastwirthen oder Zimmervermiethern den Miethern nebenbei mit überlassen werden.

§. 15.

Wer neben dem Handel ein Schank- oder Speisegewerbe betreibt, hat fortan für das letztere, auch wenn es nach Massgabe seines Umfanges mit einem geringeren Betrage als dem Mittelsatze zu belegen ist, eine besondere Gewerbesteuer als Schank- oder Speisewirth zu entrichten.

Von jedem Kleinhandel mit geistigen Getränken, welcher auf Grund einer besonderen Konzession als Nebengewerbe betrieben wird und nicht ausschliesslich auf den Handel mit Bier beschränkt ist, ist der für die Klasse B vorgeschriebene Mittelsatz besonders zu entrichten.

GESETZ

betreffend einige Abänderungen der Gesetze vom 30. Mai 1820 und 19. Juli 1861 wegen Entrichtung der Gewerbesteuer.

Vom 20. März 1872.

(Ges.S. S. 285 ff.)

§. 1.

Die Veranlagung der Gewerbesteuer für das Müllergewerbe erfolgt fortan nicht mehr nach den in der Beilage B zu dem Gesetze wegen Entrichtung der Gewerbesteuer vom 30. Mai 1820 unter J enthaltenen Vorschriften. Dagegen ist das Müllergewerbe bei einem Betriebe von bedeutendem Umfange mit der Gewerbesteuer vom Handel in der Klasse A I und bei einem Betriebe von mittlerem Umfange mit der Gewerbesteuer vom Handel in der Klasse A II unter den übrigen Fabrik- und Handelsunternehmungen zu veranlagen. Das Müllergewerbe, welches lediglich oder weit überwiegend gegen Lohn oder sonst in geringem Umfange betrieben wird, unterliegt der Gewerbesteuer vom Handwerk (Beilage B zum Gesetze vom 30. Mai 1820 unter H). Dasselbe ist gemeinschaftlich mit den übrigen Handwerken des Steuerbezirks zu veranlagen; die im §. 12 des Gesetzes vom 30. Mai 1820 dem Handwerke eingeräumte Steuerfreiheit findet jedoch auf das Müllergewerbe keine Anwendung.

Bei den Vorschriften der §§. 14 und 15 des Gesetzes vom 30. Mai 1820 behält es sein Bewenden.

GESETZ

betreffend einige Abänderungen der Vorschriften über die Besteuerung der Gewerbe der Bäcker, Fleischer, Brauer, der Agenten der Versicherungsgesellschaften, der Kleinhändler und des Gewerbebetriebes im Umherziehen

vom 5. Juni 1874.

(Ges. S. S. 219 ff.)

Die Veranlagung der Gewerbesteuer für das Bäcker-, das Fleischer- und das Brauereigewerbe erfolgt fortan nicht mehr nach den Vorschriften in der Beilage B zu dem Gesetze wegen Entrichtung der Gewerbesteuer vom 30. Mai 1820 unter D, E und F und im §. 17 des Gesetzes vom 19. Juli 1861. Dagegen sind die genannten Gewerbe mit der Gewerbesteuer vom Handel und zwar bei einem Betriebe in solchem Geschäftsumfange, welcher demjenigen der in demselben Gewerbesteuerbezirke in der Klasse A I veranlagten Handelsgeschäfte gleichsteht, in der Klasse A I, bei einem Betriebe von solchem Geschäftsumfange, welcher demjenigen der in demselben Gewerbesteuerbezirke in der Klasse A II veranlagten Handelsgeschäfte gleichsteht, in der Klasse A II und bei einem Betriebe von geringerem als dem vorerwähnten Umfange in der Klasse B unter den übrigen Fabrik- und Handelsgeschäften zu veranlagen.

Die Bäcker und Fleischer hören auf, selbständige Steuergesellschaften zu bilden; die entgegengesetzten Bestimmungen des §. 26 des Gesetzes vom 30. Mai 1820 fallen fort. Ferner werden die Vorschriften in §. 27 zu b dieses Gesetzes und unter 10 und 11 der Beilage B desselben aufgehoben. Dagegen behält es bei der Vorschrift im §. 11 des vorgedachten Gesetzes sein Bewenden.

Wo die Brauerei in einem gemeinschaftlichen Lokale betrieben wird, wird die Gewerbesteuer nur einmal nach dem Umfange des darin betriebenen Gewerbes aller Theilnehmer erhoben.

§. 4.

Die Steuer wird von jeder einzelnen Firma, von jedem einzelnen Komtoir, von jedem einzelnen Laden, ohne Rücksicht auf die Zahl der Theilnehmer erhoben.

§. 5.

b) Der Steuer vom Handel sind ferner unterworfen, die ein Gewerbe daraus machen, neue oder alte Sachen, Waaren und Erzeugnisse jeder Art zum Wiederverkauf anzukaufen, oder zum Verkauf in Auftrag zu übernehmen, als Lieferanten, Vieh- oder Pferdehändler, Aufkäufer, Krämer, Trödler, Höker und Viktualienhändler u. s. w.

Cabinetsordre vom 11. Juni 1826*).

Zu den nach §. 5 des Ges. v. 30. Mai 1820 der Steuer vom Handel unterliegenden Gewerbetreibenden gehören die Pfandleiher, (und die nicht bei der Kaufmannschaft angestellten) Mäkler, Agenten und Kommissionäre, die aus der Vermittelung und Unterhandlung nicht kaufmännischer Geschäfte ein Gewerbe machen.

§. 6.

Als Viktualienhändler zu besteuern ist auch:

aa) wer gewerbsweise Vieh von erkauftem Futter unterhält, um es zum Verkauf zu mästen, oder mit der Milch zu handeln;

bb) wer die Milch einer Heerde, das Obst eines Gartens, den Fischfang in Gewässern und ähnliche Nutzungen, abgesondert, zum Gewerbsbetriebe pachtet.

---

*) Der eingeklammerte Passus ist durch §. 2 Ges. v. 19. Juli 1861 in Wegfall gekommen.

§. 7.

Aufgehoben durch §. 33 des Gesetzes vom 3. Juli 1876.

§. 8.

Aufgehoben durch §. 33 des Gesetzes vom 3. Juli 1876.

Gesetz

betreffend die Besteuerung des Gewerbebetriebes im Umherziehen und einige Abänderungen des Gesetzes wegen Entrichtung der Gewerbesteuer vom 30. Mai 1820.

Vom 3. Juli 1876.

(Ges. S. S. 247 ff.)

§. 3.

In Betreff der Angehörigen ausserdeutscher Staaten, welche weder ihren Wohnsitz noch eine gewerbliche Niederlassung in einem deutschen Staate haben, treten, sofern nicht durch Verträge oder Vereinbarungen oder durch Anordnungen des Finanzministers anderweite Festsetzungen getroffen sind, nachstehende besondere Bestimmungen ein:

3. Aller Handel (Verkauf und Ankauf von Waaren und Suchen von Waarenbestellungen) der Ausländer auf Messen und Jahrmärkten bleibt von der Gewerbesteuer frei.

4. Desgleichen bleibt ihnen das Feilbieten von Verzehrungsgegenständen, welche zu den Gegenständen des Wochenmarktverkehrs gehören, und der Waarenankauf auf Wochenmärkten gewerbesteuerfrei gestattet.

§. 4.

Die in §. 2 aufgeführten,

(§. 2. Der Steuer vom Gewerbebetriebe im Umherziehen nicht unterworfen sind:

1. Kaufleute, Fabrikanten und andre Personen, welche ein stehendes Gewerbe betreiben, sowie die in deren Diensten stehenden Reisenden, welche ausserhalb des Ortes ihrer gewerblichen Niederlassung, beziehungsweise der gewerblichen Niederlassung ihrer Geschäftsherren,

a) Waarenbestellungen suchen, wenn sie von den Waaren, auf welche sie Bestellungen suchen, nur Proben oder Muster mit sich führen,

b) Waaren aufkaufen, wenn sie die aufgekauften Waaren nur behufs deren Beförderung nach dem Bestimmungsorte mit sich führen;

2. Diejenigen, welche ausschliesslich im Mess- und Marktverkehr die im §. 1 unter 1 bis 3*) bezeichneten Arten des Gewerbebetriebes ausüben;
3. Diejenigen, welche selbstgewonnene Waaren, hinsichtlich deren dies nach dem Landesgebrauch hergebracht ist, zu Wasser verfahren und vom Fahrzeuge aus feilbieten;
4. Gewerbetreibende, welche ausserhalb ihres Wohnortes bei öffentlichen Festen, Truppenzusammenziehungen und andern aussergewöhnlichen Gelegenheiten, Waaren, hinsichtlich deren dies von den zuständigen Behörden gestattet ist, feilbieten;
5. Gewerbetreibende, welche in nicht grösserer Entfernung als 15 Kilometer vom Wohnorte
   a) selbstverfertigte Waaren, welche zu den Gegenständen des *Wochenmarktverkehrs gehören, feilbieten,*
   b) gewerbliche Leistungen, hinsichtlich deren dies nach Landesgebrauch hergebracht ist, anbieten,
   c) das Musikgewerbe ausüben;
6. Gewerbetreibende, welche ausserhalb ihres Wohnorts, aber innerhalb des Gemeindebezirks und der etwa durch besondere Anordnung der Regierung dem Gemeindebezirk des Wohnortes in dieser Hinsicht gleichgestellten nächsten Umgebung desselben Waaren aufkaufen, Waaren oder Leistungen feilbieten oder Waarenbestellungen aufsuchen.)

sowie alle anderen der Steuer vom Gewerbebetriebe im Umherziehen nicht unterliegenden Arten der Ausübung des Gewerbebetriebes ausserhalb des Wohnortes und ohne Begründung einer gewerblichen Niederlassung werden hinsichtlich der Besteuerung der Preussischen und der einem anderen Deutschen Staate angehörigen Gewerbetreibenden, sowie derjenigen ausländischen Gewerbetreibenden (§. 3), welche ihren Wohnsitz oder eine gewerbliche Niederlassung in Deutschland haben. dem stehenden Gewerbebetriebe derselben zugerechnet.

---

*) Die bezügliche Bestimmung lautet:

§. 1.

Wer außerhalb seines Wohnortes, ohne Begründung einer gewerblichen Niederlassung und ohne vorgängige Bestellung in eigener Person
1. Waaren irgend einer Art mit Ausschluß der selbstgewonnenen Erzeugnisse der Land- und Forstwirthschaft, des Garten- und Obstbaues, der Jagd und des Fischfangs feilbieten,
2. Waaren irgend einer Art bei andern Personen, als bei Kaufleuten oder an andern Orten als in offenen Verkaufsstellen zum Wiederverkauf ankaufen,
3. Waarenbestellungen aufsuchen will,

Preussische Gewerbetreibende, welche die vorbezeichneten Arten des Gewerbebetriebes ausüben oder durch Stellvertreter ausüben lassen, ohne dasselbe Gewerbe als stehendes Gewerbe zu betreiben, sind verpflichtet, dieses Gewerbe vor dessen Beginn, sofern sie ihren Wohnsitz in Preussen haben, bei der Kommunalbehörde ihres Wohnortes — in Ermangelung eines solchen bei der Kommunalbehörde des Ortes, wo der Gewerbebetrieb begonnen werden soll, — anzumelden und unterliegen der Besteuerung vom stehenden Gewerbe in der entsprechenden Steuerklasse nach Massgabe der für dieselbe bestehenden Vorschriften.

Die gleiche Anmeldungsverpflichtung und Besteuerung trifft die einem andern Deutschen Staate angehörigen Gewerbetreibenden nur dann, wenn sie nicht dasselbe Gewerbe in einem andern Deutschen Staate als stehendes betreiben.

Ausländische Gewerbetreibende, welche ihren Wohnsitz oder eine gewerbliche Niederlassung in Deutschland haben (§. 3), werden in dieser Hinsicht den Gewerbetreibenden desjenigen Staates gleichgestellt, in welchem sie ihren Wohnsitz oder eine gewerbliche Niederlassung haben.

§. 5.

Wer ein der Steuer vom Gewerbebetriebe im Umherziehen unterworfenes Gewerbe nach Entrichtung dieser Steuer auch an seinem Wohnorte ohne Begründung einer gewerblichen Niederlassung vorübergehend ausübt, unterliegt dieserhalb nicht der Steuer vom stehenden Gewerbebetriebe.

B. Für die Gastwirthschaft.

§. 9.

a) Wer gewerbsweise ein offenes Lokal hält, um Personen mit oder ohne Kost für Bezahlung zu beherbergen, ist als Gastwirth steuerpflichtig.

b) Wer gewerbsweise möblirte Zimmer (chambres garnies) vermiethet, ist derselben Steuer unterworfen, jedoch nicht der, welcher bloße Schlafstellen hält.

Gesetz vom 19. Juli 1861.

§. 16.

Das gewerbsweise betriebene Vermiethen möblirter Zimmer unterliegt fortan der Gewerbesteuer nur dann, wenn von demselben Gewerbetreibenden drei oder mehrere heizbare Zimmer vermiethet werden.

In Bade- und Brunnenorten bleibt das Vermiethen von Zimmern an Badegäste gewerbesteuerfrei.

§. 10.

c) Wer gewerbsweise ein offenes Lokal hält, um zubereitete Speisen oder Getränke zum Genuß auf der Stelle oder außerhalb feilzubieten, ist als Speise- oder Schankwirth steuerpflichtig.

Durch Cabinetsordre vom 14. Mai 1828 ist es genehmigt, dass der Verkehr solcher Weinproduzenten, die ihren eigenen Gewinn an Most oder Wein im Polizeibezirke ihres Weingutes zum Genuss auf der Stelle während eines höchstens auf die Dauer zweier Herbstmonate beschränkten Zeitraums verkaufen, als Schankgewerbe nicht angesehen werden und der Gewerbesteuer nicht unterliegen soll.

C.R. d. M. d. I. u. d. F.M. v. 17. Juni 1828 (Schimmelpfennig S. 267).

d) Restaurateurs, Garköche, Zuckerbäcker, sogenannte Italiäner- und Schweizerladen, Pfefferküchler, Kaffeeschänker, Tabagisten u. dergl. sind hierunter begriffen.

e) Der Betrieb des Bäcker- und Schlächtergewerbes gehört nicht hierher, sondern ist als Fertigung der Waaren auf den Kauf zu besteuern.

C. Ausnahmen für das Verfertigen von Waaren auf den Kauf.

§. 11.*)

Landleute, die in den Städten auf offenem Markte an Markttagen Roggenbrod verkaufen, sind steuerfrei, insofern sie das Backen des Brodes nur als Nebengeschäft betreiben.

Gesetz vom 5. Juni 1874.

§. 2.

Der Finanzminister ist ermächtigt, solchen Gewerbetreibenden

*) Diese Vorschrift ist im §. 1 des Ges. v. 5. Juni 1874 aufrecht erhalten.

der Steuerklasse B, welche nur den niedrigsten Steuersatz dieser Klasse aufzubringen vermögen, den Betrieb des Gewerbes steuerfrei zu gestatten. In diesem Falle sind dieselben bei Berechnung der Gewerbesteuer der Klasse B des Steuerbezirks mit Mittelsätzen nicht in Ansatz zu bringen.

Das Gewerbe der Agenten der Versicherungsgesellschaften ist von der Steuer für das stehende Gewerbe befreit.

D. Ausnahmen für die Handwerke.

§. 12.

Gewerbesteuerfrei sind:

a) Handwerker, die in der Regel nur um Lohn oder nur auf Bestellung arbeiten, ohne auch außer den Jahrmärkten ein offenes Lager von fertigen Waaren zu halten, so lange sie das Gewerbe nur für ihre Person oder nur mit einem erwachsenen Gehülfen und mit einem Lehrlinge betreiben. Die Hülfe weiblicher Hausgenossen und eigener Kinder unter 15 Jahren bleibt unberücksichtigt.

§. 13.

b) aufgehoben durch §. 18 des Gesetzes vom 19. Juli 1861.

Gesetz vom 19. Juli 1861.

§. 18.

Weberei und Wirkerei wird nicht mit der Gewerbesteuer belegt, sofern dieselbe auf nicht mehr als vier Stühlen betrieben wird.

§. 21.

Der Finanzminister ist ermächtigt, in nachstehend bezeichneten Fällen Steuererleichterungen zu bewilligen:

1. aufgehoben durch §. 1 des Gesetzes vom 5. Juni 1874.
2. Solchen Handwerkern, welche der Natur ihres Gewerbes nach dasselbe in lohnender Weise nicht wohl betreiben können, ohne auch ausser den Jahrmärkten ein offenes Lager von fertigen Waaren zu halten oder die Wochenmärkte ihres Wohnortes zu beziehen, als Holzdrechslern, Seilern, Töpfern u. s. w. kann der Betrieb des Gewerbes steuerfrei gestattet werden, so lange der Waarenvorrath nicht von erheblichem Umfange ist nnd diese Handwerker das Gewerbe nur für

ihre Person oder mit einem erwachsenen Gehülfen und mit einem Lehrlinge betreiben.

§. 22.

Insoweit nicht in dem gegenwärtigen Gesetze etwas Anderes bestimmt ist, bleibt das Gesetz wegen Entrichtung der Gewerbesteuer vom 30. Mai 1820 nebst den dasselbe erläuternden, ergänzenden und abändernden Bestimmungen in Kraft.

Dagegen werden alle den Vorschriften des gegenwärtigen Gesetzes entgegenstehenden Bestimmungen, insbesondere das Gesetz betreffend die von Aktien- und ähnlichen Gesellschaften zu entrichtende Gewerbesteuer vom 18. November 1857 aufgehoben.

Das Gesetz über die Verjährungsfristen bei öffentlichen Abgaben vom 18. Juni 1840 findet auch auf die nach dem gegenwärtigen Gesetze zu entrichtende Steuer Anwendung.

§. 23.

Das gegenwärtige Gesetz, zu dessen Ausführung der Finanzminister das Erforderliche anzuordnen hat, kommt zuerst bei der Veranlagung der Gewerbesteuer für das Jahr 1862 in Anwendung.

Gesetz vom 20. März 1872.

§. 2.

Solche Handwerker, welchen auf Grund des §. 21 unter 2 des Gesetzes vom 19. Juli 1861 der Betrieb des Gewerbes steuerfrei gestattet ist, sind bei Berechnung der Handwerkssteuer des Steuerbezirks mit Mittelsätzen nicht in Ansatz zu bringen.

E. Ausnahmen für die Mühlen.

§. 14.*)

a) Mühlenwerke, die blos für den eigenen Verbrauch des Besitzers arbeiten, oder

b) nur zur Ent- oder Bewässerung der Ländereien bestimmt sind, unterliegen der Gewerbesteuer nicht.

---

*) Diese Vorschrift ist im §. 1 des Ges. vom 20. März 1872 aufrecht erhalten.

§. 15.*)

c) Hammer-, Bohr-, Schleif-, Polir-, Papier-, Loh- und Walkmühlen, Maschinen zum Bergbau, zum Hütten- und Salinenwesen, sowie überhaupt durch Elementar- oder thierische Kräfte getriebene Maschinen, die zur Bearbeitung der Fabrikmaterialien, zur Spinnerei, Weberei, Appretur dienen, werden nicht mit der Mühlen-, sondern entweder mit der Handels- oder mit der Handwerks-Gewerbesteuer betroffen, und auch dieses nur insofern, als sie selbständig betrieben werden, und nicht zu einer schon außerdem gewerbesteuerpflichtigen Fabrikanstalt oder Sozietät gehören.

F. Ausnahmen für das Fracht- und Lohnfuhr-Gewerbe und für Pferdeverleiher.

§. 16.

a) Landwirthe, die mit ihrem Wirthschaftsgespann gelegentlich auch Frachtfuhren verrichten, sind der Gewerbesteuer als Fuhrleute nicht unterworfen.

b) Fuhrleute und Pferdeverleiher, die ihr Gewerbe nur mit einem Pferde betreiben, sind frei.

G. Ausnahmen für die Schifffahrt.

§. 17.

Das Schiffergewerbe mit Stromschiffen und Lichterfahrzeugen unter und bis zu drei Lasten Tragbarkeit einschließlich ist gewerbesteuerfrei.

Gesetz vom 19. Juli 1861.

§. 19. Flussfahrzeuge, welche durch Dampfschiffe fortbewegt werden, stehen hinsichtlich der Besteuerung den Segelschiffen gleich.

H. Allgemeine Ausnahmen wegen doppelten Gewerbebetriebs.

§. 18.

Wenn mehrere Gewerbe absichtlich mit einander in Verbindung gesetzt sind, und an demselben Orte von einer Person

*) Diese Vorschrift ist im §. 1 des Ges. v. 20. März 1872 aufrecht erhalten.

betrieben werden, soll die Gewerbesteuer nur einmal nach dem gemeinschaftlichen Umfange derselben erhoben werden. Der zufällige Betrieb verschiedenartiger Gewerbe durch eine Person ist einer solchen gewerblichen Verbindung nicht gleich zu achten.

Berechtigung zum Gewerbe. Anzeige.

§. 19.

a) Wer ein Gewerbe betreiben will, es mag steuerfrei oder pflichtig sein, muß der Kommunalbehörde des Orts Anzeige davon machen.

b) Zur Anzeige an diese Behörde ist auch derjenige verbunden, der sein bisheriges Gewerbe im Orte zu treiben aufhört.

§§. 20, 21, 22, 23, 24.

Aufgehoben durch §. 33 des Gesetzes betreffend die Besteuerung des Gewerbebetriebes im Umherziehen und einige Abänderungen des Gesetzes wegen Entrichtung der Gewerbesteuer vom 30. Mai 1820. Vom 3. Juli 1876.

Sätze der Gewerbesteuer und Regeln der Erhebung.

§. 25.

Die Sätze der Gewerbesteuer und die Regeln, nach welchen sie ausgemittelt, vertheilt und eingezogen werden sollen, weiset die Anlage B. nach.

Mitwirkung der Gewerbetreibenden bei der Vertheilung der Steuern.

§. 26.

Da es zur Erleichterung der Gewerbe angemessen ist, daß den Steuerpflichtigen selbst bei der Vertheilung der Steuer so viel möglich eine Einwirkung gestattet werde, so setzen Wir fest, daß

1. die Gewerbetreibenden vom Handel,

Gesetz vom 19. Juli 1861.

§. 4.

Die zur Klasse A I gehörigen Steuerpflichtigen bilden Steuer gesellschaften, deren Steuerbezirk in der Regel den ganzen Regierungsbezirk umfasst.

Die Stadt Berlin bildet einen Steuerbezirk für sich.

§. 5.

Die Steuerbezirke der Klasse A I zerfallen je nach der Zahl und der Bedeutung der in denselben vorhandenen Unternehmungen und Geschäfte der im §. 2 zu 2 bezeichneten Art in zwei Abtheilungen.

Zur ersten Abtheilung gehören die Regierungsbezirke Aachen, Arnsberg, Breslau, Cöln, Danzig, Düsseldorf, Königsberg, Liegnitz, Magdeburg, Merseburg, Oppeln*), Potsdam, Stettin, *Wiesbaden* und die Stadt Berlin, die *Provinz Hannover, der Bezirk der ehemaligen Regierung zu Kiel zur Zeit des Erlasses der Allerhöchsten Verordnung vom 28 April* 1867; zur zweiten Abtheilung die übrigen Regierungsbezirke**).

§. 6.

Wenn in Beziehung auf Handel und Fabrikation wesentliche Verschiedenheiten zwischen grösseren Theilen eines Regierungsbezirks obwalten, so kann derselbe durch Königliche Verordnung hinsichtlich der Klasse A I in zwei oder mehrere Steuerbezirke (§. 4) zerlegt werden, welche nicht nothwendig derselben Abtheilung (§. 5) zuzuweisen sind.

Treten wesentliche Veränderungen in den gewerblichen Verhältnissen einzelner Steuerbezirke ein, so kann deren Versetzung in eine andere Abtheilung durch Königliche Verordnung bestimmt werden.

. . . . .

§. 7.

Die Besteuerung findet in den drei Handelsklassen nach Mittelsätzen statt.

§. 11.

Die Gewerbetreibenden der Klasse A II bilden eine Steuergesellschaft.

Die bei der jährlichen Einschätzung zum Grunde zu legende namentliche Nachweisung der in Klasse A II zu besteuernden Gewerbetreibenden wird nach Anhörung der Abgeordneten der Steuergesellschaft

*) Durch Verordnung vom 30. August 1875 (Ges.Sammlung S. 569).

**) Bezüglich der neu erworbenen Landestheile ist diese Regelung durch die Verordnungen vom 28. April und 11. Mai 1867 (Ges.S. S. 533 ff.) erfolgt.

aufgestellt. Ist hierbei von dem Ausspruche der Mehrheit der Abgeordneten der Steuergesellschaft abgewichen, so steht denselben die Berufung an die Bezirksregierung binnen zehntägiger präklusivischer Frist offen.

2. die Gast-, Speise- und Schankwirthe,

3. }
4. } aufgehoben durch das Gesetz vom 5. Juni 1874,

und zwar jedes Gewerbe (Nr. 1, 2) unter sich eine Gesellschaft bilden, welcher ein Jeder beitreten muß, der das Gewerbe treibt.

a) In den drei ersten Abtheilungen der Städte, welche die Beilage B. enthält, bildet jedes dieser Gewerbe in jeder einzelnen Stadt eine solche Gesellschaft.

b) In der vierten Abtheilung vereinigen sich die Gewerbe des ganzen Kreises, um die Gesellschaften zu bilden.

Die Regierungen sind ermächtigt, auch bei den übrigen hier nicht benannten gewerbetreibenden Klassen dergleichen Gesellschaften zu bilden, wenn solches den örtlichen Verhältnissen nach ausführbar ist.

§. 27.

a) Diese Steuerverbindungen stehen in keiner Beziehung mit etwaigen Zunftrechten, in welcher Hinsicht weder da, und insoweit sie bestehen, durch gegenwärtiges Gesetz etwas abgeändert, noch da, wo sie abgeschafft worden, etwas hergestellt werden soll.

b) Aufgehoben durch das Gesetz vom 5. Juni 1874.

§. 28.

a) Den Gesellschaften (§. 26) liegt die Vertheilung der Steuer unter sich durch ihre Abgeordneten ob.

b) Zu dem Ende ernennen sie jährlich durch Stimmenmehrheit 7*) Abgeordnete.

Gesetz vom 19. Juli 1861.

§. 9.

1. Die Vertheilung der Steuer in der Klasse A I unter die Mitglieder der Steuergesellschaft (§. 4) wird durch Abgeordnete

---

*) Vgl. §. 3 des Gesetzes vom 5. Juni 1874 Seite 575.

bewirkt, welche unter der Leitung eines von der Bezirksregierung für jeden Steuerbezirk zu bestellenden Kommissarius aus der Mitte der Gesellschaft auf drei Jahre gewählt werden.

2. In der Regel sind sieben Abgeordnete zu wählen; jedoch kann der Finanzminister für einzelne Steuerbezirke, wenn örtliche oder gewerbliche Verhältnisse solches bedingen, die Zahl der Abgeordneten höher oder niedriger festsetzen.

3. Bei der Wahl der Abgeordneten ist zu beachten, dass mindestens Einer derselben zu den am höchsten, Einer zu den am niedrigsten zu besteuernden Gesellschaftsmitgliedern gehört, und dass zwei aus solchen Mitgliedern gewählt werden, welche das Gewerbe im mittleren Umfange betreiben.

4. Zugleich mit den Abgeordneten ist für jeden derselben ein Stellvertreter für Behinderungsfälle nach den für die Wahl der Abgeordneten ertheilten Bestimmungen zu wählen.

5. Ueber die Abgrenzung der Wahlbezirke und das bei den Wahlen zu beobachtende Verfahren wird das Nähere durch eine von dem Finanzminister zu erlassende Anweisung bestimmt.

6. Für die erste Wahl der Abgeordneten der Klasse A I bestimmt jede Bezirksregierung die Personen, welche die Wahl vorzunehmen haben.

7. Wird in einem Steuerbezirk die Wahl von Abgeordneten seitens der Gesellschaftsmitglieder nicht bewirkt, so vertheilt die Bezirksregierung die Steuer.

Gesetz vom 5. Juni 1874.

§. 3.

Die Bestimmung des §. 9 No. 7 des Gesetzes vom 19. Juli 1861 wird dahin ergänzt, dass die Bezirksregierung die Steuer der Klasse A I auch in dem Falle zu vertheilen hat, dass die Abgeordneten eines Steuerbezirks die Vertheilung nicht bewirken.

8. Behufs Aufstellung der bei der jährlichen Veranlagung zum Grunde zu legenden namentlichen Nachweisung der in der Klasse A I zu besteuernden Gewerbetreibenden treten die Abgeordneten unter dem Vorsitz des Regierungs-Kommissars (No. 1) zusammen und beschliessen nach Stimmenmehrheit. Im Falle der Stimmengleichheit entscheidet die Stimme des Vorsitzenden. Diesem steht auch das Recht zu, gegen die Beschlüsse der Abgeordneten die Berufung an die Bezirksregierung einzulegen. Er hat dies der Versammlung der Abgeordneten sogleich mitzutheilen und deren Erklärung darüber zu Protokoll zu nehmen.

Ueber die Berufungen entscheidet die Bezirksregierung.

Gegen die Entscheidung der Bezirksregierung ist der Rekurs an das Finanzministerium binnen zehntägiger Präklusivfrist zulässig.

Nach bewirkter Vertheilung der Steuer legt der Kommissarius (No. 1) die Steuerrolle der Regierung zur Festsetzung vor.

9. Für Berlin übt das dortige Haupt-Steueramt für direkte Steuern*) die nach vorstehenden Bestimmungen den Regierungen und dem Kommissarius derselben zustehenden Funktionen aus.

10. Die Abgeordneten bezw. deren Stellvertreter erhalten bis zum Erlasse anderweiter Bestimmungen für Rechnung der Staatskasse Reise- und Tagegelder, welche nach §. 3 des Kostenregulativs vom 25. April 1836 (Ges.S. S. 781) festzusetzen sind.

Diese „anderweiten Bestimmungen" sind in der Verordnung betreffend die Tagegelder und Reisekosten der Mitglieder der Kommissionen zur Veranlagung der klassificirten Einkommensteuer und der Gebäudesteuer sowie der Abgeordneten zur Veranlagung der Gewerbesteuer der Steuerklasse A I vom 20. Dezember 1876 (Ges.S. p. 1877 S. 3) enthalten.

Dieselben lauten:

Art. 1.

I. An Tagegeldern sind zu gewähren:

a) . . . . . .

b) den zur Veranlagung der Gewerbesteuer der Steuerklasse A I gewählten Abgeordneten (§. 9 zu 1. und 4. des Gesetzes vom 19. Juli 1861, betreffend einige Abänderungen des Gesetzes wegen Entrichtung der Gewerbesteuer vom 30. Mai 1820, Gesetz-Samml. S. 697), 9 Mark.

II. An Reisekosten sind zu gewähren:

a) bei Reisen, welche auf Eisenbahnen oder Dampfschiffen gemacht werden können, 13 Pfennige für das Kilometer und 3 Mark für jeden Zu- und Abgang;

b) bei Reisen, welche nicht auf Eisenbahnen oder Dampfschiffen zurückgelegt werden können, für das Kilometer,

1) . . . . . .

2) den zu I. unter b aufgeführten Personen 40 Pfennige.

---

*) An Stelle des Haupt-Steueramts für direkte Steuern ist die Direktion für die Verwaltung der direkten Steuern getreten. In der Provinz Hannover vertritt die Finanzdirektion die Stelle der Bezirksregierung.

Gesetz vom 5. Juni 1874.

§. 3.

Die Zahl der nach §. 28b des Gesetzes wegen Entrichtung der Gewerbesteuer vom 30. Mai 1820 zu wählenden Abgeordneten wird auf sieben erhöht, jedoch kann der Finanzminister für einzelne Steuerbezirke, wenn örtliche oder gewerbliche Verhältnisse solches bedingen, die Zahl der Abgeordneten höher oder niedriger festsetzen.

Die Dauer der Wahlperiode wird auf drei Jahre erstreckt.

Wird in einem Steuerbezirke die Wahl von Abgeordneten seitens der Gesellschaftsmitglieder oder die Vertheilung der Steuer seitens der Abgeordneten nicht bewirkt, so erfolgt die Steuervertheilung durch die Veranlagungsbehörde.

§. 4.

Aufgehoben durch §. 33 des Gesetzes vom 3. Juli 1876.

§. 5.

Das gegenwärtige Gesetz kommt zuerst bei der Veranlagung der Gewerbesteuer für das Jahr 1875 in Anwendung.

c) Bei der Wahl ist zu beachten, daß von diesen Abgeordneten Einer das Gewerbe im geringsten, Einer im höchsten und zwei im mittleren Umfange betreiben.

d) Für jeden Abgeordneten wird ein Stellvertreter erwählt, um ihn nöthigenfalls zu ersetzen.

e) Ist die Zahl der Gewerbsgenossen in einer Stadt oder in einem Kreise nicht ausreichend, um so viel Abgeordnete und Stellvertreter zu wählen, so wird durch die Gesammtheit der Gesellschaft die Steuer vertheilt.

§. 29.

a) Die Verpflichtung zur Uebernahme des Amts eines Abgeordneten und die Rechte der Obrigkeit bei der Wahl sind ohne Unterschied der Provinzen nach dem Allgemeinen Landrecht §§. 160 bis 165 Titel 6 Theil II. zu beurtheilen.

Die betreffenden Vorschriften lauten:

§. 160.

Es muss jedoch die Wahl der vorgesetzten Obrigkeit zur Genehmigung angezeigt werden.

§. 161.

Ein Mitglied der Korporation ist die auf ihn gefallene Wahl anzunehmen verbunden, wenn ihm nicht eben die Gründe der Entschuldigung, aus welchen eine aufgetragene Vormundschaft abgelehnt werden kann*), zu statten kommen.

§. 162.

Die Beurtheilung der angeführten Entschuldigungsursachen gebührt der Obrigkeit.

§. 163.

Die von der Korporation geschehene und von den Gewählten angenommene Wahl kann die Obrigkeit dennoch verwerfen, wenn der Gewählte die Eigenschaften nicht besitzt, welche nach allgemeinen oder nach den Gesetzen der Gesellschaft zu dieser Stelle erforderlich sind.

§. 164.

Wird die Wahl verworfen, so muss die Korporation von Neuem wählen.

§. 165.

Fällt auch diese Wahl auf einen Untüchtigen, so verliert die Korporation für diesen Fall ihr Wahlrecht und die Stelle wird von der Obrigkeit besetzt.

b) In den drei ersten Abtheilungen nach der Beilage B. leiten die Magistrāte, in der vierten die Landräthe die Wahlen der Abgeordneten und führen die Aufsicht bei den Berathungen über dieselben.

---

*) Die betreffende Bestimmung der Vormundschaftsordnung vom 5. Juli 1875 (Ges.S. S. 431) lautet:

§. 23.

Die Uebernahme einer Vormundschaft können ablehnen:

1. weibliche Personen,
2. wer das sechszigste Lebensjahr überschritten hat,
3. wer bereits mehr als eine Vormundschaft oder Pflegschaft führt,
4. wer an einer die ordnungsmäßige Führung der Vormundschaft hindernden Krankheit leidet.
5. wer nicht im Bezirk des Vormundschaftsgerichts seinen Wohnsitz hat,
6. . . .
7. wer fünf oder mehr minderjährige eheliche Kinder hat.

§. 30.

a) Wo eine Vertheilung durch Gesellschaften der Steuerpflichtigen selbst nicht stattfindet, wird die Vertheilung in den drei ersten Abtheilungen durch die Kommunal- und in der vierten durch die Kreisbehörde bewirkt.

b) Diese Behörden sind jedoch verpflichtet, sich dabei des Raths der Gewerbetreibenden zu bedienen. Solche, welche in Kommunalämtern stehen, können hierbei ihre Mitwirkung nicht verweigern.

Gesetz vom 19. Juli 1861.

§. 13.

Die Vertheilung der Gewerbesteuer in der Klasse B erfolgt nach Vorschrift des §. 30 des Gesetzes vom 30. Mai 1820 wegen Entrichtung der Gewerbesteuer.

Verrichtungen der Kommunal- und Kreisbehörden.

§. 31.

Den Kommunalbehörden in den drei ersten Abtheiluugen und den Kreisbehörden in der vierten liegt es ob, die namentlichen Nachweisungen der Gewerbesteuerpflichtigen, welche in ihrer Stadtgemeinde oder in ihrem Kreise ein steuerpflichtiges Gewerbe treiben, jährlich anzufertigen. Sie sind für die Richtigkeit und Vollständigkeit dieser Nachweisungen verantwortlich.

§. 32.

Auf den Grund derselben werden die Vertheilungen in vorgeschriebener Form (§§. 28, 30) vorgenommen, die Erhebungsrollen in den drei ersten Abtheilungen von der Kommunalbehörde, in der vierten von den Steuerbeamten angelegt und der Regierung zur Prüfung eingereicht. Der Finanzminister soll über das hierbei zu beobachtende Verfahren und über die Kontrole des Zu- und Abgangs besondere Anweisungen ertheilen.

§. 33.

a) Jedem Steuerpflichtigen wird vor dem Eintritt des ersten Zahlungstages bekannt gemacht, wie viel er an Gewerbesteuer für ein Jahr zu entrichten habe.

b) Der erste Satz ist aufgehoben durch das Gesetz vom 18. Juni

1840 über die Verjährungsfristen bei öffentlichen Abgaben. (Ges.S. S. 140.)

Die bezüglichen Bestimmungen lauten:

§. 1.

Reklamationen gegen .... die .... Gewerbesteuer .... müssen ohne Unterschied, ob sie auf Ermässigung oder auf gänzliche Befreiung gerichtet sind, binnen drei Monaten vom Tage der Bekanntmachung der Heberolle, oder, wenn die Steuer im Laufe des Jahres auferlegt worden, binnen drei Monaten nach erfolgter Benachrichtigung von deren Betrage .... bei der Behörde angebracht werden.

Wird diese Frist versäumt, so erlischt der Anspruch auf Steuerermässigung oder Befreiung, sowie auf Rückerstattung für das laufende **Kalenderjahr***).

Ist die Reklamation vor dem Ablauf der Frist angebracht und wird solche begründet gefunden, so erfolgt die Ermässigung oder gänzliche Befreiung für das laufende Jahr. Für verflossene Jahre wird keine Rückzahlung gewährt.

Tritt eine solche Veränderung ein, wodurch die bisherige Steuerverpflichtung aufgehoben wird, so muss davon der Behörde Anzeige gemacht werden. Bis zu Ende des Monats, in welchem diese Anzeige erfolgt, kann die Entrichtung der Steuer gefordert werden.

§. 3.

Wird in den Fällen der §§. 1 .... die Reklamation zurückgewiesen, so ist dagegen der Rekurs an die vorgesetzte Behörde binnen einer Präklusivfrist von sechs Wochen, vom Tage der Bekanntmachung des Bescheides gerechnet, zulässig. Wendet sich der Reklamant an eine incompetente Behörde, so hat diese das Rekursgesuch an die competente Behörde abzugeben, ohne dass dem Reklamanten die Zwischenzeit auf die Frist anzurechnen ist.

§. 6.

Die Nachforderung von ... Gewerbesteuer findet im Falle gänzlicher Uebergehung nach den im §. 5 — d. i. nur für das **Kalenderjahr****), worin die Nachforderung geltend gemacht wird — enthaltenen

*) Vgl. die Note zu §. 6.

**) An Stelle des Kalenderjahres ist das Etatsjahr getreten. Dasselbe beginnt mit dem 1. April und schließt mit dem 31. März jeden Jahres.
Ges. v. 29. Juni 1876. Ges.S. S. 177.
Ges. v. 12. Juli 1876. Ges.S. S. 288.

Regeln statt. Im Fall eines zu geringen Ansatzes fällt bei dieser Steuer jede Nachforderung weg, jedoch unbeschadet der gesetzlichen Wiederumlage bei Gewerbesteuergesellschaften, welche nach Mittelsätzen steuern.

§. 8.

Zur Hebung gestellte direkte . . . Steuern, welche im Rückstande verblieben sind, verjähren in vier Jahren, von dem Ablaufe des Jahres an gerechnet, in welches ihr Zahlungstermin fällt.

Die Verjährung wird durch eine an den Steuerpflichtigen erlassene Aufforderung zur Zahlung sowie durch Verfügung der Exekution oder durch bewilligte Stundung der Steuer unterbrochen.

Nach Ablauf des Jahres, in welchem die letzte Aufforderung zugestellt, Exekution verfügt worden, oder die bewilligte Frist abgelaufen ist, beginnt eine neue vierjährige Verjährungsfrist.

§. 10.

Ist in der unterlassenen Entrichtung der ganzen Steuer oder eines Theils derselben eine Contravention gegen die Steuergesetze enthalten, so verjährt die Nachsteuer nur gleichzeitig mit der gesetzlichen Strafe.

§. 11.

Die in diesem Gesetze festgesetzten Fristen laufen auch gegen Minderjährige und bevormundete Personen, sowie gegen moralische Personen, denen gesetzlich die Rechte der Minderjährigen zustehen, ohne Zulassung der Wiedereinsetzung in den vorigen Stand, jedoch mit Vorbehalt des Regresses gegen die Vormünder und Verwalter.

§. 12.

Durch den Ablauf der Verjährungsfrist wird der Steuerpflichtige von jedem ferneren Anspruch sowohl des Staates als der Steuerbeamten und der Steuersozietät befreit.

Gesetz betreffend die Erweiterung des Rechtsweges vom 24. Mai 1861.
(Ges.S. S. 241.)

§. 9.

Wegen allgemeiner . . . Abgaben . . . kann auf Grund der Behauptung, dass die einzelne Forderung bereits früher getilgt oder verjährt sei, die Klage auf Erstattung des Gezahlten angestellt werden, jedoch bei Verlust des Klagerechts nur binnen spätestens sechs Monaten nach erfolgter Beitreibung der geleisteten Zahlung.

§. 10.

Der Rechtsweg findet ferner statt, wenn der Herangezogene behauptet, dass die geforderte Abgabe keine öffentliche Abgabe sei, sondern auf einem aufgehobenen privatrechtlichen Fundamente, insbesondere einem früheren gutsherrlichen, schutzherrlichen oder grundherrlichen Verhältnisse beruhe.

b) . . . .

Inzwischen muß er unter Vorbehalt des Ersatzes die Gewerbesteuer, soweit sie fällig wird, vorläufig abtragen.

§. 34.

a) Zur Erhebung der Gewerbesteuer sind die Kommunalbehörden verpflichtet.

Die Erhebung in den sieben östlichen Provinzen erfolgt — abgesehen von der Steuer der Klasse A 1, welche durch die Kreissteuerkassen erhoben wird, — durch die Kommunalbehörden, in den übrigen Provinzen durch die Königlichen Steuerempfänger, in der Stadt Berlin durch die damit beauftragte Kasse bezw. deren Erheber.

Vgl. Cab. O. v. 6. Februar 1841 u. vom 28. April, 11. Mai und 24. Juni 1867.

b) Aufgehoben durch §. 33 des Gesetzes vom 3. Juli 1876.

c) Von stehenden Gewerben wird die Steuer in monatlichen Theilen erhoben, und zwar mit der Klassensteuer zugleich, wo dieselbe eingeführt ist.

Gesetz vom 25. Mai 1873.

wegen Abänderung des Gesetzes vom 1. Mai 1851 betreffend die Einführung einer Klassen- und klassifizirten Einkommensteuer.

(Ges. S. S. 213.)

Art. IV.

Der Finanzminister ist ermächtigt, die direkten Staatssteuern, soweit dieselben in monatlichen Raten zu entrichten sind, nach seinem Ermessen in dem auf den Monat der Fälligkeit folgenden nächsten oder zweiten Monate zugleich mit den für letztere fälligen Raten einziehen zu lassen.

d) Die Gewerbesteuer muß monatlich in den ersten acht Tagen jedes Monats vorausbezahlt werden, wenn der Steuerpflichtige nicht vorzieht, sie auf mehrere Monate voraus zu berichtigen.

e) Bei unterbliebener Vorausbezahlung läßt der Steuerempfänger den Säumigen auffordern, die Steuer binnen drei Tagen bei Vermeidung der Exekution zu berichtigen.
f) Nach Ablauf dieser Frist wird zur Exekution geschritten.
g) Spätestens fünf Tage vor dem Ablauf jedes Monats muß die eingezogene Steuer nebst der Nachweisung der unvermeidlichen Ausfälle und der Reste, bei welchen die Aufforderung und Exekution bis dahin fruchtlos geblieben, an die zum Empfange bestimmte Staatskasse abgeliefert sein.
h) Was der Steuerempfänger vorstehend (g) nicht nachweisen kann, muß er aus eigenem Vermögen, in Stelle des Steuerschuldigen, vorschußweise an die Kasse berichtigen.

§. 35.

Bleibt die Exekution fruchtlos, so kann der Schuldner an dem ferneren Betriebe des steuerpflichtigen Gewerbes durch Schließung der Laden und durch Beschlagnahme der Waaren und Werkzeuge bis zur vollständigen Berichtigung der Steuer verhindert werden.

§. 36.

Den Kommunen wird für die bei Ermittelung, Vertheilung und Erhebung der Gewerbesteuer ihnen übertragenen Geschäfte der fünfundzwanzigste Theil der Einnahme zugestanden.

Cabinetsordre vom 6. Februar 1841.*)
(Schimmelpfennig S. 897.)

Auf den Antrag des Staatsministeriums vom 18. v. Mts. bestätige Ich die in den westlichen Provinzen vorgefundene uud auf Grund des §. 3 des Gesetzes vom 30. Mai 1820 über die Einrichtung des Abgabenwesens und des §. 6c. des Gesetzes wegen Einführung der Klassensteuer beibehaltene Einrichtung der Elementar-Rezepturen der direkten Steuern dahin, dass auch ferner die Erhebung der . . . . . Gewerbesteuer durch die von den Regierungen ernannten Empfänger der Grundsteuern bewirkt werden soll, und entbinde demgemäss die Kommune in den gedachten Provinzen von der ihnen . . . in §. 34 des Gewerbesteuergesetzes auferlegten Verpflichtung zur örtlichen Erhebung der . . . Gewerbesteuer und der damit verbundenen Bestellung und Vertretung der Ortserheber. Von den für die Veranlagung und Erhebung der . . . . Gewerbesteuer . . . ausgesetzten vier Prozent von der Einnahme sollen in der Regel die Steuerempfänger drei Prozent für die Erhebung, und die Gemeinden ein Prozent für das ihnen auch fernerhin obliegende

*) Diese Bestimmung gilt auch für die neuerworbenen Landestheile (Cab.O. v. 28. April, 11. Mai und 24. Juni 1867).

Veranlagungsgeschäft erhalten. Der Finanzminister soll jedoch befugt sein, wo die Verhältnisse es gestatten, ausnahmsweise den Gemeinden eine grössere Quote dieser vier Prozent zu überweisen.*)

§. 37.

Aufgehoben durch die Gewerbeordnung vom 21. Juni 1869.

§. 38.

Aufgehoben durch die Gewerbeordnung vom 21. Juni 1869.

§. 39.

a) Wer die im §. 19 angeordnete Anmeldung des Anfangs oder Aufhörens eines Gewerbes unterläßt, verfällt in drei Mark Strafe, wenn das Gewerbe nicht steuerpflichtig ist.

GESETZ

betreffend die Besteuerung des Gewerbebetriebes im Umherziehen und einige Abänderungen des Gesetzes wegen Entrichtung der Gewerbesteuer vom 30. Mai 1820.

Vom 3. Juli 1876.

(Ges. S. S. 247.)

§. 30.

Bei der Untersuchung und Entscheidung der .... in §. 39 unter a des Gesetzes wegen Entrichtung der Gewerbesteuer vom 30. Mai 1820 bezeichneten strafbaren Handlungen (Unterlassen der Anmeldung eines nicht steuerpflichtigen Gewerbes und des Aufhörens eines Gewerbes) findet eine Festsetzung der Strafe durch die Regierung nicht statt.

b) Durch folgende Vorschriften des Gesetzes vom 3. Juli 1876 ersetzt.

§. 17.

Wer den gesetzlichen Vorschriften wegen Entrichtung der Gewerbesteuer entgegen den Anfang eines steuerpflichtigen stehenden Gewerbes nicht anzeigt, verfällt in eine Geldstrafe, welche dem doppelten Betrage der einjährigen Steuer gleichkommt.

§. 22.

Neben den in §. 17 ..... vorgeschriebenen Geldstrafen ist die vorenthaltene Steuer zu entrichten.

§. 26.

Die auf Grund dieses Gesetzes festzusetzendeu, aber nicht beizutreibenden Geldstrafen sind nach Massgabe der für Uebertretun-

*) In Berlin findet eine Betheiligung der Kommune an der Ermittelung, Vertheilung und Erhebung der Gewerbesteuer nicht statt.

gen geltenden Bestimmungen des Strafgesetzbuchs für das Deutsche Reich (§§. 28 und 29) in Haft umzuwandeln.

§. 27.

Die Untersuchung und Entscheidung in Betreff der in §. 17 . . . bezeichneten strafbaren Handlungen steht dem Gerichte zu, wenn nicht der Beschuldigte die von der Regierung vorläufig festzusetzende Geldstrafe nebst den durch das Verfahren gegen ihn entstandenen Kosten binnen einer ihm bekannt gemachten Frist freiwillig zahlt. Die Regierungen sind ermächtigt, hierbei eine mildere als die in §. 17 . . . vorgeschriebene Strafe in Anwendung zu bringen.

Ist der Beschuldigte in Haft oder hat derselbe in Preussen keinen Wohnsitz, so erfolgt das Einschreiten des Gerichts ohne vorläufige Festsetzung der Strafe durch die Regierung. Dasselbe findet statt, wenn die Regierung aus sonstigen Gründen von der vorläufigen Festsetzung der Strafe Abstand zu nehmen erklärt oder der Angeschuldigte hierauf verzichtet.

Bei den gerichtlichen Untersuchungen kommen auch ferner die bestehenden Vorschriften in Anwendung, welche ein administratives Strafverfahren voraussetzen.

§. 28.

Bei den gerichtlichen Entscheidungen ist hinsichtlich der Höhe der in dem §. 17 . . . . vorgeschriebenen Geldstrafen die von der Regierung festzusetzende Jahressteuer zum Grunde zu legen.

Die Entscheidung wegen der vorenthaltenen Steuer (§. 22) verbleibt in allen Fällen der Regierung.*)

§. 31.

Die in diesem Gesetze den Regierungen zugewiesenen Befugnisse und Obliegenheiten kommen gleichmässig der Finanzdirektion für die Provin2 Hannover und der Direktion für die Verwaltung der direkten Steuern in Berlin für deren Geschäftsbezirk zu.

Gesetz vom 22. Mai 1852.

(Ges.S. S. 250.)

Art. V.

Vergehen und Uebertretungen, welche durch Zuwiderhandlung gegen die Vorschriften über die Entrichtung der Steuern . . . . begangen werden, verjähren in fünf Jahren.

c) Wer das Aufhören eines steuerpflichtigen Gewerbes nicht

*) Die Regierungen bezw. die Finanzdirection zu Hannover und die Direction für die Verwaltung der directen Steuern in Berlin sind zur Ermäßigung der Nachsteuer ermächtigt. Cab.O. v. 25. Aug. 1880. Mitth. 14 S. 61.

anzeigt, bleibt, so lange er diese Anzeige unterläßt, zur Bezahlung der Steuer verpflichtet.

§. 40.

Aufgehoben durch das Gesetz vom 3. Juli 1876.

§. 41.

Einzelnen Gewerbetreibenden, die der Steuergesellschaft (§. 26) beizutreten verweigern, soll der Betrieb des Gewerbes untersagt werden*).

§. 42.

a) Aufgehoben durch das Gesetz vom 3. Juli 1876.

b) Die Vergehungen der Steuer- und Gemeindebeamten, durch welche den Vorschriften dieses Gesetzes entgegengehandelt wird, werden nach §. 59 der Steuerordnung vom 8. Februar 1819**) geahndet.

Beilage A

zu §. 3 des Gesetzes wegen Entrichtung der Gewerbesteuer.

Ist durch das Gesetz vom 19. Juli 1861 in Wegfall gekommen.

Beilage B

zu dem Gesetze wegen Entrichtung der Gewerbesteuer, die Ausmittelung und Vertheilung der Sätze betreffend, wonach dieselbe erhoben werden soll***).

Steuer-Abtheilungen.

1. Es werden nach Maßgabe der Wohlhabenheit und Gewerbsamkeit vier Abtheilungen angenommen.

---

*) Eine besondere Beitrittserklärung der einzelnen Gewerbetreibenden wird überall nicht gefordert.

**) Die citirte Bestimmung setzte fest, daß die Vergehen der Steuer- und Gemeindebeamten nach den Vorschriften des Th. II. Tit. 50 Abschn. 8 des Allg. Landrechts und den später erfolgten Abänderungen und Deklarationen dieser Vorschriften bestraft werden sollten. Nach Aufhebung der gedachten landrechtlichen Bestimmungen kommen nunmehr im Wesentlichen die Bestimmungen des Reichsstrafgesetzbuchs und des Gesetzes vom 21. Juli 1852 betreff. die Dienstvergehen der nicht richterlichen Beamten in Anwendung.

***) Wegen der Städte aus den neu erworbenen Provinzen vgl. die Note zu §. 5 des Ges. v. 19. Juli 1861.

2. Zur ersten Abtheilung gehören die Städte:
Aachen, Altona, Berlin, Breslau, Cöln, Danzig, Elberfeld, Frankfurt a/M., Hannover, Königsberg i/Pr., Magdeburg mit Sudenburg, und Stettin.

3. Zur zweiten Abtheilung gehören die Städte:
Reg.Bezirk Königsberg:
Braunsberg, Memel, Pillau.
Reg.Bezirk Gumbinnen:
Gumbinnen, Insterburg, Tilsit.
Reg.Bezirk Danzig:
Elbing, Marienburg.
Reg.Bezirk Marienwerder:
Graudenz, Marienwerder, Thorn.
Reg.Bezirk Potsdam:
Brandenburg, Charlottenburg, Eberswalde, Luckenwalde, Perleberg, Potsdam, Prenzlau, Rathenow, Neu-Ruppin, Schwedt, Spandau, Wittstock, Wriezen a/O.
Reg.Bezirk Frankfurt a/O.:
Cottbus, Crossen, Cüstrin, Frankfurt, Guben, Landsberg a/W., Sorau.
Reg.Bezirk Stettin:
Anclam, Demmin, Pasewalk, Pyritz, Stargard, Swinemünde, Treptow a/R.
Reg.Bezirk Cöslin:
Cöslin, Colberg, Rügenwalde, Stolp.
Reg.Bezirk Stralsund:
Barth, Greifswald, Stralsund, Wolgast.
Reg.Bezirk Posen:
Fraustadt, Lissa, Posen, Rawicz.
Reg.Bezirk Bromberg:
Bromberg, Gnesen.
Reg.Bezirk Breslau:
Brieg, Frankenstein, Glatz, Oels, Reichenbach, Schweidnitz, Waldenburg.
Reg.Bezirk Liegnitz:
Bunzlau, Glogau, Görlitz, Grünberg, Hirschberg, Jauer, Lauban, Liegnitz, Sagan.

Reg. Bezirk Oppeln:

Beuthen, Gleiwitz, Kattowitz, Königshütte, Leobschütz, Neisse, Neustadt, Oppeln, Ratibor.

Reg. Bezirk Magdeburg:

Aschersleben, Burg, Calbe, Halberstadt, Neustadt, Quedlinburg, Salzwedel, Schönebeck, Staßfurt,*) Stendal.

Reg. Bezirk Merseburg:

Delitzsch, Eilenburg, Eisleben, Halle, Merseburg, Naumburg, Torgau, Weißenfels, Wittenberg, Zeitz.

Reg. Bezirk Erfurt:

Erfurt, Langensalza, Mühlhausen, Nordhausen, Suhl.

Reg. Bezirk Schleswig:

Elmshorn nebst Vormstegen und Klostersande, Flensburg, Hadersleben, Heide, Itzehoe, Kiel mit Brunswick und Düsternbrock, Neumünster, Ottensen, Rendsburg, Schleswig, Wandsbeck.

Provinz Hannover:

Celle, Emden, Göttingen, Harburg, Hildesheim, Leer, Lüneburg, Osnabrück.

Reg. Bezirk Münster:

Münster.

Reg. Bezirk Minden:

Bielefeld, Herford, Minden, Paderborn.

Reg. Bezirk Arnsberg:

Altena, Bochum, Dortmund, Hagen, Hamm, Iserlohn, Lippstadt, Lüdenscheid, Siegen, Soest, Witten.

Reg. Bezirk Cassel:

Bockenheim, Cassel, Eschwege,**) Hanau.

Reg. Bezirk Wiesbaden:

Wiesbaden.

Reg. Bezirk Coblenz:

Coblenz mit Ehrenbreitstein, Creuznach, Neuwied.

Reg. Bezirk Düsseldorf:

Barmen, Crefeld, Düsseldorf, Duisburg, Essen, Gladbach,

*) Die Stadt Staßfurt ist vom 1. April 1883 ab in die zweite Abtheilung versetzt.
**) Wie vor.

Lennep, Mülheim a/R., Neuß, Remscheid, Rheydt, Ruhrort, Solingen, Viersen, Wesel.

Reg. Bezirk Cöln:

Bonn, Deutz,*) Mülheim.

Reg. Bezirk Trier:

St. Johann, Saarbrücken, Trier.

Reg. Bezirk Aachen:

Burtscheid, Düren, Eupen, Malmedy.

Da die Gewerbsamkeit der einzelnen Städte jedoch an sich wandelbar ist, so bleibt die Ansetzung anderer hier nicht genannten Städte in die zweite Abtheilung, sowie die Absetzung einzelner vorbenannten Städte aus derselben, besonderer Festsetzung mit unmittelbarer Königlicher Genehmigung vorbehalten.**)

4. Die dritte Abtheilung enthält der Regel nach alle Städte, welche 1500 oder mehr Civileinwohner haben und nicht zur ersten oder zweiten Abtheilung gehören. Ausnahmen von dieser Regel begründet ein besonders lebhafter Verkehr der schwächer bewohnten oder eine besonders auffallende Nahrlosigkeit der stärker bewohnten Städte. Welche Städte hiernach namentlich für jetzt in die dritte Klasse gehören, wird jede Regierung für ihren Bezirk ausmitteln und nach erfolgter Genehmigung des Finanzministerii durch die Amtsblätter bekannt machen.

5. Die vierte Abtheilung enthält die übrigen Städte und das Land, wozu alle Ortschaften gehören, die in den drei ersten Abtheilungen nicht enthalten sind.

6. Auf bisherige oder vormalige Stadtrechte kommt es bei Bildung der Abtheilungen nicht an.

7. Dagegen ist bei denselben der Zusammenhang der Ortschaften mit ihren Umgebungen wohl zu beachten. Diejenigen nahen Anlagen und Oerter, welche durch und für die Gewerbe und Genüsse einer großen oder Mittelstadt ganz oder doch hauptsächlich bestehen, sind in dieser Rücksicht als Zubehör derselben anzusehen

---

*) Die Stadt Deutz, welche früher im Zusammenhange mit Cöln zur ersten Abtheilung gehörte, ist seit dem 1. April 1883 der zweiten Abtheilung überwiesen.

**) Die Regelung für die neu erworbenen Landestheile ist durch die Verordnungen vom 28. April und 11. Mai 1867 (Ges. S. S. 533 ff.) erfolgt.

und daher mit ihr zu einer Abtheilung zu bringen, worüber das Finanzministerium entscheidet.

Vertheilung der Steuer.

8. Da, wo nach den folgenden Erhebungssätzen ein Mittelsatz für jede Abtheilung besteht, den die Gewerbetreibenden dieser Art im Durchschnitt als Gewerbesteuer aufbringen müssen, wird derselbe mit der Zahl der Gewerbesteuerpflichtigen einer Stadt in den drei ersten Abtheilungen oder eines Kreises in der vierten Abtheilung multiplizirt. Das Ergebniß dieser Berechnung enthält die Summe, welche die Stadt oder der Kreis im Ganzen an Gewerbesteuer aufbringen muß.

9. Dieser Mittelsatz ist dasjenige, was Jeder, der das Gewerbe dieser Art in der gegebenen Abtheilung betreibt, als Gewerbesteuer zu zahlen hat. Da indeß der Umfang, worin jeder Einzelne das Gewerbe betreibt, sehr verschieden sein kann, so ist von denjenigen, welche den Mittelsatz nicht aufbringen können, ein bestimmter niedrigerer Satz zu zahlen. Der Ausfall, welcher hierdurch entsteht, muß durch höhere Beiträge derjenigen gedeckt werden, welche vermöge ihres stärkeren Gewerbebetriebes mehr als den Mittelsatz zahlen können.

10. 11. } Aufgehoben durch das Gesetz vom 5. Juni 1874.

Steuersätze.

12. Die Sätze, wonach die Vertheilung der Gewerbesteuer demgemäß zu bewirken ist, sind nachstehende.

Die in dem Gesetz vom 30. Mai 1820 unter A. bis H. und J. getroffenen bezw. durch §. 17 des Gesetzes vom 19. Juli 1861 ergänzten Bestimmungen sind durch die nachfolgenden Vorschriften ersetzt.

Gesetz vom 19. Juli 1861.

§. 8.

Für die Klasse A I beträgt

a) der Mittelsatz der Gewerbesteuer:

1. in der ersten Abtheilung 288 Mark jährlich oder monatlich **24 Mark**,
2. In der zweiten Abtheilung 216 Mark jährlich oder monatlich **18 Mark**;

b) der niedrigste Satz:
in beiden Abtheilungen 144 Mark jährlich oder monatlich 12 Mark.
Für Steuerbezirke, in denen die gewerblichen Verhältnisse so ungünstig sind, dass die Anwendung des Mittelsatzes der zweiten Abtheilung zu einer unverhältnissmässig hohen Besteuerung der Klasse A I führen würde, kann durch Königliche Verordnung der Mittelsatz bis auf 144 Mk. und der niedrigste Satz auf 72 Mk. herabgesetzt werden.

§. 10.

Für die Klasse A II beträgt
a) der Mittelsatz der Gewerbesteuer:
1. in der ersten Abtheilung 72 Mark jährlich oder monatlich 6 Mark,
2. in der zweiten Abtheilung 48 Mark jährlich oder monatlich 4 Mark.
3. in der dritten und vierten Abtheilung 30 Mark jährlich oder monatlich 2 Mark 50 Pf.;
b) der niedrigste Satz:
1. in der ersten Abtheilung 36 Mark jährlich oder monatlich 3 Mark,
2. in der zweiten Abtheilung 24 Mark jährlich oder monatlich 2 Mark,
3. in der dritten und vierten Abtheilung 18 Mark jährlich oder monatlich 1 Mark 50 Pf.

§. 12.

Für die Klasse B beträgt
a) der Mittelsatz der Gewerbesteuer:
1. in der ersten Abtheilung 24 Mark jährlich oder monatlich 2 Mark.
2. in der zweiten Abtheilung 18 Mark jährlich oder monatlich 1 Mark 50 Pf.,
3. in der dritten Abtheilung 12 Mark jährlich oder monatlich 1 Mark,
4. in der vierten Abtheilung 6 Mark jährlich oder monatlich 50 Pf.;
b) der niedrigste Satz:
1. in der ersten, zweiten und dritten Abtheilung 6 Mark jährlich oder monatlich 50 Pf.

2. in der vierten Abtheilung 3 Mark jährlich oder monatlich 25 Pf.

§. 14.

Für die Gast-, Speise- und Schankwirthschaft beträgt fortan

a) der Mittelsatz der Gewerbesteuer:
   1. in der ersten Abtheilung 54 Mark jährlich oder monatlich 4 Mark 50 Pf.,
   2. in der zweiten Abtheilung 36 Mark jährlich oder monatlich 3 Mark,
   3. in der dritten Abtheilung 24 Mark jährlich oder monatlich 2 Mark,
   4. in der vierten Abtheilung 12 Mark jährlich oder monatlich 1 Mark;

b) der niedrigste Satz:
   1. in der ersten und zweiten Abtheilung 12 Mark jährlich oder monatlich 1 Mark,
   2. in der dritten und vierten Abtheilung 6 Mark jährlich oder monatlich 50 Pf.

Cabinets-Ordre an den Finanzminister vom 6. Juni 1829.

(Schimmelpfennig S. 265.)

Nach Ihrem Antrage vom 23. v. M. genehmige Ich, dass bei Veranlagung der Gewerbesteuer . . . . . jede Marketenderin in den Kasernen nur mit 6 Mark Gewerbesteuer veranlagt und der Ausfall gegen den Mittelsatz nicht anderweit vertheilt und übertragen werde.

H. Für die Handwerkssteuer ist

a) der Mittelsatz:
   aa) in der ersten Atheilung 24 Mark jährlich oder monatlich 2 Mark,
   bb) in der zweiten Abtheilung 18 Mark jährlich oder monatlich 1 Mark 50 Pf.,
   cc) in der dritten und vierten Abtheilung 12 Mark jährlich oder monatlich 1 Mark;

b) der niedrigste Satz:
   aa) in der ersten Abtheilung 12 Mark jährlich oder monatlich 1 Mark,
   bb) in der zweiten, dritten und vierten Abtheilung 6 Mark jährlich oder monatlich 50 Pf.

Cabinets-Ordre vom 24. November 1843.

(Ges.S. S. 358.)

Auf den Bericht des Staatsministeriums vom 10. d. Mts. genehmige Ich, dass die Gewerbesteuer für die nach Mittelsätzen steuerpflichtigea Gewerbsklassen . . . . nicht blos in den unter Nr. 12 . . . der Beilage B zum Gewerbesteuergesetze vom 30. Mai 1820 vorgeschriebenen Steigungssätzen von 6, 12, 18, 24, 36, 54, 72, 90, 108, 144 Mk. und demnächst um jedesmal 36 Mk. wachsend, sondern ausserdem auch in Jahresbeträgen von 30, 42, 48, 60, 84, 96, 126, 162 und 198 Mk. und erst von dem Satze 216 Mk. ab um jedesmal 36 Mk. wachsend veranlagt werden kann, wobei jedoch die vorgeschriebenen niedrigsten Steuersätze festzuhalten sind.

Gesetz vom 20. März 1872.

§. 3.

Die in der Beilage B zu dem Gesetze vom 30. Mai 1820 unter No. 12 . . . und durch die Cabinets-Ordre vom 24. November 1843 vorgeschriebenen Abstufungen der Steuersätze werden in der Art vermehrt, dass auch Steuersätze von 9, 15 und 21 Mk. zulässig sind.

§. 4.

Das gegenwärtige Gesetz, zu dessen Ausführung der Finanzminister das Erforderliche anzuordnen hat, kommt zuerst bei der Veranlagung der Gewerbesteuer für das Jahr 1873 in Anwendung.

K. Für die Schifffahrt, das Frachtfuhr-, Lohnfuhr- und Pferdeverleiher-Gewerbe.

a) Aufgehoben.

Gesetz vom 19. Juli 1861.

§. 19*).

Die Steuer für den Betrieb des Schiffergewerbes mit Stromschiffen und Lichterfahrzeugen mit Ausnahme der Dampfschiffe wird auf 2 Mk. für jede sechs Lasten Tragfähigkeit der benutzten Fahrzeuge ermässigt.

Für den Betrieb der Schifffahrt mit Dampfschiffen auf Flüssen und Binnengewässern beträgt die Steuer fortan 75 Pf. jährlich für jede Pferdekraft der Dampfmaschinen, es mögen die Dampfschiffe selbst zur Beförderung von Gegenständen oder zum Schleppen andrer Fahrzeuge verwendet werden.

---

*) Die Vorschrift des §. 17 ist durch das Gesetz vom 5. Juni 1874, die Bestimmung des §. 20 durch das Gesetz v. 3. Juli 1876 aufgehoben.

Flussfahrzeuge, welche durch Dampfschiffe fortbewegt werden, stehen hinsichtlich der Besteuerung den Segelschiffen gleich.

b) Fuhrleute und Pferdeverleiher, welche zwei Pferde und darüber halten, zahlen von jedem Pferde 3 Mark jährlich.

c) Die Rhederei ist . . . . . als Handel . . . . zu besteuern.

Eine andere Besteuerung des Schiffergewerbes als die vorstehend benannte findet überhaupt nicht statt.

B.

Gesetz, betreffend die Besteuerung des Gewerbebetriebes im Umherziehen, vom 3. Juli 1876.*)

Gegenstand der Besteuerung.

§. 1.

Wer außerhalb seines Wohnortes, ohne Begründung einer gewerblichen Niederlassung und ohne vorgängige Bestellung in eigener Person

1. Waaren irgend einer Art, mit Ausschluß der selbstgewonnenen Erzeugnisse der Land- und Forstwirthschaft, des Garten- und Obstbaues, der Jagd und des Fischfanges, feilbieten,
2. Waaren irgend einer Art bei anderen Personen, als bei Kaufleuten, oder an anderen Orten, als in offenen Verkaufsstellen zum Wiederverkauf ankaufen,
3. Waarenbestellungen aufsuchen,
4. gewerbliche oder künstlerische Leistungen oder Schaustellungen, bei welchen ein höheres wissenschaftliches oder Kunstinteresse nicht obwaltet, feilbieten

will, unterliegt der Steuer vom Gewerbebetriebe im Umherziehen.

Ausnahmen.

§. 2.

Der Steuer vom Gewerbebetriebe im Umherziehen nicht unterworfen sind:

1. Kaufleute, Fabrikanten und andere Personen, welche ein stehendes Gewerbe betreiben, sowie in deren Diensten stehenden Reisenden, welche außerhalb des Ortes ihrer gewerb-

*) Dieses Gesetz gilt für den Gesammtumfang der preußischen Monarchie.

lichen Niederlassung, beziehungsweise der gewerblichen Niederlassung ihrer Geschäftsherren,

a) Waarenbestellungen suchen, wenn sie von den Waaren, auf welche sie Bestellungen suchen, nur Proben oder Muster mit sich führen,

b) Waaren aufkaufen, wenn sie die aufgekauften Waaren nur Behufs deren Beförderung nach dem Bestimmungsorte mit sich führen;

2. Diejenigen, welche ausschließlich im Meß- und Marktverkehr die im §. 1 unter 1 bis 3 bezeichneten Arten des Gewerbebetriebes ausüben;

3. Diejenigen, welche selbstgewonnene Waaren, hinsichtlich deren dies nach Landesgebrauch hergebracht ist, zu Wasser verfahren und vom Fahrzeuge aus feilbieten;

4. Gewerbetreibende, welche außerhalb ihres Wohnortes bei öffentlichen Festen, Truppenzusammenziehungen und anderen außergewöhnlichen Gelegenheiten solche Waaren, hinsichtlich deren dies von den zuständigen Behörden gestattet ist, feilbieten;

5. Gewerbetreibende, welche in nicht größerer Entfernung als 15 Kilometer vom Wohnorte

a) selbstverfertigte Waaren, welche zu den Gegenständen des Wochenmarktverkehrs gehören, feilbieten,

b) gewerbliche Leistungen, hinsichtlich deren dies nach Landesgebrauch hergebracht ist, anbieten,

c) das Musikergewerbe ausüben;

6. Gewerbetreibende, welche außerhalb ihres Wohnortes, aber innerhalb des Gemeindebezirks und der etwa durch besondere Anordnung der Regierung dem Gemeindebezirk des Wohnortes in dieser Hinsicht gleichgestellten nächsten Umgebung desselben Waaren aufkaufen, Waaren oder Leistungen feilbieten, oder Waarenbestellungen suchen.

Gewerbebetrieb der Ausländer.

§. 3.

In Betreff der Angehörigen außerdeutscher Staaten, welche weder ihren Wohnsitz noch eine gewerbliche Niederlassung in einem deutschen Staate haben, treten, sofern nicht durch Verträge oder Vereinbarungen oder durch Anordnungen des Finanzministers anderweite Festsetzungen getroffen sind, nachstehende besondere Bestimmungen ein:

1. Dieselben sind der Steuer vom Gewerbebetriebe im Umherziehen auch dann unterworfen, wenn sie selbstgewonnene Erzeugnisse der Land- und Forstwirthschaft, des Garten- und Obstbaues, der Jagd und des Fischfanges ohne vorgängige Bestellung in eigener Person feilbieten wollen (§. 1 Nr. 1).
2. Die Bestimmungen des §. 2 finden auf dieselben und auf die in ihren Diensten stehenden Reisenden, welche für deren im Auslande betriebenes Geschäft Waaren aufkaufen oder Waarenbestellungen suchen (§. 2 Nr. 1), keine Anwendung.
3. Aller Handel (Verkauf und Ankauf von Waaren und Suchen von Waarenbestellungen) der Ausländer anf Messen und Jahrmärkten bleibt von der Gewerbesteuer frei.
4. Desgleichen ist ihnen das Feilbieten von Verzehrungsgegenständen, welche zu den Gegenständen des Wochenmarktverkehrs gehören, und der Waarenankauf auf Wochenmärkten gewerbesteuerfrei gestattet.
5. Die Regierungen sind ferner ermächtigt, ihnen das Feilbieten solcher selbstgewonnenen Erzeugnisse und selbstverfertigten Waaren, welche zu den Gegenständen des Wochenmarktverkehrs gehören, im Umherziehen innerhalb eines näher zu bestimmendeu, nicht über fünfzehn Kilometer von der Grenze zu erstreckenden Bezirks gewerbesteuerfrei zu gestatten.

Besteuerung als stehender Gewerbebetrieb.

§. 4.

Die im §. 2 aufgeführten, sowie alle anderen der Steuer vom Gewerbebetriebe im Umherziehen nicht unterliegenden Arten der Ausübung des Gewerbebetriebes außerhalb des Wohnortes und ohne Begründung einer gewerblichen Niederlassung werden hinsichtlich der Besteuerung der preußischen und der einem anderen Deutschen Staate angehörigen Gewerbetreibenden, sowie derjenigen ausländischen Gewerbetreibenden (§. 3), welche ihren Wohnsitz oder eine gewerbliche Niederlassung in Deutschland haben, dem stehenden Gewerbebetriebe derselben zugerechnet. Preußische Gewerbetreibende, welche die vor bezeichneten Arten des Gewerbebetriebes ausüben oder durch Stellvertreter ausüben lassen, ohne dasselbe Gewerbe als stehendes zu betreiben, sind verpflichtet, dieses Gewerbe vor dessen Beginn, sofern sie einen Wohnsitz in Preußen haben, bei der Kommunalbehörde ihres Wohnortes — in Ermangelung eines solchen bei der Kommunalbehörde des Ortes, wo der Gewerbebetrieb begonnen werden soll — anzumelden und unterliegen der Besteuerung vom stehenden Gewerbe in der entsprechenden Steuerklasse nach Maßgabe der für dieselbe bestehenden Vorschriften (§. 19 des Gesetzes vom 30. Mai 1820, Gesetz-Samml. S. 147 und §. 17 dieses Gesetzes).

Die gleiche Anmeldungsverpflichtung und Besteuerung trifft die einem anderen Deutschen Staate angehörigen Gewerbetreibenden nur dann, wenn sie nicht dasselbe Gewerbe in einem anderen Deutschen Staate als stehendes betreiben.

Ausländische Gewerbetreibende, welche ihren Wohnsitz oder eine gewerbliche Niederlassung in Deutschland haben (§. 3), werden in dieser Hinsicht den Gewerbetreibenden desjenigen Staates gleichgestellt, in welchem sie ihren Wohnsitz oder eine gewerbliche Niederlassung haben.

§. 5.

Wer ein der Steuer vom Gewerbebetriebe im Umherziehen unterworfenes Gewerbe nach Entrichtung dieser Steuer auch an seinem Wohnorte ohne Begründung einer gewerblichen Niederlassung vorübergehend ausübt, unterliegt dieserhalb nicht der Steuer vom stehenden Gewerbebetriebe.

Anmeldung des Gewerbebetriebes im Umherziehen und Einlösung des Gewerbescheines.

§. 6.

Wer ein der Steuer vom Gewerbebetriebe im Umherziehen unterliegendes Gewerbe (§§. 1 und 3) ausüben will, ist verpflichtet, dasselbe für jedes Jahr, in welchem der Gewerbebetrieb stattfinden soll, behufs Entrichtung der Steuer anzumelden und einen die

Bezeichnung der Person, der Art und des Gegenstandes des Gewerbebetriebes, der Anzahl der mitzuführenden Begleiter, Fuhrwerke oder Wasserfahrzeuge, sowie die Festsetzung der Steuer und die Quittung über deren Entrichtung oder die Bescheinigung der Steuerfreiheit (§. 13) enthaltenden Gewerbeschein für das betreffende Jahr vor Beginn des Gewerbebetriebes einzulösen. Der Gewerbeschein ist nur für die Person und das Kalenderjahr gültig, für welche derselbe ausgefertigt ist.

Die Anmeldung ist, insofern es zu dem beabsichtigten Gewerbebetriebe nach den Vorschriften der Reichs-Gewerbeordnung des Legitimationsscheines einer Preußischen Behörde bedarf, mit dem Antrage auf Ertheilung des letzteren zu verbinden und wird alsdann regelmäßig auch der Gewerbeschein mit dem Legitimationsschein verbunden.

Andernfalls ist die Anmeldung bei der Polizeibehörde des Wohnortes des Gewerbetreibenden, und wenn derselbe innerhalb des Preußischen Staates keinen Wohnsitz hat, bei der Polizeibehörde des Ortes, an welchem er den Gewerbebetrieb in Preußen beginnen will, — in Berlin stets bei der Direktion für die Verwaltung der direkten Steuern — schriftlich oder zu Protokoll zu bewirken. Für Ortschaften der vierten Gewerbesteuer-Abtheilung erfolgt die Anmeldung bei der Polizeibehörde des Kreises (Landrath, Kreishauptmann ꝛc.). Bei der Anmeldung muß der Gegenstand des Gewerbebetriebes, die Anzahl der mitzuführenden Begleiter, Fuhrwerke oder Wasserfahrzeuge angegeben, auch auf Erfordern über die Verrichtungen der Begleiter, die Beschaffenheit und Bestimmung der Transportmittel Auskunft ertheilt werden. Nach Maßgabe der Anmeldung fertigt diejenige Behörde, welcher die Festsetzung der Steuer obliegt, den Gewerbeschein aus und überweist denselben der mit der Einziehung der Steuer beauftragten Kasse zur Aushändigung gegen Erlegung der Steuer.

Die Festsetzung der Steuer erfolgt durch die Regierung, kann jedoch für einzelne Gattungen des Gewerbebetriebes im Umherziehen den der Regierung nachgeordneten Verwaltungsbehörden von dem Finanzminister übertragen werden.

Wegen der Form der Gewerbescheine, wegen der Verbindung derselben mit den Legitimationsscheinen und wegen des sonstigen Verfahrens hat der Finanzminister die erforderlichen Anordnungen zu erlassen. In die mit einem Legitimationsscheine nicht verbundenen Gewerbescheine kann auch das Signalement des Inhabers aufgenommen werden.

§. 7.

Will der Gewerbetreibende nach Einlösung des Gewerbescheines im Laufe des Jahres ein anderes als das darin bezeichnete Gewerbe im Umherziehen beginnen oder letzteres auf andere als die im Gewerbescheine bezeichneten Gegenstände, Waaren oder Leistungen ausdehnen, oder Begleiter, Fuhrwerk oder Wasserfahrzeuge mitführen, ohne daß dies im Gewerbescheine vermerkt ist, oder in größerer als der darin angegebenen Anzahl, so ist er verpflichtet, hiervon vorherige Anmeldung behufs Aenderung beziehungsweise Ergänzung des eingelösten oder Ertheilung eines anderen Gewerbescheines zu machen. Die Bestimmungen des §. 6 finden hierbei gleichmäßige Anwendung.

Insofern die beabsichtigte Aenderung des Gewerbebetriebes eine Erhöhung der Steuer (§. 9) oder die Entziehung der Steuerfreiheit (§. 13) bedingt, hat die Regierung zugleich den zu entrichtenden Steuersatz, auf welchen jedoch der für das betreffende Jahr bereits entrichtete Steuerbetrag in Anrechnung gebracht wird, anderweit festzusetzen und die Aushändigung des Gewerbescheines gegen Erlegung des Mehrbetrages zu veranlassen.

Verpflichtungen des Inhabers des Gewerbescheines.

§. 8.

Der Inhaber eines Gewerbescheines ist verpflichtet, diesen während der thatsächlichen Ausübung des Gewerbebetriebes bei sich zu führen und auf Erfordern den zuständigen Behörden und Beamten vorzuzeigen; er darf weder den Gewerbeschein an einen Anderen überlassen, noch Begleiter in größerer als der in dem Gewerbescheine angegebenen Anzahl mitführen.

Betrag der Steuer.

§. 9.

Die Steuer vom Gewerbebetriebe im Umherziehen beträgt in der Regel 48 Mark für jedes Kalenderjahr.

Die Regierungen sind jedoch ermächtigt, nach näherer Anweisung des Finanzministers

1. für Gewerbe geringerer Art (vergl. nachstehend unter a. und b.), sofern solche nicht in einem für dieselben ungewöhnlichen Umfange betrieben werden, sowie auch für andere Gewerbe, wenn sie in erheblich geringerem als dem gewöhnlichen Umfange betrieben werden, oder der Gewerbebetrieb durch besondere Umstände (körperliche Gebrechen, hohes Alter des Gewerbetreibenden u. dergl. m.) beeinträchtigt wird, ermäßigte Jahressteuersätze von 36, 24, 18, 12 und 6 Mark,
2. für Gewerbebetriebe von bedeutendem Umfange, wie diejenigen der Vorsteher großer Schauspieler-, Musiker-, Kunstreiter- und ähnlicher Gesellschaften, der Pferde- und Viehhändler mit erheblichem Betriebskapital und Umsatz, der mit größeren Waarenlagern umherziehenden Handeltreibenden u. s. w. erhöhte Jahressteuersätze von 72,96 oder 144 Mark festzusetzen. Insbesondere kann zufolge der Bestimmung unter I die Steuer
   a) für das Sammeln geringwerthiger Erzeugnisse und Abgänge der Haus- und Landwirthschaft und für das Anbieten gewerblicher Leistungen von untergeordneter Beschaffenheit (Ausbessern grober Geräthe ꝛc.) und diesen gleichzustellende Gewerbebetriebe bis auf 6 Mark,
   b) für das Feilbieten von Lebensmitteln, Haushaltungs- und Wirthschaftsbedürfnissen und anderen Waaren von geringem Werthe (groben Holz-, Eisen-, Thon-, Bürstenbinderwaaren u. dgl.) und diesen gleichzustellende Gewerbebetriebe bis auf 12 Mark, ausnahmsweise auch bis auf 6 Mark

   ermäßigt werden und soll, falls nicht aus der Art und Weise der Ausübung des Gewerbes (Anzahl der Begleiter u. dergl.) oder sonstigen Umständen auf einen größeren als den bei diesen Gewerben gewöhnlichen Umfang zu schließen ist, für die Gewerbebetriebe zu a. und b. den Steuersatz von 24 Mark nicht überschreiten.

§. 10.

Den Mitgliedern von Musiker-, Schauspieler-, Kunstreiter- und ähnlichen Gesellschaften, welche aus mindestens vier Personen bestehen nnd unter einem Vorsteher ihre Gewerbe betreiben, können ermäßigte Steuersätze in gleicher Weise, wie den im §. 9 unter b. bezeichneten Gewerbetreibenden bewilligt werden. Die Gewerbescheine für die Vorsteher und die Mitglieder solcher Gesellschaften können in einen Gewerbeschein zusammengefaßt werden.

§. 11.

Die Steuer für den ausschließlich auf die Hohenzollernschen Lande beschränkten Gewerbebetrieb im Umherziehen beträgt in der Regel 10 Mark für jedes Jahr. Die Regierung in Sigmaringen ist jedoch ermächtigt, nach näherer Anweisung des Finanzministers unter den im §. 9 zu 1 bezeichneten Voraussetzungen ermäßigte Steuersätze von 7, 5, 4 oder 2 Mark festzusetzen und für Mitglieder von Musiker-, Schauspieler-, Kunstreiter- und ähnlichen Gesellschaften, welche nur während einer Zeit von höchstens vier Wochen in den Hohenzollernschen Landen ihr Gewerbe ausüben, noch niedrigere Sätze anzuwenden.

Wer nach Entrichtung der Steuer vom Gewerbebetriebe im Umherziehen in den Hohenzollernschen Landen seinen Gewerbebetrieb in einem anderen Theile der Monarchie im Umherziehen ausüben will, ist verpflichtet, zuvor die Ausdehnung des Gewerbescheines durch diejenige Regierung, in deren Bezirk das Gewerbe zuerst betrieben werden soll, zu beantragen und die nach den Vorschriften im §. 9 zu bestimmende Steuer, jedoch unter Anrechnung des in den Hohenzollernschen Landen erlegten Betrages, zu entrichten.

§. 12.

Die Angehörigen solcher außerdeutschen Staaten (§. 3), mit denen kein Uebereinkommen dieserhalb getroffen ist, haben auf eine Ermäßigung des Steuersatzes nach Maßgabe der Bestimmungen im §. 9 unter 1 und im §. 11 keinen Anspruch.

Befreiung von der Steuer.

§. 13.

Der Finanzminister kann ausnahmsweise für gewisse Gewerbsarten oder in einzelnen Fällen den Gewerbebetrieb steuerfrei gestatten und demgemäß die Regierungen zur Ertheilung steuerfreier Gewerbescheine ermächtigen.

Vorbehalte wegen der nichtpreußischen Gewerbtreibenden.

§. 14.

Insoweit nach der Verfassung und den Gesetzen des Deutschen Reichs oder nach besonderen Verträgen und Vereinbarungen nichtpreußische Gewerbetreibende auf Befreiung von der Gewerbesteuer oder auf Ermäßigung derselben für Ausübung des Gewerbebetriebes in Preußen Anspruch haben, wird hieran durch dieses Gesetz nichts geändert.

Ingleichen bewendet es bei der dem Finanzminister ertheilten Ermächtigung für die Angehörigen solcher Länder, in welchen die diesseitigen Staatsangehörigen minder günstig als die eigenen Angehörigen behandelt und außer Verhältniß zu den von den Angehörigen anderer Länder in Preußen zu entrichtenden Steuern belastet werden, wie für diejenigen, welche für Rechnung der Angehörigen solcher Länder ein Gewerbe im Umherziehen in Preußen betreiben wollen, die Steuer bis auf das Achtfache zu erhöhen.

Erstattung der Steuer.

§. 15.

Wegen Abstandnahme vom Beginn des Gewerbebetriebes, sowie wegen Einstellung, Unterbrechung oder Verminderung des Betriebes im Laufe des Jahres findet eine Erstattung der Steuer für den eingelösten Gewerbeschein oder eines Theiles derselben in der Regel nicht statt.

Ist jedoch wegen unvorhergesehener, von dem Willen des Inhabers des Gewerbescheines unabhängiger Ereignisse der Beginn des Gewerbebetriebes unterblieben oder der Betrieb eingestellt worden und wird der Gewerbeschein innerhalb einer Frist von 6 Monaten nach der Einlösung zurückgegeben, so kann die entrichtete Steuer ersteren Falls ganz, im letzteren Falle zu einem verhältnißmäßigen Theile erstattet werden.

In Fällen solcher Art sind die Regierungen auch ermächtigt, auf Antrag des Inhabers des Gewerbescheines oder seiner Hinterbliebenen behufs Fortsetzung des Gewerbebetriebes für deren Rechnung einen neuen Gewerbeschein für den Rest des Jahres zu ermäßigtem Steuersatze oder steuerfrei zu ertheilen.

Tritt in Folge unvorhergesehener Ereignisse eine allgemeine

Unterbrechung der Ausübung des Gewerbebetriebes im Umherziehen oder einzelner Gattungen desselben, wenn auch nur in einem Theile der Monarchie, ein, so ist der Finanzminister ermächtigt, den davon betroffenen Gewerbetreibenden die erlegte Gewerbesteuer ganz oder theilweise erstatten zu lassen.

Verlust des Gewerbescheines.

§. 16.

Ist es glaubhaft gemacht, daß ein Gewerbeschein verloren, vernichtet oder unbrauchbar geworden, so kann die Ertheilung einer neuen Ausfertigung desselben gegen Erstattung der Auslagen einschließlich der etwaigen Amortisationskosten verlangt werden. Durch das Vorzeigen beglaubigter Abschriften kann den Vorschriften des §. 8 nicht genügt werden.

§. 17.

Vgl. Anhang II. A. S. 582.

Strafbestimmung.

§. 18.

Wer, ohne einen Gewerbeschein eingelöst zu haben, ein der Steuer vom Gewerbebetriebe im Umherziehen unterworfenes Gewerbe betreibt, wird mit einer dem doppelten Betrage der Jahressteuer für das betriebene Gewerbe gleichen Geldstrafe bestraft.

§. 19.

Wer nach Einlösung eines Gewerbescheines für das betreffende Jahr ein anderes der Steuer vom Gewerbebetriebe im Umherziehen unterliegendes Gewerbe betreibt, als das in dem Gewerbeschein bezeichnete, oder den Gewerbebetrieb im Umherziehen auf andere als die darin bezeichneten Gegenstände (Waaren oder Leistungen) ausdehnt, verfällt in eine Geldstrafe, die dem Doppelten desjenigen Betrages gleichkommt, um welchen die entrichtete Steuer geringer ist, als die dem thatsächlich ausgeübten Gewerbebetriebe entsprechende Steuer.

§. 20.

Die Bestimmungen der §§. 18 und 19 finden, wenn die Gegenstände des Gewerbebetriebes zu denjenigen gehören, welche vom An- und Verkauf im Umherziehen ausgeschlossen sind (§. 56 der Reichs-Gewerbeordnung vom 21. Juni 1869), ebenfalls, jedoch mit der Maßgabe Anwendung, daß stets, auch in den Fällen des §. 19, auf eine dem doppelten Betrage des Jahressteuersatzes von 48 Mark, in den Hohenzollernschen Landen von 10 Mark, gleichkommende Geldstrafe zu erkennen ist.

§. 21.

Wer nach Entrichtung der Steuer vom Gewerbebetriebe im Umherziehen in den Hohenzollernschen Landen sein Gewerbe den Vorschriften im §. 11 entgegen in einem anderen Theile der Monarchie im Umherziehen betreibt, ohne vorherige Einlösung des ausgedehnten Gewerbescheines, hat eine dem doppelten Betrage der für die Ausdehnung des Gewerbescheines zu erlegenden Steuer gleiche Geldstrafe verwirkt.

§. 22.

Neben den in den §§. 17, 18, 19 und 21 vorgeschriebenen Geldstrafen ist die vorenthaltene Steuer zu entrichten.

§. 23.

Wird festgestellt, daß die in den §§. 18 bis 21 bezeichneten strafbaren Handlungen im Auftrage und für Rechnung einer anderen Person ausgeübt sind, so ist gegen den Auftraggeber auf die gleiche Strafe, wie gegen den Beauftragten zu erkennen, und haften Beide solidarisch für die Strafbeträge, die Kosten und die vorenthaltene Steuer.

§. 24.

Wird festgestellt, daß in den Fällen der §§. 18, 19 und 21 der thatsächlich ausgeübte Gewerbebetrieb bei rechtzeitiger Beobachtung der Vorschriften in den §§. 6, 7 und 11 steuerfrei, beziehungsweise ohne Erhöhung des schon entrichteten Steuersatzes hätte stattfinden dürfen, so tritt an die Stelle der in den §§. 18 bis 21 bestimmten Geldstrafen eine solche zum Betrage von 1 bis 30 Mark.

§. 25.

Für jede Zuwiderhandlung gegen die Vorschriften des §. 8 trifft den Inhaber eines Gewerbescheines eine Geldstrafe von 1 bis 30 Mark, sofern nicht wegen Verbindung des Legitimationsscheines mit dem Gewerbescheine auf dieselbe Handlung oder Unterlassung schon die Strafbestimmungen im §. 149 unter Nr. 2, 4, 5 der Reichs-Gewerbeordnung Anwendung finden.

§. 26.

Die auf Grund dieses Gesetzes festzusetzenden, aber nicht beizutreibenden Geldstrafen sind nach Maßgabe der für Uebertretungen geltenden Bestimmungen des Strafgesetzbuchs für das Deutsche Reich (§§. 28 und 29) in Haft umzuwandeln.

Strafverfahren.

§. 27.

Die Untersuchung und Entscheidung in Betreff der in den §§. 17 bis 24 bezeichneten strafbaren Handlungen steht dem Gerichte zu, wenn nicht der Beschuldigte die von der Regierung vorläufig festzusetzende Geldstrafe nebst den durch das Verfahren gegen ihn entstandenen Kosten binnen einer ihm bekannt gemachten Frist freiwillig zahlt.

Die Regierungen sind ermächtigt, hierbei eine mildere als die in den §§. 17 bis 21 vorgeschriebene Strafe in Anwendung zu bringen.

Ist der Beschuldigte in Haft oder hat derselbe in Preußen keinen Wohnsitz, so erfolgt das Einschreiten des Gerichts ohne vorläufige Festsetzung der Strafe durch die Regierung. Dasselbe findet statt, wenn die Regierung aus sonstigen Gründen von der vorläufigen Festsetzung der Strafe Abstand zu nehmen erklärt oder der Angeschuldigte hierauf verzichtet.

Bei den gerichtlichen Untersuchungen kommen auch ferner die bestehenden Vorschriften in Anwendung, welche ein administratives Strafverfahren voraussetzen.

§. 28.

Bei den gerichtlichen Entscheidungen ist hinsichtlich der Höhe der in den §§. 17, 18, 19 und 21 vorgeschriebenen Geldstrafen die von der Regierung festzusetzende Jahressteuer zum Grunde zu legen.

Ingleichen ist für die im §. 24 bezeichnete Feststellung im gerichtlichen Verfahren die einzuholende Erklärung der Regierung maßgebend.

Die Entscheidung wegen der vorenthaltenen Steuer (§. 22) verbleibt in allen Fällen der Regierung.*)

§. 29.

In den in den §§. 18 bis 21 gedachten Fällen können die

---

*) Vgl. die Note S. 583.

zum Gewerbebetriebe im Umherziehen mitgeführten Gegenstände, soweit es zur Sicherstellung der Steuer, Strafe und der Kosten oder zum Beweise der strafbaren Handlung erforderlich ist, in Beschlag genommen werden.

§. 30.

Bei der Untersuchung und Entscheidung wegen der im §. 25 dieses Gesetzes und im §. 39 unter a. des Gesetzes wegen Entrichtung der Gewerbesteuer vom 30. Mai 1820 bezeichneten strafbaren Handlungen (Unterlassen der Anmeldung eines nicht steuerpflichtigen Gewerbes und des Aufhörens eines Gewerbes) findet eine Festsetzung der Strafe durch die Regierung (§. 27) nicht statt.

§. 31.

Allgemeine Bestimmungen.

Die in diesem Gesetz den Regierungen zugewiesenen Befugnisse und Obliegenheiten kommen gleichmäßig der Finanzdirektion für die Provinz Hannover und der Direktion für die Verwaltung der direkten Steuern in Berlin für deren Geschäftsbezirk zu.

§. 32.

Die Vorschriften des Gesetzes über die Verjährungsfristen bei öffentlichen Abgaben vom 18. Juni 1840 (Gesetz-Samml. S. 140) finden, soweit nicht das gegenwärtige Gesetz etwas Anderes bestimmt, auch auf die Steuer vom Gewerbebetriebe im Umherziehen Anwendung.

§. 33.

Uebergangsbestimmungen.

Dieses Gesetz tritt mit dem 1. Oktober 1876 in Kraft. Die bisherigen Vorschriften über die Besteuerung des Gewerbebetriebes im Umherziehen, insbesondere die §§. 7, 8, 20 bis 24, 34 unter b., 40 und 42 unter a. des Gewerbesteuergesetzes vom 30. Mai 1820 (Gesetz-Samml. S. 147), die Bestimmungen der Beilage B. zu demselben Gesetze unter Littr. L., der §. 20 und der §. 21 unter 3 des Gesetzes vom 19. Juli 1861, betreffend einige Abänderungen des Gesetzes wegen Entrichtung der Gewerbesteuer vom 30. Mai 1820 (Gesetz-Samml. S. 147), das Regulativ über den Gewerbebetrieb im Umherziehen vom 28. April/21. Mai 1824 (Ges.S. S. 125), das Regulativ vom 4. Dezember 1836, den Gewerbebetrieb im Umherziehen betreffend (Gesetz-Samml. für 1837

S. 14), die Allerhöchsten Kabinets-Ordres vom 6. Oktober 1829 (Gesetz-Samml. für 1830 S. 1), vom 30. Juni 1833 (Gesetz-Samml. S. 81), vom 14. Oktober 1833 (Gesetz-Samml. S. 126), vom 31. Dezember 1836 (Gesetz-Samml. 1837 S. 13), der §. 4 des Gesetzes vom 5. Juni 1874, betreffend einige Abänderungen der Vorschriften über die Besteuerung der Gewerbe der Bäcker, Fleischer, Brauer, der Agenten der Versicherungsgesellschaften, der Kleinhändler und des Gewerbebetriebes im Umherziehen (Gesetz-Samml. S. 219), das Gesetz, betreffend den Gewerbebetrieb im Umherziehen in den Hohenzollernschen Landen vom 14. September 1857 (Gesetz-Samml. für 1858 S. 9) und die §§. 4 und 5 des Gesetzes vom 25. März 1875, betreffend einige Aenderungen der direkten Steuern in den Hohenzollernschen Landen (Gesetz-Samml. S. 181), werden vom 1. Oktober 1876 ab, vorbehaltlich der Anwendung auf frühere Fälle, außer Kraft gesetzt.

C.

Gesetz, betreffend die Besteuerung des Wanderlagerbetriebes vom 27. Februar 1880.

(Ges.S. S. 174.)

§. 1.

Wer außerhalb seines Wohnortes und ohne Begründung einer gewerblichen Niederlassung die Waaren eines Wanderlagers von einer festen Verkaufsstätte aus feilbieten will, hat vom 1. April 1880 ab neben und unabhängig von der Steuer für den Gewerbebetrieb im Umherziehen (Gesetz vom 3. Juli 1876 G. S. S. 247) in jedem Orte, an welchem er das Geschäft betreibt oder durch Vermittelung eines daselbst einheimischen Verkäufers oder Auktionators betreiben läßt, eine nach den folgenden Vorschriften für die Gemeinden beziehungsweise Kreise zu erhebende Steuer zu entrichten.

Durch die Erfüllung der gesetzlichen Förmlichkeiten der Begründung des Wohnsitzes oder einer gewerblichen Niederlassung wird der Inhaber eines Wanderlagers von der Entrichtung der Steuer nicht befreit, wenn die begleitenden Umstände erkennen lassen, daß die Förmlichkeiten behufs Verdeckung des Wanderlagerbetriebes erfüllt sind.

Das Veranstalten einer Auktion von Waaren eines Wanderlagers wird dem Feilbieten derselben gleich geachtet.

§. 2.

Wer den die Waaren des Wanderlagers an einem Orte in mehreren Verkaufslokalen (gleichzeitig oder nach einander) feilgeboten, so ist für jedes derselben die Steuer besonders zu entrichten.

§. 3.

Der in diesem Gesetze vorgeschriebenen Besteuerung ist nicht unterworfen:

1. der Markt- und Meßverkehr, sowie der Verkauf von Ausstellungsobjekten auf öffentlichen, von den zuständigen Behörden genehmigten Ausstellungen,
2. die Errichtung fester Verkaufsstellen für die Dauer der Kurzeit (Saison) in Bade-, Brunnen-, und ähnlichen Orten,
3. das Feilbieten von Gegenständen des Wochenmarktverkehrs vom Schiffe aus — mit Ausnahme derjenigen Handwerkerwaaren, mit denen nur den einheimischen Verkäufern der Wochenmarktverkehr gestattet ist (§. 64 der Reichsgewerbeordnung vom 21. Juni 1869, Bundes-Gesetzbl. S. 245,
4. das Feilbieten von Lebensmitteln aller Art.
5. Außerdem kann der Finanzminister für gewisse Gewerbsarten oder in einzelnen Fällen den Geschäftsbetrieb steuerfrei gestatten.

§. 4.

Die Steuer beträgt für jede Woche der Dauer des Wanderlagerbetriebes in den Orten:

der ersten Gewerbesteuerabtheilung	50 Mark,
der zweiten und dritten Gewerbesteuerabtheilung	40 „
der vierten Gewerbesteuerabtheilung, sowie in den Hohenzollernschen Landen	30 „

Eine Theilung der Steuersätze für einen kürzeren als einwöchentlichen Betrieb findet nicht statt.

Die Woche wird vom Tage der Eröffnung des Betriebes bis zum Anfang des entsprechenden Tages der nächsten Kalenderwoche gerechnet. Eine Unterbrechung oder frühere Beendigung des Betriebes vor Ablauf der Woche bleibt unberücksichtigt.

Für die Wanderauktionen wird dieselbe Steuer für den Tag erhoben.

§. 5.

Die Isteinnahme der Steuer wird

a) in den Orten der ersten, zweiten und dritten Gewerbesteuerabtheilung der Gemeinde, in deren Bezirk der Wanderlagerbetrieb stattgefunden hat,

b) in den Orten der vierten Gewerbesteuerabtheilung den betreffenden Kreisen, in den Hohenzollernschen Landen den betreffenden Amtsverbänden

überwiesen.

Ueber die Verwendung haben im Falle zu Littr. b. die Kreisvertretungen beziehungsweise in den Hohenzollernschen Landen die Amtsversammlungen zu Gunsten der betheiligten Gemeinden und Gutsbezirke zu beschließen.

Insoweit die Erhebung der Steuer durch Staatsbeamte (Steuerempfänger, Steuerkasse in Berlin, Kreiskasse in Frankfurt a. M.) bewirkt wird, sind von der zu überweisenden Isteinnahme drei Prozent als Erhebungskosten für die Staatskasse vorweg in Abzug zu bringen.

Im Uebrigen steht weder dem Staate noch den Gemeinden für ihre Mitwirkung bei Festsetzung und Erhebung der Steuer ein Anspruch auf Vergütung zu.

§. 6.

Wer ein nach §. 1 steuerpflichtiges Geschäft beginnen, oder nach Ablauf der Zeit (§. 4), für welche die Steuer entrichtet ist, fortsetzen oder wieder beginnen will, ist verpflichtet, davon der Gemeindebehörde des Ortes — in Berlin der Direktion für die Verwaltung der direkten Steuern — unter Angabe der Verkaufsstelle und der Dauer des Betriebes (§. 4) Anzeige zu machen und den in der Anmeldungsbescheinigung bestimmten Steuerbetrag an die daselbst bezeichnete Empfangsstelle gegen Quittung vor Eröffnung des Betriebes zu entrichten.

In den Fällen des §. 2 ist die gleiche Verpflichtung für jede Verkaufsstelle zu erfüllen.

§. 7.

Wer ein nach §§. 1 und 2 steuerpflichtiges Geschäft beginnt beziehungsweise fortsetzt, ohne die im §. 6 bestimmten Verpflichtungen erfüllt zu haben, wird mit einer dem doppelten Betrage der vorenthaltenen Steuer (§. 4) gleichen Geldstrafe bestraft.

Außerdem ist die vorenthaltene Steuer zu entrichten.

§. 8.

Wird festgestellt, daß die strafbare Handlung (§. 7) im Auftrage und für Rechnung einer anderen Person ausgeübt ist, so ist gegen den Auftraggeber auf die gleiche Strafe wie gegen den Beauftragten zu erkennen, und haften Beide solidarisch für die Strafbeträge, die Kosten und die vorenthaltene Steuer.

§. 9.

Die empfangene Steuerquittung muß bei jeder Verkaufsstelle während der Dauer des Geschäftsbetriebes den zuständigen Beamten auf Erfordern vorgezeigt werden.

Zuwiderhandlungen gegen diese Vorschrift werden mit Geldstrafe bis zu 30 Mark bestraft.

§. 10.

In Betreff der Umwandlung der Geldstrafen in Haft, des Strafverfahrens und der Beschlagnahme der zum Geschäftsbetriebe mitgeführten Gegenstände finden die §§. 26 bis einschließlich 29 des Gesetzes vom 3. Juli 1876 (G.S. S. 247) entsprechende Anwendung.

In den Fällen des §. 9 findet eine vorläufige Festsetzung der Strafe durch die Regierung nicht statt.

§. 11.

In Betreff des Beschwerdeverfahrens, der Verpflichtungen der Kommunal- und Kreisbehörden sowie der Kommunen bezüglich der Ermittelung und Erhebung der Steuer sind auf die nach Vorschrift dieses Gesetzes zu erhebende Steuer, soweit in demselben nicht etwas Anderes bestimmt ist, die wegen der Gewerbesteuer vom stehenden Gewerbebetriebe geltenden Bestimmungen anzuwenden.

Dasselbe gilt bezüglich der Vorschriften des Gesetzes über die Verjährungsfristen bei öffentlichen Abgaben vom 18. Juni 1840 (G.S. S. 140).

§. 12.

Mit der Ausführung dieses Gesetzes sind die Minister des Innern und der Finanzen beauftragt.

Alphabetisches Sachregister.

A.

Abänderung der Statuten eingeschriebener Hülfskassen 422, 423.
Abbildungen, Schutz des Urheberrechts 498, 511.
Abdeckerei, Genehmigung zur Anlage 102.
Abdeckereiberechtigung, Einfluß der Gew.O 61, 70.
Aufhebung und Ablösung dersel. 66, 84.
Zwangs- und Bannrechte 66.
Abdeckereigewerbe, Gewerbesteuer 66, 559.
Abgaben, gewerbliche, deren Aufhebung 62, 67.
für öffentliche Lustbarkeiten 62, 85.
von Seeschiffen und Schiffsladungen 200.
für den Marktverkehr 302.
Beschlagnahme des Arbeits- und Dienstlohns für Abgaben 384.
Abgeordnete der Steuergesellschaft (Gewerbesteuer) 571, 572, 573, 574, 575.
Abhandlungen, deren Abdruck 501.
Ablösung von Gewerbeberechtigungen 62.
Befugniß zu derselben 63, 69.
Entschädigung 63, 70.
Streitigkeiten 64.
Verfahren 65.
bei Abdeckereiberechtigungen 66, 67.
in den neu erworbenen Landestheilen 67.
Kosten des Verfahrens 83.
Abtheilungen, Gewerbesteuer 571, 572, 576.
Advokatur, Anwendung der Gew.O. 52, 88.
Aenderung der Anlage einer Betriebstätte 148.
Aerzte, deren *Approbation 150, 173,* 487.
deren Prüfung 151, 160, 174.
Entbindung von derselben 164.
Befugniß zum Impfen 174.
Annahme des Titels Arzt 175, 487.
vereidete Medizinalpersonen 220.
Taxen 308.
Zwang zu ärztlicher Hülfe 480.
Aerztliche Behandlung, Bestreitung der Kosten derselben aus Hülfskassenfonds 427.
Agenten, Gewerbebetrieb im Umherziehen 257.
Gewerbesteuer 558, 559, 562, 567.
Akademien, Schutz des Urheberrechts von Schriftwerken rc. 502.
Aktenstücke, öffentliche, deren Abdruck 501.
Alimente, Beschlagnahme des Arbeits- und Dienstlohnes 384.
Alkoholgehalt, Schank- und Kleinhandel mit Branntwein und Spiritus 207.
Anlagen, gewerbliche, deren Genehmigung 101, 149.
Voraussetzungen 123.
Anmeldung der Arbeiter zum Eintritt in eine Hülfskasse 437.
eines Waarenzeichens zum Markenschutz 517.
einer Erfindung zur Patentirung 543.
des Hausirgewerbes 595, 602.
Annahme von Gesellen, Lehrlingen rc. 234.
Anstiftung zur Gewerbesteuer-Kontravention 602.

Antiquare, Anzeige des Gewerbebetriebes 92.
Antrittsgeld für die Aufnahme in eine Innung 315.
Anzeige der ertheilten Konzessionen 180.
des Gewerbebetriebes siehe **Gewerbebetrieb.**
der Beschäftigung jugendlicher Arbeiter 406.
des beabsichtigten Schankbetriebes 486.
des Gewerbebetriebes (Gewerbesteuer) 570.
des Aufhörens desselben 584.
Apotheken, Einrichtung und Verlegung 51. 151.
Apotheker, deren Gewerbebetrieb 52, 54.
deren Approbation 150.
deren Prüfung 163, 165, 173.
Berechtigung zur Annahme von Gehülfen und Lehrlingen 234.
Zurücknahme der Approbation 250.
Taxen 308.
Gewerbesteuer 558.
Apotheker-Gehülfen, deren Prüfung 171, 173.
ihre gewerbliche Stellung 379.
Apotheker-Lehrlinge, ihre gewerbliche Stellung 379.
Apotheken-Visitationen, Gebühren für deren Abhaltung 312.
Apotheker-Waaren, Vertrieb derselben 54.
Approbation der Apotheker 150, 165.
der Aerzte 150, 151, 173.
der Wundärzte 150, 151.
der Augenärzte 150.
der Geburtshelfer 150, 151.
der Zahnärzte 150, 151.
der Thierärzte 150.
Verfahren bei der Approbation 150.
Zurücknahme derselben 177, 250.
Arak, Art des Branntweins 205.
Arbeit an Sonn- und Festtagen 379.
Arbeiter, Maßregeln zum Schutz ihrer Gesundheit vgl. **Schutzmaßregeln.**
Befugniß zur Annahme von Arbeitern 234.
ihre gewerbliche Stellung 378.
unter 12 Jahren 379, 403, 405, 408, 411, 412, 413.
zwischen 14 und 16 Jahren 403.
unter 21 Jahren 380.
über 16 Jahre (Pflicht zum Anschluß an eine Hülfskasse) 436.
in Bergwerken, Salinen, Aufbereitungsanstalten, unterirdischen Brüchen und Gruben 385, 403.
in Walz- und Hammerwerken 404.
in Glashütten 410.
in Spinnereien 404, 413.
Arbeiterinnen, deren gewerbliche Beschäftigung 385, 403, 404, 408, 409, 410, 495.
Arbeitgeber, Verhältniß zu den Arbeitern 378 ff., 394, 396, 397, 402.
Beiträge zu gewerblichen Hülfskassen 426 ff.
Arbeitsbücher 380, 394.
Arbeitskarten der Lehrlinge 405.
Arbeitslohn, Beschlagnahme 383.
Art der Entrichtung 385.
Arbeitspausen 404, 405, 409, 410, 411, 412.
Arbeitsschicht in Walz- und Hammerwerken 409.
in Glashütten 411.
Arbeitsstunden 404, 408, 409, 411, 412, 413.
Arrangements aus musikalischen Kompositionen 511.
Arrestbruch 385.
Arzneimittel, deren Verkauf im Allgemeinen 52, 60.
im Umherziehen 270, 272.
Asphaltkochereien, Genehmigung der Anlage 102.
Assekuranzgeschäfte, Gewerbesteuer 558, siehe auch **Versicherungsgesellschaften.**
Aufbereitungsanstalten, Arbeit in denselben 385, 403, 495.
Arbeiter in denselben 385.
Hülfskassen-Angelegenheiten 438.
Aufkauf im Umherziehen 252.
Aufkäufer, Gewerbesteuer 562, 563, 593, 594.
Aufkündigung der Gesellen und Gehülfen 395, 397.
Auflösung von Innungen 318.
des Lehrlingsverhältnisses 399, 400.
eingeschriebener Hülfskassen 432, 434.
Aufsätze, deren Abdruck 501.
Auftrag zum steuerpflichtigen Hausirvertrieb 602.
Augenärzte, deren Approbation 150.
Auktionatoren, deren Gewerbebetrieb 218.

Aufsuchen von Bestellungen, siehe **Bestellung.**
Ausbildung der Lehrlinge 398.
Ausländer, Beschränkungen im Gewerbebetrieb 86, 476.
deren Gewerbebetrieb im Umherziehen 275, 292.
deren gewerblicher Marktverkehr 300.
Schutz ihrer Schriftwerke rc. gegen Nachdruck 517, 528
Schutz ihrer Waarenzeichen 522.
Musterschutz 536.
Gewerbesteuer 563, 565, 594, 595, 600, 603.
Ausschließung vom Gewerbebetriebe 38.
von Mitgliedern aus einer eingeschriebenen Hülfskasse 428.
Ausschuß bei eingeschriebenen Hülfskassen 267, 429.
Ausspielen beim Hausirhandel 273.
Auswanderungs-Agenten, Gewerbebetrieb 52.
Auswanderungs-Unternehmer, deren Gewerbebetrieb 52. 87.
Auszüge aus musikalischen Kompositionen 511.
aus dem Musterregister 534.

B.

Backwaaren-Preis- und -Gewichts-Verzeichniß 306.
Bade-Anstalten, Gewerbesteuer 560.
Badeorte, Gewerbebetrieb (Gewerbesteuer) 565.
Bäcker, Zwangsrecht derselben 61.
Bekanntmachung des Preises und Gewichts 306.
Gewerbesteuer 561, 566.
Bannrechte, Aufhebung bezw. Ablösung 61, 84.
in den neu erworbenen Landestheilen 67.
fernere Begründung von Bannrechten 85.
Bauhöfe, Arbeit auf denselben 402, 495.
Baukunst, Schutz des Urheberrechts 523.
Bauunternehmer, Verantwortlichkeit für Schäden 392.
Beamte, Beschränkungen im Gewerbebetriebe 87, 88.
Beschlagnahme des Gehalts 384.
Bedürfniß, Prüfung bei Schauspielunternehmungen 202.
bei der Gast- und Schankwirthschaft 203, 206.
beim Gewerbe der Pfandleiher 215.
beim Hausirgewerbe der Ausländer 276.
Befreiung von der Gewerbesteuer siehe **Gewerbesteuer.**
Begleiter beim Gewerbebetrieb im Umherziehen 296.
ausländischer Hausirer 279.
Angabe der Begleiter bei der Anmeldung des Hausirgewerbes zum Zweck der Besteuerung 596, 597, 598.
Beichtunterricht der jugendlichen Arbeiter 405.
Beiträge für eingeschriebene Hülfskassen 422.
Bekanntmachung bei einer zu errichtenden gewerblichen Anlage 119. 125.
bei Veränderung einer gewerblichen Anlage 148.
bei Approbationen 173.
des Preises und Gewichts von Backwaaren 306.
von Waarenzeichen zum Markenschutz 518.
der Verurtheilung wegen Verletzung des Markenschutzes 521.
der Beschreibungen und Zeichnungen patentirter Erfindungen 543.
der Anmeldung einer zu patentirenden Erfindung 544.
der Verurtheilung wegen Verletzung des Patentrechts 547.
Berechtigung zur Auferlegung von Abgaben 62, 68.
zum Gewerbebetriebe 29. 472.
Bergwerke, Arbeiter in denselben 385, 387, 403.
Entschädigung bei Tödtungen und Verletzungen 387, 390.
Hülfskassen-Angelegenheiten 438.
Maschinen in denselben (Gewerbesteuer) 569.
Bergwesen, Anwendung der Gew.-O. 52.
Berlin, Zuständigkeit der Behörden in Gewerbepolizeisachen 109, 115.
Ausfertigung der Legitimationsscheine 259, 260.
Anordnungen wegen des Marktverkehrs 301, 303.

in Innungs-Angelegenheiten 316, 318.
Gewerbesteuer 522, 574, 580, 582, 596, 604.
Berufung gegen Entscheidungen des Patentamts 546.
Verfahren 555.
gegen die Beschlüsse der Abgeordneten einer Steuergesellschaft (Gewerbesteuer) 573.
Bescheinigung der Anzeige des Gewerbebetriebes 93.
Beschlagnahme bei Defraudation von Postporto 39.
des Arbeits- oder Dienstlohns 383.
socialdemokratischer Vereinskassen 474.
socialdemokratischer Druckschriften 475.
der Waaren und Werkzeuge (Gewerbesteuer) 581.
bei Hausir-Gewerbesteuer-Kontraventionen 604.
Beschränkungen des Gewerbebetriebes durch Verträge 36. 37.
durch die Postgesetze 38. 39.
durch die Steuergesetze 38. 40.
durch die Zollgesetze 40.
durch das Preßgesetz 40.
zur Verhinderung socialdemokratischer Bestrebungen 40. 473.
der Ausländer 86. 87.
der Soldaten 87.
der Beamten 87, 88.
hinsichtlich des Verkehrs mit Nahrungsmitteln, Genußmitteln und Gebrauchsgegenständen 41.
hinsichtlich des Verkaufs von Waffen 478.
zum Schutz gegen Rinderpest und Viehseuchen 41.
Beschreibungen bei Anträgen zur Genehmigung gewerblicher Anlagen 125.
bei gleichen Anträgen betr. Dampfkessel-Anlagen 133, 135.
Einsicht derselben beim Patentamt 542.
Beschwerde gegen gewerbepolizeiliche Verfügungen 93, 94, 96, 109, 302.
Mitwirkung der Gewerberäthe 418.
gegen das Verbot einer Druckschrift 475.
gegen Verfügungen betr. socialdemokratische Bestrebungen 477.
gegen Beschlüsse des Patentamts 541, 545.
Bestallung, Zurücknahme derselben 250.
Bestellung, Aufsuchen derselben 264.
beim Gewerbebetrieb im Umherziehen 252, 264.
Gewerbesteuer 563, 592, 593, 594.
Besteuerung siehe **Gewerbesteuer.**
Betriebslokal siehe **Lokal.**
Betriebsveränderung vgl. **Veränderung.**
Betten, Handel der Trödler 223.
gebrauchte, Hausirbetrieb mit denselben 268.
Bezirksausschuß, dessen Zuständigkeit 65, 99, 100, 110, 111, 112, 113. 114, 115, 149, 181, 201, 233, 249, 304, 316, 318, 319, 320, 471.
Bezirksrath, Zuständigkeit in Gewerbe-Polizeisachen 99, 104, 106, 109, 233, 249, 300, 303, 315, 318.
Befugniß zur Zuziehung der Gewerberäthe 418.
Bezirksverwaltungsgericht, Zuständigkeit bei der Ablösung von Gewerbeberechtigungen 63, 64, 65, 84.
Zuständigkeit in Gewerbe-Polizeisachen 84, 94, 104, 105, 106, 107, 108, 111, 112, 178, 241, 251, 260, 318, 319.
insbesondere bei Ertheilung und Zurücknahme von Approbationen 178.
bei Konzessionen zu Krankenanstalten 181.
bei Erlaubniß zum öffentlichen Verkauf von Druckschriften 241.
bei Zurücknahme von Approbationen und Bestallungen 251.
bei Versagung des Legitimationsscheins 260.
in Innungs-Angelegenheiten 319.
Bibeln, deren Colportage 36, 265.
Bier, Erlaubniß zum Ausschank 203.
Gewerbesteuerpflicht beim Kleinhandel 560.
Verfälschung 46.
Bilder, Verkäufer derselben, Anzeige 92.
Erlaubniß zum öffentlichen Verkauf 239.
Bodensee-Schifffahrt, Regelung derselben 200.
Boden-Produkte siehe **Erzeugnisse.**
Bohrmühlen, Gewerbesteuer 569.

Bons als Zahlungsmittel an Arbeiter 385, 402.
Bracker, deren Gewerbebetrieb 219.
Branntwein, Handel im Grenzbezirk 40.
Konzession des Kleinhandels 202.
Begriff 206.
Branntweinbrenner, Gewerbesteuer 559.
Kleinhandel 207.
Branntweinzwang, Aufhebung 61.
Braunkohlentheer-Fabriken, Genehmigung zur Anlage 101.
Brauer, Gewerbesteuer 561.
Branzwang, Aufhebung 61.
Briefe, deren gewerbsmäßige Beförderung 38.
Bruchgold, Hausirbetrieb 269.
Brüche unterirdische, Arbeiter in denselben 385, 495.
Hülfskassen-Angelegenheiten der Arbeiter 420.
Bruchsilber, Hausirbetrieb 269.
Brunnenorte, Gewerbebetrieb (Gewerbesteuer) 565.
Buchdrucker, Anzeige des Gewerbebetriebes 92.
Untersagung des Gewerbebetriebes 477.
Buchdruckerei als Fabrik 403.
Buchhändler, Anzeige des Gewerbebetriebes 92.
Untersagung des Gewerbebetriebes 477.
Bürgerrecht, Einfluß auf die Zulassung zum Gewerbebetriebe 89.
Bürgerrechtsgeld, Entrichtung desselben 89.
Bundesrath, Zustimmung beim Erlaß von Verordnungen zum Schutz der Gesundheit 42.
Zuständigkeit zur Ergänzung des §. 16 Gew.-O. 102.
Zuständigkeit zur Ergänzung des §. 24 Gew.-O. 134.
Zuständigkeit im Falle des §. 29 Gew.-O. 150. 151.
Zuständigkeit im Falle des §. 31 Gew.-O. 182.
Zuständigkeit im Falle des §. 56b Gew.-O. 273.
Zuständigkeit im Falle des §. 56d Gew.-O. 275.
Zuständigkeit im Falle des §. 139a Gew.-O. 408.
Zustimmung zu Vereinbarungen betreffend das **Urheberrecht** an **Mustern und Modellen** 28.
Rechtsausführungen desselben
Nr. 59 S. 28.
Nr. 78 S. 62.
Nr. 157 S. 101.
Nr. 197—201 S. 37, 38.
Nr. 202 S. 62.
Nr. 203 S. 90.
Nr. 204, 206, 207 S. 101, 102, 103.
Nr. 208 S. 148.
Nr. 209 S. 151.
Nr. 210, 211 S. 204.
Nr. 212 S. 222.
Nr. 215 S. 273.
Nr. 217 S. 276.
Nr. 220—222 S. 394, 395.
Nr. 223 S. 403.
Nr. 224 S. 408.
Nr. 225 S. 420.
Nr. 226 S. 402.
Nr. 273 S. 390.
Nr. 298—305 S. 390, 391.
Nr. 457—463 S. 280, 281, 283.
Nr. 470 S. 41.
Buße bei Verletzung des Markenschutzes 520.
bei Verletzung des Patentrechts 547.
Butter, Hausirhandel 288.

C.

Chirurgie, kleine, Ausübung derselben 176.
Chemische Fabriken, Genehmigung zur Anlage 102.
Celluloid Anlagen zur Herstellung desselben, deren Genehmigung 102.
Civilklage siehe **Klage**, **Rechtsweg.**
Cognak, Gattung des Branntweins 205.
Colporteure von Bibeln 36, 265.
Colportage, **Buchhandel** 92, 237.
Commissionäre, Gewerbesteuer 558, 562.
Compositionen, musikalische, Schutz des Urheberrechts 498, 511.
Comtoir, Gewerbesteuer 560, 562.
Concessionen, Aufhebung der Berechtigung zu deren Ertheilung 62.
Ertheilung derselben 104, 111, 485.
a. zum Betriebe der Gast- und

Schankwirthschaft 104, 111, 202.
b. zum Kleinhandel mit Branntwein und Spiritus 104, 111, 202.
c. zum Handel mit Giften 104. 111.
d. zu Privat-Kranken-, Entbindungs- und Irren-Anstalten 105, 178, 179.
e. zu Schauspielunternehmungen 105. 111.
Fristbestimmung 248.
Zurücknahme der Konzession 250.
Concurrenz in Gewerbestrafsachen 488.
Concurs eingeschriebener Hülfskassen 433.
Concursverwalter, Gewerbebetrieb 36.
Control-Manometer bei Dampfkesseln 140.

D.

Dachfilzfabriken, Genehmigung zur Anlage 102.
Dachpappenfabriken, Genehmigung zur Anlage 102.
Dampfkessel, stationäre, Genehmigung zur Anlage 134.
beweglicheh 134, 137, 139, 142, 143.
auf Bergwerken und Aufbereitungsanstalten 133, 136, 140.
bei Eisenbahnen 134. 146.
auf Dampfschiffen, Marinefahrzeugen und Etablissements 135, 139, 147.
auf militärfiskalischen Grundstücken 135.
Dampfkessel-Betrieb 146.
Dampfkessel-Fabriken, Genehmigung der Anlage 102. 133.
Dampfkessel-Revision, Verfahren 136.
Dampfkessel-Vereine, Revision der Dampfkessel 137.
Dampfschiffe, Untersuchung der Dampfkessel 139, 143. 144, 147.
Gewerbesteuer 569, 591.
Dahrlehnsvermittelung 272.
Darmsaitenfabriken, Genehmigung zur Anlage 102.
Darmzubereitungsanstalten, Genehmigung zur Anlage 102.
Defraudation von Postporto 39.
Dégrasfabriken, Genehmigung zu ihrer Anlage 102.
Departements-Thierärzte, deren Gebühren 310.
Deputation, technische für das Veterinärwesen 173.
Diäten der Medizinalbeamten 313. Siehe auch **Tagegelder**.
Dienstboten, Erlaubniß zum Gewerbebetriebe 87.
Dienstleistungen, gewerbliche 307.
Dienstlohn, Beschlagnahme 383.
Dienstvergehen der Steuer- und Gemeinde-Beamten (Gewerbesteuer) 584.
Direktion für Verwaltung der direkten Steuern 574, 583.
Doktortitel siehe **Titel**.
Doktorpromotion, nicht Voraussetzung der Approbation 150.
Donauschifffahrt 200.
Doppelbesteuerung 558, 569.
Drahtbinder, Hausirbetrieb 276.
Droguen, deren Verkauf 55.
Drohung als Einwirkung auf Arbeitseinstellung 494.
Druckschriften im Allgemeinen 40, 472.
sozial-demokratische, deren Vertrieb 40, 241, 475, 476, 477, 479.
Verkäufer derselben. Anzeige des Gewerbebetriebes 92.
Erlaubniß zum öffentlichen Verkauf 237.
Dungpulverfabriken, Genehmigung zur Anlage 102.

E.

Ehefrauen der Militärpersonen und Staatsbeamten. Gewerbebetrieb 87, 88.
Schankbetrieb durch die Ehefrau 210.
Ehrverletzung als Einwirkung auf Arbeitseinstellung 494.
Eier als Rohprodukt 288.
Eigenschaften, vorausgesetzte, zum Gewerbebetriebe 251.
Einstellung des Gewerbebetriebes (Gewerbesteuer) 600.
Eintragsrolle 510, 513, 525.
Eintragung von Waarenzeichen zum Markenschutz 518.

von Mustern und Modellen zu deren Schutz 532.
Einwendungen gegen gewerbliche Anlagen 119, 126.
Einziehung im Falle der Zuwiderhandlung gegen die zum Schutze der Gesundheit erlassenen Gesetze 47, 50, 51.
der Beiträge eingeschriebener Hülfskassen 426.
Steuereinziehung, Beschlagnahme von Arbeits- und Dienstlohn 384.
im Falle der Zuwiderhandlung gegen die Vorschriften wegen Nachdrucks 504, 505, 506.
der Hausirgewerbesteuer 596.
Eisenbahnen, Betrieb der Lokomotiven 134.
Verbindlichkeit zum Schadenersatz bei Tödtungen und Verletzungen 387.
Eisenbahnunternehmungen, Gewerbebetrieb 52.
Elbschifffahrt, deren Regelung 200.
Elsaß-Lothringen 6, 7, 8, 25, 27, 423.
Entbindungsanstalten, Konzessionirung 105, 111, 248.
Entlassung von Gesellen und Gehülfen 395, 397.
Entschädigung für aufgehobene Gewerbeberechtigungen, Zwangs- und Bannrechte 61, 63, 73.
für Schließung von Privatschlachtanstalten 131.
für Benachtheiligung durch eine gewerbliche Anlage 148.
für Untersagung der ferneren Benutzung einer gewerblichen Anlage 249.
für Beschränkungen des Marktverkehrs 300, 302.
bei Tödtungen und Verletzungen bei dem Betriebe von Eisenbahnen, Bergwerken ꝛc. 387.
wegen unberechtigter Aufhebung eines Arbeitsverhältnisses 395.
aus dem Arbeitsverhältniß der Gesellen und Gehülfen 396, 397.
aus dem Arbeitsverhältniß der Lehrlinge 402.
wegen vorsätzlichen oder fahrlässigen Nachdrucks 503, 504, 505, 506, 509, 514.
wegen Verletzung des Markenschutzes 520.
wegen Verletzung des Patentrechts 547.
Entziehung der Befugniß zum Gewerbebetriebe 40. 472.
für das Preßgewerbe 40.
für den Vertrieb von Druckschriften 40.
für den Gewerbebetrieb als Schiffer oder Steuermann 201.
Erben, Schutz gegen Eingriffe in das Urheberrecht ihres Erblassers an Schriftwerken ꝛc. 498, 502, 523, 530, 532.
Patentschutz 538.
Erbleihmühlen 68.
Erdöldestillation, Genehmigung zur Anlage 101.
Erfindung, neue, deren Patentirung 537.
Erhebung, Gewerbesteuer 580, 581.
Erhebungsrollen (Gewerbesteuer) 577.
Erlaß der Steuer siehe **Gewerbesteuer.**
Erlasse, amtliche, deren Abdruck 501.
Erlaubniß zum Verkauf von Arzeneimitteln 52, 54, 61.
zum Gewerbebetriebe juristischer Personen des Auslandes 86.
zum Gewerbebetriebe ausländischer Versicherungs-Anstalten 86.
zum Gewerbebetriebe ausländischer Auswanderungs - Unternehmer 87.
zum Gewerbebetriebe von Staatsbeamten und Militärpersonen 87, 88.
zum Gewerbebetriebe der Gast- und Schankwirthe 104, 202.
zum Gewerbebetriebe der Kleinhändler mit Branntwein und Spiritus 104, 202.
zum Gewerbebetriebe der Händler mit Giften 104.
zum Gewerbebetriebe der Schauspiel-Unternehmer 201, 213, 214, 290, 296.
zum Gewerbebetriebe der Führer von Seeschiffen 182.
zum Gewerbebetriebe der Pfandleiher und Rückkaufshändler 214, 222.
zum Gewerbebetriebe der Verkäufer von Druckschriften 239.
zum Gewerbebetriebe der Hausirer im Grenzzollbezirk 260, 281.

zum Verkauf oder Ankauf von Hausirwaaren 273.
zum Veranstalten von öffentlichen Lotterien und Glücksspielen 271.
zu Musikaufführungen, Schaustellungen im Umherziehen 213, 214.
Ermittelung der Gewerbesteuer 581.
Erstattung der Gewerbesteuer 579, 600.
Erzeugnisse, rohe, Gewerbebetrieb im Umherziehen 259, 286.
Gewerbebetrieb der Ausländer 275.
Marktverkehr mit denselben 300.
selbstgewonnene, Hausirbetrieb 286.
Etatsjahr, Gewerbesteuer 578.
Exekution wegen der Innungsbeiträge 317.
aus Entscheidungen gewerblicher Schiedsgerichte 395.
Gewerbesteuer 579, 581.
Explosive Stoffe, Hausir-Handel mit denselben 269, 270.

F.

Fabrikinhaber, Schadenersatz für Tödtungen und Verletzungen 387.
Verpflichtung zu Beiträgen für Hülfskassen 436.
Gewerbesteuer 558, 560, 561, 563.
Fabrikarbeiter, deren Gewerbebetrieb 90.
ihre gewerbliche Stellung 378, 402.
Pflicht zum Anschluß an eine Hülfskasse 437.
Fabriken-Inspektoren siehe **Gewerberäthe.**
Fälschung siehe **Verfälschung.**
Fahrlässigkeit beim Feilhalten von Nahrungs- und Genußmitteln 47, 50.
bei der Herausgabe von Schriftwerken 2c. (Nachdruck) 509.
Fahrt, kleine, Begriff derselben 183.
kleine, Prüfung der Schiffer für dieselbe 190.
große, Begriff derselben 183.
große, Prüfung der Schiffer für dieselbe 185.
Fähren, Befugniß zum Halten derselben 52. 70.
Farben, Vertrieb derselben 42, 43.
Verwendung giftiger 43.
Federbetten siehe **Betten.**
Federn, gerupfte, Hausirbetrieb 268.
Federvieh, Hausirbetrieb 286.
Feilbieten nachgedruckter Werke 506.
Feilhalten im Sinne des R.G. vom 14. Mai 1879. 45, 49.
Feldbau siehe **Landwirthschaft.**
Feldbrände als gewerbliche Anlagen 123.
Feldmesser, deren Gewerbebetrieb 218.
deren Vereidigung 219.
Felle, rohe, Hausirbetrieb mit denselben 288.
Festsetzung der Hausirgewerbesteuer 596, 597.
Festtage, Arbeiten an denselben 379, 398, 406, 410, 412.
Feuerversicherungs-Gesellschaften siehe **Versicherungsgesellschaften.**
Feuerversicherungs-Agenten 91, 489.
Feuerwerkerei-Anlagen, deren Genehmigung 101.
Feuerwerkskörper, Hausirbetrieb 269.
Finanzminister, Zuständigkeit in Gewerbesteuer-Angelegenheiten 563, 566, 573, 574, 580, 587.
Firma, Gewerbesteuer 562.
Firnißsiedereien, Genehmigung zur Anlage 102.
Fischerei, Anwendung der Gewerbeordnung 51.
Marktverkehr 302.
Fischfang, Erzeugnisse, Hausirvertrieb 286.
Gewerbesteuer 562, 592, 594.
Fiskus, Berechtigung zur Konzessionsertheilung 62, 68.
Heimfallsrecht in Betreff der Urheberrechte an Schriftwerken 2c. 503.
Heimfallsrecht in Betreff der Urheberrechte an Werken der bildenden Kunst 526.
Flachs, Hausirbetrieb 288.
Fleisch, selbstgeschlachtetes, Hausirvertrieb 288.
Fleischbeschauer 219, 220.
Fleischer, Aufhebung der Zwangsrechte 61.
Gewerbesteuer 561, 566.
Fleischwaaren, deren Verfälschung 46.
Flößerei 200.
Forstwirthschaft, Produkte, Vertrieb im Umherziehen 286.
Wandergewerbescheine 286.
Hausirbetrieb der Ausländer 275.
Marktverkehr 302.
Gewerbesteuer beim Hausirvertrieb 592, 594.

Fortbildungsschulen, Pflege derselben durch die Innungen 321.
Zulassung der Arbeiter zu denselben 387.
Frachtfuhrleute, Gewerbesteuer 558, 569.
Frauen, Stellung in der Gewerbeordnung 85.
Fremde siehe **Ausländer.**
Frist zur Ausführung einer gewerblichen Anlage 117, 142, 248.
zum Beginn des Gewerbebetriebes 117, 248.
für die Beschwerde in Gewerbepolizeisachen 94.
Fruchtliqueur, dessen Verfälschung 49.
Früchte siehe **Erzeugnisse.**
Fuhrkosten-Vergütung der Medizinalbeamten 309, 313.
Fuhrleute siehe **Frachtfuhrleute.**
Fuhrwerke, Angabe bei der Steueranmeldung 596, 597.

G.

Garköche, Gewerbesteuer 566.
Garnabfälle, Hausirbetrieb 269.
Gartenbau-Produkte, Vertrieb derselben, im Umherziehen 286.
Wandergewerbescheine 286.
Hausirbetrieb der Ausländer 275.
Marktverkehr 302.
Gewerbesteuer für den Hausirbetrieb 592, 594.
Gasbereitungsanstalten, Genehmigung der Anlage 101.
Gasbewahrungsanstalten, Genehmigung der Anlage 101.
Gasthausschild, Anordnung der Beseitigung 100.
Gastwirthe, Preisverzeichniß 306.
Untersagung des Gewerbebetriebes 476.
Gewerbesteuer 558, 560, 565.
Gastwirthschaft, Konzession zum Betriebe 202.
Gebisse, Anfertigung derselben 176.
Gebrauchsgegenstände, Verkehr mit denselben 41.
Gebühren für Benutzung öffentlicher Schlachthäuser und Untersuchung des Schlachtviehs und Fleisches 130.
für Revision der Dampfkessel 140, 142.
für die Prüfung der Aerzte 159, 163.
für die Prüfung der Apotheker 170.
der Aerzte und Hebammen 308.
für die Eintragung in die Eintragsrolle 510.
für die Eintragung von Waarenzeichen 519.
für die Eintragung von Mustern 535.
für Ertheilung eines Patents 539.
für Ermittelung, Vertheilung und Erhebung der Gewerbesteuer 581.
Geburtshelfer, deren Approbation 150, 151.
Gehalt, gewerbliches, Beschlagnahme 383.
Geheimmittel deren Verkauf 53.
Gehülfen, Befugniß zur Annahme 234.
gewerbliche Stellung derselben 378. 394.
Pflicht zum Anschluß an Hülfskassen 420.
Gehülfen in Apotheken 495.
Gehülfen in Handelsgeschäften 495.
Geistige Getränke, Erlaubniß zum Schank 203.
Hausirbetrieb mit denselben 268, 273.
Marktverkehr 302.
Gemeinde, Gewerbesteuer derselben 62.
Stellung im Ablösungsverfahren für Gewerbeberechtigungen 62, 63, 69, 70.
bei Anlegung öffentlicher Schlachthäuser 129, 132.
Gemeindebehörde, Anzeige des Gewerbebetriebes 91.
Zuziehung bei Konzessionen für Gast- und Schankwirthschaft 203.
Zuständigkeit in Innungsangelegenheiten 321.
Zuständigkeit bei Streitigkeiten der Gewerbetreibenden und Arbeiter 394, 395.
Zuständigkeit bei Ausstellung der Arbeitskarten 406.
Zuständigkeit in Angelegenheiten der Hülfskassen im Allgemeinen 436.
Zuständigkeit in Angelegenheiten eingeschriebener Hülfskassen 423, 428, 429.
Gemeindevorstand Zwangsbefugnisse 95.

Zustimmung für Ortspolizeiverordnungen 98.
Gemüsehändler, Gewerbesteuer 560.
Genehmigung zum Gewerbebetriebe für Staats- und Reichsbeamte 87, 88.
zur Errichtung von Anlagen 101. 418, 485, 489.
zur Aenderung einer gewerblichen Anlage 148.
zum Lootsengewerbe 182.
zum Mitführen von Begleitern beim Gewerbebetrieb im Umherziehen 296.
Genehmigungsurkunde 122.
Generalversammlung einer eingeschriebenen Hülfskasse 430.
Genossenschaften, eingetragene mit sozialdemokratischer Tendenz 473.
Genußmittel *Verkehr mit denselben 41.*
Gerbereien, Genehmigung der Anlage 102.
Gerichtliches Verfahren, Gewerbesteuer 583.
Gerichtsschreiber, Gewerbebetrieb 36.
Gerichtsstand der eingeschriebenen Hülfskassen 425.
Gerichtsvollzieher Gewerbebetrieb 36.
Geschäftssprache beim Patentamt 546.
Geschäftsvermittelung im Umherziehen 257.
Geschlecht, Einfluß auf die Befugniß zum Gewerbebetrieb 85.
Gesellen, Befugniß zur Annahme 234.
gewerbliche Stellung derselben 378, 394.
Pflicht zum Anschluß an eine Hülfskasse 436, 437.
Gesellschaften, Anmeldung ihres Gewerbebetriebes 92.
Schutz des Urheberrechts ihrer Schriftwerke zc. 502.
Gesetzbücher, deren Abdruck 501.
Gesetze, deren Abdruck 501.
Gesindevermiether, Anzeige des Gewerbebetriebes 217.
Regelung des Geschäftsbetriebes 223.
Geschirr, Eß-, Trink- und Kochgeschirr. Vertrieb 41.
Getränke, geistige, Hausirhandel 268.
Gewerbesteuer vom Kleinhandel 560.
Gewerbe, Begriff 35, 36.
Gewerbe-Berechtigungen, Aufhebung bezw. Ablösung 62 fgd.
Gewerbebetrieb, Zulässigkeit desselben 29.
Beschränkungen 38, 87.
Beschränkungen durch Verträge 37.
Unterschied zwischen Stadt und Land 38.
gleichzeitiger Betrieb verschiedener Gewerbe 38.
in mehreren Betriebsstätten 38.
der Konkursverwalter 36.
der Notare, Gerichtsvollzieher und Gerichtsschreiber 36.
der Bibel-Kolporteure 36.
der Fabrikarbeiter 90.
der Handwerker 38, 90.
Ausschließung 38.
des Preßgewerbes 40.
mit Nahrungs-, Genußmitteln und *Gebrauchsgegenständen 41.*
im Grenzbezirk 40.
der Apotheker 51, 54.
der Unterrichtsanstalten 51.
der Advokaten 52.
der Notare 52.
der Auswanderungs-Unternehmer 52.
der Auswanderungs-Agenten 52.

Gewerbebetrieb
der Versicherungs-unternehmer 52.
der Eisenbahn-Unternehmer 52.
der Lotterie-Kollekteure 52.
der Fährunternehmer 52.
der Schiffer 52.
stehender Gewerbebetrieb 90.
Anzeige desselben 90.
der Schauspieler, Sänger zc. 90.
Verhinderung der Fortsetzung 93.
der Lootsen 182.
der Gast- und Schankwirthe 202.
der Kleinhändler 202.
der Gifthändler 182.
der Markscheider 216.
der Schiffer 182.
der Maschinisten auf Seedampfschiffen 182, 201.
der Seesteuerleute 182.
der Schauspiel-Unternehmer 201.
der Pfandleiher und Rückkaufshändler 214, 222, 224.
der Kammerjäger 215.
der Feldmesser 218.
der Auktionatoren 218.
der Güterbestätiger 218
der Wäger 219.

der Schaffner 218.
der Messer 219.
der Bracker 219.
der Schauer 219.
der Stauer 219.
Selbständigkeit desselben 90, 208, 234.
im Umherziehen, Begriff 252.
Anzeige desselben 90.
Anzeige desselben für die Gewerbesteuer 570, 595.

Gewerbeordnung, sachlicher Geltungsbereich 29, 30.
geschichtliche Entwickelung 2 fgd.
örtlicher Geltungsbereich 5, 6, 8, 9.
Gewerbepolizei Centralinstanz 30, 31.
Gewerberäthe, deren Ressort 393, 414.
Kontrole der gewerblichen Anlagen 124, 414.
Kontrole der Arbeitsverhältnisse in Fabriken 406, 414.
Aufsichtsbehörde für die Gewerberäthe 419.
Jahresbericht 419.
Gewerbeschein, Verbindung mit dem Wandergewerbeschein 254, 257.
Form des Gewerbescheins 596.
Inhalt desselben 596.
Veränderung desselben 597.
für Vorsteher und Mitglieder von Musiker- oder Künstlergesellschaften 598.
Verpflichtung zur Mitführung 597, 602.
Verlust des Gewerbescheins 601.
Gewerbesteuer, Einfluß der Gew.O. 62.
Klassen der Gewerbesteuer 558, 559, 560, 561.
Befreiungen von der Gewerbesteuer 559, 563, 565, 566, 567, 568, 569, 594, 599, 600, 602.
Sätze der Gewerbesteuer 570.

Gewerbesteuerpflicht
I. überhaupt beim stehenden Gewerbe 557, 558, 564, 565, 593, 594, 595.
beim Gewerbebetrieb im Umherziehen 253, 557, 564, 565.
Einfluß der Gewerbeordnung 40.
II. beim stehenden Gewerbe 559, 560, 561, 563.
1. vom Handel 557, 558, 570, 588, 589.
a) Kommissionsgeschäft 558.
b) Speditionsgeschäft 558.
c) Wechselbanken 558.
d) Leihgeschäften 558, 559.
e) Assekuranzgeschäften 558, 567.
f) Fabrikgeschäften 558, 560, 561, 563.
g) Rhedereigeschäften 558, 592.
h) Mäkler 558.
i) Agenten 558, 559, 567.
k) Apotheker 558.
l) Leihbibliotheken 560.
m) Leihanstalten 560.
n) Badeanstalten 560.
o) Höker 560, 562.
p) Trödler 560, 562.
q) Viktualienhändler 560, 562.
r) Obsthändler 560, 562.
s) Gemüsehändler 560.
t) Kleinhandel mit geistigen Getränken 560.
u) Bäcker 561, 566.
v) Fleischer 561, 566.
w) Brauer 561, 562.
x) Lieferanten 562.
y) Vieh- und Pferdehändler 562.
z) Aufkäufer 562, 563, 564.
aa) Krämer 562.
bb) Hüttenwerke 559.
cc) Abdeckereigewerbe 559.
dd) Branntweinbrennerei 559.
ee) Hammerwerke 559.
2. von der Gastwirthschaft 557, 560, 565, 572, 590.
a) Restaurateure 566.
b) Garköche 566.
c) Zuckerbäcker 566.
d) Italienerladen 566.
e) Schweizerladen 566.
f) Pfefferküchler 566.
g) Tabagisten 566.
h) Marketender 590.
3. von der Verfertigung von Waaren auf den Kauf 557, 566.
4. vom Handwerk 557, 567, 569, 590, 591.
der Holzbrechsler, Seiler und Töpfer 567.
5. von Mühlenwerken 557, 560, 561, 568, 569.
6. vom Schiffergewerbe 557, 569, 591.
7. vom Gewerbe der Fracht- und Lohnfuhrleute 557, 592.
8. vom Gewerbe der Pferdeverleiher 557, 592.
9. beim Gewerbebetrieb von Vereinen 559.

10. beim Gewerbebetrieb der Zimmervermiether 560, 565, 566.
11. beim Schank- und Speisegewerbe 560, 566, 572, 590.
12. der Ausländer 563, 565.
13. Meß- und Markthandel 563, 564.
14. der Musiker 564.
15. in Bade- und Brunnenorten 566.
16. der Weinproduzenten 566.
III. beim Gewerbebetriebe im Umherziehen 592.
1. mit Erzeugnissen der Land- und Forstwirthschaft 592.
2. mit Erzeugnissen des Garten- und Obstbaues 592.
3. mit Erzeugnissen der Jagd und des Fischfangs 592.
4. Waarenankauf 592, 593.
5. Aufsuchen von Waarenbestellungen 592, 593.
6. Feilbieten gewerblicher oder künstlerischer Leistungen 592, 593, 598.
7. Schaustellungen 592, 598.
8. Musikergewerbe 593, 598.
9. Meß- und Marktverkehr 593.
10. Verkehr bei öffentlichen Festen u. s. w. 593.
11. mit verbotenen Gegenständen 602.

Gewerbe-Unternehmer, Einrichtung ungefährlicher Anlagen 388.
Verantwortung für den Gewerbebetrieb 387, 390, 391, 392.
Gewerbe-Untersagung siehe **Untersagung.**
Gewinnungsort beim Bergbau 123.
Gifte, Handel mit denselben. Verbotsgesetze 30.
Genehmigung zum Handel 215.
Hausirhandel 270.
Giftige Farben, Verwendung derselben 43.
Giftwaaren, deren Beförderung 215.
Gipsöfen, Genehmigung der Anlage 102.
Glashütten, Genehmigung der Anlage 101.
Arbeit in denselben 404, 412.
Glückspiele, deren Veranstaltung 271.
Goldwaarenfabrikanten, Hausirbetrieb 243.
Gondeln, Verkehr mit denselben 307.
Taxen für deren Benutzung 307.
Gottesdienst, Freistellung von der Arbeit 398, 405.
Gräbereien, Schadenersatz bei Tödtungen und Verletzungen 387.
Grenzbezirk, gewerblicher Verkehr in demselben 40, 260, 300.
Marktverkehr 300.
Großhändler, Gewerbesteuer 558.
Gruben, Arbeiter in denselben 385, 403, 495.
deren Hülfskassen 438.
Güterbestätiger, deren Gewerbebetrieb 218.
Gutsvorstand, Zwangsbefugnisse 95.

H.

Haderkocher in Papierfabriken, Genehmigung zum Betriebe 135.
Händler mit gebrauchten Kleidern, Anzeige des Gewerbebetriebes 216.
mit Gift 215.
Haftbarkeit bei Gewerbesteuer-Kontraventionen 602.
Hammermühlen, Gewerbesteuer 569.
Hammerwerke, Genehmigung zur Anlage 102, 124.
Arbeit in denselben 404, 409.
Gewerbesteuer 559.
Handarbeiten als Gewerbebetrieb 91.
Handel, Besteuerung desselben 557, 558, 559, 560, 561.
Handels-Agenten, Gewerbesteuer 558.
Handelsgesellschaft, Schankbetrieb 210.
Handels-Marine 200.
Handwerk, Begriff als Gewerbe 36.
Handwerker, Gewerbesteuer 558, 560, 567.
Handwerkerwaaren, Betrieb auf Märkten 300.
Handlungsreisende, deren Gewerbebetrieb 241, 280.
Gewerbesteuer 592.
Hannover, Behörden zur Annahme der Gewerbeanmeldung 92.
Behörden zur Genehmigung von Gewerbeanlagen 103, 122.
Behörden zur Einrichtung öffentlicher Schlachthäuser 132.
Begriffsbestimmung des Kleinhandels 206.
Behörden zur Erlaubniß des Pfandleihergewerbes 215.
Behörden zur Ausfertigung der Wandergewerbescheine 299.

Behörden für Beaufsichtigung der Hülfskassen 434.
Gewerbesteuer 583, 604.
Pfandleih-Reglement 18.
Hausirhandel im Grenzbezirk 40.
Begriff des Hausirhandels 252.
Besteuerung desselben 557, 592.
Hebammen, deren Gewerbebetrieb 53, 182.
Prüfungszeugniß 176, 181.
Gebühren 308.
Hechelsäle, Beschäftigung jugendlicher Arbeiter in denselben 413.
Heildiener, deren Prüfung 176.
Heilgehülfen, deren Gewerbebetrieb 53.
Heilkunde, Ausübung derselben im Allgemeinen 52, 53.
Ausübung derselben im Umherziehen 272.
Heilmittel, deren Verkauf 55.
Hofzahnarzt, Führung des Titels 176.
Hohenzollern, Behörden für Erlaubniß zum Pfandleihgewerbe 215.
Bestrafung des Hausirbetriebes mit verbotenen Gegenständen 272.
Ertheilung von Wandergewerbescheinen 299.
Beaufsichtigung der eingeschriebenen Hülfskassen 434.
Gewerbesteuer 558, 599, 602.
Verfahren bei Genehmigung gewerblicher Anlagen 122.
Holzdrechsler, Gewerbesteuer 567.
Höker, Gewerbesteuer 560, 562.
Homöopathen, Gebrauch des Titels 174.
Honig als Rohprodukt 288.
Honigpräparate, Verkehr mit denselben 55.
Hopfen als Genußmittel 47.
Hopfenschwefeldörren, Genehmigung der Anlage 102.
Hühneraugenoperateure, deren Prüfung 176.
Hülfskassen, deren Begriff 420.
deren Regelung 420.
Vereinnahmung von Strafbeträgen der Arbeitgeber 386.
eingeschriebene 420 ff.
mit socialdemokratischer Tendenz 473.
Hülfsleistung, Strafbarkeit bei Gewerbe-Polizei-Uebertretungen 485.
Hüttenwerke, Arbeit in denselben 402, 495.
Gewerbesteuer 559.
Maschinen in denselben (Gewerbesteuer) 569.
Hufbeschlaggewerbe, Zulassung 181.

J.

Jagderzeugnisse, selbstgewonnene, Hausirvertrieb 286.
Gewerbesteuer für denselben 592, 594.
Jahrmärkte, Verkehr auf denselben 302, 303.
Gewerbesteuer 563.
Impfungen, Vornahme durch Aerzte 174.
Imprägnirungsanstalten von Holz mit erhitzten Theerölen *102, 103.*
Innungen, bestehende 313.
neue 320.
Institute, Gewerbeberechtigungen derselben 62, 68.
Inventarium der Vorrichtungen zur Herstellung von Schriftwerken 515.
Inverkehrbringen im Sinne des R.G. v. 14. Mai 1879. 49.
Irrenanstalten, Konzessionirung 105, 111, 248.
Irrthum bei Gewerbe-Polizei-Uebertretungen 486.
Italienerladen, Gewerbesteuer 566.
Jugendliche Arbeiter siehe **Arbeiter.**
Juristische Personen, Beschränkungen im Gewerbetriebe 86.
Schutz des Urheberrechts ihrer Schriftwerke 502.
Gewerbesteuer 579.

K.

Kälberhaare, Hausirbetrieb mit denselben 288.
Käse, Hausirbetrieb mit demselben 288.
Kaffee, Ausschank desselben 208.
Kaffeehäuser siehe **Kaffee.**
Kaffeeschänker siehe **Kaffee.**
Kalifabriken, Genehmigung zur Anlage 102.
Kalköfen, Genehmigung der Anlage 102. 124.
Kammerjäger, deren Gewerbebetrieb 215.
Kandidaten der Medizin, Zahnheil-

kunde und Pharmazie, deren Prüfung 173.
Kartoffelkocher in Branntweinbrennereien, Genehmigung zum Betriebe 135.
Kassenvereine mit sozialdemokratischer Tendenz 473.
Katechumen-Unterricht der jugendlichen Arbeiter 405.
Kauffahrteischiffe, staatsrechtliche Stellung derselben 200.
Kaufmännische Korporationen, gewerbliche Verhältnisse derselben 38.
Kehrbezirke, deren Einrichtung 233.
Kesselflicker, Hausirbetrieb 276.
Kinder als Begleiter von Hausirern, 292, 297.
Beschäftigung als Arbeiter oder Lehrling 379, 380, 403, 405, 408, 409, 411, 412.
unter 12 Jahren
Beschäftigung in Fabriken 403, 404, 411, 412.
unter 14 Jahren
a) Mitwirkung bei hausirgewerblichen Vorstellungen 297.
b) als Arbeiter 409, 411, 412.
Klage wegen Verletzung des Markenschutzes 520.
wegen Verletzung des Patentrechts 547.
wegen Erstattung gezahlter Gewerbesteuer 579.
in Gewerbepolizeisachen 94, 104, 105, 111, 112.
Kleider, gebrauchte, Hausirbetrieb 268.
Kleiderhandel der Trödler 216.
Kleinhandel
mit Branntwein und Spiritus 202.
Begriff desselben 206.
Verfahren bei der Versagung der Erlaubniß 211.
Untersagung des Betriebes 476.
Gewerbesteuer 560.
mit altem Metallgeräth oder Metallbruch 216.
Untersagung desselben 216.
Polizeiliche Kontrole 217.
Verfahren bei der Versagung der Erlaubniß 217.
Knappschaftsverein, deren Hülfskassen 436.
Knochenbleichen, Genehmigung zur Anlage 102.
Knochenbrennereien, wie vor 102.
Knochendarren, wie vor 102.
Knochenkochereien, wie vor 102.
Koaksanstalten, deren Genehmigung 101.
Kochgeschirr dessen Vertrieb 41.
Körperverletzung durch Betrieb einer gewerblichen Anlage 387.
Kommissionäre siehe **Commissionäre.**
Kommunalbehörde (Gewerbesteuer) 570, 577, 580, 595.
Kommune (Gewerbesteuer) 581.
Kommunion- und Konfirmanden-Unterricht der jugendlichen Arbeiter 405.
Konkurs siehe **Concurs.**
Konzessionen siehe **Concessionen.**
Konsumvereine, Vertrieb von Spirituosen 205.
Kornmühlen im Herzogthum Holstein 68, 70, 74, 77.
Korporationen, kaufmännische 38.
Berechtigung der Korporationen zur Konzessionsertheilung 62, 68.
Ablösung ihrer Gewerbeberechtigungen 62, 69, 84.
Schlachthäuser derselben 128.
Vereidigung gewerblicher Beamten 219.
Fortbestehen gewerblicher Korporationen 313.
Kosten des Ablösungsverfahrens bei Gewerbeberechtigungen 83.
des Verfahrens bei Genehmigung gewerblicher Anlagen 128.
der Eintragung und Löschung von Waarenzeichen 518.
des Verfahrens in Patentsachen 556.
Siehe auch **Gebühren.**
Krämer, Gewerbesteuer 562.
Krammärkte, Regelung derselben 301.
Krankenanstalten, Konzessionirung 105, 111, 248.
Verpflegung in denselben aus Hülfskassenfonds 427.
Krankenkassen, deren Regelung 420 438 ff.
Krankheiten, ansteckende 30.
Kreditgeben siehe **Creditgeben.**
Kreisausschuß, Zuständigkeit in Gewerbepolizeisachen 94, 103, 104, 105, 110, 111, 112, 117, 122, 133, 211, 217, 221, 241, 251, 418.

Kreisbehörde, Vertheilung der Gewerbesteuer 577.
Kreispolizeibehörde polizeiliche Verfügungen derselben 93.
Kreisphysiker, Gebühreu 309.
Kreisthierärzte, Gebühren 310.
Kreiswundärzte, Gebühren 309.
Kündigung des Arbeitsverhältnisses 394, 395.
Künstlerische Leistungen siehe **Leistungen.**
Küstenschifffahrt, Begriff derselben 183.
Kunsthändler, Anzeige des Gewerbebetriebes 92.
Kunstreiter, Hausirgewerbesteuer 598, 599.
Kunstwollefabriken, Genehmigung zur Anlage 102, 104.

L.

Laden, Gewerbesteuer 562.
Ladungsfähigkeit der Seeschiffe 200.
Landdrostei 122, 132, 137, 149, 181, 182, 201, 233, 249, 251, 260, 300, 303, 316, 318, 320, 417, 423.
Landesverweisung, Klage gegen dieselbe 95.
Landleute, Gewerbebetrieb (Gewerbesteuer) 566, 569, 592, 594.
Landmesser siehe **Feldmesser.**
Landrath 93, 95, 98, 118, 119, 133, 180, 215, 307, 434.
Landwirthschaft, Produkte derselben, Vertrieb im Umherziehen 286, 287.
  Wandergewerbeschein 286.
  Hausirbetrieb der Ausländer 275.
  Marktverkehr 302.
  Gewerbesteuerpflicht beim Hausirbetrieb 592, 594.
Lazarethgehülfen, Prüfungszeugniß 176.
Lebensmittel, Marktverkehr 302.
Legitimation der Innungsvorstände 316.
  des Vorstandes einer eingeschriebenen Hülfskasse 429.
Legitimationskarte der Kaufleute 244.
  der Gewerberäthe 419.
  Wandergewerbeschein zum öffentlichen Verkauf von Druckschriften 2c. 240.
  der Handlungsreisenden 244.
  beim Gewerbebetrieb im Umherziehen 252, 281.
  für den Hausirbetrieb im Grenzzollbezirk 260.
  Versagung desselben 282, 285.
  für den Hausirbetrieb der Ausländer 276.
  für selbstgewonnene Produkte und selbstverfertigte Waaren 286 287.
  für umherziehende Schauspielergesellschaften 252, 290, 295.
  Geltungsbereich desselben 289.
  Erneuerung desselben 290.
  Ausdehnung desselben 290.
  Vorzeigung desselben 298.
Lehrbrief 400.
Lehrherr, Rechte und Verpflichtungen desselben 234, 398.
Lehrlinge, Befugniß zu ihrer Annahme, ihre gewerbliche Stellung 378, 398.
  unter 18 Jahren 379.
  in Apotheken 495.
  in Handelsgeschäften 495.
Lehrlingswesen, Regelung durch Innungen 321.
Lehrpläne für den Unterricht von Kindern in Fabriken 404.
Lehrvertrag 399, 401.
Lehrzeit 399.
Leihanstalten, Gewerbesteuer 560.
Leihbibliothekare, Anzeige des Gewerbebetriebes 92.
  Untersagung desselben 476.
  Gewerbesteuer 560.
Leihgeschäfte, Gewerbesteuer 558.
Leimsiedereien, Genehmigung zur Anlage 102.
Leistungen, gewerbliche, im Umherziehen 252.
  Gewerbesteuer 564, 592, 593.
Lesekabinette, Anzeige der Inhaber vom Gewerbebetriebe 92.
  Untersagung desselben 477.
Lichterfahrzeuge, Gewerbesteuer 569.
Lieferanten, deren Besteuerung 562.
Liqueure, Handel im Grenzbezirk 40.
  Gattung des Branntweins 205.
Liquidation verbotener Vereinskassen 474.
Löhne siehe **Arbeitslohn.**
Löschung von Waarenzeichen (Markenschutz) 518.
Lohmühlen, Gewerbesteuer 569.
Lohnarbeiten als Gewerbebetrieb 90.

Lohnbediente, Taxen derselben 307.
Lohnfuhrleute, Gewerbesteuer 558.
Lokal zur Gast-, Schankwirthschaft ꝛc. 203, 207, 208, 209.
gemeinschaftliches für Brauerei (Gewerbesteuer) 562.
Lokomobilen, Genehmigung zum Betriebe 134, 148.
Lokomotiven, Genehmigung zum Betriebe 134.
Lotterien, öffentliche, deren Veranstaltung 270.
auswärtige, Vertrieb der Loose 271.
Lootsen, deren Prüfung 182.
Genehmigung zum Gewerbebetriebe 215.
Loose siehe **Lotterieloose.**
Lotterieloose, Vertrieb derselben 52, 271.
Hausirbetrieb 269.
Lustbarkeiten, Veranstaltung im Umherziehen 85, 214.
Abgabe von denselben 62.

M.

Mäkler, Gewerbesteuer 558, 562.
Manometer bei Dampfkesseln 140, 144, 145.
Marine-Offiziere 200.
Märkte, Verkehr auf denselben 299, 303.
Besuch im Grenzbezirk 40, 300.
Gewerbesteuer für den Handel 563, 564, 594.
Magistrat, Zuständigkeit in Gewerbe-Angelegenheiten 103, 105, 106, 110, 118, 211, 217, 418.
Leitung der Wahl der Abgeordneten der Steuergesellschaften der Gewerbesteuer 576.
Mahlzwang, Aufhebung 61.
Marken als Zahlungsmittel 385.
Markenschutz, gesetzliche Regelung 517.
Begründung desselben 518.
Umfang der Berechtigung 519.
Erlöschen derselben 520.
Marketender, Gewerbesteuer 590.
Markscheider, deren Prüfung 216.
Concession zum Gewerbebetriebe 215.
Verfahren bei der Versagung 216.
Zurücknahme der Konzession 216.
Marktberechtigung 299.
Marktordnung 305.
Marktstandsgeld 303.
Maschinen zum Bergbau ꝛc. (Gewerbesteuer) 569.
Maschinisten auf Seedampfschiffen, deren Gewerbebetrieb 201.
Materialwaaren, Handel im Grenzbezirk 40.
Medizinalbeamte, Genehmigung zum Gewerbebetrieb 88.
Vergütung für Besorgung gerichtsärztlicher, medizinal- oder sanitätspolizeilicher Geschäfte 308.
Medizinalpersonen, Zulassung zur Praxis in Oesterreich 179.
Siehe auch **Aerzte.**
Medizinaltaxe 308.
Meßbriefe 200.
Messen, Verkehr auf denselben 299.
Gewerbesteuer 563, 564, 593, 594.
Messer, deren Gewerbebetrieb 219.
Metallbruch, Kleinhandel mit demselben 216.
Metalle (rohe), Anlagen zur Gewinnung 102.
Genehmigung der Anlagen 101.
Metallgeräth, Kleinhandel mit demselben 216.
Metallgießereien, Genehmigung der Anlage 102.
Milch, Ausschank derselben 208.
Verkauf (Gewerbesteuer) 562.
Militärpersonen, Beschränkungen im Gewerbetriebe 87.
Minderjährige, Fortsetzung des Gewerbebetriebes 247.
ihre Stellung in Innungs-Angelegenheiten 316.
Verjährung von Schadensforderungen bei Verletzungen durch gewerbliche Anlagen 389.
Gewerbesteuer 579.
Mineralöle, Verkehr mit denselben 124.
Mineralwasser, künstliches, Verkehr mit demselben 55.
Mineralwasser-Anstalten als gewerbliche Anlagen 124.
als Schankstätten 208.
Betrieb im Umherziehen 257.
Minister, Polizeiverordnungsrecht 97, 99.
Beschwerdeinstanz 111.
Mittelsätze der Gewerbesteuer 568, 571, 588, 589, 590, 591.
Miturheber, Schutz des Urheberrechts 501, 502.

Mobiliarversteigerung, Rheinische Gesetze 30.
Modelle, Schutz derselben 532.
Einsicht derselben beim Patentamt 532.
Moralische Personen, Gewerbesteuer 579.
Most, Ausschank desselben 205.
Mühlenwerke, Gewerbesteuer 558, 560, 561, 568, 569.
Musikalische Aufführungen 513.
im Umherziehen 85, 266, 294.
Gewerbesteuer 598.
Musikalische Compositionen siehe **Compositionen.**
Musiker, Gewerbesteuer 564, 593, 598, 599.
Gewerbebetrieb im Umherziehen 206.
Muster-Register 532, 534.
beim Aufsuchen von Waarenbestellungen 245, 593.
Musterschutz 532.
Musterstatut für neue Innungen 324.

N.

Nachbildung von Werken der bildenden Kunst 523. 524.
von Photographien 529.
von Mustern und Modellen 532.
Nachdruck, Begriff 499, 500, 505, 511, 512.
Schutz gegen denselben 501.
fahrlässiger Nachdruck 503, 504.
Nachforderung, Gewerbesteuer 578, 579.
Nachsteuer, Gewerbesteuer 579, 602.
Nachtarbeit der Arbeiterinnen 408.
Nachtzeit, Revision gewerblicher Anlagen 415, 419.
Nachweisung, namentliche (Gewerbesteuer) 573, 577.
Nahrungsmittel, Verkehr mit denselben 41. 49.
Naturarzt, Annahme des Titels 175.
Naturerzeugnisse siehe **Erzeugnisse.**
Niederlassung, gewerbliche 235, 262, 592, 594.
Notar, Gewerbebetrieb 36, 52, 88.

O.

Oberbergamt, Zuständigkeit in Gewerbepolizeisachen 104, 109, 110, 133, 137.
Oberpräsident, Zuständigkeit in Gewerbepolizeisachen 94, 109, 116, 117, 149, 202, 318.
Polizeiverordnungsrecht 97.
Oberverwaltungsgericht, Zuständigkeit bei Ablösung von Gewerbeberechtigungen 63, 64, 65.
Zuständigkeit in Gewerbepolizeisachen 94.
Obstbau, Produkte, Vertrieb im Umherziehen 286.
Marktverkehr 302.
Obsthändler, Hausirbetrieb der Ausländer 275.
Gewerbesteuer 560, 562.
für den Hausirvertrieb 592, 594.
Oesterreich, Legitimationskarten 246
Uebereinkunft wegen Zulassung von Medizinalpersonen 179.
Offiziere der Marine, Zulassung als Seeschiffer und Seesteuerleute 200.
Ortsarmenkasse, Einnahme der Strafbeträge aus Zuwiderhandlungen der Arbeitgeber 386.
Ortspolizeibehörde, Anmeldung 91.
Zuständigkeit bei Genehmigung gewerblicher Anlagen 118, 149.
Beschwerde gegen deren Verfügungen 93.
Zwangsbefugnisse derselben 95.
Befugnisse in Gewerbepolizeisachen 111.
Zuständigkeit bei Dampfkessel-Anlagen 133.
Zuständigkeit bei Concessionen zur Gast- und Schankwirthschaft rc. 203.
Zuständigkeit bezüglich des Geschäftsbetriebes der Trödler 216.
Zuständigkeit bezüglich des öffentlichen Verkaufs von Druckschriften rc. 239.
Zuständigkeit bei Zulassung von Hausirgewerben 257, 294.
Zuständigkeit bei Zulassung von Begleitern für den Hausirvertrieb 296.
Zuständigkeit beim Vertrieb geistiger Getränke auf Jahrmärkten 236, 302.
Zuständigkeit bei Aufhebung von Taxen 306.
Zuständigkeit für die Festsetzung von Taxen 306, 307.

Zuständigkeit für die Ausstellung von Arbeitsbüchern 380, 381.
Zuständigkeit in Angelegenheiten der Lehrlinge 400.
Zuständigkeit bei Ausstellung von Arbeitskarten 405.
Zuständigkeit bei Regelung der Arbeitsverhältnisse in Fabriken 407, 416.
Ortspolizeiliche Verordnungen 98.
Ortsschulzen, Genehmigung zum Gewerbebetrieb 88.
Ortsstatuten für gewerbliche Gegenstände bezüglich der Errichtung gewerblicher Anlagen 128.
für den Betrieb des Gewerbes der Pfandleiher 214.
für Bildung gewerblicher Schiedsgerichte 394.
für die Bildung von Hülfskassen 420. 436.

P.

Pächter, Gewerbesteuer 562.
Papiermühlen, Gewerbesteuer 569.
Patentamt 540.
Patente, deren Ertheilung 537, 544.
Anspruch auf dieselben 537.
Wirkung des Patentes 538.
Dauer desselben 538.
Erlöschen desselben 539.
Zurücknahme 539, 545.
Verfahren 543, 550.
Urkunde 545.
Strafen und Entschädigung 547.
Berufungsverfahren 555.
Pausen, siehe **Arbeitspausen.**
Pechsiedereien, Genehmigung der Anlage 102.
Petroleum, Vertrieb desselben 41, 42.
Pfandleiher, Gewerbebetrieb 214, 222, 224.
Gewerbesteuer 562.
Pfefferküchler, Gewerbesteuer 566.
Pferde, Taxen für deren Benutzung 307.
Pferdehandel, Gewerbesteuer 562.
Pferdeverleiher, Gewerbesteuer 558, 569.
Pferdeeisenbahnen, deren Gewerbebetrieb 221, 390.
Photographien, Schutz gegen Nachbildung 529.
Polirmühlen, Gewerbesteuer 569.
Polizeibehörde, Anzeige des Gewerbebetriebes 91.
Funktion beim Hausirgewerbebetrieb, 213, 257, 596.
Zuständigkeit in Angelegenheiten der Sozialdemokratie 474, 475.
Polizeiverordnungen, Geltung neben der Gewerbeordnung 30, 97.
Mitwirkung der Gewerberäthe 418.
Portraits, Portraitsbüsten, Nachbildungsrecht 525, 530.
Postgesetze, Einfluß auf die Gewerbe-Ordnung 38.
Postporto, Defraudation 39.
Poudrettenfabriken, Genehmigung zur Anlage 102.
Präparate, chemische, deren Verkauf 55.
Honigpräparate, deren Verkauf 55.
Preßgewerbe, dessen Betrieb 40, 92, 472.
Privat-Entbindungs-Anstalten vergl. **Privat-Kranken-Anstalten.**
Privat-Irren-Anstalten, vergl. **Privat-Kranken-Anstalten.**
Privat-Kranken-Anstalten, Begriff derselben 181.
Concessionirung 178.
Rekurs gegen Versagung derselben 248.
Verfahren 180.
Fristbestimmung 248.
Zurücknahme der Concession 250.
Privatschlachtanstalten, deren Errichtung 130.
Privatvereine, siehe **Vereine.**
Privilegien, zum Schutz des Urheberrechts 516, 528.
Proben, Entnahme zum Zweck der Untersuchung 41.
Mitführung beim Aufsuchen von Waarenbestellungen 241, 593.
Probestücke, Ansicht derselben beim Patentamt 542.
Probezeit der Lehrlinge 399.
Probirhähne bei Dampfkesseln 143.
Provinzialrath, Zuständigkeit in Gewerbepolizeisachen 98, 107, 108, 114, 116.
in Angelegenheiten, betreffend die Einrichtung öffentlicher Schlachthäuser 132.
in Marktpolizeisachen 301.
bei Erhebung von Marktstandsgeld 303.
beim Erlaß von Ortsstatuten 471.

Befugniß zur Zuziehung der Gewerberäthe 418.
Prüfungsbehörden siehe **Prüfungen.**
Prüfungszeugniß siehe **Zeugniß.**
Prüfungen der Seeschiffer 182, 185.
der Seesteuerleute 182, 185.
der Lootsen 182.
der Aerzte 151, 160.
der Zahnärzte 151, 160, 163.
der Thierärzte 151, 160.
der Apotheker 150, 163, 165, 173.
der Apotheker-Gehülfen 171, 173.
zum Eintritt in eine Innung 315.

R.

Realgewerberechte fernere Begründung und Uebertragung 85, 247.
zum Gast- und Schankbetriebe 205, 247.
Rechtsanwalte, Genehmigung zum Gewerbebetrieb 88.
Rechtshülfe in Gewerbestreitsachen 395.
Rechtsmittel gegen Androhung von Zwangsmitteln 96.
Rechtsweg in Angelegenheiten betreff. die Ablösung von Gewerbeberechtigungen 65, 85.
in Entschädigungs-Angelegenheiten betreff. die Schließung von Privatschlachtanstalten 132.
bei dem Verfahren betreff. die Genehmigung von Anlagen 126.
bei Streitigkeiten zwischen Gewerbetreibenden und Arbeitern 394.
in Gewerbesteuer-Angelegenheiten 580.
Reden, deren Abdruck 501.
Regierung, Zuständigkeit in Gewerbesachen 109, 120, 122, 130, 132, 133, 137, 149, 177, 180, 181, 201, 235, 249, 251, 260, 288, 300, 303, 316, 319, 416, 423.
Regierungs-Präsident, Zuständigkeit in Gewerbepolizeisachen 93, 94, 95, 96, 99, 105, 108, 109, 117, 181, 201, 419.
Register der eingeschriebenen Hülfskassen 423.
Reichsbeamte siehe **Beamte.**
Reichstag, Zustimmung zu Verordnungen zum Schutz der Gesundheit 43.
Zuständigkeit im Falle des § 16 Gew.O. 102.
Reichstag, Zustimmung zu Vereinbarung betreffend das Urheberrecht an Mustern und Modellen 28.
Reichskanzler, Zuständigkeit im Falle des § 139 Gew.O. 407.
siehe auch **Bundeskanzler.**
Verbot sozialdemokratischer Vereine 474.
Reisegelder der Abgeordneten der Steuergesellschaften (Gewerbesteuer) 574.
Reisende, deren Gewerbebetrieb 241.
Gewerbesteuer 593.
Reklamation, Gewerbesteuer 578.
Rekurs in Angelegenheiten betreff. die Ablösung von Gewerbeberechtigungen 65.
gegen die polizeiliche Verhinderung der Fortsetzung des Gewerbebetriebes, 93, 100.
gegen Bescheide betreff. die Genehmigung gewerblicher Anlagen 121, 126, 180.
gegen den Bescheid betr. Dampfkessel-Anlagen 134.
bei Versagung der Erlaubniß zum Betriebe des Schauspiel-Unternehmens 202.
der Conzession zum Betriebe der Gast-, Schankwirthschaft, des Kleinhandels mit Branntwein und Spiritus 211.
zum Kleinhandel mit altem Metallgeräth und Metallbruch 217.
zum Handel mit Gift 216.
wegen verweigerter Concession zur Ausübung des Markscheider-Gewerbes 216.
wegen Entziehung einer Approbation 178.
wegen Versagung der Concession zu Krankenanstalten 180.
wegen Versagung der Erlaubniß zum Betriebe des Gewerbes der Pfandleiher 214.
wegen Untersagung der ferneren Benutzung einer gewerblichen Anlage 249.
bei Versagung von Wandergewerbescheinen 281, 298.
in Innungs-Angelegenheiten 319.
in Angelegenheiten eingeschriebener Hülfskassen 424, 434.
in Gewerbesteuer-Angelegenheiten 574, 578.

Restaurateure, Gewerbesteuer 566.
Restitutionen siehe **Erstattung**.
Revision, Zulässigkeit bei der Waarenuntersuchung 41.
Rechtsmittel in Gewerbepolizeisachen 105, 112.
gewerblicher Anlagen 415, 416.
der Dampfkessel siehe **Dampfkessel**.
Revisionsbuch, Dampfkessel-Revision 139.
Rhedereigeschäfte, Gewerbesteuer 558.
Rheinschifffahrt, Regelung derselben 200.
Rinderpest Schutzmaßregeln 41.
Röstöfen, Genehmigung der Anlage 102.
Roggenbrodhändler siehe **Landleute**.
Rolle für ertheilte Patente 542.
Roßärzte siehe **Thierärzte**.
Rückfall beim Nachdruck 505.
Rückkaufshändler, deren Gewerbebetrieb 214, 222, 223, 225.
Rücktritt vom Arbeitsverhältniß 395, 399.
Ruhezeit bei der Beschäftigung in Walz- und Hammerwerken 410.
bei Arbeiten in Glashütten 411.
Rum, Gattung des Branntweins 205.
Rußhütten, Genehmigung der Anlage 102.

S.

Sachverständigen-Vereine 507, 512, 527, 531, 535.
Sänger, Anzeige des Gewerbebetriebes 90.
Sänften, Verkehr mit denselben 221, 307.
Taxen für deren Benutzung 307.
Salinen, Arbeiter in denselben 385, 403, 495.
Gewerbesteuer 569.
Schadenersatz siehe **Entschädigung**.
Schächtfunktion, gewerblicher Character 37, 38.
Schaffner, deren Gewerbebetrieb 218.
Schankgefäße, Bezeichnung des Raumgehaltes derselben 212.
Schankwirthschaft, Begriff 208.
Genehmigung zum Betriebe überhaupt 202.
Genehmigung zum Betriebe für Ortsschulzen 88.
Genehmigung zum Betriebe für Ehefrauen von Schullehrern 88.
Stellvertretung beim Gewerbebetriebe 247.
Realberechtigungen 247.
Untersagung des Gewerbebetriebes 476.
Gewerbesteuer 560, 566.
Schankstätte, Ablösung des Zwangrechts 84.
Schauer, deren Gewerbebetrieb 219.
Schauspiel-Direktor 202.
Schauspiel-Unternehmer, Concession 201, 213, 214, 295.
Erlaubniß zum örtlichen Gewerbebetriebe 201, 202, 213.
Rekurs und Verfahren bei der Versagung 202.
Zurücknahme der Erlaubniß 298.
Erlaubniß zum Gewerbebetrieb im Umherziehen 295.
Schauspieler, deren Gewerbebetrieb 90, 213, 214, 266, 295.
Gewerbesteuer vom Hausirbetrieb 598, 599.
Schaustellungen, gewerbliche, im Umherziehen 214, 252, 290.
aus der biblischen Geschichte 267.
gewerbliche Besteuerung von Schaustellungen 593, 598, 599.
Schiedsgerichte, gewerbliche 394.
Schießpulver, Hausirbetrieb 269.
Schießpulverfabriken, Genehmigung der Anlage 101.
Schiffer, gewerbliche Verhältnisse 52.
Prüfung derselben 185.
a) für große Fahrt 185.
b) für kleine Fahrt 190.
Entziehung zur Ausübung des Gewerbebetriebes 200.
Gewerbesteuer 558, 569.
Schiffscertifikate 200.
Schiffsgefäße, Gewerbesteuer 558, 569.
Schiffsmühlen als gewerbliche Anlagen 124.
Schiffsvermessung 200.
Schlächtereien, Genehmigung zur Anlage 102.
Untersagung der ferneren Benutzung 128.
Gewerbesteuer siehe **Fleischer**.
Schlachthäuser, öffentliche Errichtung derselben 128.
Schleifarbeiten in Glashütten 411.
Schleifmühlen, Gewerbesteuer 569.

Schließung eingeschriebener Hülfskassen 432.
Schnellbleichen, Genehmigung zur Anlage 102.
Schöffengerichte, Zuständigkeit in Gewerbe-Strafsachen 483.
Schöpfräder als gewerbliche Anlage 124.
Schornsteinfeger, deren Gewerbebetrieb 233, 247.
Taxen derselben 307.
Schriftwerke, Schutz des Urheberrechts 498, 501.
Schullehrer, Genehmigung zum Gewerbebetriebe 88.
Schutzmaßregeln für die Arbeiter bei gewerblichen Anlagen 126, 408.
Schweineborsten, Hausirbetrieb mit denselben 288.
Schweiz, Legitimationskarten 246.
Schweizerladen, Gewerbesteuer 566.
Schwimmlehrer, Anzeige des Gewerbebetriebes 216.
Seeunfälle, deren Untersuchung 200.
Seifensiedereien, Genehmigung zur Anlage 102.
Seiler, Gewerbesteuer 567.
Selbständigkeit des Gewerbebetriebes 90, 208, 234.
Selbstgewonnene Erzeugnisse 564, 593, 594.
Selbstverfertigte Waaren 287, 564, 593, 594.
v. Seydewitz, Anträge 17, 19.
Sicherheitsbestellung bei Entschädigungen für Verletzungen durch gewerbliche Anlagen 389.
Sicherheits-Ventil bei Dampfkesseln 143.
Sigmaringen, Verfahren in Gewerbepolizeisachen 95.
Silberwaarenfabrikanten, Hausirbetrieb 243.
Soldaten, Beschränkungen im Gewerbebetriebe 87.
Strafbehörde bei Gewerbe-Kontraventionen 212.
Sonntagsarbeit 379, 398, 405, 410, 411, 412.
Sozialdemokratische Bestrebungen, Einfluß auf die Zulassung zum Gewerbebetriebe 251, 473.
Hülfskassen 473.
Druckschriften 40, 239.
Sparkassen, Anlegung von Beständen der Hülfskassen 431.
Speditionsgeschäft, Besteuerung 558.
Speisewirthe, deren Concession 208.
Speisewirthschaft, Gewerbesteuer 560, 566, 572.
Spezereiwaaren, Handel im Grenzbezirk 40.
Spielkarten, Hausirbetrieb 269.
Fabrikation und Handel 37.
Spielwaaren, Vertrieb derselben 41, 42.
Spinnereien, Arbeit in denselben 404, 413.
Spiritus, Concession des Kleinhandels 202.
Begriff 202, 205. 206.
Staats-Beamte siehe **Beamte.**
Staatspapiere, Hausirbetrieb 269.
Staats-Verträge wegen Besteuerung der Hausirgewerbe 594, 599.
Stadtausschuß, Zuständigkeit in Gewerbepolizeisachen 103, 104, 110, 133, 211, 217, 418.
Stadtrechte, Einfluß bei Bildung der Gewerbesteuer-Abtheilungen 587.
Stärkefabriken, Genehmigung zur Anlage 102.
Statuten der Innungen und Zünfte 313.
Abänderung derselben 317.
neuer Innungen 357.
eingeschriebener Hülfskassen 422.
Stauanlagen für Wassertriebwerke, Genehmigung der Anlage 102, 124, 128.
zum Betriebe von Bergwerken 109.
Stauer, deren Gewerbebetrieb 219.
Stehendes Gewerbe im Grenzbezirk 40.
allgemeine Erfordernisse des stehenden Gewerbes 90.
Besteuerung desselben 557.
Steigungssätze der Gewerbesteuer 591.
Steinbrüche, Entschädigung für Verletzungen 387.
Steindrucker, Anzeige des Gewerbebetriebes 92.
Steinkohlentheer-Anlagen, deren Genehmigung 101.
Stellvertreter in Fabriketablissements 493.
gewerblicher, Verhältniß zu den Lehrlingen 399.
Strafbarkeit bei Zuwiderhandlungen in Gewerbepolizeisachen 493.
der Abgeordneten einer Steuergesellschaft (Gewerbesteuer) 573, 574, 575.
Stellvertretung für Frauen 86.

für Lootsen 215, 247.
beim Schankbetriebe 205, 210.
beim Betriebe des Schornsteinfegergewerbes 233, 247.
beim Preßgewerbe 92.
beim stehenden Gewerbebetriebe 246.
beim Gewerbebetrieb im Umherziehen 294.
in Innungs-Angelegenheiten 316.
Sterbekassen, deren Regelung 420.
Steuer-Abtheilungen, Gewerbesteuer 571, 572, 584.
Steuerbefreiung siehe **Gewerbesteuer**.
Steuerbezirke, Gewerbesteuer 571.
Steuercontravention, Gewerbesteuer 579, 582, 601, 602, 603.
Steuer-Einziehung siehe **Einziehung**.
Steuer-Empfänger, Gewerbesteuer 580, 581.
Steuer-Erhebungsrollen 577.
Steuer-Erstattung siehe **Erstattung**.
Steuerfestsetzung, Hausir-Gewerbesteuer 596, 597.
Steuergesellschaften, (Gewerbesteuer) 562, 571, 572.
Steuer-Gesetze, Einfluß auf die Gew.-O. 38, 472.
insbesondere bei Bestrafung von Gewerbepolizeiübertretungen 488, 491.
Steuerleute, deren Prüfung 183, 185.
Steuerpflicht siehe **Gewerbesteuerpflicht**.
Steuer-Restitutionen siehe **Restitutionen**.
Steuersätze der Hausirgewerbesteuer 597, 598, 599.
Steuer-Uebertretungen siehe **Uebertretungen**.
Steuer-Verjährung siehe **Verjährung**.
Steuer-Vertheilung (Gewerbesteuer) 572, 575, 577.
Steuer-Vertheilung siehe **Vertheilung**.
Steuerverwaltungsbehörde, Zuständigkeit bei der Concurrenz von Steuervergehen mit Gewerbepolizeisachen 488.
Befugniß zum Anschluß an das Strafverfahren 488.
für die Festsetzung der Hausirsteuer 596.
Strafarten in Gewerbepolizeisachen 481.
Strafbestimmnngen bei Defraudation von Postporto 39.
bei Uebertretung der zum Schutze der Gesundheit erlassenen Verordnungen 43 fgde., 132.
wegen unbefugten Handels mit Gift oder Arzeneien 61.
wegen unterlassener Anzeige des Beginns des Gewerbebetriebes 92, 485.
wegen Gewerbebetriebes ohne Approbation 485.
wegen unterlassener Einholung der Concession für eine gewerbliche Anlage 125, 486.
des Beginns des Betriebes einer Dampfkesselanlage vor Empfang der Genehmignngsbescheinigung 134, 485.
betreff. Dampfkessel-Anlagen 142, 147.
wegen Uebertretung des Ges. v. 18. März 1868 (Schlachthäuser) 132.
wegen unterlassener Einholung der Erlaubniß 485.
a) zu einem Schauspiel-Unternehmen 202.
b) zum Betriebe der Gast- und Schank-Wirthschaft, dem Kleinhandel 2c. 212.
c) zum Betriebe des Gewerbes der Pfandleiher und Rückkaufshändler, Gifthändler u. Lootsen 216, 221.
d) zum öffentlichen Verkauf von Druckschriften 240.
e) zur Stellvertretung 247.
wegen Hausirbetriebes ohne Wandergewerbschein 268, 292, 489, 490.
Lotterien und Glückspiele 270.
wegen Hausirbetriebes mit verbotenen Gegenständen 272.
wegen Uebertretung der Vorschriften betreffend die Begleiter beim Hausirgewerbebetrieb 492.
wegen Zuwiderhandlungen gegen polizeiliche Anordnungen des Marktverkehrs 301, 304, 492.
wegen unbefugter Erhebung von Marktstandgeld 304.
wegen der Preis- und Gewichts-

Verzeichnisse der Bäcker und Verkäufer von Backwaaren 306.
wegen der Preisverzeichnisse der Gastwirthe 306.
wegen Ueberschreitung von Taxen 307, 489.
wegen Uebertretung der auf die Beschäftigung von Arbeitern bezüglichen Bestimmungen 380, 381, 482, 492, 493.
wegen gefährlicher Einrichtung gewerblicher Anlagen 393.
wegen unbefugten Verlassens der Lehre 401.
wegen unbefugter Annahme eines Lehrlings 401, 490.
wegen Uebertretung der zur Regelung der Arbeit in den Fabriken getroffenen Bestimmungen 404, 405, 406, 408, 492.
wegen Zuwiderhandlungen gegen die Bestimmungen betreff. die gemeingefährlichen Bestrebungen der Sozialdemokratie 476, 477.
wegen unterlassener An- resp. Abmeldung einer Feuerversicherungs-Agentur 489.
wegen unterlassener Anzeige über das Betriebslokal 489.
wegen Zuwiderhandlung gegen §. 35 Gew.O. 487.
wegen Verabredungen und Vereinigung zur Erlangung günstiger Lohn- und Arbeitsbedingungen 494.
wegen Nachdrucks 503.
wegen Verletzung des Markenschutzes 520.
wegen Verletzung des Patentrechts 546.
wegen Zuwiderhandlung gegen die Gewerbesteuergesetze 582, 601, 602, 603.
Strafmaaß in Gewerbepolizeisachen 481.
Strafverfahren in Gewerbesteuersachen 582, 583, 603.
Strafumwandelung 481, 505.
Strafverjährung 482, 509, 583.
Straßengewerbe 85, 307.
Straßenlokomotiven, Genehmigung zum Betriebe 134.
Streitigkeiten bei der Ablösung von Gewerbeberechtigungen 64, 85.
zwischen Gewerbetreibenden und Arbeitern 393.
Strohpapierstofffabriken, Genehmigung zur Anlage 102.
Stromschifffahrt, Gewerbesteuer 569.
Stundung, Gewerbesteuer 579.
Subscriptionen, Sammeln derselben 266.
Syrupfabriken, Genehmigung zur Anlage 102.

T.

Tabelle der Arbeitspausen in Glashütten 413.
Tafel in Fabrikräumen 409, 410, 413.
Tagegelder der Medizinalbeamten 308, 310.
der Abgeordneten der Steuergesellschaften (Gewerbesteuer) 574.
Talgschmelzen, Genehmigung zur Anlage 102.
Tanzlehrer, Anzeige des Gewerbebetriebes 54, 216.
Tapeten, Vertrieb derselben 41.
Tarife für Marktstandgeld 333.
Taxen, polizeiliche 305.
Text zu musikalischen Kompositionen 512, 513.
Theater-Vorstellungen, siehe **Schaustellungen.**
Thee, Ausschank desselben 208.
Theilnahme, Strafbarkeit in Gewerbepolizeisachen 485.
beim Nachdruck 504.
in Gewerbesteuersachen 602.
Thierärzte, deren Approbation 150, 173.
deren Prüfung 151, 165.
als Fleischbeschauer 219.
Vergütung für Untersuchungen 173.
Thierhaar-Bereitungsanstalten, Genehmigung zur Anlage 102.
Thransiedereien, Genehmigung zur Anlage 102.
Tiegelgießereien, Genehmigung zu ihrer Anlage 102.
Titel, Homöopath 174.
Arzt 175, 487.
Doctor 175, 487.
Naturarzt 175.
Zahnarzt 176.
Thierarzt 176.
Hebamme 176.

Tödtung, fahrlässige 182.
in einer gewerblichen Anlage 387.
Töpfer, Gewerbesteuer 567.
Topfbinder, Hausirbetrieb 276.
Trinkgeschirr, dessen Vertrieb 41.
Trinkhallen, umherfahrende 208, 257.
Trödler, Anzeige des Gewerbebetriebes 216.
Regelung des Geschäftsbetriebes 217.
Gewerbesteuer 560, 562.
Turnlehrer, Anzeige des Gewerbebetriebes 216.

U.

Uebersetzungen als Nachdruck 499, 503, 513, 516.
Uebertragung *von Realgewerberechten* 248.
Uebertretungen der Steuergesetze 487, 491, 582, 583.
Umgebungen 593.
Umgegend 594.
Umherziehende Gewerbe 252.
Unglücksfälle in Fabriken 407.
Universitäten, Schutz des Urheberrechts der Schriftwerke 2c. 502.
Unterbehörde siehe **Verwaltungsbehörde.**
Unterbrechung des Gewerbebetriebes (Gewerbesteuer) 600.
Unterrichts-Anstalten, Schutz des Urheberrechts ihrer Schriftwerke 2c. 502.
Unterrichtswesen, Anwendung der Gewerbe-Ordnung 51.
Untersagung des Gewerbebetriebes 477.
Untersuchungen 603.
Unzuverlässigkeit bei Verwaltung von Krankenanstalten 181.
bei Schauspiel-Unternehmungen 201.
Urheberrecht an Schriftwerken, Abbildungen, musikalischen Kompositionen und dramatischen Werken 498, 513, 514.
Schutz desselben 501.
an Werken der bildenden Künste 523.
an Mustern und Modellen 532.

V.

Veränderung einer gewerblichen Anlage 119, 125, 148.
des Gewerbebetriebes (Hausirgewerbes) 597, 601, 602.
Verbindungen siehe **Vereine.**
Verbot sozialdemokratischer Vereine 476.
sozialdemokratischer Druckschriften 475.
Verbreitung nachgedruckter Werke 506.
Verbreitung von Druckschriften sozialdemokratischen Inhalts 479.
Verdorbensein von Nahrungsmitteln 44, 45, 47.
Vereine für Dampfkessel-Revision 137.
sozialdemokratische 473.
Steuer für den Gewerbebetrieb 559.
Vereinbarung mit den Niederlanden wegen der Heilpraxis 174.
Verfälschung von Nahrungsmitteln 45, 46.
Verfahren bei der Ablösung von Gewerbeberechtigungen 63, 78.
bei Versagung der Genehmigung zum Gewerbebetrieb 180.
bei der Genehmigung gewerblicher Anlagen 117, 126.
bei Dampfkessel-Anlagen 133 fgd.
bei Approbationen 150.
bei deren Entziehung 177.
bei Konzessionsertheilungen 211.
bei der Zurücknahme einer Conzession 211.
bei der Genehmigung zum Lootsengewerbe 216.
bei der Erlaubniß zu Schauspiel-Unternehmungen 202.
bei der Erlaubniß zum Betrieb der Gast-, Schankwirthschaft, des Kleinhandels mit Branntwein und Spiritus 211.
des Handels mit altem Metallgeräth oder Metallbruch 220.
des Handels mit Giften 215.
der Kanzessionirung der Markscheider 215.
der Konzessionirung der Pfandleiher 2c. 215.
bei der Fristung gewerblicher Anlagen und Konzessionen 248.
bei Untersagung der ferneren Benutzung einer gewerblichen Anlage 149, 251.
bei Zurücknahme von Approbationen und Bestallungen 251.
bei Ausfertigung von Legitimationsscheinen 257.

bei der Versagung von Legitimationsscheinen 298.
bei der Zuwiderhandlung gegen die Vorschriften betr. den Schutz des Urheberrechts an Schriftwerken 2c. 506.
in Patentsachen 543.
Verfertiger von Waaren auf den Kauf, Gewerbesteuer 558.
Verfügungen, polizeiliche des Regierungspräsidenten 95.
Vergehen der Steuer- und Gemeindebeamten 584.
Verhandlungen, deren Abdruck 501.
Verhaftung, Einfluß auf das Strafverfahren bei Hausir-Gewerbesteuer-Kontraventionen 603.
Verjährung der Strafe wegen unkonzessionirten Betriebes einer gewerblichen Anlage 123.
der Forderungen auf Schadenersatz bei Beschädigungen durch gewerbliche Anlagen 389.
der Forderungen der Hülfskassen 437.
der Gewerbepolizeistrafen 482.
der Gewerbesteuerstrafen 488, 583.
der Entschädigungsklage wegen Nachdrucks 509.
der Strafverfolgung wegen Nachdrucks 509.
der Gewerbesteuer 568, 579, 604.
siehe auch **Strafverjährung.**
Verkauf nachgedruckter Werke 506.
Verkaufsstätte, Gewerbesteuer 560.
Verkehrsmittel 221.
Vermiether möblirter Zimmer 565.
Vernichtung unbefugt angewendeter Waarenzeichen 521.
Verordnung städtischer Polizeiverwaltungen 85, 99.
ortspolizeiliche 98.
Verrufserklärung als Mittel zur Einwirkung auf Arbeitseinstellung 494.
Versicherungs-Agenten, deren Gewerbebetrieb 53, 91.
deren Gewerbesteuer 559, 567.
Versicherungs-Gesellschaften, deren Gewerbebetrieb 52, 86, 91.
Gewerbesteuer 558, 559.
Verstärkungsringe bei Dampfkesseln 135.
Versuch, Strafbarkeit bei Zuwiderhandlung gegen die zum Schutze der Gesundheit erlassenen Gesetze 48.
bei Zuwiderhandlungen gegen §153 der Gew.O. 494.
beim Nachdruck 505.
Vertheilung von Druckschriften 40.
der Gewerbesteuer 572, 575, 577, 581, 588.
Verträge über gewerbliche Beschränkungen 36.
der Innungen 317.
der Arbeitgeber mit den Arbeitern 378.
wegen Beschlagnahme von Arbeits- und Dienstlohn 384.
wegen der Art der Zahlung des Arbeitslohns 386.
wegen Schadenersatzes für Beschädigung durch gewerbliche Anlagen 388.
wegen Uebertragung des Urheberrechts an Schriftwerken 2c. 498.
Verwaltungsbehörde, höhere 296.
Entscheidung bei gewerblichen Anlagen 149, 249.
Zuständigkeit bei Einrichtung von Kehrbezirken 233.
für die Ausfertigung von Wandergewerbescheinen 296.
für den Verkehr auf Wochenmärkten 301, 302.
in Angelegenheiten der Innungen 316, 317, 318, 319.
bei Regelung der Arbeitsverhältnisse in Fabriken 407, 408.
in Angelegenheiten gewerblicher Hülfskassen 420, 423, 432.
Zuständigkeit beim Erlaß und der Aufhebung von Ortsstatuten 471.
Verzeichniß der jugendlichen Arbeiter in Fabriken 406, 409, 413.
der eingeschriebenen Hülfskassen 429.
Verzehrungsgegenstände, Hausirvertrieb, Steuer 594.
Veterinärwesen, technische Deputation 173.
Victualienhändler, Gewerbesteuer 560, 562.
Viehhandel, Hausirbetrieb 263, 286.
auf Märkten 302.
Gewerbesteuer 562.
Viehmärkte, Regelung derselben 301.
Viehseuchen, Schutzmaßregeln 41.
Volksschule, Besuch derselben durch

die in **Werkstätten und Fabriken** beschäftigten **Kinder** 380, 403.
Begriff derselben 381.
Volkswirthschaftsrath 31 fgd.
Vorausbezahlung, Gewerbesteuer 581.
Verkauf auf Wochenmärkten 299.
Vorstand einer Innung, Functionen desselben 316, 366.
einer eingeschriebenen Hülfskasse 429.
Vorstellungen, theatralische, im Umherziehen 290.

W.

Waagen in Verkaufslokalen von Backwaaren 290, 295.
Waare, Begriff beim Hausirgewerbe 256.
selbstverfertigte, Hausirvertrieb 287, 564, 593, 594.
selbstgewonnene, deren Vertrieb (Gewerbesteuer) 564, 593, 594.
Vertrieb auf Märkten 300.
Verfertigung auf den Kauf (Gewerbesteuer) 558.
Waarenaufkauf 241, 252, 563.
Waarenbestellungen, Aufsuchen derselben 241. 252.
Gewerbesteuer 563, 592, 593, 594.
Waarenzeichen siehe **Markenschutz.**
Wachs als Rohprodukt 288.
Wachstuchfabriken, Genehmigung zur Anlage 102.
Wäger, deren Gewerbetrieb 219.
Wäsche, Handel der Trödler 216.
Waffen, Verbot bezw. Beschränkung des Verkaufs 478, 480.
Wagen, Taxen für deren Benutzung 307.
Wahl der Abgeordneten der Steuergesellschaften (Gewerbesteuer) 575.
Wahlbezirke, Gewerbesteuer 573.
Wahlconsuln, Genehmigung zum Gewerbebetriebe 88.
Wahlzettel, deren Verbreitung 479.
Wahrsagen, gewerbsmäßiges 268.
Walkmühlen, Genehmigung zur Anlage 124.
Gewerbesteuer 569.
Walzwerke, Arbeit in denselben 404, 409.
Wanderlager, Begriff desselben 257, 263.
im Grenzbezirk 40.
Besteuerung 598, 402 ff.
Wasserfahrzeuge, Angabe bei Anmeldung des Hausirgewerbes 596, 597.
Wassertriebwerke als gewerbliche Anlagen 124.
Weber, Gewerbesteuer 567.
Webereien (mechanische, Jutewebereien) als Fabriken im Sinne des §. 139a d. Gew.-O. 408.
Wechsel als Valuta für Arbeitslohn 385.
Wechsler, Besteuerung derselben 558.
Wein, Handel im Grenzbezirk 40.
Ausschank, Erlaubniß 203, 205.
Weinbauer, deren Schankbetrieb 205.
Gewerbesteuer 566.
Weizen als Nahrungsmittel 47.
Werften, Arbeit auf denselben 402, 495.
Werke, dramatische, Schutz des Urheberrechts 498, 502, 512, 514.
anonyme, pseudonyme 507, 513, 525.
musikalische 513, 514.
der bildenden Künste 523.
Werkmeister in Fabriken 395, 402.
Werthpapiere, Hausirbetrieb 269.
Weserschifffahrt, Regelung derselben 200.
Widerruf von Approbationen und Konzessionen 233, 250.
Wiederverkauf von Waaren des Hausirbetriebes 266.
Besteuerung beim stehenden Handel 562.
Wiedereinsetzung in den vorigen Stand. Gewerbesteuer 579.
Windtriebwerke, Regelung der Anlage 149.
Wirkerei, Gewerbesteuer 567.
Wittwen, Fortsetzung des Gewerbebetriebes 210, 247.
deren Stellung in Innungs-Angelegenheiten 316.
Wochenmärkte, Verkehr auf denselben 299.
Gegenstand, Hausirvertrieb 300.
Gewerbesteuer, 563, 594.
Wochenmarkts-Gegenstände 302.
Hausirbetrieb mit denselben (Gewerbesteuer) 594.
Wöchnerinnen, deren Beschäftigung in Fabriken 403.
Wohnort 91, 92.
Wundärzte, deren Approbation 150.
Befugniß zum Impfen 174.

Annahme von Titeln 176.
Taxen 308.
Wucher, Bestrafung 37.

Z.

Zahnärzte, deren Approbation 150.
deren Prüfung 151, 160, 163.
Führung des Titels 176.
Zehrungskosten 309.
Zeitungen, deren gewerbsmäßige Beförderung 38, 92.
Zeichnungen bei Anträgen zur Genehmigung gewerblicher Anlagen 125.
bei gleichen Anträgen für Dampfkessel-Anlagen 133, 135.
Schutz von Zeichnungen gegen Nachdruck 511.
Einsicht derselben beim Patentamt 542.
Zeitschriften, Zulässigkeit des Abdrucks einzelner Artikel aus denselben 500.
Zeuge, Handel im Grenzbezirk 40.
Zeugnisse der Schiffer, Steuerleute, Lootsen 182.
der Hufschmiede 181.
der Hebeammen 181.
der Arbeiter 383, 394.
der Lehrlinge 400.
für die Beschäftigung in Walz- und Hammerwerken 409.
bei schulpflichtigen Knaben bei Beschäftigung in Glashütten 411.
für jugendliche Arbeiter in Spinnereien 413.
Ziegelbrennereien 102.
Zimmervermiether, Gewerbesteuer 560, 565, 566.
Zollbezirk, Hausirbetrieb in demselben 260.
Zollgesetze, Einfluß auf die Gewerbe-Ordnung 38.
Zollverein, Legitimationskarten 246.
Zucker, Verfälschung 47.
Zuckerbäcker, Gewerbesteuer 566.
Zündstoffbereitung, Genehmigung der Anlage 101.
Zünfte, Rechte derselben 38.
Fortbestehen derselben 313.
Zunftrechte, Einfluß auf die Bildung der Steuergesellschaften (Gewerbesteuer) 572.
Zurücknahme von Approbationen 233, 250.
von Patenten 539.
Zuständigkeit der Behörden in gewerbepolizeilichen Angelegenheiten 103, 104, 106, 110, 211.
der Gerichte in gewerblichen Strafsachen 483.
Zuverlässigkeit der Schauspielunternehmer 18.
Zwang zur Arbeitseinstellung 494.
Zwangsbefugnisse in Gewerbepolizeisachen 95, 96.
Zwangsmittel in Gewerbepolizeisachen 95, 96.
Zwangsrechte 61, 84.
Aufhebung bezw. Ablösung in den neu erworbenen Provinzen 67.
Fernere Begründung von Zwangsrechten 85.

FSC
www.fsc.org
MIX
Papier | Fördert gute Waldnutzung
FSC® C083411

Kolibri 360 GmbH
Ferdinand-Jühlke-Straße 7
99095 Erfurt, Deutschland
produktsicherheit@kolibri360.de